ACCESO GRATIS a la Lectura en la Nube

Para visualizar el libro electrónico en la nube de lectura envíe junto a su nombre y apellidos una fotografía del código de barras situado en la contraportada del libro y otra del ticket de compra a la dirección:

ebooktirant@tirant.com

En un máximo de 72 horas laborables le enviaremos el código de acceso con sus instrucciones.

RÉGIMEN JURÍDICO DE LOS CATÁLOGOS URBANÍSTICOS

Instrumentos municipales de protección del patrimonio

RÉGIMEN JURÍDICO DE LOS CATÁLOGOS URBANÍSTICOS

Instrumentos municipales de protección del patrimonio

Bernat Calvo i Català

Doctor en Derecho

Secretario de Administración Local

Prólogo de

Judith Gifreu i Font

Profesora Titular de Derecho Administrativo

Directora

Càtedra Enric Prat de la Riba d'Estudis Jurídics Locals

Universitat Autònoma de Barcelona

tirant lo blanch

Valencia, 2025

En caso de erratas y actualizaciones, la Editorial Tirant lo Blanch publicará la pertinente corrección en la página web www.tirant.com.

EDITA: TIRANT LO BLANCH
C/ Artes Gráficas, 14 - 46010 - Valencia
TELFS.: 96/361 00 48 - 50
FAX: 96/369 41 51
Email: tlb@tirant.com
www.tirant.com
Librería virtual: www.tirant.es
DEPÓSITO LEGAL: V-327-2025
ISBN: 978-84-1095-110-5
MAQUETA: Disset Ediciones

Si tiene alguna queja o sugerencia, envíenos un mail a: *atencioncliente@tirant.com*. En caso de no ser atendida su sugerencia, por favor, lea en *www.tirant.net/index.php/empresa/politicas-de-empresa* nuestro procedimiento de quejas.

Responsabilidad Social Corporativa: http://www.tirant.net/Docs/RSCTirant.pdf

A en Josep Ramon Fuentes, per haver-me guiat en aquesta tesi doctoral i a la meva família.

Índice

frenta ciertas limitaciones a la hora de realizar modificaciones o reformas en la propiedad, debido a la necesidad de conservar el patrimonio cultural. Sin embargo, el Tribunal recalca que estas limitaciones deben estar justificadas y ser proporcionales y, en consecuencia, no se puede restringir el uso de la propiedad de forma excesiva ni sin una razón válida relacionada con la preservación del patrimonio cultural. El Tribunal también subraya que, si las restricciones derivadas de la catalogación afectan de manera significativa al derecho de uso y disfrute del inmueble, el propietario tiene derecho a ser indemnizado por las pérdidas que pueda sufrir como consecuencia de las limitaciones impuestas. En este sentido, se reconoce que la protección del patrimonio cultural es un interés público legítimo, pero se asegura que las restricciones no deben ser tan severas como para hacer que el propietario cargue con una carga desproporcionada; y la indemnización se reconoce como una vía para equilibrar los intereses públicos y privados en estos casos. En síntesis, la sentencia establece un equilibrio entre la protección del patrimonio cultural y los derechos de los propietarios, garantizando que las limitaciones sean razonables y que, en caso de afectación significativa, se pueda obtener una compensación por las restricciones impuestas.

En este sentido, el autor ofrece un análisis detallado de las implicaciones jurídicas de la catalogación, poniendo especial énfasis en las licencias urbanísticas, la obligación de conservación, las órdenes de ejecución derivadas del incumplimiento del deber de conservar el bien catalogado y el régimen sancionador aplicable. A través de este análisis, la obra ofrece un recorrido exhaustivo por las consecuencias de la catalogación de los bienes inmuebles y proporciona las claves para entender la aplicación de la normativa en situaciones concretas, que en muchas ocasiones han sido objeto de interpretación judicial. Además, la obra no se limita al análisis jurídico urbanístico y del patrimonio cultural, sino que también incorpora consideraciones de derecho ambiental, destacando la interrelación entre la protección del patrimonio cultural y la conservación del entorno natural. Este enfoque integrador es fundamental en un contexto en el que la preservación del patrimonio no puede disociarse de las políticas medioambientales y de desarrollo sostenible.

Otro aspecto crucial tratado en la obra es la compatibilidad entre la protección del patrimonio cultural y la ordenación urbanística. En este sentido, la Sentencia del Tribunal Constitucional 25/2024, de 13 de febrero de 2024 (que aborda el recurso de inconstitucionalidad interpuesto por más de cincuenta diputados contra la Ley 7/2021, de 1 de diciembre, de impulso para la sostenibilidad del territorio de Andalucía) establece que las actuaciones urbanísticas deben respetar el régimen de protección del suelo en el que se implementen, sin que el artículo 13.1 del Texto Refundido de la Ley del Suelo y Rehabilitación Urbana prohíba que los usos residenciales sean autorizados excepcionalmente por razones de interés público o social en suelo rústico. Esta sentencia subraya la necesidad de equilibrar el desarrollo urbanístico con la preservación del patrimonio cultural y natural, permitiendo excepciones bajo condiciones específicas. Además, en el contexto de la formulación de planes especiales de protección de conjuntos históricos, se ha discutido la compatibilidad entre la legislación de protección del patrimonio y la normativa urbanística. Del análisis jurisprudencial se desprende la necesidad de armonizar la protección del patrimonio cultural con la ordenación urbanística, permitiendo excepciones y participaciones bajo condiciones específicas para equilibrar ambos intereses.

En resumen, el trabajo de investigación que ahora se presenta no solo contribuye al ámbito académico, sino que ofrece respuestas claras y fundamentadas a los desafíos que se plantean en la práctica jurídica derivados de la catalogación urbanística del patrimonio. El enfoque multidisciplinario, que incorpora tanto la normativa autonómica como la jurisprudencia relevante, convierte esta obra en un recurso imprescindible para juristas, urbanistas, arquitectos, gestores del patrimonio y responsables de la elaboración de políticas públicas. A través de este análisis exhaustivo, el autor no solo identifica las deficiencias de la normativa vigente, sino que también plantea soluciones concretas para mejorar la protección del patrimonio cultural y natural.

El autor plantea preguntas que orientan su análisis y a las que intenta dar respuesta a lo largo del libro. ¿Es el catálogo urbanístico del patrimonio un instrumento suficiente para la protección del patrimonio cultural y natural? ¿Qué mejoras serían necesarias en la regulación de estos catálogos? ¿Está el patrimonio cultural y natural mejor protegido desde la perspectiva local o desde la perspectiva de la Generalitat? ¿Está adecuadamente coordinada la visión ambiental y del patrimonio cultural, así como la del patrimonio cultural y la ordenación del territorio? Estas y otras preguntas hallan en este libro un tratamiento detallado y fundamentado, ofreciendo propuestas concretas para mejorar la normativa vigente y garantizar una protección más efectiva del patrimonio cultural y natural. Y, además, no solo se identifican las deficiencias actuales, sino que también ofrece soluciones, basadas en el derecho positivo y en un análisis comparativo.

El estudio de los catálogos urbanísticos, su relación con la normativa ambiental, y su impacto sobre los derechos de los propietarios, no solo es una cuestión jurídica de importancia, sino también un reto para la administración pública, que debe garantizar el equilibrio entre la preservación del patrimonio y el desarrollo urbanístico. La obra del Dr. Calvo se convierte entonces en una herramienta esencial para abordar estos desafíos y fortalecer el marco normativo que rige la protección del patrimonio cultural.

En resumen, la lectura de esta obra nos invita a reflexionar sobre la importancia de preservar nuestro patrimonio y a reconocer el papel crucial de los catálogos municipales como instrumentos de protección urbanística. Agradezco al autor por su valioso trabajo y la oportunidad de haber podido participar en la presentación de esta obra, la cual, sin duda, contribuirá al campo del Derecho Administrativo, especialmente en lo relativo a la protección del patrimonio.

DRA. JUDITH GIFREU FONT
Profesora titular de Derecho administrativo
Universidad Autónoma de Barcelona
Figueres, 20 de enero de 2025

Abreviaturas

AGE: Administración General del Estado

AP: Audiencia Provincial

Ar.: base de datos jurídica Aranzadi

BCIL: Bien Cultural de Interés Local

BCIN: Bien Cultural de Interés Nacional

BCU: Bien del Catálogo Urbanístico

BIC: Bien de Interés Cultural

BIP: Bien de Interés Patrimonial de la Comunidad de Madrid

BIPCA: Bien Integrante del Patrimonio Cultural de Asturias

BIPCC: Bien Integrante del Patrimonio Cultural Catalán

BOA: Boletín Oficial de Aragón

BOCM: Boletín Oficial de la Comunidad de Madrid

BOE: Boletín Oficial del Estado

BOIB: Boletín Oficial de las Islas Baleares

BOP: Boletín Oficial de la Provincia

BPU: Bien de Protección Urbanística

CCAA: Comunidades Autónomas

CE: Constitución Española

CIC: Conjunto de interés cultural

CP: Código Penal

CTU: Comisión Territorial de Urbanismo

DC: *Departament de Cultura de la Generalitat*

DG: Director General o Dirección General

DIBA: *Diputació de Barcelona*

DOGC: *Diari Oficial de la Generalitat de Catalunya*

EAC: Estatuto de Autonomía de Cataluña

EDJ: base de datos jurídica El Derecho

EPA: Espacio de Protección Arqueológica

FJ: Fundamento Jurídico

IPCC: Inventario del Patrimonio Cultural Catalán

LBRL: Ley 7/1985 de Bases de Régimen Local

LGTel: Ley 11/2022 General de Telecomunicaciones

LPAC: Ley 39/2015 del Procedimiento Administrativo Común

LPCA: Ley 3/1999, de 10 de marzo, del Patrimonio Cultural Aragonés

LPCC: Ley 9/1993, de 30 de septiembre, del Patrimonio Cultural Catalán

LPCPA: Ley del Principado de Asturias 1/2001, de 6 de marzo, de Patrimonio Cultural

LPCCM: Ley 8/2023, de 30 de marzo, de Patrimonio Cultural de la Comunidad de Madrid

LPHCM: Ley 3/2013, de 18 de junio, de Patrimonio Histórico de la Comunidad de Madrid

LPHE: Ley 6/1985 del Patrimonio Histórico Español

LRJSP: Ley 40/2015 del Régimen Jurídico del Sector Público

LSCM: Ley 9/2001, de 17 de julio, del Suelo de la Comunidad de Madrid

LUIB: Ley 12/2017, de 29 de diciembre, de urbanismo de las Illes Balears

ODS: Objetivo de Desarrollo Sostenible

PCI: Patrimonio Cultural Inmaterial

PE: Plan Especial

PEP: Plan Especial de Protección

PGOU: Plan General de Ordenación Urbanística

POUM: Plan de Ordenación Urbanística Municipal

RGLOUSMa: Reglamento general de la Ley 2/2014, de 25 de marzo, de ordenación y uso del suelo, para la isla de Mallorca

RLUC: Decreto 305/2006, de 18 de julio, por el que se aprueba el Reglamento de la Ley de Urbanismo

RLUA: Reglamento de la Ley de Urbanismo de Aragón

ROAS: Decreto 179/1995, de 13 de junio, por el que se aprueba el Reglamento de obras, actividades y servicios de los entes locales

ROTU: Decreto 63/2022, de 21 de octubre, por el que se aprueba el Reglamento de Ordenación del Territorio y Urbanismo del Principado de Asturias

TRLS: Real Decreto Legislativo 7/2015, de 30 de octubre, por el que se aprueba el texto refundido de la Ley de Suelo y Rehabilitación Urbana

TRLUA: Decreto-Legislativo 1/2014, de 8 de julio, del Gobierno de Aragón, por el que se aprueba el texto refundido de la Ley de Urbanismo de Aragón

SAP: Sentencia de la Audiencia Provincial

SNU: Suelo No Urbanizable

STC: Sentencia del Tribunal Constitucional

STS: Sentencia del Tribunal Supremo

STSJC: Sentencia del Tribunal Superior de Justicia de Cataluña

TC: Tribunal Constitucional

TS: Tribunal Supremo

TSJ: Tribunal Superior de Justicia

TSJC: Tribunal Superior de Justicia de Cataluña

TSJM: Tribunal Superior de Justicia de Madrid

TRLMRLC: Decreto Legislativo 2/2003, de 28 de abril, por el que se aprueba el Texto refundido de la Ley municipal y de régimen local de Cataluña

TRLOCC: Decreto Legislativo 4/2003, de 4 de noviembre, por el que se aprueba el Texto refundido de la Ley de la organización comarcal de Cataluña

TRLS: Real Decreto Legislativo 7/2015, de 30 de octubre, por el que se aprueba el texto refundido de la Ley de Suelo y Rehabilitación Urbana

TRLUA: Decreto-Legislativo 1/2014, de 8 de julio, del Gobierno de Aragón, por el que se aprueba el texto refundido de la Ley de Urbanismo de Aragón

TRLUC: Decreto Legislativo 1/2010, de 3 de agosto, por el que se aprueba el Texto refundido de la Ley de urbanismo

TROTU: Decreto Legislativo 1/2004, de 22 de abril, por el que se aprueba el Texto Refundido de las disposiciones legales vigentes en materia de ordenación del territorio y urbanismo

Introducción

El libro se basa en la tesis doctoral titulada "Los catálogos del patrimonio como instrumentos municipales de protección del patrimonio. Especial referencia en Cataluña. Una perspectiva territorial, urbanística, patrimonial y medioambiental", que tiene por objeto analizar el régimen jurídico, tanto competencial, legislación aplicable, como de instituciones jurídicas y procedimientos aplicables en la tutela del patrimonio cultural por los municipios en Cataluña, Asturias, Aragón, Comunidad de Madrid e Islas Baleares incidiendo especialmente en los catálogos urbanísticos de protección del patrimonio, pero sin desatender otros mecanismos paralelos, como las figuras de protección patrimonial de la legislación sectorial del patrimonio cultural o medio ambiental. A pesar de analizarse principalmente el régimen jurídico en Cataluña, para mejorar el estudio en distintos apartados se ha hecho una comparativa autonómica para entender mejor las distintas soluciones dadas a unos mismos problemas. El interés del trabajo es estudiar un ámbito transversal como el derecho del patrimonio cultural desde la perspectiva local (ámbito al que me dedico profesionalmente) y estudiada desde distintas materias: derecho sancionador, derecho urbanístico, procedimiento administrativo, derecho del patrimonio cultural, distribución del poder territorial, etc. Algunas cuestiones son más troncales del régimen jurídico del patrimonio cultural y luego se entra en cuestiones más específicas del tema referido a los entes locales de las comunidades autónomas estudiadas.

También la referencia, en el título del trabajo, del catálogo como "instrumento municipal" implica incidir necesariamente en la visión principalmente municipalista de este trabajo, poniendo el foco sobre los entes locales, y en particular los municipios como uno de los protagonistas en la protección del patrimonio cultural, especialmente a través de la figura del catálogo.

Podemos detectar varios problemas actuales relacionados con la protección del patrimonio cultural por los entes locales, como la indeterminación del concepto de patrimonio cultural; la falta de una norma que regule la obligatoriedad de catalogar ciertos elementos y establecimiento de una fecha máxima para tener aprobado un catálogo; la excesiva discrecionalidad de las administraciones para catalogar y descatalogar elementos de interés cultural; el limitado papel de los Consejos comarcales en Cataluña para tutelar el patrimonio cultural de los municipios pequeños; la falta de mecanismos locales para proteger el patrimonio cultural inmaterial; la falta de recursos humanos, técnicos y económicos de las administraciones locales que deben controlar la conservación de elementos catalogados; así como la falta de un desarrollo sistemático de las competencias de los entes locales en materia de protección del patrimonio cultural. Interesa de este trabajo arrojar luz sobre esta problemática, ver como se afronta legalmente e incluso en algunas cuestiones hay propuestas de mejora normativa.

Este trabajo pretende por lo tanto exponer y estudiar un régimen jurídico urbanístico y de legislación sectorial, y nos obliga a formular preguntas como, entre otras: ¿el catálogo urbanístico del patrimonio es un instrumento suficiente para la protección del patrimonio cultural y natural? ¿Qué sería preciso añadir o mejorar en la regulación de dichos catálogos urbanísticos? ¿El patrimonio cultural y natural está mejor protegido desde la perspectiva local o desde la perspectiva de la Generalitat? ¿Las visiones ambiental y del patrimonio cultural están adecuadamente coordinadas? ¿Y la visión del patrimonio cultural y la ordenación del territorio? ¿Deberían hacerse mejoras en la legislación del patrimonio cultural y natural y en la legislación urbanística para conseguir una mejor coordinación y protección efectiva de los bienes? Todas esas y otras, son preguntas a las que pretendo dar una respuesta razonada a lo largo del trabajo y que de forma resumida se intenta también dar una respuesta concreta en las conclusiones.

Más allá de la introducción, el trabajo se divide en cuatro grandes títulos, que a su vez se subdivide en capítulos, cada capítulo se ha intentado que siga una estructura general parecida a los demás capítulos del mismo título. Además, cada capítulo dispone de sus conclusiones preliminares para facilitar al lector un resumen de las principales conclusiones y notas distintivas jurídicas estudiadas en el correspondiente capítulo.

Sobre el contenido material del trabajo, el primero título trata la cuestión competencial, tanto del patrimonio cultural, como del urbanismo y ordenación territorial y tiene un carácter introductorio, por lo que no se trata en gran profundidad este aspecto competencial, por ser meramente instrumental del objeto real de este trabajo, los planes urbanísticos de catálogos de protección del patrimonio.

La primera cuestión a tratar en este título es la del régimen jurídico del patrimonio cultural propiamente, viendo su evolución en el ordenamiento jurídico español, mencionando el principio rector del art. 46 CE y el régimen competencial actual (competencia concurrente en cultura del art. 149.1.28 y 149.2 CE), sin perjuicio de las competencias legislativas, se analiza también las ejecutivas y aquí entran en juego las competencias propias de los municipios en la gestión de su propio patrimonio histórico.

El segundo capítulo del título trata de las competencias en urbanismo y en ordenación del territorio por su interrelación, mencionando el papel relevante el análisis del Texto Refundido de la Ley de Suelo de 2015 y qué implicación tiene en la protección del patrimonio cultural.

En un segundo título se tratan las distintas figuras de protección del patrimonio cultural. Aquí se desgrana cuáles son las tipologías de patrimonio, su forma de clasificarlo en la forma material de presentarse el bien cultural: mueble, inmueble e inmaterial, centrándose en las categorías de bienes inmuebles culturales. Se trata de analizar las diferentes regulaciones y formas de protección que tienen según esta clasificación y qué papel se guarda a los entes locales en cada uno.

Se dedica a analizar las dos principales categorías de protección del patrimonio cultural en Cataluña: los Bienes Culturales de Interés Nacional, los Bienes Culturales de Interés Local, los Espacios de Protección Arqueológica y los demás bienes del patrimonio cultural catalán. Se trata aquí de analizar dichas figuras y compararlas con los equivalentes de la LPHE y otras leyes autonómicas. También en el caso de Cataluña se verán brevemente las principales figuras del patrimonio natural de acuerdo con la normativa sectorial, pues estas también se pueden ver afectadas luego por catálogos urbanísticos del patrimonio cultural y natural.

En el tercer título se entra de lleno en el núcleo duro del trabajo, pues se estudia el catálogo urbanístico de protección del patrimonio cultural y natural, tanto en su finalidad, contenido, procedimiento de aprobación y consecuencias de su aprobación, no solo en Cataluña, sino en otras comunidades autónomas.

El cuarto título se dedica a entrar más a fondo en las consecuencias de la aprobación de los catálogos urbanísticos y la catalogación de bienes inmuebles: se estudia qué pasa con las licencias urbanísticas que afectan dichos bienes inmuebles, las especificaciones en las órdenes de ejecución y la declaración de ruina, el deber de conservación, así como el régimen sancionador, tanto para bienes catalogados urbanísticamente como por la legislación sectorial del patrimonio cultural.

A continuación hay el apartado final de conclusiones, donde intento dar respuesta a algunas de las preguntas fundamentales que formulo en la introducción.

Otra parte fundamental que impregna gran parte del trabajo es el análisis jurisprudencial, especialmente con sentencias del TS y de los distintos Tribunales Superiores de Justicia o del Tribunal Constitucional (sobre todo para la cuestión competencial). Se ha intentado citar la jurisprudencia de la forma más concreta posible, para facilitar su búsqueda a cualquier persona interesada en ella. Entiendo que es fundamental para este estudio académico que haya un análisis profundo de la jurisprudencia, puesto que es un elemento necesario para el valor añadido del trabajo, evitando ir solamente a la normativa y a la doctrina. La dificultad principal del estudio jurisprudencial es que estamos ante una normativa autonómica por lo que no siempre la jurisprudencia es trasladable a otros territorios, otra dificultad es que al referirse -las cuestiones tratadas jurisprudencialmente- normalmente a planes urbanísticos concretos, la jurisprudencia es muy casuística, y por lo tanto no siempre son extrapolables a una doctrina jurisprudencial general, con pocas sentencias que analicen realmente y sientan doctrina jurisprudencial sobre la normativa autonómica y estatal.

En definitiva, un estudio comparativo de la normativa catalana con el de otras comunidades autónomas, ayudándose de la jurisprudencia y la doctrina nos permitirá dar este salto cualitativo para poder llegar a conclusiones razonables de cómo se deben configurar los catálogos urbanísticos y qué incidencia tienen con las figuras de protección del patrimonio cultural y natural regulados en la legislación sectorial.

En resumen, este trabajo trata de los catálogos urbanísticos de protección del patrimonio cultural y natural regulado en la legislación urbanística y su interacción con las figuras de protección del patrimonio cultural reguladas en la legislación sectorial del patrimonio cultural. Se centra, por lo tanto, básicamente en el patrimonio y desde una perspectiva sobre todo de municipios, sin descuidar el papel autonómico y en menor medida estatal en la materia.

Título primero:

Ámbito competencial en patrimonio cultural y urbanismo

I.1.- COMPETENCIAS EN PATRIMONIO CULTURAL

I.1.1.- Introducción

Existe un proceso de crecimiento gradual de concienciación de los poderes públicos en la conservación y protección del patrimonio histórico o concepto equivalente en su época. Esto se ha traducido en leyes cada vez más extensas y exigentes con las obligaciones de los propietarios del patrimonio cultural así con penas en el ámbito penal y sanciones administrativas cada vez más detalladas y severas.

De acuerdo con ÁLVAREZ ÁLVAREZ[1], los sistemas utilizados por el legislador históricamente para determinar el concepto de patrimonio histórico se ha basado en dos sistemas: el de catalogación definida con métodos de enumeración y clasificación (un sistema más individualizado, preciso y que da mayor seguridad jurídica, pero que puede dejar bienes fuera del alcance protector) con métodos más dados a la protección genérica de bienes, sin necesidad de hacer una declaración individualizada, pues se incluyen categorías de bienes por sus valores intrínsecos. Según MASOT TEJEDOR[2], este último sistema es el que se ha venido

---

1 ÁLVARES ÁLVAREZ, José Luis, *Estudio sobre el Patrimonio Histórico Español,* Civitas, Madrid, 1989, p. 97

2 MASOT TEJEDOR, Josep, "*Evolució del concepte de patrimoni històric*", en *Comentaris a la Llei del Patrimoni Històric de les Illes Balears,* Institut

utilizando preferentemente en el ordenamiento jurídico español, si bien lo cierto es que a día de hoy los dos métodos conviven.

A esto se le ha unido con el tiempo una flexibilización en la coordinación interadministrativa en la materia, pasando de un sistema centralizado del Estado hasta 1931 en el que se permiten constitucionalmente regiones en el Estado integral republicano español, y llegando hoy en día al Estado de las Autonomías en que el peso de la protección del patrimonio cultural lo llevan principalmente las Comunidades Autónomas.

El papel del municipio en dichas leyes tradicionalmente ha sido muy pobre, con un papel de simple ejecutor de ciertas previsiones legales, pero sin capacidad creativa para proteger ni crear normas. Hoy en día, a pesar de que la LPHE de 1985 no otorga un papel relevante a los municipios en la protección del patrimonio cultural, es cierto que distintas leyes autonómicas sectoriales, sumado a la Ley de bases de Régimen Local de 1985 dan un papel más protagonista al municipio, especialmente debido a sus competencias en protección del patrimonio histórico y urbanismo, que le permite crear planes urbanísticos de catálogo del patrimonio cultural y natural de acuerdo con la legislación autonómica de urbanismo, hacer requerimientos a propietarios para conservar edificios, etc

Respecto a las competencias comunitarias en patrimonio cultural, históricamente la CEE y luego la UE habían prestado poca atención a la cuestión del patrimonio cultural, hasta el Tratado de Lisboa de 2007, pues la UE ha apreciado cada vez más el concepto de patrimonio cultural común europeo. A pesar de que la cultura sea considerada como una competencia de apoyo y coordinación de los EEMM esto no ha impedido que lleve a cabo distintas actuaciones, como la Agenda Europea para la Cultura, o las Jornadas Europeas del Patrimonio de forma conjunta con otra organización internacional, el Consejo de Europa. En todo caso se trata del impulso de actuaciones determinadas de caracter no

---

d'Estudis Autonòmics, Palma de Mallorca, 2003, pp. 12-13.

normativo, como políticas o programas destinados a la protección y difusión del patrimonio cultural europeo. En cambio las competencias compartidas con los Estados Miembros en mercado común han permitido a la UE ir más allá y legislar las restricciones a la exportación y tráfico de bienes culturales, respetando el principio de subsidiariedad.

A nivel estatal, el acceso a la cultura es un mandato reiterado en la Constitución para todos los poderes públicos, ya el art. 9.2 lo establece de forma muy genérica, y el mandato se va concretando como principio rector de la política económica y social muy especialmente en el art. 44 CE para la cultura en general y en el art. 46 para proteger el patrimonio histórico en concreto, mientras que los arts. 48 y 50 lo prevén específicamente para jóvenes y gente de la tercera edad. Como en todos estos casos el mandato es para el conjunto de "poderes públicos", esto se ha traducido competencialmente, en base al art. 149.2 CE, en un tipo de competencia *sui generis* llamado "competencia concurrente" donde Estado y CCAA tienen competencias plenas en materia cultural, si bien cada una en su ámbito. Al Estado le corresponde gestionar, por ejemplo, museos estatales, pero también coordinar el ámbito cultural con el conjunto de CCAA. Eso ha llegado a permitir al Estado a tener competencia para subvencionar instituciones culturales no estatales y otras facultades que en otros ámbitos de competencia exclusiva de las CCAA sería impensable, pues así lo ha ido desarrollando jurisprudencialmente el Tribunal Constitucional. El art. 149.2 CE ha permitido al Estado legislar en cuestiones como preservar el patrimonio cultural común y sobre los aspectos que precisen tratamientos generales o que reclamen una definición unitaria, tal y como apunta GIFREU[3].

El TC por Sentencia 17/1991 autoriza a que el Estado declare los BIC referentes al patrimonio histórico español adscritos a los

3 GIFREU I FONT, Judit, "Régimen jurídico de la protección y fomento del Patrimonio Cultural en Cataluña: estado de la cuestión", *op. cit.*, p. 244.

servicios públicos de la AGE o del Patrimonio Nacional, mientras las CCAA pueden declarar BIC los bienes más relevantes situados en su territorio[4]. Esa interpretación se ha ampliado por la STSJC de 24 de julio de 1999 también a los bienes del Estado afectados por la gestión indirecta de servicios de su titularidad.

Estas competencias exclusivas del Estado en patrimonio cultural se han materializado en la LPHE de 1985 (ley actualmente con intención de ser modificada), mientras que los títulos competenciales exclusivos autonómicos se han materializado en cada estatuto de autonomía y luego en cada ley autonómica sobre patrimonio cultural, en el caso catalán en la Ley 9/1993. En consecuencia, no hay competencias compartidas ni una legislación estatal básica desarrollada por ley autonómica. Ambas leyes desarrollan competencias exclusivas, unas estatales y otras autonómicas, si bien todas versan genéricamente sobre patrimonio cultural. A pesar de esto, el desarrollo de la legislación autonómica, la práctica institucional y la Sentencia del Tribunal Constitucional 17/1991 sobre la LPHE han terminado dando el peso competencial de la gestión y protección del patrimonio cultural a las Comunidades Autónomas.

A pesar de que autores como ALONSO IBÁÑEZ[5] han defendido a nivel competencial en cultura un sistema de cooperación orgánica y funcional entre el Estado y las Comunidades Autónomas, la práctica ha sido más problemática al delimitar el ámbito competencial cuando se ha tratado de aplicarlo en supuestos concretos reales, tal y como apunta COSCULLUELA MONTANER[6].

---

4 Referente a esa regla general de prevalencia de la declaración de BIC autonómico por sobre el carácter residual de declaración por el Estado puede consultarse la STS de 21 de febrero de 1992, sala de lo contencioso (Ar. 1997) sobre el Edificio del antiguo Convento de San Andrés, sito en la Plaza de Santo Domingo de Mérida.

5 ALONSO IBÁÑEZ, María Rosario, *El patrimonio histórico. Destino público y valor cultural*, Editorial Civitas, Madrid, 1992, pp. 64-65; y 96 y ss.

6 COSCULLUELA MONTANER, Luis, "La determinación constitucional de las competencias de las Comunidades Autónomas", e*Revista de Administración Pública*, núm. 89, 1979.

Hay que tener en cuenta, como entiende ABAD LICERAS[7] o PÉREZ DE ARMIÑÁN[8], que independientemente de quien sea el propietario, qué legislación cultural sea aplicable y en qué comunidad autónoma radique el bien cultural, este será a su vez parte del patrimonio histórico de la comunidad autónoma, y a la vez formará parte del Patrimonio Histórico Español, hecho que parece desprenderse también del FJ 4° de la STC 103/1988 de 8 de junio.

La misma LPHE establece como organismos competentes para aplicar la ley las Comunidades Autónomas y el Estado, indistintamente (artículo 6), mientras que le da a los Ayuntamientos un papel de simple cooperador (artículo 7), dando una respuesta parcial al reto de dar solución a la nueva configuración de Estado compuesto de las autonomías que propugna la Constitución española de 1978.

Tal y como defienden GARCÍA-ESCUDERO y PENDAS GARCÍA[9], la LPHE ha sabido acoger la doctrina más moderna en materia de patrimonio histórico en el sentido de aceptar la naturaleza bifronte de la propiedad del patrimonio histórico, deslindando la propiedad de fruición privada de la función social de la propiedad del patrimonio histórico, que implica ciertas cargas (y también objeto de fomento como desgravaciones fiscales y subvenciones o acceso al crédito) sobre la propiedad debido a su interés público. Además, la ley ha tenido el acierto de superar la equivalencia de patrimonio histórico como obra de arte, con una concepción más amplia que ha llegado incluso a la consideración del patrimonio etnográfico. Finalmente, otro acierto ha sido

---

7 ABAD LICERAS, José María, "La Distribución de competencias entre el Estado y las Comunidades Autónomas en materia de patrimonio cultural histórico-artístico: soluciones doctrinales", *op. cit.*, p. 176.

8 PÉREZ DE ARMIÑÁN Y DE LA SERNA, Alfredo, "Una década de aplicación de la Ley del Patrimonio Histórico Español", *Revista Patrimonio Cultural y Derecho*, número 1, 1997, p. 36.

9 GARCÍA-ESCUDERO, Piedad y PENDAS GARCÍA, Benigno, *op. cit.*, pp. 229-230.

empezar a establecer conexiones entre el patrimonio histórico y el urbanismo, con tal de poder integrar el patrimonio histórico dentro del ambiente urbano, sin cuya protección integral carece de sentido la protección meramente conservativa.

En base a los títulos competenciales estatutarios de 1979 se aprobó en Cataluña la Ley 9/1993, de 30 de septiembre, del patrimonio cultural catalán (LPCC). Dicha ley es la segunda autonómica específica de la materia, después de la vasca de 1990 y por lo tanto forma parte de esa primera generación de leyes sectoriales de patrimonio cultural autonómicas. Los principales objetivos de dicha ley son:

1) Desarrollar legalmente la competencia exclusiva autonómica en patrimonio cultural.

2) Establecer un concepto amplio del patrimonio cultural catalán que incluya el patrimonio inmueble, el mueble y el inmaterial, afectando a bienes de titularidad pública y privada.

3) Regular distintos niveles de protección jurídica del patrimonio: desde el máximo, que es el Bien Cultural de Interés Nacional (equivalente al BIC estatal), los bienes catalogados (con un papel importante de los municipios) y el resto de bienes integrantes del patrimonio cultural catalán.

4) Establecer medidas de fomento y difusión del patrimonio cultural catalán.

A lo largo de este trabajo se irán desgranando distintos preceptos de esta Ley, que es fundamental en el conjunto del trabajo pues es el que da los principales instrumentos de protección del patrimonio cultural a los entes locales en Cataluña.

Para RICART I MARTÍ y GÓMEZ BUENDÍA la LPCC es:

> "una ley marco que precisa los aspectos fundamentales del régimen jurídico aplicable y que prevé el desarrollo sectorial de cada tipo de bien cultural. (...) La ley también otorga a la administración local de Cataluña, de acuerdo con la legislación local, atribuciones importantes dentro de la esfera de sus competencias. (...) La

> LPCC fue, en el momento de su promulgación una ley moderna e innovadora, y el hecho que todavía siga vigente demuestra que otorga instrumentos eficaces para proteger, conservar y acrecentar el patrimonio cultural catalán. Eso no obstante, se echa de menos que imponga obligaciones de conservación a la administración pública, autonómica o local, y que el incumplimiento de estas obligaciones comporte consecuencias, también a la misma administración."[10]

También de esta ley, al igual que ocurre con las demás leyes autonómicas y la estatal en materia del patrimonio cultural, se reconoce un papel activo de la sociedad civil para hacer cumplir la LPCC, concretamente en el artículo 5 de la ley[11], que reconoce la acción pública a toda persona física y jurídica, no solo para hacer cumplir la ley en el ámbito administrativo, sino indirectamente también en el judicial (si bien ya veremos que en el ámbito sancionador el papel es muy limitado, siendo poco más que un denunciante).

Hay que reconocer que otras leyes sectoriales del patrimonio autonómicas son mucho más explícitas reconociendo la legitimidad de la acción pública de cualquier persona ante los tribunales para hacer cumplir la ley.

Finalmente me gustaría destacar el papel de la sociedad civil en el cumplimiento de la legislación sectorial sobre el patrimonio cultural, especialmente de entidades como los centros de estudios

---

10 RICART I MARTÍ, Encarnació y GÓMEZ BUENDÍA, Carmen, "El patrimonio cultural local", en GIFREU I FONT, Judith, y FUENTES I GASÓ, Josep Ramon (Dirs.), *Règim jurídic dels governs locals de Catalunya*, Associació Catalana de Municipis, Tirant lo Blanch, Valencia, 2022, pp. 1448-1449.

11 "1. Todas las personas físicas y jurídicas están legitimadas para exigir el cumplimiento de la legislación de patrimonio cultural ante las Administraciones públicas de Cataluña. La legitimación para recurrir ante los Tribunales de Justicia se rige por la legislación del Estado y de la Comunidad Europea.
2. Todo aquel que tenga conocimiento de una situación de peligro o de la destrucción consumada o inminente de un bien integrante del patrimonio cultural catalán lo comunicará inmediatamente a la Administración local correspondiente o al Departamento de Cultura."

que hay alrededor del territorio en Cataluña y que velan activamente para este objetivo[12].

I.1.5.- Competencias municipales y locales

I.1.5.1.- Competencias municipales

Los mandatos constitucionales de los arts. 9.2, 44, 46, 48 y 50 CE afectan a todos los poderes públicos, y por lo tanto también a los entes locales, quienes deberán llevarlos a cabo de acuerdo con el principio constitucional de autonomía local (arts. 137 y 140 CE y Carta Europea de Autonomía Local) y de acuerdo con las competencias que tengan atribuidas legalmente para la gestión de sus propios intereses (en este caso, de acuerdo con la legislación de régimen local y la sectorial de patrimonio cultural).

El mandato genérico del artículo 46 CE de proteger el patrimonio cultural a todos los poderes públicos ha llevado a implicar a los poderes locales, motivo por el cual el artículo 25.2.a) de la Ley 7/1985, de 2 de abril, reguladora de las Bases del Régimen Local (LBRL) establece como competencia propia de los municipios la protección y gestión del Patrimonio histórico. Sin olvidar que en caso de creación, dentro del municipio de una Entidad Municipal Descentralizada, será esa la competente en "La conservación y el mantenimiento de los parques y los jardines y del patrimonio histórico y artístico de su ámbito" (art. 82.1.f TRLMRLC).

Este título genérico competencial debe de ser concretado mediante funciones específicas de los municipios, funciones que se ven trasladadas en la legislación sectorial sobre patrimonio cultural, como la LPHE y la legislación autonómica del patrimonio histórico.

---

12 VARIOS AUTORES, *L'ús i l'abús del patrimoni en els territoris de parla catalana,* Institut Ramon Muntaner, Barcelona, 2004, pp. 11-17.

En este régimen de competencias concurrentes, tal como señala GIFREU I FONT,

> "también juegan un papel las administraciones locales, con funciones circunscritas básicamente a tareas de gestión administrativa en el ámbito de la cultura, en especial la anudada a la tutela y conservación de bienes inmuebles".[13]
>
> Para GARCÍA RUBIO[14],
>
> "en la actual configuración competencial de los ayuntamientos sobre el patrimonio cultural se articula sobre tres grandes ejes:
>
> En primer lugar las funciones de policía urbana de carácter fundamentalmente urbanístico en cuanto a la conservación de las edificaciones, la declaración de ruina y la elaboración de los planes especiales de protección de los recientes históricos.
>
> En segundo lugar las funciones propias en calidad de propietarios o de tentadores de bienes considerados de carácter BIC con las responsabilidades y funciones que ella acompaña para el ayuntamiento para la organización de exposiciones, visitas, conservación específica de calles, plazas, jardines y edificios singulares, etc.
>
> Y un tercer eje caracterizado por la incidencia sectorial de títulos competenciales recogidos en el art. 25 de la LRBRL pero con clara incidencia en la conservación del patrimonio cultural, esto es los de tráfico y ordenación urbana, turismo, instalaciones culturales, etc."

Respecto a esto, hay que recordar lo que dispone el artículo 2 LBRL:

> "1. Para la efectividad de la autonomía garantizada constitucionalmente a las Entidades Locales, la legislación del Estado y la de las Comunidades Autónomas, reguladora de los distintos sectores de acción pública, según la distribución constitucional de competencias, deberá asegurar a los Municipios, las Provincias y las Islas su derecho a intervenir en cuantos asuntos afecten directamente al círculo de sus intereses, atribuyéndoles las competencias que proceda en atención a las características de la actividad pública

---

13 GIFREU I FONT, Judit., "Régimen jurídico de la protección (...)" *op. cit.* p. 259.

14 GARCÍA RUBIO, Fernando, "El papel de los Ayuntamientos en la Conservación del patrimonio cultural. Estado de la cuestión (1)", *El Consultor de los Ayuntamientos*, Nº 12, Sección Colaboraciones, 2004, pp. 2094-2095.

de que se trate y a la capacidad de gestión de la Entidad Local, de conformidad con los principios de descentralización, proximidad, eficacia y eficiencia, y con estricta sujeción a la normativa de estabilidad presupuestaria y sostenibilidad financiera.
2. Las leyes básicas del Estado previstas constitucionalmente deberán determinar las competencias que ellas mismas atribuyan o que, en todo caso, deban corresponder a los Entes locales en las materias que regulen."

Es evidente que los entes locales, como administraciones más próximas al ciudadano y con evidentes intereses sobre el territorio, deben tener unas competencias en urbanismo y patrimonio cultural.

Respecto al título competencial municipal en patrimonio histórico de la LBRL, FUENTES I GASÓ nos advierte de que ha habido una restricción de la competencia con la LRSAL:

"la modificación del art. 25 LBRL realizada por la Ley 27/2013, de 27 de diciembre, de racionalización y sostenibilidad de la Administración Local (LRSAL) no ha dejado inmune el ámbito histórico cultural. Antes de la reforma, el art. 25.2 en la letra e) otorgaba competencias propias en materia de «patrimonio histórico-artístico» y en la letra m) en materia de «actividades o instalaciones culturales y deportivas». Con la reforma, la referencia al «patrimonio histórico-artístico» se acota a la «protección y gestión del patrimonio histórico», ahora incluida en la letra a), y el contenido de la letra m) ha pasado a ser «promoción de la cultura y equipamientos culturales.»." [15]

El autor entiende que aparentemente estos cambios no resultan relevantes si bien pueden no ser del todo inocuos. Además, manifiesta que

"en la letra a) se añade ahora la referencia explícita a la "conservación y rehabilitación de la edificación", una competencia propia que no se contemplaba en el redactado anterior, aunque ya se ejercía en cumplimiento de la legislación urbanística y de la Ley

---

15 FUENTES I GASÓ, Josep Ramon, "La protección jurídica del patrimonio cultural en la era Smart City", en *Camino de Santiago y patrimonio cultural. Una visión jurídica integradora*, Barcelona, 2019, pp. 195-242.

> 8/2013, de 26 de junio, de Rehabilitación, Regeneración y Renovación urbanas."[16]

A pesar de esta limitación y clarificación de competencias que significa la LRSAL, FUENTES I GASÓ también nos indica que

> "el Tribunal Constitucional en varias sentencias relativas a la LRSAL ha declarado que el listado de competencias del art. 25.2 es un numerus apertus, con lo que la legislación puede atribuir a los municipios otras competencias".[17]

El art. 66.3 del Decreto Legislativo 2/2003 del TR de la Ley Municipal y de Régimen Local de Cataluña, anterior a la LRSAL, pero no inaplicable o incompatible con ella, nos dice igual que la LBRL con su redacción anterior, que los municipios catalanes tienen competencias propias en "patrimonio histórico-artístico".

Para GARCÍA RUBIO no podemos olvidar cuando hablamos de competencias municipales en patrimonio histórico, de la coordinación con otras materias relacionadas[18].

La LPHE, a pesar de que no tiene carácter de legislación básica y por lo tanto no dicta unos mínimos legales que deban respetar todos los poderes públicos, sí que de algún modo desarrolla el principio rector del artículo 46 CE por lo que se ha permitido establecer en un artículo, el 7, un marco muy genérico de funciones de los municipios en materia del patrimonio histórico español:

---

16 FUENTES I GASÓ, Josep Ramon, "Patrimonio cultural y smart city: la transformación integral de la Ciudad", *Cuadernos de Derecho Local,* núm. 57, Fundación Democracia y Gobierno Local, 2021, p. 147.

17 FUENTES I GASÓ, Josep Ramon, "Consecuencias de la Ley 27/2013, de Racionalización y sostenibilidad de la Administración Local, en el régimen local de Cataluña", *Revista Vasca de Administración Pública,* núm. 101, 2015, p. 74

18 GARCÍA RUBIO, Fernando, "El papel de los Ayuntamientos en la Conservación del patrimonio cultural. Estado de la cuestión", en GARCÍA RUBIO, Fernando (coord.), *Régimen jurídico de los centros históricos,* Dykinson, Madrid, 2008, p. 117.

"Los Ayuntamientos cooperarán con los Organismos competentes para la ejecución de esta Ley en la conservación y custodia del Patrimonio Histórico Español comprendido en su término municipal, adoptando las medidas oportunas para evitar su deterioro, pérdida o destrucción. Notificarán a la Administración competente cualquier amenaza, daño o perturbación de su función social que tales bienes sufran, así como las dificultades y necesidades que tengan para el cuidado de estos bienes. Ejercerán asimismo las demás funciones que tengan expresamente atribuidas en virtud de esta Ley."

El precepto habla solamente de Ayuntamientos, lo que entendemos que está desfasado, pues debería referirse a los distintos entes locales, pues es claro que muchos municipios, especialmente los pequeños y con menos recursos tendrían dificultad incluso para hacer frente a ese mandato de cooperación por falta de expertos en patrimonio cultural (e incluso de arquitectos municipales).

Como vemos, en primer lugar se refiere a funciones de cooperación para ejecutar la LPHE en relación con el patrimonio histórico español, si bien tienen esa función de conservación y custodia del patrimonio. Dicha cooperación se materializa, según el mismo artículo con la notificación a la administración estatal (o autonómica, en su caso) de cualquier daño o amenaza al bien. Finalmente hace una remisión a las demás funciones que la LPHE atribuye a los Ayuntamientos/municipios[19].

---

19 Que resumidamente son las siguientes:
1) Derecho de audiencia de los Ayuntamientos en los procedimientos de declaración de BIC en su territorio (art. 9.2);
2) Deber de redactar un plan especial urbanístico o equivalente en caso de declaración de ciertas clases de BIC (Conjunto Histórico, Sitio Histórico o Zona Arqueológica) en su territorio (art. 20);
3) La autorización de obras directamente de desarrollo de planes urbanísticos aprobados en ciertos BIC (Conjunto Histórico, Sitio Histórico o Zona Arqueológica), dando cuenta de las licencias otorgadas a la administración competente en máximo 10 días (artículo 20). Mientras el plan urbanístico no sea aprobado, dicha competencia será de la "administración competente" (entendemos que excepto los escasos casos en los que será el Estado, normalmente será competencia de la Comu-

La Ley 9/1993 del patrimonio cultural da al municipio un papel relevante, no solo a los municipios declarados histórico-artísti-

---

nidad Autónoma). En caso de licencias ya otorgadas que contravengan la protección del BIC, cierta doctrina se inclina por considerar que se aplicará el régimen de responsabilidad patrimonial de la administración correspondiente. En todo caso, no se permitirán alineaciones nuevas, alteraciones en la edificabilidad, parcelaciones ni agregaciones.
4) El deber del Ayuntamiento de ordenar la demolición o reconstrucción por obras ilegales en los BIC (artículo 23). Esta función está compartida con la administración estatal y autonómica y tiene una gran incidencia sobre la esfera de los particulares, y presupone el hecho de hacer obras sin licencia o contrarias a la licencia otorgada;
5) La capacidad expropiatoria subsidiaria de los municipios respecto de los BIC en riesgo o bienes en su zona de protección que perturben su contemplación o lo pongan en riesgo (artículo 37 LPHE). De nuevo es una competencia compartida con la administración estatal y autonómica, quienes tendrán preferencia en su ejercicio;
6) Deber del Ayuntamiento de acatar la orden de suspensión (de la Administración de cultura estatal o autonómica) por máximo de 6 meses de las obras de demolición o cambio de usos de inmuebles no declarados BIC pero que formen parte del patrimonio histórico español y el deber proactivo de optar por proteger el bien mediante aprobación inicial un plan especial (entendemos que mediante su catalogación) o con otras medidas de protección permitidas por la normativa urbanística (art. 25). Todo ello sin perjuicio de la posibilidad del artículo 37 del Ayuntamiento u otra administración competente de impedir el derribo u obra o intervención en un BIC, o incluso en un bien del patrimonio histórico español que no sea BIC (caso en el que se dispondrá de 30 días hábiles para decidir si se continúan las obras o se incoa su declaración como BIC). A estos efectos podemos citar la colaboración de las fuerzas y cuerpos de seguridad del Estado con el Ministerio de Cultura para ejecutar las previsiones de los artículo 25 y 37 LPHE, de acuerdo con la Disposición Adicional 1ª del Real Decreto 111/1986, de 10 de enero, de desarrollo parcial de la Ley 16/1985, de 25 de junio, del Patrimonio Histórico Español.
7) Exención de los impuestos municipales en los términos que determinen las ordenanzas municipales referentes a obras de conservación, mejora o rehabilitación de un BIC (artículo 69.3).

cos de su art. 6, sino a cualquier municipio[20]:

1) En el ejercicio de sus competencias los Municipios velarán por la integridad del patrimonio cultural catalán, tanto público como privado, y por la protección, la conservación, el acrecentamiento, la difusión y el fomento de este patrimonio, estimulando la participación de la sociedad, por lo que se dotarán de los medios materiales y personales adecuados (art. 3.1 LPCC).

2) Creación del consejo del patrimonio en municipios históricos artísticos de más de 1.000 habitantes (art. 6.1 LPCC).

3) Competencia del Pleno del Ayuntamiento para declarar Bienes Culturales de Interés Local (BCILs) en municipios de más de 5.000 habitantes (art. 17.2 LPCC).

4) Ejercicio subsidiario del derecho de tanteo en caso de venta onerosa de un Bien Cultural de Interés Nacional (BCIN) inmueble en su ámbito territorial y derecho de tanteo directo en caso de venta de BCIL (art. 22 LPCC).

5) Participación en patronatos de la Generalitat para gestionar sus monumentos (art. 62.3 LPCC).

6) Competencias en expropiación para instalar museos, archivos y bibliotecas (art. 64.2 LPCC).

7) Competencias en expropiación de BCIN en riesgo de ruina por falta de conservación de su propietario (art. 67.4 LPCC).

8) Competencia sancionadora en ciertas infracciones que afectan a BCIL en su ámbito respectivo siempre que sea en municipios de más de 5.000 habitantes (art. 75 LPCC).

Se echa de menos un tratamiento unitario de competencias municipales en la materia, como hacen otras leyes ya que la LPCC dispersa dicha intervenciones en pinceladas en distintos artículos,

---

20 Sin perjuicio de las competencias de los Consejos Comarcales, sobre todo por lo referido a municipios pequeños.

interviniendo los entes locales en cuestiones muy puntuales. Más allá del acierto de la forma y peso de las competencias municipales en la LPCC, hay que mencionar los cuatro principales problemas que tienen los entes locales para ejercer sus competencias y gestionar su patrimonio cultural según SÁNCHEZ LUQUE[21]: infradotación financiera de los municipios; falta de profesionales de los entes locales especializados en patrimonio cultural (raramente un municipio tiene técnicos de patrimonio cultural, y los técnicos de cultura normalmente no tienen un perfil de estas características, mientras que en el ámbito de territorio, también es complicado encontrar arquitectos especializados en esta materia); la falta de objetivos claros de los municipios al gestionar su patrimonio cultural; y la falta de sensibilización en patrimonio cultural de las políticas municipales.

Tampoco podemos olvidar, como nos recuerda RICART I MARTÍ y GÓMEZ BUENDÍA que los entes locales pueden disponer de su propio patrimonio histórico-artístico que se regula por el Decreto 336/1988, de 17 de octubre, por el que se aprueba el Reglamento del patrimonio de los entes locales, para las autoras resulta relevante:

> "la precisión según la cual estos bienes se integran en el patrimonio del ente local como "patrimonio separado", y que, respecto a estos bienes, serán de aplicación la legislación específica y, subsidiariamente, las normas que regulan los bienes de servicio público. El Reglamento, en el art. 17, prevé la obligación de establecer, en una ficha específica del inventario, los inmuebles y los bienes muebles culturales o de valor históricoartístico sobre los cuales los ayuntamientos tengan la propiedad u otro derecho real (...)."[22]

---

21 SÁNCHEZ LUQUE, María, *La gestión municipal del Patrimonio Cultural urbano en España*, Tesis Doctoral, Departamento de Historia del Arte. Facultad de Filosofía y Letras. Universidad de Málaga, 2005, pp. 42-52.

22 RICART I MARTÍ, Encarnació y GÓMEZ BUENDÍA, Carmen, "El patrimonio cultural local", en GIFREU I FONT, Judith, y FUENTES I GASÓ, Josep Ramon (Dirs.), *op. cit.*, p. 1451.

A pesar de este cierto grado de autonomía de los entes locales para catalogar y gestionar el patrimonio cultural, con pocas CCAA que se asemejen a tal grado, hay doctrina que ha criticado que la autonomía municipal en la materia sea de segundo orden. Así lo argumentan HERNÁNDEZ HERRERO y MIRET MESTRE[23]:

> "Desde los diferentes sectores se ha puesto de manifiesto que los ayuntamientos de Cataluña esperaban con mucho interés esta ley para que fueran bien definidas sus competencias en materia de protección del patrimonio, y se ha destacado como un éxito el hecho de que fuera aceptada, con reservas, su mayoría de edad y que hayan con-seguido 'un cierto grado' de competencia en la protección legal o específica de su patrimonio (BCIL). Pero también se ha reprochado a la Administración autonómica que estos bienes sobre los cuales los municipios tienen competencia plena son 'de segunda categoría' y la necesidad, marcada en la ley, de informe favorable (...) de la Generalitat para dejar sin efecto la protección otorgada a los bienes mediante su declaración como BCIL"

Cabe mencionar también otras competencias municipales referentes al patrimonio cultural fuera de la LPCC, como la de destinar el producto del patrimonio municipal de suelo y vivienda a la conservación del patrimonio arquitectónico, En primer lugar tenemos el artículo 52.1 TRLS de 2015[24], que admite la posibilidad de destinar el producto económico de este patrimonio muni-

---

23 HERNÁNDEZ HERRERO, Gemma y MIRET MESTRE, Magí, "*La protecció del patrimoni arqueològic des de l'administració local*", *Revista d'Arqueologia de Ponent*, núm. 9, 1999, p. 340.

24 "1. Los bienes y recursos que integran necesariamente los patrimonios públicos de suelo en virtud de lo dispuesto en el apartado 1 del artículo anterior, deberán ser destinados a la construcción de viviendas sujetas a algún régimen de protección pública, salvo lo dispuesto en el artículo 18.2 a). Podrán ser destinados también a otros usos de interés social, de acuerdo con lo que dispongan los instrumentos de ordenación urbanística, sólo cuando así lo prevea la legislación en la materia especificando los fines admisibles, que serán urbanísticos, de protección o mejora de espacios naturales o de los bienes inmuebles del patrimonio cultural, o de carácter socio-económico para atender las necesidades que requiera el carácter integrado de operaciones de regeneración urbana."

cipal a proteger o mejorar espacios naturales o bienes inmuebles del patrimonio cultural. La exigencia de una autorización legal para poder destinar el patrimonio del suelo a la protección del patrimonio cultural y natural se ha confirmado en Cataluña en el artículo 224.2.e del RLUC[25].

Sin olvidar la obligación de inventariar a parte el patrimonio histórico artístico del mismo municipio y de que dichos bienes se rijan primordialmente por la legislación sectorial en patrimonio cultural (LPCC en definitiva) y la tutela municipal sobre bienes de interés histórico artístico privados en el municipio (algo que se hizo antes de la LPCC y que quizás sería más lógico regular en esta ley que en un Decreto sobre patrimonio de los entes locales), según los artículos 17 y 18 del Decreto 336/1988, de 17 de octubre, por el que se aprueba el Reglamento del patrimonio de los entes locales[26].

Por otro lado, en lo que se refiere a la protección del patrimonio natural, nada se dice en el artículo 25.2 LBRL, pues el apartado b) ha ceñido la antigua competencia en "medio ambiente" a "medio ambiente urbano" desde Ley 27/2013, de Racionalización y Sostenibilidad de la Administración Local, y entre los ejemplos

---

25 "224.2 Los recursos económicos que integran el patrimonio municipal de suelo y de vivienda de acuerdo con el artículo 223.2 de este Reglamento se tienen que destinar:
(...)
e) A la ejecución de operaciones de iniciativa pública de conservación, rehabilitación o mejora del patrimonio arquitectónico, de remodelación urbana, o de conservación y mejora del medio rural y natural."

26 Complementando lo ya dicho, el art. 81 del "Real Decreto Legislativo 781/1986, de 18 de abril, por el que se aprueba el Texto Refundido de las disposiciones legales vigentes en materia de Régimen Local" dispone que en caso de enajenación o gravamen de edificios u objetos histórico-artísticos, se precisa informe previo del órgano competente estatal o autonómico de acuerdo con la legislación sectorial del patrimonio, normalmente iremos a la LPCC o ley sectorial autonómica del patrimonio cultural, excepto en caso de BIC de titularidad o afectos a un servicio público estatal, caso en el que iremos a la LPHE.

de lo que implica medio ambiente urbana no figura el patrimonio natural. Eso no significa que por ley o reglamento no lo puedan atribuir competencias, pues veremos algunos decretos de la Generalitat que permiten a los entes locales declarar árboles y arboledas de interés local o comarcal, hecho que entendemos plausible ya que la mayoría de la doctrina como NAVARRO RODRÍGUEZ[27] o FUENTES I GASÓ[28] entienden que el contenido competencial del artículo 25 es de mínimos, ampliable.

I.1.6.- Conclusiones preliminares

Hemos podido ver el papel mínimo de las competencias comunitarias en materia de patrimonio cultural, y las competencias concurrentes en materia de cultura en base al artículo 149.2 CE, lo que ha llevado al Estado a legislar primero con la LPHE, que no tiene carácter básico, y luego surgieron las leyes del patrimonio cultural autonómicas, que tienen competencias plenas en su ámbito competencial del patrimonio cultural.

En Cataluña, la LPCC de 1993 obliga a la Generalitat, Consejos Comarcales y Ayuntamientos a colaborar entre ellas dentro de sus respectivos marcos competenciales y a velar por la integridad del patrimonio cultural catalán y su protección (artículo 3), reservando a la Generalitat la capacidad para declarar BCIN y a Ayuntamientos y Consejos Comarcales la de declarar BCIL.

En referencia a las competencias municipales, el mandato del art. 46 CE también ha sido asumido por el legislador estatal y

---

27 NAVARRO RODRÍGUEZ, Pilar, "Las competencias medioambientales de los entes locales tras la Ley 27/2013, de Racionalización y Sostenibilidad de la Administración Local", *Cuadernos de Derecho Local*, núm. 46, febrero 2018, pp. 88 y 89.

28 FUENTES I GASÓ, Josep Ramon, "Consecuencias de la Ley 27/2013, de Racionalización y Sostenibilidad de la Administración Local, en el régimen local de Cataluña", *Revista Vasca de Administración Pública*, núm. 101, 2015, p. 74

autonómico a la hora de dar competencias municipales propias en gestión y protección del patrimonio cultural (art. 25.2 LBRL y concretado sobre todo en las leyes sectoriales de patrimonio cultural). Algunas leyes sectoriales autonómicas del patrimonio cultural han previsto figuras concretas de protección jurídica de bienes de interés cultural (como los Bienes Culturales de Interés Local en Cataluña) con ciertas potestades sancionadoras y de inspección, a pesar de esto, el grueso de competencias municipales en protección del patrimonio cultural siguen siendo parte del ámbito urbanístico, con la elaboración de catálogos del patrimonio contenidos en planes urbanísticos generales o especiales, órdenes de ejecución urbanísticas para salvaguardar el patrimonio protegido, prohibición de declaración de ruina de bienes catalogados, etc.

También puede asumir competencias delegadas por el Estado o la Comunidad Autónoma en gestión de equipamientos culturales, siempre con las limitaciones y requisitos del artículo 27 LBRL.

Respecto de la asistencia de los entes supramunicipales en defensa del patrimonio cultural, en el conjunto del Estado existen las Diputaciones provinciales, que tienen una función de apoyo a los municipios, y a pesar de no tener reconocidas unas competencias específicas en patrimonio cultural, pueden prestar apoyo en esta materia, es el caso de la Oficina del Patrimonio Cultural o el Servicio del Patrimonio Arquitectónico Local de la Diputación de Barcelona.

A nivel catalán y aragonés destaca la regulación de otra administración supramunicipal, la comarca, que en el caso aragonés tiene atribuida por ley competencias explícitas en protección del patrimonio cultural, mientras que en el caso de Cataluña la LPCC atribuye a los Consejos Comarcales competencias muy puntuales en patrimonio cultural respecto a los municipios más pequeños.

En definitiva, en palabras de ALZAGA VILLAAMIL, al interpretar el principio del artículo 46 CE:

> "la protección del patrimonio histórico, artístico y cultural incumbe, en principio y en general, a todas las Administraciones Públi-

cas (Estado, Comunidades Autónomas y Entidades Locales), con independencia del ejercicio en concreto de cada competencia."[29]

I.2.- COMPETENCIAS EN URBANISMO Y ORDENACIÓN DEL TERRITORIO

El Estado no dispone de títulos competenciales directos en urbanismo, ya que están atribuidos a las Comunidades Autónomas, por eso solo dispone del título competencial transversal del artículo 149.1.1 CE para legislar la Ley de Suelo, si bien también tiene un título competencial por obras públicas de interés general o que afecten a varias CCAA y en legislación de expropiación forzosa.

Según el artículo 148 de la Constitución, las CCAA pueden asumir competencias en materia de ordenación del territorio, urbanismo y vivienda en sus Estatutos de Autonomía. El Estatuto de Autonomía de Cataluña (EAC), aprobado por Ley Orgánica 6/2006, de 19 de julio, dice que la Generalitat tiene competencias exclusivas en materia de urbanismo para regular el régimen urbanístico y de la propiedad del suelo, respetando las condiciones básicas establecidas por el Estado; y para regular los instrumentos de planeamiento y gestión urbanística; protección de la legalidad urbanística; política de suelo y vivienda y patrimonios públicos de suelo y vivienda.

Esta competencia implica, de acuerdo con el artículo 110 EAC, al ser exclusiva, que la Generalitat puede ejercer la potestad legislativa y reglamentaria en solitario así como tiene competencias ejecutivas en la materia.

El 2005 se aprueba el Decreto Legislativo 1/2005 del Texto refundido de la ley de urbanismo de Cataluña y su reglamento, que

---

[29] ALZAGA VILLAAMIL, Óscar, *La Constitución Española de 1978 (Comentario Sistemático)*, Madrid, 1978.

es el Decreto 305/2006, todavía vigente. Finalmente se aprueba el Decreto Legislativo 1/2010 por el cual se hace un nuevo texto refundido y así refundir varias leyes referidas al urbanismo, adaptando la ley de urbanismo al TRLS de 2008, que clasifica el suelo en dos categorías básicas: el suelo rural y el urbanizado. Actualmente rige el Real Decreto Legislativo 7/2015, de 30 de octubre, por el que se aprueba el texto refundido de la Ley de Suelo y Rehabilitación Urbana.

En Cataluña es el Departament de Territori de la Generalitat el que actualmente asume las funciones ejecutivas en materia de urbanismo, dentro del cual destaca la Comisión de Política Territorial y de Urbanismo de Cataluña como órgano superior de carácter consultivo en la materia. Dentro del departamento, las funciones ejecutivas corresponden a la Secretaría de Territorio y Mobilidad, y dentro de ésta hay la Dirección General de Ordenación del Territorio y Urbanismo, del cual depende la Dirección General de Urbanismo, órgano administrativo especializado en la gestión de las competencias urbanísticas de la Generalitat.

El régimen urbanístico catalán se diseña en base al reconocimiento constitucional de la función social que desarrolla la propiedad (art. 5.1 TRLUC) y se dispone de técnicas e instrumentos urbanísticos precisos para conseguir el objetivo de determinar dónde se desarrollan los asentamientos humanos (STC 61/1991 de 20 de marzo, FJ 5º), objetivo que se desarrolla en unos principios generales recogidos en el Título Preliminar del TRLUC y del RLUC.

Según el artículo 14 TRLUC, las competencias urbanísticas las ejerce la Generalitat, municipios y comarcas. Estos dos últimos lo hacen de acuerdo con el principio de autonomía local, proporcionalidad y subsidiariedad, siempre sujetos al TRLUC y legislación de régimen local. Por el principio de subsidiariedad, los ayuntamientos disponen de todas las facultades de naturaleza local no atribuidas expresamente por el TRLUC u otros organismos.

Dichas competencias se pueden ejercer de forma directa o indirecta así como crear gerencias, consorcios, mancomunidades o delegar competencias urbanísticas. Mientras que las administraciones supramunicipales deben prestar asistencia a los municipios, especialmente los más pequeños.

Los municipios gozan de las competencias en urbanismo que le atribuyen las leyes en la materia, en este caso principalmente las leyes autonómicas (el TRLUC en Cataluña).

Los Consejos Comarcales tienen competencias muy puntuales para la aprobación de planes supramunicipales.

De lo establecido por la ley, no se desprende que el Ayuntamiento tenga competencias para aprobar definitivamente un plan urbanístico que pueda contener el catálogo urbanístico del patrimonio.

Según la Carta Europea de Ordenación del Territorio, la ordenación del territorio es la expresión espacial de la política social, económica, cultural y ecológica, para conseguir el desarrollo socioeconómico equilibrado de las regiones, mejorar la calidad de vida de sus ciudadanos, gestionar de forma responsable los recursos naturales, proteger el medio ambiente y utilizar racionalmente el territorio.

El art. 148 CE permite a las CCAA asumir competencias en materia de ordenación territorial, urbanismo y vivienda, que la STC 28/1997 ha definido su contenido como el conjunto de actuaciones públicas de contenido planificador el objeto del cual consiste en la fijación de los usos del suelo y el equilibrio entre las distintas partes del territorio.

Así, el Estatuto de Autonomía de Cataluña ha asumido competencias exclusivas en ordenación del territorio.

Es por eso que la Ley 23/1983 de Política Territorial de Cataluña ha previsto una serie de instrumentos de planificación de ordenación del territorio que orientan la ordenación urbanística del territorio. La ordenación del territorio es orientativa y abarca un territorio más amplio que el planeamiento urbanístico, que tiene un interés más local, refiriéndose solo al desarrollo urbanístico de un municipio, normalmente. Si bien las dos clases de ordenación se refieren a la gestión de un territorio para satisfacer los servicios públicos de la sociedad y planificar el desarrollo económico y social y proteger el medio ambiente y el desarrollo racional.

A diferencia del urbanismo, en materia de territorio, la Ley 23/1983, de 21 de noviembre, de política territorial deja un papel mucho más secundario a los entes locales, además con una referencia competencial muy ambigua en su artículo 2.2. Es claro que el interés supramunicipal en la materia de ordenación del territorio ha hecho que la Generalitat asuma el papel principal aquí, a diferencia del urbanismo.

La función coordinadora autonómica en ordenación del territorio no puede anular la discrecionalidad municipal para determinar su modelo territorial a través de un plan urbanístico (especialmente los planes generales), pero pueden matizarla con esa función coordinadora si hay intereses supramunicipales en juego. Esto se hace mediante la aprobación definitiva del plan por la Comunidad Autónoma y en base a los artículos 58.2 y 59.1 LBRL.

Título segundo:

Categorías de bienes culturales protegidos

II.1.- CATEGORÍAS DE BIENES PROTEGIDOS PATRIMONIALES EN CATALUÑA

El patrimonio cultural nace como objeto del genio humano y tiene un carácter irrepetible, y gracias a su valor estético, histórico y cultural para la comunidad, ésta ha aceptado que el derecho de la propiedad del bien cultural tenga un carácter dual, sacado de la doctrina italiana: la propiedad del bien cultural en su faceta privada del propietario con sus derechos de goce y disfrute, y su faceta pública vinculada a su función social que da derecho a los poderes públicos a limitar el derecho de propiedad a través de una legislación especial sectorial en materia de patrimonio cultural, debido a que hay una subordinación del interés privado de la propiedad sobre el interés público de su función social, cosa que avala la Constitución Española en sus artículos 33.2 y 128.1. El concepto de patrimonio cultural está regulado en el art. 1 LPHE y en el art. 1 LPCC, ampliándose cada vez más el concepto.

De acuerdo con MENÉNDEZ PABLO y otros autores[30], la protección jurídica del patrimonio cultural es un mecanismo legal amparado por la legislación sectorial cultural y urbanística, en un proceso que debería ser previo a la protección física del bien (medidas para evitar el acceso físico indeseado al bien). Dicha catalogación se traduce en un conjunto de medidas concretas (prohibición de derribo, condiciones de enajenación del bien, criterios para rehabilitar, garantías para el acceso público, etc).

---

30 MENÉNDEZ PABLO, Xavier y otros, *La protecció del patrimoni cultural immoble. Guia per a l'elaboració dels catàlegs municipals de béns protegits*, Diputació de Barcelona, Barcelona, 2009, p. 22.

A la catalogación se llega después de un procedimiento administrativo a tal efecto y que resulta la piedra angular de las políticas de protección del patrimonio cultural. Hay que tener en cuenta, pero, que tanto la LPCC como la LPHE protegen, aunque sea de forma muy genérica, bienes integrantes del patrimonio cultural sin necesidad de estar explícitamente catalogados.

El principio rector del artículo 46 de la Constitución es la clave de vuelta de todo el sistema de protección de la legislación del patrimonio cultural. Así, de acuerdo con OLLERS VIVES[31], la finalidad de todo procedimiento de protección del patrimonio cultural es la máxima conservación de los bienes que puedan tener valores culturales para nuestra generación y las futuras. Cita así la STS de 18 de noviembre de 1996, Sala de lo Contencioso-Administrativo, así como la STS de 20 de julio de 1998[32], que dicen que

> "en la duda, la voluntad constitucional está mucho más cerca de la conservación de los bienes que puedan integrar el patrimonio Histórico, Cultural y Artístico de los pueblos de España que de su destrucción o demolición".

Como se analizará más tarde, estos procedimientos de catalogación de bienes culturales vienen muy marcados por la intervención activa de órganos consultivos técnicos cualificados en la materia del patrimonio cultural, que a través de sus informes son, si bien no siempre vinculantes, sí preceptivos y decisivos para la resolución del procedimiento, que a ojos de OLLERS VIVES[33] son una prueba pericial cualificada en el resultado del expediente y en la superación de los obstáculos ante la jurisdicción revisora, citando a mero modo de ejemplo la STS de 21 de febrero de 1992[34].

---

31 OLLERS VIVES, Pere, "*Els Béns d'Interès Cultural immobles i el seu règim de protecció*" *op. cit.*, pp. 56-57.

32 Sala de lo Contencioso-Administrativo (Rep. El Derecho 20925; ponente: Ledesma Bartret).

33 OLLERS VIVES, Pere, "*Els Béns d'Interès Cultural immobles i el seu règim de protecció*" *op. cit.*, p. 57.

34 Sala de lo Contencioso-Administrativo (Rep. E.D. 1611; ponente: Ruiz Sánchez).

La LPHE de 1985 prevé una categoría máxima de protección para bienes del Estado o afectos a su servicio que sean muebles o inmuebles, como BIC, en segundo lugar prevé, solo para los muebles, los incluidos en el Inventario General, y finalmente hay una tercera categoría mucho más difusa de bienes que integran el Patrimonio Histórico Español según el art. 1.1 LPHE que apenas goza de un régimen de protección efectiva.

La Ley 9/1993 del Patrimonio Cultural Catalán es la ley sectorial principal que regula el patrimonio cultural en Cataluña. Se considera una de las primeras leyes autonómicas en la materia, que como todas las demás, se aprobó a posteriori de la LPHE estatal de 1985 y a posteriori de la Sentencia del Tribunal Constitucional 17/1991 que interpretaba dicha ley estatal y la competencia concurrente en materia de patrimonio cultural.

El artículo 1 LPCC nos ofrece un listado de bienes que componen el patrimonio cultural catalán. Así, de acuerdo con RICART I MARTÍ y GÓMEZ BUENDÍA el artículo 1 LPCC no da un concepto de patrimonio cultural catalán, sino que hace una lista de características de los bienes que quiere incluir dando constancia de su voluntad de referirse al patrimonio cultural no declarado, con la finalidad de garantizar que puedan ser disfrutados por los ciudadanos y transmitidos en las mejores condiciones a las generaciones futuras.[35]

Debemos irnos al Título primero de dicha la LPCC para poder ver qué categorías de protección del patrimonio cultural existen en Cataluña. Y tenemos a grandes rasgos tres categorías que se regulan cada una en un capítulo distinto: los Bienes Culturales de Interés Nacional, los Bienes Catalogados y otra categoría más genérica de los "restantes bienes integrantes del patrimonio cultural catalán" que incluye otros bienes inmuebles y muebles no inclui-

---

[35] RICART I MARTÍ, Encarnació y GÓMEZ BUENDÍA, Carmen, "El patrimonio cultural local", en GIFREU I FONT, Judith, y FUENTES I GASÓ, Josep Ramon (Dirs.), *op. cit.*, p. 1447.

dos en las otras categorías, así como el patrimonio documental y el bibliográfico. Se sigue, pues, en parte la lógica de la LPHE.

Hay que decir, ya de entrada, que un BCIN es el bien de máxima protección y por lo tanto se reserva a los bienes con un interés excepcional y más relevantes del patrimonio cultural catalán (art. 7.1 LPCC), por encima de los BCIL que tienen un interés meramente local (que son, según el artículo 15, los que tengan significación e importancia cultural pero no cumplan las condiciones de un BCIN), o de los restantes bienes integrantes del patrimonio cultural catalán, en los que no concurren las condiciones para ser declaradas BCIN ni BCIL (el artículo 18.1 solo exige que concurran los valores culturales del patrimonio cultural catalán del artículo 1 y que no hayan sido declarados BCIN ni BCIL). Ahora bien, como ha puesto de manifiesto GIFREU FONT[36] [37], no hay criterios distintivos entre estos tres tipos de bienes, abriendo la puerta a una gran discrecionalidad administrativa en su calificación.

II.1.1.- Patrimonio arquitectónico

De acuerdo con la LPCC, un bien inmueble arquitectónico puede ser declarado BCIN si es de gran interés cultural, o Bien Cultural de Interés Local por el Ayuntamiento o Consejo Comarcal si no tiene categoría para ser BCIN. Cabría incluso que fuera parte de los demás bienes integrantes del patrimonio cultural catalán, sin una protección legal real concreta (podría estar en el Inventario del Patrimonio Arquitectónico de Cataluña que gestiona el Departamento de Cultura de la Generalitat, a los solos efectos de inventariar y que podría justificar una futura catalogación).

---

36 GIFREU I FONT, Judith, *Régimen jurídico de la protección y fomento del Patrimonio Cultural en Cataluña: estado de la cuestión, op. cit*, p. 277

37 También se puede ver al respecto, LÓPEZ RAMÓN, Fernando, "Reflexiones sobre la indeterminación y amplitud del patrimonio cultural", Revista Aragonesa de Administración Pública, núm. 15, 1999, pp. 193-217.

Por otro lado, también (e incluso paralelamente a las catalogaciones anteriores) pueden formar parte de un catálogo urbanístico de protección del patrimonio de acuerdo con el TRLUC. Si bien no es propiamente una ley sectorial del patrimonio cultural como la LPCC, es de destacar la Ley catalana 12/2017, de 6 de julio, de la arquitectura[38].

En lo referente al patrimonio cultural inmueble, a diferencia de las leyes del patrimonio cultural autonómicas, que prevén dos figuras de protección del patrimonio cultural inmueble: los BIC y una segunda categoría para bienes menos relevantes (como los BCIL en Cataluña), la LPHE solo prevé protección para los bienes inmuebles de más valor cultural, los BIC.

II.1.1.1.- Bienes Culturales de Interés Nacional (BCIN)

II.1.1.1.1.- Concepto de BCIN

Se trata sin duda de la categoría más importante de protección de un bien cultural, pues como nos establece el artículo 7 LPCC solo pueden ser declarados BCIN "los bienes más relevantes del

---

38 Entre cuyas finalidades hay la de poner en valor el patrimonio construido existente y potenciar su conocimiento ciudadano así como promover la educación sobre ese patrimonio construido y la importancia de su mantenimiento, así como poner en valor la arquitectura por su relación con la configuración histórica del paisaje y sus valores patrimoniales (art. 3 b, d y e).
Todas las administraciones públicas catalanas deben contribuir a difundir y sensibilizar sobre la arquitectura y el patrimonio construido (art. 5). Aun así, aparte de impulsar algunas medidas de fomento del patrimonio construido (como un premio a nivel catalán), esta ley está más pensada para los procesos arquitectónicos de nueva creación que respecto al patrimonio ya existente, si bien los procesos de rehabilitación y conservación del patrimonio arquitectónico podrían entrar perfectamente en el ámbito objeto de la ley.

patrimonio cultural catalán". Es aplicable tanto a bienes muebles como inmuebles, pero no a los inmateriales[39].

Una de las cuestiones trascendentales al declarar un BCIN será determinar si se da la circunstancia de ser uno de los "más relevantes del patrimonio cultural catalán", hecho que sin duda deberán acreditar los informes técnicos de los expertos en patrimonio cultural que exige el procedimiento de la LPCC para declarar un BCIN, pues la declaración de un BCIN, tal y como analizaremos en otro apartado del trabajo, puede considerarse -tal y como entiende cierta jurisprudencia[40] y doctrina[41]- un acto administrativo de carácter reglado, donde el concepto jurídico indeterminado de "mayor relevancia" es determinante para saber si la Generalitat tiene la obligación, o no, de proteger el bien como BCIN.

La categoría de BCIN para bienes inmuebles, se puede clasificar según la tipología material del bien: monumento histórico,

---

39 Cabría preguntarse qué pasa con los bienes inmateriales integrantes del patrimonio cultural catalán más importantes, como por ejemplo la Patum de Berga. En este caso su equivalencia en el Patrimonio Cultural Inmaterial (PCI) es la declaración como Fiesta (Patrimonial) de Interés Nacional de acuerdo con el artículo 6 de la Ley 2/1993, de 5 de marzo, de Fomento y Protección de la Cultura Popular y Tradicional y del Asociacionismo Cultural, si bien el régimen jurídico aplicable es distinto al BCIN, y el nivel efectivo de protección también, pero tienen en común ser la figura más relevante de protección en su ámbito (el festivo, en este caso). Ésta también es una de las notas insuficientes de las Fiestas de Interés Nacional en Cataluña, que se circunscribe en un ámbito muy limitado del PCI, el festivo. Fuera de esto, para proteger un bien del PCI como BCIN tendremos que proteger su manifestación física como bien mueble o inmueble (p. ej. en su clase de "zona de interés etnológico). Ver CALVO CATALÀ, Bernat, *Las categorías de bienes culturales protegidos en Cataluña desde una visión municipalista,* Trabajo final de la asignatura de Master, MIDAP URV-UZ, Tarragona, 2021 (no publicado), p. 3.

40 Ver por todas: STS de 21 de abril de 2010 y SSTSJIB de 15 de abril de 2014 y de 26 de junio de 2021.

41 ALONSO IBÁÑEZ, María Rosario, *El patrimonio histórico. Destino público y valor cultural,* Civitas, Madrid, 1992, pp.211-213.

conjunto histórico[42], jardín histórico, lugar histórico, zona de interés etnológico, zona arqueológica o zona paleontológica. El art. 7.2 LPCC establece la definición de cada clase, a la que me remito.

Hay que decir que la jurisprudencia del Tribunal Constitucional ha llevado a que las CCAA no tengan una absoluta discrecionalidad a la hora de legislar los bienes de interés cultural autonómicos, en virtud de la capacidad estatal de coordinar el ámbito de la cultura entre las CCAA. Así, la STC de 17 de julio de 2014, que resuelve el recurso de inconstitucionalidad sobre la Ley del Patrimonio histórico de la Comunidad de Madrid analiza el concepto del BIC y su competencia[43]. Así, VALENCIA MARTÍN[44] nos explica como dicha sentencia convierte lo que teóricamente es un sistema competencial concurrente de competencias exclusivas del Estado por un lado y las CCAA por otro, según la materia, en

---

42 La STSJC, Sala de lo Contencioso-Administrativo, Sección 5ª, de 8 de febrero de 2013 (Nº de Recurso: 236/2010; Roj: STSJ CAT 4306/2013 - ECLI:ES:TSJCAT:2013:4306; ponente: Paricio Rallo, Eduardo) establece en el FJ 2o el criterio de distinción entre un monumento histórico y un conjunto histórico.

43 El art. 2 de la LPHC de Madrid exige para la declaración de un BIC que el bien tenga un valor excepcional a nivel cultural. Mientras el art. 1.3 LPHE exige para ser declarado BIC que sean los bienes más relevantes (a nivel cultural o histórico).
El TC destaca en el FJ 6º: "Pues bien, desde la óptica constitucional que nos ocupa, lo importante es que, por las razones indicadas en los fundamentos jurídicos 3 y 5, al Estado le está atribuida la definición genérica y esencial de las notas que determinan que un bien sea declarado de interés cultural por la Administración competente, pues de este modo se garantiza un tratamiento general en toda España (art. 149.2 CE) y se evita que los bienes que lo merezcan sean excluidos de la protección máxima que esta categoría supone (art. 149.1.28 CE). Una ulterior precisión de estas notas caracterizadoras ya no forma parte de esos limitados títulos competenciales, pudiendo abordarla cada Comunidad Autónoma en virtud de su competencia general en materia de patrimonio histórico."

44 VALENCIA MARTÍN, Germán, *La interpretación en clave ambiental de las competencias en materia de cultura y patrimonio*, revista Aranzadi de Derecho Ambiental 38, septiembre-diciembre 2017.

una especie de régimen de facto de competencias básicas estatales (LPHE sería la ley básica) y unas leyes autonómicas que no pueden restringir el régimen de tutela de los BIC más que la ley estatal.

II.1.1.1.2.- Procedimiento de declaración de un BCIN

Por lo que se refiere al procedimiento de declaración de un BCIN, es sustancialmente igual entre bienes muebles e inmuebles, con pequeñas diferencias. De forma esquematizada sería el siguiente procedimiento[45] (regulado en los arts. 8 a 14 LPCC):

1) Instancia persona física o jurídica/administración pública/ de oficio Generalitat;

2) Acuerdo de incoación/no incoación de la Generalitat;

3) En caso de incoación, notificación y audiencia interesados (+ Ayuntamiento e información pública, en caso de ser bien inmueble) + publicación en DOGC y BOE + inscripción preventiva en Registro de BCIN y el de BIC + aplicación provisional efectos BCIN al bien incoado;

4) Informe preceptivo y vinculante (favorable) del IEC u otra institución científica de prestigio reconocida + otros informes de carácter cultural y del estado de conservación del bien;

5) Propuesta de resolución por el Conseller de Cultura;

6) Acuerdo del Gobierno de la Generalitat de declaración de BCIN (en 18 meses desde notificación de la incoación, sino caducidad del expediente e imposibilidad de reincoar en 2 años, salvo a solicitud del titular);

7) Notificación a interesados (y Ayuntamiento, en inmuebles) + publicación DOGC y BOE + inscripción en el Registro de

45 CALVO CATALÀ, Bernat, *Las categorías de bienes culturales (...) op. cit.*, p. 3.

BCIN del Departament de Cultura y el Registro de BIC del Estado.

Para dejar sin efecto una declaración de BCIN debe seguirse el mismo procedimiento, siempre motivándolo debidamente (que nunca podrá basarse en el mal estado de conservación del inmueble por incumplir la LPCC), según el art. 14 LPCC.

Como vemos, el papel dejado a los municipios en este procedimiento es pequeño, pues se limita a poder solicitar a la Generalitat la incoación del procedimiento y a tener derecho a audiencia en caso de que el bien sea inmueble. Como parte interesada en este caso, tiene derecho a que se le notifique la resolución definitiva y a recurrirla (tanto para su declaración como BCIN como el contrario, así como la no incoación). Este papel tan secundario de los entes locales se deriva de la protección directa de la Generalitat tanto en la declaración como tutela de estos bienes por su singular importancia.

La jurisprudencia ha admitido la posibilidad de que las Comunidades Autónomas adopten especificidades en el procedimiento administrativo común para regular los procedimientos de declaración de bienes culturales en base a sus competencias propias en la materia, incluso a pesar de que regulen un procedimiento de declaración de BIC/BCIN distinto al del BIC de la LPHE (pues formalmente no es una ley básica). En este sentido podemos citar la STS de 4 de febrero de 2002[46] y la STSJ de Andalucía (Málaga) de 23 de octubre de 2017[47][48].

---

46 Sala de lo Contencioso-Administrativo, Sección 4ª (rec. 5436/1996; PTE.: Xiol Ríos, Juan Antonio).

47 Sala de lo Contencioso-Administrativo, Sección 1ª (sentencia núm. 2015/2017, rec. 585/2016; PTE.: García de la Rosa, Carlos).

48 Así, se admitió jurisprudencialmente que en Andalucía se pudiera reincoar el procedimiento antes de 3 años desde la declaración de caducidad del procedimiento si lo pedía el propietario del inmueble, o dos instituciones consultivas independientes autorizadas lo solicitaban (posibilidad, esta última no prevista en la LPHE estatal) y por el mismo

Vamos a ver a continuación algunas especificidades de los trámites más importantes así como del régimen de caducidad:

a) Incoación

Referente al trámite de la incoación, la Generalitat no se puede escudar en su potestad discrecional para no incoar el procedimiento de declaración de BCIN si el bien en cuestión tiene un interés cultural evidente a efectos de poder por lo menos establecer las medidas cautelares mínimas para salvaguardar el bien y poder continuar con el procedimiento, así lo estipula la STSJC de 16 de diciembre de 2008[49] (FJ 3º).

Cabe la posibilidad de que el Ayuntamiento suspenda licencia de obras sobre cualquier bien inmueble para que la Generalitat incoe su declaración como BCIN (art. 23.2 LPCC). A este respecto, la jurisprudencia ha sido bastante flexible con esta facultad municipal, como la STSJC de 7 de diciembre de 2007[50] (FJ 5º).

b) Audiencia de los interesados

El trámite de audiencia de los interesados de 10 días hábiles deviene esencial en el procedimiento para evitar su nulidad, así lo ha venido manteniendo la STS de 26 de febrero de 2019[51].

---

motivo debe admitirse que en Cataluña pueda reincoarse pasados 2 años nada más en lugar de los 3 que prevé la LPHE.

49 Sala de lo Contencioso-Administrativo, Sección 3ª (sentencia núm. 995/2008, rec. 707/2006, ponente Táboas Bentanachs).

50 Sala de lo Contencioso-Administrativo, Sección 3ª (sentencia núm. 1045/2007, Rec. 23/2007; Ponente: Juanola Soler, José).

51 Sala de lo Contencioso-Administrativo, Sección 3ª (sentencia núm. 253/2019, rec. 1298/2016; ponente: Arozamena Laso, Angel Ramón).

c) Informes preceptivos

Es preciso destacar que la falta de informe preceptivo y vinculante de las instituciones culturales conlleva la nulidad de pleno derecho de todo el procedimiento, por faltar un trámite esencial. Así nos lo indica la STSJC de 28 de septiembre de 2000[52] (FJ 7°).

También la STSJC de 16 de diciembre de 2010[53] (FJ 5°) destaca la importancia de los informes preceptivos para declarar un BCIN emitidos por organismos especializados e imparciales y que dotan al acto de declaración de razonabilidad (en especial el informe del IEC que es citado explícitamente por el artículo 8 LPCC si bien puede ser sustituido por otro organismo especializado de prestigio).

d) Acuerdo de declaración

La declaración de BCIN se hace por acuerdo del *Govern* de la Generalitat a propuesta del *Conseller de Cultura,* tal y como dicta el artículo 10 LPCC, por lo tanto se trata de un acto administrativo que pone fin al procedimiento administrativo, y que a criterio de OLLER VIVES[54], al ser un acto limitativo de los derechos subjetivos e intereses legítimos de los particulares, debe ser un acto motivado, de acuerdo con el artículo 35 LPAC. Además considera que es un acto declarativo, pues entiende que declara una realidad preexistente y no constitutivo de una nueva condición del bien como BCIN y para sostener tal afirmación se basa en el hecho que

---

52 Sala de lo Contencioso-Administrativo, Sección 5ª (N° de Recurso: 865/1996; ponente: Ortiz Blasco, Joaquín José; Roj: STSJ CAT 11930/2000 - ECLI:ES:TSJ CAT:2000:11930).

53 Sala de lo Contencioso-Administrativo, Sección 5ª (N° de Recurso: 341/2008; ponente: Aguayo Mejía, Javier; Roj: STSJ CAT 10701/2010 - ECLI:ES:TSJ CAT:2010:10701).

54 OLLERS VIVES, Pere, "Els Béns d'Interès Cultural immobles i el seu règim de protecció" en *Comentaris a la Llei del Patrimoni Històric de les Illes Balears,* Institut d'Estudis Autonòmics, Palma de Mallorca, 2003, p. 56.

la legislación sobre patrimonio cultural confiere un régimen jurídico aparte y común a todos los bienes integrantes del patrimonio, y por lo tanto también a los BIC/BCIN. Este argumento sería por lo tanto extrapolable a los BCIL y otras figuras de protección de la legislación sectorial del patrimonio cultural.

El contenido de la declaración será el del artículo 11 LPCC y que de algún modo ya implica en parte el deber de motivar y justificar el acto declarativo de BCIN (esto último se completa con los informes justificativos del interés cultural del BCIN que hacen las instituciones especializadas):

- Descripción clara del bien, incluyendo posibles pertenencias y accesorios.
- Declarar si incluye el subsuelo y/o muebles vinculados.
- Clase de BCIN.
- Delimitación del entorno de protección del BCIN, si procede.[55]
- Paralización o modificación del uso del inmueble si ese es incompatible con su conservación como BCIN, fijando la indemnización correspondiente.
- Inclusión potestativa de los criterios básicos para regir las intervenciones sobre el BCIN.

---

[55] Las zonas de protección de BCIN han sido objeto de bastantes recursos judiciales, motivo por el que hay cierta jurisprudencia que se manifiesta al respecto, si bien suele ser muy casuística y no siempre es fácil delimitar un criterio jurisprudencial genérico al respecto. Por ejemplo, cabe citar la STSJC de 20 de septiembre de 2009, Sala de lo Contencioso-Administrativo, Sección 5ª (nº 991/2009, rec. 18/2007, ponente: García Pons) que acepta, en su FJ 5º el valor paisajístico de la finca Mas Miró así como su influencia en la obra pictórica del artista Joan Miró, y la necesidad de preservarlo para las futuras generaciones.

Como determina el FJ 7° de la STSJC de 7 de marzo de 2001[56], en el caso de que el inmueble a declarar BCIN esté en mal estado o abandono, si la declaración de BCIN exige su recuperación, ésta debe de ser técnicamente posible y económicamente razonable para el propietario, de lo contrario no cabría exigir tal restauración en la declaración. Además, la prueba de que esta restauración es posible y económicamente razonable debe recaer en la administración.

En todo caso, la STSJC de 23 de noviembre de 1999[57] exige que se justifiquen adecuadamente la relevancia y los valores singulares de los bienes afectados por la declaración, debido a la importante incidencia del derecho de propiedad del régimen de los BCIN/BIC. En base a eso declaró desproporcionada la delimitación como zona arqueológica declarada BCIN del yacimiento del poblado íbero del *Turó d'en Biosca* de Badalona y ordenó su reducción al espacio existente en la cima de la colina[58].

Por otro lado, en algunos BCIN, es importante delimitar concretamente la zona de protección, especialmente en el caso de zonas arqueológicas, pues de lo contrario los tribunales pueden anular sanciones impuestas por realizar actividades ilegales en dichas zonas, como ocurrió con una sanción impuesta por la Comunidad autónoma de Castilla y León por realizarse 40 agujeros en un espacio próximo al yacimiento arqueológico del Castro de Uxama, declarado monumento el año 1931[59], pues la STSJ de Cas-

---

56 Sala de lo Contencioso-Administrativo, Sección 5ª (N° de Recurso: 1462/1996; ponente: Horcajada Moya, Juan Fernando; Roj: STSJ CAT 3127/2001 - ECLI:ES:TSJCAT:2001:3127).

57 Sala de lo Contencioso-Administrativo, Sección 5ª (ponente: Juan Fernando Horcajada Moya).

58 PONS CÀNOVAS, Ferran, "El patrimoni arqueològic" en *Comentaris a la Llei del Patrimoni Històric de les Illes Balears*, Institut d'Estudis Autonòmics, Palma de Mallorca, 2003, p. 133-134.

59 PONS CÀNOVAS, Ferran, "*El patrimoni arqueològic*" en *Comentaris a la Llei del Patrimoni Històric de les Illes Balears*, Institut d'Estudis Autonòmics, Palma de Mallorca, 2003, p. 135.

tilla y León de 22 de febrero de 1999[60], en el FJ 5° se determinó que "en el momento coetáneo a los hechos, no existía una definición de la zona que comprendía el yacimiento. Hubo que iniciarse un expediente de delimitación con fecha posterior (...)".

e) Caducidad

En caso de no resolverse la declaración de BCIN en 18 meses desde la incoación, se produce la caducidad del expediente, pero no de forma automática, pues se da un plazo de gracia a la Administración autonómica de 30 días (hábiles se entiende) para resolver si se pide el archivo de las actuaciones por persona interesada (art. 10.2 LPCC).

Por lo tanto, tal y como indica OLLERS VIVES[61] para el régimen del BIC Balear -muy parecido al catalán- regulado en la Ley del Patrimonio Histórico de las Islas Baleares, la caducidad del procedimiento es un régimen en cierto modo favorable al interés de la catalogación, pues se produce a los 18 meses, un plazo nada desdeñable si lo comparamos con los plazos común por defecto de 3 meses del artículo 21.3 LPAC, además de la ventaja de no ser una caducidad automática como la que se regula en la LPAC, sino que media ese plazo extra de 30 días. Por lo demás, se ve como lógica la solución de la caducidad, teniendo en cuenta que son procedimientos iniciados de oficio por la Administración (aunque pueda ser a instancia de un particular) y sobre todo debido a los posibles efectos de gravamen para el propietario del inmueble que se protege (en el sentido del artículo 25.1.b LPAC).

---

60 Sala de lo Contencioso (ponente: Juan Ignacio Moreno-Luque Casariego).

61 OLLERS VIVES, Pere, "*Els Béns d'Interès Cultural immobles i el seu règim de protecció*" *op. cit.*, pp. 58-59.

Hay que decir, pero, que alguna doctrina como CASTILLA PENALVA[62] entienden que desde la modificación de la Ley 30/1992 de Procedimiento Administrativo Común por la Ley 4/1999 y debido a su carácter básico, ya solo cabe interpretar la caducidad automática del procedimiento de declaración de BIC sin precisarse el previo apercibimiento, pues así lo prevería la norma básica. Esta afirmación la hace en base a una jurisprudencia del Tribunal Supremo, concretamente en la STS de 2 de julio de 2008, Sala de lo Contencioso-Administrativo, pues según el autor, dicha sentencia afirma "que la caducidad tiene lugar por el mero transcurso del tiempo siempre y cuando se cumplan los requisitos que establezca el precepto aplicable". Pero sobre todo lo basa en la STS de 18 de diciembre de 2012[63]:

Vemos, en definitiva que tenemos un régimen –el catalán- algo más restrictivo para la Administración y los intereses del éxito en la declaración del BCIN, pues en las Islas Baleares el plazo de caducidad es de 20 meses, según el artículo 10.6 LPHIB. Mientras que en Aragón, el plazo es también de 18 meses como en Cataluña, si bien desde la publicación de la incoación (artículo 20 LPCA). En la Comunidad de Madrid el plazo de caducidad es de solamente 9 meses a contar desde la publicación de la incoación, además de no tener ningún plazo de gracia como ocurre en Cataluña o Baleares (artículo 8.2 LPHCM). Finalmente, en Asturias, el plazo es el más generoso, de 24 meses desde la fecha de incoación para resolver la declaración del BIC, si bien no hay plazo de gracia (artículo 17.2 LPCA).

Igual que otras leyes sectoriales autonómicas, castiga a la Administración autonómica con una *vacatio actionis* de 2 años sin poder volver a reincoar el procedimiento si se declara la caducidad del expediente de declaración de BCIN, excepto que el titular del

---

62 CASTILLA PENALVA, Víctor, "El procedimiento de declaración de bien de interés cultural; su caducidad y el silencio administrativo en las licencias", *El Consultor de los Ayuntamientos,* núm. 6, Sección Opinión / Colaboraciones, La Ley, Quincena del 30 Mar. al 14 Abr. 2015, p. 728.

63 Sala de lo Contencioso-administrativo, Sección 4ª (rec. 535/2012).

bien lo solicite. Este régimen es muy parecido al de las Islas Baleares, con la única diferencia de que en las Baleares el plazo de castigo es de 3 años, no de 2. OLLER VIVES[64] ha criticado esta previsión legal por incomprensible y por injustificada, especialmente por la excepción que le da al "titular del bien" de poder reincoar a su voluntad dentro de ese plazo (con la confusión de lo que puede ser el titular del bien, pues puede ser un arrendatario, un propietario, un heredero como titular de un usufructo, etc).

En cambio, en Aragón el plazo de prohibición para reincoar es de solamente 18 meses (artículo 20 LPCA), mientras que en Madrid es de solamente 1 año (salvo solicitud del titular del bien o previa autorización del Consejo Regional de Patrimonio Histórico, artículo 8.2 LPHCM) si bien por el contrario, como hemos visto antes, el plazo para declarar el BIC en Madrid es muy riguroso, de solamente 9 meses. Finalmente, en Asturias el plazo de prohibición de reincoación es de 3 años, si bien el propietario del bien (aquí sí que se concreta el derecho exclusivamente en la figura del titular dominical) o tres de las instituciones consultivas acreditadas pueden pedir dentro del plazo de 3 años la reincoación (artículo 17.2 LPCA).

A modo anecdótico, el equivalente del BCIN en el patrimonio inmaterial festivo es el caso de las fiestas de interés cultural de la Ley 2/1993, donde apenas se describe el procedimiento de declaración más allá de decirnos que se declara por el Gobierno de la Generalitat y un trámite de audiencia a los Ayuntamientos y Consejos Comarcales del territorio afectado por el bien del patrimonio cultural inmaterial. Para el resto debemos acudir a los trámites del procedimiento administrativo común de la Ley 39/2015 (sobre quién puede solicitar incoación, notificación, plazo trámite audiencia, concepto de interesados, etc).

---

64 VARIOS AUTORES, *Comentaris a la Llei del Patrimoni Històric de les Illes Balears*, Institut d'Estudis Autonòmics, Palma de Mallorca, 2003, p. 59.

II.1.1.1.3.- Efectos de la declaración de un Bien Cultural de Interés Nacional

Sobre los efectos de la declaración de un BCIN inmueble, implicará todo un régimen de prescripciones y limitaciones (así como algunos derechos) de los propietarios y poseedores del bien inmueble. Empezando por los deberes, cargas y limitaciones de intervención para el propietario del BCIN, que serían:

a) Deber genérico de conservación, así como de facilitar información si lo requiere la Administración sobre el estado de conservación del bien y su utilización (art. 21 LPCC).

b) Deber de preservación y mantenimiento del bien, destinando el bien a un uso compatible con su preservación. Prohibición de destrucción del bien y deber de permitir investigar el bien para su catalogación (art. 25).

c) Derecho de la Generalitat (y subsidiariamente de Consejos Comarcales y Ayuntamientos afectados) de tanteo y retracto sobre BCIN inmuebles a ejercer en 2 meses desde que se indique al Departament de Cultura intención de transmitir onerosamente el bien (art. 22), este deber del propietario debe cumplimentarse mediante escritura pública en caso que finalmente no se ejercite el derecho de tanteo (art. 27).

d) Imprescriptibilidad e inalienabilidad de los BCIN de la Generalitat o administraciones locales (salvo que sea entre administraciones), mientras que si son de la Iglesia se rigen por legislación estatal (art. 28).

e) Deber de conservar el BCIN y presentar al Departament de Cultura un programa de previsión de actuaciones para su conservación, si es preciso (art. 29). Son causa de interés social, a efectos de expropiación, el incumplimiento de los deberes de conservación, preservación, mantenimiento y protección establecidos por esta Ley y la situación de peligro o ruina inminente de un inmueble de interés nacional (art. 67.4). Esta expropiación-sanción, admitida por la STC 34/1987, pero de la LPCA y principios generales del derecho se entiende que se debe exigir que exista un procedimiento administrativo contradictorio para determinar el incumplimiento de los deberes o el peligro o ruina inminente.

f) Deber de dejar estudiar a investigadores el BCIN, colocar señalización del BCIN, visitar el BCIN mínimo 4 días al mes[65], con informe municipal, y con excepciones en casos permitidos por el Departament de Cultura (art. 30 y 61.1).

g) Revisión de las licencias urbanísticas ya otorgadas que afecten al BCIN y que hayan sido suspendidas, con informe vinculante del Departament de Cultura, quién indemnizará por posibles vinculaciones singulares, oído el Ayuntamiento (art. 31 LPCC)[66].

h) Prohibición de derribo del BCIN, excepto si ha perdido valores culturales y haber dejado sin efecto declaración de BCIN y previa intervención arqueológica, si bien en conjuntos y similares se estará al plan urbanístico del artículo 33.2[67] (art. 32).

i) Prevalencia de la declaración de BCIN sobre el planeamiento urbanístico (que se deberán ajustar a la declaración de BCIN; en conjuntos, parecidos y entornos de protección se deja más margen de regulación al remitirse a un plan urbanístico) (art. 33).

---

65 De acuerdo con un reglamento que todavía no se ha desarrollado y que dificulta enormemente esa posibilidad en la realidad, sobre todo por posible afectación al derecho a la intimidad de quienes viven allí.

66 Obviamente, dicho precepto solo es aplicable a los BCIN ya declarados, no se aplica mientras se tramita la declaración de BCIN, tal y como nos recuerda la sentencia del Tribunal Superior de Justicia de Cataluña de 1 de junio de 2011, Sala de lo Contencioso-administrativo, Sección 3ª (Sentencia 453/2011, Rec. 176/2008; Ponente: Taboas Bentanachs, Manuel) en el FJ 3º.4.

67 Es preciso mencionar que de acuerdo con el FJ 3º de la STSJ de Andalucía, Sala de lo Contencioso-Administrativo, de 31 de mayo de 2000 (rec. 2559/1997; ponente: Estepa Moriano, Laureano) hasta que no exista aprobación definitiva del plan especial del conjunto, la autorización en materia de patrimonio cultural de la administración autonómica sigue siendo preceptiva, anulando cualquier licencia municipal dada sin esa. La sentencia se basa en el artículo 20.3 LPHE, pero es extrapolable, por analogía al artículo 34 LPCC.

j) Requisito de autorización previa (a la licencia municipal) del Departament de Cultura para hacer obras en el BCIN (si es en conjunto o similar del art. 33.2 con plan urbanístico aprobado, no es precisa dicha autorización autonómica) para asegurarse que se cumplen requisitos del artículo 35[68]. Se precisa, dentro del proyecto de obras, informe sobre valores culturales, sobre su estado actual e impacto de las obras; la licencia municipal se notifica al Departament de Cultura (art. 34).

SÁNCHEZ GOYANES advierte sobre la importancia que la jurisprudencia ha dado a estos informes sectoriales autonómicos, cuya ausencia en el expediente o la actuación contra el mismo por parte del Ayuntamiento lleva a la nulidad de pleno derecho de la licencia urbanística, al tener el informe carácter preceptivo y vinculante.[69]

k) Toda intervención en un BCIN que no sea del art. 33.2 (los que exigen plan urbanístico) debe seguir los criterios de: respetar sus valores culturales; permitir estudio científico; conservar características tipológicas, volumétricas y morfológicas más remarcables: prohibición de reconstrucción del bien excepto con partes originales; prohibición de eliminación de partes del bien (excep-

---

68 De acuerdo con GIFREU FONT (op. cit., p.290) para tener en cuenta las distintas posturas sobre la conveniencia de las intervenciones en bienes históricos (restauración estilística versus mínima intervención) se puede examinar la STS de 16 de octubre de 2000 relativa al proyecto de restauración y rehabilitación del teatro romano de Sagunto. Vid. ALEGRE ÁVILA, Juan Manuel, "Reconstrucción de monumentos e interpretación legal", *Revista Española de Derecho Administrativo*, núm. 116, 2002, pp. 591-597, y BARRERO RODRÍGUEZ, Concepción y CARUZ ARCOS, E., "La intervención en los bienes del Patrimonio Histórico. La interpretación del artículo 39.2 de la Ley del Patrimonio Histórico español por la Sentencia del Tribunal Supremo de 16 de octubre de 2000. La ilegalidad del Proyecto de Restauración y Rehabilitación del Teatro romano de Sagunto", *Revista Andaluza de Administración Pública*, núm. 40, 2000, pp. 133-149.

69 SÁNCHEZ GOYANES, Enrique, "Las catalogaciones urbanísticas como (...) *Op. cit.*, p. 132.

to las que lo degraden o permitan mejor interpretación histórica); prohibición de publicidad, cables, antenas y parecidos en la fachada y cubierta. Si es un conjunto histórico se debe: mantener estructura urbana y arquitectónico y ambiente; mantenimiento de alineación o alteración de edificabilidad[70] excepto para ayudar a la conservación general del conjunto; prohibición de instalaciones en fachada o aéreas; prohibición de publicidad. Si es un entorno de BCIN[71], las intervenciones no pueden alterar carácter arquitectónico, paisajístico ni visión del BCIN, ni hacer vertidos ni movimientos de tierra que altere gravemente geomorfología y topografía (art. 35). Respecto del alcance de la zona de protección del BCIN, es interesante la STSJC de 14 de julio de 2008[72] (FJ 6°) se argumenta que si desde un punto del área de delimitación es visible el monumento declarado BCIN (en este caso la iglesia prerrománica de Sant Quirze de Pedret) y se argumente el trazado del área de protección en la resolución, la delimitación de la zona de protección se dará por buena y no existirá arbitrariedad ni desviación de poder.

l) Todo cambio de uso del edificio del BCIN debe ser previamente autorizado por el Departament de Cultura (previo informe municipal) antes de otorgarse licencia municipal (art. 36).

---

70 Cabe citar aquí el FJ 4o de la STSJC de 7 de abril de 2006, sala de lo contencioso, sección quinta (N° de Recurso: 368/2005; ponente: Ortuño Rodríguez, Alicia Esther; Roj: STSJ CAT 8429/2006 - ECLI:ES:TSJCAT:2006:8429), donde se concreta que levantar un piso extra en una zona de conjunto de BCIN sí vulnera el articulo 35.2.a LPCC.

71 La STS de 7 de julio de 1991, Sala de lo Contencioso-Administrativo, admitió que a posteriori de la declaración como BIC en categoría de monumento se incoara expediente para delimitar el entorno monumental protegido, no siendo considerado ninguna ilegalidad sino como fórmula de subsanar una omisión.

72 Sala de lo contencioso, Sección 5ª (N° de Recurso: 483/2005; ponente: Ortuño Rodríguez, Alicia Esther; Roj: STSJ CAT 9038/2008 - ECLI:ES:TSJCAT:2008:9038).

m) Prohibición de desplazamiento del inmueble, excepto con informe favorable del Departament de Cultura, con licencia urbanística, previa intervención arqueológica y en casos tasados legalmente por el Estado (art. 37).

n) Posible expropiación (por la Generalitat o entes locales) de inmuebles que dificulten uso o contemplación del BCIN, afecten a su armonía o conservación (art. 38).[73]

o) Imposibilidad de derribar el BCIN en caso de declararse la ruina del inmueble, pues solo cabe su rehabilitación de acuerdo con lo que determine informe previo del Departament de Cultura, excepto casos en que se admita descatalogación según art. 32. En caso de ruina inminente o en general mal estado del BCIN, el Ayuntamiento debe adoptar medidas necesarias para evitar daños y el Departament de Cultura debe intervenir en 48 horas para determinar condiciones de intervención (art. 34.6 LPCC y arts. 79 y siguientes del Decreto 64/2014).

p) Obligación de obtención de licencia urbanística municipal por intervenir sobre elementos objeto de protección en el bien catalogado o protegido (art. 187.2.a TRLUC y art. 33.2 del Decreto 64/2014).

q) Deber de informar a las administraciones en caso de peligro del bien (art. 5 LPCC).

r) Deber de permitir la inspección de las obras e intervenciones sobre el bien por parte de las administraciones competentes (art. 70.1 LPCC).

Como derechos de los propietarios de un BCIN, cabe destacar:

---

73 Sobre la expropiación de bienes en base al artículo 38 LPCC, cabe citar la STSJ de la sala de lo contencioso, sección tercera, de 14 de octubre de 2004 (Nº de Recurso: 636/2000; Roj: STSJ CAT 11228/2004 - ECLI:ES:TSJCAT:2004:11228; ponente: Taboas Bentanachs, Manuel), donde el tribunal considera posible la expropiación de un solar por causa de interés social (ver FJ 4º).

a) Derecho a disfrutar de beneficios fiscales (art. 59.1 LPCC)[74].

b) Derecho a pagar deudas tributarias (estatales, catalanas o locales) mediante entrega de bienes del patrimonio histórico es-

---

[74] Se concreta en: 1) Exención del Impuesto sobre Bienes Inmuebles (IBI) de ciertos BCIN/BIC (art. 62.2.b TR Ley de Haciendas Locales). No todos los BCIN/BIC están exentos, pues se exigen unos requisitos, siendo preciso que sean declarados expresa e individualizadamente monumento o jardín histórico de interés cultural, mediante Real decreto en la forma establecida por el artículo 9 LPHE, e inscritos en el registro general de BICs, así como los comprendidos en las Disposiciones adicionales primera, segunda y quinta de dicha Ley. Se exige que si hay un inmueble protegido como BIC por tener un escudo de más de 100 años de antigüedad, para que el edificio que alberga el escudo heráldico histórico esté exento de IBI es preciso que el edificio también tenga más de 100 años de antigüedad, de acuerdo con la Consulta Vinculante V2009-21, de 5 de julio de 2021 de la Subdirección General de Tributos Locales SGTL.
También puede existir bonificación potestativa por ordenanza municipal de hasta 95% cuota íntegra del IBI por incurrir causa de interés histórico o artístico en la actividad económica que se desarrolle en el inmueble, declarada de especial interés o utilidad municipal, previa declaración por el Pleno (art. 74.2.quáter TRLHL).
2) Exención del Impuesto sobre el incremento del valor del terreno de naturaleza urbana (IIVTNU) de ciertos BCIN/BIC declarados individualmente o dentro de un conjunto (art. 105.1.b TRLHL). También puede existir bonificación potestativa por ordenanza municipal de hasta 95% cuota íntegra del IIVTNU por incurrir causa de interés histórico o artístico en la actividad económica que se desarrolle en el inmueble, declarada de especial interés o utilidad municipal, previa declaración por el Pleno (art. 108.5 TRLHL).
3) Bonificación potestativa por ordenanza municipal de hasta el 95% de la cuota imponible del Impuesto de Actividades Económicas por incurrir causa de interés histórico o artístico en la actividad, previa declaración por el Pleno (88.2.e TRLHL).
4) Bonificación potestativa por ordenanza municipal de hasta el 95% de la cuota imponible del ICIO por incurrir causa de interés histórico o artístico en la obra en el inmueble, declarada de especial interés o utilidad municipal previa declaración por el Pleno (art. 74.2.quáter TRLHL).

pañol inscrito en el registro de BIC o siendo declarado BCIN, con aceptación del Departament de Finances (previo informe del Departament de Cultura) o el Pleno municipal según la administración en Cataluña a pagar (art. 58 LPCC, art. 73 LPHE y art. 60.2 Ley General Tributaria).

c) Derecho a ser informado, escuchado y notificado sobre la catalogación (arts. 8.2, 9 y 12 LPCC y LPAC).

d) Derecho a recibir subvenciones y ayudas públicas, siempre condicionado a que exista dotación presupuestaria, con criterio de concurrencia y el beneficiario cumpla el deber de conservación del bien (art. 54 LPCC).[75]

Además, para el municipio, la declaración de un BCIN inmueble le permite solicitar a la Generalitat la posibilidad de acogerse a ser municipio turístico a efectos de los horarios comerciales (art. 38.1.b.1 de la Ley 18/2017, de 1 de agosto, de comercio, servicios y ferias de Cataluña).

II.1.1.1.4.- Plan especial de protección del Conjunto Histórico o un BCIN similar[76]

La legislación sectorial en materia de patrimonio cultural, suele tener algunos elementos de interrelación con el urbanismo, que veremos en distintas leyes autonómicas como fluye con mayor o menor intensidad. Un ámbito donde todas las leyes autonómicas interaccionan es en el requisito de la elaboración de planes

---

75 Cabe citar la STSJC de 23 de octubre de 2000, Sala de lo Contencioso-Administrativo, Sección 5ª (Nº de Recurso: 2418/1996 ; Roj: STSJ CAT 13231/2000 - ECLI:ES:TSJCAT:2000:13231; ponente: Moya Garrido, Antonio) cuyo FJ 3º establece que cabe denegar subvenciones para la conservación de un BIC por causa de consignación presupuestaria agotada o comprometida.

76 Dichos planes especiales de protección de ciertos BCIN se estudian en este subapartado del patrimonio arquitectónico inmueble, si bien pueden estar relacionados con otras tipologías de bienes inmuebles, como el arqueológico, paleontológico o etnológico, entre otros.

especiales urbanísticos para completar la protección de ciertos BIC. Antes de la LPHE de 1985 había una desconexión casi total entre urbanismo y legislación del patrimonio cultural, tal y como nos indica CASTELAO RODRÍGUEZ [77].

En Cataluña se regula en el artículo 33 LPCC[78] el deber municipal de elaborar un plan especial de protección o un instrumento urbanístico de protección, o adecuar un plan vigente para cumplir las disposiciones de la LPCC (en concreto el acuerdo de declaración de un BCIN en su categoría de conjuntos históricos, zonas arqueológicas, zonas paleontológicas, lugares históricos, zonas de interés o entornos de protección de un BCIN).

El precepto es muy parecido al de otras leyes autonómicas, como el 26.1 LPH de la Comunidad de Madrid o el artículo 36 LPH de las Islas Baleares. Al igual que la Comunidad de Madrid no incluye al jardín histórico entre los casos con el deber de elaborar el plan especial, pero a diferencia de Madrid (y a semejanza de Baleares) el Ayuntamiento tiene el deber de elaborar el plan especial de protección en los casos tasados por el artículo.

Este plan especial no tiene por qué ser el plan especial del catálogo urbanístico del patrimonio que prevé el TRLUC, pues en el presente caso deriva explícitamente como mandato de la

---

[77] CASTELAO RODRÍGUEZ, Julio, y otros autores, *El urbanismo y otras materias conexas,* en LA LEY 712/2008.

[78] "1. En caso de que un inmueble sea declarado de interés nacional, los términos de la declaración prevalecen sobre los planes y las normas urbanísticas que afectan al inmueble, que se ajustarán a ellos antes de ser aprobados o bien, si ya eran vigentes antes de la declaración, mediante modificación.

2. En el caso de los conjuntos históricos, las zonas arqueológicas, las zonas paleontológicas, los lugares históricos y las zonas de interés etnológico y en el caso de los entornos de protección de cualquier bien cultural de interés nacional, el Ayuntamiento correspondiente elaborará un instrumento urbanístico de protección o adecuará uno vigente. La aprobación de estos instrumentos de planeamiento requiere el informe favorable del Departamento de Cultura."

ley sectorial del patrimonio cultural y puede tener perfectamente como única finalidad catalogar y concretar el régimen de protección del conjunto histórico y otros BCIN tasados por el artículo 33.2 LPCC sin estar obligado a regular los demás bienes con algún interés arquitectónico, histórico, cultural o natural del municipio. En este sentido, bien podrían coexistir dos planes especiales del catálogo, el del BCIN y otro más genérico para todos los bienes a catalogar (incluyendo BCIN, BCIL y demás bienes del catálogo urbanístico).

Así pues, se trata de un régimen parecido al Balear del artículo 36 LPHIB, pero sí existe una diferencia con otras CCAA, como Aragón, donde el artículo 44 LPCA obliga además de elaborar un plan especial de protección a elaborar un catálogo de bienes dentro del BIC del conjunto histórico.

La cuestión del conjunto histórico y el plan urbanístico que debe regular sus intervenciones ha dado pie a numerosa jurisprudencia sobre cuestiones muy variadas. Podemos citar, por poner solo algún ejemplo, la STS de 16 de julio de 1998[79], donde se remarca la necesidad de que el bien se encuentre dentro del plan especial de protección –que debe estar aprobado definitivamente- para que la Comunidad Autónoma pueda intervenir en la autorización previa del inmueble.

En todo caso es preciso mencionar que dentro de los conjuntos históricos habrán los BIC con declaración singular y el resto de inmuebles a proteger a través del plan especial urbanístico, pues no cabe deducir el carácter monumental dentro del conjunto del mero valor arquitectónico del inmueble –hace falta declaración formal de BIC- según la STS de 22 de noviembre de 1988[80] (FJ 2º).

---

79 Sala de lo Contencioso-Administrativo, Sección 3ª (Roj: STS 4777/1998 - ECLI:ES:TS:1998:4777; ponente: Cid Fontán).

80 Sala de lo Contencioso-Administrativo, Sección 1ª (Roj: STS 8182/1988 - ECLI:ES:TS:1988:8182; ponente: José Luis Ruiz Sánchez).

II.1.1.2.- Bienes Culturales de Interés Local (BCIL)

Este apartado del trabajo pretende ser un estudio de los Bienes Culturales de Interés Local regulados en los artículos 17 y siguientes de la *Llei 9/1993 del Patrimoni Cultural Català* (en adelante LPCC).

II.1.1.1.2.1.- Concepto de BCIL

En Cataluña y en el resto de Comunidades Autónomas, hay dos maneras de proteger los bienes inmuebles, ya sea por la vía de la legislación sectorial del patrimonio cultural para proteger bienes singulares, normalmente de gran relevancia cultural o histórica (también cierta normativa sectorial permite proteger bienes de interés natural singulares), y por otro lado por la vía urbanística, con más intervención de los municipios y que sirve para proteger toda clase de bienes inmuebles (no solo los culturales, también los naturales), tanto los de gran interés como los que no tienen tanto interés cultural o natural.

Tanto el Estado -a través de la LPHE- como las CCAA -a través de sus legislaciones sectoriales en patrimonio cultural- tienen una segunda categoría, que suele afectar a bienes muebles de menos relevancia y a veces también a inmuebles no merecedores de ser declarados BIC/BCIN. Así ocurre en Cataluña con los bienes catalogados (muebles) y los BCIL (inmuebles) [81], si bien la LPHE estatal no regula una figura equivalente para bienes inmuebles, solo para muebles.

En el caso de Cataluña hay una cierta complejidad ya que hay una segunda categoría de bienes protegidos distinta al bien catalogado si son yacimientos arqueológicos, que se llama Espacio de

---

81 Se echa de menos, pero, una categoría equivalente de carácter inmaterial, que sería muy recomendable en una modificación de la Ley 9/1993 y a poder ser que sea a semejanza del BCIL en el sentido de dar protagonismo a los entes locales en su declaración y tutela.

Protección Arqueológica (EPA) y lo declara la Generalitat para sitios donde se presuma la existencia del yacimiento, si bien un bien arqueológico puede ser también catalogado como BCIN o BCIL. Los EPA declarados por la Generalitat deben ser incorporados al planeamiento urbanístico municipal[82] (artículo 17.5 LPCC).

El régimen de protección de los BCIN es mucho más restrictivo y está mucho más regulado que el de los BCIL (y lo mismo se podría decir de la regulación del procedimiento de declaración), que apenas tienen un régimen de protección más allá de algunas prohibiciones específicas como las de derribo (pero no están protegidas ante una posible declaración de ruina por el TRLUC). Casi todo el régimen de protección de un BCIL se confía por la misma LPCC (artículo 39) al planeamiento y normativa urbanística, dependiendo por lo tanto en gran parte de la voluntad de cada municipio.

El régimen sectorial de los BCIN, BCIL y BIPCC es importante puesto que todos los derechos y deberes y demás regulaciones sobre estas categorías de protección sectorial no pueden ser anulados por el planeamiento urbanístico, y por lo tanto deben convivir con el catálogo urbanístico que en su caso exista (es más, en el caso de los BCIN, el régimen de protección sobre los mismos de la LPCC y la declaración de BCIN vincula al planeamiento urbanístico, cosa que no se dice explícitamente de los BCIL ni BIPCC).

Los BCIL son aquellos bienes inmuebles radicados en Cataluña con un interés cultural que pese a su significación e importancia no concurren los elementos de distinción para ser declarados BCIN inmuebles (art. 15 LPCC). Su declaración como bienes catalogados implica su inclusión al Catálogo del Patrimonio Cultural Catalán. A diferencia de la categoría de "bienes inventariados" de la LPHE estatal, esta segunda categoría de protección sí admite la protección de bienes inmuebles, ahora sí con un relevante papel del municipio, como veremos luego. Por lo tanto, la LPCC

---

82 Sorprende que no se haga una declaración similar para los BCIN ni BCIL, si bien se sobreentiende en ambos casos.

prevé una segunda categoría de bienes protegidos legalmente que contiene bienes catalogados muebles e inmuebles (los BCIL propiamente), nos centraremos en estos últimos.

A pesar de no establecerse una definición concreta de un BCIL, se sobreentiende que puede ser un inmueble de cualquier naturaleza radicado dentro del término municipal de la administración que lo declare, lo que incluye bienes no solo arquitectónicos, sino también arqueológicos (recordando que además hay una declaración automática como BCIL de todos los Espacios de Protección Arqueológica en virtud del artículo 17.5 LPCC), lo que en el fondo trae todavía más confusión en la figura de los EPA, pues serían declarados por la Generalitat pero a la vez tendrían la consideración de BCIL arqueológico.

Así, podemos decir sobre los Bienes catalogados inmuebles (Bienes Culturales de Interés Local) que son regulados por el art. 17 LPCC, y tienen este nombre debido a que en esta segunda categoría en importancia de bienes culturales inmuebles el protagonismo lo tienen los Ayuntamientos o entes locales donde están arraigados, a diferencia de los Bienes Culturales de Interés Nacional, que por su máxima significación o interés cultural su declaración y tutela recae en la Generalitat.

Debe existir, pero, un interés cultural del inmueble de acuerdo con el artículo 1 LPCC que sea de nivel inferior a un BCIN, pues el mero interés del propietario en que su inmueble con protección urbanística del catálogo se catalogue como BCIL para obtener ventajas de tipo urbanístico no es motivo suficiente para que el inmueble se catalogue como tal, pues deben haber informes técnicos que acrediten su interés cultural como tal y se debe seguir el procedimiento del artículo 17 LPCC, cosa que no se hizo en el caso del inmueble barcelonés Casa Rogelio de acuerdo con el FJ 3º.3 de la STSJC de 4 de junio de 2018[83].

[83] Sala de lo Contencioso-Administrativo, Sección 3ª, (Sentencia núm. 470/2018, Rec. 116/2015; Ponente: Taboas Bentanachs, Manuel).

II.1.1.1.2.2.- Procedimiento de declaración de un BCIL

A) El procedimiento para declarar un BCIL inmueble[84] es distinto al de un bien catalogado mueble así como al de un BCIN, pues como hemos dicho, hay un protagonismo central del ente local donde radica el bien, y se regula principalmente en el artículo 17 LPCC. El procedimiento es el siguiente, de forma esquemática:

1) Instancia de persona física o jurídica/administración pública/de oficio Ayuntamiento;

2) Resolución de alcaldía de incoación/no incoación;

3) Notificación y audiencia interesados (en caso de incoación);

4) Informe preceptivo favorable de un técnico de patrimonio cultural + informe jurídico;

5) Acuerdo del Pleno declarando el BCIL (en 3 meses desde notificación incoación, sino habrá caducidad del expediente);

6) Notificación interesados y Departamento de Cultura Generalitat + inscripción en el Catálogo del Patrimonio Cultural Catalán por el Departamento de Cultura.

El papel del Ayuntamiento lo asume el Consejo Comarcal en caso de municipios de menos de 5.000 habitantes, especialmente por lo que se refiere a la aprobación definitiva, puesto que a pesar de que el artículo 17 LPCC no diga nada al respecto, normalmente la propuesta de declaración debe ser llevada del Pleno municipal al Consejo Comarcal para su aprobación definitiva. En-

---

84 Es importante tener en cuenta la disposición adicional primera de la LPCC, que establece la declaración genérica como BCIL de todos los bienes inmuebles incluidos en catálogos del patrimonio integrados en planos urbanísticos municipales anteriores a la entrada en vigor de la LPCC (octubre 1993). Así pues, si en un PGOU o un Plan especial anterior a octubre de 1993 vemos un precatálogo o catálogo del patrimonio, por la importancia de haberse llevado a cabo su inventariación en un tiempo en que muchos planes urbanísticos no lo hacían, se premia al bien con su declaración *ex lege* como BCIL.

tiendo, de acuerdo con el espíritu del artículo 17.2 LPCC, de que los Ayuntamientos más pequeños sean asistidos por el Consejo Comarcal debido a la poca capacidad de gestión administrativa y poca plantilla del que disponen los Ayuntamientos de los pequeños municipios, que basta con que el Pleno del Ayuntamiento del municipio de población inferior a 5.000 habitantes solicite que el Consejo Comarcal tramite y declare todo el expediente de declaración de BCIL. Es decir, que el Consejo Comarcal no solo hace la aprobación definitiva, sino que tramita todo el expediente, a solicitud del Ayuntamiento interesado, si bien en el resto de casos el Ayuntamiento puede llevar a cabo toda la tramitación y simplemente remitir al Consejo Comarcal el expediente ya apunto simplemente para su aprobación definitiva.

Uno de los elementos clave que vemos en la autonomía municipal para declarar los BCIL es que, con excepción de la descatalogación, para catalogar un BCIL no es preciso ningún informe sectorial del Departament de Cultura de la Generalitat.

Por lo tanto, los municipios a través de los Ayuntamientos (o en su caso Consejos Comarcales) tienen un alto grado de autonomía en la tramitación del expediente, sin depender del criterio de la Generalitat, lo que además redunda en una menor carga burocrática para la declaración.

Como nos dice la STSJC de 18 de abril de 2016[85] (FJ 2°), no hay que olvidar que la aprobación de un POUM o un Plan especial del catálogo no basta *per se* para declarar un BCIL. La tramitación del expediente de declaración de BCIL debe hacerse previamente o en paralelo a la tramitación del plan urbanístico (o incluso de forma totalmente independiente al catálogo), de tal modo que con la aprobación definitiva del plan debe estar aprobado el BCIL. Esto es fundamental para evitar equívocos como el que ocurrió con el Mas de Taialà en el municipio gerundense de Sant Gregori, que al ser declarado como BCIL por el Consell Comarcal del

---

85 Sala de lo Contencioso-Administrativo, Sección 3ª (Sentencia 264/2016, Rec. 272/2011; Ponente: García Morago, Héctor).

Gironès con posterioridad a la aprobación definitiva del POUM de Sant Gregori por la Comissió Territorial d'Urbanisme se declara por el TSJC la nulidad de dicha inclusión en el POUM como BCIL, sin perjuicio de que una futura modificación del POUM la pueda incorporar sin problemas. Si bien hay que decir que la misma sentencia, en el mismo fundamento jurídico deja la puerta abierta a que si existe una categoría de protección meramente urbanística encuadrable dentro del plan urbanístico del catálogo cabría admitir que a falta de poder ser integrado como BCIL quepa enmendar el error protegiéndolo (mediante la técnica de "conversión de los actos" [86]) como bien protegido simplemente por el catálogo. Pero para que esto ocurra, debe existir una figura encuadrable, cosa que no ocurre en el caso del POUM de Sant Gregori.

B) El artículo 17 LPCC no habla de publicación en ningún diario oficial, si bien puede ser recomendable para ayudar a dar a conocer la protección del bien a todo el mundo. Eso sí, la inscripción en el Catálogo del Patrimonio Cultural Catalán ya ayuda en parte a ejercer esta función de publicidad. Una vez se acuerda la catalogación por el Pleno municipal o comarcal, pasa a tener efectos inmediatos, pues según el artículo 39.1 LPAC (Ley 39/2015), los actos se presumen válidos y producen efectos desde la fecha en que se dicten, salvo que en ellos se disponga otra cosa, y en principio la eficacia del acto no se supedita a su notificación (art. 39.2 LPAC). Concretamente se le aplica el régimen de protección del artículo 39 LPCC, que implícitamente remite a los artículos 21 a 28. Es de destacar la prohibición expresa de destrucción del BCIL (art. 25.2) si bien el artículo 39 LPCC permite que haya un régimen de protección adicional a través de los instrumentos de la legislación urbanística, lo que inevitablemente nos remite a los catálogos del patrimonio y en concreto al régimen de protección específico que cada bien tiene en su correspondiente ficha.

---

86 Basado en el artículo 50 LPAC según el cual "Los actos nulos o anulables que, sin embargo, contengan los elementos constitutivos de otro distinto producirán los efectos de éste".

C) Tampoco el artículo 17 habla de ningún trámite de audiencia, si bien la STSJC de 27 de febrero de 2002[87], deja claro que la audiencia del interesado es un trámite necesario (FJ 4º), además de dejar claro que ante la ausencia de un procedimiento completo en el artículo 17 LPCC, la administración puede regular su procedimiento con cierta flexibilidad mientras ser respete el trámite de audiencia y el informe técnico.

D) Tampoco nada se dice respecto al contenido de la declaración de BCIL, a diferencia de lo que dispone el artículo 11 LPCC sobre la declaración de un BCIN. La STSJC de 27 de febrero de 2002 antes citada, en su FJ 6º, también remarca que basta con la debida identificación del bien inmueble y que en el expediente consten las características descriptivas del bien, sin que se precise que consten explícitamente en el acuerdo que declara el BCIL.

E) Tampoco se dice nada sobre la aplicación provisional del régimen de BCIL mientras se tramita el expediente de declaración, ni tampoco nada referente a la suspensión automática de otorgamiento de licencias de derribo o que puedan perjudicar el BCIL mientras se tramita su declaración, a diferencia de lo que ocurre con el BCIN con su acuerdo de incoación de acuerdo con el artículo 9.1 LPCC (o la referencia a los artículos 73 y 74 TRLUC sobre suspensión de licencias potestativa y obligatoria por tramitar una modificación del planeamiento). Pero es importantísimo mencionar la STSJC de 14 de mayo de 2001[88] (FJ 7º) donde se declara que es suficiente la incoación del procedimiento de declaración de BCIL para otorgarle un régimen provisional de protección del mismo en base al artículo 25.2 LPCC que prohíbe la destrucción del BCIL (a pesar de que este artículo no menciona que sea aplicable de forma provisional mientras se tramita el expediente) por lo que el tribunal afirma que no se puede otorgar una licencia ur-

---

87 Sala de lo Contencioso-Administrativo, Sección 5ª (Nº de Recurso: 2275/1997; ponente: Ortiz Blasco, Joaquín José; Roj: STSJ CAT 2679/2002 - ECLI:ES:TSJCAT:2002:2679).

88 Sala de lo Contencioso-Administrativo, Sección 5ª (Sentencia 610/2001, Rec. 1033/1997; ponente: Moya Garrido, Antonio).

banística de derribo del inmueble en trámite de BCIL, incluso en el supuesto ese, que se incoó la declaración de BCIL a posteriori de la solicitud de licencia de derribo del Sanatorio de Sant Joan de Déu de el Vendrell.

F) Respecto al informe del técnico de patrimonio cultural, según MENÉNDEZ PABLO y otros autores[89], puede ser hecho por un profesional en el ámbito del patrimonio cultural (arquitecto, arqueólogo, historiador, historiador del arte, etc), y el informe debe describir adecuadamente el bien, con su contexto histórico, justificación de sus valores artísticos, históricos, etnológicos, simbólicos, etc alegados para justificar su catalogación. También debe concretar el nivel de protección del bien, parte protegida, criterios de mantenimiento y conservación y condiciones de rehabilitación y obras o partes a derribar de tal forma que se pueda determinar luego por los servicios técnicos municipales las obras a autorizar o a denegar. Además, se debe de acompañar de documentación complementaria como los planos (de situación, planimetría, etc), fotos antiguas y nuevas, documentación catastral y urbanística, datos sobre los propietarios, documentación histórica, etc. Lo que no será preciso es hacer una ficha, que es un formato más propio de los catálogos urbanísticos.

Los FJ 3º y 4º de la STSJC de 17 de febrero de 2014[90] nos dan un ejemplo válido de técnico en patrimonio cultural (no es preciso que sea formalmente un técnico municipal en patrimonio cultural) además que dicho informe tiene un gran peso luego para evitar una impugnación sobre la catalogación, pues se debería llevar a cabo una carga de prueba del recurrente que llegue a determinar la falta de justificación del informe del técnico en patrimonio cultural.

---

89 MENÉNDEZ PABLO, Xavier y otros, *La protecció del patrimoni cultural immoble. Guia per a l'elaboració dels catàlegs municipals de béns protegits*, Diputació de Barcelona, Barcelona, 2009, p. 33.

90 Sala de lo Contencioso-Administrativo, Sección 5ª (Sentencia 144/2014, Rec. 792/2010; Ponente: Soler Bigas, José Manuel de).

Según el FJ 4º de la STSJC de 30 de mayo de 2003[91] es importante que el informe técnico de patrimonio incluya un estudio detallado del bien a proteger con sus características y la motivación de su declaración como BCIL, ya que de lo contrario es causa de anulabilidad por contravenir el ordenamiento jurídico y no seguir el procedimiento (en concreto el artículo 17.2 LPCC).

G) Referente a si es preciso inscribir el BCIL en el Registro de la Propiedad. Nada se dice explícitamente en la LPCC, a diferencia de algunos BIC/BCIN donde sí es obligatorio (artículo 13.5). Pero estimo innecesaria dicha inscripción pues a diferencia de anteriormente, ya no existe un derecho real de origen legal de tanteo y retracto sobre los BCIL, por lo que no es necesario como ocurría antes, inscribir el derecho real de tanteo y retracto ante el Registro de la Propiedad para poder exigir al tercero adquiriente de buena fe la obligación de haberse procedido con anterioridad a la operación de transmisión a comunicar la venta (artículo 34 de la Ley hipotecaria).

Sí que se deberá inscribir, en cambio, en el Inventario del Patrimonio Cultural Catalán que lleva el Departamento de Cultura de la Generalitat y que de acuerdo con el artículo 60 LPCC es público[92].

H) Respecto a la descatalogación, el artículo 17.4 LPCC la admite siguiendo el mismo procedimiento de catalogación de BCIL más un informe favorable previo del Departamento de Cultura, que será preceptivo y vinculante, que es en definitiva quien decide de facto si se descataloga o no un bien[93]. Tal y como propone

---

91 Sala de lo Contencioso-Administrativo, Sección quinta, (Nº de Recurso: 1913/1998; ponente: Rubira Moreno, Ana; Roj: STSJ CAT 6671/2003 - ECLI:ES:TSJCAT:2003:6671).

92 Cabría motivadamente que se excluyera de consulta pública datos relativos a la situación jurídica, la localización y el valor de los bienes, cosa que veo factible en casos, por ejemplo, de BCIL arqueológicos, para evitar su espolio.

93 Es de notar que a diferencia de los BCIN, en los BCIL no existe una prohibición expresa de descatalogación por incumplimiento de las

SERRA MONTÉ[94], por el que no se admite la ruina como motivo de descatalogación, entiendo que deriva de una interpretación a contrario del artículo 198.3 TRLUC que faculta el derribo de edificios declarados en ruina siempre que no estén "catalogados, no es objeto de un procedimiento de catalogación y que no está declarado como bien cultural" lo que protegería del derribo por declaración de ruina (y por lo tanto su descatalogación) no solo a los BCIN, sino también los BCIL e incluso los Bienes de Protección Urbanística, así como los que estén en proceso de declaración como tales.

Respecto de la descatalogación de un BCIL arqueológico incluido en un catálogo, cabe mencionar la STSJC de 29 de julio de 2014[95], que determinó (FJ 6º) que no cabía descatalogar el BCIL del yacimiento por existir informes arqueológicos que no podían determinar con claridad que no pudieran encontrarse nuevos restos arqueológicos (pues supuestamente según la recurrente se había destruido todo el yacimiento con unas obras y por eso pedía la descatalogación):

Según la STSJC de 26 de enero de 2021[96] (FJ 3º), no cabe, pero, declarar la revocación del acto por el que se catalogó un inmueble como BCIL, pues no se considera un acto de gravamen para el interesado del artículo 109.1 LPAC 39/2015, al ser un acto de interés general sujeto a normas imperativas.

obligaciones de conservación y mantenimiento de la LPCC (ver artículo 14.2 LPCC para los BCIN). No obstante, creo que difícilmente la Generalitat debería aceptar casos flagrantes de desatención del deber de conservación de un BCIL para motivar una descatalogación.

94 SERRA MONTÉ, Agustí (Dir.), *op. cit.*, p. 17.

95 Sala de lo Contencioso-administrativo, Sección 3ª (Sentencia 455/2014, Rec. 164/2009; Ponente: Hernández Pascual, Isabel).

96 Sala de lo Contencioso-Administrativo, Sección 5ª, (Sentencia núm. 257/2021, Rec. 677/2019; Ponente: Sospedra Navas, Francisco José).

La STSJC de 25 de enero de 2002[97] (FJ 3º a 5º) nos recuerda que si un BCIL se cataloga por distintas razones, el hecho de que se demuestre error en uno de los distintos motivos de la catalogación (como lo es por ejemplo la autoría del arquitecto del inmueble) no es motivo suficiente para descatalogar el inmueble, y en este aspecto el informe preceptivo de descatalogación de la Generalitat es determinante.

Y la STSJC de 28 de diciembre de 1998[98] (FJ 11º) nos advierte que no es cauce admitido jurisprudencialmente la vía de rectificación de error material en caso de demostrarse confusión en el bien catalogado por un error en la fotografía del bien, pues al final debe estudiarse y contraponerse si el error estaba en la fotografía o en la descripción y nombre del bien. La misma sentencia, en el FJ 10º admite excepcionalmente la posibilidad de que sea *el Conseller de Cultura* el que acuerde la descatalogación de un BCIL a pesar de ser competencia municipal (la Generalitat normalmente se limita a informar preceptivamente y de forma vinculante la descatalogación), debido a la situación de error y confusión en el bien catalogado.

Según la STSJC de 19 de enero de 2010[99], confirmada por la STS de 28 de enero de 2014[100], una vez el BCIL ha sido declarado, tampoco cabe la descatalogación tácita vía autorización de derribo, aunque lo prevea el plan general urbanístico o un plan parcial.

I) Por otro lado, en 2012 (Ley 5/2012 de medidas fiscales, financieras y administrativas) se derogó el deber de comunicar al Ayuntamiento y Consejo Comarcal la intención de transmitir o

---

97 Sala de lo Contencioso-Administrativo, Sección 3ª (Sentencia núm. 74/2002, Rec. 1062/1998; Ponente: Juanola Soler, José).

98 Sala de lo Contencioso-Administrativo (Rec. 772/1995; Ponente: Horcajada Moya, Juan Fernando).

99 Sala de lo Contencioso-Administrativo, Sección 3ª (Rec. 526/2006).

100 Sala de lo Contencioso-Administrativo, Sección 5ª (Rec. 2982/2010; Ponente: Peces Morate, Jesús Ernesto).

enajenar el BCIL referente al ejercicio del derecho de tanteo o retracto (art. 26.5, ya derogado). Se mantiene, en cambio, el derecho de tanteo y retracto a favor de la Generalitat para los BCIN, los bienes catalogados muebles y los restantes bienes muebles del patrimonio cultural catalán (art. 22). Solo sobre los BCIN inmuebles, el Ayuntamiento o Consejo Comarcal pueden ejercer dicho derecho subsidiariamente.

J) La reciente modificación del número 2 del artículo 36 LPCC introducido por el artículo 2 de la Ley 6/2022, 7 abril, de modificación de la Ley 9/1993, del patrimonio cultural catalán, para la preservación de los establecimientos emblemáticos (vigente desde el 13 de abril de 2022), ha regulado el nuevo requisito de autorización del Ayuntamiento (o Consejo Comarcal, si éste declaró el BCIL) para los cambios de uso de los BCIL, con el requisito procedimental de un informe favorable del responsable de patrimonio municipal (que debe demostrar en su informe la compatibilidad).

La modificación es desafortunada en cuanto a la sistemática normativa, pues el artículo 36 LPCC modificado está dentro de la sección primera del capítulo II de la ley, referente a los BCIN, con la confusión e inseguridad jurídica que puede comportar regular aspectos del BCIL en esta sección dedicada a los BCIN.

La finalidad de la ley que modifica la LPCC es la de preservar el patrimonio que representan los establecimientos comerciales emblemáticos en Cataluña, si bien mientras no se crea una ley que regule el patrimonio cultural inmaterial en Cataluña se ha optado por dos modificaciones de la LPCC, una de las cuales es la presente, si bien como vemos, el precepto no discrimina la motivación del cambio de uso y por lo tanto tiene un alcance genérico para cualquier cambio de uso en un BCIL.

Por lo demás, igual que para la catalogación y descatalogación de un BCIL, se vuelve a exigir la intervención en ese caso del "responsable de patrimonio del municipio afectado" con su informe favorable[101]. Respecto de su informe, será preceptivo y vinculante a mi entender, al exigirse informe favorable, igual que ya se exigía en el artículo 17 para catalogar o descatalogar los BCIL.

K) También es preciso indicar que todos los bienes catalogados en planes urbanísticos antes de la entrada en vigor de la LPCC de 1993 pasan a ser automáticamente BCIL por mandato de la disposición adicional 1ª de la LPCC. Puede interpretarse como una forma de "premiar" aquellos esfuerzos por catalogar urbanísticamente bienes culturales inmuebles cuando todavía no existían figuras de protección sectorial cultural autonómicas en Cataluña, con lo que se podría considerar una "promoción" a una protección superior (pues a mi parecer, un BCIL implica unos derechos y deberes superiores de protección al de un mero bien del catálogo urbanístico).

L) Vemos, en definitiva, que en los BCIL el papel de los Ayuntamientos/Consejos Comarcales es muy relevante, pues ellos incoan y resuelven el procedimiento de catalogación del BCIL, y además se encargan de su tutela, todo ello sin intervención de la Generalitat[102]. También comprobamos como es un procedimiento bastante sencillo que permite proteger bienes puntuales de interés cultural y que da mucho margen de maniobra a los entes locales para llevar a cabo sus propias políticas de protección del patrimonio cultural. Como desventajas vemos como hay una pro-

---

101 A diferencia del artículo 17 LPCC para catalogación y descatalogación, no se habla explícitamente de técnico de patrimonio, sino de responsable, lo que denota un concepto más amplio, pues bien podría ser responsable de patrimonio un técnico de cultura, el archivero municipal o más habitualmente un arquitecto municipal, siempre que la ficha correspondiente de la Relación de Puestos de Trabajo o documento equivalente así lo determine. Por lo tanto, entiendo que no es preciso que el Ayuntamiento crea la plaza de técnico de patrimonio, pero ni siquiera en ese caso sería preciso acudir a la ayuda del Consejo Comarcal o Diputación para encontrar esa figura del técnico de patrimonio, muy extraña en la mayoría de municipios.

102 Excepto en la descatalogación, donde el Departamento autonómico de cultura debe emitir informe preceptivo y vinculante (art. 17.4).

blemática con el informe del técnico de patrimonio cultural, pues es una figura muy extraña en los municipios, pues no todos disponen de técnicos de cultura que comprendan esta área (algunas veces lo hacen arqueólogos municipales en los pocos municipios que disponen de dicha figura, o el arquitecto municipal si dispone de conocimientos adecuados), por lo que la asistencia del Consejo Comarcal o la Diputación[103] será vital para hacer este informe, lo que puede crear retrasos en la tramitación del expediente.

Otra desventaja es que esta figura solo puede ser tramitada y resuelta por la administración local, por lo que si el Ayuntamiento (o en su caso Consejo Comarcal) no quiere o no tiene medios para tramitar o resolver el expediente, la Generalitat no puede actuar subsidiariamente ni conminar legalmente a que catalogue el bien, y esto es una diferencia sustancial con otros regímenes autonómicos (donde la figura equivalente al BCIL es de competencia autonómica pero puede ser instada por el municipio). Si bien tiene la ventaja de respetar la autonomía municipal y el principio de subsidiariedad a favor de la administración más próxima al territorio y al ciudadano, es claro que se está en manos de la voluntad política de cada municipio o comarca (si bien existe una potestad reglada para catalogar basada en conceptos jurídicos indeterminados que permiten una cierta "discrecionalidad técnica"[104]).

Sin embargo, en el caso de los bienes arqueológicos es de notar que la Generalitat puede proteger bienes que no tengan categoría para ser BCIN a través de la figura de los Espacios de Protección Arqueológica, por lo que en caso de negativa del municipio (o incluso adelantándose a éste) de catalogarlo como BCIL[105], la

---

103 Oficina del patrimonio cultural en la Diputación de Barcelona

104 Ver por ejemplo, entre muchas otras, sentencia del Tribunal Superior de Justicia de Aragón de 14 de diciembre de 2016, Sala de lo Contencioso-administrativo, Sección 1ª (Sentencia 524/2016, Rec. 77/2014; Ponente: Arias Juana, Jesús María)

105 Mientras que al revés, si se protege un yacimiento arqueológico como EPA, el ente local debe catalogarlo preceptivamente como BCIL, por mandato del articulo 17.5 LPCC.

Generalitat puede catalogarlo con una figura parecida (cosa que no ocurre con el resto de bienes inmuebles culturales, donde la Generalitat solo tendría la opción de catalogar como BCIN para los bienes de máxima relevancia).

II.1.1.1.2.3.- Efectos de la declaración de un BCIL

II.1.1.1.2.3.1.- Deberes del propietario de un BCIL

Entrando en los efectos de la declaración de un BCIL inmueble, implicará todo un régimen de prescripciones y limitaciones (así como algunos derechos) de los propietarios y poseedores del bien inmueble. Empezando por los deberes, que serían:

a) Deber genérico de conservación del bien, así como de facilitar información si lo requiere la Administración sobre el estado de conservación del bien y su utilización (art. 21 LPCC).

b) Posible suspensión de intervención u obra sobre un bien integrante del patrimonio cultural catalán -que no sea BCIN- por el Departament de Cultura, requiriendo al Ayuntamiento para adoptar las medidas necesarias para hacer efectiva la suspensión (si no lo hace, podría adoptarlas subsidiariamente) y resolviendo en 2 meses sobre la continuación de la obra o bien la incoación como BCIN. Los Ayuntamientos también pueden suspender la tramitación de licencias de obras para solicitar incoación de BCIN al Departament de Cultura (art. 23). También cabría una suspensión urbanística de licencias y planeamiento derivado potestativa si se quisiera incluir dichos bienes como bienes del catálogo municipal urbanístico (sería una suspensión potestativa por máximo 1 año para estudiar su inclusión en el catálogo, luego con la aprobación inicial del planeamiento que lo cataloga habría una suspensión obligatoria de otro año más, o 2 si no ha habido la potestativa, según los artículos 73 y 74 TRLUC).

c) Deber de preservación y mantenimiento del bien, destinando el bien a un uso compatible con su preservación. Prohibición de destrucción del bien y deber de permitir investigar el bien para su catalogación (art. 25 LPCC).

d) Posibilidad de establecer medidas adicionales de conservación del BCIL mediante los planes y normativa urbanística municipal (art. 39 LPCC), como lo pueda ser establecer un entorno de protección o la posibilidad de desmontar el BCIL[106]. Cabe incluso que la normativa del plan urbanístico del catálogo se remita

---

106 Una posible medida adicional ha sido la ya tratada de establecer un entorno de protección del BCIL, a semejanza del BCIN, pero también, a mi entender, cabría que el planeamiento determinara la posibilidad, en la normativa del catálogo, de establecer como *causa expropiandi* el incumplimiento del deber de conservación del BCIL, a semejanza también de lo previsto en la LPCC para los BCIN, si bien en este caso fundamentado en el artículo 110.1.e.cuarto TRLUC, que prevé la posibilidad de la expropiación forzosa urbanística por incumplimiento de la función social de la propiedad, entre otros supuestos, cuando los propietarios no hagan las obras "determinadas por los planes, las normas o los proyectos de carácter histórico, arqueológico o artístico". Así pues, si se incumple le deber de conservación exigido no solo en la LPCC sino también en el catálogo urbanístico y se hace un requerimiento previo de obras de conservación que a su vez se incumple, se estaría efectivamente incumpliendo un plan de carácter histórico, arqueológico o artístico.
Nada se dice en el artículo 17 ni en el 39 de la LPCC sobre la posibilidad de desmontar un BCIL para desplazarlo de sitio, a diferencia de lo que prevé el artículo 37 para los BCIN, si bien se entiende jurisprudencialmente que esto sería posible según lo que disponga el planeamiento urbanístico. Así lo entiende de la STSJC de 16 de noviembre de 2012 Sala de lo Contencioso-Administrativo, Sección 3ª (Sentencia núm. 838/2012; Rec. 358/2009; Ponente: Rubira Moreno, Ana), quien acaba analizando en el FJ 5º la normativa del planeamiento urbanístico aplicable para determinar que no se dan las circunstancias en el BCIL de Can Fàbregas de Mataró para desmontar la antigua fábrica al no darse los supuestos excepcionales contemplados por el plan urbanístico. En cambio, no pone problemas la STSJC de 23 de mayo de 2008 Sala de lo Contencioso-administrativo, Sección 3ª (Sentencia 422/2008, Rec. 485/2004; Ponente: Martín Coscolla, María Pilar) (FJ 4º), para trasladar una fuente y su mina en Argentona declarados BCIL (pero sin todavía catálogo urbanístico propiamente) pues no se prohibía en

para los BCIL a normas de protección de la LPCC referida a los BCIN, tal es el caso del plan especial del catálogo del distrito de Sant Gervasi, como se deduce de la Sentencia del Juzgado de lo Contencioso-administrativo N°. 9 de Barcelona de 1 de febrero de 2017[107] (FJ 3°. Quinto).

e) Obligación de obtención de licencia urbanística municipal por intervenir sobre elementos objeto de protección en el bien catalogado o protegido (art. 187.2.a TRLUC y art. 33.2 D.64/2014).

f) Deber de informar a las administraciones en caso de peligro del bien (art. 5 LPCC).

g) Deber de permitir la inspección de las obras e intervenciones sobre el bien por parte de las administraciones competentes (art. 70.1 LPCC).

II.1.1.1.2.3.2.- Derechos del propietario de un BCIL

Como derechos de los propietarios de un BCIL, cabe destacar:

a) Derecho a disfrutar de beneficios fiscales (art. 59.1LPCC), ninguno específico para los BCIL pero que potencialmente les serían aplicables si se dan los conceptos jurídicos indeterminados que se fijan en su regulación[108].

b) Derecho a pagar deudas tributarias (catalanas o locales) mediante entrega de bienes del patrimonio cultural catalán con

---

ningún momento su traslado de forma expresa (lo único que se exigía de acuerdo con la LPCC era su conservación).

107 Sentencia núm. 31/2017, Rec. 104/2011; Ponente: Colorado Soriano, Rocío.

108 Se concreta en que: 1) Puede existir una bonificación potestativa por ordenanza municipal de hasta el 95% de la cuota íntegra del IBI por incurrir causa de interés histórico o artístico en la actividad económica que se desarrolle en el inmueble, declarada de especial interés o utilidad municipal, previa declaración por el Pleno (art. 74.2.quáter TRLHL).
2) Puede existir una bonificación potestativa por ordenanza municipal de hasta el 95% de la cuota íntegra del IIVTNU por incurrir causa de interés histórico o artístico en la actividad económica que se desarrolle

aceptación del Departament de Finances (previo informe del Departament de Cultura) o el Pleno municipal según la administración en Cataluña a pagar (art. 58 LPCC y art. 60.2 Ley General Tributaria).

c) Derecho a ser informado, escuchado y notificado sobre la catalogación (art. 17 LPCC y LPAC).

d) Derecho a recibir subvenciones y ayudas públicas, siempre condicionado a que exista dotación presupuestaria, con criterio de concurrencia y el beneficiario cumpla el deber de conservación del bien (art. 54 LPCC).

e) Derecho a buscar soluciones alternativas para conciliar la accesibilidad de inmuebles protegidos con la protección de esos valores culturales que motivaron la protección de un BCIL (art. 16 de la Ley 13/2014, de 30 de octubre, de accesibilidad de Cataluña).

II.1.1.1.2.3.3.- Derechos, deberes y potestades de un Ayuntamiento respecto del BCIL

MENÉNDEZ PABLO[109] también entiende que los Ayuntamientos (o Consejos Comarcales, si son competentes) tienen un conjunto de derechos y deberes en relación con los BCIL, siendo así sus DERECHOS o POTESTADES:

1) Potestad de declarar un BCIL (art. 17 LPCC).

---

en el inmueble, declarada de especial interés o utilidad municipal, previa declaración por el Pleno (art. 108.5 TRLHL).
3) Bonificación potestativa por ordenanza municipal de hasta 95% cuota imponible del Impuesto de Actividades Económicas por incurrir causa de interés histórico o artístico en la actividad, previa declaración por el Pleno (88.2.e TRLHL).
4) Bonificación potestativa por ordenanza municipal de hasta 95% cuota imponible del ICIO por incurrir causa de interés histórico o artístico en la obra en el inmueble, declarada de especial interés o utilidad municipal previa declaración por el Pleno (art. 74.2.quáter TRLHL).

109 MENÉNDEZ PABLO, Xavier y otros, *La protecció del patrimoni cultural immoble. Guia per a l'elaboració dels catàlegs municipals de béns protegits*, Diputació de Barcelona, Barcelona, 2009, p. 35 y 36.

2) Potestad de obligar al propietario de un BCIL a hacer las obras necesarias para su conservación (art. 67) o a exigir reparar los daños causados por las obras ilegales (art. 68). Y a suspender las obras ilegales así como a tomar otras medidas cautelares o sancionadoras (art. 77).

3) Potestad sancionadora a los titulares de un BCIL por infracción administrativa de la LPCC (siempre que no corresponda dicha facultad a la Generalitat –arts. 71 y ss-) así como a inspeccionar intervenciones sobre un BCIL (art. 70).

4) Derechos genéricos (afectan a todo el patrimonio cultural catalán) como el de ser informados por la Generalitat de las actuaciones que se lleven a cabo dentro del marco de la LPCC (art. 3.4).

No se establecen, en cambio, derechos en materia de subvenciones para los entes locales para ser beneficiarios. Por otro lado, se establecen como deberes:

1) Deber de comunicar a la Generalitat la declaración de un BCIL (art. 17.3).

2) Deberes genéricos (afectan a todo el patrimonio cultural catalán) como el de colaborar con las demás administraciones para proteger el patrimonio (arts. 3.1 y 3.2), así como comunicar a la Generalitat las situaciones de peligro para el patrimonio (art. 3.3).

II.1.1.1.2.4.- Declaración de los BCIL y su incidencia en el planeamiento urbanístico

Respecto de la incidencia de la declaración de un BCIL sobre el planeamiento urbanístico, es preciso indicar que, a diferencia de lo que ocurre con la declaración de BCIN, no comporta la obligación de adaptar el planeamiento urbanístico ni la prevalencia sobre el planeamiento urbanístico (art. 33.1 LPCC referido a los BCIN). El artículo 39 simplemente se limita a establecer que la declaración de un BCIL

> "conlleva la aplicación inmediata del régimen jurídico que esta Ley establece para los bienes catalogados. Cualquier norma adicional de protección de estos bienes se establecerá por medio de los instrumentos determinados por la legislación urbanística".

Según la STSJC de 27 de febrero de 2002 **110** (FJ 7°) esto implica que solamente vincula al planeamiento en las pocas directrices claras que la LPCC establece a favor de los BCIL (o a bienes catalogados en genérico).

Mientras el FJ 9° de la STSJC de 19 de enero de 2010[111] consagra la primacía de protección de la declaración de un BCIL sobre el planeamiento urbanístico.

Si una ordenanza o la normativa de un catálogo urbanístico lo prevén, cabría incluso establecer una zona de entorno de protección del BCIL, pero habrá que tener en cuenta de no alterar el aprovechamiento de las fincas afectadas[112]. Así lo ha hecho el Ayuntamiento de Barcelona mediante la Ordenanza sobre protección del patrimonio arquitectónico, histórico-artístico de la ciudad de Barcelona, aprobada por acuerdo de 18 de enero de 1979[113], en su artículo 22. Así lo avala jurisprudencialmente la STSJC de 23 de diciembre de 2003[114] (FJ 8°), a parte de reconocer esa posibilidad tácitamente también reconoce la importancia de que un BCIL se declare por sus propios valores y no por el demé-

---

110 Sala de lo Contencioso-Administrativo (N° de Recurso: 2275/1997; ponente: Ortiz Blasco, Joaquín José; Roj: STSJ CAT 2679/2002 - ECLI:ES:TSJCAT:2002:2679).

111 Sala de lo Contencioso-Administrativo, Sección 3ª (N° de Recurso: 526/2006; ponente: Taboas Bentanachs, Manuel; Roj: STSJ CAT 4589/2010 - ECLI:ES:TSJCAT:2010:4589).

112 SERRA MONTÉ, Agustí (Dir.), *Directrius de contingut per als catálegs de béns i plans especials de protección,* Departaments de territorio i cultura de la Generalitat de Catalunya, Barcelona, 2013, p. 30.

113 https://bcnroc.ajuntament.barcelona.cat/jspui/bitstream/11703/101026/1/ordepatarh_2015.pdf

114 Sala de lo Contencioso-Administrativo, Sección 3ª (Sentencia núm. 808/2014, Rec. 114/2011; Ponente: Hernández Pascual, Isabel).

rito de su entorno, así como reconoce el valor de un edificio que pretende competir con el BCIL protegido en su entorno, sin ser para nada un demérito.

II.1.1.1.2.5.- Comparativa con otras Comunidades Autónomas

En primer lugar hay una serie de bienes de máxima protección y relevancia cultural en todas las CCAA (equivalentes al BIC de la LPHE). Hay un segundo nivel de protección para otros bienes que no tienen los valores culturales o históricos suficientes para ser declarado BIC autonómico[115]. A veces su declaración puede corresponder a entes locales (y los hay muebles, inmuebles e inmateriales a veces). Finalmente hay una tercera categoría de protección para otros bienes con una cierta relevancia cultural que merecen algún tipo de protección inferior por la normativa autonómica y que solo se da en ciertas normativas autonómicas[116]. Vamos a ver algunas notas características de figuras de protección

---

[115] 1- Bienes muebles incluidos en el Inventario General del Estado: Andalucía, Asturias, Castilla la Mancha, Castilla y León, Baleares, Extremadura, Navarra, la Rioja, Cantabria, Murcia, Madird.
2- Bienes catalogados: Aragón
3- Bienes inventariados vascos: País Vasco
4- Bienes catalogados (muebles) y Bienes culturales de interés local (inmuebles): Cataluña
5- Bienes inscritos de forma genérica en el Catálogo general del patrimonio histórico de Andalucía: Andalucía
6- Bienes catalogados o incluidos en el Catálogo del Patrimonio cultural de Galicia: Galicia
7- Bienes inventariados valencianos, ya sean de relevancia local (inmuebles), muebles o inmateriales: Comunidad Valenciana

[116] 1- Restantes Bienes del Patrimonio Cultural Catalán (Cap. III LPCC): Catalunya
2- Bienes inventariados (en el Inventario general del Patrimonio Cultural de Galicia): Galicia
3- Bienes no inventariados de la Ley valenciana del patrimonio cultural (art 2.c): Comunidad Valenciana

equivalentes al BCIL de ciertas CCAA, es decir, esa segunda categoría de mayor importancia[117]:

II.1.1.1.2.5.1.- Principado de Asturias

En Asturias, la Ley del Principado de Asturias 1/2001, de 6 de marzo, de Patrimonio Cultural regula la figura de los Bienes del Inventario del Patrimonio Cultural de Asturias (BIPCA).

El BIPCA es todo bien mueble o inmueble que tenga un grado notable de los valores culturales propios del patrimonio cultural asturiano de acuerdo con el artículo 1 LPCPA y que tengan un interés inferior al de un BIC. Los bienes inmuebles se pueden catalogar singularmente o como colección, pueden catalogarse bienes muebles incluidos en el inmueble e incluso se puede limitar la aplicación de la protección a partes del inmueble si las otras no tienen interés cultural. Su catalogación implica formar parte del Inventario del Patrimonio Cultural de Asturias que se gestiona por la Comunidad Autónoma de Asturias y tiene por finalidad salvaguardar esos bienes (art. 22 LPCPA). Se exige haber transcurrido 30 años de una construcción para ser incluida en el Inventario, excepto que haya autorización del propietario del inmueble (art. 23).

II.1.1.1.2.5.2.- Aragón

En Aragón, la Ley 3/1999, de 10 de marzo, del Patrimonio Cultural Aragonés regula la figura del Bien Catalogado de Aragón (Monumento de Interés Local).

Está pensado para los bienes culturales aragoneses que a pesar de su importancia no tengan valores para ser declarados BIC y una vez declarados se incluyen en el Catálogo del Patrimonio Cultural Aragonés (art. 13 LPCA).

---

117 Respecto del Procedimiento de declaración de estos bienes de las demás CCAA y su régimen jurídico, me remito al capítulo que trata de las Categorías de bienes protegidos patrimonialmente de la Comunidad Autónoma respectiva.

Si el bien catalogado es inmueble, también puede ser declarado y tutelado por el municipio, en cuyo caso estaríamos ante lo que se denomina un "Monumento de Interés Local" (art. 24.3 y 25).

II.1.1.1.2.5.3.- Comunidad de Madrid

En la Comunidad de Madrid, la Ley 8/2023, de 30 de marzo, de Patrimonio Cultural de la Comunidad de Madrid regula la figura del Bien de Interés Patrimonial (BIP).

Los Bienes de Interés Patrimonial son aquellos bienes con un interés cultural inferior a un BIC radicados en la Comunidad de Madrid. A diferencia de los BIC, no tienen categorías en lo referente a los inmuebles, si bien se admite también además de los BIP inmuebles, los muebles.

II.1.1.1.2.5.4.- Islas Baleares

En las Islas Baleares, la Ley 12/1998, de 21 de diciembre, del Patrimonio Histórico de las Illes Balears regula la figura del Bien Catalogado de las Islas Baleares.

Esta segunda categoría está reservada para bienes muebles e inmuebles que no tienen relevancia cultural suficiente para ser declarados BIC pero con suficiente significación y valor para ser protegidos singularmente como bienes del patrimonio histórico balear (art. 14.1 LPHIB).

II.1.1.3- Los restantes bienes integrantes del patrimonio cultural catalán

Los restantes bienes integrantes del patrimonio cultural catalán (o BIPCC[118]) componen una tercera categoría en importancia

118 A pesar de llamar simplificadamente BIPCC a los restantes bienes que no son ni BCIN, ni BCIL ni EPA, lo cierto es que en un sentido amplio, los BIPCC incluyen también estas categorías (cualquier BCIN, por ejemplo, es a su vez un bien del patrimonio cultural catalán). Si bien

de protección de la LPCC, y es un cajón de sastre para todos aquellos bienes muebles e inmuebles que no reúnen las condiciones para ser declarados BCIN o bienes catalogados (art. 18 LPCC)[119]. A diferencia de las otras dos categorías, esta tercera no requiere un procedimiento explícito de declaración, sino que alberga

---

para referirse de forma simplificada a los bienes del patrimonio cultural catalán que no son ni BCIN, ni BCIL, ni EPA se ha procedido a darle ese nombre.

119 No hay que confundir esta categoría genérica protegida por la LPCC con los Bienes de Protección Urbanística (BPU), puesto estos últimos son los que gozan de una protección específica pero meramente urbanística por un catálogo o precatálogo dentro de un plan urbanístico. Así pues, a pesar de no ser parte de esta categoría, ni estar tutelada por la LPCC, hay que mencionar que el TR de la Ley de Urbanismo de Cataluña de 2010 (TRLUC) prevé la elaboración de catálogos del patrimonio en el Plan General o desarrollados en un Plan especial urbanístico (arts. 71.1 TRLUC y 75 del Decreto 305/2006 RLUC), sin que se diga explícitamente, los BCIN y BCIL ya declarados deben formar parte de estos catálogos, los EPA forman parte del catálogo por mandato explícito del artículo 17.5 LPCC. Si bien un catálogo puede contener, además, otros bienes, normalmente llamados "bienes del catálogo municipal" o Bienes de Protección Urbanística" y que protegen aquellos inmuebles con un interés menor a aquellas categorías de la LPCC. La tutela de estos restantes bienes del catálogo municipal (que no son BCIN ni BCIL) deriva exclusivamente del TRLUC y del planeamiento urbanístico, y no de la LPCC, que dicho sea de paso, es criticable que a duras penas mencione la cuestión de los catálogos del patrimonio urbanísticos o establecer siquiera mecanismos de coordinación entre ambas materias (patrimonial y urbanística).
De todos modos, a mi entender, todo bien catalogado en un catálogo de protección dentro de un plan urbanístico, siempre que no sea un bien natural, se considerará BIPCC y como tal se inventariará por la Generalitat, aplicándose el tenue régimen protector para los restantes BIPCC además del régimen protector del plan urbanístico del catálogo y su normativa, que será el grueso de su régimen protector.

genéricamente todos aquellos bienes que reúnan los valores del artículo 1 LPCC[120] [121].

El art. 18.2 LPCC hace una relación no cerrada de bienes muebles que se incluyen en esta categoría: colecciones, puntos históricos, objetos arqueológicos, mobiliario patrimonio documental, bibliográfico, científico, etc. Además, se incluyen en esta categoría el patrimonio documental y bibliográfico al que se refiere los arts. 19 y 20 LPCC, respectivamente. En todo caso, nada obsta para que puedan ser restantes BIPCC bienes inmuebles.

Para RICART I MARTÍ y GÓMEZ BUENDÍA se trataría del patrimonio "no declarado" también llamado "latente o objetivo" para quienes es:

> "una categoría indeterminada, la identificación de la cual se deja al conocimiento y la sensibilidad de la ciudadanía. Este aspecto se podría criticar desde el punto de vista de la seguridad y la garantía del administrado, pero, en todo caso, la actuación de la administración se prevé siempre a partir de medidas cautelares, las cuales, lógicamente, requieren comunicación fehaciente."[122]

Como se ha dicho, esta categoría de bienes no requiere de un procedimiento para ser declarado como tal. Todos los bienes con valores culturales según el art. 1.1 LPCC, deben ser inscritos en el Inventario del Patrimonio Cultural Catalán (art. 60), que no implica ninguna protección efectiva, y que como bien dice su nombre, se centra en inventariar los bienes, es decir, documentarlos y recopilarlos sistemáticamente, y así favorecer su investigación y difusión.

---

120 Eso es, que reúnan un valor histórico, artístico, arquitectónico, arqueológico, paleontológico, etnológico, documental, bibliográfico, científico o técnico merecedor de una protección y defensa especial.

121 CALVO CATALÀ, Bernat, *Las categorías de bienes culturales (…) op. cit.*, pp. 6-7.

122 RICART I MARTÍ, Encarnació y GÓMEZ BUENDÍA, Carmen, "El patrimonio cultural local", *op. cit.*, p. 1446.

Por otro lado, para los restantes bienes integrantes del patrimonio cultural catalán (inmueble), implicará un tenue régimen de limitaciones (así como algunos derechos) de los propietarios y poseedores del bien inmueble. Empezando por los deberes, cargas y limitaciones del propietario del bien serían:

a) Deber genérico de conservación del bien, así como de facilitar información si lo requiere la Administración sobre el estado de conservación del bien y su utilización (art. 21 LPCC) si bien no implica la prohibición de derribo (art. 25). Al ser un deber genérico, interpreto que no conlleva la posibilidad administrativa de dictarse requerimientos u órdenes de ejecución a los propietarios o demás titulares de derechos reales o poseedores de los bienes para su conservación, pues el artículo 67 LPCC solo regula dicha posibilidad para BCIN, BCIL o bienes muebles catalogados. Tampoco conlleva su incumplimiento ninguna infracción asociada en el artículo 71, lo que convierte dicho deber de conservación genérico del artículo 21 en "papel mojado" a efectos de querer proteger el bien, a no ser que el bien sea declarado BCIN, BCIL, EPA o BPU y entonces en base a esas otras figuras de protección poder proteger efectivamente el bien según la LPCC o la legislación urbanística.

b) Deber de comunicar a la administración el cambio de uso del bien: la reciente modificación del número 3 del artículo 21 LPCC introducido por el artículo 2 de la Ley 6/2022, de 7 abril, de modificación de la LPCC, para la preservación de los establecimientos emblemáticos (vigente desde el 13 de abril de 2022), ha regulado un deber concreto de todos los propietarios, titulares de derechos reales y poseedores de bienes integrantes del patrimonio cultural catalán de comunicar con mínimo 6 meses de antelación a la administración, interpreto que la Generalitat (si es BCIN) o Ayuntamiento (BCIL y restantes bienes inmuebles del patrimonio cultural catalán) cualquier cambio de uso en los bienes para que la administración pueda garantizar el deber de conservación del bien y tomar las medidas necesarias de conservación[123].

c) Posible suspensión de intervención u obra sobre un bien integrante del patrimonio cultural catalán que no sea BCIN por el Departament de Cultura, requiriendo al Ayuntamiento para adoptar las medidas necesarias para hacer efectiva la suspensión (si no lo hace, podría adoptarlas subsidiariamente), y resolviendo en 2 meses sobre la continuación de la obra o bien la incoación como BCIN. Los Ayuntamientos también pueden suspender la tramitación de licencias de obras para solicitar incoación de BCIN al Departament de Cultura (art. 23 LPCC)[124].

---

[123] La finalidad de la ley que modifica la LPCC es la de preservar el patrimonio que representan los establecimientos comerciales emblemáticos en Cataluña, si bien mientras no se crea una ley que regule el patrimonio cultural inmaterial en Cataluña se ha optado por dos modificaciones de la LPCC, una de las cuales es la presente, si bien como vemos, el precepto no discrimina la motivación del cambio de uso y por lo tanto tiene un alcance genérico para cualquier cambio de uso en un BCIN, BCIL o cualquier otro bien (entendemos que inmueble) siempre que forme parte del patrimonio cultural catalán. El precepto no menciona las medidas que puede tomar la administración competente para asegurar la preservación del bien por el cambio de uso, simplemente dice que pueden ser las "necesarias" para asegurar tal preservación, lo que deja un margen considerable de discrecionalidad administrativa para conseguir tal fin (requerimientos? órdenes de ejecución? Ser motivo legítimo para expropiar el bien?).
Por si no fuera poco la concreción del deber de comunicar los cambios de uso de los bienes del patrimonio cultural catalán, se ha asociado a su incumplimiento una infracción leve en el artículo 71.2.b LPCC, lo que demuestra la gran diferencia de este deber de comunicar el cambio de uso respecto al deber genérico de conservación de los bienes del patrimonio cultural catalán del artículo 21.1.

[124] También cabría una suspensión urbanística de licencias y planeamiento derivado potestativa si se quisiera incluir dichos bienes como bienes del catálogo municipal urbanístico (sería una suspensión potestativa por máximo 1 año para estudiar su inclusión en el catálogo, luego con la aprobación inicial del planeamiento que lo cataloga habría una sus-

d) Deber de informar a las administraciones en caso de peligro del bien (art. 5 LPCC).

e) Deber de permitir la inspección de las obras e intervenciones sobre el bien por parte de las administraciones competentes (art. 70.1 LPCC).

Como derechos de los propietarios de un restante bien integrante del patrimonio cultural catalán, cabe destacar:

a) Derecho a disfrutar de beneficios fiscales (art. 59.1 LPCC), que se concreta en los mismos que para los BCIL, si bien seguramente sea más difícil de justificar en estos bienes.

b) Derecho a pagar deudas tributarias (catalanas o locales) mediante entrega de bienes del patrimonio cultural catalán con aceptación del Departament de Finances (previo informe del Departament de Cultura) o el Pleno municipal según la administración en Cataluña a pagar (art. 58 LPCC y art. 60.2 Ley General Tributaria).

c) Derecho a recibir subvenciones y ayudas públicas, siempre condicionado a que exista dotación presupuestaria, con criterio de concurrencia y el beneficiario cumpla el deber de conservación del bien (art. 54 LPCC).

A esto deberíamos sumar las facultades que la LPHE permite a los bienes integrantes del patrimonio histórico español que no gocen de la protección como BIC/BCIN:

a) Deber del Ayuntamiento de acatar la orden de suspensión (de la Administración de cultura estatal o autonómica) por máximo de 6 meses de las obras de demolición o cambio de usos de inmuebles no declarados BIC pero que formen parte del patrimonio histórico español y el deber proactivo de optar por proteger el bien mediante aprobación inicial un plan especial (entendemos

---

pensión obligatoria de otro año más, o 2 si no ha habido la potestativa) (arts. 73 y 74 TRLUC).

que mediante su catalogación) o con otras medidas de protección permitidas por la normativa urbanística (art. 25 LPHE).

b) Facultad del Ayuntamiento u otra administración competente de impedir el derribo u obra o intervención en un bien del patrimonio histórico español que no sea BIC (caso en el que se dispondrá de 30 días hábiles para decidir si se continúan las obras o se incoa su declaración como BIC), del artículo 37.2 LPHE.

c) Facultad de que la Administración del Estado pida, de oficio o a instancia de cualquier persona, a la Administración autonómica la adopción de medidas urgentes para evitar la expoliación de cualquier bien del patrimonio histórico español (e incluso de actuar subsidiariamente si la Comunidad Autónoma desatendiere la medida), del artículo 4 LPHE.

II.1.2.- Patrimonio arqueológico y paleontológico

Tiene su regulación legal en el capítulo IV de la LPCC de 1993 (arts. 46 a 53) y, al igual que las demás legislaciones sectoriales en la materia, define el patrimonio arqueológico como aquellos bienes muebles e inmuebles históricos para cuyo estudio se exige la metodología arqueológica. Dichos bienes pasan a formar parte automáticamente parte del patrimonio cultural catalán (arts. 1.1 y 46.1). Asimismo se integran en el patrimonio cultural catalán los elementos geológicos y paleontológicos relacionados con el ser humano y sus orígenes (art. 46.1).

Para que dicho patrimonio arqueológico tenga una protección efectiva (más allá de la laxa protección genérica de todo bien del patrimonio cultural catalán del artículo 1[125]) debe haber una declaración como BCIN o bien catalogado (art. 46.2).

---

[125] Así como cierta protección genérica que el título IV da a todo bien arqueológico independientemente de su catalogación, como el informe preceptivo del Departamento de Cultura de la Generalitat en caso de tramitación de proyectos de obras que exijan evaluación de impacto ambiental (art. 46.3).

El patrimonio arqueológico y el paleontológico, como es habitual en las demás leyes sectoriales autonómicas, gozan prácticamente de la misma regulación, si bien RICART I MARTÍ y GÓMEZ BUENDÍA[126] cuestionan que la LPCC en su artículo 46 les dé un tratamiento unitario al considerar que geología, paleontología y arqueología son ciencias distintas, pero para ellas mismas es evidente que existe una finalidad legal unitaria, la de someter estos bienes al régimen de declaración como bienes demaniales cuando sean descubiertos ya sea fruto de una intervención o por azar.

II.1.2.1.- Tipologías de actuaciones sobre bienes arqueológicos o paleontológicos

Hay tres tipos de actuaciones sobre bienes arqueológicos o paleontológicos[127]:

a) Intervenciones arqueológicas: implica un estudio directo con prospecciones, sondeos, excavaciones, controles o similares, con o sin remoción de terrenos con la finalidad de investigar los restos (art. 47.2).

Cualquier intervención arqueológica (o paleontológica) en Cataluña exige además de la licencia urbanística municipal pertinente, solicitar autorización previa del Departamento de Cultura (con silencio administrativo negativo) aportando proyecto sobre conveniencia e interés de la intervención, capacidad económica del promotor y la idoneidad técnica del director de excavación (art. 47). Dicho requisito también es exigible en caso de hacer obras en una zona arqueológica u otro BCIN (art. 48) o si la intervención la quiere hacer un ente local, en cuyo caso puede ser

---

126 Vid. RICART I MARTÍ, Encarnació y GÓMEZ BUENDÍA, Carmen, "El patrimonio cultural local", *op. cit.*, p. 1457.

127 Para saber más al respecto, ver RICART I MARTÍ, Encarnació y GÓMEZ BUENDÍA, Carmen, "El patrimonio cultural local", *op. cit.*, pp. 1457-1459.

indemnizable el particular propietario de los terrenos por los daños causados (art. 50).

b) Hallazgos casuales: sea en el marco de una intervención arqueológica o por azar, los bienes arqueológicos encontrados[128] se deben comunicar y entregar en 48 horas al Departament de Cultura o al Ayuntamiento (quien comunicará a la otra administración el hallazgo). El propietario del terreno y el descubridor tienen derecho a un premio en metálico[129] de la mitad del valor tasado de los restos hallados[130] (que pagará la Generalitat, salvo acuerdo con otras administraciones) y será la Generalitat quien determine el depósito definitivo del bien (art. 51).

---

128 Deben ser singulares en el marco de una intervención.

129 Respecto del patrimonio arqueológico que, de acuerdo con la STS de 25 de mayo de 2020, el premio del artículo 44.3 LPHE (si bien la normativa catalana también regula el premio por el hallazgo) es un premio, no una indemnización ni un procedimiento expropiatorio, mientras que lo único expropiable es el terreno en sí y de acuerdo con los criterios de valoración del TRLS (sin tener en cuenta los restos arqueológicos, que irían valorados de acuerdo con el citado artículo 44.3).

130 Al respecto del premio por el descubrimiento, debe entenderse que es para objetos encontrados al azar, no cabiendo premio en caso de encuentro fruto de excavación clandestina, así podemos citar la STS de 10 de abril de 1991 Sala de lo Contencioso-Administrativo (Ar. 3472), que declaró que el particular que encontró joyas de época celtíbera no tenía derecho al premio al ser encontrado utilizando un detector de metales.

Por otro lado, a diferencia del artículo 63 LPHIB o el artículo 44.3 LPHE que se refieren al encuentro de un "objeto" como objeto de la indemnización, el artículo 51.4 LPCC hace mención de forma más genérica a "restos arqueológicos" lo que facilita lo que ya había manteniendo el Tribunal Supremo de que no solo es indemnizable el objeto mueble arqueológico, sino también los inmuebles. En este sentido cabe citar la STS de 17 de enero de 1992 Sala de lo Contencioso-Administrativo (Ar. 560), que declaró que el descubridor y el propietario del terreno de una villa romana con un pavimento formado por 23 mosaicos romanos tenía derecho al premio metálico de 3 millones y medio de pesetas cada uno por el descubrimiento, así como la STSJ de Cantabria de 5 de octubre de 1999, Sala de lo Contencioso Administrativo, consi-

Los bienes arqueológicos hallados serán de dominio público de la Generalitat, o de la administración que haya pagado por el hallazgo arqueológico al propietario del terreno y al descubridor (art. 53).

En el marco de cualquier obra, si se hallan restos arqueológicos, el promotor o director de obras debe parar la sobras y comunicarlo en 48 horas al Departament de Cultura, quien lo comunicará a su vez al Ayuntamiento. La Generalitat debe comprobar el interés de los restos hallados en 20 días (en que estarán paralizadas las obras, y sin derecho a indemnización a no ser que se amplíe el plazo), con la colaboración del promotor (art. 52).

Sobre la paralización cautelar de obras en base al artículo 52 LPCC, cabe citar la STSJC de 14 de octubre de 2004[131], donde el tribunal considera posible la paralización cautelar de obras sin derecho a indemnización a pesar de todavía no descubrirse restos arqueológicos por la claridad de que puedan existir dichos restos arqueológicos de trascendencia en la zona de las obras mediante informes arqueológicos, así lo determina el FJ 3°.

---

dera que un particular que descubrió una cueva también tenía derecho a un premio de 126.000.

Del artículo 51.4 LPCC no queda claro si son premiables solo los hallazgos casuales o también los hallazgos singulares dentro de una excavación autorizada (pues a ambos se refiere el apartado primero del artículo 51, pero el apartado cuarto no los menciona), si bien una interpretación sistemática parece hacer entrever que ambos son indemnizables. Aun así, alguna jurisprudencia determinó que solo son indemnizables los hallazgos casuales, como la STSJ de Aragón de 1 de abril de 1998 Sala de lo Contencioso-Administrativo, Sección 1ª (ponente: Isabel Zarzuela Ballester), y la STSJ de Aragón de 16 de febrero de 1999, la de lo Contencioso-Administrativo, Sección 1ª (ponente: Jesús María Arias Juana).

131 Sala de lo Contencioso-Administrativo, Sección 3ª (N° de Recurso: 636/2000; Roj: STSJ CAT 11228/2004 - ECLI:ES:TSJCAT:2004:11228; ponente: Taboas Bentanachs, Manuel).

En cambio, alguna doctrina como MACERA y FERNÁNDEZ GARCÍA[132] o MARTÍN REBOLLO[133] sí consideran que en algunos casos podría existir derecho a indemnización por la paralización cautelar de las obras por descubrimiento de restos arqueológicos, aunque luego se levante la suspensión por caducidad del expediente, anulación de la declaración de suspensión o por resolución desfavorable a catalogar el bien.

En cambio, si la suspensión de obras deviene en definitiva con un sacrificio del derecho de edificación del propietario por catalogación del inmueble implica el derecho de éste a ser indemnizado (ver STS de 27 de enero de 1998[134], FJ 4º)

El Tribunal Supremo, en la STS de 22 de junio de 2015[135] (FJ 5º) ha señalado que sí se genera indemnización por paralizar las obras de un promotor privado más tiempo de lo permitido legalmente, aunque la administración autonómica tenga competencias y legitimidad para hacerlo con tal de salvaguardar el patrimonio arqueológico[136].

---

132 MACERA, Bernard-Frank y FERNÁNDEZ GARCÍA, Yolanda, *La responsabilidad de la Administración en el Derecho Urbanístico,* Marcial Pons, Madrid, 2005, pp. 99-101.

133 MARTÍN REBOLLO, Luis, *La responsabilidad patrimonial de las Administraciones públicas en el ámbito urbanístico, Lección de apertura del curso 1993-1994,* Universidad de Cantabria, Santander, 1993.

134 Sala de lo Contencioso-Administrativo, Sección 5ª (Roj: STS 464/1998 - ECLI:ES:TS:1998:464; Ar. 1998/338; ponente: P. Esteban Álamo).

135 Sala de lo Contencioso-Administrativo, Sección 6ª (rec. 3410/2013; ponente: Diego Córdoba Castroverde).

136 Esta sentencia se refiere a la normativa aplicable en Galicia, pero es bien cierto que la conclusión sería la misma en Cataluña en virtud del artículo 52.3 LPCC: "La suspensión de las obras a las que se refiere el apartado 2 no da lugar a indemnización. No obstante, la Administración puede ampliar el plazo de suspensión, si es necesario para completar la investigación arqueológica en cuyo supuesto, si la obra es de promoción privada, se aplican las normas generales sobre responsabilidad de las Administraciones Públicas y no se aplica el plazo de dos meses establecido por el artículo 23.1."

Asimismo, cabe recordar que "el incumplimiento de la suspensión de obras con motivo del descubrimiento de restos arqueológicos y de las suspensiones de obras acordadas por la Administración competente" es una infracción grave de la LPCC según el artículo 71.3[137].

Los descubrimientos arqueológicos pasan a ser bienes demaniales y se integran al patrimonio de la Generalitat (excepto en el caso de que indemnice otra administración por el descubrimiento, caso en el que pasa a su patrimonio, según el art. 53).

II.1.2.2.- Categorías de bienes arqueológicos o paleontológicos

URIBESALGO LÓPEZ[138] detecta cuatro categorías de bienes (restos) arqueológicos protegidos inmuebles por la LPCC: los BCIN, los BCIL, los demás bienes integrantes del patrimonio cultural catalán y los EPA. Cabría añadir, además, los bienes de protección urbanística del catálogo, si bien no derivan de la LPCC.

Vayamos a analizar dichas categorías de protección arqueológica o paleontológica:

a) Bien Cultural de Interés Nacional (BCIN) arqueológico (zona arqueológica): cabe que exista un BCIN de carácter arqueológico, y será el máximo nivel de relevancia cultural en Cataluña

---

137 Lo que puede conllevar sanciones de hasta el cuádruplo de la valoración del bien dañado, o de no ser evaluable económicamente una multa de entre 6.010 y 210.354 euros. Al respecto de esta infracción, la STS de 26 de mayo de 1999 Sala de lo Contencioso-Administrativo, Sección 3ª (Ar. 3951; ponente: Fernando Cid Fontán), confirmó la sanción de 4 millones de pesetas que el consejero de Cultura del Gobierno de Murcia impuso a un particular el mes de julio de 1989 por incumplir la orden de suspensión de unas obras que implicaron la destrucción de restos arqueológicos encontrados por técnicos de la Consejería. Ver PONS CÀNOVAS, Ferran, "*El patrimoni arqueològic*" *op. cit.*, p. 157.

138 URIBESALGO LÓPEZ, Cristina, "*La llei del patrimoni cultural català. Aspectes legals de protecció del patrimoni cultural*", *URTX*, núm. 20, 2007, pp. 383-390.

de un bien arqueológico. Cuando se trate de bienes arqueológicos inmuebles que se quieran proteger como BCIN, lo normal será que se declaren como BCIN en su tipología de zona arqueológica (definidos en el artículo 7.2.f LPCC). Por lo tanto, pueden ser BCIN arqueológico, tanto restos ya encontrados como restos en el subsuelo para ser estudiados. El artículo 7.2.g LPCC establece el equivalente a zona arqueológica para el bien paleontológico, la zona paleontológica.

b) Espacio de protección arqueológica (EPA): es una categoría inferior al BCIN, pero se caracteriza porque no es para yacimientos ya descubiertos, sino para sitios donde se presume la existencia de restos arqueológicos o paleontológicos. Si se declara por la Generalitat, los promotores de obras en estos sitios deben presentar junto a la solicitud de licencia un estudio de un arqueólogo sobre la incidencia de las obras sobre los posibles restos arqueológicos, y luego debe haber informe preceptivo favorable del Departament de Cultura (quien puede exigir la elaboración de un proyecto arqueológico del art. 47).

Su procedimiento de declaración es el siguiente (art. 49):

1) Incoación por el Departament de Cultura;

2) Informe correspondiente del Departament de Cultura;

3) Audiencia a los interesados y Ayuntamiento afectado;

4) Resolución del Conseller de Cultura;

5) Notificación resolución a interesados (sin publicación).

Los EPA, una vez declarados, deben incorporarse al Inventario del Patrimonio Cultural Catalán y se catalogará por el Ayuntamiento o Consejo Comarcal como BCIL, en virtud del art. 17.5 LPCC[139] [140].

Según MENÉNDEZ PABLO, el EPA es una tercera categoría de protección arqueológica distinta a los BCIN y BCIL que crea confusión y complica las tipologías de protección del patrimonio arqueológico, si bien la justifica por la necesidad de proteger los yacimientos conocidos, que son los más vulnerables frente a obras inmobiliarias y por el carácter irreversible de su destrucción.[141]

c) Bien Cultural de Interés Local (BCIL): a pesar de ser una figura de competencia municipal, nada obsta a que un Ayuntamiento (o Consejo Comarcal en municipios de menos de 5.000 habitantes) para catalogar un BCIL de carácter arqueológico. Se le aplicará el procedimiento ya expuesto del artículo 17 LPCC y el régimen de protección del artículo 39 LPCC, que implícitamente remite a los artículos 21 a 28. Suelen clasificarse los BCIL arqueológicos en sus categorías de yacimientos arqueológicos y paleontológicos.

Hay que decir que al existir una segunda categoría de bienes arqueológicos inmuebles, como lo es los EPA, esto hace que los BCIL arqueológicos puedan quedar a la práctica un poco relegados, pues hay una alternativa con un régimen específico de protección. Si bien, añade confusión la previsión del artículo 17.5 LPCC de considerar como BCIL los EPA del municipio, por su deber de catalogación como tales. Cabe también declarar como BCIL zonas de expectativa arqueológica (aunque no sean EPA), como hace, por ejemplo el catálogo urbanístico del patrimonio de Argentona.

---

139 "Artículo 17 Catalogación de bienes inmuebles (…)
5. Toda la catalogación de bienes inmuebles contendrá los yacimientos arqueológicos del término municipal que han sido declarados espacios de protección arqueológica."

140 GIFREU I FONT, Judit, «*Régimen jurídico de (…) op. cit.*, p. 304.

141 MENÉNDEZ PABLO, F. Xavier, "*Les figures jurídiques de protecció del patrimoni cultural a Catalunya: una mena de balanç*", *Identitats*, núm. 1, enero 2002, pp. 23-36.

d) Los demás bienes integrantes del Patrimonio Cultural Catalán (BIPCC): son los bienes arqueológicos y paleontológicos que forman parte del Patrimonio Cultural Catalán en virtud de sus valores según el artículo 1 LPCC, pero que no gozan de una protección específica como los BCIN, BCIL o EPA. Dichos bienes no precisan de un procedimiento de protección específica y a veces es difícil determinar los que lo son, si bien el inventario del patrimonio arqueológico de la Generalitat de Cataluña debería ayudar a arrojar luz sobre los bienes que forman parte de él. Sus normas por la LPCC de protección son muy escasas y genéricas, si bien hay que reconocer que en la práctica, los bienes incluidos en este inventario arqueológico implica cierta protección específica y real, como la necesidad de incluirlos posteriormente en el catálogo urbanístico del patrimonio o bien la necesidad de exigir la tutela de un arqueólogo para ciertas obras y remociones de tierras en terrenos incluidos en este inventario.

El FJ 10 de la STS de 13 de julio de 2017[142] destaca la importancia de la carta arqueológica del inventario del patrimonio arqueológico de la Generalitat, pues excluir parte del yacimiento allí grafiado, aunque sea en el POUM puede tener consecuencias.

e) Bienes de protección urbanística (BPU) del catálogo municipal del patrimonio: implica la protección meramente urbanística (y por lo tanto no regulada ni protegida por la LPCC), y a pesar de que pueden clasificarse de forma distinta según cada catálogo municipal, suelen ser yacimientos arqueológicos y paleontológicos así como áreas de expectativa arqueológica (AEA). Su régimen de protección e intervención deriva puramente de lo que determine la normativa del catálogo y las fichas individuales de cada bien (todo ello contenido en un POUM o un Plan Especial de protección del patrimonio).

---

142 Sala de lo contencioso-Administrativo (Sentencia núm. 2928/2017 de 13 de julio; ECLI:ES:TS:2017:2928)

Según la STSJC de 4 de diciembre de 2017[143] o la STSJC 11 de junio de 2013[144], sea cual sea el grado de protección legal de un yacimiento arqueológico, esto no implica *per se* que dicha zona deba de ser clasificada como suelo no urbanizable, pues también puede ser suelo urbanizable e incluso urbano (aunque también parece admitir que si el yacimiento es de gran importancia puede caber que solo sea protegible como SNU).

II.1.3.- Patrimonio etnológico

A pesar de que el artículo 1.2 de la LPCC prevé el patrimonio etnológico como parte integrante del patrimonio cultural catalán, lo cierto es que no se le prevé un régimen específico en la LPCC, a diferencia de lo que sí hacen otras leyes autonómicas (como veremos en otros capítulos en Asturias, Aragón, Islas Baleares o Madrid). Posiblemente el hecho de ser una de las primeras leyes autonómicas de patrimonio cultural, de 1993, hace que todavía entonces no se tuviera demasiado en cuenta este patrimonio para tener un régimen específico de protección[145]. También el hecho de existir una ley coetánea del patrimonio festivo catalán de 1993 no ayudó a que la LPCC se centrara en regular el patrimonio etnológico.

A pesar de que el patrimonio etnológico normalmente tenga un carácter inmaterial (fiestas, tradiciones, artes, etc) o mueble (instrumentos, utensilios, etc), lo cierto es que el patrimonio etnológico también puede tener su traslación en los bienes inmue-

---

143 Sala de lo Contencioso-Administrativo, Sección 3ª (Sentencia 844/2017, Rec. 429/2015; Ponente: Rodríguez Laplaza, Eduardo).

144 Sala de lo Contencioso-Administrativo, Sección 3ª (rec. 265/2009).

145 Si bien esto no debería ser excusa, ya que la LPHE sí establece un régimen específico, aunque muy escueto dedicado al patrimonio etnográfico, incluido el inmueble (ver arts. 46 y 47.1 LPHE).

bles (fábricas o talleres donde se utilizaban técnicas artesanas[146], sitios profundamente relacionados con fiestas populares, etc).

En base a esta posible existencia de bienes inmuebles de carácter etnológico, se abre la posibilidad de que dichos bienes tengan la protección de la LPCC ya sea como BCIN[147], BCIL[148] o como restante BIPCC, con el correspondiente régimen genérico de dichas categorías que hemos estudiado al estudiar los BCIN, BCIL y restantes BIPCC en este capítulo. También cabe que estos inmuebles etnológicos sean protegidos por un catálogo urbanístico del patrimonio.

II.1.4.- Otras clases de patrimonio inmueble

II.1.4.1- Patrimonio natural

El patrimonio natural goza de su propia regulación normativa que la protege, ajena al patrimonio cultural, si a veces se solapan,

---

146 Ver por ejemplo el BCIN de Vic llamado "barri de les Adoberies": http://invarquit.cultura.gencat.cat/Cerca/Fitxa?index=0&consulta=&codi=41152

147 El artículo 7.2.e LPCC admite la posibilidad de proteger BCIN inmueble de carácter etnológico como "zona de interés etnológico": "*e) Zona de interés etnológico: Conjunto de vestigios, que pueden incluir intervenciones en el paisaje natural, edificios e instalaciones, que contienen en su seno elementos constitutivos del patrimonio etnológico de Cataluña.*"

148 Para los BCIL, si bien explícitamente no se establece una categorización tipológica (y por lo tanto no se dice explícitamente que existan BCIL etnológicos), está claro de acuerdo con el concepto de patrimonio cultural catalán del artículo 1.2 (que admite el patrimonio etnológico como BIPCC) e implícitamente con el art. 7.2.e (que admite zonas de interés etnológico como BCIN), que el artículo 15 LPCC sobre la definición de bienes catalogados, admite implícitamente la posibilidad de ser etnológicos (pues son bienes catalogados todos aquellos que no tengan nivel para ser BCIN, por lo tanto una zona de interés etnológico que no tenga nivel para ser BCIN, se deduce que podrá ser BCIL).

como pasa cuando se protegen jardines históricos, paisajes o elementos parecidos expresamente admitidos por la legislación del patrimonio cultural, pues suelen representar un patrimonio natural alterado por el ser humano.

Esencialmente, los bienes del patrimonio natural, ambiental y paisajístico encontramos, según SERRA MONTÉ [149]

1) BCIN: en su modalidad de jardines históricos.
2) BCIL: que podría incluir otros jardines de interés.
3) Bienes de Protección Urbanística (BPU) en un catálogo urbanístico de protección de bienes: puede incluir los bienes naturales, ambientales y paisajísticos regulados por la legislación sectorial. Solo gozan de protección urbanística, pero no de la LPCC, por eso no tendría sentido proteger un árbol monumental como BCIL, por ejemplo, pero sí cabría protegerlo dentro de un catálogo urbanístico.

En un sentido inverso, como nos indica FUENTES I GASÓ[150], la normativa de protección del patrimonio natural también cuenta con elementos de protección del patrimonio cultural. Cita así, por ejemplo, la Ley 21/2013, de 9 de diciembre, de Evaluación Ambiental, que establece el procedimiento ordinario de evaluación de impacto ambiental de proyectos y el carácter preceptivo del informe sobre patrimonio cultural, que comprende todas las acepciones del patrimonio, entre ellas, el inmaterial (art. 5.1.i).

II.1.4.1.1- Espacios de interés natural

Los bienes del patrimonio natural, que vienen regulados por distintas leyes y normas sectoriales: como los espacios protegidos por el Plan Especial de Interés Natural (PEIN) de la Ley 12/1985,

---

149 SERRA MONTÉ, Agustí (Dir.), *op. cit.*, p. 14.

150 FUENTES I GASÓ, Josep Ramon, *Patrimonio cultural y smart city: la transformación integral de la Ciudad*, en Cuadernos de Derecho Local núm. 57, Fundación Democracia y Gobierno Local, 2021, p. 141.

de 13 de junio de espacios naturales y desarrollada en el Decreto 328/1992 (que delimita los espacios de los PEIN y concreta su protección).

II.1.4.1.2.- Árboles monumentales

El rápido desarrollo urbanístico desde los años sesenta y que hoy continúa ha hecho que se tome conciencia de la importancia de ciertos árboles y arboledas que por su edad, tamaño, rareza o interés biológico deban ser preservados de su destrucción de la mano del hombre. En Cataluña se tomaron cartas en el asunto rápidamente, ya con la Ley 12/1985, de 13 de junio, de Espacios Naturales, cuyo artículo 9 dispone lo siguiente:

> "El Consejo Ejecutivo a propuesta del Departament d'Agricultura, Ramaderia i Pesca, realizados los estudios de flora y fauna ecológicos etológicos y otros que puedan ser necesarios para una mejor protección de las especies, de acuerdo con lo que dispongan las legislaciones de montes y caza, y sin perjuicio de la utilización, cuando proceda, de otros instrumentos de protección, deberá declarar la condición de estrictamente protegidos en todo el territorio de Cataluña o en parte del mismo de las especies de la flora y de la fauna silvestres, de la gea, piedras y fósiles que precisen de una preservación especial.
> (...)
> Dicha declaración comportará:
> a) En el caso de la flora, la prohibición de la destrucción, del desarraigo y, en su caso, también de la recolección y comercialización de las especies y sus semillas, así como la protección del medio natural en que viva dicha flora."

Mientras que el artículo 10 es más concreto al determinar la obligación de la Generalitat de proteger especies forestales

> "el Departament d'Agricultura, Ramaderia i Pesca deberá delimitar las superficies forestales con presencia notable de especies forestales de área reducida dentro del territorio de Cataluña y adoptar las determinaciones necesarias para asegurar el mantenimiento de los grados de presencia de dichas especies."

E incluso su apartado segundo establece cómo proceder para protegerlos, mediante reglamento:

"El Consejo Ejecutivo, a propuesta del Departament d'Agricultura, Ramaderia i Pesca, deberá desarrollar por reglamento la legislación forestal en los aspectos dirigidos a mantener las especies autóctonas y la estructura de la vegetación y a rehacer los espacios vegetales destruidos y asegurar, si es posible, el mantenimiento e incremento de la masa forestal de Cataluña."

En base a estos dos artículos, se han aprobado 3 decretos de la Generalitat que regulan la cuestión y que crean las categorías de árboles/arboledas monumentales, árboles/arboledas de interés comarcal y árboles/arboledas de interés local, y posteriormente una ley que protege olivos y olivares monumentales:

1) Decreto 214/1987, de 9 de junio, sobre declaración de árboles monumentales

El árbol monumental se considera la máxima categoría de protección de un árbol (en cierto modo equivalente al BCIN en bienes culturales). Se protegen como árboles monumentales aquellos ejemplares que por su tamaño excepcional dentro de su especie o por su edad, historia o particularidad científica son merecedores de medidas de protección (art. 1). Los que sean declarados monumentales se protegen y no podrán ser talados ni arrancados o dañados y hay limitaciones para sus tratamientos (art. 2). El procedimiento de declaración de árbol monumental es el siguiente (art. 3):

1) Incoación de oficio por el Departament d'Agricultura o a solicitud del propietario de la finca;
2) Informe potestativo de universidad catalana, entes locales afectados y asociaciones de protección de la naturaleza;
3) Audiencia del propietario del terreno de 10 días hábiles;
4) Resolución por orden del Departament d'Agricultura[151];

151 Ver por ejemplo la ORDRE MAH/228/2005, de 2 de mayo, de declaración de árboles monumentales y de actualización del inventairo de

5) Inclusión al inventario autonómico de árboles monumentales de Cataluña[152].

Cabe que el Departament d'Agricultura establezca medidas de fomento (ayudas) a los propietarios de los árboles, e incluso actúe directamente sobre los mismos (art. 6). Las infracciones aplicables son las de la legislación sobre espacios naturales (art. 8).

2) Decreto 47/1988, de 11 de febrero, sobre declaración de árboles de interés comarcal y local

Sería la segunda categoría de protección en Cataluña (en cierto modo equivalente al BCIL). Se reserva para los árboles cuya peculiaridad científica o historia, tamaño excepcional en su especie o su edad lo hacen merecedores de medidas de protección (art. 1). Una vez declarados de interés local o comarcal, se protegen y no podrán ser talados ni arrancados o dañados y hay limitaciones para sus tratamientos (art. 2). El procedimiento de declaración de árbol de interés local o comarcal es el siguiente (art. 3):

1) Incoación (por el Consell Comarcal, Ayuntamiento o Departament d'Agricultura excepcionalmente, según el caso) de oficio o a solicitud del propietario de la finca;

2) Informe potestativo a los entes locales afectados y asociaciones de protección de la naturaleza + posible suspensión cautelar de tala de árboles por resolución de la DG de política forestal;

3) Audiencia del propietario del terreno de 10 días hábiles;

árboles y arboledas declarados de interès comarcal y local; o la ORDRE TES/271/2016, de 5 de octubre, de declaración de árboles y arboledas monumentales.

152 http://mediambient.gencat.cat/ca/05_ambits_dactuacio/patrimoni_natural/arbres-monumentals/am_arbres_monumentals_fitxes/

4) Resolución por acuerdo (órgano discutido, se sobreentiende del Pleno[153]) del Consell Comarcal o el Ayuntamiento (o excepcionalmente resolución del Departament d'Agricultura);

5) Notificación a la Dirección General de Política Forestal;

6) Inclusión al inventario autonómico de árboles de interés local y comarcal de Cataluña[154].

Es de destacar un hecho interesantísimo que no ocurre con los BCIL pero sí con los árboles de interés comarcal o local: la Generalitat puede -si lo estima conveniente- catalogar los árboles sin necesidad de tener el consentimiento del ente local interesado. Este hecho, que va en la línea de otras catalogaciones autonómicas da la posibilidad de adelantarse a los entes locales con poca capacidad resolutiva o incluso actuar cuando hay la negativa de un ente local poco interesado en proteger un árbol, lo que sin duda favorece la protección del patrimonio arbóreo.

Hay que tener en cuenta el riesgo de no equivocarse de procedimiento pues si se cataloga un conjunto de árboles de interés local o comarcal, el procedimiento es el del Decreto 120/1982, que como veremos tiene la peculiaridad de exigir el consentimiento del propietario, esta importante diferenciación ha hecho que la Sentencia del Juzgado de lo Contencioso de Barcelona núm. 8, de

---

153 Que la competencia sea del Pleno municipal o comarcal, no se desprende ni del Decreto, ni de la Ley de bases de Régimen Local, ni del TRLMRLC, ni de otra norma, si bien así lo entiende la Dirección General de Políticas Ambientales y Medio Natural de la Generalitat ante una consulta del Ayuntamiento de Polinyà resuelta el 21 de enero de 2022. Si bien es preciso decir que siendo estrictos al no atribuirse a ningún órgano en concreto, lo legalmente preciso sería, por competencia residual del alcalde del artículo 21.1.s LBRL debería ser éste el que resolviera. Recomendamos una modificación del Decreto 47/1988 y del TRLMRLC a estos efectos si se quiere atribuir al Pleno correctamente.

154 http://mediambient.gencat.cat/ca/05_ambits_dactuacio/patrimoni_natural/arbres-monumentals/arbres-interes-local/

27 de junio de 2016[155], anula una declaración de árboles de interés local por el pleno de Sant Llorenç d'Hortons por confundir la tramitación de distintos árboles de interés local con el procedimiento a seguir de una arboleda de interés local.

3) Decreto 120/1989, de 17 de abril, sobre declaración de arboledas monumentales, de interés comarcal y de interés local

Aquí de lo que se trata no es de proteger árboles sino arboledas en conjunto, y acoge tanto las monumentales como las de inferior categoría (interés local o comarcal). Las medidas de protección y el procedimiento de declaración son los mismos que para la categoría correspondiente para árbol individual, con la única salvedad de que aquí se debe hacer siempre con el consentimiento del propietario del terreno, dicha excepción parece bastante ilógica y poco razonable desde el punto de vista de la defensa del patrimonio natural, pues poner la protección del patrimonio a merced del propietario, quien normalmente verá la catalogación como una carga, no se puede considerar un incentivo para su protección.

4) Ley 6/2020, de 18 de junio, de protección, conservación y puesta en valor de los olivos y olivares monumentales

Los olivos y olivares monumentales tienen un régimen totalmente a parte. La ley, nacida con muy buena voluntad a raíz de recientes desgracias con la destrucción de olivos centenarios en los últimos años, adolece de una escasa calidad técnica legislativa a mi juicio, si bien la ley es absolutamente necesaria en cuanto a su finalidad, y debido a que es reciente, está por ver su eficacia práctica.

El objeto de la ley es catalogar y proteger los olivos olivares monumentales, es decir, aquellos olivos de más de 350 cms de perímetro del tronco (o de más de 150 cms si lo pide el propie-

---

155 Sentencia núm. 174/2016, rec. 411/2012.

tario) o de más de 350 años de antigüedad y los olivares con más de 20 olivos monumentales por hectárea (arts. 3 y 4). También se pretende proteger la actividad agrícola tradicional alrededor de estos olivos (arts. 1 y 4.2).

Los defectos técnicos de la ley los veo principalmente en el extraño procedimiento de catalogación de los olivos u olivares monumentales, que viene a ser el siguiente (art. 6):

1) Aprobación previa del censo de olivos y olivares monumentales por los "departamentos competentes" de la Generalitat;

2) Incoación de oficio por los "departamentos competentes" (agricultura, territorio?) de oficio o a solicitud del propietario, asociaciones, entes locales u organizaciones;

3) Trámite audiencia de la Comisión Técnica de protección de olivos y olivares monumentales (no dice informe);

4) Aprobación del catálogo por los "departamentos competentes";

5) Publicación en el DOGC y comunicación a los órganos interesados;

6) Plazo de 30 días desde publicación para recursos de los propietarios;

7) Audiencia a la Comisión Técnica;

8) Aprobación definitiva del catálogo por los "departamentos competentes".

Como se puede comprobar, la inconcreción de los "departamentos competentes", el hecho de pedir "opinión" (audiencia?) a la comisión técnica o esta especie de recurso de los propietarios que parece más bien un trámite de audiencia administrativo hacen de este procedimiento algo poco ortodoxo y a mi juicio, mejorable además de especialmente farragoso procedimentalmente si lo comparamos con los trámites de árboles y arboledas monumentales.

Una vez catalogados, los olivares y olivos pasan automáticamente a las restricciones paisajísticas como parte del patrimonio paisajístico común (art. 7). El artículo 11 concreta las prohibiciones sobre dichos árboles, donde no se pueden llevar a cabo actividades que deterioren los olivos o que modifiquen significativamente el paisaje agrícola. Se permiten, pero, excepciones, por razones de interés general excepcionales, previo dictamen preceptivo y vinculante de la comisión técnica, caso en el que se permitiría preferentemente el traslado del olivo a cargo del propietario (arts. 12 y 13).

II.1.4.2.- Patrimonio paisajístico

En Cataluña encuentra su regulación en la "Ley 8/2005, de 8 de junio, de protección, gestión y ordenación del paisaje"[156], que establece algunos instrumentos para proteger el paisaje, si bien otros instrumentos no tienen una verdadera vinculación jurídica en cuanto a la protección real. Dicha normativa, constituye, según VADRÍ I FORTUNY:

> "un ejemplo más de la transversalidad de la función pública de protección del medio ambiente que se subraya si consideramos que ésta es una Ley que tiene su origen en el Departamento de Política Territorial y Obras Públicas y no en el Departamento de Medio Ambiente y Vivienda".[157]

Mientras que para IGLESIAS LUCÍA, esta normativa:

> "confiere importantes competencias a los entes locales, se pretende dotar a los paisajes catalanes de una adecuada protección jurídica, atendiendo a su carácter de patrimonio ambiental, cultural, social e histórico y su influencia en la calidad de vida de los ciudadanos."[158]

---

156 Desarrollada por el Decreto 343/2006.

157 VADRÍ I FORTUNY, Maria Teresa, "Política ambiental de Cataluña", en LÓPEZ RAMÓN Fernando (coord.), *Observatorio de Políticas Ambientales 1978-2006*, Thompson Aranzadi, Cizur Menor, 2006, p. 601.

158 IGLESIAS LUCÍA, Montserrat, "*Les competències locals en matèria de protecció, gestió i ordenació del paisatge*", en CASADO CASADO, Lucía y FUENTES I GASÓ, Josep Ramon (Dirs.), *Dret Ambiental de Catalunya*, Associació Catalana de Municipis, Tirant lo Blanch, Valencia, 2017, pp. 728-729.

Destacan como instrumentos de protección los catálogos del paisaje y las directrices de paisaje, y como instrumento no vinculante las cartas del paisaje.

Existe una clara interrelación entre los catálogos urbanísticos del patrimonio y los tres instrumentos expuestos, los dos primeros porque pueden tener un carácter vinculante para el planeamiento urbanístico municipal (y por lo tanto sobre los catálogos urbanísticos del patrimonio) y el tercero por una remisión explícita a las cartas del paisaje a tener en cuenta los catálogos urbanísticos.

Finalmente, las fuentes, los caminos y las vías pecuarias, se protegerán esencialmente gracias a los planes urbanísticos con catálogos del patrimonio, si bien existe la Ley 3/1995, de 23 de marzo, de vías pecuarias, más pensada para regular dichas vías que para protegerlas a nivel patrimonial.

II.1.5.- Conclusiones preliminares

En Cataluña y en el resto de Comunidades Autónomas, hay dos maneras de proteger bienes inmuebles, ya sea vía la legislación sectorial del patrimonio cultural para proteger bienes singulares, normalmente de gran relevancia cultural o histórica (también cierta normativa sectorial permite proteger bienes de interés natural singulares), y por otro lado la vía urbanística con más intervención de los municipios y que sirve para proteger toda clase de bienes inmuebles (no solo los culturales, también los naturales), tanto los de gran interés como los que no tienen tanto interés cultural o natural.

Respecto a la protección de bienes inmuebles por la vía sectorial, tanto el Estado como las CCAA tienen una categoría de máximo reconocimiento y protección del patrimonio cultural, que es el BIC (o BCIN en Cataluña), si bien solo unas pocas Comunidades Autónomas permiten que los bienes muebles o, sobre todo, inmateriales puedan ser declarados como tales. Son BCIN los bienes más relevantes del patrimonio cultural catalán declarados por la Generalitat, pero también aquellos que ya venían declarados automáticamente BIC por la LPHE, como castillos, fortificaciones, cruces de término, escudos heráldicos o ciertos museos, entre otros (declarados protegidos durante el período franquista mediante decretos) o declarados de forma genérica por la LPCC como cuevas con arte rupestre (Disposición Adicional 1ª.3 LPCC). Para que un sitio pueda llegar a ser declarado patrimonio mundial de la UNESCO es requisito previo que tenga la declaración de BIC/BCIN al ser el máximo nivel de protección cultural en el territorio.

El órgano de la Generalitat encargado de tramitar la declaración de BCIN así como de velar por su conservación es la Dirección General de Patrimonio Cultural, mientras que la declaración de BCIN la hace el Govern de la Generalitat por acuerdo.

El papel de los municipios en los procesos de declaración de los BCIN es irrelevante, limitándose a la posibilidad de solicitar su incoación a la comunidad autónoma, a veces a un período de audiencia, y a ser notificado de la resolución.

El plazo de caducidad, si no se declara un BCIN es de 18 meses desde la incoación, con un plazo de gracia de 30 días hábiles si el interesado solicita el archivo del expediente, si bien alguna doctrina y jurisprudencia, como la STS de 18 de diciembre de 2012 han puesto en duda la viabilidad legal actual de este plazo de gracia. Una vez declarada la caducidad no se puede reincoar si no pasan antes 2 años, excepto que el titular del bien lo solicite antes. Éste es un régimen moderadamente favorable para los intereses de la protección de un BCIN (en cuanto a la generosidad del plazo de declaración y castigo de prohibición de reincoación) si lo comparamos con otras comunidades autónomas como Madrid, pero más restrictivo que Asturias o Aragón, y en cambio, Cataluña dispone de un régimen bastante parecido al régimen de las Islas Baleares.

En cuanto a la tutela de dichos bienes también suele ser muy limitado, pues la autorización cultural en solicitudes de intervención sobre el BIC/BCIN es de la comunidad autónoma.

En Cataluña se debería derogar la Ley 2/1993 e integrar las Fiestas de Interés Nacional como parte de unos futuros BCIN de carácter inmaterial en la LPCC, como ya hace la legislación gallega y valenciana.

Luego, tanto el Estado como las CCAA tienen una segunda categoría, que suele afectar a bienes muebles de menos relevancia y a veces también a inmuebles no merecedores de ser declarados BIC/BCIN, así ocurre en Cataluña con los bienes catalogados (muebles) y los Bienes Culturales de Interés Local o BCIL (inmuebles). Los BCIL pueden ser los que se declaren individualmente por el Ayuntamiento o Consejo Comarcal, pero también los que se declaren como BCIL en el marco de la aprobación de un plan urbanístico que incluya un catálogo de protección de bienes, o bien los que por la Disposición Adicional Primera de la LPCC fueran incluidos en un precatálogo o catálogo urbanístico antes de la entrada en vigor de la misma LPCC. Y su régimen de protección deriva esencialmente de lo que disponga el planeamiento y normativa urbanística del municipio, pues las previsiones de la LPCC sobre la protección de los BCIL son más bien escasas.

Se echa de menos, pero, una categoría equivalente al BCIL de carácter inmaterial, que sería muy recomendable en una modificación de la Ley 9/1993 y a poder ser que sea a semejanza del BCIL en el sentido de dar protagonismo a los entes locales en su declaración y tutela.

Existe una jurisprudencia consolidada que determina que los bienes con interés cultural (concepto jurídico indeterminado) deben ser catalogados/protegidos en base a una potestad reglada y por lo tanto no deriva de una potestad discrecional de las administraciones (esto vale en general para cualquier protección sectorial).

En el caso de Cataluña hay una cierta complejidad ya que hay una segunda categoría de bienes protegidos distinta al bien catalogado si son yacimientos arqueológicos, que se llama Espacio de Protección Arqueológica (EPA) y lo declara la Generalitat para sitios donde se presuma la existencia del yacimiento, si bien un bien arqueológico puede ser también catalogado como BCIN o BCIL. Los EPA declarados por la Generalitat deben ser considerados BCIL e incorporados al planeamiento urbanístico municipal (artículo 17.5 LPCC).

En todo caso, el régimen de protección de los BCIN es mucho más restrictivo y está mucho más regulado que el de los BCIL (y lo mismo se podría decir de la regulación del procedimiento de declaración), que apenas tienen un régimen de protección más allá de algunas prohibiciones específicas como las de derribo (pero no están protegidas ante una posible declaración de ruina por el TRLUC), casi todo el régimen de protección de un BCIL se confía por la misma LPCC (artículo 39) al planeamiento y normativa urbanístico, dependiendo por lo tanto en gran parte de la voluntad de cada municipio. En el caso de los restantes bienes integrantes del patrimonio cultural catalán que no gozan de una catalogación sectorial de la LPCC, a duras penas se le prevé un régimen de protección, más allá de un genérico deber de conservación (art. 21 LPCC) que ni siquiera los ampara en la prohibición de derribo (art. 25 LPCC), si bien cabe suspender licencias de obras sobre estos bienes si es para catalogarlos como BCIN (art. 23) o como bienes del catálogo municipal urbanístico (arts. 73 y 74 TRLUC).

Este régimen sectorial de BCIN, BCIL y BIPCC es importante para este trabajo puesto que todos los derechos y deberes y demás regulaciones sobre estas categorías de protección sectorial no pueden ser anulados por el planeamiento urbanístico, y por lo tanto deben convivir con el catálogo urbanístico que en su caso exista (es más, en el caso de los BCIN, el régimen de protección sobre los mismos de la LPCC y la declaración de BCIN vincula al planeamiento urbanístico, como hemos visto).

A continuación muestro una tabla resumen de las principales tipologías de patrimonio y las figuras de protección que tienen de acuerdo con la LPCC:

	BCIN	BCIL	BPU	EPA
Patrimoni arquitectònic	■	■	■	
Patrimoni arqueològic	■	■	■	■
Patrimoni sociocultural - etnològic	■	■	■	
Patrimoni natural			■	
Patrimoni ambiental - paisatgístic	■	■	■	

Fuente: SERRA MONTÉ, Agustí (Dir.), *Directrius de contingut per als catàlegs de béns i plans especials de protección*, Departaments de territori i cultura de la Generalitat de Catalunya, Barcelona, 2013, p. 14.

Y a continuación podemos ver una tabla resumen del procedimiento de declaración de las distintas categorías de protección de bienes de la LPCC y urbanísticos:

Bé	Incoació *	Declaració	Comunicar-ho	Inscripció
BCIN	Generalitat	Govern de la Generalitat, a proposta del Conseller de DC	Interessats, ajuntaments i publicació BOE i DOGC	Registre de Béns Cultural d'interès Nacional i registre de BCI's (estatal)
BCIL Municipi més de 5000 hab.	Alcalde	Ple de l'ajuntament	DC i DTES	Catàleg de Patrimoni Cultural Català (Dep. Cultura)
BCIL Municipi menys de 5000 hab.	Consell Comarcal	Consell Comarcal	DC i DTES	Catàleg de Patrimoni Cultural Català (Dep. Cultura)
BPU	Alcalde	Ple de l'ajuntament	DC	Inventari (Dep. Cultura)
EPA	Director General	Conseller de DC	Interessats i ajuntaments	Catàleg de Patrimoni Cultural Català (Dep. Cultura)

**A iniciativa de l'administració pública o de qualsevol persona física o jurídica*

Fuente: SERRA MONTÉ, Agustí (Dir.), *Directrius de contingut per als catálegs de béns i plans especials de protección*, Departaments de territorio i cultura de la Generalitat de Catalunya, Barcelona, 2013, p. 16.

En la tutela y procedimientos de declaración de bienes muebles protegidos, el papel de los entes locales es mucho menor que en los bienes inmuebles, en parte debido al desarraigo de los bienes muebles sobre su territorio en comparación con los inmuebles.

En el caso de los inmuebles de esta segunda categoría, hay disparidades entre CCAA, pero cabe destacar que el caso de Cataluña es el que más relevancia y autonomía da a los municipios, pues son ellos los que deciden qué bienes se catalogan, y además los tutelan (función de policía administrativa). En cambio en la Comunidad Valenciana, es parecido, pero exige el informe favorable de la Comunidad para su catalogación.

Cabe destacar que mientras leyes autonómicas más modernas en patrimonio cultural como la valenciana, asturiana o la gallega han establecido una coordinación notable entre la legislación patrimonial y la urbanística, en Cataluña la ley de 1993 destaca por vivir de espaldas a la legislación urbanística, lo que exige actualizar la LPCC.

También es preciso mencionar la importancia de inventariar el patrimonio cultural, natural y geológico antes de su catalogación urbanística o por la legislación cultural, pues a pesar de no ser un requisito legal, ayuda a configurar políticas de protección del patrimonio y puede ser un primer paso para una futura catalogación legal. Así, en Cataluña destacaría el Inventario del Patrimonio Cultural Catalán que lleva el Departamento de Cultura de la Generalitat, y que no implica una protección jurídica *per se*, pero ayuda a hacer un trabajo de campo para documentar muchos bienes que luego pueden ser catalogados y protegidos. Destacaría dentro del IPCC el inventario del patrimonio arquitectónico de Catalunya, el inventario del patrimonio arqueológico de Catalunya, el Inventario del Patrimonio Etnológico de Catalunya y el Inventario del Patrimonio Industrial de Catalunya. A nivel supramunicipal destaca el esfuerzo de la Diputación de Barcelona en su programa de Inventarios del Patrimonio Cultural Local que ha impulsado la creación de decenas de mapas del patrimonio cultural por municipios.

A nivel procedimental, la declaración de un BCIL se tramita de acuerdo con el artículo 17 LPCC y es competencia íntegra de los entes locales, y concretamente del Ayuntamiento en el caso de municipios de más de 5.000 habitantes, que deben incoar, tramitar y resolver el expediente por acuerdo del Pleno, con un informe previo técnico de un técnico en patrimonio o equivalente.

Además, es importantísima la STSJC de 14 de mayo de 2001 pues establece un régimen de protección provisional al bien en proceso de declaración de BCIL una vez se incoa el expediente en base al artículo 25.2 LPCC (garantía que la LPCC solo establece explícitamente a favor de los BCIN pero que el TSJC amplía a los BCIL en tramitación, incluso a pesar de que anteriormente a la incoación se haya solicitado licencia de derribo).

Referente a Plan especial de protección del Conjunto Histórico o un BCIN similar, como dice el artículo 33.2 LPCC,

> "En el caso de los conjuntos históricos, las zonas arqueológicas, las zonas paleontológicas, los lugares históricos y las zonas de interés etnológico y en el caso de los entornos de protección de cualquier bien cultural de interés nacional, el Ayuntamiento correspondiente elaborará un instrumento urbanístico de protección o adecuará uno vigente".

La LPCC también establece algunas referencias a las actuaciones permitidas en conjuntos, si bien la remisión de la ley a un Plan especial de protección de estos BCIN permite armonizar mucho mejor la normativa de la legislación sectorial del patrimonio cultural con la urbanística.

Referente al patrimonio arqueológico y paleontológico en Cataluña, se regula en el Decreto 78/2002, de 5 de marzo, del Reglamento de protección del patrimonio arqueológico y paleontológico, que según SERRA MONTÉ:

> "Regula las intervenciones arqueológicas y paleontológicas; el tratamiento de los restos, por un lado el depósito de las extraídas, y por otra el tratamiento de las no extraídas; y finalmente el control que tiene que hacer el DC de las actuaciones que pueden afectar el patrimonio arqueológico." [159]

---

159 SERRA MONTÉ, Agustí (Dir.), *op. cit.*, p. 63.

El patrimonio etnológico se regula de forma muy parcial en la LPCC, en parte debido a que existe una ley todavía vigente también del 1993 que regula el patrimonio festivo catalán, con sus propias figuras de protección del patrimonio inmaterial. Esto no obsta a que los bienes inmuebles relacionados con el patrimonio etnológico, sea festivo o no, pueda estar protegido como BCIN etnológico, BCIL o incluso fuera de la LPCC como Bien de Protección Urbanística dentro de un catálogo urbanístico de protección.

Tal y como afirma SERRA MONTÉ[160], los bienes integrantes del patrimonio cultural catalán (los del artículo 1 LPCC y en distintos grados de intensidad protegidos por la misma ley catalana) se inscribirán en distintos registros según su categoría:

1) Registro de BCIN del Departament de Cultura de la Generalitat: se inscriben los BCIN incoados (anotación preventiva) y los ya declarados (anotación definitiva. Cada BCIN se identifica con un número de registro. A su vez, el Departament de Cultura debe comunicar al Registro General de BIC dependiente de la Administración del Estado.

2) Catálogo del Patrimonio Cultural Catalán del Departament de Cultura: se inscriben los BCIL declarados de acuerdo con el artículo 17 LPCC y la Disp. Ad. Primera LPCC. Cada BCIL contiene un número identificador dentro del catálogo.

3) Inventario del Patrimonio Cultural Catalán del Departament de Cultura: es un fondo documental público donde se inscriben los bienes integrantes del Patrimonio Cultural Catalán del artículo 1 LPCC, de acuerdo con el artículo 60 LPCC. Se inscriben tanto BCIN, BCIL, EPA como otros elementos no catalogados ni protegidos (pueden ser Bienes de Protección Urbanística o ni siquiera eso). Pueden estar inscritos incluso bienes que ya hayan desaparecido, pues

---

160 SERRA MONTÉ, Agustí (Dir.), *op. cit.*, p. 62.

tiene una función más de fondo documental que de protección del patrimonio. A estos efectos, se debe comunicar al Departament de Cultura cualquier bien integrante del Patrimonio Cultural Catalán para su inscripción en el inventario, con un número de inventario para cada uno. En la actualidad, en la página web del Departament de Cultura se subdivide el inventario público en tres: el del patrimonio arquitectónico[161], el arqueológico y paleontológico[162] y el etnológico[163].

Los bienes con protección urbanística (BPU) son los que simplemente gozan de protección en virtud de un catálogo urbanístico de protección de bienes culturales y naturales, pero hay que decir, que a diferencia de la legislación del patrimonio cultural de Madrid o de Asturias, no tienen ninguna tutela en la LPCC, sino simplemente derivan del TRLUC, por lo que hay una patente descoordinación en este aspecto entre la ley del patrimonio cultural y la ley urbanística catalana.

Creo que sería muy positivo que en una futura reforma de la LPCC se incluyera esta tercera categoría de bienes con protección urbanística, con un cierto reconocimiento y coordinación con la LPCC.

Los bienes del patrimonio natural, que vienen regulados por distintas leyes y normas sectoriales: como los espacios protegidos por el Plan Especial de Interés Natural (PEIN) de la Ley 12/1985, de 13 de junio de espacios naturales y desarrollada en el Decret 328/1992 (que delimita los espacios de los PEIN y concreta su protección). Además existe el Decret 214/1987, de 9 de junio, sobre la declaración de árboles monumentales, el Decret 47/1988, de 11 de febrero, sobre la declaración de

---

161 https://invarquit.cultura.gencat.cat/simple-search

162 https://invarque.cultura.gencat.cat/simple-search

163 https://cultura.gencat.cat/ca/departament/estructura_i_adreces/organismes/dgcpt/02_patrimoni_etnologic/inventari-del-patrimoni-etnologic/

árboles de interés comarcal y local y el Decret 120/1989 de arboledas monumentales, de interés comarcal y de interés local, que permiten hacer declaraciones de árboles monumentales (a declarar por la Generalitat), así como árboles y arboledas de interés local y comarcal (a declarar por los entes locales interesados), configurando una suerte de BCIN y BCIL naturales, si bien sin una regulación demasiado exhaustiva, pero que los protege efectivamente.

Referente al patrimonio paisajístico, se regula en la Ley 8/2005, de 8 de junio, de protección, gestión y ordenación del paisaje, que regula algunos instrumentos de protección del paisaje, como los Catálogos del paisaje, Directrices del paisaje y Cartas del paisaje. Existe una clara interrelación entre los catálogos urbanísticos del patrimonio y los tres instrumentos expuestos, los dos primeros porque pueden tener un carácter vinculante para el planeamiento urbanístico municipal (y por lo tanto sobre los catálogos urbanísticos del patrimonio) y el tercero por una remisión explícita a las cartas del paisaje a tener en cuenta los catálogos urbanísticos.

Finalmente, las fuentes, los caminos y las vías pecuarias, se protegerán esencialmente gracias a los planes urbanísticos con catálogos del patrimonio, si bien existe la Ley 3/1995, de 23 de marzo, de vías pecuarias, más pensada para regular dichas vías que para protegerlas a nivel patrimonial.

A lo largo del presente trabajo se ha estudiado el concepto y régimen jurídico del Bien Cultural de Interés Local (BCIL) de acuerdo con la Ley 9/1993 del Patrimonio Cultural Catalán, así como su jurisprudencia más relevante y en los próximos apartados se hará un estudio comparativo con figuras afines de distintas Comunidades Autónomas.

II.2.- CATEGORÍAS DE BIENES PROTEGIDOS PATRIMONIALES EN EL PRINCIPADO DE ASTURIAS

En el caso de la comunidad autónoma del Principado de Asturias (en adelante, Asturias) las figuras de protección del patrimonio cultural se regulan principalmente en la Ley del Principado de Asturias 1/2001, de 6 de marzo, de Patrimonio Cultural (en adelante, LPCPA). Como nota diferencial, decir que es imposible separar las figuras de protección cultural de las urbanísticas, puesto que son las mismas, y así lo ha concebido la LPCPA para dotar de la mayor coherencia y comunicación entre la legislación sectorial del patrimonio cultural con la urbanística, lo que es de agradecer y demuestra la profunda interrelación entre ambas normativas.

A continuación estudiaremos el patrimonio arquitectónico y sus principales figuras de protección sectorial, así como el patrimonio arqueológico y paleontológico (que tienen un tratamiento jurídico muy similar). Más allá del patrimonio cultural, si bien no lo estudiaremos, podemos mencionar el patrimonio natural, ya que existe la Ley estatal 42/2007, de 13 de diciembre, del Patrimonio Natural y de la Biodiversidad, que actualiza y sustituye a la Ley 4/1989, de 27 de marzo, de Conservación de los Espacios Naturales y de la Flora y Fauna Silvestre, que constituye la ley básica en materia de conservación de los espacios naturales, pero en Asturias destaca la Ley 5/1991, de 5 de abril, de protección de los Espacios Naturales del Principado de Asturias.[164]

---

164 GONZÁLEZ PANDIELLA, Jorge y GONZÁLEZ ROCES, Javier, "El patrimonio natural dentro de los Catálogos Urbanísticos" en *Los Catálogos Urbanísticos en el Principado de Asturias: una perspectiva pluridisciplinar*, Universidad de Oviedo, Oviedo, 2013, pp. 79-92.

II.2.1.- Patrimonio arquitectónico

En este apartado analizaremos el régimen jurídico de los BIC de Asturias, los Bienes del Inventario del Patrimonio Cultural de Asturias (BIPCA) y los Bienes del catálogo urbanístico en Asturias (BCU), de acuerdo con la LPCPA, siempre que se trate de bienes inmuebles. Si bien esta última categoría, tiene una profunda interrelación con la legislación urbanística, con lo que se debe leer y analizar de forma coordinada con otro capítulo de este trabajo que trata precisamente de los catálogos urbanísticos del Principado de Asturias al que me remito.

II.2.1.1.- Bienes de Interés Cultural (BIC)

Como es bien sabido, el BIC está reservado a aquellos bienes más relevantes del Patrimonio Cultural de Asturias (art. 10 LPCPA).

II.2.1.1.1.- Procedimiento de declaración de un Bien de Interés Cultural

El procedimiento para declarar un BIC inmueble en Asturias es resumidamente el siguiente (arts. 14 a 21 LPCPA):

1) Incoación (o no incoación motivada) por Consejería de Cultura (de oficio o a petición de parte);

2) Notificación al solicitante (si fuera el caso, si en 4 meses no se incoa se entiende desestimada la solicitud), a interesados, ayuntamientos afectados (donde radique el bien) y al Ministerio de Cultura, publicación al BOPA y BOE;

3) Inscripción preventiva en el Registro de Bienes de Interés Cultural de Asturias (con suspensión de licencias y anotación por el municipio al Registro de la propiedad);

4) Posible examen directo del bien y compilación de información sobre el mismo, informes técnicos que sean precisos para justificar valor del bien;

5) Informe preceptivo y vinculante motivado del Consejo del Patrimonio Cultural de Asturias y de dos instituciones consultivas del Principado de Asturias;

6) Audiencia interesados y ayuntamientos afectados, informe Comisión Urbanismo Asturias (en 4 meses, sino se entiende favorable) y publicación al BOPA para información pública;

7) Decreto del Consejo de Gobierno autonómico declarando el BIC a propuesta del Consejero de Cultura (en 24 meses desde incoación, sino caducidad; o denegando tal motivación) con descripción del bien y zona de afectación;

8) Notificación interesados y ayuntamientos afectados y publicación en BOPA y BOE;

9) Inscripción del BIC en el Registro de Bienes de Interés Cultural de Asturias;

10) En 2 meses desde la declaración de la Consejería de cultura informa preceptivamente sobre posibles licencias suspendidas.

Para dejar sin efecto la declaración de BIC se deberán seguir los mismos trámites que para la declaración.

II.2.1.1.2.- Regulación específica de los Bienes de Interés Cultural

El régimen de protección aplicable a los BIC asturianos es el común a todos los bienes integrantes del patrimonio cultural de Asturias del capítulo primero del título segundo de la LPCPA de los artículos 28 a 49 así como las especialidades referentes a los BIC en los artículos 50 a 58 y que básicamente se pueden resumir de la siguiente manera por lo que respecta a los bienes inmuebles:

1) Deberes del titular del bien:

a) Deber de conservación del bien (y de conservar el entorno del bien para proteger su harmonía), deber de destinarlo a un uso compatible con su preservación, deber de facilitar información sobre el estado del bien y de permitir el examen del bien a la administración autonómica; obligación de la administración autonómica de destinar unidades de la policía a vigilar los bienes protegidos, sobre todo para evitar su espolio o destrucción (art. 28 LPCPA).

b) Deber de cumplir los requerimientos de la administración autonómica o municipal (éste si tiene la competencia urbanística para hacerlo) en caso de incumplimiento por los titulares del deber de conservación del bien (art. 29).

c) Deber de soportar las multas coercitivas o en su caso ejecución subsidiaria de la administración requirente en caso de incumplimiento injustificado del requerimiento (arts. 30 y 31). Incluso el incumplimiento puede llegar a ser causa de interés social para su expropiación (art. 32).

d) Deber de cumplir los requerimientos de la administración autonómica o municipal (éste si tiene la competencia urbanística para hacerlo) en caso de incumplimiento por los titulares del deber de dar un uso compatible al bien protegido, en caso de incumplimiento injustificado puede llegar a suponer multa coercitiva (art. 33).

e) Deber de documentar las posibles afectaciones a los bienes protegidos de los proyectos de obras, instalaciones y actividades que deban someterse a evaluaciones de impacto ambiental, con informe previo de la Consejería autonómica de cultura (art. 35).

f) Deber del Ayuntamiento de otorgar solo licencias urbanísticas conformes con el régimen de protección de los bienes protegidos, pues si se incumplen dichas licencias las obras serán ilegales y la administración autonómica ordenará su demolición o reconstrucción (art. 36).

g) Deber del titular de soportar la suspensión autonómica de obras o actividades en un BIC durante máximo 30 días hábiles si se considera que son ilegales, incumplen la licencia o deterioran los valores culturales del bien protegido, en dicho plazo se deberá decidir por la Consejería de Cultura si se suspenden obras o intervención de forma definitiva (art. 37).

h) Prohibición de hacer obras en solares donde se hayan hecho obras ilegales o incumplimiento del deber de conservación en un BIC que hayan conllevado la destrucción del inmueble, salvo las de reconstrucción del mismo. Esta prohibición podrá dejar de tener efecto si se procede a dejar sin efecto la declaración de protección del bien (art. 37).

i) Deber de los responsables de reparar los daños ilícitos a los bienes protegidos por requerimiento de la administración autonómica o municipal, ya sea reconstruyendo o reparando el bien u otra forma posible, en caso de incumplimiento se procederá a la multa coercitiva o excepcionalmente a la ejecución subsidiaria (art. 38).

j) Deber de soportar la expropiación por causa de inmuebles que atenten contra la armonía ambiental, perturben la contemplación o supongan un riesgo para la conservación de un bien protegido (art. 39).

k) Deber de comunicar a la administración autonómica cualquier daño sobre el bien protegido y que afecte de forma significativa a su valor cultural (art. 40).

l) Deber del titular de un BIC de permitir el acceso de inspección por la administración autonómica o municipal para examinar el BIC así como a los investigadores acreditados y a la visita pública (art. 43).

m) Derecho de tanteo y retracto de la administración autonómica en caso de transmisión onerosa del derecho real u otro derecho real sobre un BIC, que el vendedor deberá poner en conocimiento de la Consejería de cultura y que ésta deberá decidir si ejerce en un plazo de 2 meses (art. 45).

n) Imprescriptibilidad e inalienabilidad de los bienes protegidos de propiedad de la comunidad autónoma (salvo que sea entre administraciones) (art. 48).

o) Deber de recabar autorización expresa de la Consejería autonómica de cultura en 4 meses (sino silencio negativo) en caso de obras o intervenciones sobre los BIC. Solo se autorizarán obras cuando respeten sus valores culturales. Se exceptúan de la autorización ciertos BIC (siempre que no tengan declaración e BIC singular) cuando ya exista un plan especial urbanístico o equivalente y las obras se ajusten al plan urbanístico (art. 50).

p) Deber de recabar un proyecto técnico en caso de obras mayores o intervenciones de conservación o restauración del BIC (excepto en casos de urgencia). Al finalizar las obras el técnico competente informará a la Consejería de cultura que se ha cumplido con la misma (art. 51).

q) Deber de no separar los bienes muebles asociados a un BIC inmueble si no es con autorización de la Consejería de Cultura (art. 52).

r) Deber de soportar ocupación temporal del BIC o inmuebles vecinos por parte de administración autonómica o municipal si es preciso hacer obras para su conservación si hay grave amenaza para el BIC (art. 53).

s) Prohibición de derribo total o parcial del BIC en categoría de monumento, excepto en casos de urgencia con grave riesgo para personas o bienes y con autorización de la Consejería de Cultura. En las demás categorías de BIC o zonas de entorno de protección se estará a lo que diga el plan urbanístico de protección (y si no existe, se recabará autorización autonómica previa) (art. 54).

t) Prevalencia del régimen de protección del BIC sobre el planeamiento urbanístico (que se deberá adaptar a los términos del acuerdo de declaración del BIC). En el caso de Jardines, Conjuntos, Vías, Sitios Históricos y Zonas Arqueológicas los Ayuntamientos así como entornos de protección de Monumentos, deben hacer un plan urbanístico de protección del BIC o adaptar un plan preexistente. Dicho plan puede ser desarrollado por un estudio de detalle u otro plan urbanístico que exigirá en su tramitación informe favorable de la Consejería de Cultura (art. 55).

u) Necesidad de autorización previa de la Consejería autonómica de Cultura en intervenciones a BIC en su categoría de conjuntos, vías y sitios históricos o zonas arqueológicas mientras no se apruebe un plan urbanístico (art. 56). Se prohíben instalaciones eléctricas o parecidas exteriores; prohibición de publicidad fija con vallas o carteles; el planeamiento determinará los criterios ordenadores de las actividades económicas y sociales y concretará actividades u obras a las que debe aplicarse régimen de evaluación de impacto ambiental y declarará fuera de ordenación las construcciones anteriores a su aprobación que sean disconformes con el régimen de protección del BIC (art. 57).

v) Criterios de intervención en BIC en su categoría de monumentos: respetar el interés que motivó declaración en la conservación del bien; conservar características tipológicas espaciales, volumétricas y morfológicas y a ser posible en técnica constructiva; prohibición de reconstrucción excepto si se utilizan partes originales; prohibición de eliminación de partes del bien excepto que lo degraden o se permita una mejor interpretación del bien (art. 57, criterios también aplicable a conjuntos, vías, jardines y sitios históricos y a zonas arqueológicas).

w) Limitaciones en zonas de entorno de BIC: el planeamiento determinará actuaciones para eliminar elementos que no cumplan funciones del bien y deterioren el espacio de protección; las intervenciones y usos en la zona de protección no pueden alterar el BIC, ni perturbar su contemplación o atentar contra su integridad física; se prohíben movimientos de tierras importantes ni vertido de basuras (art. 58).

2) Derechos del titular del bien:

a) Derecho a la declaración de ruina legal del bien protegido en los términos del artículo 34, que será compatible con la rehabilitación urbanística así como el deber de conservación del bien (especialmente si el bien es declarado en ruina por el incumplimiento del deber de conservación del bien por su titular, en cuyo caso se seguirá exigiendo siempre el deber de conservar el bien al propietario). La incoación del procedimiento de declaración de ruina legal puede dar lugar a iniciar el procedimiento de expropiación del bien (art. 34).

b) Derecho a disfrutar de beneficios fiscales (art. 95.6 LPCPA), en un sentido parecido al estudiado para el BCIN catalán.

c) Derecho a pagar deudas tributarias (estatales, autonómicas o locales) mediante entrega de bienes del patrimonio histórico español inscrito en el registro de BIC (art. 73 LPHE, art. 95.5 LPCPA y art. 60.2 Ley General Tributaria).

d) Derecho a ser informado, escuchado y notificado sobre la catalogación (arts. 17 y 19 LPCPA y concordantes LPAC).

e) Derecho a recibir subvenciones y ayudas públicas (art. 95 LPCPA).

II.2.1.1.3.- Plan Especial de Protección de Conjunto Histórico o un BIC similar[165]

El deber municipal de elaborar un plan especial de protección o un instrumento urbanístico de protección, o adecuar un plan vigente para cumplir las disposiciones de la LPCPA y en concreto el acuerdo de declaración de un BIC en su categoría de Jardines, Conjuntos, Vías, Sitios Históricos y Zonas Arqueológicas se en-

---

165 Dichos planes especiales de protección de ciertos BIC se estudian en este subapartado del patrimonio arquitectónico inmueble, si bien pueden estar relacionados con otras tipologías de bienes inmuebles, como el arqueológico, paleontológico o etnológico, entre otros.

cuentra recogida en el artículo 55.2 LPCPA[166]. El primer apartado

---

[166] "1. Los términos de la declaración como Bien de Interés Cultural prevalecen sobre los instrumentos de planeamiento que afecten al bien, planeamiento que se ajustará a ella antes de ser aprobado si está en elaboración, o bien, si ya se encontraba vigente antes de la declaración, se adaptará a la misma mediante modificación o revisión.
2. En el caso de Jardines, Conjuntos, Vías, Sitios Históricos y Zonas Arqueológicas los Ayuntamientos correspondientes elaborarán planes urbanísticos de protección del área afectada por la declaración o adaptarán uno vigente mediante modificación o revisión. Sus determinaciones constituyen un límite para cualquier otro instrumento de ordenación territorial, prevaleciendo sobre los ya existentes. El planeamiento que deba redactarse o adaptarse, así como sus modificaciones o revisiones posteriores, deberá contar con el informe favorable de la Consejería de Educación y Cultura. La solicitud de dicho informe se producirá una vez que los documentos hayan adoptado su redacción final y antes de ser sometidos a aprobación definitiva. Se entenderá emitido informe favorable transcurridos seis meses desde su solicitud. Se considerarán nulas las previsiones del planeamiento que no recojan en su totalidad el contenido del informe emitido o vayan en contra del mismo.
3. Los estudios de detalle u otro tipo de planeamiento de desarrollo del propio plan protector al que hace referencia el apartado anterior, y los proyectos de urbanización, requerirán informe favorable de la Consejería de Educación y Cultura, en las mismas condiciones. Esta exigencia se extiende también a los instrumentos de ordenación del territorio y planes de ordenación de recursos naturales en los que se vean afectados estos mismos bienes.
4. Lo dispuesto en los apartados 2 y 3 de este artículo deberá aplicarse de la misma forma a las zonas afectadas por la delimitación del entorno de un Monumento, previo acuerdo entre la Consejería de Educación y Cultura y el Ayuntamiento correspondiente.
5. El Principado de Asturias colaborará con los Ayuntamientos en la redacción, gestión y ejecución de las normas de planeamiento a que se hace referencia en los apartados 2, 3 y 4 de este artículo.
6. El Principado de Asturias tendrá la facultad de proceder a la redacción y aprobación de los planes a que hace referencia el apartado 2 de este artículo, con carácter subsidiario, cuando los Ayuntamientos, habiendo sido requeridos para ello y transcurrido el plazo que reglamentariamente se establezca, no hayan cumplido las obligaciones señaladas en el mismo."

sigue el esquema clásico de otras leyes autonómicas sectoriales de declarar la prevalencia de la declaración del BIC por encima del planeamiento urbanístico (y el deber de éste de adaptarse a la declaración), como el artículo 33 LPCC o el artículo 36 LPHCM. El segundo apartado también sigue el esquema clásico de las leyes catalana y madrileña en el sentido de obligar[167] a los Ayuntamientos a redactar y aprobar planes especiales para cierta clase de BIC (normalmente BIC de conjuntos, zonas arqueológicas y otras similares que impliquen un extenso ámbito territorial, a diferencia de los monumentos) con el objetivo de proteger esas zonas declaradas BIC desde la perspectiva urbanística, desde el sentido de la responsabilidad de la necesidad de la existencia de un plan urbanístico que dé solución a la problemática de las implicaciones urbanísticas a una declaración de protección cultural. Al igual que en Cataluña, también incluye el supuesto de entornos de BIC en su categoría de monumentos.

A partir de aquí, la legislación autonómica asturiana es innovadora en comparación con otras CCAA pues pasa a establecer un régimen más completo y complejo al respecto, permitiendo estudios de detalle y otros instrumentos urbanísticos que concreten los planes de protección de conjuntos (apartado tercero).

Finalmente, en sus apartados quinto y sexto, es innovador también desde el punto de vista de la previsión de colaboración autonómica en la redacción de los planes urbanísticos de protección de estos BIC así como la facultad de aprobación subsidiaria autonómica de los planes en caso de incumplimiento de los requerimientos hechos a los ayuntamientos obligados a ellos. Es interesante pues que la ley es coherente al implicar una reacción legal ante el incumplimiento de una obligación municipal, aunque sea a costa de subvertir el normal proceso de aprobación de un plan y la correspondiente autonomía municipal y la potestad discrecional municipal de planeamiento. Como sabemos, esta potestad municipal de planeamiento solo puede ser afectada por la

[167] En el caso de la ley madrileña es potestativo.

capacidad coordinadora autonómica en base a intereses supramunicipales (ver artículo 59 LBRL), como sería el caso, pues la importancia de un BIC debe prevalecer sobre cualquier interés municipal, máxime cuando el ayuntamiento en cuestión incumple una obligación legal como es el artículo 55 LPCPA y el plazo reglamentario para redactar el plan urbanístico preceptivo.

II.2.1.2.- Bienes del Inventario del Patrimonio Cultural de Asturias

Procedimiento para los Bienes del Inventario del Patrimonio Cultural de Asturias (BIPCA) inmueble (arts. 24 a 26 LPCPA) es esencialmente similar al de los BIC si bien con algunos trámites menos, pero también muy garantista:

1) Acuerdo de incoación (o de no incoación motivada) por Consejería de Cultura (de oficio o a petición de parte);
2) Notificación al solicitante (si fuera el caso, si en 4 meses no se incoa se entiende desestimada la solicitud) y a interesados;
3) Aplicación provisional régimen IPCA;
4) Posible examen directo del bien y compilación de información sobre el mismo, informes técnicos que sean precisos para justificar valor del bien;
5) Informe preceptivo y vinculante motivado del Consejo del Patrimonio Cultural de Asturias y de una institución consultiva del Principado de Asturias;
6) Audiencia a interesados y ayuntamientos afectados, informe de la Comisión de Urbanismo de Asturias (si se pretende delimitar zona de protección, a emitir en 3 meses, sino se entiende favorable) y publicación al BOPA para información pública;
7) Resolución del Consejero de Cultura declarando el BIPCA (en 24 meses desde incoación, sino caducidad; o denegan-

do tal motivación) con descripción del bien y zona de afectación;

8) Notificación a interesados, AGE y Ayuntamientos afectados y publicación en BOPA y BOE;

9) Inscripción del bien en el Inventario del Patrimonio Cultural de Asturias.

Para dejar sin efecto la declaración de BIPCA se deberán seguir los mismos trámites que para la declaración (no es motivo para retirar bien del BIPCA el incumplimiento del deber de conservación del bien).

El régimen de protección aplicable a los BIPCA asturianos es el común a todos los bienes integrantes del patrimonio cultural de Asturias del capítulo primero del título segundo de la LPCPA de los artículos 28 a 49 así como las especialidades referentes a los BIPCA en los artículos 59 a 60 y que básicamente se pueden resumir de la siguiente manera por lo que respecta a los bienes inmuebles:

1) Deberes del titular del bien:

   a) Deber de conservación del bien (y de conservar el entorno del bien para proteger su harmonía), deber de destinarlo a un uso compatible con su preservación, deber de facilitar información sobre el estado del bien y de permitir el examen del bien a la administración autonómica; obligación de la administración autonómica de destinar unidades de la policía a vigilar los bienes protegidos, sobre todo para evitar su espolio o destrucción (art. 28 LPCPA).

   b) Deber de cumplir los requerimientos de la administración autonómica o municipal (éste si tiene la competencia urbanística para hacerlo) en caso de incumplimiento por los titulares del deber de conservación del bien (art. 29).

   c) Deber de soportar las multas coercitivas o en su caso ejecución subsidiaria de la administración requirente en caso de incumplimiento injustificado del requerimiento (arts. 30 y

31). Incluso el incumplimiento puede llegar a ser causa de interés social para su expropiación (art. 32).

d) Deber de cumplir los requerimientos de la administración autonómica o municipal (éste si tiene la competencia urbanística para hacerlo) en caso de incumplimiento por los titulares del deber de dar un uso compatible al bien protegido, en caso de incumplimiento injustificado puede llegar a suponer multa coercitiva (art. 33).

e) Deber de documentar las posibles afectaciones a los bienes protegidos de los proyectos de obras, instalaciones y actividades que deban someterse a evaluaciones de impacto ambiental, con informe previo de la Consejería autonómica de cultura (art. 35).

f) Deber del Ayuntamiento de otorgar solo licencias urbanísticas conformes con el régimen de protección de los bienes protegidos, pues si se incumplen dichas licencias las obras serán ilegales y la administración autonómica ordenará su demolición o reconstrucción (art. 36).

g) Deber del titular de soportar la suspensión autonómica de obras o actividades en un BIPCA durante máximo 30 días hábiles si se considera que son ilegales, incumplen la licencia o deterioran los valores culturales del bien protegido, en dicho plazo se deberá decidir por la Consejería de Cultura si se suspenden obras o intervención de forma definitiva (art. 37).

h) Prohibición de hacer obras en solares donde se hayan hecho obras ilegales o incumplimiento del deber de conservación en un BIPCA que hayan conllevado la destrucción del inmueble, salvo las de reconstrucción del mismo. Esta prohibición podrá dejar de tener efecto si se procede a dejar sin efecto la declaración de protección del bien (art. 37).

i) Deber de los responsables de reparar los daños ilícitos a los bienes protegidos por requerimiento de la administración autonómica o municipal, ya sea reconstruyendo o reparando el bien u otra forma posible, en caso de incumplimiento se procederá a la multa coercitiva o excepcionalmente a la ejecución subsidiaria (art. 38).

j) Deber de soportar la expropiación por causa de inmuebles que atenten contra la armonía ambiental, perturben la contemplación o supongan un riesgo para la conservación de un bien protegido (art. 39).

k) Deber de comunicar a la administración autonómica cualquier daño sobre el bien protegido y que afecte de forma significativa a su valor cultural (art. 40).

l) Deber del titular de un BIPCA de permitir el acceso de inspección por la administración autonómica o municipal para examinar el BIPCA así como a los investigadores acreditados y a la visita pública (art. 43).

m) Derecho de tanteo y retracto de la administración autonómica en caso de transmisión onerosa del derecho real u otro derecho real sobre un BIPCA, que el vendedor deberá poner en conocimiento de la Consejería de cultura y que ésta deberá decidir si ejerce en un plazo de 2 meses (art. 45).

n) Imprescriptibilidad e inalienabilidad de los bienes protegidos de propiedad de la comunidad autónoma (salvo que sea entre administraciones) (art. 48).

o) Solo se permiten obras sobre un BIPCA que respeten sus valores culturales e históricos y no pongan en riesgo su conservación, para controlar eso se requiere autorización previa de la Consejería autonómica de cultura (a emitir en 2 meses, sino silencio negativo) en los siguientes casos: obras mayores; tratamientos en fachadas que vayan más allá de la conservación; obras menores de conservación u obras en el entorno del inmueble cuando excepcionalmente así lo mande el acuerdo de declaración del BIPCA; y obras en zonas con posibles restos arqueológicos (art. 59).

p) Declaración de un BIPCA implica automáticamente la aplicación del régimen de protección de los bienes con protección integral según el planeamiento urbanístico (salvo que expresamente se limitara la protección a una parte del BIPCA según su acuerdo de declaración) (art. 59).

q) Deber de recabar informe preceptivo de la Consejería autonómica de cultura a emitir en 3 meses (sino silencio positivo del informe) en caso de elaborar, modificar o revisar planes urbanísticos o territoriales, proyectos de urbanización y planes sectoriales que afecten a los BIPCA, dicho informe se debe solicitar una vez aprobado inicialmente el plan o proyecto, durante la fase de información pública (art. 60).

2) Derechos del titular del bien:

a) Derecho a la declaración de ruina legal del bien protegido en los términos del artículo 34, que será compatible con la rehabilitación urbanística así como el deber de conservación del bien (especialmente si el bien es declarado en ruina por el incumplimiento del deber de conservación del bien por su titular, en cuyo caso se seguirá exigiendo siempre el deber de conservar el bien al propietario). La incoación del procedimiento de declaración de ruina legal puede dar lugar a iniciar el procedimiento de expropiación del bien (art. 34).

b) Derecho a disfrutar de beneficios fiscales (art. 95.6 LPCPA), que se concreta en un sentido parecido al BCIL catalán.

c) Derecho a pagar deudas tributarias (estatales, autonómicas o locales) mediante entrega de bienes del patrimonio histórico español o asturiano (art. 73 LPHE, art. 95.5 LPCPA y art. 60.2 Ley General Tributaria).

d) Derecho a ser informado, escuchado y notificado sobre la catalogación (art. 24 LPCPA y concordantes LPAC).

e) Derecho a recibir subvenciones y ayudas públicas (art. 95 LPCPA).

II.2.1.3.- Bienes del catálogo urbanístico

Una de las características de la legislación del patrimonio cultural asturiano es la unidad entre los bienes urbanísticos y del patrimonio cultural, pues hay una perfecta identificación y unidad entre las figuras del patrimonio cultural y las de protección urbanística. Así, las tres categorías de bienes que regula la LPCPA y que explicita en su artículo 9 (BIC, bienes del inventario y bienes del catálogo urbanístico o BCU) están reguladas en la citada ley, pero deben ser incorporadas asimismo en los catálogos urbanísticos. De entre todo esto destaca que la ley del patrimonio cultural asturiano precisamente regule la figura de los "bienes del catálogo urbanístico" una figura en principio netamente de interés urbanístico, pero que la ley asturiana, para dotar de mayor coherencia al régimen de protección del patrimonio cultural ha querido también regular en dicha ley sectorial, creo que con buen criterio.

En Cataluña, por ejemplo, la LPCC no regula los bienes del catálogo urbanístico, pues se limita a regular las que entiende que son de interés más cultural (BCIN y BCIL) sin entrar en ningún momento a regular figuras de protección meramente urbanística.

El artículo 27 LPCPA se destina a regular los "Catálogos urbanísticos de protección de bienes integrantes del patrimonio cultural" si bien se centra en regular el catálogo como instrumento urbanístico más que lo que serían los bienes del catálogo urbanístico como categoría inferior de protección cultural de los bienes inmuebles, si bien lógicamente nos dice que estos bienes deberán ser incluidos en el catálogo según establece el art. 27.1[168], lo que nos remite al procedimiento de elaboración y aprobación del ca-

---

[168] "Los Ayuntamientos están obligados a incluir en catálogos elaborados de acuerdo con la legislación urbanística los bienes inmuebles que, por su interés histórico, artístico, arqueológico, etnográfico o de cualquier otra naturaleza cultural, merecen conservación y defensa, aun cuando no tengan relevancia suficiente para ser declarados Bien de Interés Cultural o incluidos en el Inventario del Patrimonio Cultural de Asturias"

tálogo urbanístico en Asturias que se estudia en otro capítulo al que me remito.

Además, el citado apartado nos recuerda que "Estos bienes aparecerán diferenciados de cuantos sean recogidos en los catálogos urbanísticos por razones distintas de su interés cultural", por lo que en las fichas del catálogo habría que diferenciar entre los BIC, los BIPCA y los bienes del catálogo urbanístico, que tienen una relevancia más urbanística que cultural.

A partir de aquí, el régimen de protección aplicable a los BCU es el común a todos los bienes integrantes del patrimonio cultural de Asturias del capítulo primero del título segundo de la LPCPA de los artículos 28 a 49 (con algunos matices) y que básicamente se pueden resumir de la siguiente manera por lo que respecta a los bienes inmuebles:

1) Deberes del titular del bien:

   a) Deber de conservación del bien (y de conservar el entorno del bien para proteger su harmonía), deber de destinarlo a un uso compatible con su preservación, deber de facilitar información sobre el estado del bien y de permitir el examen del bien a la administración autonómica; obligación de la administración autonómica de destinar unidades de la policía a vigilar los bienes protegidos, sobre todo para evitar su espolio o destrucción (art. 28 LPCPA).

   b) Deber de cumplir los requerimientos de la administración autonómica o municipal en caso de incumplimiento por los titulares del deber de conservación del bien (art. 29).

   c) Deber de soportar las multas coercitivas o en su caso ejecución subsidiaria de la administración requirente en caso de incumplimiento injustificado del requerimiento (arts. 30 y 31). Incluso el incumplimiento puede llegar a ser causa de interés social para su expropiación (art. 32).

   d) Deber de cumplir los requerimientos de la administración autonómica o municipal en caso de incumplimiento por los titulares del deber de dar un uso compatible al bien protegido, en caso de incumplimiento injustificado puede llegar a suponer multa coercitiva (art. 33).

e) Deber de documentar las posibles afectaciones a los bienes protegidos de los proyectos de obras, instalaciones y actividades que deban someterse a evaluaciones de impacto ambiental, con informe previo de la Consejería autonómica de cultura (art. 35).

f) Deber del Ayuntamiento de otorgar solo licencias urbanísticas conformes con el régimen de protección de los bienes protegidos, pues si se incumplen dichas licencias las obras serán ilegales y la administración autonómica ordenará su demolición o reconstrucción (art. 36).

g) Prohibición de hacer obras en solares donde se hayan hecho obras ilegales o incumplimiento del deber de conservación en BCU con protección integral que hayan conllevado la destrucción del inmueble, salvo las de reconstrucción del mismo. Esta prohibición podrá dejar de tener efecto si se procede a dejar sin efecto la declaración de protección del bien, que exigirá modificación del catálogo e informe favorable de la Consejería autonómica de cultura (art. 37).

h) Deber de los responsables de reparar los daños ilícitos a los bienes protegidos por requerimiento de la administración autonómica o municipal, ya sea reconstruyendo o reparando el bien u otra forma posible, en caso de incumplimiento se procederá a la multa coercitiva o excepcionalmente a la ejecución subsidiaria (art. 38).

i) Deber de soportar la expropiación por causa de inmuebles que atenten contra la armonía ambiental, perturben la contemplación o supongan un riesgo para la conservación de un bien protegido (art. 39).

j) Deber de comunicar al Ayuntamiento cualquier daño sobre el bien protegido y que afecte de forma significativa a su valor cultural, en los términos que mande el catálogo urbanístico (art. 40).

k) Imprescriptibilidad e inalienabilidad de los bienes protegidos de propiedad de la comunidad autónoma (salvo que sea entre administraciones) (art. 48).

2) Derechos del titular del bien:

a) Derecho a la declaración de ruina legal del bien protegido en los términos del artículo 34, que será compatible con la rehabilitación urbanística así como el deber de conservación del bien (especialmente si el bien es declarado en ruina por el incumplimiento del deber de conservación del bien por su titular, en cuyo caso se seguirá exigiendo siempre el deber de conservar el bien al propietario). La incoación del procedimiento de declaración de ruina legal puede dar lugar a iniciar el procedimiento de expropiación del bien (art. 34).

b) Derecho a disfrutar de beneficios fiscales (art. 95.6 LPCPA), que se concreta en un sentido parecido al BCIL catalán ya estudiado en otro apartado.

c) Derecho a pagar deudas tributarias (estatales, autonómicas o locales) mediante entrega de bienes del patrimonio histórico español o asturiano (art. 73 LPHE, art. 95.5 LPCPA y art. 60.2 Ley General Tributaria).

d) Derecho a recibir subvenciones y ayudas públicas (art. 95 LPCPA).

II.2.2.- Patrimonio arqueológico y paleontológico

En primer lugar, hay que tener en cuenta el concepto de patrimonio arqueológico según el art. 61.1 LPCPA:

> "Forman parte del Patrimonio Arqueológico de Asturias todos aquellos bienes, localizados o no, cuyo estudio mediante el uso

de una técnica arqueológica pueda proporcionar información histórica significativa."

El precepto también incluye dentro de su régimen al patrimonio paleontológico. Hay que tener en cuenta que el patrimonio arqueológico puede consistir por lo tanto en bienes no localizados (serían como unas zonas de expectativa arqueológica).

Sobre el caso de los BIC, cabe que sean también de carácter arqueológico, según el art. 11.1.e LPCPA como "zona arqueológica"[169]. Otra posibilidad de protección es la categoría de "espacios arqueológicos" regulada en el artículo 65 LPCPA[170]

Pueden tener el carácter de espacio arqueológico los declarados expresamente como tales por el Consejero de Cultura, ya sea vía BIC o IPCA, o los que se declaren así preventivamente por la Consejería de cultura a la falta de estudios más completos.

Por lo tanto, el espacio arqueológico no es una categoría inferior al BIC, simplemente es un concepto de protección amplio que integra BIC, IPCA y otros que no están en las anteriores categorías (con carácter preventivo).

De hecho, los bienes arqueológicos, según se entiende del art. 62 LPCPA pueden ser catalogados como BIC (los yacimientos o espacios arqueológicos más destacables, que en 2011 representa-

169 "e) Zona Arqueológica, en el caso de los lugares o parajes naturales en que existan bienes muebles o inmuebles susceptibles de aportar datos de interés mediante su estudio con una técnica arqueológica, hayan sido o no extraídos y tanto si se encuentran en la superficie, en el subsuelo o bajo las aguas. La declaración de una Zona Arqueológica puede incluir áreas en las que se encuentren Bienes de Interés Cultural de cualquier otra naturaleza."

170 "Los Espacios Arqueológicos son lugares en los que, por evidencias materiales, por antecedentes históricos, por la toponimia, por tradiciones orales significativas o por otros indicios físicos, materiales o documentales, se presume la existencia de un yacimiento arqueológico."

ban nada más que el 2,25% del total de BIC asturianos)[171], como IPCA (para bienes de interés arqueológico notable[172]), o como parte del catálogo urbanístico (para bienes de interés menor pero que deban ser preservados, o los de valorización reciente, como los vestigios de la guerra civil). En todos los casos tendrán la máxima protección urbanística posible (es decir, la protección integral (arts. 16.5 y 62.2 LPCPA y arts. 208 a 2010 ROTU) y esa protección siempre integral les distingue del resto de bienes incluidos en el catálogo urbanístico, que pueden tener protección integral, parcial o ambiental.

La protección efectiva implica que los planes urbanísticos municipales deben incluir estos espacios declarados (lo que implica también su inclusión en los catálogos urbanísticos del patrimonio) y además los promotores de obras en dichos espacios deben informar sobre la afectación o incidencia sobre los posibles restos arqueológicos, y además deberá haber informe preceptivo de la Consejería de Cultura (art. 65.4 y 5 LPCPA).

En base a todos estos bienes protegidos, se constituye más a modo de inventario que de herramienta de protección la Carta Arqueológica de Asturias regulada en el art. 66[173]. Dichas cartas son por lo tanto registros administrativos, en los que cada concejo

---

171 REQUEJO PAGÉS, Otilia, "Sobre el patrimonio arqueológico y los catálogos urbanísticos" en *Los Catálogos Urbanísticos en el Principado de Asturias: una perspectiva pluridisciplinar*, Universidad de Oviedo, Oviedo, 2013, p. 101.

172 Es notable tener en cuenta que según la Disposición Transitoria Tercera de la LPCPA, tienen consideración preventiva de bienes del inventario (IPCA) hasta 2015 "Los espacios en que se presuma la existencia de restos arqueológicos significativos", y en teoría a esa fecha deberían haber estado incluidos todos ellos en el Inventario para su protección definitiva a no ser que la Consejería de Cultura haya desechado la opción motivadamente.

173 "La Consejería de Educación y Cultura documentará el conjunto de las zonas protegidas, aun con efectos preventivos, por su interés arqueológico, delimitando su extensión y recogiendo los usos del suelo, normas de protección y cautelas que afecten a las mismas. Dicha información,

tiene su propia carta, si bien elaborada por la Consejería de Cultura, y ayuda a la investigación arqueológica. Es un documento vivo ya que se incluyen los nuevos hallazgos. Aun así, en virtud de la Disp. Transitoria tercera de la LPCPA, han tenido protección jurídica hasta 2015 al asimilarse preventivamente a la figura de protección del Inventario.[174]

Podemos mencionar respecto a esta figura, el FJ 2º de la STS de 6 de marzo de 2012[175], por el que entiende que unas Normas Subsidiaras urbanísticas no pueden descatalogar de dicha carta arqueológica un sitio inventariado aunque haya informes arqueológicos que demuestren que no hay restos arqueológicos, pues eso se debe hacer por el mismo procedimiento previsto para su inventariación, que es sustancialmente distinta del procedimiento de aprobación de las normas subsidiarias, por lo que se debería haber pedido primero la descatalogación al Departamento de Cultura de Asturias y después descatalogarlo en el planeamiento urbanístico.

Además, según el art. 68, en el caso de que en el marco de unas obras se hallaren restos arqueológicos, se debe paralizar las obras e informar a la Consejería de Cultura y al Ayuntamiento. El primero decidirá en un mes si se pueden continuar las obras con seguimiento arqueológico o si se declara el sitio como BIC o IPCA. En caso de obras legales con licencia municipal, municipio y comunidad autónoma colaborarán en el pago de las correspondientes indemnizaciones.

---

que será difundida con las cautelas adecuadas a su naturaleza, constituirá la Carta Arqueológica de Asturias."

174 REQUEJO PAGÉS, Otilia, "Sobre el patrimonio arqueológico y los catálogos urbanísticos" *op. cit.*, pp. 105-106.

175 Sala de lo Contencioso, sec. 5ª (rec. 2114/2008; Pte.: Peces Morate, Jesús Ernesto).

II.2.4.- Conclusiones preliminares

En el caso de la comunidad autónoma del Principado de Asturias las figuras de protección del patrimonio cultural se regulan principalmente en la Ley del Principado de Asturias 1/2001, de 6 de marzo, de Patrimonio Cultural. Como nota diferencial, decir que es imposible separar las figuras de protección cultural de las urbanísticas, puesto que son las mismas, y así lo ha concebido la LPCPA para dotar de la mayor coherencia y comunicación entre la legislación sectorial del patrimonio cultural con la urbanística, lo que es de agradecer y demuestra la profunda interrelación entre ambas normativas.

El régimen de protección aplicable a los BIC, BIPCA y bienes catalogados urbanísticamente asturianos es el común a todos los bienes integrantes del patrimonio cultural de Asturias del capítulo primero del título segundo de la LPCPA de los artículos 28 a 49 así como algunas especificidades menores para los BIC, BIPCA y bienes del catálogo urbanístico.

Destaca que la ley del patrimonio cultural asturiano precisamente regule la figura de los "bienes del catálogo urbanístico" una figura en principio netamente de interés urbanístico, pero que la ley asturiana, para dotar de mayor coherencia el régimen de protección del patrimonio cultural ha querido también regular en dicha ley sectorial, creo que con buen criterio. El artículo 27 LPCPA se destina a regular los "Catálogos urbanísticos de protección de bienes integrantes del patrimonio cultural" si bien se centra en regular el catálogo como instrumento urbanístico más que los bienes del catálogo urbanístico como categoría inferior de protección cultural de los bienes inmuebles, si bien lógicamente nos dice que estos bienes deberán ser incluidos en el catálogo según establece el art. 27.1, lo que nos remite al procedimiento de elaboración y aprobación del catálogo urbanístico en Asturias que se estudia en otro capítulo al que me remito.

El artículo 55 LPCPA sigue el esquema clásico de otras leyes autonómicas sectoriales de declarar la prevalencia de la declaración del BIC por encima del planeamiento urbanístico (y el deber de éste de adaptarse a la declaración), como el artículo 33 LPCC o el artículo 36 LPHCM. También sigue el esquema clásico de las leyes catalana y madrileña en el sentido de obligar[176] a los Ayuntamientos a redactar y aprobar planes especiales para cierta clase de BIC (normalmente BIC de conjuntos, zonas arqueológicas y otras similares que impliquen un extenso ámbito territorial, a diferencia de los monumentos) con el objetivo de proteger esas zonas declaradas BIC desde la perspectiva urbanística, desde el sentido de la responsabilidad de la necesidad de la existencia de un plan urbanístico que dé solución a la problemática de las implicaciones urbanísticas a una declaración de protección cultural. Al igual que en Cataluña, también incluye el supuesto de entornos de BIC en su categoría de monumentos.

A nivel arqueológico destacaría el concepto de espacio arqueológico, si bien a diferencia del régimen catalán de los EPA, no es una categoría inferior a los BIC, sino un concepto aplicable para BIC y BIPCA.

Referente al patrimonio etnográfico, los artículos 69 y 70 LPCPA abren la puerta a una protección del patrimonio etnográfico inmueble, ya sea como BIC, BIPCA o en un catálogo urbanístico.

II.3.- CATEGORÍAS DE BIENES PROTEGIDOS PATRIMONIALES EN ARAGÓN

A continuación, en este capítulo estudiaremos el patrimonio arquitectónico y sus principales figuras de protección sectorial, así como el patrimonio arqueológico y paleontológico (que tienen un tratamiento jurídico muy similar). Principalmente se encuentran reguladas en la Ley 3/1999, de 10 de marzo, del Patrimonio Cultural Aragonés (en adelante, LPCA), que regula la clásica fi-

---

[176] En el caso de la ley madrileña es potestativo.

gura del Bien de Interés Cultural aragonés, el Bien Catalogado de Aragón y el Bien del Inventario del Patrimonio Cultural Aragonés.

Una de las cosas de esta ley que llama la atención positivamente a la doctrina, como es el caso de VILLAGRASA ROZAS[177] es el hecho de que se promociona el papel de los municipios y se da la posibilidad de delegarles competencias de la Comunidad Autónoma en la materia, pues entiende que es el municipio el espacio territorial donde radica el patrimonio y donde la ciudadanía está más sensibilizada, pero advierte también de la dificultad de muchos ayuntamientos para tener los medios técnicos, personales y económicos suficientes para la conservación y tutela del patrimonio cultural.

Según VILLAGRASA ROZAS[178], la Ley 3/1999, de 10 de marzo, del Patrimonio Cultural Aragonés no se creó por una necesidad patrimonial técnica, sino por la necesidad política de restablecer para Aragón ciertos bienes culturales de índole religioso que entendían les pertenecían y estaban sitos principalmente en Cataluña. Aun así, para la autora, la ley tiene la ventaja de describir el patrimonio cultural aragonés como un bien social (ver artículo 1), lo que a su juicio[179] se traduce en una mayor implicación legal a favor de los municipios, con más competencias de lo que suele ser habitual, principalmente con el régimen de Municipios Monumentales y con la figura de los Monumentos de Interés Local.

Así, el artículo 84 LPCA permite al Gobierno de Aragón delegar en municipios u otros entes locales (como comarcas y mancomunidades) el ejercicio de parte de sus competencias autonómicas en Patrimonio Cultural, eso sí, vinculado a la condición de que

---

177 VILLAGRASA ROZAS, María del Mar, "Notas sobre la tramitación parlamentaria de la Ley del Patrimonio Cultural Aragonés", en Proyecto social: Revista de relaciones laborales, N° 7, 1999, Universidad de Zaragoza, Zaragoza, p. 232.

178 VILLAGRASA ROZAS, María del Mar, "Notas sobre la tramitación (…) *Op. cit*, pp. 230-231.

179 VILLAGRASA ROZAS, María del Mar, "Notas sobre la tramitación (…) *Op. cit*, pp. 224-225.

cuenten con medios técnicos y personales suficientes. Si bien el artículo 85 ya establece, para los municipios, unas competencias propias *ex lege* en patrimonio cultural aragonés: las de protección de inmuebles patrimoniales conforme a los planes urbanísticos (respetando siempre lo dispuesto en la LPCA) y las competencias de declaración y tutela de los Monumentos de Interés Local.

El artículo 86 LPCA regula los Municipios Monumentales y los vincula necesariamente a los municipios que tengan declarado un conjunto histórico en él. Lo que les permite[180] crear un órgano específico de estudio y propuesta para la tutela de sus monumentos de interés local y en general su patrimonio cultural, debiendo emitir informes antes de la toma de acuerdos municipales sobre los planes urbanísticos que afecten al patrimonio, como lo es el catálogo municipal del patrimonio. Estos órganos estarán integrados, por lo menos en parte, por expertos y técnicos del patrimonio. Dichos órganos, son bastante asimilables a los consejos municipales del patrimonio del artículo 6.1 LPCC y artículo 76.2 TRLMRLC en Cataluña, cuyos preceptos también vinculan el Municipio histórico artístico catalán con el conjunto histórico.

El fomento del papel de las comarcas en la tutela del patrimonio cultural aragonés, siguiendo el mandato del artículo 87 LPCA se encuentra materializado en el "Decreto Legislativo 1/2006, de 27 de diciembre, del Gobierno de Aragón, por el que se aprueba el texto refundido de la Ley de Comarcalización de Aragón", que prevé en su artículo 9 competencias propias de las comarcas muy relacionadas con la protección del patrimonio histórico, en concreto: ordenación del territorio y urbanismo, cultura y patrimonio cultural y tradiciones populares. Dichas competencias en patrimonio cultural de las comarcas se concretan en el artículo 19 y destaca por su ámbito amplio y extensivo competencial y por su concreción.

---

180 Si bien será obligatorio cuando el municipio o comarca tanga delegadas competencias autonómicas en patrimonio cultural.

También, a mi juicio, la mayor implicación de los municipios en la gestión del patrimonio cultural de la LPCA se traduce en la creación de un órgano específico sin parangón en las demás legislaciones estudiadas: las Comisiones Provinciales del Patrimonio Cultural Aragonés. Dichas comisiones a pesar de depender del Departamento autonómico de cultura, también están allí representadas las administraciones locales y comarcales, y tienen unas funciones activas y consultivas en el patrimonio cultural de su territorio (artículo 79 LPCA).

Finalmente también el artículo 81 LPCA confía en la colaboración entre administraciones para tutelar el patrimonio cultural aragonés, que incluye explícitamente a la administración local, estatal y autonómica, remitiéndose a los mecanismos de colaboración interadministrativa de la LBRL, la LPAC, la Ley 40/2015 y las leyes concordantes autonómicas.

Fuera de la ley del patrimonio cultural de Aragón, llama mucho la atención la "Ley 12/1997, de 3 de diciembre, reguladora de los Parques Culturales de Aragón", que pretende hacer una regulación especial e integral de espacios territoriales con un elevado interés patrimonial, que aúna clases de patrimonio de diversa índole y que pretende una administración coordinada entre las distintas administraciones que afectan a ese territorio[181].

---

181 Así, según la exposición de motivos de la misma ley, "La presente Ley de Parques Culturales de Aragón establece un conjunto de posibilidades de fomento de la coordinación interadministrativa, previendo para los elementos concretos relevantes del Parque (edificios y paisajes) una protección especial. Asimismo, obliga a la coordinación entre el departamento de Educación y Cultura y los otros departamentos del Gobierno Autónomo y de éstos con Ayuntamientos, asociaciones y particulares; ello debe traducirse en un apoyo eficaz al desarrollo rural sostenible."
Esto se concreta en algunos preceptos, así a pesar que la tramitación y declaración del parque cultural es autonómica, en dicha tramitación se debe dar audiencia a los Ayuntamientos afectados, además de poder participar en la gestión del parque cultural, tal y como prevé el artículo 5: "Los Ayuntamientos colaborarán habitualmente con los órganos

de administración de los Parques, transmitiéndoles la información que consideren relevante para el logro de sus fines y prestándoles el apoyo que precisen."
De forma resumida, su tramitación para la declaración es la siguiente (arts. 4 a 10):
1) Incoación por el Departamento de Cultura aragonés, de oficio o a instancia de otra administración o persona física o jurídica (con aplicación inmediata del régimen de protección de BIC para los espacios, edificios y paisajes de especial protección en la delimitación del parque);
2) Notificación a los interesados (particulares propietarios de bienes afectados y Ayuntamientos) y publicación en el BOA + período de información pública + inscripción preventiva en el Registro de Parques Culturales + solicitud informes técnicos y estudios previos + informe de la Universidad de Zaragoza y de otra institución consultiva del Patrimonio Cultural reconocida por la Comunidad Autónoma;
3) Declaración de parque cultural por el Gobierno de Aragón a propuesta del Departamento de Cultura, delimitando el espacio y bienes de especial protección (a resolver en 24 meses desde la incoación, sino caducidad e imposibilidad de poder reincoar en 3 años);
4) Notificación a los interesados e inscripción al Registro de Parques Culturales.
Su finalidad no solo es la salvaguardia del patrimonio cultural, sino también el reequilibrio en el mundo rural y puesta en valor de su patrimonio a través de las políticas integrales del patrimonio cultural, lo que le convierte en una iniciativa original, única y muy interesante.
VILLAGRASA ROZAS remarca que la exposición de motivos de esta ley remitía al marco normativo de la LPCA, pero que al tramitarse en 1999 la LPCA, se ignoró esta figura de protección del parque cultural y se dejó íntegramente a que quedara regulado en su propia ley específica, cuando no estaba pensado para ser solo así, lo que merece el reproche de esta autora que apuesta por regularla como una categoría específica en la LPCA. Si bien la autora remarca que incluso a pesar de esta descoordinación legislativa, a los parques culturales les es aplicable igualmente las figuras específicas de protección de la LPCA en los bienes concretos más relevantes. Ver VILLAGRASA ROZAS, María del Mar, "Notas sobre la (...) *Op. cit.*, p. 231.

II.3.1.- Patrimonio arquitectónico

II.3.1.1.- Bienes de Interés Cultural

La Ley 3/1999 del Patrimonio Cultural Aragonés (LPCA) establece como grandes categorías de bienes culturales inmuebles los BIC, los bienes catalogados y los bienes inventariados (art. 11), sin contar la ya mencionada figura *sui generis* de los parques culturales, que puede contener dentro de si las tres figuras de la LPCA. Los BIC son los de mayor protección y más relevantes para el patrimonio cultural aragonés (art. 15). Tenemos según el art. 12 las categorías de monumento o conjunto de interés cultural, ya sea conjunto histórico, jardín histórico, sitio histórico, zona paleontológica, zona arqueológica, lugar de interés etnográfico o lugar de memoria democrática de Aragón.

II.3.1.1.1.- Procedimiento de declaración de Bien de Interés Cultural

El procedimiento para declarar un BIC (o conjunto de interés cultural) se regula en los artículos 17 a 23:

1) Medidas cautelares de suspensión de 2 meses de obras al bien para estudiar su incoación como BIC;

2) Resolución de incoación del DG de Patrimonio Cultural, de oficio o a instancia de cualquier persona (si no se contesta en 3 meses se entiende iniciado);

3) Notificación a interesados y Ayuntamiento afectado, dando plazo de audiencia e información pública + publicación en el BOA;

4) Inscripción al Registro Aragonés de BIC, con aplicación provisional del régimen de BIC y suspensión de licencias;

5) Solicitud de informes o documentación necesaria para describir el bien + informe del Consejo Aragonés de Patrimo-

nio Cultural + de la Comisión Provincial del Patrimonio Cultural;

6) Propuesta de declaración de BIC del Consejero autonómico competente en patrimonio cultural;

7) Declaración de BIC por decreto del Gobierno Aragonés (en 18 meses desde publicación de incoación, sino caducidad) que describirá el bien;

8) Notificación a interesados y ayuntamiento afectado, publicación en el BOA;

9) Inscripción en el Registro de la Propiedad (potestativo) y al Registro Aragonés de BIC.

II.3.1.1.2.- Regulación específica de los Bienes de Interés Cultural

De acuerdo con el art. 33, los propietarios y otros titulares de BIC tienen el deber de conservar adecuadamente el bien, permitir inspecciones administrativas, su investigación y visita pública de 4 días al mes, dichos extremos pueden ser concretados y exigidos por el DG de patrimonio cultural (por ejemplo, mediante órdenes de ejecución sobre las obras de conservación a realizar, pudiendo ordenar ejecución subsidiaria en caso de incumplimiento del obligado o podrá hacer directamente las obras con cargo al presupuesto autonómico).

Queda, además, prohibida toda construcción que altere su carácter o contemplación, así como colocar publicidad, conducciones o parecidos. Preferentemente las obras serán de conservación o rehabilitación (evitando reconstrucciones si no es con materiales originales), solo se permite eliminar partes históricas del bien si suponen una evidente degradación del BIC y ayuda a una mejor interpretación histórica (art. 34).

Solo se permite excepcionalmente mover de sitio un BIC por fuerza mayor, con informe del Ayuntamiento, informe favorable de la Comisión Provincial del Patrimonio Cultural y con autorización del Departamento autonómico competente en patrimonio cultural. Además, toda obra o actividad en el BIC o su entorno no puede poner en peligro los valores de su conservación, y exige licencia municipal y autorización previa de la Comisión Provincial del Patrimonio (en 3 meses, sino hay silencio negativo, art. 35) y si se hacen sin dicha autorización autonómica, las obras devienen ilegales y la licencia nula de pleno derecho (además, dichas obras serían ilegales aun contando con licencia municipal si no se ajustan a la autorización autonómica o no la obtienen, casos en los que el Consejero competente en patrimonio paralizará las obras y ordenará su derribo o reconstrucción si no fueran legalizables) (arts. 36 y 37).

En caso de que un BIC esté en mal estado, cabe incoar procedimiento de declaración de ruina en que se daría audiencia al Departamento competente en patrimonio, si se declarara la ruina, no cabría la posibilidad de demolerlo, y la administración autonómica puede colaborar con los municipios en las obras de conservación que excedan el deber legal del propietario. En caso de ruina inminente, el alcalde ordenaría las medidas necesarias para evitar daños, comunicándolo al Consejero competente en patrimonio, quien podría suspender la ejecución y dictar forma de intervención más adecuada (art. 37).

La sola declaración de BIC ya es causa de interés social para expropiar por la Comunidad Autónoma (o el municipio si lo notifica al Departamento competente en patrimonio, art. 39). También cabe el ejercicio del derecho de tanteo y retracto de la Comunidad Autónoma en caso de enajenación del BIC (art. 40).

Finalmente, también hay que tener en cuenta que los bienes declarados de interés cultural sitos en Aragón pasan a tener la consideración de BIC o CIC Aragonés con la entrada en vigor de la LPCA (Disp. Transit. 1ª).

II.3.1.1.3.- Plan Especial de Protección del Conjunto Histórico o de un BIC similar[182]

En Aragón, como en las demás CCAA, se pueden declarar como BIC los conjuntos históricos, entendidas como las "las agrupaciones de bienes inmuebles del Patrimonio Cultural Aragonés", pudiendo comprender zonas de entornos de protección, además de poder contener –el Conjunto- BIC singulares dentro del mismo, donde será de aplicación preferente los artículos 41 a 46 LPCA (artículo 16 LPCA). Si bien según el artículo 46, en el resto de bienes del Conjunto también se aplicarán estas previsiones que ahora estudiaremos, en la medida de lo posible. Aragón es la comunidad autónoma estudiada que cuenta con un régimen más distinto en cuanto a la regulación de la figura del plan especial urbanístico de protección de un conjunto histórico.

Para empezar, llama la atención la estructura de su regulación en la LPCA, pues se regula en siete artículos distintos en la sección segunda "Conjuntos de Interés Cultural" del Capítulo I "Régimen de los BIC" del Título II de la LPCA referente al "Régimen general de protección y conservación del Patrimonio Cultural Aragonés".

Lo segundo que sorprende es que estos planes urbanísticos solo vienen regulados para los Conjuntos de Interés Cultural y no para otras categorías de BIC que suelen venir obligados en otras leyes autonómicas (como lugares históricos, jardines históricos, zonas arqueológicas, etc).

En el caso de que el BIC sea un Conjunto de interés cultural (CIC), hay mayor protagonismo del planeamiento urbanístico y de los municipios. Así, la declaración del CIC obliga al Ayunta-

---

182 Dichos planes especiales de protección de ciertos BIC se estudian en este subapartado del patrimonio arquitectónico inmueble, si bien pueden estar relacionados con otras tipologías de bienes inmuebles, como el arqueológico, paleontológico o etnológico, entre otros.

miento a aprobar un plan especial de protección del área[183] [184] (u otro instrumento urbanístico que cumpla la misma función), en ningún caso la preexistencia de otro planeamiento contradictorio con la protección ni la inexistencia de plan general es excusa para no aprobar dicho plan especial.

Dicho plan especial debe establecer los sitios prioritarios para instalar los usos públicos, determinar las áreas de rehabilitación preferente, contener criterios de conservación de fachadas y cubiertas y excepcionalmente permitir remodelaciones urbanas si mejoran las relaciones con el entorno o evitan usos degradantes (art. 43)[185]. Asimismo, se prohíben las instalaciones urbanas, eléc-

---

183 Los artículos 62.1.d y 64.1.f TRLUA también reconocen la posibilidad de utilizar el plan especial (tanto independiente como de desarrollo de un plan general) para proteger conjuntos de interés cultural.

184 Sobre la obligatoriedad de redactar el plan especial de protección del conjunto y los efectos sobre las licencias dadas sin ese plan ver la Sentencia del Tribunal Superior de Justicia de Aragón, Sala de lo Contencioso-administrativo, Sección 1ª, Sentencia 492/2007 de 17 Jul. 2007, Rec. 465/2003, FJ 5º.

185 La conservación del CIC implica mantener la estructura urbana y arquitectónica y las características generales de su ambiente. Solo se permite la sustitución de inmuebles excepcionalmente para contribuir a conservar el conjunto. Toda intervención debe mantener la estructura urbana y arquitectónica del conjunto, se prohíben instalaciones en fachada así como anuncios no armónicos con el conjunto, y el volumen, tipología, morfología y cromatismo de las intervenciones en los entornos de protección de los BIC del conjunto no pueden alterar el carácter del área ni la visualización del BIC (art. 43).
A continuación, el artículo 43 LPCA regula con alto grado de detalle el contenido de este plan urbanístico de protección del conjunto declarado BIC, debiendo regular así:
- Usos públicos para los edificios y espacios aptos, determinar áreas de rehabilitación preferente, determinación de criterios de conservación de fachadas, cubiertas e instalaciones (art. 43.1).
- Posible autorización de remodelaciones urbanas solo para mejorar las relaciones con el entorno o evitar degradación del Conjunto (art. 43.2).
- Deber de mantener la estructura del Conjunto y sus características generales de su ambiente, solo siendo posible las sustituciones de inmue-

tricas, telefónicas y cualesquiera otras, tanto aéreas como adosadas a la fachada, que se canalizarán soterradas. Las antenas de televisión, las pantallas de recepción de ondas y los dispositivos similares se situarán en lugares en que no perjudiquen la imagen urbana o parte del conjunto (art. 43.3.b), por eso, tal y como nos recuerda la STSJ de Aragón de 22 de julio de 2019[186], para poder denegar licencia para instalar estación telefónica debe acreditarse que es en la fachada o que tiene un impacto visual evidente, siendo insuficiente el mero hecho de estar en una zona de afectación de un BIC.

Una vez aprobado el plan especial, el Ayuntamiento es competente para autorizar directamente las obras que desarrollen el plan (siempre que no sea en BIC específicos) dando cuenta en 10 días al Departamento competente en patrimonio (art. 45).

En caso de aprobarse el plan especial de protección, el procedimiento es el siguiente (arts. 57 o 60 y 66 TRLUA y arts. 42 y 44 LPCA):

1) Formulación del plan (con memoria económica que concrete fuentes de financiación de actuaciones previstas);

2) Informe previo de la Comisión Provincial del Patrimonio Cultural;

3) Aprobación inicial del Alcalde;

---

bles mínimas indispensables para conservar el carácter del Conjunto (art. 43.3).
- Intervenciones sobre el Conjunto deben mantener la estructura del Conjunto y sus características generales del ambiente y silueta paisajística. Se prohíben alteraciones de edificabilidad, parcelaciones o agregaciones, excepto para conservar el Conjunto; se prohíben instalaciones aéreas o en fachada; anuncios y rótulos serán harmónicos con el conjunto; intervenciones en la zona de entorno de protección de un BIC no puede alterar el carácter ni la visualización del bien (art. 43.3).

186 Sala de lo Contencioso, Sección 1ª, Sentencia 290/2019 (Rec. 24/2017; Ponente: Carbonero Redondo, Juan José).

4) Solicitud informes sectoriales competentes y trámite de información pública por 1 mes;

5) Informe del órgano autonómico competente;

6) Informes vinculantes (en caso de ser desfavorable) del Consejo Provincial de Urbanismo y del Consejero del Departamento competente en patrimonio (a emitir en 3 meses, sino se entiende favorable);

7) Aprobación definitiva por el Pleno municipal;

8) Publicación en el Boletín oficial correspondiente;

9) Inscripción de los bienes catalogados en el Catálogo General del Patrimonio Cultural Aragonés.

Hasta no se apruebe definitivamente el plan especial, los bienes del conjunto tendrán el régimen de los BIC, y el otorgamiento de licencias o la ejecución de las ya otorgadas exigirá resolución favorable del DG de patrimonio cultural previo informe de la Comisión Provincial del Patrimonio Cultural (art. 46).

Dicho esto, a semejanza de la mayoría de otras CCAA (excepto Madrid), la aprobación del plan especial (u otro instrumento urbanístico análogo) viene obligado por ley por el mero hecho de la declaración del BIC del conjunto. Incluso de forma implícita declara la vinculación del planeamiento urbanístico a la declaración del BIC al determinar el artículo 41 *in fine* LPCA que

> "La obligatoriedad del Plan Especial o instrumento similar no podrá excusarse en la preexistencia de otro planeamiento contradictorio con la protección ni en la inexistencia previa de planeamiento general".

Luego el artículo 42 LPCA establece una remisión a la legislación urbanística sobre el procedimiento de aprobación del plan especial/instrumento urbanístico análogo para proteger el conjunto, así como determina unas pocas especialidades en el procedimiento de aprobación que ya hemos mencionado[187]. A continuación, el artículo 44 LPCA obliga al plan urbanístico de protección del Conjunto a contener un catálogo de inmuebles que conformen el Conjunto, tanto para bienes arquitectónicos como naturales y espacios libres. Los BIC con protección individualizada tendrán protección integral, mientras que para el resto será la ficha del catálogo correspondiente quien procederá a determinar las intervenciones permitidas a los bienes catalogados o a los bienes inventariados (de interés ambiental). Referente a su aprobación, requieren informe previo de la Comisión Provincial de Patrimonio Cultural previamente a aprobarse inicialmente el plan urbanístico de protección del Conjunto. Una vez aprobado definitivamente se remitirá el catálogo para su inscripción en el Catálogo General del Patrimonio Cultural Aragonés.

Hasta la aprobación definitiva del plan, el otorgamiento de licencias o la ejecución de las ya otorgadas requerirán informe del Director General de Patrimonio Cultural, previo informe de la Comisión Provincial del Patrimonio Cultural (artículo 46 LPCA). Una vez se aprueba definitivamente el plan urbanístico de protección, el Ayuntamiento queda facultado para autorizar obras que desarrollen el plan, siempre que afecten a inmuebles que no estén singularmente protegidos como BIC ni sus entornos de protección. Además, los Ayuntamientos deberán comunicar al Departamento autonómico de Cultura las licencias otorgadas al respecto en máximo 10 días (artículo 45 LPCA).

---

187 "El procedimiento de elaboración y aprobación del Plan mencionado en el artículo anterior se ajustará a lo establecido en la legislación urbanística, con la observancia adicional en todo caso de los siguientes trámites:
a) Antes de la aprobación inicial, se someterá a informe de la correspondiente Comisión Provincial del Patrimonio Cultural.
b) No podrá otorgarse la aprobación definitiva sin el informe favorable del Consejero del Departamento responsable de Patrimonio Cultural, que se entenderá emitido en tal sentido al cabo de tres meses desde la presentación del Plan y sin que se hubiera emitido expresamente."

II.3.1.2.- Bienes Catalogados de Aragón

Está pensado para los bienes culturales que no tengan valores para ser declarados BIC y se incluyen en el Catálogo del Patrimonio Cultural Aragonés (art. 13).

Si el bien catalogado es inmueble, también puede ser declarado y tutelado por el municipio, en cuyo caso estaríamos ante lo que se denomina un "Monumento de Interés Local" (art. 24.3 y 25). El procedimiento para declarar un bien catalogado en Aragón es el siguiente (arts. 24 a 26 LPCA):

1) Resolución de incoación del DG de Patrimonio Cultural, de oficio o a instancia de cualquier persona (si no se contesta en 3 meses se entiende iniciado);

2) Notificación a interesados y Ayuntamiento afectado, dando plazo de audiencia e información pública por un mes + publicación en el BOA + aplicación provisional del régimen de bien catalogado;

3) Solicitud de informes sobre el valor cultural del bien;

4) Declaración de bien catalogado por orden del Consejero competente en patrimonio cultural (en 18 meses desde publicación de incoación, sino caducidad);

5) Notificación interesados y ayuntamiento afectado, publicación en el BOA;

6) Inscripción en el Catálogo del Patrimonio Cultural Aragonés.

Si el bien catalogado inmueble quiere ser tramitado y declarado por el Ayuntamiento, estaremos ante algunas especificidades procedimentales y el bien declarado lo será como "Monumento de Interés Local" (art. 25):

1) Resolución de incoación del Alcalde, de oficio o a instancia de cualquier persona (si no se contesta en 3 meses se entiende iniciado);

2) Notificación a interesados, dando plazo de audiencia de entre 10 y 15 días hábiles + trámite de información pública por un mes + publicación en el BOA;

3) Aplicación provisional del régimen de bien catalogado;

4) Informe preceptivo favorable de la Comisión Provincial del Patrimonio Cultural;

5) Declaración de bien catalogado como Monumento de Interés Local por acuerdo del Pleno municipal (en 18 meses desde publicación de incoación, sino caducidad);

6) Notificación a interesados y a la DG de Patrimonio Cultural + publicación en el BOA;

7) Inscripción en el Catálogo del Patrimonio Cultural Aragonés.

También hay que mencionar que el artículo 24.1 prohíbe volver a incoar procedimiento para catalogar el bien hasta transcurridos 18 meses desde la caducidad del procedimiento original. Jurisprudencialmente no se ha admitido que el error de hecho como causa asimilable a la caducidad del expediente a estos efectos[188].

Los bienes catalogados implican su protección para poder ser investigados y difundidos así como determinar su compatibilidad de uso para su conservación (art. 50). Dichos bienes, cuando son inmuebles, y su entorno son protegidos a través del catálogo, al que debe ajustarse los planes territoriales o urbanísticos (cuya aprobación exigirán informe favorable y vinculante del Departamento competente en patrimonio cultural). Incluso el Departamento competente en Patrimonio Cultural puede suspender cautelarmente cualquier obra no autorizada para asegurar su conservación (art. 51).

---

188 Ver STSJ de Aragón de 13 de enero de 2009, Sala de lo Contencioso-Administrativo, Sección 1ª (Sentencia 16/2009, Rec. 155/2006; Ponente: Fernández Álvarez, Luis) en su FJ 4º.

Para los Monumentos de Interés Local, es al Alcalde a quien le corresponde la tutela patrimonial del bien, previo informe de la Comisión Provincial del Patrimonio Cultural y comunicándolo al Director General responsable de Patrimonio Cultural para inscribir la incidencia en el catalogo (art. 25).

En caso de tratarse de un conjunto histórico con Plan especial de protección aprobado, se rige para el entorno lo que establece el artículo 44 sobre planes especiales en conjuntos protegidos (art. 51.2) que luego estudiaremos con más detalle. También existe un derecho del Departamento competente en Patrimonio cultural de tanteo y retracto en caso de alienaciones de bienes catalogados (art. 53).

II.3.1.3.- Bienes Inventariados del Patrimonio Cultural Aragonés

Es la tercera y última categoría de protección cultural de bienes de la LPCA, se reserva para aquellos bienes culturales que no tengan valores suficientes para ser declarados BIC o bienes catalogados, se les llama "Bienes Inventariados del Patrimonio Cultural Aragonés" y serán incluidos en el Inventario del Patrimonio Cultural Aragonés (art. 14). Dichos bienes inventariados forman parte del inventario, que es un registro administrativo de carácter público gestionado por la DG de Patrimonio Cultural.

El procedimiento de inclusión de un bien cultural al inventario es notoriamente más ágil y con menos trámites que el resto, y de forma esquemática es el siguiente (arts. 28 a 31):

1) Incoación por la DG de Patrimonio Cultural de oficio o a instancia del propietario o de tercero;
2) Notificación a interesados + publicación en el BOA;
3) Solicitud de informes y documentación para describir el bien y su necesidad de tutela;
4) Resolución del Consejero autonómico competente en Patrimonio Cultural (en máximo 6 meses desde incoación, sino

habrá caducidad si lo pide propietario o automáticamente en los 3 meses siguientes);

5) Notificación a interesados y publicación en el BOA.

Todo propietario o titular de bienes inventariados tiene el deber de conservarlos adecuadamente, facilitar la inspección pública y su investigación, así como permitir su contemplación al menos 4 días al mes, y para cumplir esto, el DG de Patrimonio Cultural puede dictar órdenes de ejecución (art. 54). Además, toda intervención sobre un bien inventariado exige autorización previa del DG de Patrimonio Cultural (art. 56). En caso de enajenación de un bien inventariado, el Departamento competente en patrimonio cultural puede ejercer el derecho de tanteo y retracto (art. 58).

También hay que tener en cuenta que los bienes incluidos en el Censo General de Bienes del Patrimonio Histórico Español pasan a tener la consideración de Bienes Inventariados del Patrimonio Cultural Aragonés con la entrada en vigor de la LPCA (Disposición Transitoria 1ª).

II.3.2.- Patrimonio arqueológico y paleontológico

Referente al patrimonio arqueológico y paleontológico inmueble aragonés, se regula en los artículos 65 a 71 LPCA. Se conceptúa como aquellos bienes inmuebles susceptibles de ser estudiados por la metodología arqueológica o paleontológica, ya estén en la superficie, subsuelo o agua.

Hay distintas categorías de protección arqueológica (arts. 67 y 68):

- Zonas de protección arqueológica/paleontológica: son espacios con bienes muebles o inmuebles arqueológicos o paleontológicos, y se protegen como Conjunto Histórico.
- Zonas de prevención arqueológica/paleontológica: son espacios donde se presume que existen restos arqueológicos

o paleontológicos, se declaran por el Consejero competente en patrimonio previo trámite de información pública e informe del Ayuntamiento y se publica en el BOA. Cualquier obra o actuación en esa zona implica que el interesado debe presentar un estudio de un arqueólogo de la incidencia de la obra sobre los restos y la autorización previa de la DG de patrimonio cultural, que exigirá que intervenga un arqueólogo.

Cualquier hallazgo casual de restos arqueológicos pasarán al dominio público autonómico y se tienen que comunicar en 30 días.

La administración autonómica puede ordenar realizar intervenciones arqueológicas en terrenos públicos o privados, pagando la correspondiente indemnización si es preciso. La DG de patrimonio cultural puede ordenar la supervisión arqueológica de obras que puedan afectar a espacios con posibles restos arqueológicos, e incluso suspender obras por máximo 2 meses para realizar intervenciones arqueológicas (sin derecho a indemnización), según el artículo 70.

II.3.5.- Conclusiones preliminares

Según VILLAGRASA ROZAS[189], la Ley 3/1999, de 10 de marzo, del Patrimonio Cultural Aragonés no se creó por una necesidad patrimonial técnica, sino por la necesidad política de restablecer para Aragón ciertos bienes culturales que entendían les pertenecían y estaban sitos principalmente en Cataluña. Aun así, para la autora, la ley tiene la ventaja de describir el patrimonio cultural aragonés como un bien social, lo que a su juicio[190] se traduce en una mayor implicación legal a favor de los municipios, con más

---

189 VILLAGRASA ROZAS, María del Mar, "Notas sobre la tramitación (...) *op. cit*, pp. 230-231.

190 VILLAGRASA ROZAS, María del Mar, "Notas sobre la tramitación (...) *op. cit*, pp. 224-225.

competencias de lo que suele ser habitual, principalmente con el régimen de Municipios Monumentales y con la figura de los Monumentos de Interés Local, pero también con la posibilidad de delegar la Comunidad Autónoma, competencias a los municipios y otros entes locales, entre los que destacan las comarcas.

También, a mi juicio, se traduce en la creación de un órgano específico interesante: las Comisiones Provinciales del Patrimonio Cultural Aragonés. Dichas comisiones a pesar de depender del Departamento autonómico de cultura, también están representadas las administraciones municipales y comarcales, y tienen unas funciones activas y consultivas en el patrimonio cultural de su territorio (artículo 79 LPCA).

Finalmente también el artículo 81 LPCA confía la colaboración entre administraciones, que incluye explícitamente a la administración local, estatal y autonómica, a los mecanismos de la LBRL, LPAC y Ley 40/2015 y leyes concordantes autonómicas.

La LPCA prevé hasta tres categorías de bienes protegidos patrimonialmente, los BIC, los bienes catalogados y finalmente los bienes inventariados, todos ellos deben ser conservados por sus propietarios. Al margen quedan los bienes protegidos meramente urbanísticamente. Destacaría de todos estos los bienes catalogados aragoneses inmuebles, pues pasan a ser llamados “Monumentos de Interés Local” y en su tutela y declaración cobran protagonismo los municipios. Irónicamente, para la tercera categoría de protección, la inferior, se vuelve a perder este protagonismo de los entes locales (sin perjuicio de las delegaciones que les puedan hacer el Gobierno de Aragón).

Como problemática principal, hemos comprobado como existe una importante desconexión entre la legislación aragonesa del patrimonio cultural (de 1999) y la de urbanismo (de 2014), tal y como ocurre de forma parecida con Cataluña. Realmente solo hay interrelación normativa en aspectos puntuales, como los planes especiales de protección de Conjuntos de interés cultural.

Pocas referencias en ambas leyes sobre cómo encajar los bienes protegidos de la ley de patrimonio cultural con el marco del planeamiento urbanístico, también hay poco desarrollo de los catálogos urbanísticos en la legislación urbanística, más allá de que tienen que formar parte del plan general, si bien se pueden remitir a un plan especial (tal y como ocurre con el TRLUC en Cataluña).

Fuera de la ley del patrimonio cultural de Aragón, llama mucho la atención la Ley 12/1997, de 3 de diciembre, reguladora de los Parques Culturales de Aragón, que pretende hacer una regulación especial e integral de espacios territoriales con un elevado interés patrimonial, que aúna clases de patrimonio de diversa índole y que pretende una coordinación administrativa en su gestión. Su finalidad no solo es la salvaguardia del patrimonio cultural, sino también el reequilibrio en el mundo rural a través de las políticas integrales del patrimonio cultural, lo que le convierte en una iniciativa original, única y muy interesante. A pesar de esto, también es una ley que vive de espaldas a la LPCA y a la ley urbanística aragonesa.

II.4.- CATEGORÍAS DE BIENES PROTEGIDOS PATRIMONIALES EN LA COMUNIDAD DE MADRID

En este capítulo trataremos del régimen de los BIC, los Bienes de Interés Patrimonial y los Bienes Catalogados de la Comunidad de Madrid, así como las especificidades del patrimonio arquitectónico, el arqueológico y paleontológico. Debido a que recientemente se ha aprobado la nueva Ley 8/2023, de 30 de marzo, de Patrimonio Cultural de la Comunidad de Madrid, este capítulo tratará de una comparativa entre la nueva y la antigua ley patrimonial. Al tratarse en este capítulo del estudio de una ley muy reciente todavía no hemos encontrado bibliografía, jurisprudencia ni doctrina al respecto.

II.4.1.- Patrimonio Arquitectónico

En base al artículo 26.1.19 de la Ley Orgánica 3/1983, de 25 de febrero, de Estatuto de Autonomía de la Comunidad de Madrid, dicha comunidad autónoma asumió competencias propias exclusivas en materia de "patrimonio histórico, artístico, monumental, arqueológico, arquitectónico y científico de interés para la Comunidad, sin perjuicio de la competencia del Estado para la defensa de los mismos contra la exportación y la expoliación". En el ejercicio de éstas competencias, la Comunidad de Madrid aprobó la Ley 10/1998, de 9 de julio, de Patrimonio Histórico de la Comunidad de Madrid. Si bien tras catorce años de vigencia se entendió que existía la necesidad de modificar la ley promulgando la Ley 3/2013, de 18 de junio, de Patrimonio Histórico de la Comunidad de Madrid (en adelante, LPHCM) cuyo preámbulo nos concretaba la motivación de la creación de la actual ley[191]

---

191 "Sin embargo, tras más de catorce años de aplicación, se ha puesto de manifiesto la necesidad de introducir una serie de modificaciones en el régimen jurídico del patrimonio histórico a los efectos de llevar a cabo una simplificación normativa que permita dotar de mayor seguridad jurídica a los ciudadanos y promover la agilización de los trámites administrativos. Asimismo, la nueva ley persigue una coherencia con la normativa en materia de medio ambiente y urbanismo, vinculada con la protección del patrimonio histórico. También resulta destacable que esta ley trata de escapar a la tradicional concepción de norma predominantemente prohibitiva, para realzar, frente al papel pasivo de los particulares como sujetos de límites y cargas, un aspecto activo de colaboración, que es el único que puede garantizar una salvaguarda perdurable de estos bienes. En esta idea se engastan la articulación de ayudas y medidas de fomento y los cometidos de cooperación, tanto con la Iglesia Católica como con otras entidades sin ánimo de lucro, titulares de una parte sustancial de este patrimonio."
Tal y como nos indicaba el preámbulo de la LPHCM, "La ley establece un régimen general de protección que se concreta en un deber genérico de conservación dirigido a los titulares de derechos sobre los bienes del patrimonio histórico; a este deber se añade un régimen específico para los Bienes de Interés Cultural y otro para los Bienes de Interés Patrimonial. Junto a ese régimen general se establecen diversos regí-

Debido a la Sentencia del Tribunal Constitucional de 17 de julio de 2014, que anuló ciertos preceptos de la LPCCM de 2013, se aprobó una nueva ley del patrimonio cultural diez años más tarde, la Ley 8/2023, de 30 de marzo, de Patrimonio Cultural de la Comunidad de Madrid (en adelante, LPCCM) no solo para adaptarse al fallo desfavorable, sino sobre todo, para innovar en la regulación del patrimonio cultural, regulando de forma más intensa formas de patrimonio cultural hasta entonces dejadas en parte, de lado, como el patrimonio inmaterial, industrial, científico y tecnológico, y etnográfico. Veremos a continuación el régimen de protección de los bienes patrimoniales inmuebles (especialmente los arquitectónicos, históricos y artísticos) con sus tres categorías de protección legal por la LPHCM: los BIC, los BIP y los demás bienes de los catálogos urbanísticos del patrimonio de los municipios.

II.4.1.1.- Bienes de Interés Cultural (BIC)

Uno de los motivos de la promulgación de la nueva LPCCM era el carácter demasiado restrictivo del concepto de BIC en comparación con la LPHE estatal a pesar de notener ésta carácter básico, y por lo tanto urgía adaptarse al falló de la Sentencia TC 122/2014, Sala Pleno, de 17 julio 2014[192]. Así, la actual LPCCM se

---

menes especiales en base a las peculiaridades de ciertos tipos de bienes culturales: patrimonio arqueológico y paleontológico y patrimonio cultural inmaterial."

El preámbulo también destacaba el papel más relevante de los Ayuntamientos en la ejecución de la ley de 2013 (concretamente en su Título II): "Destaca la atribución a los Ayuntamientos de las competencias sobre los bienes del patrimonio histórico que no estén declarados ni Bienes de Interés Cultural, ni Bienes de Interés Patrimonial, a través de los instrumentos de planeamiento urbanístico, así como la regulación de la consulta previa en los procedimientos ambientales y urbanísticos."

192 El TC está otorgando al Estado competencias legislativas para determinar las características esenciales de un BIC para favorecer la protección del patrimonio histórico español en base a las competencias del art.

adapta al fallo del Tribunal Constitucional y, prevé en su artículo 12.2, que solo

> "Los bienes del patrimonio cultural de la Comunidad de Madrid que tengan un valor más relevante serán declarados Bien de Interés Cultural. No podrá ser declarado Bien de Interés Cultural la obra de un autor vivo, salvo si existe autorización expresa de su propietario o media su adquisición por la Administración."

Por lo tanto, se olvida el legislador del concepto de excepcionalidad que caracterizaba a los BIC en la anterior ley de 2013 y que se declaró inconstitucional y se centra en un concepto jurídico indeterminado mucho más asequible para declararse un BIC que es el "valor más relevante". Según el artículo 14 LPCCM, los BIC tienen distintas categorías: monumentos, conjuntos históricos, paisajes culturales, jardines históricos, sitios históricos, territorios históricos, sitios etnográficos, sitios industriales o científicos, zonas arqueológicas o paleontológicas o itinerarios culturales. Solo que lo serán aquellos que sí tengan la mayor relevancia que caracteriza a los BIC, de lo contrario, serían BIP.

II.4.1.1.1.- Procedimiento de declaración del Bien de Interés Cultural

La nueva LPCCM prevé una unificación de los procedimientos de declaración de BIC y BIP en los artículos 18 a 26:

1) Incoación de oficio por resolución del DG de patrimonio histórico a iniciativa propia o de terceros (si en 6 meses no se contesta, se debe entender desestimada) (con descripción bien, justificación de sus valores que le dan un valor

---

149.1.28 y la función de coordinación de las Comunidades Autónomas en cultura del artículo 149.2 CE.
En conclusión, la nulidad del artículo 2.2 LPHCM nos hace entender que puede ser declarado BIC cualquier bien del patrimonio histórico de la Comunidad de Madrid que se enmarque dentro de los "más relevantes" de dicha comunidad, pero sin ser exigible el requisito de "excepcionalidad" aparentemente más exigente que el de "más relevante".

más relevante, delimitación cartográfica, estado de conservación y usos compatibles);

2) Publicación en el BOCM;

3) Aplicación cautelar del régimen de BIC al bien + trámite de información pública de 1 mes desde publicación incoación + audiencia a interesados, Ayuntamiento afectado y Consejo Regional del Patrimonio Histórico (pasados dos meses de la publicación) + solicitud informe institución especializada (a emitir en 2 meses, sino silencio positivo);

4) Propuesta declaración del Consejero de cultura;

5) Declaración BIC por decreto del Gobierno autonómico (describiendo el bien, con delimitación cartográfica y su entorno, categoría de clasificación, régimen urbanístico de protección, partes integrantes y estado de conservación) a resolver en máximo 12 meses -16 meses si es Conjunto Histórico, Paisaje Cultural o Territorio Histórico- (sino caducidad e imposibilidad de reincoar en 2 años salvo excepciones);

6) Publicación en BOCM + inscripción en Registro BIC de la Comunidad de Madrid + comunicación Ministerio de cultura.

Si del expediente se determinara que hay valor cultural para ser BIP y no BIC, se daría nuevo trámite de información pública antes de la resolución definitiva declarándolo BIP[193].

---

[193] Como vemos, el procedimiento es sustancialmente igual que el de la LPHCM de 2013, si bien se aumenta plazo de imposibilidad de reincoación por caducidad de 1 a 2 años, se aumenta el plazo para la emisión de informes de 1 a 2 meses, se establece un plazo de desestimación de 6 meses en los casos de propuesta de incoación de terceros y, por supuesto, ya no se tiene que justificar ningún valor excepcional del BIC sino un "valor más relevante" lo que facilita mucho la posibilidad de calificar un bien como BIC.

II.4.1.1.2.- Regulación específica de los Bienes de Interés Cultural

Los catálogos urbanísticos contenidos en planes urbanísticos deben contener los BIC declarados, de acuerdo con los artículos 30.1 y 37.1 LPCCM.

Es importante que de acuerdo con el art. 25 LPCCM, la declaración de BIC prevalece sobre la normativa urbanística en lo que afecta al inmueble, y manda a las administraciones competentes a ajustar la declaración de BIC modificando el planeamiento correspondiente. Esta previsión se puede complementar cuando establece, una vez declarado el BIC que las condiciones de protección que figuren en la declaración de Bien de Interés Cultural serán de obligada observancia para los entes locales, en un sentido bastante similar al antiguo artículo 8 LPHCM.

En cambio el artículo 8.5 LPHCM, referido al proceso de descatalogación fue declarado inconstitucional en la STC 122/2014, si bien no se ha regulado un nuevo procedimiento de descatalogación. Ahora el nuevo artículo 26 LPCCM regula en sentido parecido la descatalogación si bien sin hacer mención al carácter "excepcional" del BIC al que hacía mención el artículo 8.5 LPHCM.

Como todo procedimiento de catalogación, como tiene una vertiente de limitación de los derechos e intereses legítimos de sus propietarios, debe ser un acto motivado (artículo 54 LPAC), hecho que en principio se conseguirá de sobras si se sustenta el interés cultural del inmueble a declarar BIC con el informe de la institución especializada en patrimonio cultural. Los decretos del gobierno autonómico de Madrid suelen contener en la declaración de BIC un anexo con el informe justificativo con el fin de motivar la declaración de BIC a la vez de dar difusión de los valores culturales que motivan tal catalogación[194]. A su vez el anexo del decreto contiene la compatibilidad urbanística de la decla-

---

194 Ver, a modo de ejemplo reciente, el Decreto 27/2018, de 3 de abril, del Consejo de Gobierno, por el que se declara Bien de Interés Cultural, en la categoría de Monumento, el edificio Capítol, en Madrid.

ración de BIC con el planeamiento urbanístico. Según la STSJM de 30 de septiembre de 2019[195] en el FJ 6º, esta motivación solo puede ser revertida con un contra informe que se aporte como prueba pericial en el procedimiento contencioso administrativo.

En todo BIC se exige autorización previa de la Consejería de cultura si se quiere intervenir sobre el mismo o en su entorno de protección (a resolver en 2 meses, sino se entiende desestimada la intervención por silencio negativo, art. 39 LPCCM) en un sentido similar a la antigua ley.

Las intervenciones sobre el BIC deben ser compatibles con sus valores culturales, con materiales reversibles si es posible, y toda intervención sobre el bien debe implicar la regla de mínima intervención y de diferenciación entre las partes nuevas y las originales (art. 45); además las intervenciones se deben hacer por profesionales cualificados y se deben documentar en informes o memoria final (art. 41).

El incumplimiento grave de las obligaciones de conservación del BIC o su declaración en ruina por falta de conservación son causa de interés social para su expropiación (art. 33). Además, la comunidad autónoma tiene el derecho de tanteo y retracto en caso de transmisión onerosa del BIC (art. 40).

Si el BIC es inmueble además se le aplican los artículos 45 y ss LPCCM. Así, la Consejería de cultura puede requerir hacer un plan de actuación si lo aconseja la naturaleza o complejidad de actuación en el BIC. En el caso de monumentos o jardines históricos, las obras de conservación deben respetar los valores históricos y características esenciales del bien, y se admite la reconstrucción si se hace con elementos originales (*anastilosis*). Las intervenciones en ciertos BIC se deben regir por la normativa urbanística aplicable en cada caso, cuidando la morfología, cromatismo y valor

---

195 Sala de lo Contencioso-Administrativo, Sección 8ª (sentencia núm. 516/2019, rec. 481/2018; ponente: García Ruiz, María del Pilar).

paisajístico del bien a proteger, mientras no se apruebe el plan de protección del art. 48 (art. 47).

Cabe la declaración de ruina de un BIC, si bien se requiere informe preceptivo y vinculante de la DG de patrimonio histórico si es monumento, sobre las medidas de conservación a adoptar, y solo cabrá la demolición con autorización previa de la Consejería de cultura previo informe del Consejo Regional del Patrimonio Histórico (si tiene declaración individual de BIC). En el caso de bienes no protegidos individualmente de un conjunto histórico, cabe demolición previa autorización de la DG de patrimonio histórico una vez firme la declaración de ruina por el Ayuntamiento y si la demolición contribuye a proteger el conjunto. No cabe en cambio la demolición si el estado de ruina es culpa del incumplimiento de los deberes de conservación del propietario, en cuyo caso deberá recaer sanción y restaurarse el inmueble. Y en caso de ruina inminente, solo caben las demoliciones estrictamente indispensables, que se comunicarán en 2 días (antes eran 10) a la DG de patrimonio, excepto casos de máxima urgencia justificada (art. 44). Los BIC en su categoría de conjunto, paisaje, sitio histórico o zona de interés arqueológico implica que los municipios afectados pueden redactar un plan especial de protección (o incluir dichas determinaciones en su plan general). En todo caso, como luego veremos, dicho plan urbanístico de protección debe contener un catálogo de los elementos del área afectada, sus normas de conservación, justificación de modificaciones en edificación o alineaciones y determinaciones para una protección más adecuada del patrimonio arqueológico, en su caso (art. 48).

II.4.1.1.3.- Plan Especial de Protección de Conjunto Histórico o un BIC similar[196]

En caso de BIC que sean declarados Conjunto Histórico, Paisaje Cultural, Sitio Histórico, Territorio Histórico o Zona Arqueológica o Paleontológica, según el artículo 48 LPCCM, los municipios están obligados a aprobar un Plan especial de protección del área afectada por la declaración, o bien a incluirlo en instrumentos urbanísticos ya existentes. Dicho plan deberá contener un catálogo urbanístico de bienes a proteger, las normas de conservación de los bienes, la justificación de las modificaciones de alineaciones, edificabilidad, parcelaciones o agregaciones que, excepcionalmente, el plan proponga y, en su caso, normas de protección del patrimonio arqueológico y paleontológico. En todo caso, la aprobación de dicho plan urbanístico exige informe previo favorable de la Consejería de Cultura.

Una vez se aprueba el plan urbanístico, el Ayuntamiento puede autorizar las obras en su ámbito, siempre que no afecten a BIC o BIP individuales como Monumentos, Jardines Históricos, Sitios Etnográficos, Sitios Industriales o sus zonas de entorno. Las obras que se realicen contrarias al plan serían ilegales y la misma Consejería podría paralizarlas y ordenar reponer la actuación.

Una de las consecuencias de la asimilación del régimen de los BIC y los BIP es que, según el artículo 53, también hay una obligación de elaborar planes especiales de protección u otro instrumento urbanístico equivalente para proteger los BIP declarados también Conjunto Histórico, Paisaje Cultural, Sitio Histórico, Territorio Histórico o Zona Arqueológica o Paleontológica.

A diferencia de las Baleares, no incluye el jardín histórico dentro de esta posibilidad de hacer el plan especial, si bien en la an-

---

196 Dichos planes especiales de protección de ciertos BIC se estudian en este subapartado del patrimonio arquitectónico inmueble, si bien pueden estar relacionados con otras tipologías de bienes inmuebles, como el arqueológico, paleontológico o etnológico, entre otros.

tigua LPHCM de 2013 se configuraba el plan especial de protección como algo facultativo y ahora es algo obligatorio.

II.4.1.2.- Bienes de Interés Patrimonial (BIP)

De acuerdo con el artículo 12.3 LPCCM,

> "Los bienes del patrimonio cultural de la Comunidad de Madrid que no tengan un valor más relevante para ser declarados Bien de Interés Cultural, pero que posean una especial significación histórica o artística, serán declarados Bien de Interés Patrimonial."

Por lo tanto, se mantiene bastante la línea del anterior redactado del artículo 2.3 LPHCM[197], pero el ámbito de los BIP se ve reducido, ya que el ámbito de los BIC se ha ampliado sustancialmente y en consecuencia se ha reducido el ámbito de los BIP, pues ahora aquellos bienes relevantes del patrimonio histórico madrileño pero que no tenían un carácter excepcional, también pueden ser declarados BIC, cosa que antes les estaba vetado[198].

Los BIP son, por lo tanto, la segunda categoría de protección del patrimonio cultural por debajo del BIC. En todo caso, como novedad de la nueva LPCCM, en su artículo 14, los BIP gozan de las mismas categorías de bienes que los BIC, hay por lo tanto una unificación de criterios clasificatorios, pues pueden también ser:

---

197 De acuerdo con el artículo 2.3 LPHCM, "serán Bienes de Interés Patrimonial los bienes que, formando parte del patrimonio histórico de la Comunidad de Madrid, sin tener valor excepcional, posean una especial significación histórica o artística y en tal sentido sean declarados."

198 Durante el período de 9 años entre la declaración de inconstitucionalidad del apartado 2º del artículo 2 por STC 122/2014, Sala Pleno, de 17 julio 2014, y hasta la promulgación dela nueva LPCCM de 2023, quedó en el aire qué debíamos considerar por "sin valor excepcional" pues era una exigencia demasiado alta para los BIC, y estaba claro que los BIP no debían reemplazar el lugar de los primeros. Seguramente debíamos interpretar esta "no excepcionalidad" como algo relativo, simplemente en el sentido de que no tiene nivel para ser BIC. En todo caso, afortunadamente esta discusión ha quedado ya superada.

monumentos, conjuntos históricos, paisajes culturales, jardines históricos, sitios históricos, territorios históricos, sitios etnográficos, sitios industriales o científicos, zonas arqueológicas o paleontológicas o itinerarios culturales. Solo que lo serán aquellos que no tengan la mayor relevancia que caracteriza a los BIC.

II.4.1.2.1.- Procedimiento de declaración del Bien de Interés Patrimonial

La nueva LPCCM prevé una unificación de los procedimientos de declaración de BIC y BIP en los artículos 18 a 26:

1) Incoación de oficio por resolución del DG de patrimonio histórico a iniciativa propia o de terceros (si en 6 meses no se contesta, se debe entender desestimada) (con descripción bien, justificación de sus valores que le dan un valor más relevante, delimitación cartográfica, estado de conservación y usos compatibles);
2) Publicación en el BOCM;
3) Aplicación cautelar del régimen de BIP al bien (incluye suspensión de licencias) + trámite de información pública de 1 mes desde publicación de incoación + audiencia a interesados, Ayuntamiento afectado y Consejo Regional del Patrimonio Histórico (pasados dos meses de la publicación) + solicitud informe institución especializada (a emitir en 2 meses, sino silencio positivo);
4) Propuesta declaración de Consejería autonómica de cultura;
5) Declaración BIP por Orden del Consejero autonómico de Cultura (describiendo el bien, con delimitación cartográfica y su entorno, categoría de clasificación, régimen urbanístico de protección, partes integrantes y estado de conservación) a resolver en máximo 12 meses -16 meses si es Conjunto Histórico, Paisaje Cultural o Territorio Histórico- (sino caducidad e imposibilidad de reincoar en 2 años salvo excepciones)

6) Publicación en BOCM + inscripción en Registro BIC de la Comunidad de Madrid + comunicación al Ministerio de cultura.

Si con la anterior ley el procedimiento de declaración de un BIP era sustancialmente parecido al del BIC en la Comunidad de Madrid, con la nueva LPCCM los procedimientos pasan a ser casi idénticos, lo que representa un procedimiento garantista, pero también farragoso y burocrático para un BIP.

II.4.1.2.2.- Regulación específica de los Bienes de Interés Patrimonial

Igual que con el BIC, la declaración de BIP prevalece sobre la normativa urbanística en lo que afecta al inmueble, y manda a las administraciones competentes a ajustar la declaración de BIP modificando el planeamiento correspondiente (art. 25).

Se admite la reversibilidad de la declaración si se sigue el mismo procedimiento que para su declaración y se justifica en base a su pérdida irreparable o a la inexistencia o desaparición de los valores que motivaron la protección (art. 26 LPCCM).

Hay que tener en cuenta que de acuerdo con la Disposición Tranistoria 2ª de la antigua LPHCM, todos los bienes incluidos en el Inventario con anterioridad a la entrada en vigor de la ley pasan a quedar sometidos al régimen jurídico de los BIP. Mientras que la Disposición Transitoria 1ª de la ley obligaba a los Ayuntamientos a completar o crear catálogos urbanísticos del patrimonio en máximo un año desde la entrada en vigor de la ley, estableciendo un régimen de protección provisional propio de los BIP para ciertos bienes (palacios, iglesias, fortificaciones, estaciones de ferrocarriles, etc que tuvieran cierta antigüedad) mientras dicho catálogo no se elaboraba.

Según el FJ 5° de la STSJM de 3 de noviembre de 2020[199] [200], si bien ese régimen temporal, una vez transcurrido el período de un año sin haberse completado el referido catálogo, no puede extender esos efectos protectores provisionales indefinidamente.

II.4.1.2.3.- Plan Especial de Protección de Conjunto Histórico o un BIP similar[201]

Una de las consecuencias de la asimilación del régimen de los BIC y los BIP es que, según el artículo 53 LPCCM, también hay una obligación de elaborar planes especiales de protección u otro instrumento urbanístico equivalente para proteger los BIP declarados también Conjunto Histórico, Paisaje Cultural, Sitio Histórico, Territorio Histórico o Zona Arqueológica o Paleontológica. Aquí no se exige informe favorable de la Consejería de Cultura antes de la aprobación del plan urbanístico. Una vez aprobado el plan, el Ayuntamiento puede autorizar directamente obras siempre que no afecten a un BIC o BIP protegidos individualmente. Mientras no se apruebe este plan urbanístico, la misma ley prevé los criterios de intervención sobre los bienes, como el mantenimiento general de la estructura urbana y paisaje, evitar impactos visuales negativos, posibilidad de demolición de inmuebles si tienen un impacto negativo en la zona patrimonial y contribuye a la conservación del BIP, la posibilidad de alteración parcelaria si no hay impacto negativo y la permisión de instalación de energías renovables compatibles con la preservación de los valores culturales.

---

199 Sala de lo Contencioso-Administrativo, Sección 2ª (sentencia núm. 590/2020, rec. 1099/2017; ponente: Gamo Serrano, María Soledad).

200 En el mismo sentido ver FJ 6o de la STSJM de la misma sala, sección y fecha (nº 593/2020, rec. 631/2019).

201 Dichos planes especiales de protección de ciertos BIP se estudian en este subapartado del patrimonio arquitectónico inmueble, si bien pueden estar relacionados con otras tipologías de bienes inmuebles, como el arqueológico, paleontológico o etnológico, entre otros.

II.4.1.3.- Bienes del Catálogo Urbanístico

Igual que como ocurre con la legislación sectorial del patrimonio cultural de Asturias, la derogada LPHCM ya hacía una remisión explícita a los bienes patrimoniales a proteger en los catálogos urbanísticos del patrimonio, donde el protagonismo en dicha catalogación y tutela lo tienen los Ayuntamientos (artículo 16 sobre la "Protección urbanística de los bienes integrantes del patrimonio histórico", del Título II de la LPHCM). La remisión del artículo 16.1 al artículo 2.1 LPHCM nos delimitaba claramente los bienes del catálogo urbanístico como bienes del patrimonio histórico de la Comunidad de Madrid, y eso nos permitía interpretar que estábamos –igual que en el caso de Asturias- en una tercera categoría de bienes culturales protegidos, por debajo de los BIC y los BIP, pues la ley aquí solo exige una relevancia patrimonial para el municipio. El mismo artículo 16.1 LPHCM remitía al planeamiento urbanístico de cada municipio para concretar el régimen de protección estos bienes del catálogo urbanístico, si bien estaba claro que las previsiones específicas de la LPHCM para los BIC y los BIP prevalecen sobre el planeamiento urbanístico[202] (que podría mejorar la protección pero no ir en contra de sus previsiones).

La nueva LPCCM sigue esta tónica positiva de establecer esta tercera clase de bienes protegidos con el protagonismo municipal al incluirlos en planes urbanísticos. El artículo 27.1 LPCCM se refiere en estos términos:

> "La declaración de un Bien Catalogado inmueble se produce por su inclusión en los catálogos de bienes y espacios protegidos de los Ayuntamientos, de acuerdo con la normativa urbanística y la normativa de protección del patrimonio urbano y arquitectónico."

Esta categoría de Bienes Catalogados debe ponerse en íntima relación con el articulo 30 LPCCM, sobre "Los catálogos de bienes y espacios protegidos de los Ayuntamientos Los catálogos de

202 Ver artículos 8.4 y 10.4 LPHCM.

bienes y espacios protegidos de los Ayuntamientos", así como el artículo 37 sobre "Protección del patrimonio cultural en el planeamiento urbanístico", pues como se ha dicho, el régimen protector de los Bienes Catalogados dependerá esencialmente de lo que regulen los catálogos urbanísticos.

Mientras que el régimen específico de protección de los Bienes Catalogados inmuebles se encuentra en el artículo 55 LPCCM, que se resuelve con una simple remisión a la normativa urbanística y de protección del patrimonio arquitectónico:

> "El régimen de protección y sancionador de los bienes inmuebles catalogados será el establecido en la normativa urbanística y en la normativa de protección del patrimonio urbano y arquitectónico."

Pero además, los Bienes Catalogados inmuebles, como Bienes que integran el patrimonio cultural de la Comunidad de Madrid de acuerdo con el artículo 2 LPCCM, también gozan de la protección genérica del Título IV de la ley sobre el "Régimen común de protección y conservación del patrimonio cultural" (artículos 31 a 38). Así, en concreto el artículo 31 nos expone que:

> "1. Las prescripciones del régimen común de protección serán de aplicación a los bienes que integran el patrimonio cultural de la Comunidad de Madrid conforme lo establecido en el artículo 2 de esta Ley.
> 2. Junto con este régimen común de protección será de obligado cumplimiento el régimen legal de protección establecido para cada tipología de bienes, de conformidad con el nivel de protección que se otorgue a los mismos."

Hay que recordar que dentro del título IV hay el artículo 32, que obliga a la conservación del bien protegido, y del ya mencionado artículo 37 sobre la protección urbanística a través de los planes urbanísticos, así como el artículo 38 sobre la prohibición de obtención de un mayor aprovechamiento urbanístico que el preexistente en caso de demolición de un BIC, BIP o bien catalogado, evitando así la especulación urbanística a costa del patrimonio cultural.

Hay una subclase de Bienes Catalogados, que son los yacimientos arqueológicos y paleontológicos debidamente documentados, donde su declaración de Bienes Catalogados depende de una Resolución de la DG de Patrimonio Cultural autonómica, con notificación posterior a interesados y al Ayuntamiento afectado (artículo 27.3 LPCCM).

Referente al Catálogo del Patrimonio Cultural de la Comunidad de Madrid (el antiguo Catálogo Geográfico), básicamente se refiere a él el artículo 28, obligando a incluir en el catálogo a los BIC, BIP y Bienes Catalogados, entre otros, siendo un inventario de bienes para su consulta, protección y difusión del patrimonio, dirigido por la DG de patrimonio histórico autonómico.

II.4.2.- Patrimonio arqueológico y paleontológico

La LPHCM regulaba los yacimientos arqueológicos y los paleontológicos, que en el caso de encontrarse en el Catálogo Geográfico de Bienes Inmuebles del Patrimonio Histórico, si se hacían obras allí debería mediar autorización de la Consejería de cultura (art. 28). Si se realizaban intervenciones arqueológicas o paleontológicas (ya fueran programadas, preceptivas o de urgencia según el artículo 29) se exigiría autorización previa de la Consejería de Cultura, que exigiría a su vez presentar una solicitud de autorización acompañada de proyecto arqueológico (art. 30)

En caso de hallazgos de bienes muebles arqueológicos o paleontológicos por azar, tendrían la consideración de bienes demaniales y se debían comunicar en 3 días naturales a la DG de patrimonio histórico, y los descubridores y propietarios del lugar tenían derecho a un premio en metálico de la mitad del valor de tasación legal del bien (art. 31).

Con la nueva LPCCM se amplía la regulación específica del patrimonio arqueológico y paleontológico. De hecho se les dedica uno de los capítulos del Título VI sobre patrimonios específicos, concretamente el primero (artículos 56 a 72).

El artículo 56 se dedica a la clásica definición del patrimonio arqueológico como aquél susceptible de ser estudiado según la metodología arqueológica, sean o no extraídos y tanto si están en superficie, subsuelo o zona subacuática. Mientras que el patrimonio paleontológico se compone del conjunto de yacimientos y restos fósiles fruto de la evolución de la tierra, hayan sido o no extraídos y estén en superficie, subsuelo o zona subacuática.

El artículo 57 considera las intervenciones arqueológicas a las

"prospecciones, sondeos, seguimientos, excavaciones, labores de conservación y restauración, documentación de arte rupestre, trabajos de divulgación y cualesquiera otras que tengan por finalidad descubrir, documentar, investigar, difundir o proteger bienes integrantes del patrimonio arqueológico e impliquen la intervención sobre ellos o en su entorno".

Y se clasifican también en programadas o de urgencia.

Mientras que las actividades arqueológicas se clasifican en: prospecciones arqueológicas, sondeos arqueológicos, excavaciones arqueológicas, controles arqueológicos, análisis estratigráficos de estructuras arquitectónicas, documentación de arte rupestre y las labores de protección y conservación arqueológica. Y las actividades paleontológicas serán los trabajos de campo en una zona paleontológica, siempre que no se aplique la metodología arqueológica (sino, sería una actividad arqueológica).

El artículo 58 trata del régimen de protección del patrimonio arqueológico y paleontológico, considerando todos los bienes descubiertos de naturaleza demanial, debiéndose proteger con su inclusión en alguno de los instrumentos de catalogación y registro de la LPCCM. También existe un mandato para que en los planes urbanísticos se incluya un catálogo de bienes integrantes del patrimonio arqueológico y paleontológico así como unas normas para su protección de acuerdo con la LPCCM.

Pero además de la protección urbanística del catálogo, los bienes arqueológicos pueden ser protegidos como BIC, BIP o yacimientos documentados, que podrán tener zonas de reserva arqueológica donde se presuma que puedan existir restos, y que tiene como consecuencia la necesaria autorización de la Consejería de Cultura autonómica.

El artículo 59 trata de la Red de yacimientos arqueológicos visitables, creada para conservar y poner en valor ciertos yacimientos para poder ser visitados públicamente y también regula los parques arqueológicos y/o paleontológicos como zonas donde concurren ciertas características notables de dicho patrimonio.

El artículo 60 trata de la colaboración entre Administraciones Públicas en la protección preventiva del patrimonio arqueológico y paleontológico, para que la Comunidad de Madrid adopte medidas para evitar la destrucción de los yacimientos conjuntamente con las demás administraciones y cuerpos de seguridad.

El artículo 61 trata de la autorización de obras o actuaciones en yacimientos arqueológicos y paleontológicos, en el que cualquier persona que promueva obras o actuaciones en un yacimiento incluido en el Catálogo del Patrimonio Cultural deberá solicitar previamente autorización de la Consejería de Cultura. Con la solicitud se deberá aportar un proyecto arqueológico o paleontológico. Si en 3 meses la Consejería no autoriza, se entenderá desestimada.

Si durante unas obras de cualquier clase se hallaran restos con valor, se deberán paralizar obras inmediatamente y ponerlo en conocimiento de la Consejería de Cultura y al Ayuntamiento. La Consejería deberá resolver en 2 meses si autoriza el reinicio de las obras o establece un nuevo plazo de suspensión hasta completar la intervención arqueológica.

Si los hallazgos son casuales –fuera de zonas arqueológicas, yacimientos o zonas catalogadas-, según el artículo 62, se deberán comunicar inmediatamente a la Consejería de Cultura y a los cuerpos de seguridad y no se podrán mover sin la autorización de la Consejería.

Referente a la solicitud de autorización de actividades arqueológicas y paleontológicas, el artículo 64, prevé que debe incluir la autorización del propietario del terreno, salvo caso de meras prospecciones.

Si las obras afectan a zonas arqueológicas o paleontológicas, el promotor deberá presentar su proyecto arqueológico o paleontológico para ser aprobado antes de ejecutar las obras.

El artículo 65, referente a la resolución de autorización de actividades arqueológicas y paleontológicas, se trata el contenido de las autorizaciones de la Consejería de Cultura, y propone el silencio denegatorio si no resuelve en 3 meses. También la Consejería se arroga la potestad de revocar la autorización si se detectan incumplimientos de la autorización u otras obligaciones normativas y se pone énfasis en la obligación del titular de la autorización de conservar las estructuras y materiales hallados.

Mientras que el artículo 66 trata de los resultados de dichas actividades, que obliga al titular de la autorización a enviar a la Consejería de Cultura copia de los estudios e informes que resulten y los inventarios correspondientes de materiales obtenidos, y los objetos se custodiarán en el Museo Arqueológico y Paleontológico de la Comunidad de Madrid, así como debe depositar una memoria definitiva en los 5 años posteriores.

La Dirección General de Patrimonio Cultural, de acuerdo con el artículo 67, podrá ordenar la ejecución de excavaciones o prospecciones en cualquier terreno público o privado si se presumen restos con valor, previa indemnización de acuerdo con la legislación de expropiación forzosa.

Finalmente, según el artículo 68, si los bienes del patrimonio arqueológico se declaran BIC, BIP o yacimiento documentado, pasan a ser inseparables de su entorno de acuerdo con lo marcado por la LPCCM y la LPHE. A lo que la Consejería de Cultura velará por la preservación *in situ* de este patrimonio cuando emita autorizaciones, sin perjuicio de que pueda emitir autorizaciones para su traslado en caso de que concurran razones de fuerza mayor, interés público o utilidad social (si bien para los BIC se regirá por la LPHE).

II.4.5.- Conclusiones preliminares

Debido a la Sentencia del Tribunal Constitucional de 17 de julio de 2014, que anuló ciertos preceptos de la LPCHM de 2013, se aprobó una nueva ley del patrimonio cultural diez años más tarde, la Ley 8/2023, de 30 de marzo, de Patrimonio Cultural de la Comunidad de Madrid (en adelante, LPCCM) no solo para adaptarse al fallo desfavorable, sino sobre todo, para innovar en la regulación del patrimonio cultural, regulando de forma más intensa formas de patrimonio cultural hasta entonces dejadas en parte, de lado, como el patrimonio inmaterial, industrial, científico y tecnológico, y etnográfico.

Al igual que como ocurre con el Principado de Asturias, en la Comunidad de Madrid se distinguen tres clases de bienes culturales protegidos por la ley sectorial del patrimonio cultural: los BIC como más relevante, los BIP como categoría inferior a la primera y finalmente la remisión a los demás bienes del catálogo urbanístico, lo que confiere al catálogo municipal como instrumento para establecer esta tercera clase de bienes culturales. Así pues, se dota de una interconexión clara entre la legislación del patrimonio cultural y la legislación urbanística en cuanto regula los catálogos urbanísticos.

Además, hay una asimilación muy fuerte entre los BIC y los BIP, tanto en el procedimiento de declaración como en el régimen jurídico de protección, incluso en la obligación de crear en ciertos BIC y BIP planes urbanísticos de protección. Dichos planes urbanísticos en la legislación anterior eran facultativos, pero ahora son obligatorios para los municipios cuando se declaran ciertos BIC y BIP.

Del patrimonio arqueológico y paleontológico, hay una regulación más pormenorizada que con la antigua ley. Destacaría el artículo 58, que trata del régimen de protección del patrimonio arqueológico y paleontológico, considerando todos los bienes descubiertos de naturaleza demanial, debiéndose proteger con su inclusión en alguno de los instrumentos de catalogación y registro de la LPCCM. También existe un mandato para que en los planes urbanísticos se incluya un catálogo de bienes integrantes del patrimonio arqueológico y paleontológico así como unas normas para su protección de acuerdo con la LPCCM.

II.5.- CATEGORÍAS DE BIENES PROTEGIDOS PATRIMONIALES EN LAS ISLAS BALEARES

El artículo 18 de la "Ley Orgánica 1/2007, de 28 de febrero, de reforma del Estatuto de Autonomía de las Illes Balears", trata sobre "Derechos en el ámbito cultural y en relación con la identidad del pueblo de las Illes Balears y con la creatividad" a modo y semejanza de los principios rectores de los artículos 44 y 46 de la Constitución, pues garantiza que "Todas las personas tienen derecho a acceder en condiciones de igualdad a la cultura" a la vez que hace un mandato al establecer que:

> "Los poderes públicos de las Illes Balears velarán por la protección y la defensa de la identidad y los valores e intereses del pueblo de las Illes Balears y el respeto a la diversidad cultural de la Comunidad Autónoma y a su patrimonio histórico."

El artículo 24 sobre la actividad turística prevé que "El fomento y la ordenación de la actividad turística deben llevarse a cabo con el objetivo de hacerla compatible con el respeto al medio ambiente, al patrimonio cultural y al territorio." Mientras que el artículo 30.25 prevé como competencia propia de la comunidad autónoma la materia sobre el patrimonio[203].

El artículo 1.2 de la Ley 12/1998 del Patrimonio Histórico de las Islas Baleares (LPHIB) establece una definición bastante con-

---

203 "Patrimonio monumental, cultural, histórico, artístico, arquitectónico, arqueológico, científico y paisajístico, sin perjuicio de lo que dispone el artículo 149.1.28.ª de la Constitución."

creta de lo que es el patrimonio histórico de las Islas Baleares[204]. MASOT TEJEDOR[205] ha visto en esta conceptualización del patrimonio algunas características, como la no distinción entre bienes muebles[206] e inmuebles, sino que lo hace de forma más genérica con tal de no perder por el camino la protección del patrimonio inmaterial, como usos y costumbres (art. 67 LPHIB[207]). Tampoco hay límites temporales de antigüedad para ser patrimonio histórico, igual que ya ocurrió con la LPHE. Como novedad contiene el patrimonio histórico-industrial, antropológico y social. Además, la LPHIB intenta no proteger bienes de exclusivo interés natural (se eliminan referencias a jardines, parques o espacios naturales) al estar estos ya protegidos por leyes estatales.

El mismo autor[208] ve en la LPHIB la culminación de un proceso legislativo autonómico que refunde parte de la legislación anterior en temas parciales sobre la materia y que regula aspectos procedimentales, organizativos, competenciales y substantivos sobre el patrimonio cultural entre los que destaca:

1) Regula el régimen de protección de los bienes y medidas de fomento y difusión;

---

204 "El patrimonio histórico de las Illes Balears se integra de todos los bienes y valores de la cultura, en cualesquiera de sus manifestaciones, que revelan un interés histórico, artístico, arquitectónico, arqueológico, histórico-industrial, paleontológico, etnológico, antropológico, bibliográfico, documental, social, científico y técnico para las Illes Balears".

205 MASOT TEJEDOR, Josep, "*Evolució del concepte de patrimoni històric*" *op. cit.*, pp. 12-17.

206 Para saber más sobre el régimen jurídico de los bienes muebles del patrimonio cultural de las Islas Baleares, ver SOCÍAS FUSTER, Fernando, "*El patrimoni moble i el seu règim de protecció*" en *Comentaris a la Llei del Patrimoni Històric de les Illes Balears*, Institut d'Estudis Autonòmics, Palma de Mallorca, 2003, pp. 107-125.

207 Ver también la "Ley balear 1/2002, de 19 de marzo, de cultura popular y tradicional".

208 MASOT TEJEDOR, Josep, "Evolució del concepte de patrimoni històric" *op.cit.*, pp. 11-19.

2) Regula procedimientos de declaración de distintas categorías de bienes;

3) Crea la categoría de bienes catalogados, regula los registros insulares y autonómico de los BIC así como el Catálogo General del Patrimonio histórico balear regula nuevos órganos como la Junta Interinsular del Patrimonio Histórico (que coordina los consejos insulares y el Gobierno balear en esa materia) así como la Comisión de Valoración del Patrimonio Histórico (que hace los informes de valoración, creada por Decreto 60/2001, de 20 de abril);

4) Regula infracciones y sanciones en patrimonio histórico y

5) Prevé la aprobación de planes insulares de gestión del patrimonio histórico.

La Ley 12/1998 del Patrimonio Histórico de las Islas Baleares (LPHIB) establece un sistema competencial interno dentro de la comunidad autónoma tripartito, pues hay tres niveles administrativos de tutela del patrimonio histórico: el Gobierno Balear, los Consejos Insulares y los Ayuntamientos. La novedad no solo radica en el hecho de tener un sistema con tres niveles de administraciones con competencias directas en la materia (normalmente se limitan a la Comunidad Autónoma y al municipio, con poco peso de las Diputaciones provinciales y Consejos Comarcales, que se suelen limitar a dar soporte a los municipios[209]) sino en el papel fundamental que la LPHIB les otorga a todas ellas.

El artículo 91 LPHIB[210] determina las competencias del Gobierno Balear en materia de patrimonio histórico balear. Debido

---

209 Con la excepción de las comarcas en Aragón donde sí se les da un peso a las comarcas.

210 Así, corresponde al Gobierno de las Illes Balears:
"1. La gestión del Registro de Bienes de Interés Cultural de las Illes Balears y las comunicaciones con el Registro General de Bienes de Interés Cultural del Estado.
2. La organización y la gestión del Catálogo General de las Illes Balears y las comunicaciones con el Inventario General de Bienes Muebles del

al peso relevante de los Consejos Insulares deja al Gobierno autonómico limitado, pues se limita más a una función de coordinación, gestión de ciertos registros y catálogos y la potestad reglamentaria como más destacable.

El artículo 92[211] atribuye las competencias en materia de patrimonio histórico a los Consejos Insulares, verdaderos protagonis-

---

Estado.
3. Ejercer la potestad reglamentaria normativa en materia de patrimonio histórico, sin perjuicio de la potestad de autoorganización de los consejos insulares.
4. La declaración de los documentos que integran los censos de bienes del patrimonio documental de las Illes Balears y los que se incluyen en el Catálogo Colectivo del Patrimonio Bibliográfico de las Illes Balears.
5. La elaboración, la aprobación y la coordinación de los programas y actuaciones de fomento, sin perjuicio de las medidas que correspondan a otras administraciones.
6. La elaboración y la aprobación de los planes de coordinación interadministrativa.
7. Ejercer con carácter subsidiario los derechos de tanteo y de retracto, en caso de no hacerlo los consejos insulares, en los supuestos de alienación de bienes declarados de interés cultural, catalogados o incluidos en el Inventario General del Estado.
8. Las relaciones y la colaboración con la Administración General del Estado y de otros entes públicos para la ejecución de actuaciones de defensa del patrimonio histórico."

211 Corresponde, así, a los consejos insulares de Mallorca, de Menorca, de Eivissa y Formentera, en su ámbito de actuación:
"1. La iniciación, la incoación, la instrucción y la resolución de los procedimientos de declaración de Bienes de Interés Cultural, de bienes catalogados y de espacios de interés arqueológico y paleontológico.
2. La organización y la gestión del Registro Insular de Bienes de Interés Cultural y del Catálogo Insular, y las comunicaciones con el Registro de Bienes de Interés Cultural y el Catálogo General de las Illes Balears.
3. La tramitación y la resolución de los procedimientos relativos a la conservación, la restauración y la rehabilitación de los bienes integrantes del patrimonio histórico.
4. El ejercicio, con carácter principal, de los derechos de tanteo y de retracto sobre la alienación de los bienes del patrimonio histórico.
5. El otorgamiento de las autorizaciones de intervenciones arqueológi-

tas y pieza clave en la ejecución de la LPHIB en las Islas Baleares. Actualmente dichos entes públicos territoriales se regulan por la reciente Ley 4/2022, de 28 de junio, de consejos insulares.

Finalmente, el artículo 93 LPHIB[212] establece las competencias de los Ayuntamientos de las Islas Baleares en materia de patrimonio histórico, dando cumplimiento y sentido a la referencia del artículo 25.1.a LBRL sobre las competencias propias de los mu-

---

cas y/o paleontológicas.
6. El otorgamiento del resto de autorizaciones previstas en la normativa de patrimonio histórico cuando no estén expresamente atribuidas a otras administraciones públicas.
7. La elaboración, la aprobación, la coordinación y la ejecución de los programas de inversiones y ayudas al patrimonio histórico, así como las actuaciones de fomento, sin perjuicio de las facultades que se reserve el Gobierno de las Illes Balears.
8. La ejecución de las medidas de protección del patrimonio etnológico, bibliográfico, documental e histórico-industrial.
9. El resto de funciones ejecutivas y de gestión en materia de patrimonio histórico no atribuidas expresamente por la LPHIB u otras leyes a cualquier otra administración pública.
10. Las competencias autonómicas determinadas en la Ley 16/1985, de 25 de junio, del Patrimonio Histórico Español."

212 Dichas competencias son:
"1. La conservación y el mantenimiento de los bienes del patrimonio histórico de titularidad municipal.
2. El derecho de intervenir en todas aquellas actuaciones y procedimientos de otras administraciones públicas en materia de patrimonio histórico que se refieran a bienes radicados en los términos municipales respectivos.
3. El derecho de estar representados en las comisiones insulares del patrimonio histórico, en la forma que reglamentariamente se determine.
4. Señalizar el emplazamiento de los bienes integrantes del patrimonio histórico que se encuentren en el término municipal respectivo, orde-

nicipios en patrimonio histórico en los términos de la legislación estatal y autonómica[213].

II.5.1.- Patrimonio Arquitectónico

II.5.1.1.- Bienes de Interés Cultural (BIC)

El BIC de las Islas Baleares, al igual que el BIC de la LPHE y sus homólogas autonómicas, es la máxima figura de protección de bienes culturales en la Ley 12/1998, de 21 de diciembre, del Patrimonio Histórico de las Illes Balears (LPHIB) y como tal se reserva a los bienes muebles e inmuebles más relevantes del patrimonio histórico de las Islas Baleares.

---

nar las vías de acceso y adoptar las medidas de protección respecto del tráfico de personas y de vehículos.
5. La inspección y la vigilancia de las actividades urbanísticas de los particulares para asegurar la observancia de la LPHIB, sin perjuicio de las competencias atribuidas a las otras administraciones públicas.
6. El resto de funciones ejecutivas que les atribuye expresamente la LPHIB.
Entre estas otras funciones atribuidas por ley cabe mencionar las del artículo 98 LPHIB:
- Deber de proporcionar al Consejo insular y Gobierno Balear la información necesaria para el ejercicio de sus competencias.
- Deber de comunicar al Consejo Insular cualquier situación de peligro sobre los bienes del patrimonio histórico.
- Derecho del Ayuntamiento a ser informado por el Gobierno Balear y Consejo Insular sobre las circunstancias que puedan afectar a BIC o bienes catalogados en su término municipal, especialmente en situaciones de peligro."

213 De acuerdo con el articulo 29.2.e de la Ley 20/2006, de 15 de diciembre, municipal y de régimen local de las Illes Balears, los municipios tienen competencias propias en: "Protección y conservación del patrimonio histórico-cultural municipal y elaboración de planes especiales de protección y catálogos".

Los BIC se clasifican en monumentos, conjuntos históricos, jardines históricos, lugares históricos, lugares de interés etnológico (bastante ligado al patrimonio inmaterial), zonas arqueológicas o zonas paleontológicas (art. 6).

Dichas clasificaciones pueden variar bastante de una comunidad autónoma a otra, si bien la de la LPHIB es casi idéntica a la de la Ley 8/1995 del patrimonio histórico de Galicia, sustituida luego por la Ley 5/2016, de 4 de mayo, del patrimonio cultural de Galicia. Como novedades respecto a la LPHE cabe destacar las zonas paleontológicas (muy parecidas a las arqueológicas en cuanto a metodología de estudio y protección) y los lugares de interés etnológico.

Hay que considerar también, tal y como apunta FERNÁNDEZ-VENTURA ÁLVAREZ[214] la posibilidad de proteger como BIC los parajes pintorescos en virtud de la LPHE a pesar de que actualmente la LPHIB no haga ninguna mención, por aplicación supletoria de la LPHE en virtud de la Disposición Adicional 1ª de la LPHIB, tal y como ha reconocido numerosa jurisprudencia, como la STSJ de las Islas Baleares de 11 de diciembre de 1989[215].

Los BIC se caracterizan por las siguientes notas características según OLLERS VIVES[216]:

a) Deben ser bienes muebles o inmuebles (no se prevén los inmateriales en la LPHE, si bien la Ley del patrimonio cultural inmaterial balear sí que lo faculta).

b) Debe contar con una relevancia o singularidad dentro del patrimonio histórico de las Islas Baleares.

---

214 FERNÁNDEZ-VENTURA ÁLVAREZ, José, "*El règim de protección dels denominats paratges pintorescs*", en *Comentaris a la Llei del Patrimoni Històric de les Illes Balears,* Institut d'Estudis Autonòmics, Palma de Mallorca, 2003, pp. 212-213.

215 Sala de lo Contencioso-Administrativo (Sentencia núm. 434/1989, caso camino de Llucalcari).

216 OLLERS VIVES, Pere, "*Els Béns d'Interès Cultural immobles i el seu règim de protecció*" op. cit., pp. 41-42.

c) Como regla general se declararán de forma individualizada, no genérica.

d) Una vez declarado BIC, el bien tendrá un régimen específico, que suponen unas limitaciones sobre el derecho de propiedad del bien en base a la función social que tiene, y como tal se inscribe en un registro especial

II.5.1.1.1.- Procedimiento de declaración de un Bien de Interés Cultural

Los BIC en las Islas Baleares, se declaran por su valor singular y de forma individualizada (con excepciones en que se permite a clases, tipos, colecciones o conjuntos de bienes), según el art. 5 LPHIB. A esta declaración individualizada o excepcionalmente de conjuntos o colecciones hay que añadir la de los BIC declarados según la LPHE situados en las Islas Baleares con anterioridad a la LPHIB de 1998, por mandato de la Disposición Adicional 1ª LPHIB.

Mientras que el procedimiento para declarar un BIC inmueble depende del Consejo Insular correspondiente y es el siguiente (arts. 7 a 12 LPHIB):

1) Recolección potestativa de información a particulares u organismos sobre el bien (a emitir en 1 mes);

2) Incoación por acuerdo de la Comisión Insular del Patrimonio Histórico correspondiente (de oficio o a instancia de cualquier persona) describiendo el bien a catalogar (puede denegar incoación motivadamente);

3) Notificación de la incoación a los interesados, Ayuntamiento afectado y Gobierno balear + publicación al BOE y BOIB + comunicación al Registro de BIC balear y estatal (con protección provisional del bien y suspensión de licencias urbanísticas en tramitación y las ya concedidas);

4) Informe preceptivo favorable de una institución consultiva balear + informe técnico del bien + propuesta de limitacio-

nes sobre el bien (si procede) + audiencia de entre 10 y 15 días hábiles a interesados y Ayuntamiento afectado + trámite de información pública de 20 días hábiles;

5) Propuesta de acuerdo de la Comisión Insular del Patrimonio Histórico;

6) Acuerdo del Pleno del Consejo Insular declarando el BIC;

7) Notificación del acuerdo definitivo a los interesados, Ayuntamiento afectado y Gobierno balear + publicación en el BOE y BOIB + inscripción en Registro de la propiedad, Registro insular de BIC, Registro de BIC de las Islas Baleares y Registro estatal de BIC.

El procedimiento de exclusión es el mismo que el de declaración.

Como vemos, cada Consejo Insular lleva su propio Registro Insular de BIC en el que anotarán los Bienes de Interés Cultural[217]. Los Consejos Insulares a la vez comunicarán al Registro de BIC de las Islas Baleares sus inscripciones (arts. 12 y 13).

La acción administrativa para pedir al Consejo Insular la incoación del procedimiento es pública, y por lo tanto cualquier persona lo puede solicitar independientemente de su relación con el bien en cuestión, lo que da derecho, por lo menos, a una contestación motivada (art. 7.2 LPHIB).

El mero acuerdo de incoación del procedimiento de declaración de un BIC implica la aplicación del régimen provisional de BIC (art. 8.2 LPHIB) y si además es un bien inmueble, la notificación de la incoación al Ayuntamiento competente le obliga a suspender las licencias en tramitación o las ya otorgadas que puedan

---

217 El Consejo Insular de Menorca fue el primero en crear uno por acuerdo de su Pleno de 15 de febrero de 1999, de adaptación del acuerdo de Pleno de 17 de noviembre de 1997.

afectar al bien. Por este motivo, OLLERS VIVES[218] considera que es un acto de trámite cualificado susceptible de recurso administrativo o contencioso administrativo autónomo.

El acuerdo de incoación para un BIC debe incluir, además de una descripción del bien, una memoria, la planimetría y la documentación gráfica que deben concretar el tipo de bien, la delimitación del entorno de protección, las pertenencias del bien y los bienes muebles vinculados, la memoria histórica del bien y un informe detallado sobre su estado de conservación (art. 7.4)

Respecto al informe preceptivo favorable de la institución consultiva balear, debe tratarse de una de las instituciones del artículo 96 y que esté radicada en la isla donde esté el bien (o que sea una institución de carácter balear) (art.9.1.a). Según el artículo 96, dichas entidades son[219]:

1. La Universidad de las Illes Balears.
2. El Institut d'Estudis Balearics.
3. El Institut Menorquí d'Estudis.
4. El Institut d'Estudis Eivissencs.
5. Las entidades de valía y capacidad, que sean calificadas por la Junta Interinsular del Patrimonio Histórico.

A criterio de la STSJ de las Islas Baleares de 28 de marzo de 2006[220], el FJ 2° argumenta respecto la impugnación de resoluciones presuntas al declarar un lugar como BIC, cuestionándose

---

218 OLLERS VIVES, Pere, "*Els Béns d'Interès Cultural immobles i el seu règim de protecció*" *op. cit.*, p. 53.

219 De acuerdo con la STSJC de las Islas Baleares, de 21 de mayo de 1999, Sala de lo Contencioso-Administrativo (Rep. E.D. 14953, ponente: Socías Fuster) en su FJ 4o, incluso la Comisión de Patrimonio tiene reconocido el caràcter inherente de institución consultiva. Ver OLLERS VIVES, Pere, "Els Béns d'Interès Cultural immobles i el seu règim de protecció" *op. cit.*, p. 55.

220 Sala de lo Contencioso-Administrativo, sección 1ª, Sentencia n° 321/2006, rec. 91/2005; Ponente: Fiol Gomila, Gabriel.

la validez del informe del Institut d'Estudis Eivissencs por falta de motivación, con un papel simplemente formal y burocrático para cubrir un trámite. La sala, por el contrario, entiende -como el TC- que la motivación de la resolución o acuerdo administrativo se ha de apoyar en razones que permitan conocer cuáles han sido los criterios jurídicos esenciales que han fundamentado la decisión, debiéndose admitir igualmente la motivación por aceptación de informes que obran en el expediente y preceden al acuerdo en cuestión, en base a la unidad orgánica del expediente, las partes del cual se encuentran interrelacionadas e integradas en un todo que remata la decisión final.

La STSJ de las Islas Baleares de 21 de mayo de 1999[221], referente al BIC del lugar histórico del Arxiduc, el FJ 4º determinó que incluso la Comisión del Patrimonio Insular tiene reconocido un carácter inherente de institución consultiva[222].

OLLERS VIVES[223] apunta a alguna de las características de este procedimiento, como la minuciosidad de la regulación del procedimiento en la ley, casi más propio de un reglamento, así como la importancia del trámite de información pública, que denota la importancia e interés público del procedimiento, potenciando la participación ciudadana.

Por otro lado, señala que la caducidad del procedimiento es un régimen en cierto modo bastante favorable al interés de la catalogación, pues se produce a los 20 meses, un plazo nada desdeñable si lo comparamos con los plazos habituales de 2 y 6 meses de la LPAC, además de la ventaja de no ser una caducidad automática como la que se regula en la LPAC, sino que media un plazo extra de 30 días (hábiles se entiende) para declarar el BIC antes

---

221 Sala de lo Contencioso-Administrativo, referencia ElDerecho: 14953; ponente: Socías Fuster.

222 OLLERS VIVES, Pere, "*Els Béns d'Interès Cultural immobles i el seu règim de protecció*", *op. cit.*, p. 55.

223 OLLERS VIVES, Pere, "*Els Béns d'Interès Cultural immobles i el seu règim de protecció*", *op. cit.*, pp. 53-59.

de que caduque. Por lo demás, se ve como lógica la solución d la caducidad, teniendo en cuenta que son procedimientos iniciados de oficio por la Administración (aunque pueda ser a instancia de un particular) y sobre todo debido a los posibles efectos de gravamen para el propietario del inmueble que se protege (en el sentido del artículo 25.1.b LPAC).

En virtud del principio de colaboración interadminsitrativa en materia de patrimonio cultural de los artículos 2 y 97 LPHIB, la misma ley prevé una cierta participación del municipio afectado en el procedimiento de declaración de un BIC inmueble, que se concreta de las siguientes formas:

- Derecho del Ayuntamiento a pedir al Gobierno autonómico Balear la incoación de declaración de un BIC (artículo 7.2 LPHIB).
- Derecho a que el Ayuntamiento donde radica el bien sea notificado sobre la incoación del procedimiento de declaración de BIC, con la suspensión ex lege de las licencias que afecten al BIC ya estén dadas o en tramitación (art. 8.1 y.3).
- Deber de colaborar con la administración autonómica para facilitar el acceso al bien y a la documentación requerida por el instructor del procedimiento de declaración de BIC (art. 9.2).
- Derecho de audiencia del Ayuntamiento en el procedimiento (art. 9.3).
- Derecho a que el Ayuntamiento sea notificado de la declaración autonómica del BIC (art. 10.2).

Referente a los Ayuntamientos y a los BIC, también cabe mencionar la prevalencia de la declaración de BIC por encima del planeamiento urbanístico, además, todos los BIC excepto los monumentos, exigen la redacción de un plan especial sobre la protección por el ayuntamiento, mientras que los conjuntos históricos exigen además la redacción de un catálogo.

Finalmente, los artículos 93 y 98 LPHIB establecen las competencias de los Ayuntamientos de las Islas Baleares en materia de patrimonio histórico, que son extrapolables también para los casos de los BIC.

Respecto del acuerdo de declaración de BIC del Pleno del Consejo Insular, según OLLERS VIVES[224] es un acto declarativo y no constitutivo, pues según su entender, declara una condición ya existente[225], que es el hecho de que el bien forma parte del patrimonio histórico de las Islas Baleares independientemente de su declaración como BIC (lo que le da la protección genérica de los artículos 22 a 25 LPHIB), por lo que cuando se hace el acuerdo de declaración de BIC simplemente se confirma formalmente esta pertenencia al patrimonio histórico, dándole la protección adecuada en función de su interés cultural relevante.

II.5.1.1.2.- Régimen de protección de los bienes culturales de las Islas Baleares

Independientemente de que sean BIC o bienes catalogados (o incluso sin estar siquiera catalogado), la LPHIB dedica el capítulo primero del Título II al régimen común de protección de todos los bienes del patrimonio histórico balear. Me remito al apartado equivalente de los Bienes Catalogados de las Islas Baleares para tratar este régimen de protección común tanto de BIC como de Bienes catalogados.

---

224 OLLERS VIVES, Pere, "*Els Béns d'Interès Cultural immobles i el seu règim de protecció*", *op. cit.*, p. 56.

225 Según GARCÍA DE ENTERRÍA, *Curso de Derecho Administrativo*, Vol. I, CIvitas, Madrid, 1999, p. 561 señala que los actos declaratives "*acreditan un hecho o una situación jurídica, sin incidir sobre su contenido*".

II.5.1.1.3.- Regulación específica de los Bienes de Interés Cultural

El capítulo tercero del Título II de la LPHIB se refiere a los bienes inmuebles, y es donde se interrelaciona más la legislación del patrimonio cultural con la urbanística y se prevén ciertas especialidades en la protección de los BIC inmuebles. Se prevé la inseparabilidad del bien protegido de su sitio (excepto causa de fuerza mayor o interés social) según el art. 35. Se cita también la obligación de los ayuntamientos de adaptar el planeamiento urbanístico para los BIC, pues su declaración vincula al planeamiento (hecho que se confirma, a su vez con el artículo 48.1 de la Ley de Urbanismo de las Islas Baleares de 2017), e incluso debe elaborar un plan especial o similar para adecuarlo (con informe favorable de la Comisión insular de patrimonio histórico a dictar en 3 meses, sino se entiende favorable). Incluso el Consejo Insular puede proponer al ayuntamiento modificar el planeamiento que afecte al BIC y suspender el vigente para protegerlo (art. 36).

Respecto a las obras, cualquiera que se haga en un BIC debe contar con autorización de la Comisión insular del patrimonio histórico previa a la licencia municipal urbanística (en el caso de conjunto, jardín o lugar histórico dicho informe solo es preceptivo mientras no se aprueba el plan urbanístico del artículo 36)[226], mientras que las obras que no respeten todo eso serán ilegales se podrá ordenar su derribo por la Comisión insular del patrimonio, según el art. 37.

---

[226] Así podemos ver a estos efectos para determinar si hay intervención o no en el conjunto que precise de informe autonómico al no existir todavía plan especial, la STSJ de las Islas Baleares de 29 de mayo de 2019, Sala de lo Contencioso-Administrativo, sec. 1ª, (Sentencia nº 259/2019, rec. 20/2019; Ponente: Socias Fuster, Fernando) en el FJ 3º: "A falta del Plan Especial del art. 36.2º, las obras o las intervenciones en el ámbito del conjunto histórico precisan de autorización. Y las aquí cuestionadas son obras (los muros de hormigón, la explanación, la rampa) o, en todo caso, "intervención".
3º) Incluso puede sostenerse que la construcción de un aparcamiento público, por mucho que tenga un carácter provisional o de escasas di-

Se ordena a los municipios que en sus planes urbanísticos se fijen las medidas para identificar, proteger y conservar los bienes inmuebles del patrimonio histórico (y no solo los BIC o bienes catalogados), mientras que los proyectos de delimitación del suelo urbano deben establecer las determinaciones básicas para identificar los bienes del patrimonio histórico (art. 38).

Para el caso de los BIC en su clase de conjunto histórico, se debe elaborar un plan urbanístico para catalogar los elementos que forman parte del conjunto y su entorno, protegiendo integralmente los inmuebles declarados BIC, mientras que para el resto se establecerá un régimen adecuado y especial para su protección. Se debe mantener la estructura urbana y arquitectónica, mientras que las remodelaciones urbanas y sustitución de inmuebles solo se permiten para mejorar el entorno urbano y conservar el conjunto (art. 39).

El artículo 6.1 LPHIB[227] prevé expresamente que los monumentos declarados BIC puedan incluir en su declaración los bienes muebles anexos al inmueble, siempre que constituyan una unidad singular, lo que parece alejar la posibilidad de incluir en la declaración bienes extraños o ajenos al inmueble.

La LPHIB no dice nada sobre la limitación de declaración de un BIC de un autor todavía vivo, si bien por aplicación supletoria del artículo 9.4 LPHE sería aplicable tal limitación (a no ser que tenga el consentimiento de su propietario o sea adquirido por una administración).

---

mensiones, sí son obras de edificación pues conforme al art. 2.2.a de la Ley de Ordenación de la Edificación .

En consecuencia, debe apreciarse que sí se realizó obra en conjunto histórico sin la autorización pertinente, con lo que se agota el tipo infractor aplicado (art. 103.2° LPHIB)."

227 "En la declaración de monumento podrán incluirse los bienes muebles, las instalaciones y los accesorios que se señalen expresamente, siempre que el edificio, la obra o la estructura constituyan una unidad singular."

II.5.1.1.4.- Plan Especial de Protección de Conjunto Histórico o de un BIC similar[228]

El deber municipal de elaborar un plan especial de protección o un instrumento urbanístico de protección, o adecuar un plan vigente para cumplir las disposiciones de la LPHIB y en concreto el acuerdo de declaración de un BIC en su categoría de conjunto histórico, jardín histórico, lugar histórico, lugar de interés etnológico, zona arqueológica o zona paleontológica se encuentra recogida en el artículo 36.2 LPHIB sobre "planeamiento urbanístico":

> "2. Cuando se trate de conjunto histórico, jardín histórico, lugar histórico, lugar de interés etnológico, zona arqueológica o zona paleontológica, el Ayuntamiento correspondiente tendrá que elaborar un plan especial de protección o un instrumento urbanístico de protección, o adecuar un plan vigente, que cumpla las exigencias de esta ley. La aprobación de este instrumento de planeamiento requerirá el informe favorable de la Comisión Insular del Patrimonio Histórico. Se entenderá emitido informe favorable por el transcurso de tres meses desde la presentación de la propuesta de planeamiento."

Además, en el caso de los BIC declarados conjuntos históricos deberá existir un catálogo del patrimonio incorporado dentro de un plan urbanístico. De acuerdo con OLLERS VIVES[229] esta catalogación significa radiografiar todo el conjunto y establecer los inmuebles declarados individualmente BIC (como podrían ser los monumentos u otros BIC declarados singularmente) estableciendo las estructuras significativas, los elementos del conjunto y los componentes naturales, entornos y régimen de protección en cada caso, Estos catálogos son los instrumentos básicos de la PHIB para proteger los conjuntos, y según el autor no deben ser confundidos con los catálogos municipales, si bien desde mi punto de

228 Dichos planes especiales de protección de ciertos BIC se estudian en este subapartado del patrimonio arquitectónico inmueble, si bien pueden estar relacionados con otras tipologías de bienes inmuebles, como el arqueológico, paleontológico o etnológico, entre otros.

229 PONS CÀNOVAS, Ferran, "*El patrimoni arqueològic*", *op. cit.*, pp. 127-160.

vista, se puede perfectamente aprovechar el catálogo municipal para catalogar el conjunto histórico.

Por otro lado, el plan especial del artículo 36.2 LPHIB también debe prever para los conjuntos históricos, los criterios de intervención previstos en los artículos 39.2, 39.3 Y 41.2, a saber: deber de conservar la estructura urbana y arquitectónica, las características generales del ambiente (restringiendo sustituciones o demoliciones de inmuebles enteros), deber de mantener alineaciones existentes, deber de conservar la silueta paisajística, prohibición de colocación de elementos, anuncios o instalaciones que perjudiquen al conjunto y deber de control arqueológico en las obras en el subsuelo. Para facilitar la protección del conjunto y aligerar carga burocrática a sus propietarios, se prevé en el artículo 37.2 y 3 que una vez se apruebe el plan especial o instrumento equivalente, las autorizaciones se darán por el Ayuntamiento. Mientras esto no sea así, las dará el Consejo Insular correspondiente y en todo caso no se permitirán nuevas alineaciones, alteraciones en la edificabilidad, parcelaciones ni agregaciones[230].

II.5.1.2.- Bienes Catalogados de las Islas Baleares

Esta segunda categoría está reservada para bienes muebles e inmuebles que no tienen relevancia cultural suficiente para ser declarados BIC pero sí suficiente significación y valor para ser protegidos singularmente como bienes del patrimonio histórico balear (art. 14.1 LPHIB).

II.5.1.2.1.- Declaración de Bien Catalogado de las Islas Baleares

El procedimiento para declarar los bienes catalogados inmuebles depende del Consejo Insular correspondiente y es, resumidamente, el siguiente (arts. 14 a 21 LPHIB):

---

230 OLLERS VIVES, Pere, "Els Béns d'Interès Cultural immobles i el seu règim de protecció", *op. cit.*, pp. 65-66.

1) Incoación por acuerdo de la Comisión Insular del Patrimonio Histórico correspondiente (de oficio o a instancia de cualquier persona; se puede denegar incoación motivadamente);

2) Comunicación de la incoación al Catálogo General del Patrimonio Histórico de las Islas Baleares (CGPHIB) + notificación a interesados y Ayuntamiento + publicación al BOIB[231];

3) Informe sobre el estado del bien e instrucción por la Comisión Insular del Patrimonio Histórico;

4) Propuesta de acuerdo de la Comisión Insular del Patrimonio Histórico;

5) Acuerdo del Pleno del Consejo Insular declarando el bien catalogado (en máximo 1 año desde incoación, sino caducidad);

6) Notificación a interesados, ayuntamiento afectado + inscripción en el CGPHIB + publicación al BOIB + inscripción en el Registro de la Propiedad.

El procedimiento de exclusión es el mismo que el de declaración.

La LPHIB no regula con detalle este procedimiento de declaración de bien catalogado, si bien podemos ver como la Comisión insular del patrimonio histórico tiene un papel fundamental en la declaración y tutela de los bienes catalogados, pues tienen competencias para iniciar, ordenar, instruir y ejecutar la declaración del bien catalogado[232] (art. 15.1 LPHIB). A la práctica, MASOT

---

231 Las notificaciones y publicación al BOIB no se concretan en la LPHIB, si bien se deduce su aplicación de la LPAC, cabría incluso imponer medidas cautelares en base a la LPAC.

232 Delegable de órgano por reglamento, cosa que se hizo en el Consejo Insular de Mallorca, que lo sustituyó por la Comisión Insular de Ordenación del Territorio, Urbanismo y Patrimonio Histórico.

TEJEDOR[233] considera que se aplica un procedimiento muy similar al de declaración del BIC si bien sin el trámite de informe de entidades consultivas ni publicación en el BOE.

El acuerdo de incoación del procedimiento lo hace la Comisión Insular del Patrimonio Histórico, en el que se desprende de la LPAC (que no de la LPHIB, pues nada se dice al respecto), la posibilidad de su artículo 56.3.i: se pueden adoptar como medidas provisionales de un procedimiento, las demás medidas que se estimen necesarias para hacer efectiva la resolución.

Todos los bienes catalogados declarados por el Consejo Insular deben ser comunicados al Catálogo General del Patrimonio Histórico de las Illes Balears, gestionado por la Comunidad Autónoma y único para toda las Islas Baleares. Asimismo, el acuerdo del Consejo Insular de incoación y otras actuaciones o modificaciones deben ser comunicadas por el Consejo Insular al Catálogo General (art. 18 LPHIB).

La declaración de bien catalogado se hace por el Pleno del Consejo Insular correspondiente y se deduce de los artículos 19 y 40.2 LPHIB que su declaración debe contener por lo menos el siguiente contenido:

- Memoria descriptiva del bien.
- Informe sobre su estado de conservación.
- Medidas a adoptar para su mantenimiento y conservación.
- Documentación gráfica básica.
- Determinación de los elementos del bien que se protegen.

Si no se declara el bien catalogado por el Pleno del Consejo Insular correspondiente en máximo 1 año desde el acuerdo de incoación del procedimiento, el expediente caducará si se pide el archivo de actuaciones por persona interesada y no se dicta

---

233 MASOT TEJEDOR, Josep, "*Els béns immobles catalogats: anàlisi de la seva regulació*" *op. cit.*, p. 94.

resolución en los 60 días siguientes. Una vez caducado el procedimiento no se puede incoar nueva declaración hasta pasado 1 año, excepto que lo pida el mismo titular del bien (art. 17 LPHIB).

Cabe preguntarse si se debe inscribir en el Registro de la Propiedad la declaración de un bien catalogado, MASOT TEJEDOR[234] considera que sí a pesar de no explicitarse en la LPHIB, en base a que hay un derecho de tanteo y retracto sobre el bien catalogado que hace precisa dicha inscripción si quiere ser aplicable por la Administración competente ante un tercero adquiriente de buena fe (artículo 34 de la Ley Hipotecaria). Se considera, como un derecho inscribible en base al artículo 2.1 de la Ley hipotecaria de 1946, además de por ser un derecho real de origen real (y no convencional) con efectos *erga omnes.*

Asimismo, deberá inscribirse la declaración de bien catalogado[235] en el Catálogo Insular del Patrimonio Histórico, un instrumento de salvaguardia, consulta y divulgación, de acuerdo con el artículo 14 LPHIB. Allí se inscribirán los actos jurídicos y técnicos sobre los bienes catalogados (art. 16), si bien se remite a un reglamento que todavía no se ha creado.

Así como debe inscribirse al Catálogo General del Patrimonio Histórico de las Islas Baleares, que depende del Gobierno autonómico (art. 18 LPHIB).

II.5.1.2.2.- Régimen de protección de los bienes culturales en las Islas Baleares

Al igual que ocurre con la LPHE, la LPCC y otras leyes autonómicas del patrimonio cultural, la LPHIB diferencia entre una protección genérica o de baja intensidad y una protección especí-

---

[234] MASOT TEJEDOR, Josep, "*Els béns immobles catalogats: anàlisi de la seva regulació*" *op. cit.*, pp. 94-95.

[235] Y de los espacios de interés arqueológico o paleontológico, según el artículo 58 LPHIB.

fica o de alta intensidad, como nos remarca MASOT TEJEDOR[236]. De acuerdo con el referido autor, la protección genérica tiene la ventaja de proteger todo el patrimonio sin dejar ningún bien al margen, pero con el defecto de no identificar suficientemente los bienes sujetos a esa protección, a diferencia de la Ley 11/1998 del patrimonio cultural de Cantabria, que recoge en la figura del inventario general todos esos bienes que sin significación especial, se deben proteger (artículo 33) con la finalidad de dar mayor seguridad jurídica.

Una de las características importantes de la Ley 12/1998, de 21 de diciembre, del Patrimonio Histórico de las Illes Balears es que en lo que no regule dicha ley, se aplica supletoriamente la LPHE por mandato de la Disposición Final Tercera LPHIB. Por lo tanto veremos que en distintos instrumentos y preceptos de la ley estatal se aplicarán, sobre todo en los BIC (recordemos que la LPHE no regula una segunda figura de protección de bienes culturales inmuebles por debajo del BIC).

Independientemente de que sean BIC o bienes catalogados (o incluso sin estar siquiera catalogado), la LPHIB dedica el capítulo primero del Título II al régimen común de protección de todos los bienes del patrimonio histórico balear.

Eso implica un deber genérico de todo propietario o poseedor del bien de conservar el bien, dejar inspeccionarlo por las autoridades administrativas en caso de obras, incluso si el bien patrimonial no está catalogado, cabe que el Consejo Insular impida obras para preservar los valores culturales del inmueble (de oficio o a solicitud del Ayuntamiento, pudiendo éste suspender durante hasta 3 meses la tramitación de la licencia de obras mientras el Consejo Insular no resuelve incoar la declaración de BIC o bien catalogado), según el art. 23.

---

236 MASOT TEJEDOR, Josep, "*Els béns immobles catalogats: anàlisi de la seva regulació*" *op. cit.*, p. 72.

El artículo 23.2 incluso faculta al Ayuntamiento a suspender la tramitación de una licencia urbanística por un máximo de 3 meses para pedir al Consejo Insular que catalogue el bien como BIC o bien catalogado.

Aunque el bien no esté protegido, la administración competente puede suspender obras de demolición o cambio de usos del inmueble del patrimonio histórico de hasta 3 meses, para resolver si se continúan las obras o se incoa su catalogación como BIC o bien catalogado (o la protección urbanística), según el art. 24.

En Cataluña, la LPCC, en su artículo 23 prevé de forma similar la posibilidad del Departament de Cultura de suspender obras en bienes y dar instrucciones al Ayuntamiento competente sobre la suspensión, así como los Ayuntamientos están facultados para suspender la tramitación de licencias, si bien para un plazo no determinado y solo para protegerlo como BCIN, no cabiendo esta opción para los BCIL.

Vemos una vez más, como la LPHIB trata de forma muy igualitaria los BIC de los Bienes Catalogados en las Baleares, mientras la LPCC trata de forma muy distinta a los BCIN y a los BCIL.

El capítulo segundo del Título II de la LPHIB concreta la protección de los BIC y los bienes catalogados, donde se establece el deber concreto de los titulares de los bienes protegidos de conservarlos y destinarlos a usos que garanticen su conservación (art. 26), y ahora sí concreta que en caso de incumplir dicho deber de conservación del bien protegido, las administraciones pueden ordenar a sus titulares ejecutar las obras o actuaciones para su conservación, pudiendo llegar a la ejecución subsidiaria a cargo de los obligados para asegurar su conservación (art. 27).

En caso de que alguien cause daño a los bienes protegidos, el Consejo Insular debe dictar órdenes ejecutivas para su reparación (art. 28).

En caso de incumplimiento de los obligados a estas obligaciones legales, los Consejos insulares también pueden acudir a las multas coercitivas de hasta 600 euros, previa audiencia de los interesados para hacerlas cumplir (art. 30).

Queda prohibido colocar elementos o instalaciones que rompan la estructura o composición de fachada de un BIC. En los bienes catalogados solo se permite que sean lo más pequeño posibles y situarse en sitios no perjudiciales para su imagen. Para colocar anuncios se requiere licencia municipal y autorización de la Comisión Insular del Patrimonio Histórico (a no ser que un plan especial ya lo regule, art. 31).

De forma un tanto genérica, el art. 29 exige informe preceptivo de la Comisión Insular del Patrimonio Histórico en la tramitación de procedimientos administrativos que puedan afectar a los bienes protegidos. En caso de obra sobre un bien protegido, se exige autorización previa de la Comisión insular del Patrimonio (art. 40). Además, toda intervención sobre un BIC debe respetar los valores que motivaron su declaración, debe conservar las principales características tipológicas del bien y evitar la reconstrucción del bien (excepto con las partes originales del mismo), se prohíbe la eliminación de partes del BIC a no ser que sea para mejorar su interpretación histórica y se prohíbe la instalación de elementos que puedan distorsionar su imagen (art. 41).

El Consejo insular (o el gobierno Balear, subsidiariamente) tienen reconocido un derecho de tanteo y retracto en caso de transmisiones onerosas de bienes protegidos (art. 32). Además, los Consejos insulares pueden expropiar bienes protegidos ante incumplimiento grave de los propietarios o peligro de deterioro grave o uso incompatible del bien (o incluso expropiar inmuebles que dificulten la contemplación o uso de un BIC) según el art. 33.

Como vemos, hasta aquí, el régimen de protección de los BIC y de los bienes catalogados es muy similar.

II.5.1.2.3.- Regulación específica de los Bienes Catalogados

Hemos visto en el apartado introductorio que muchas de las regulaciones de los bienes son comunes para los BIC como para los bienes catalogados. Pero hay algunas especificidades explícitas o implícitas para los Bienes Catalogados.

En primer lugar, es de destacar la afirmación de MASOT TEJEDOR[237] referente a que a pesar de que la LPHIB no menciona explícitamente la vinculación de la declaración de bien catalogado sobre el planeamiento urbanístico (a diferencia del régimen del BIC donde sí lo explicita), se debe entender tácitamente pues de lo contrario perdería toda efectividad el régimen de protección de la ley sectorial sobre el plan urbanístico (cabría entenderlo por un tema de jerarquía normativa, pues la protección que da una ley está por encima de lo que diga un reglamento como lo es un plan urbanístico). Esta afirmación se ha visto confirmada hoy en día en el artículo 48.1 de la Ley de Urbanismo de las Islas Baleares de 2017 al establecer en su párrafo segundo que:

> "Los bienes culturales protegidos de acuerdo con la legislación sectorial se incluirán expresamente en estos catálogos, y el grado de protección previsto y la regulación de las actuaciones permitidas sobre estos bienes serán conformes con la protección derivada de esta legislación."

Por otro lado, tal y como apunta MASOT TEJEDOR[238], a pesar de que la posibilidad de vincular bienes muebles al inmueble catalogado solo se prevé explícitamente para los BIC, es cierto que la definición de bien del patrimonio histórico inmueble del artículo 14.1 LPHE, de aplicación supletoria, se refiere tanto al bien inmueble *per se* como a su entorno, así como su remisión al artículo 344 del Código Civil permite vincular al bien inmueble estatuas, relieves, pinturas u otros objetos de uso u ornamentación colo-

---

237 MASOT TEJEDOR, Josep, "Els béns immobles catalogats: anàlisi de la seva regulació", *op. cit.*, pp. 88-90.

238 MASOT TEJEDOR, Josep, "Els béns immobles catalogats: anàlisi de la seva regulació", *op. cit.*, pp. 88-90.

cados en el edificio. En consecuencia, el autor ve factible que en una declaración de bien catalogado se concretan también los bienes muebles asociados al mismo, sin la necesidad de los conceptos jurídicos indeterminados de "unidad singular" o "relevancia" que sí afecta a los BIC.

Más dudoso es la propuesta del mismo autor de considerar que los bienes catalogados puedan tener una zona de protección como los BIC, pues al no estar previsto en la LPHIB ni la LPHE, y el fundamento jurídico en el que lo basaba ya está derogado (art. 138.b del TR de la Ley del régimen del suelo de 1992 o jurisprudencia como la STS de 31 de marzo de 1989[239]).

Ni la LPHIB ni la LPHE dicen nada sobre la prohibición de declarar un bien catalogado de un autor vivo, por lo tanto entiendo que es perfectamente plausible, igual que lo considera MASOT TEJEDOR[240]

Como deberes de los titulares del bien catalogado, ya sean propietarios, titulares de derechos reales o meros poseedores, tienen el deber de conservar el bien catalogado (art. 26 LPHIB). Dicho deber de conservación específico cesa cuando el bien se declara en ruina siempre previa autorización del Consejo Insular y de una de las entidades consultivas (art. 42 LPHIB). MASOT TEJEDOR[241] cree que difícilmente podrá declararse en ruina por motivo urbanístico un bien catalogado, pues está relacionado con bienes fuera de la legalidad urbanística, mientras que la catalogación del bien entiende que per se implica la regularización de la edificación con el fin de conservarlo.

También decir que, de acuerdo con el artículo 33.1 LPHIB se permitirá la colocación de elementos e instalaciones en el bien catalogado, si bien deberán tener las dimensiones mínimas posibles

---

239 Sala de lo Contencioso-Administrativo, Ar. 2444.

240 MASOT TEJEDOR, Josep, "*Els béns immobles catalogats: anàlisi de la seva regulació*", *op. cit.*, p. 91.

241 MASOT TEJEDOR, Josep, "*Els béns immobles catalogats: anàlisi de la seva regulació*", *op. cit.*, p. 100.

y deberán situarse en sitios donde no perjudique la imagen del inmueble ni alteren gravemente su contemplación (esto último permitiría incluso que sin una zona de protección del bien catalogado, se pueda exigir en zonas del entorno esa medida si afecta gravemente).

Mientras que el artículo 32 LPHIB permite, por igual para los BIC y bienes catalogados, el derecho real de origen legal de tanteo y retracto, si bien MASOT TEJEDOR[242]se queja del apartado 5º de dicho precepto por excluir del derecho de tanteo y retracto a los jardines históricos y bienes catalogados dentro de un conjunto histórico.

También es remarcable, que en la LPHIB, a diferencia de los BIC (art. 41), no se establecen unos criterios de intervención para los bienes catalogados.

II.5.2.- Patrimonio Arqueológico y Paleontológico

Se le dedica todo el Título III de la LPHIB, y como es habitual, se define como patrimonio arqueológico aquellos bienes muebles e inmuebles con valores del patrimonio histórico balear que se obtengan o estudien mediante la metodología arqueológica, ya estén en superficie o en el subsuelo (art. 49).

Por lo tanto, el elemento clave es un concepto jurídico indeterminado: la necesidad de metodología arqueológica para el estudio del bien, que ni siquiera exige que esté enterrado.

La ley distingue entre intervenciones arqueológicas, excavaciones arqueológicas, excavaciones paleontológicas, prospecciones arqueológicas y hallazgos casuales (art. 50).

Las intervenciones arqueológicas exigen que el peticionario de la autorización aporte un proyecto sobre la idoneidad del

---

242 MASOT TEJEDOR, Josep, "*Els béns immobles catalogats: anàlisi de la seva regulació*", *op. cit.*, p. 104.

equipo que actuará, la capacidad económica del promotor y las medidas de protección de los descubrimientos, y dicha intervención requiere de autorización previa de la Comisión Insular del patrimonio (art. 51). También cabe que el mismo Consejo Insular ordene ejecutar intervenciones arqueológicas si se presume que pueden existir restos arqueológicos, que se indemnizará al propietario de acuerdo con la Ley de expropiación forzosa (art. 55) o incluso cabe que lo autorice por procedimiento simplificado en casos de urgencia por peligro de pérdida del patrimonio arqueológico (art. 56). Actualmente esta cuestión se encuentra regulada con más detalle en el Decreto 14/2011, de 25 de febrero, por el cual se aprueba el Reglamento de intervenciones arqueológicas y paleontológicas de las Illes Balears.

En caso de tramitación de proyectos de obras o similares que exijan evaluación de impacto ambiental y afecte a patrimonio arqueológico se exige informe de la Comisión insular del patrimonio (art. 57).

Una vez los restos arqueológicos son descubiertos, o si ya lo estaban desde un principio, cabe protegerlos de distintas formas:

- Bien de Interés Cultural.

- Bien catalogado

- Espacio de interés arqueológico o paleontológico

- Resto de bienes arqueológicos

II.5.2.1.- Bien de Interés Cultural

Para los bienes arqueológicos más relevantes cabe la protección como BIC, que normalmente se subsumirá, de acuerdo con el artículo 6 LPHIB, en un BIC de clase monumento o zona arqueológica, si bien en menor medida también cabría como conjunto o sitio histórico. De acuerdo con el mencionado precepto, un BIC puede ser

"Monumento: Edificio, obra o estructura arquitectónica y/o de ingeniería de interés (...) arqueológico"
Así como
"Zona arqueológica: Lugar donde hay restos materiales, muebles y/o inmuebles, fruto de la intervención humana, que es susceptible de ser estudiado con la metodología arqueológica, tanto si se encuentra en la superficie como si se encuentra en el subsuelo o bajo las aguas. En el caso de que los bienes culturales inmuebles definidos en los cinco puntos anteriores tengan en el subsuelo restos que solamente sean susceptibles de ser estudiados con metodología arqueológica, tendrán también la condición de zona arqueológica."

O finalmente cabe que sea, para lo que aquí nos interesa, una

"Zona paleontológica: Lugar donde hay vestigios de restos animales y/o vegetales fosilizados, o no, que constituyen una unidad coherente y con entidad propia, definidores de la historia geológica de un lugar determinado".

A diferencia del monumento, de acuerdo con el artículo 36.2 LPHIB la zona arqueológica o paleontológica sí exige un plan especial urbanístico o instrumento equivalente de protección del BIC y que puede implicar determinaciones del uso del suelo, determinaciones sobre la calificación urbanística o sobre las construcciones[243].

De acuerdo con la disposición adicional 1ª LPHE, los monumentos histórico artísticos declarados por el Estado con anterioridad a la entrada en vigor de la ley estatal pasan a tener la consideración de BIC. En las Islas Baleares interesa especialmente esto debido al Decreto 2563/1966, de 10 de septiembre, en el que todos los monumentos megalíticos, cuevas prehistóricas y otros restos de Mallorca y Menorca, posteriormente incluidos en el Inventario de la Orden ministerial de 31 de marzo de 1967 pasaron a tener la consideración de BIC al entrar en vigor la LPHE

243 OLLERS VIVES, Pere, "*Els Béns d'Interès Cultural immobles i el seu règim de protecció*", *op. cit.*, p. 64.

en 1985. PONS CÀNOVAS[244] considera que a pesar de que esta orden en su artículo primero también pretendía proteger futuros bienes de la misma naturaleza que pudieran descubrirse, no se considerarían automáticamente BIC debido al rango superior tanto de la LPHE como de la LPHIB, que exigen declaración expresa de los BIC.

Referente a las cuestiones procedimentales y cuestiones genéricas de protección y conexión con el planeamiento urbanístico de los BIC en las Islas Baleares me remito al apartado que lo trata de este trabajo.

Finalmente es preciso distinguir entre el BIC de zona arqueológica del patrimonio arqueológico del Título III LPHIB, pues el primero exige que exista un "lugar", que según OLLERS VIVES[245] implica un espacio que podrá ser superficie terrestre, subsuelo o superficie subacuática. Mientras que el patrimonio arqueológico de los artículos 49 y siguientes no exige este espacio o asentamiento (de hecho, normalmente será trasladable a museos, a diferencia de una zona arqueológica).

II.5.2.2.- Bien catalogado

Referente a las cuestiones procedimentales y cuestiones genéricas de protección y conexión con el planeamiento urbanístico de los bienes catalogados en las Islas Baleares me remito al apartado que lo trata de este trabajo.

---

244 PONS CÀNOVAS, Ferran, "*El patrimoni arqueològic*" en *Comentaris a la Llei del Patrimoni Històric de les Illes Balears,* Institut d'Estudis Autonòmics, Palma de Mallorca, 2003, p. 134.

245 OLLERS VIVES, Pere, "*Els Béns d'Interès Cultural immobles i el seu règim de protecció*", *op. cit.*, pp. 47-48.

II.5.2.3.- Espació de interés arqueológico o paleontológico

Los espacios de interés arqueológico o paleontológico son los lugares no declarados, terrestres o subacuáticos, donde, por evidencias materiales, por antecedentes históricos o por otros indicios, se presume la existencia de restos arqueológicos o paleontológicos (art. 58.1 LPHIB).

De esto deducimos que no tienen todavía una protección de BIC o bien catalogado y son áreas con un potencial de descubrimientos arqueológicos o paleontológicos estando por descubrir todavía. Aun así, el artículo 58.3 permite proteger los espacios de interés arqueológico o paleontológico como BIC en su categoría de zona arqueológica o paleontológica con su procedimiento del título I LPHIB.

Respecto a su procedimiento de declaración, el artículo 58.2 LPHIB establece resumidamente el siguiente procedimiento (a complementar con las previsiones genéricas procedimentales de la LPAC):

1) Incoación por acuerdo de la Comisión Insular del Patrimonio Histórico correspondiente (de oficio o a instancia de cualquier persona; puede denegar incoación motivadamente);

2) Notificación + audiencia a interesados, Gobierno balear y Ayuntamiento + publicación al BOIB[246];

3) Informe sobre el estado del bien e instrucción por la Comisión Insular del Patrimonio;

4) Propuesta de acuerdo de la Comisión Insular del Patrimonio Histórico;

246 Las notificaciones y publicación al BOIB no se concretan en la LPHIB, si bien se deduce su aplicación de la LPAC, cabría incluso imponer medidas cautelares en base a la LPAC.

5) Acuerdo del Pleno del Consejo Insular declarando el Espacio;

6) Notificación a interesados, Ayuntamiento afectado + inscripción en el Catálogo Insular del Patrimonio Histórico y CGPHIB + publicación al BOIB.

Una vez declarado el Espacio, de acuerdo con el artículo 59 LPHIB, los promotores de obras en la zona protegida deberán presentar ante la Comisión Insular del Patrimonio Histórico antes de la licencia municipal un estudio de la incidencia de las obras sobre los posibles restos protegidos, redactado por un técnico competente. La autorización previa de la Comisión Insular es un requisito indispensable para dar licencia municipal urbanística. Si el promotor es un particular, el Consejo Insular puede colaborar en la financiación del coste de ejecución del proyecto. Una vez ejecutadas las intervenciones previas, el Consejo Insular debe decidir el destino de los posibles bienes encontrados, previa audiencia al promotor e informe de la Comisión Insular del Patrimonio Histórico.

Según el artículo 60, todos los restos de interés arqueológico o paleontológico encontrados en los Espacios protegidos pasan a ser de titularidad pública del Consejo Insular[247], por lo que el descubridor lo debe comunicar al Consejo Insular o Ayuntamiento[248] en 48 horas, sin ser de aplicación el art. 351 del Código Civil (sobre los derechos del descubridor de un tesoro oculto).

Naturalmente, como apunta PONS CÀNOVAS[249], no toda titularidad pública es demanial, con las notas características de imprescriptibilidad, inalienabilidad e inembargabilidad del artículo 132.1 CE, pero la remisión al artículo 44 LPHE por el artículo 60.2 LPHIB nos permite llegar a la conclusión de que todos los objetos y restos arqueológicos descubiertos en las Islas Baleares desde la

---

247 Excepto que exista una campaña arqueológica financiada por otra administración.

248 Ésta, a su vez debe comunicarlo a la otra administración en 48 horas.

249 PONS CÀNOVAS, Ferran, "*El patrimoni arqueològic*", *op. cit.*, pp. 127-160.

entrada en vigor de la LPHE de 1985 pasan a ser de dominio público y su titularidad corresponde al Consejo Insular correspondiente (excepto que la prospección o excavación fuera financiada por otra administración, en cuyo caso pertenecerá a esta).

En el caso de encontrarse restos arqueológicos, según el artículo 61, el promotor y el director de la obra deben paralizar las obras y tomar medidas de protección, así como comunicar el descubrimiento en 48 horas al Consejo insular o al Ayuntamiento competente. El Consejo Insular o el Ayuntamiento pueden paralizar –sin derecho a indemnización- las obras por un máximo de 20 días para comprobar el interés de las obras, ampliables hasta un mes para hacer excavaciones de urgencia –en este caso con posible indemnización.

Una vez se comunica el hallazgo, el descubridor debe entregar el bien en máximo 48 horas al Ayuntamiento o Consejo Insular (art. 62). Tanto el descubridor como el propietario del terreno tienen derecho a un premio de la mitad del valor de tasación legal del bien a repartir entre partes iguales (excepto en caso de incumplimiento de las obligaciones del descubridor, que le deja sin premio). Esto no se aplica a los objetos obtenidos durante intervenciones autorizadas, ni en los descubrimientos de partes estructurales arquitectónicas de BIC o bienes catalogados (art. 63). Los objetos arqueológicos o paleontológicos adquiridos por las administraciones pasaran a museos públicos (art. 64).

Dichos espacios de interés arqueológico o paleontológico tienen un objeto de protección y régimen parecido al de la figura catalana de los Espacios de Protección Arqueológico o EPA regulada en el artículo 49 LPCC.

II.5.2.4.- Resto de bienes arqueológicos

El resto de bienes arqueológicos que no tengan una de las categorías de protección anteriores, por el mero hecho de formar parte del patrimonio histórico de las Islas Baleares de acuerdo con el artículo 1.2 LPHIB, pues los artículos 22 a 25 de la misma ley establecen un deber de conservación concreto de propietarios, titulares de derechos reales y poseedores del bien, así como la posibilidad de suspender las obras en inmuebles no declarados BIC ni bien catalogado durante máximo 3 meses, que bien puede ser aplicable cuando se pongan en riesgo restos arqueológicos ya descubiertos o por descubrir. E incluso hay una prohibición de detectores de metales que lógicamente también está muy relacionado con la evitación del espolio del patrimonio arqueológico protegido o no protegido individualizadamente (art. 25), ya que si no dispone de autorización del Consejo Insular su uso está prohibido y es constitutivo de una infracción grave de acuerdo con el artículo102.11 LPHIB[250].

Luego está la posibilidad de proteger dichos bienes a nivel urbanístico (de acuerdo con la legislación urbanística de las Baleares), en los catálogos del patrimonio urbanístico, ya sea dentro de un plan general, plan especial o normas subsidiarias.

II.5.5.- Conclusiones preliminares

La LPHIB es una ley que establece un papel relativo para los Ayuntamientos, y establece un gran papel protagonista para los Consejos Insulares en materia de gestión del patrimonio cultural. Finalmente, reserva al Gobierno autonómico Balear un papel más coordinador y secundario en la materia.

El papel del Ayuntamiento es generalmente de mero colaborador del Consejo Insular para lograr los fines de protección del patrimonio, pues quien realmente declara un BIC o un bien catalogado es el Consejo Insular, en base al principio de colaboración y cooperación que se ve reflejado en el artículo 2 LPHIB. El Ayuntamiento solo tiene un papel remarcable en la protección

---

250 La STSJ de Andalucía de 24 de septiembre de 1998, Sala de lo Contencioso-Administrativo, Sección 3a (ponente: Ignacio de la Cueva Aleu) confirmó una sanción de 150.000 ptas impuesta por la Junta de Andalucía a un particular por utilizar el detector de metales en la zona arqueológica de Baina-Junta de los Ríos y la finca de las Quinientas.

urbanística de los inmuebles, pero no en la protección de la legislación del patrimonio cultural.

En base a la jurisprudencia del TSJIB tanto la declaración de BIC como del Bien Catalogado en las Baleares parte de una potestad reglada de la Administración.

Los BIC se declaran por el Pleno del Consejo Insular competente, a propuesta de la Comisión Insular del Patrimonio Histórico en un plazo de caducidad muy generoso de 20 meses, que además no opera de forma automática sino que hay un plazo extra desde la advertencia de caducidad de 30 días hábiles para resolver y notificar.

Hemos visto, en conclusión, que tanto los BIC como los bienes catalogados en las Baleares tienen un régimen jurídico muy parecido en cuanto a los beneficios fiscales, de acuerdo con lo que determine la legislación estatal y autonómica y la normativa municipal (art. 86 LPHIB). Además, se prevé que el Gobierno de las Illes Balears y los Consejos insulares promuevan una política destinada a las entidades locales, para que otorguen un tratamiento fiscal más favorable a los propietarios de BIC y bienes catalogados (art. 86.3).

Según MASOT TEJEDOR[251], el bien catalogado es una novedad deseable y necesaria en la LPHIB para proteger el patrimonio, pero su eficacia dependerá de la interpretación y alcance que se le dé por los operadores jurídicos. Denota que la LPHIB regula de forma escasa dicha figura y como crítica nos cita la falta de incentivos y ayudas a los titulares, pues las obligaciones son parecidas a la de los BIC, pero por el contrario no se les prevé casi ninguna ventaja que sí se prevé a los titulares de un BIC.

También es remarcable la aplicación supletoria de la LPHE en lo no regulado por la LPHIB (Disposición Final 3ª) que como

---

251 MASOT TEJEDOR, Josep, "*Els béns immobles catalogats: anàlisi de la seva regulació*", *op. cit.*, p. 105.

hemos visto, da algunos instrumentos de aplicación sobre todo a los BIC.

Referente a los Ayuntamientos y los BIC, hay la prevalencia de la declaración de BIC por encima del planeamiento urbanístico. Además, todos los BIC excepto los monumentos, exigen la redacción de un plan especial de protección por el Ayuntamiento, mientras que los conjuntos históricos exigen además la redacción de un catálogo.

Los Bienes Catalogados también se declaran por el Pleno del Consejo Insular competente, a propuesta de la Comisión Insular del Patrimonio Histórico (que a su vez tiene un papel fundamental en la instrucción del procedimiento), con un plazo de caducidad de 1 año, sino habría caducidad del expediente si en un plazo de gracia de 60 días desde la petición de archivo no se resuelve y notifica.

Para alguna doctrina, cabe la posibilidad de declarar bienes muebles referidos al Bien Catalogado inmueble así como determinar la vinculación de la declaración del Bien Catalogado por encima del planeamiento urbanístico aunque nada se diga por la LPHIB, si bien ya la Ley de urbanismo de Baleares de 2017 disipa cualquier duda en el artículo 48.1 en este sentido.

Finalmente, la LPHIB brinda una protección genérica a todos los bienes del patrimonio cultural balear, independientemente de que estén catalogados o no, lo que faculta al Consejo Insular competente a suspender las obras de demolición o cambios de uso de bienes no catalogados, así como faculta al Ayuntamiento competente a suspender la tramitación de licencias en bienes no catalogados de hasta 3 meses para evaluar si se protege como BIC o bien catalogado (arts. 23 y 24). En Cataluña, la LPCC, en su artículo 23 prevé de forma similar la posibilidad del Departament de Cultura de suspender obras en bienes y dar instrucciones al Ayuntamiento competente sobre la suspensión, así como faculta a los Ayuntamientos para suspender la tramitación de licencias, si bien para un plazo no determinado y solo con el fin de declararlo BCIN, no cabiendo esta opción para protegerlos como BCIL.

Vemos una vez más, como la LPHIB trata de forma muy igualitaria a los BIC y a los Bienes Catalogados en las Baleares, mientras la LPCC trata de forma muy distinta a los BCIN y a los BCIL.

Referente al patrimonio arqueológico y paleontológico, la ley distingue entre intervenciones arqueológicas, excavaciones arqueológicas, excavaciones paleontológicas, prospecciones arqueológicas y hallazgos casuales (art. 50). Una vez descubiertos, los bienes arqueológicos inmuebles pueden ser protegidos como Bien de Interés Cultural, Bien catalogado o Espacio de interés arqueológico o paleontológico, mientras que el resto de bienes arqueológicos pueden ser protegidos de forma genérica por la LPHIB o bien en un catálogo urbanístico.

Los espacios de interés arqueológico o paleontológico tienen un objeto de protección y régimen parecido al de la figura catalana de los Espacios de Protección Arqueológico o EPA regulada en el artículo 49 LPCC.

Título tercero:

Concepto, contenido y aprobación de los catálogos urbanísticos del patrimonio

III.1.- CATÁLOGOS URBANÍSTICOS DEL PATRIMONIO

III.1.1.- Introducción

El artículo 46 CE establece un principio rector con un mandato al conjunto de poderes públicos para proteger el patrimonio cultural, entre estos poderes públicos se incluyen los municipios (o en su caso otros entes locales que los apoyan, como Diputaciones o Consejos comarcales).

A partir de aquí surgió la legislación sectorial en materia de patrimonio cultural, como la LPHE de 1985 estatal, o la LPCC de 1993 en Cataluña. Si bien no dan un gran protagonismo a los municipios respecto la tutela del patrimonio cultural.

El artículo 25.2.a LBRL, en su versión modificada por la LRSAL 27/2013 establece las competencias propias urbanísticas de los municipios, en el que destaca:

> a) "Urbanismo: planeamiento, gestión, ejecución y disciplina urbanística. Protección y gestión del Patrimonio histórico. (...). Conservación y rehabilitación de la edificación."

Este precepto es importante, puesto que incardina la protección del patrimonio histórico (nomenclatura algo anticuada, pues debería hacer referencia al "patrimonio cultural") con el urbanismo, y es muy indicativo de la simbiosis de ambas materias. Pero hay que quedarse no solo con lo del patrimonio histórico: su protección también deriva de las competencias en urbanismo, ejecución y disciplina urbanística o la conservación de la edificación. Todo el apartado a) es útil para proteger el patrimonio cultural inmueble. El art. 66.3 TRLMRLC[252] también apunta a las competencias propias municipales en Cataluña en un sentido parecido, si bien con un redactado distinto. En cambio, el art. 84.2 del Estatuto de Autonomía de Cataluña[253] de 2006 solo prevé para los entes locales competencias urbanísticas genéricas sin hacer mención al patrimonio cultural. Por lo tanto, el Estatuto parte de una visión limitada de las competencias municipales en materia de patrimonio, si bien no obsta a que los municipios sí tienen competencias propias en virtud de las otras dos leyes mencionadas y la legislación sectorial.

El reto para proteger el patrimonio cultural inmueble no puede venir solo tutelado por la legislación de patrimonio cultural, debe intervenir la legislación urbanística para una tutela más genérica. Ya la STS de 30 de septiembre de 1986,[254] concluyó en los FFJJ 7° y 8° que el urbanismo tiene una función de tutela del patrimonio histórico y de la estética urbanística y que por lo tanto la legislación sectorial del patrimonio cultural no tenía la exclusividad en esa función e tutela:

En opinión de BLASCO ESTEVE[255], esto significa que el urbanismo tiene una función integradora y globalizadora que vincula

---

252 "d) La ordenación, la gestión, la ejecución y la disciplina urbanísticas; la promoción y la gestión de viviendas; los parques y los jardines, la pavimentación de vías públicas urbanas y la conservación de caminos y vías rurales.
e) El patrimonio histórico-artístico.
f) La protección del medio."

253 "a) La ordenación y la gestión del territorio, el urbanismo y la disciplina urbanística y la conservación y el mantenimiento de los bienes de dominio público local."

254 Sala de lo Contencioso-Administrativo, Sección 1ª (ECLI:ES:TS:1986:5076; Ponente: Ángel Martín del Burgo y Marchan).

255 BLASCO ESTEVE, Avelino, "*Connexions de la Llei 12/1998 amb la legislació urbanística*", en *Comentaris a la Llei del Patrimoni Històric de les Illes Balears*, Institut d'Estudis Autonòmics, Palma de Mallorca, 2003, p. 261.

a todas las administraciones y órganos con competencias con repercusiones territoriales, como la administración competente en patrimonio histórico.

Especialmente para el patrimonio arquitectónico y natural, y más concretamente aquel patrimonio de menos valor que no es merecedor de ser declarado BCIN o BCIL (estas dos son figuras de protección de la legislación sectorial de patrimonio cultural) cabe el instrumento urbanístico del catálogo urbanístico de bienes a proteger, que luego trataremos de definir.

Tal y como estableció en su momento BARRERO RODRÍGUEZ y confirmó ALONSO GARCÍA posteriormente,

> "las técnicas de policía administrativa resultan insuficientes para proteger el bien cultural inmueble. Se necesita un instrumento que atienda a las particularidades de los bienes protegidos en conexión con el área territorial de la que forman parte y, a partir de él, establecer el régimen autorizatorio de las intervenciones urbanísticas que les afecten. A esta finalidad responde el plan urbanístico, "que se convierte para el ordenamiento contemporáneo en la más importante de las técnicas de defensa y tratamiento de las áreas históricas"[256]. El planeamiento urbanístico dota a la ordenación de los conjuntos históricos de un carácter dinámico e integrador que coloca a los ayuntamientos como principales defensores de los valores históricos, tradicionales y arquitectónicos del municipio, y al mismo tiempo como principales interesados en la protección del conjunto."[257]

Cabe mencionar a nivel histórico que las referencias a catálogos de protección de bienes culturales se regulaba ya en España en el artículo 14 de la Ley de 12 de mayo de 1956 sobre régimen del suelo y ordenación urbana, que se encomienda a un plan especial para su protección urbanística.

---

256 BARRERO RODRÍGUEZ, María Concepción, *La ordenación jurídica del Patrimonio Histórico*, Instituto García Oviedo y Editorial Civitas, Madrid, 1990, p. 434.

257 ALONSO GARCÍA, Julián, "La protección del patrimonio cultural desde el derecho urbanístico", *Revista Galega de Administración Pública*, núm. 56, 2018, pp. 329-330.

Posteriormente, la reforma pe la Ley de Régimen del Suelo y Ordenación Urbana 19/1975 de 2 de marzo prevé en su artículo 8.2.c los Planes Directores Territoriales (uno de los planes territoriales) preverá determinaciones referentes a "medidas de protección a adoptar en orden a la conservación del suelo y de los demás recursos naturales y a la defensa, mejora, desarrollo o renovación del medio ambiente natural y del patrimonio histórico artístico",

De acuerdo con PAREJO ALFONSO[258], el TR de la Ley del Suelo de 1976 prevé que los planes especiales puedan ser para la ordenación de recintos y conjuntos histórico-artísticos, la protección del paisaje y la conservación del medio rural, entre otras finalidades análogas (art. 17.1). Dichos planes especiales pueden tramitarse en desarrollo de un Plan general, o en su defecto, pero nunca pueden sustituir al Plan general (art. 17.1 in fine).

Dicha legislación estatal fue desarrollada posteriormente, con un reglamento aplicable supletoriamente en materia urbanística todavía hoy en día, el Real Decreto 2159/1978, de 23 de junio, por el que se establece el Reglamento del Planeamiento Urbanístico (RPU). De acuerdo con ESTÉVEZ GOYTRE[259], la referencia a patrimonio histórico de la "Nación" debe entenderse sin perjuicio de la administración titular del bien.

El RPU, a nivel más técnico también contemplaba la posibilidad de crear catálogos de protección de bienes urbanísticos mediante planes especiales urbanísticos, donde el artículo 86 regula el concepto.

Se trata de instrumentos de planeamiento de carácter no normativo, tal y como nos indica ESTÉVEZ GOYTRE[260], y por lo tanto son meros documentos complementarios de los planes urbanísticos (plan especial, plan general o normas subsidiarias) cuya aprobación se tramita en paralelo con esos si es que contienen un catálogo.

---

258 PAREJO ALFONSO, Luciano, *Derecho Urbanístico de la Comunidad de Madrid*, Marcial Pons, Madrid, 1998, p. 231.

259 ESTÉVEZ GOYTRE, Ricardo, *op. cit.*, p. 206.

260 ESTÉVEZ GOYTRE, Ricardo, *op. cit.*, pp. 215-216.

SÁNCHEZ GOYANES entiende que en base a este artículo 86 del reglamento,

> "la protección de determinados elementos singulares -o incluso conjuntos de ellos- puede ser eficazmente prestada también tan sólo desde específicas determinaciones del Plan urbanístico correspondiente."[261]

En este sentido, cita la STS de 26 de marzo de 2001[262], relativa a determinadas previsiones del PGOU de Salou (Tarragona), nos recordaba que la no inclusión de un inmueble en el catálogo de los artículos 86 y 87 del RPU no era obstáculo para que se pudieran adoptar por el Plan general ciertas medidas de cobertura distintas a las del catálogo en base a la posibilidad que ofrece el artículo 86.2 RPU.

BLASCO ESTEVE[263] entiende que dichos catálogos pueden ser un documento complementario de un plan urbanístico, tal y como prevé el artículo 86.1 y 3 del RPU, pero también se puede concebir como un instrumento urbanístico independiente del plan, como se deduce del art. 86.2 RPU.

El carácter de documento complementario del catálogo en relación con el planeamiento urbanístico se ha mantenido en ciertas comunidades autónomas, pero en otras, como Galicia, a través del reglamento urbanístico ha evolucionado notablemente hasta adquirir substantividad propia tal y como indica ALONSO GARCÍA:

> "la LSG consagra, en su artículo 81.1, el carácter complementario del catálogo respecto del plan, de tal forma que quedaría configurado en este último el régimen al que están sujetos los ciudadanos y la Administración urbanística, limitándose aquel a señalar el objeto afectado. Sin embargo, el RLSG se aparta de la concepción

261 SÁNCHEZ GOYANES, Enrique, "Las catalogaciones urbanísticas como ejercicio de la competencia municipal de protección del patrimonio cultural", en GARCÍA RUBIO, Fernando (coord.), *Régimen jurídico de los centros históricos*, Dykinson, Madrid, 2008, p. 125.

262 Sala de lo Contencioso-Administrativo (RC 1512/1996).

263 BLASCO ESTEVE, Avelino, "*Connexions de la Llei 12/1998 amb la legislació urbanística*", *op. cit.*, p. 245.

> tradicional del catálogo urbanístico como instrumento accesorio desprovisto de naturaleza jurídica, al disponer en su artículo 198.1 que será vinculante para el planeamiento, que no podrá alterar la condición de los bienes, espacios o elementos en él incluidos, y que, en caso de que exista contradicción entre las determinaciones de uno y otro, prevalecerán las del catálogo."[264]

Ya tempranamente, se determinó por la jurisprudencia mediante STS de 14 de junio de 1983 y STS de 12 de julio de 1985 Sala de lo Contencioso-Administrativo, en base a la normativa urbanística estatal antes citada, de que era requisito para poder alegar la protección de los bienes a nivel urbanístico el hecho de que estuvieran previamente inscritos en el catálogo.

En Cataluña, actualmente, con el TRLUC y el RLUC el concepto es un poco distinto, puesto que los catálogos forman parte integrada totalmente en el POUM o el plan especial, no se los trata como un documento de naturaleza no normativa paralela y complementaria al plan.

El RPU también regula el contenido del catálogo y alguna referencia sobre su procedimiento de elaboración que queda vinculado a un plan especial o general urbanístico, si bien admite una tramitación autónoma siguiendo el procedimiento de un plan parcial, mientras que el artículo 87 se dedica más a regular el papel de las comisiones provinciales de urbanismo respecto los bienes incluidos en los catálogos, donde destacaría la función de inscribir de forma centralizada todos los bienes catalogados en un Registro de bienes catalogados. A pesar de ser una norma de aplicación subsidiaria, tuvo bastante importancia desde su entrada en vigor hasta la creación de la primera legislación sectorial urbanística en Cataluña, si bien lo cierto es que para entonces no se creaban muchos catálogos de ese tipo.

Mientras que el artículo 149 del reglamento prevé la posibilidad de que los catálogos se regulen en planes urbanísticos genera-

---

264 ALONSO GARCÍA, Julián, "La protección del patrimonio cultural desde el derecho urbanístico", *op. cit.*, p. 336.

les, especiales, normas complementarias o incluso por documentos aprobados conforme a un plan parcial.

Esta técnica de reservar los catálogos del patrimonio en los planes especiales urbanísticos fue seguida posteriormente por las leyes de urbanismo estatales y autonómicas que le siguieron, así el artículo 84[265] del ya derogado Real Decreto Legislativo 1/1992, de 26 de junio, del Texto Refundido de la Ley sobre el Régimen del Suelo, cuando nos habla de las clases de planes especiales los hay para regular conjuntos histórico-artísticos y proteger el paisaje.

Posteriormente fue la LPHE la que incluyó una referencia de los catálogos del patrimonio en su artículo 21.1, pero referido y limitado a la figura de los "conjuntos históricos", lo que limitaba en la práctica la aplicación de dicho artículo solo a los principales bienes de interés cultural en su modalidad de conjunto (como pueblos históricos).

III.1.2.- Concepto, naturaleza y finalidad

III.1.2.1.- Concepto del catálogo

El catálogo urbanístico del patrimonio es un registro administrativo de bienes catalogados, con la función de tener inventariados los bienes inmuebles (arquitectónicos, pero también otros bienes culturales inmuebles y naturales) que merecen una protección por la legislación urbanística y los planes urbanísticos. Su

---

265 "1.En desarrollo de las previsiones contenidas en los Planes Territoriales y sin necesidad de previa aprobación de Plan General de Ordenación, podrán formularse y aprobarse Planes Especiales con las siguientes finalidades:
(...)
b) Ordenación de recintos y conjuntos histórico-artísticos, y protección del paisaje, de las vías de comunicación, del suelo y subsuelo, del medio urbano, rural y natural, para su conservación y mejora en determinados lugares."

inclusión en un plan urbanístico le dota de la publicidad y rango normativo de un reglamento (es decir, es una norma jurídica).

El catálogo urbanístico también puede ser conceptuado como el

> "Catálogo que forma parte de la documentación de un plan urbanístico donde se identifican los bienes objeto de protección por razón de sus valores culturales, paisajísticos o ambientales y se establece el grado de protección al cual están sujetos"[266].

Hablamos que puede ser útil, sobre todo, en protección de conjuntos, como lo pueden ser calles del casco antiguo de poblaciones, pero también de otros inmuebles que pueden ser individuales (edificios, fuentes, monumentos, etc).

El catálogo ha tenido muchas otras definiciones similares según distintos autores, podemos citar por ejemplo a SÁNCHEZ GOYANES, que lo conceptúa como un documento administrativo asimilable a un registro administrativo, con la finalidad de reflejar la existencia de bienes con el fin de su protección. Dicho registro del catálogo no tiene la finalidad de la seguridad jurídica sino como instrumento para la protección de los bienes inscritos, si bien no son instrumentos de protección en sí mismos, ya que son relaciones de bienes y no normas, por lo que serán un elemento auxiliar de los planes que complementan[267].

Asimismo, el mismo autor también dice que la catalogación es la técnica urbanística más conocida para proteger inmuebles, y por el cual los bienes más merecedores de ser protegidos (con

---

266 VIVES LEAL, Núria y SOTERAS GUIXÀ, Joana (Dir.), *op. cit.*, p. 53.

267 De hecho, la STS de 11 de febrero de 1985 (Ar. 1015), siguiendo la doctrina sentada en las SSTS de 13 de febrero de 1984 (Ar. 1050) y 9 de abril de 1984 (Ar. 1983), afirma que:

"... no siendo posible la subordinación de la licencia a la redacción del Catálogo, cuya operatividad depende de la aprobación del Plan Especial del que constituye un mero documento". Ver SÁNCHEZ GOYANES, Enrique, "Las catalogaciones urbanísticas como ejercicio de la competencia municipal de protección del patrimonio cultural", *op. cit.*, p. 120.

varios grados de intensidad según el valor a proteger) son enumerados por el catálogo, que lo dota de soportes gráficos, escritos, de apoyo y justificación y que cada lugar a una normativa urbanística del plan donde se fijan las intervenciones permitidas según el grado de protección. Dicho plan debe proteger en primer lugar los que lo deban ser por una declaración de la administración sectorial competente según la ley.[268]

Así, la STS de 12 de julio de 1985, Sala de lo Contencioso-Administrativo, sobre el catálogo nos esclarece que:

> "(...) la función asignada a la esencia de los mismos; funciones que no son otras que las de concreción de los monumentos, jardines, parques naturales o paisajes que 'por sus singulares valores o características hayan de ser objeto de una especial protección' (artículo 25 de la Ley del Suelo, artículo 86.1 RPU)".

También SÁNCHEZ GOYANES[269] nos indica que:

> "La técnica urbanística de la catalogación de elementos singulares contribuye poderosamente a la consecución de una política de protección ambiental y cultural, máxime cuando el objeto de aquella primera protección, el ambiente, es un concepto con un campo semántico extraordinariamente ensanchado por la labor -como tantas veces- de la jurisprudencia, que integra en sí mismo hasta elementos culturales -también concebidos en su acepción más amplia-, porque contribuyen a la preservación de una cierta imagen de la ciudad y de su entorno, de un ambiente urbano determinado, en suma (SSTS de 21 y 28 de octubre de 1997, Ar. 7625 y 7636)."

---

268 SÁNCHEZ GOYANES, Enrique, "El deber de conservación, las órdenes de ejecución y la declaración de ruina", SÁNCHEZ GOYANES, Enrique (dir.), *Derecho urbanístico del País Vasco,* El Consultor de los Ayuntamientos, Madrid, 2008, p. 1101.

269 SÁNCHEZ GOYANES, Enrique, "Las catalogaciones urbanísticas como ejercicio de la competencia municipal de protección del patrimonio cultural", *op. cit.*, p. 119.

Asimismo, la STSJC de 19 de marzo de 2004[270], trata de dar una definición sintética pero efectiva del concepto de un catálogo urbanístico del patrimonio en su FJ 3º:

> "Partiendo de la base de que la protección, la conservación, la investigación y la difusión del conocimiento del patrimonio cultural es una de las obligaciones fundamentales que tienen los poderes públicos, los catálogos son registros administrativos que reflejan la existencia de determinados bienes con todas sus características para fines de protección y defensa encaminada a proteger el patrimonio histórico artístico que utiliza ese instrumento para su mejor realización."

Por otro lado, ARRANZ MARINA trata de hacer una definición jurídica genérica de lo que es un plan especial de protección del patrimonio cultual que pueda ser aplicable a las distintas CCAA y lo hace del siguiente modo:

> "Los planes especiales de protección del patrimonio histórico y/o cultural, son instrumentos de planeamiento urbanístico territorial, que desarrollan, complementan, sustituyen o se redactan en ausencia de planeamiento general o de instrumento de ordenación territorial, o para regular determinaciones no previstas en éstos, sin que pueda sustituirlos, como instrumentos de ordenación integral del territorio. Su función principal es la de proteger, conservar, recuperar el patrimonio histórico, artístico o cultural protegido, en el ejercicio del mandato constitucional, comunitario o internacional, a los poderes públicos para mantener el patrimonio cultural en su más amplia expresión. Pese a que sus determinaciones pueden ir contenidas en otros instrumentos de planeamiento, resulta de especial relevancia disponer de estos planes especiales, como se ha acreditado la tradición y práctica administrativa; por cuanto que dichos planes resultan más adecuados, a incorporar con mayor precisión y detalle las determinaciones necesarias y se abordan de forma más adecuada las problemáticas que se citan.
> A estos planes urbanísticos le son de aplicación directamente las normas sectoriales vigentes, a nivel estatal y autonómico, en materia en materia de protección del patrimonio histórico o cultural, junto a la norma urbanística, al igual que las declaraciones de los bienes de interés cultural, las vinculaciones que resulten de la

---

270 Sala de lo Contencioso-administrativo, Sección 3ª (Sentencia 216/2004, Rec. 659/2000; Ponente: Quiroga Vázquez, Manuel).

inclusión de los bienes o elementos en los catálogos, inventarios o registros públicos de protección. Pueden tener carácter obligatorio, por que así lo establezca el planeamiento general o la ordenación territorial, o por que así lo establece la normativa sectorial de protección del patrimonio, en los bienes declarados de interés cultural y en algunos casos por la inclusión en los catálogos o inventarios o registros públicos.
La aprobación, con independencia de quién sea el órgano competente de su aprobación definitiva, requiere de informe favorable, preceptivo, en otros casos, previo, siempre vinculante, del órgano autonómico competente en materia de cultura y patrimonio, a emitir en un determinado plazo, interpretando el silencio como positivo." [271]

Mientras que para GIFREU FONT[272], el

"catálogo es un documento auxiliar del planeamiento urbanístico general y derivado que tiene por finalidad asegurar la efectividad de las medidas urbanísticas de protección que están previstas en relación con monumentos, edificios, jardines, paisajes o bienes culturales".

III.1.2.2.- Naturaleza del catálogo

Según MELÓN MUÑOZ[273], la naturaleza del catálogo no es clara, si bien se suele considerar un documento accesorio o integrante del planeamiento, y la Ley del Suelo de Galicia lo define como un instrumento complementario del planeamiento. El mismo autor entiende que el catálogo a pesar de tener carácter normativo, no es un instrumento de ordenación[274], sino un do-

---

271 ARRANZ MARINA, Teófilo, Planes Especiales Urbanísticos de Protección del Patrimonio histórico o cultural (4.ª parte), *Revista LA LEY. Práctica Urbanística*, núm. 88, Sección Instituciones comparadas, Diciembre 2009, pág. 71

272 GIFREU FONT, Judith, *Sóc regidor d'urbanisme, i ara què?*, Associació Catalana de Municipis, Barcelona, 2019, p. 97.

273 MELÓN MUÑOZ, Alfonso (director), *Memento práctico de Urbanismo*, Lefebvre, Madrid, 2018, p. 198.

274 Si bien la Ley de Urbanismo Valenciana, en sus arts. 34.4.e, 42 y 43.2.b considera los catálogos tanto instrumento de ordenación respecto de

cumento complementario de los planes urbanísticos (que sí son instrumentos de ordenación propiamente). Así, según la STSJ de Islas Baleares de 24 de octubre de 2014[275], mientras el plan urbanístico ordena el suelo municipal diseñando el espacio y el crecimiento urbano, los catálogos tienen una finalidad distinta, que es la preservación de elementos que merecen especial protección.

Por regla general carecen de determinaciones materiales, limitando su contenido a enumerar elementos o inmuebles de características o circunstancias determinadas, vinculando a los instrumentos de ordenación[276].

De forma más precisa, el mismo autor[277], define los catálogos como

> "conjuntos de documentos complementarios de los planes especiales en los que se recogen espacios, lugares, paisajes, edificios o conjuntos de edificaciones que, por diversas circunstancias, deban ser objeto de protección por medio de aquellos"

Volviendo a insistir –el autor- en que no tienen consideración de instrumento de planeamiento, sino de documento preparatorio del futuro planeamiento, por eso considera que no son susceptibles de recurso (autónomo) al carecer de contenido jurídico de acto o disposición general. Si bien sí sería recurrible como acto administrativo la decisión de incluir o excluir del catálogo un determinado bien.

En todo caso, no debemos confundir este catálogo urbanístico del patrimonio con otros regulados legalmente con finalidades parecidas o que también se aprueban mediante plan especial. Así, MELÓN MUÑOZ cita como ejemplos los catálogos de montes

---

los bienes y espacios protegides, como documento integrante de otros instrumentos.

275 Sala de lo Contencioso-Administrativo (EDJ 214640).

276 Por ejemplo, ver el articulo 48 de la Ley de Urbanismo de Baleares.

277 MELÓN MUÑOZ, Alfonso (director), *Memento práctico de Urbanismo*, Lefebvre, Madrid, 2018, p. 617.

(arts. 53 a 57 de la Ley aragonesa 6/1998), los catálogos de carreteras (DLeg 2/2009 del TR de la Ley de carreteras de Cataluña) o incluso de los catálogos del patrimonio histórico de los artículos 14 a 21 de la Ley 12/1998 del patrimonio histórico de las Islas Baleares.

De todos modos, desde mi punto de vista, deberemos acudir en cada caso de la legislación autonómica correspondiente del patrimonio cultural y, sobre todo, urbanística para poder dilucidar la naturaleza jurídica del catálogo urbanístico. Así, por ejemplo, de acuerdo con ALONSO GARCÍA[278], en la legislación urbanística gallega, el catálogo urbanístico tiene un carácter de mero documento complementario de un plan especial de protección o de un plan general urbanístico[279].

III.1.2.1.- Finalidad del catálogo

De acuerdo con la STS de 4 de diciembre de 1995[280] [281], nos indica en el FJ 4º la finalidad del catálogo urbanístico es la satis-

---

278 ALONSO GARCÍA, Julián, *op. cit.*, p. 594.

279 "Se completa el marco jurídico delimitador de la función de control administrativa municipal que se deriva del planeamiento, con la figura del catálogo urbanístico. Es éste un instrumento complementario del plan cuyo objeto es, conforme al artículo 75.1 de la LOUG, "identificar las construcciones, recintos, jardines, monumentos, inmuebles u otros elementos que, por sus singulares características o valores culturales, históricos, artísticos, arquitectónicos o paisajísticos, se estime conveniente conservar, mejorar o recuperar." Aunque son más propios de los planes especiales, los catálogos también complementan los planes generales; de hecho los artículos 53.1.f) y 61.1.h) –como se ha apuntado antes– incluyen entre las determinaciones y documentos del PGOM, el catálogo de elementos que deben ser protegidos o recuperados, con las medidas de protección que procedan."

280 Sala de lo Contencioso-Administrativo, Sección 5ª (rec. 4740/1991; Pte.: Sanz Bayón, Juan Manuel).

281 Sobre el Catálogo Municipal de Edificios Protegibles del municipio de Cocentaina (Alicante), en concreto referido a la problemática de la

facción del interés público local de conservar sus peculiaridades arquitectónicas u ornamentales notables dignas de preservar:

> "La finalidad de todo Catálogo de edificios de protección especial tiene por objeto, como cualquier actividad administrativa, la satisfacción del interés público local en la conservación de los instrumentos culturales típicos de una determinada época que por sus peculiares notables características arquitectónicas u ornamentales integran y recuerdan el ambiente y modo de vida de un tiempo pasado digno de mantener vivo en la conciencia social de una comunidad determinada. (...)
> Naturalmente, la inclusión de los bienes en el Catálogo debe seguir los criterios generales establecidos, determinantes de la conveniencia de conservación y mantenimiento de su total configuración o de determinadas partes de la misma.[282]"

Tampoco debe confundirse el catálogo urbanístico del patrimonio con el catálogo del patrimonio cultural catalán regulado en la LPCC (especialmente los artículos 15 a 17 referente a los bienes inmuebles), pues el primero tiene una función de protección urbanística y el segundo de protección sectorial del patrimonio catalán (además de que el segundo protege tipologías de bienes más diversas, como los bienes muebles) a pesar de que los BCIN y BCIL estén en ambos catálogos. Así cabe mencionar la STSJC de 26 de abril de 2001[283] (FJ 5°):

> "C»») Como se cuida de reflejar la Exposición de Motivos de la Ley 9/1993, de 30 Sep., de Patrimonio Cultural Catalán, y resulta claramente de su contenido, debe señalarse que una cosa es la protec-

---

catalogación del Chalet Testi-Flok y la fábrica Testi-Flok, con protección ambiental.

282 Continua la sentencia: "La simple observación de los documentos fotográficos de los edificios cuestionados (...) son reveladores de la nobleza edificatoria de esos inmuebles que, sin ser auténticas obras de arte arquitectónico, contienen un valor intrínseco indudable, y forman parte de la memoria colectiva de Cocentaina, formando parte de un paisaje urbano, característico de la arquitectura de principios de siglo, digna desde luego de conservación."

283 Sala de lo Contencioso-administrativo, Sección 3ª (Sentencia núm. 324/2001, Rec. 47/2001; Ponente: Taboas Bentanachs, Manuel).

ción urbanística a dispensar para los casos de protección del patrimonio arquitectónico y paisajístico --por emplear la terminología empleada en las reiteradamente invocadas Normas Subsidiarias y Complementarias de Planeamiento del ámbito de competencia de la Comissió d'Urbanisme de Tarragona, así en su artículo 9-- y otra la que obedezca al régimen de la Ley referida --sin olvidar su incidencia en materia urbanística como patentizan entre otros sus artículos 21 y siguientes--
Es así que, sin que quepa confundir el Catálogo urbanístico --por todos, los artículos 38, 67 del Decreto Legislativo 1/1990 y 86, 87, 149 del Reglamento de Planeamiento Urbanístico y demás disposiciones concordantes-- con el Catálogo del Patrimonio Cultural Catalán --por todos artículos 15 y siguientes de la Ley 9/1993--, una vez se ha alegado para el presente caso la Disposición Adicional 1.ª1 de la Ley 9/1993 en los particulares relativos a bienes inmuebles que en el momento de entrada en vigor de esa Ley se hallasen incluidos en catálogos de patrimonio cultural incorporados en planes urbanísticos en sentido de que pasan a tener la consideración de bienes culturales de interés local y quedan incluidos en el Catálogo del Patrimonio Cultural Catalán, debe significarse en sintonía con lo precedentemente argumentado que por poderse partir para el momento de la entrada en vigor de esa Ley de la preexistente incorporación a catálogo urbanístico carece de soporte llegar a la conclusión de su inclusión en el Catálogo del Patrimonio Cultural Catalán con sus correspondientes efectos."

ARRANZ MARINA[284] ha tratado de catalogar las distintas finalidades de protección del patrimonio cultural a través de distintas leyes autonómicas en la materia (básicamente contenidas en sus preámbulos), que son finalidades equiparables a las que tiene un plan urbanístico con un catálogo del patrimonio, y son:

"1.º. La preservación y protección de la identidad e idiosincrasia de cada pueblo y de su trayectoria histórica, como manifestación de su riqueza y diversidad cultural y pilar básico del fortalecimiento de esta identidad colectiva; impulsando el desarrollo de un espíritu de ciudadanía.
2.º. Manifestación de propiedad común de toda la ciudadanía, que ha sido legada por sucesivas generaciones, este patrimonio cultural, como testimonio de nuestro ser, como herencia insusti-

---

284 ARRANZ MARINA, Teófilo, *op. cit.*, p. 71

tuible y como un estímulo fundamental para la creatividad contemporánea.

3.º. El patrimonio cultural permite mantener la memoria colectiva y la identidad cultural, entendida, en palabras de la UNESCO, como el núcleo vivo de la cultura, el principio dinámico por el que una comunidad guía el proceso continuo de su propia creación, apoyándose en el pasado, nutriéndose de sus propias virtudes y recibiendo selectivamente las aportaciones exteriores.

4.º. El patrimonio cultural es concepto del Derecho Internacional General, apto para caracterizar un tesoro común de la humanidad, cuya conservación debe garantizarse en interés de las futuras generaciones; incluso incorporando algunos bienes, como patrimonio cultural mundial.

5.º. Es objeto de la normativa comunitaria que establece la tutela del patrimonio cultural, estableciendo determinadas medidas para restricciones, dentro del gran mercado Interior, al libre comercio de objetos que formen parte de tal patrimonio; legitimando barreras defensivas del patrimonio cultural frente a las exportaciones y apoya la recuperación de los bienes que hayan salido de forma ilegal de los distintos Estados.

6.º. Se considera al patrimonio cultural, como bien social; siendo un objeto de primer orden, del Estado social y democrático de derecho, de desarrollo de la cultura, garantizando la conservación y promoviendo el enriquecimiento del patrimonio cultural. Los bienes que lo integran constituyen una herencia insustituible, que es preciso transmitir en las mejores condiciones a las generaciones futuras.

7.º. Cada territorio, tiene sus propias señas de identidad, su propia cultura y patrimonio cultural, legado de sus pobladores de acuerdo a su hábitat, medio físico, situación geográfica, realidad geopolítica, climática o paisajística.

8.º. Los objetivos fundamentales de la leyes del patrimonio histórico o cultural, son los de defender, proteger y conservar dicho patrimonio para que las actuales y futuras generaciones de ciudadanos disfruten ahora y en el futuro de una herencia ancestral que ha dado forma a través de las diversas etapas de la Historia del respectivo territorio.

9.º. La salvaguarda, enriquecimiento y difusión de los bienes que lo integran, cualesquiera que sean su régimen y titularidad, son deberes encomendados a todos los poderes públicos, con las colaboraciones que las respectivas leyes contemplan, en especial con la Iglesia Católica e incluso con los particulares, sean o no propietarios.

10.º. La cultura no es otra cosa que el resultado de la superior capacidad simbolizadora que distingue a la especie humana, y así

> conservar el patrimonio histórico depositado en ella, es condición inexcusable para la pervivencia de la memoria de dicha especie. Por lo tanto, el patrimonio histórico entra dentro del campo de los derechos fundamentales del ciudadano recogidos por la CE y la acción de tutela sobre el patrimonio histórico se manifiesta en la libertad de todos los ciudadanos. Como principio del estado democrático, la CE consagra el principio de la participación ciudadana.en la vida social, con mención expresa al ámbito de la cultura, siendo los poderes públicos un elemento activo y dinámico para la consecución de este fin .
> 11.º. También las normas urbanísticas vigentes, incorporan como fines y objetivos de la actividad urbanística «la protección del patrimonio histórico y del urbanístico, arquitectónico y cultural», «la protección del patrimonio cultural del respectivo territorio» «Preservar las riquezas del patrimonio cultural, histórico y artístico», u otras expresiones similares. Incluso se instituye como deber de los ciudadanos, «Preservar y contribuir a mejorar el medio ambiente natural y urbano» y «preservar el patrimonio cultural»."

El fundamento legal último y más superior para elaborar catálogos urbanísticos del patrimonio está en el mandato a todos los poderes públicos (incluidos por lo tanto los municipios y la Generalitat de Cataluña, que son los que elaboran y aprueban los catálogos vía plan urbanístico) que encontramos en el artículo 46 de la Constitución (a nivel parecido el art. 22.2 del Estatuto de Autonomía de Cataluña con un principio de protección ordenado al conjunto de "ciudadanos").

Una primera mención legal catalana del deber de elaborar un catálogo viene dada no de la legislación urbanística sino de la legislación sectorial del patrimonio cultural, concretamente el artículo 6.4 LPCC cuando establece el mandato solamente para los municipios declarados histórico-artísticos para elaborar un catálogo del patrimonio cultural inmueble en su municipio que debe especificar medidas de protección de acuerdo con la LPCC (básicamente las referidas a los BCIN y BCIL) y la legislación urbanística.

Ya entrando en la legislación urbanística catalana vigente, el artículo 9.3 del TRLUC, referente a las "directrices para el planeamiento urbanístico" nos advierte lo siguiente:

> "El planeamiento urbanístico tiene que preservar los valores paisajísticos de interés especial, el suelo de alto valor agrícola, el patrimonio cultural y la identidad de los municipios, y tiene que incorporar las prescripciones adecuadas para que las construcciones y las instalaciones se adapten al ambiente donde estén situadas o bien donde se tengan que construir y no comporten un demérito para los edificios o los restos de carácter histórico, artístico, tradicional o arqueológico existentes en el entorno."

Estamos, por lo tanto, ante una de las finalidades últimas del planeamiento la de preservar no solo el patrimonio cultural, sino también la identidad de los municipios y preservar la estética arquitectónica y evitar el perjuicio estético a los bienes catalogados (una suerte de previsión light y genérica de preservación de los entornos que en la LPCC se prevé para los BCIN en los artículos 33.2, 35 y 38).

Referido a este precepto, cabe mencionar la STSJC de 23 de diciembre de 2014[285], que ante la impugnación de un Plan de mejora Urbana (PEIMU) en Barcelona que pretendían anularlo por distintos motivos, entre los que hay la disonancia del edificio resultante de la nueva ordenación del PEIMU con un BCIL anexo a la zona de edificación (casa Rocamora) por intentar construir un edificio que de algún modo "compite" con el BCIL por su parecido en estilo, si bien el TSJC desestima dicha alegación argumentando que el que hace un bien merecedor de ser declarado BCIL son sus propios valores, y no el demérito de los inmuebles de su entorno, y además el tribunal cree que construir este inmueble tan cercano al BCIL no desentona con el mismo sino que más bien crea una armonía de ambiente en la zona.

---

[285] Sala de lo Contencioso-Administrativo, Sección 3ª (Sentencia núm. 808/2014, Rec. 114/2011; Ponente: Hernández Pascual, Isabel).

III.1.3.- Potestad en la protección y catalogación de inmuebles

En este apartado del trabajo se estudia jurisprudencialmente si la potestad de catalogar un bien inmueble es discrecional o reglada, viendo casos del Tribunal Supremo y el Tribunal Superior de Justicia de Cataluña principalmente, referente a los BIC/BCIN, BCIL (u otras figuras afines de otras autonomías) y otros bienes catalogados urbanísticamente para tener una mayor comprensión del caso. Asimismo se estudia, relacionado con esto último, si los bienes inmuebles en mal estado de conservación pueden ser catalogados y protegidos y con qué límites.

III.1.3.1- Introducción al concepto de las potestades administrativas

Por el *Imperium* del Estado, la Administración tiene una supremacía frente a los particulares que le permite ejercer Potestades Administrativas que se tienen que establecer expresamente por Ley y son irrenunciables e inmodificables y se ejercen en interés público.

Las Potestades las podemos clasificar de muy distintas formas, entre otras: reglamentarias, autoorganizativas, ejecutiva y ejecutoria de los actos administrativos, sancionadora, disciplinaria, de deslinde y recuperación de oficio de bienes públicos, la potestad de interpretar o modificar un contrato público, la de expropiación forzosa, la tributaria, la de revisión de oficio, la jurisdiccional para resolver recursos administrativos y para lo que aquí nos interesa la de declarar bienes culturales y la potestad planificadora, y dentro de esta la planificadora urbanística.

Muchas de estas potestades se encuentran recogidas a favor de los entes locales territoriales en el artículo 4 de la Ley 7/1985, de 2 de abril, reguladora de las Bases del Régimen Local (LBRL).

Por el nivel de vinculación a la administración que la ejerce y la forma de control judicial posterior, podemos diferenciar entre las potestades regladas y las discrecionales.

La Potestad puede ser Reglada cuando está totalmente predeterminada por la legislación, que marca los requisitos y aspectos del ejercicio, o puede ser Discrecional cuando se toman decisiones por la Administración de acuerdo con la estimación subjetiva o la libre apreciación, debidamente motivada, en los casos en que una norma lo prevé expresamente o en que no hay ninguna norma obligatoria concreta[286]. Respecto esta última hay la llamada "Teoría de la Vinculación Negativa", que permite a la Administración aquello que no le está prohibido por Ley. Por lo cual la actividad administrativa discrecional se desarrollaría de forma incontrolable por los Tribunales. Y también tenemos a la "Teoría de la vinculación positiva", que prohíbe a la Administración lo que no está permitido por Ley. Así, la actividad discrecional se desarrollará siempre dentro de la Ley. Esta última es una teoría más adecuada al art. 9.3 y 106 de la Constitución puesto que garantiza el Principio de Legalidad y la Interdicción de la Arbitrariedad de los Poderes Públicos, además de que toda actividad administrativa debe poder ser controlada por los tribunales, inclusive el ejercicio de una potestad discrecional, como luego veremos.

Respecto a los conceptos jurídicos indeterminados son fruto de un procedimiento reglado y se contienen en normas flexibles y son estándares indeterminados puesto que la Ley no determina su contenido concreto sino que esto lo tiene que hacer la Administración ante cada supuesto de hecho en base a un proceso cognitivo objetivable, pero permitiendo solo una solución posible, por eso es un procedimiento reglado. Aparece tanto en el Derecho Privado (como los Principios de Buena Fe, Diligencia del Buen Padre de Familia, etc) como en el Derecho Público (como la Utilidad Pública, Urgencia, interés cultural de un bien, etc). Así, hay buena fe o no la hay, hay urgencia o no la hay en el supuesto fáctico en concreto, a pesar de que la norma jurídica no puede determinar esto previamente, sino que lo tiene que hacer a posteriori la Administración.

---

[286] VIVES LEAL, Núria y SOTERAS GUIXÀ, Joana (Dir.), *op. cit.*, p. 153.

Las potestades administrativas regladas se diferencian de las discrecionales en que los primeros pueden contener "Conceptos Jurídicos Indeterminados", que solo admiten una solución justa en su aplicación práctica que se determinan a través de una actividad de cognición que es objetivable (ver por ejemplo la STS de 17 de junio de 1989, Sala de lo Contencioso-Administrativo), mientras que las potestades discrecionales se rigen por criterios esencialmente extrajurídicos que son de voluntad de la Administración (como los de oportunidad política o económica), sin perjuicio de los límites que ahora veremos.

Así, se considera doctrinalmente y jurisprudencialmente que los límites de la discrecionalidad son los siguientes elementos reglados:

1) La existencia de la misma potestad y su extensión (que nunca podrá ser absoluta);

2) La competencia para ejercitarla (que estará atribuida a un órgano administrativo en concreto);

3) La forma de su ejercicio y el seguir el procedimiento establecido;

4) La finalidad permitida por ley para su ejercicio (que siempre tendrá que ser en cumplimiento del interés público).

La fiscalización de la discrecionalidad admite varios caminos compatibles entre ellos, como el control de los hechos que motivan la actuación discrecional, el control a través de los Principios Generales del Derecho, entre los cuales destaca el principio de interdicción de la arbitrariedad que la jurisprudencia ha controlado a través de un test de racionalidad y finalmente tenemos el control de los elementos reglados de la potestad discrecional, especialmente el de la finalidad permitida por la ley para su ejercicio.

Así, cuando la actividad administrativa no respete la finalidad por la cual se dio la potestad discrecional, incurre en Arbitrariedad o Desviación de Poder, que se sanciona en base a los principios de Interdicción de la Arbitrariedad, Objetividad y en el que según el art. 106.1 CE los tribunales controlan la adecuación de la actividad administrativa a los fines que la justifican. Según el art. 70.2 de la Ley de la Jurisdicción Contencioso Administrativa (LJCA), la sentencia estimará el recurso contencioso-administrativo cuando el reglamento o acto infrinjan el ordenamiento jurídico, incluso por Desviación de Poder, y nos dice que la desviación de poder se da cuando se utiliza una potestad administrativa con una finalidad diferente a la permitida por el ordenamiento jurídico. Y según el art. 72 LJCA, las sentencias estimatorias no podrán determinar el contenido discrecional de los actos anulados, excepto en aquellos casos en que solo quede una única solución posible, para hacer valer el derecho a la tutela judicial efectiva del art. 24 CE.

Así, hay que terminar recordando que de acuerdo el art. 34.2 de la Ley 39/2015 de Procedimiento Administrativo Común, el "el contenido de los actos se ajustará a lo dispuesto por el ordenamiento jurídico y será determinado y adecuado a los fines de aquéllos", puesto que sino habría anulabilidad de los actos por desviación de poder según el art. 48.

III.1.3.2- La potestad de planeamiento

Una de las potestades más frecuentes y que interesa aquí es precisamente la potestad de planeamiento (en concreto del planeamiento urbanístico), pues precisamente una de las formas más comunes de catalogar y proteger bienes inmuebles es a través de planes urbanísticos que contienen catálogos del patrimonio cultural y natural. Normalmente estos planes catalogan *ex novo* bienes arquitectónicos y naturales que no tienen relevancia cultural suficiente para ser declarados BIC/BCIN u otra categoría secundaria prevista en la legislación sectorial del patrimonio cultural (como los BCIL en Cataluña o los Bienes de Interés Patrimonial en la Comunidad de Madrid). Otras veces lo que también hacen (y deben hacer) es incluir los bienes ya protegidos por la legislación sectorial en patrimonio cultural, como los BCIN y BCIL en su municipio.

Debemos partir de la naturaleza reglamentaria de los planes urbanísticos que así han considerado una parte amplia de la doctrina y jurisprudencia después de un largo debate doctrinal y jurisprudencial[287], si bien recientemente dicha consideración está siendo cuestionada tanto por la doctrina como por las SSTS de 4 de marzo y de 27 de mayo de 2020, posibilitando la declaración de nulidad parcial de los planes[288], para evitar los efectos muchas veces catastróficos de deber anular todo el planeamiento derivado dictado en base al plan anulado así como los efectos perversos de volver al planeamiento antiguo y todas las incongruencias que esto genera.

Sea como sea, para GIFREU I FONT,

> "esta naturaleza normativa de los planes y la necesidad de adaptarlos a los cambios que se producen en las condiciones socioeconómicas, ambientales, culturales, etc. han justificado el ius variandi que se reconoce a la Administración en ejercicio de la potestad de planeamiento para variar la ordenación urbana establecida en un momento determinado, siempre con el objetivo de satisfacer ls intereses generales y colectivos de la ciudad y de conformidad con los principios de los artículos 9.3 y 103.1 CE, para evitar caer en arbitrariedades y desviaciones de poder" [289]

En este sentido, la autora cita jurisprudencia como la STS de 19 de enero de 2016 y la STS de 20 de abril de 2011, Sala de lo Contencioso Administrativo.

De acuerdo con GIFREU I FONT[290] la potestad de planeamiento es a la vez una actividad reglada y discrecional, pues es reglada al estar sujeta a unas normas formales y materiales de obli-

---

287 GIFREU I FONT, Judith, "*L'activitat urbanística dels ens locals*", *op. cit.*, p. 1217.

288 GIFREU I FONT, Judith, "*L'activitat urbanística dels ens locals*", *op. cit.*, p. 1219.

289 GIFREU I FONT, Judith, "*L'activitat urbanística dels ens locals*", *op. cit.*, p. 1218.

290 GIFREU I FONT, Judith, *L'ordenació urbanística a Catalunya*, Associació Catalana de Municipis, Ed. Marcial Pons, Madrid, 2012, pp. 286-289.

gado cumplimiento y es eminentemente discrecional en cuanto la administración planificadora escoge un modelo territorial entre distintas soluciones posibles legítimas de acuerdo con un criterio de oportunidad política, económica, cultural, medioambiental, etc. Si bien dicha discrecionalidad no siempre se corresponde con una "discrecionalidad técnica", que se basa en un juicio de oportunidad entre distintas alternativas tecnicourbanísticas posibles. Luego tendremos ocasión de volver con este concepto pues es de gran interés a la hora de catalogar bienes culturales.

Cabe mencionar la STSJ de las Islas Baleares de 1 de abril de 2005[291] (FJ 3º) entiende la potestad discrecional en una concepción amplia que abarca también la revisión y modificación del planeamiento urbanístico, sin perjuicio de posibles indemnizaciones que puedan corresponder[292], que en ningún caso pueden serle un límite:

> "La inicial vocación de vigencia indefinida de los planes (art. 45 TRLS/76), no implica imposibilidad de su alteración mediante los mecanismos de revisión o modificación. Esta posibilidad de revisión y modificación es el conocido "ius variandi" a favor de la Administración, que le permite alterar el contenido de los instrumentos de planeamiento. La discrecionalidad administrativa en este punto es de las más amplias que pueden encontrarse por cuanto no queda vinculada ni por el sentido de la ordenación urbanística anterior, ni por las expectativas o derechos urbanísticos particulares, ni por los posibles convenios urbanísticos suscritos. Todo ello, sin perjuicio de las posibles indemnizaciones a que hubiera lugar.
>
> En suma, los intereses públicos en la ordenación urbanística son de tal entidad, que no pueden quedar comprometidos por los intereses privados, debiendo deslindarse claramente la potestad

291 Sala de lo Contencioso-Administrativo (sentencia núm. 296/2005, rec. 479/2000; Pte.: Socias Fuster, Fernando).

292 En el mismo sentido, ver STSJ Illes Balears de 6 de febrero de 2014, Sala de lo Contencioso-Administrativo, Sección 1ª (sentencia núm. 57/2014, rec. 794/2010; Pte.: Fiol Gomila, Gabriel) en el FJ 4º.

discrecional para la alteración del plan, de las consecuencias indemnizatorias."[293]

La doctrina jurisprudencial del TS acerca de la potestad discrecional planificadora urbanística y su control jurisdiccional está resumida en la STSJ de Andalucía de 18 de octubre de 2018 [294] [295] (FJ 6°):

> "la potestad de planificación que es un diseño urbanístico de futuro, es esencialmente discrecional lo que implica decidir desigualdades entre diferentes alternativas, eso sí, que deben ser igualmente justas. Por ello, la discrecionalidad es susceptible de ser enjuiciada para controlar que la actuación administrativa responde a su finalidad, como reza el art. 106.1 de la Constitución. (...) En sentencia de 19 de diciembre de 2008, el Alto Tribunal recuerda: " no conviene olvidar que el control jurisdiccional de la discrecionalidad en el ejercicio de la potestad de planeamiento ha de construirse, de un lado, sobre la comprobación y cotejo con la realidad de los hechos (...)."[296]

---

293 Continua diciendo el fragmento de la sentencia: "La extensa discrecionalidad administrativa en la formulación y alteración del planeamiento urbanístico no siempre puede merecer la calificación de discrecionalidad "técnica" entendida como juicio de oportunidad entre soluciones técnico-urbanísticas, sino que en muchas ocasiones implica toma de decisiones sobre el modelo territorial a desarrollar, lo que tiene un componente de juicio de oportunidad de configuración social a decidir por quienes gozan de legitimación democrática para ello, en virtud de su condición de representantes de la voluntad popular. En suma, no sólo pueden contemplarse la toma de decisiones sobre el planeamiento desde unos criterios técnicos-urbanísticos, sino también desde criterios sociológicos, económicos, culturales, medioambientales, etc...)."

294 Sala de lo Contencioso-Administrativo, Sección 2ª (nº de Resolución: 928/2018; ponente: Lopez Velasco, Marta Rosa).

295 También se puede ver en otras STSJ de Andalucía de 7 de septiembre de 2018 (nº 779/2018), 12 de junio de 2017 (nº 1132/2017) o de 24 de septiembre de 2015 (nº 736/2015) por citar solo algunas de las más recientes.

296 Fragmento entero de la sentencia: "(...) cabe recordar la sentencia del Tribunal Supremo de 24 de marzo de 2009 que recoge la doctrina de la sentencia de 30 de octubre de 2007 (casación 5957/2003) y la de

---

26 de julio de 2006 (casación 2393 / 2003) en las que se expresaba: " las potestades de planeamiento urbanístico se atribuyen por el ordenamiento jurídico con la finalidad de que la ordenación resultante, en el diseño de los espacios habitables, de sus usos y de sus equipamientos, y de las perspectivas de su desarrollo, ampliación o expansión, sirva con objetividad los intereses generales; no los intereses de uno o de unos propietarios; ni tan siquiera los intereses de la propia Corporación Municipal ". Ahora bien, la potestad de planificación que es un diseño urbanístico de futuro, es esencialmente discrecional lo que implica decidir desigualdades entre diferentes alternativas, eso sí, que deben ser igualmente justas. Por ello, la discrecionalidad es susceptible de ser enjuiciada para controlar que la actuación administrativa responde a su finalidad, como reza el art. 106.1 de la Constitución. Al igual que la potestad de planeamiento y como manifestación de la misma, el " ius variandi" requiere también de armonizada potestad discrecional, y apoyada en datos objetivos exentos de error para alterar, modificar, revisar, o formular " ex novo" un planeamiento urbanístico, dirigido primordialmente a la satisfacción del interés público. En sentencia de 25 de julio de 2006 , el Tribunal Supremo remite a su doctrina sobre el ius variandi e indica: " reiteradamente ha declarado la Sala Tercera del Tribunal Supremo (Sentencias de 17 de septiembre de 1982 , 28 de marzo de 1983 , 9 de abril de 1984 , 7 de febrero de 1985 , 24 de febrero de 1987 , 20 de junio de 1989 y 20 de marzo de 1991 , entre otras) que el límite al ius variandi de la Administración en la revisión del planeamiento viene determinado por la congruencia de las soluciones concretas elegidas con las líneas directrices que diseñan el planeamiento, su respeto a los estándares legales acogidas en el mismo y su adecuación a los datos objetivos en que se apoyan. En consecuencia. el ius variandi no puede amparar la norma impugnada, dada la manifiesta contradicción de ésta con los estándares determinados por la calificación del suelo como residencial". En la sentencia de 26 de julio de 2006, el Tribunal Supremo expresa: "la discrecionalidad administrativa en el ámbito urbanístico, como se indica en la STS 21.1.97 entre muchas otras, opera a través de la verificación de la realidad de los hechos, valorando si la decisión planificadora discrecional guarda coherencia lógica con aquellos." En sentencia de 19 de diciembre de 2008 , el Alto Tribunal recuerda: " no conviene olvidar que el control jurisdiccional de la discrecionalidad en el ejercicio de la potestad de planeamiento ha de construirse, de un lado, sobre la comprobación y cotejo con la realidad de los hechos, pues la presencia de este elemento fáctico se sustrae

GIFREU I FONT[297] nos apunta también que la decisión planificadora se adopta con independencia de las aspiraciones o expectativas de la propiedad y en la presunción que la Administración planifica mejor y más objetivamente (SSTS de 28 de marzo de 1990 y de 26 de julio de 2006). De manera que para que prospere la pretensión de nulidad de alguna de las determinaciones singularizadas y discrecionales del plan es esencial que se acredite en grado suficiente que el planificador ha incurrido en error o en desviación de poder, que ha actuado al margen de los intereses generales, de la función social de la propiedad, de la estabilidad y la seguridad jurídica o que no ha motivado sus decisiones (STS de 3 de julio de 1995). Y se apunta también la STS de 18 de julio que establece que: "La discrecionalidad no supone una permisibilidad para actuar contra las más elementales reglas de la racionalidad y el buen sentido, sino que está limitada por ellas".

Si bien la administración goza de discrecionalidad para elegir el modelo territorial, una vez escoge uno, la discrecionalidad queda atenuada, pues de acuerdo con la STS de 21 de septiembre de 1993, Sala de lo Contencioso-Administrativo:

> "En efecto, sobre la base de una observación de la realidad y de una reflexión en la que atendiendo a ciertos criterios "objetivos" se contemplan y "analizan" las "distintas alternativas posibles" ha de producirse la "elección" de un determinado modelo territorial que además ha de "justificarse": este es el momento de máxima discrecionalidad pues son posibles varias -incluso muchas- soluciones jurídicamente indiferentes. Pero después, una vez elegido el modelo y fijados los "criterios de la ordenación" propuesta, con las líneas generales del planeamiento se va atenuando la discrecionalidad como consecuencia de la propia decisión –"elección"-del planificador: las concretas calificaciones del suelo han de resultar coherentes con la decisión inicial, de donde deriva que el am-

---

a las alternativas inmanentes a la discrecionalidad y, de otro, sobre la apreciación de la decisión planificadora discrecional que debe tener la debida racionalidad, congruencia o coherencia lógica con aquéllos hechos determinantes"."

297 GIFREU FONT, Judith, *L'ordenació urbanística a Catalunya*, *op. cit*, pp. 286-289.

plio abanico primario de posibles calificaciones se va reduciendo, siendo posible que incluso desaparezca la discrecionalidad cuando ya solo resulte viable una única solución que se imponga por razones de coherencia".

Como disposición normativa de rango reglamentario que es un plan urbanístico, genera actos administrativos en su aplicación que son puramente reglados, como lo es la licencia urbanística que se dará o denegará si la solicitud de obras cumple con el planeamiento, por lo que la jurisprudencia exige que en el planeamiento no haya vaguedad o abstracción. Así se manifestó la STS de 17 de junio de 1989, Sala de lo Contencioso, referente a las limitaciones estéticas establecidas en el planeamiento general:

> "Ciertamente la ordenación urbanística puede alcanzar características estéticas (...) y en este sentido puede resultar imprescindible la utilización de la figura de los conceptos jurídicos indeterminados: esto es perfectamente lícito pues, a diferencia de lo que ocurre en la discrecionalidad que implica una "libertad" para elegir entre soluciones igualmente justas, es decir, indiferentes jurídicamente, los conceptos jurídicos indeterminados sólo admiten "una" única solución justa, cabe distinguir en ellos una zona de certeza negativa y una zona de certeza positiva separada por otra de incertidumbre. Pero no resulta viable que ya en su formación se abra un espacio de penumbra tan intenso que implique una "libertad" de la Administración para decidir: con ello desaparece la figura del concepto jurídico indeterminado como elemento reglado para abrir el paso a la discrecionalidad. En el supuesto litigioso la recuperación de fachadas alude a que éstas tengan "suficiente entidad": la expresión no aclara los criterios a tener en cuenta y su vaguedad puede generar de hecho una disminución de garantías".[298]

GIFREU I FONT[299] identifica como principales límites al ejercicio de la potestad discrecional en la planificación urbanística, a parte de los clásicos principios generales del derecho como los

---

298 GIFREU FONT, Judith, *L'ordenació urbanística a Catalunya, op. cit.*, pp. 286-289.

299 GIFREU FONT, Judith, *L'ordenació urbanística a Catalunya, op. cit.*, pp. 286-289.

de legalidad, seguridad jurídica, eficacia, eficiencia, interdicción de la arbitrariedad, etc a principios más modernos relacionados con la ordenación urbanística como lo son los de racionalidad, coherencia y proporcionalidad que se articulan en limitaciones más específicas:

a) Las limitaciones previas: son aspectos reglados de la decisión planificadora, como la competencia material y territorial para elaborar el planeamiento, el respeto a la normativa y planeamiento sectorial (como los planes territoriales[300]) y el respeto al procedimiento administrativo legalmente establecido; el control de legalidad del órgano urbanístico autonómico en la aprobación definitiva o informes preceptivos (e incluso pueden controlar cuestiones de oportunidad con trascendencia supralocal). Algunas de estas limitaciones están positivizadas en la legislación urbanística, como los estándares urbanísticos.

b) Las limitaciones a posteriori: como el control judicial en vía contenciosa de los planes urbanísticos respecto de los aspectos reglados y discrecionales de la potestad planificadora (viabilidad del plan, zonificación, etc) y sobre los actos administrativos en ejecuciones del plan (como las licencias, órdenes de ejecución, sanciones, etc). Dicho control se basa en el artículo 106.1 CE y se suele juzgar en base a los principios generales del derecho, la desviación de poder, los principios de proporcionalidad y racionalidad y a través del control de los hechos determinantes de la decisión administrativa para valorar si la decisión planificadora discrecional es coherente con la realidad.

---

300 Art. 13.2 TRLUC de 2010: "Los planes urbanísticos deben ser coherentes con las determinaciones del plan territorial general y de los planes territoriales parciales y sectoriales y facilitar su cumplimiento."

III.1.3.3.- La discrecionalidad en la catalogación urbanística de inmuebles

Hay que diferenciar si estamos ante una catalogación o protección en base a una legislación sectorial del patrimonio cultural (donde el TS es más dado a considerar la potestad como reglada) respecto de una catalogación meramente urbanística (donde el TS se inclina más por la potestad discrecional dado el *ius variandi* de la administración planificadora urbanística).

Así, la línea jurisprudencial pro *ius variandi* administrativa en base a una catalogación meramente urbanística es muy mayoritaria y viene de la mano de la STS de 21 de octubre de 1997[301], en cuyo FJ 4° se afirma, en base a la Ley de Suelo de 1976 que:

> "hemos dicho en múltiples ocasiones, (Sentencia de 23 de enero de 1.989, 24 de octubre de 1.990, 26 de octubre y 30 de noviembre de 1.992, 18 de julio de 1.993 etc.) que la Ley del Suelo de 1.976 dedica los artículos 18 a 25, 73 y 182, no sólo a la conservación y valoración del patrimonio histórico y artístico de la Nación y bellezas naturales, sino también a la conservación y protección de determinados edificios, o lugares o perspectivas del territorio nacional, monumentos, jardines, parques naturales o paisajes; decisiones que requieren su inclusión en Registros Públicos o Catalogados cuya naturaleza y finalidad desarrollan los artículos 86 y 87 del Reglamento de Planeamiento; y tales medidas se estructurarán y desarrollarán a través de los Planes Especiales pertinentes según los artículos 78 y siguientes del citado Reglamento. La potestad discrecional de la Administración -"ius variandi" ha de discurrir dentro del cauce marcado por los artículos 103 de la Constitución en relación con los 3 y 12 del Texto Refundido de la Ley del Suelo de 1.976. En el caso concreto que nos ocupa el examen y valoración de todas las pruebas aportadas por las partes, nos llega a la conclusión de que la Administración urbanística no ha incurrido en error, falta de racionalidad, olvido de los intereses generales o desviación de poder al catalogar el Asilo en la forma en que lo ha llevado a cabo; sin que por otra parte este Tribunal pueda arrogarse funciones planificadoras que no le conciernen."

---

301 Sala de lo Contencioso-Administrativo, Sección 5ª (rec. 1017/1992; ponente: Esteban Alamo, Pedro).

En un sentido muy parecido tenemos la STS de 4 de diciembre de 1995[302] nos indica en el FJ 4º la finalidad del catálogo urbanístico es la satisfacción del interés público local de conservar sus peculiaridades arquitectónicas u ornamentales notables dignas de preservar, por lo que se inclina por considerar la potestad de catalogación urbanística como discrecional si bien le pone como límites los principios de racionalidad, proporcionalidad, interdicción de la arbitrariedad y fin del interés público:

> "La finalidad de todo Catálogo de edificios de protección especial tiene por objeto, como cualquier actividad administrativa, la satisfacción del interés público local en la conservación de los instrumentos culturales típicos de una determinada época que por sus peculiares notables características arquitectónicas u ornamentales integran y recuerdan el ambiente y modo de vida de un tiempo pasado digno de mantener vivo en la conciencia social de una comunidad determinada.
> Naturalmente, que la Administración ostenta una potestad discrecional en la elección de los criterios determinantes de la inclusión de concretos edificios en el Catálogo, y los Tribunales en su ejercicio del control jurisdiccional de tal discrecionalidad no deben interferir en la actuación urbanística de la Administración cuando no haya sido acreditado que ésta sea irracional, caprichosa, desproporcionada o arbitraria o dirigida por motivos ajenos al interés público. Naturalmente, la inclusión de los bienes en el Catálogo debe seguir los criterios generales establecidos, determinantes de la conveniencia de conservación y mantenimiento de su total configuración o de determinadas partes de la misma."[303]

---

302 Sala de lo Contencioso-Administrativo, Sección 5ª (rec. 4740/1991; Pte.: Sanz Bayón, Juan Manuel).

303 Sigue diciendo el fragmento de la sentencia: "La simple observación de los documentos fotográficos de los edificios cuestionados, aportados a los autos del rollo de instancia, complementada con el informe del arquitecto municipal, son reveladores de la nobleza edificatoria de esos inmuebles que sin ser auténticas obras de arte arquitectónico, contienen una valor intrínseco indudable, y forman parte de la memoria colectiva de Cocentaina, formando parte de un paisaje urbano, característico de la arquitectura de principios de siglo digna desde luego de conservación. Las limitaciones y deberes dimanados de ese nivel de protección, consistentes en el simple mantenimiento de la estructura tipológica de los dos edificios en sus elementos principales, permitién-

El Tribunal Supremo ha mantenido en el tiempo la apuesta por considerar la potestad discrecional en materia de protección urbanística, atendiendo a que estamos ante una potestad de planeamiento, si bien como toda potestad discrecional, tiene sus límites, pero a su vez estos límites (como lo son las sentencias precedentes que afectan a la cuestión de la catalogación o no de inmuebles) no puede petrificar el planeamiento urbanístico. Así, la STS de 20 de marzo de 2014[304], en el FJ 5° nos concreta lo siguiente:

> "Por muy discrecionales que sean los términos en que nuestro ordenamiento jurídico venga a atribuir la potestad de planeamiento urbanístico a las Administraciones Públicas, se trata en todo caso de una potestad que, como todas las demás potestades administrativas, no está exenta de límites.
> Tales límites aparecen indudablemente reforzados cuando median resoluciones judiciales que asimismo exigen ser respetadas y cumplidas. Pero tampoco, por la existencia de tales límites, la potestad de planeamiento urbanístico queda cancelada con vistas a satisfacer las exigencias requeridas en cada momento por los intereses públicos; ni desaparecen las potestades de planeamiento de la Administración, si su ejercicio se encamina realmente a los objetivos que la justifican, porque el planeamiento urbanístico tampoco puede entenderse que pueda quedar petrificado a partir de tales resoluciones.
> Ahora bien, ello no impide que deba extremarse el cuidado y el rigor en la fiscalización que los órganos jurisdiccionales estamos llamados a ejercer cuando la verdadera finalidad a que responde el ejercicio del "ius variandi" puede comprometer la efectividad de nuestras propias resoluciones -y con ella los derechos a la tutela judicial efectiva que asisten a las partes que haya obtenido

---

dose el mantenimiento del uso actual, así como la sustitución parcial de elementos, aumento de volumen o cambio de materiales originales, pudiéndose aprobar el expediente de reparcelación urbanística (T.A.U.), al ejecutar la restauración de los edificios, entre otros de menor interés, son reveladoras de la ausencia de toda manifestación de arbitrariedad en la inclusión de esos inmuebles en el tan repetido Catálogo, objeto de esta litis.
Procede, pues, en virtud de lo afirmado desestimar la apelación planteada con la consiguiente confirmación de la sentencia apelada."

304 Sala de lo Contencioso-Administrativo, Sección 5ª (Rec. 4333/2011; ponente: Suay Rincón, José Juan).

una decisión favorable en el curso del proceso-, justamente, para verificar que ello no es así, y que las potestades administrativas efectivamente se dirigen a la satisfacción de los intereses públicos puestos bajo la tutela de la Administración en cada caso."

Por lo tanto, es posible modificar el planeamiento que ya ha sido afectado por el efecto de cosa juzgada de una sentencia judicial precedente, pero se debe hacer con suma cautela y actuando en todo momento al fin de interés público que se busca en el ejercicio de la potestad de planeamiento. Así, será difícil poder argumentar que se modifica el planeamiento con la finalidad de eludir la ejecución de una sentencia firme cuando la modificación del planeamiento, con el fin de catalogar el inmueble, ya se formuló antes de recaer sentencia, aunque se aprobara a posteriori a esa, de acuerdo con el FJ 5º de la misma sentencia:

"A) Proyectando estas consideraciones sobre el supuesto sometido a nuestro enjuiciamiento, resulta relevante desde luego el hecho ya destacado de que la formulación del Catálogo del Patrimonio Histórico, promovido en sustitución del inventario incorporado a las Normas Subsidiarias vigentes en el municipio de Sa Pobla, viniera a prepararse y a iniciar su tramitación administrativa, ya con anterioridad al dictado de la sentencia cuya inejecución se denuncia en el recurso.
Siendo ello así, difícilmente puede responder dicho Catalogo a una deliberada voluntad de eludir el cumplimiento de una resolución judicial, que en realidad todavía no ha tenido lugar. La sentencia impugnada así lo viene a dejar sentado.
Para ella, resulta determinante ("muy determinante", es la expresión que concretamente emplea), en efecto, que el impulso a la formación del catálogo se iniciara con anterioridad a que se dictara la sentencia en que se apoya el recurso para fundamentar sus conclusiones."

SÁNCHEZ GOYANES también es de la opinión de considerar la potestad de planeamiento urbanístico para catalogar inmuebles como discrecional:

"La catalogación de un inmueble se estima en general hoy condición previa para la aplicación del sistema de protección y conservación elaborado por el planificador. Desde ese momento es de aplicación las limitaciones impuestas por el plan al que com-

plementa el Catálogo, y esta consecuencia es totalmente reglada, extremo sobre el que se profundizará en el siguiente epígrafe.
No obstante, se ha de repetir que la discrecionalidad del planificador sí que se manifiesta en relación con el establecimiento de dicho régimen de protección y conservación. La potestad del planificador en esta materia es de tal relevancia, que el régimen de protección no tiene por qué limitarse a los edificios catalogados, sino que puede extrapolarse a los edificios colindantes. Esto, además, es algo normalmente mantenido por la jurisprudencia. Por poner un ejemplo, la STS de 15 de octubre de 1986 (Ar. 891) afirma que:
"... cabe señalar, en contra de los criterios vertidos en el recurso (que sustancialmente coinciden con los expuestos en esta instancia) que la finca sí posee valores arquitectónicos y urbanísticos intrínsecos dignos de conservación en los términos reseñados por el Plan Especial; a lo que se añade que, en relación con su entorno, la protección y conservación del patrimonio arquitectónico de la rama urbana original y de los usos característicos de la zona, de la cual forma parte la finca, obligan a establecer unas medidas de protección que garanticen la consecución de estos extremos con el fin de evitar la degradación ambiental que la alteración de los mismos produciría; diciéndose, finalmente, que coherentemente con el análisis efectuado resulta evidente la necesidad de mantener las medidas cautelares que el Plan Especial establece para el edificio que, en base a sus características arquitectónicas y ambientales, se traducen en lo que la normativa del citado Plan denomina 'protección integral".

O bien, tener como objeto las calles. Así se manifiesta la STS de 8 de abril de 1989[305] [306]:

Por lo tanto, parece quedar claro que el planificador goza de una amplia discrecionalidad para definir el régimen de protección-

---

305 Sala de lo Contencioso-Administrativo (Ar. 3452).

306 La primera parte del framento del fundamento jurídico mencionado dice así: "En definitiva pues los Planes Especiales han de respetar el límite infranqueable que es la estructura fundamental y orgánica del territorio, que nunca pueden alterar, pero en cambio están habilitados para introducir en la ordenación general aquellas modificaciones específicas que sean necesarias para el cumplimiento de su función.
Los Planes Especiales de Protección del patrimonio histórico y artístico ordenan los aspectos de una realidad existente para evitar su destrucción y más concretamente la ordenación puede perfectamente hacer

conservación de los bienes catalogados, incluyendo su aplicación a bienes colindantes.

Y precisamente dentro de la discrecionalidad de la Administración planificadora cabe incluir medidas de protección-conservación de un contenido muy amplio. Entre estas medidas no se excluye determinaciones sobre las alturas de los edificios catalogados y su entorno.

Siguiendo la argumentación precedente, cabe afirmar que incluso desestimando un tratamiento conjunto de los edificios catalogados y no catalogados, tampoco sería incoherente aplicar soluciones no unitarias que supusieran un tratamiento no homogéneo de inmuebles colindantes catalogados y no catalogados, siempre y cuando estuviera permitido por el planeamiento general y esta solución

---

objeto de sus previsiones 'las calles' -arts. 18, 1, b) del Texto Refundido y 78, 1, b) del Reglamento de Planeamiento-.

Y dado que las calles quedan definidas por varios elementos uno de los cuales, y fundamental, es el de las alineaciones, hay que entender que éstas pueden ser objeto de la ordenación propia de un Plan Especial de Protección.

En el supuesto litigioso, el Plan Especial impugnado pretende en lo que ahora importa mantener las alineaciones actualmente existentes en la realidad en un pequeño tramo de la calle San Francisco -hoy Sigró- en su confluencia con el Carrer Llarg para conservar la realidad existente tal como la ha trazado la historia y si con esta finalidad modifica las alineaciones dibujadas en ordenaciones anteriores ha de entenderse que esto resulta perfectamente lícito para un Plan de Protección: se trata de conservar un trazado real y actual producto del tiempo aunque para ello sea necesario modificar alineaciones meramente pretendidas o proyectadas, existentes en previsiones anteriores y cuya alteración no puede en modo alguno calificarse de modificación de la estructura general y orgánica.

Desde otro punto de vista es perfectamente viable que un Plan Especial como el litigioso de Conservación del Casco Antiguo mantenga viejas alineaciones, aun sin ser funcionales, pues el interés público atendido es precisamente el de la conservación. El propio documento aportado por la parte actora en su escrito de proposición de prueba subraya que «las edificaciones existentes» en la calle litigiosa 'datan de antiguo' y que el Plan Especial impugnado 'mantiene' el trazado 'de la edificación existente'. Y recuérdese que la conservación del patrimonio histórico es justamente uno de los cometidos que nuestra Constitución atribuye a los poderes públicos -art. 46-" (...)."

respetara el paisaje y las condiciones ambientales, así como garantizara la integración en el ámbito donde su ubique."

La STSJC de 29 de junio de 2004[307], ha declarado (FJ 4º) una cierta discrecionalidad administrativa en establecer el nivel de protección respecto de un bien catalogado urbanísticamente:

> "Subsidiariamente se solicita la sustitución del nivel de protección C por el D. Se consideran de este último nivel, conforme al art. 8. 3 del Plan Especial, los bienes que por sus características pueden ser trasladados sin problemas para su conservación o que gozan de un interés cultural en el sector de emplazamiento que, pese a no haber sido considerado en los otros tres niveles anteriores, es preciso conservar documentalmente para su recuerdo; y en el art. 10. 2 se desarrolla de la siguiente forma: "Constituyen los edificios y elementos de los edificios urbanísticamente considerados como nivel D: a) elementos de interés que se encuentran en un edificio respecto del cual no se impide su desaparición pero se exige la conservación documental; b) elementos de interés que por sus características pueden ser objeto de relocalización o desplazamiento de su emplazamiento actual". Pues bien, evidentemente, no nos encontramos ante el supuesto b), ya que precisamente se protege la finca por su ubicación concreta en el barrio, y respecto del a), el Ayuntamiento de Barcelona ha querido algo más que la mera constatación documental para conservar la memoria histórica de la tipología urbanística de la zona; ha querido que se mantenga el conjunto de edificio y jardín que nos ocupa con el mismo volumen y tipología actuales, sistema de protección que bien parece consigue que se mantenga vivo y se conozca el estilo de una época anterior mejor que la mera conservación documental, finalmente ceñida a un público muy minoritario. Criterio de la Administración actuante que no se revela como irracional ni absurdo y que por tanto no resulta arbitrario, entrando dentro de los límites de la discrecionalidad, sin que en consecuencia pueda ser sustituido por el particular de la parte actora o el de este Tribunal."

En todo caso, SÁNCHEZ GOYANES es de la opinión que dicha discrecionalidad de catalogar es eminentemente municipal, he-

---

307 Sala de lo Contencioso-Administrativo, Sección 3ª (Nº de Recurso: 615/2000; Roj: STSJ CAT 8116/2004 - ECLI:ES:TSJCAT:2004:81; ponente: Martín Coscolla, María Pilar).

cho lógico si se tiene en cuenta que la participación autonómica en la catalogación debiera ser para corregir temas de legalidad o bien para otras cuestiones donde exista u interés supramunicipal, hecho que en la catalogación no ocurre normalmente:

> "dentro de su caracterización como decisión administrativa de carácter municipal, ya que emana del órgano de gobierno propio del Municipio, la competencia para fijar los criterios de qué se cataloga y cómo -con qué niveles de intensidad- es primariamente municipal, en el sentido de que es al Ayuntamiento al que incumbe adoptar la decisión pertinente, por afectar a intereses estrictamente locales del Municipio, sin afectación de intereses supralocales (salvo supuestos especiales). Ello significa que la decisión en este orden adoptada por el Municipio no puede ser sustituida ni corregida por el órgano autonómico que ostenta la competencia para la aprobación definitiva del Catálogo o del Plan al que va anejo (salvo esas especiales circunstancias de concurrencia de intereses supralocales) -STS de 23 de abril de 1996 (caso de la catalogación del Edificio Lorite de Madrid)-." [308]

Como la potestad planificadora urbanística es discrecional, para poder anularla es preciso que se acredite el vicio de irracionalidad o de arbitrariedad en la regulación urbanística del plan urbanístico. Así se manifiesta el FJ 3° de la STSJC de 1 de octubre de 2010[309]:

> "Tampoco podrá prosperar la impugnación de la ordenación de la finca de la calle Pau, contenida en el artículo 155 de las normas urbanísticas del Pla d'Ordenació Urbanística Municipal: Es cierto que en este extremo el Pla d'Ordenació Urbanística Municipal se aparta de la concreta ordenación establecida por el Plan Especial de protección del patrimonio arquitectónico y catálogo aprobado en 1991; pero la actora no ha obtenido prueba que acreditase que la nueva ordenación de la finca de referencia contenida en el citado precepto estuviera viciada de irracionalidad y/o arbitrariedad, esto es, que vulnerase los límites del ejercicio de la potestad de planeamiento y, en concreto, del ius variandi, ámbito de dis-

---

308 SÁNCHEZ GOYANES, Enrique, "Las catalogaciones urbanísticas (…) *op. cit.*, pp. 142-143.

309 Sala de lo Contencioso-Administrativo (Sentencia núm. 741/2010).

crecionalidad de la Administración planificadora en sede de planeamiento urbanístico."

La STSJ de Madrid de 6 de junio de 2003[310], ha matizado, pero, que la discrecionalidad no es absoluta, sino que hay ciertos elementos controlables judicialmente, especialmente si se da el supuesto de hecho que motiva la catalogación (los criterios justificadores –como valores culturales o arquitectónicos- que determina el propio catálogo para poder ser incluido) y que si no se cumplen, se incurre en una arbitrariedad que implica la anulación de la inclusión del bien en el catálogo. Así se manifiestan los FFJJ 2º y siguientes:

> " "Para la correcta resolución de tal cuestión conviene comenzar por recordar que si bien es cierto que en el ámbito de la calificación de los usos del suelo urbano las facultades de la Administración son discrecionalmente amplias, al estar en función de la valoración que se haga de las necesidades sociales, de la conveniencia de oportunidad del destino del suelo y de la armonización de los más variados intereses comunitarios, (en este sentido, Sentencia de la Sala 3ª del Tribunal Supremo de 27 de marzo de 1991), no le es menos dicha potestad discrecional se encuentra sometida, como toda actuación administrativa y por imperativo del artículo 106.1 de la Constitución (RCL 1978, 2836) , a un control jurisdiccional (SSTS de 23 de junio de 1994 , 23 de febrero y 21 de septiembre de 1993 o 14 de abril de 1992 , entre otras muchas).
> Como concluye la importante Sentencia del Tribunal Supremo de 8 de junio de 1992 , en estos casos de control de los aspectos discrecionales de la potestad de planeamiento la revisión jurisdiccional de la actuación administrativa se extenderá, en primer término, a la verificación de la realidad de los hechos para, en segundo lugar, valorar si la decisión planificadora discrecional guarda coherencia lógica con aquéllos, de suerte que cuando se aprecie una incongruencia o discordancia de la solución elegida con la realidad que integra su presupuesto o una desviación injustificada de los criterios generales del plan, tal decisión resultará viciada por infringir el ordenamiento jurídico y más concretamente el principio de interdicción de la arbitrariedad de los poderes

[310] Sala de lo Contencioso-Administrativo (Recurso Contencioso-Amdinistrativo 1332/1997).

públicos -artículo 9°3 de la Constitución- que, en lo que ahora importa, aspira a evitar que se traspasen los límites racionales de la discrecionalidad y se convierta ésta en fuente de decisiones que no resulten justificadas (en el mismo sentido SSTS de 22-9 y 15-12-1986 , 19-5 y 21-12-1987 , 18-7-1888, 23-1 y 17-6-1989 , 20-3 y 22-12-1990 , 11-2-1991 , 20-1-1992, etc.)."[311]

---

311 Continua la sentencia:
"TERCERO En el caso que nos ocupa, como ya hemos apuntado, el Plan General impugnado somete el edificio sito en el núm. NUM000 de la CALLE000 al nivel de protección 1, en su grado integral. Ello presupone, como se indica en el artículo 4.3.4. del Plan, la inclusión del edificio en el Catalogo General de Edificios Protegidos.
Dicho artículo 4.3.4 del Plan General establece expresamente que: (...).
Así pues, la protección integral queda reservada para los edificios catalogados de gran calidad que presentan importantes valores arquitectónicos o ambientales.
CUARTO El Perito-Arquitecto, D. José Ramón, que a instancia de las recurrentes ha informado en las presentes actuaciones, realiza, en relación con los valores del edificio que nos ocupa, las siguientes consideraciones:
1º- El edificio sito en la CALLE000 NUM000 no presenta aporte relevante alguno en cuanto a técnicas de construcción utilizadas o en cuanto a su diseño estructural, no destacando respecto de otros edificios de su misma antigüedad. Tampoco son destacables sus valores constructivos como singulares o aislables.
2º- En cuanto a sus valores estéticos, señala en dicho informe que los elementos que constituyen la fachada son en gran parte intervenciones posteriores e improvisadas que pretenden imitar materiales y técnicas propias de la época en que se construyó pero que, como tales, no aportan valores estéticos a la edificación, desvirtuando la calidad y condiciones iniciales del edificio.
3º- Respecto de su valor histórico-arquitectónico indica que la edificación es la suma de un conjunto de materiales y estilos que hacen imposible su clasificación ya que las sucesivas intervenciones, y su incoherente fusión no definen características propias de un único estilo.
4º- Por último, y en cuanto a sus valores ambientales, apunta que el impacto visual que genera la edificación es sorpresivo, además de su estado de abandono. El jardín como tal no existe. Los restos de vegetación

En referencia al control judicial de la potestad discrecional de catalogación, para SÁNCHEZ GOYANES,

> "la autovinculación a que se somete el propio planificador autor de la catalogación -o de la decisión de no catalogar, en su caso- en el momento de la declaración de los objetivos o principios generales que se persiguen con esta técnica, en la Memoria del respectivo instrumento, sirve al juzgador como primer y principal parámetro para enjuiciar la corrección de las decisiones singulares adoptadas a su amparo. Ahora bien, la carga procesal correspondiente, para desmontar la validez que se presume de la decisión administrativa, recae sobre quien se proponga combatirla ante los Tribunales (STSJ de Madrid de 30 de diciembre de 2002, antecitada).

---

están formados por vegetación seca aislada y sin ningún valor ecológico. No son especies vegetales protegidas ni de apreciable singularidad. Sostiene, en definitiva que no se encuentran en la edificación «valores arquitectónicos ni ambientales que la excептúen para la Catalogación que le asigna el Plan General de Ordenación Urbana de Madrid de 1997», y acaba concluyendo que «el edificio no se considera incluido en los planteamientos normativos que determinan su preservación» y no representa ningún «elemento relevante dentro de la Historia del arte y la Arquitectura». Asimismo se añade que la edificación «Tampoco puede considerarse un hito dentro de la trama urbana de Madrid por encontrarse agobiado por edificaciones que le superan en altura y volumetría y que la hacen imperceptible en la manzana donde se sitúa".
La claridad y contundencia de las conclusiones del Perito ponen de relieve que las características del edificio no justifican, en modo alguno, el nivel de protección integral asignado por el Plan General impugnado, pues, como acabamos de ver, dicho edificio carece de los valores arquitectónicos o ambientales requeridos por la propia normativa del Plan para ser merecedor de la discutida protección.
Así las cosas, la decisión de asignar tal protección al edificio de las recurrentes se revela discordante con la realidad que integra su presupuesto y representa una desviación injustificada de los criterios generales del propio Plan General, resultando, en consecuencia, viciada por infringir el ordenamiento jurídico y más concretamente el principio de interdicción de la arbitrariedad de los poderes públicos.""

En la ya citada STS de 27 de abril de 2004, se razona detalladamente cómo, siguiendo ese camino argumental, lo procedente es anular la previa decisión administrativa. [312]

---

312 Fragmento de la sentencia:
"Con independencia del acierto o no de una determinada frase de la sentencia, la razón de la decisión no es otra que la de haberse llevado a cabo la ordenación del área, en que se encuentra el cerro de San Bartolomé, con un criterio distinto al mantenido en otros supuestos, en que los elementos a conservar no tenían tantos méritos como aquéllos para los que los demandantes reclaman protección, y a esa conclusión llega la Sala de instancia después de examinar las pruebas que aparecen en el expediente y en los autos, las que desautorizan la elección innovadora de la Corporación municipal, quien, al optar por la nueva ordenación, ha olvidado o eludido, sin suficiente justificación, sus propios criterios generales en orden a la protección de elementos relevantes para el patrimonio histórico, cultural, paisajístico y arquitectónico de la ciudad.
Cuestión distinta es que la Sala sentenciadora no comparta los argumentos que, en vía previa y al contestar la demanda, adujeran las Administraciones demandadas y ahora recurrentes, quienes centran sus razonamientos favorables a la ordenación prevista en las ventajas que la desaparición del cerro de San Bartolomé tendría para la estructura del área, silenciando, sin embargo, el perjuicio que su pérdida irrogaría al patrimonio histórico, cultural y paisajístico municipal, considerando el Tribunal a quo que la tesis mantenida por dichas Administraciones es contraria a los criterios conservacionistas que ellas mismas han fijado como pautas para la ordenación urbanística de la ciudad.
En el informe, al que aluden en sus respectivos motivos de casación los cuatro recurrentes, emitido por el equipo redactor del Plan General después de la información pública, se describen las excelencias y beneficios que la nueva ordenación, prevista en él para el área en cuestión, reportará a los habitantes de la ciudad, limitándose a señalar, como aspectos negativos: «la supresión de un patrimonio arquitectónico de cierto interés, constituido fundamentalmente por los elementos siguientes: Convento de la Compañía de María, Casa de Baños municipal y muro de San Bartolomé», argumentándose a continuación que ninguno de ellos reúne por sus valores arquitectónicos o históricos los requisitos necesarios para una declaración monumental.
Es por esto precisamente por lo que el Tribunal a quo afirma que falta un correcto juicio de los intereses públicos enfrentados, dado que se

(...) El alcance del fallo, en caso de estimación de los recursos, suele limitarse a la anulación de la determinación considerada contraria a Derecho, siendo excepcional que el mismo incluya la imposición de determinada opción al respectivo planificador, ya que, como regla general, ello significaría inmiscuirse en el terreno de la potestad de administrar, yéndose, pues, más allá, del acotado terreno de la potestad de juzgar y hacer ejecutar lo juzgado, tal como la propia doctrina jurisprudencial ha interpretado esa separación y división de funciones entre los poderes públicos.

En la STS de 26 de febrero de 2003, se estima en parte la pretensión de la recurrente, en relación con la inclusión de su finca en el Catálogo de Edificios Protegidos del PGOU de Boadilla del Monte (Madrid) de 1991 y en relación con la paralela exclusión expresa de la misma del proceso de gestión urbanística de determinada Unidad de Actuación, sobre la cual la Sala de instancia había estimado procedente sustituirla por la inclusión de la finca en el susodicho ámbito de ejecución; la razón de la estimación parcial del recurso de casación gira en torno al principio de que la regla en esta materia es la no sustitución de la Administración por lo que el fallo, salvo excepciones, se debe limitar a la anulación de la decisión estimada contraria a Derecho; incidentalmente, el Tribunal Supremo comparte previamente el razonamiento

---

atribuye a tales edificaciones un escaso interés en desacuerdo con los criterios generales señalados por el propio Plan General.

Más adelante, el mismo informe reconoce que un último aspecto negativo es el profundo cambio del paisaje y la imagen urbanos que la intervención producirá en el área «Amara Zaharra» con la consiguiente ruptura de la «memoria ciudadana» que de ellos se deduce.

Estos hechos, puestos de manifiesto por los propios redactores del Plan, no han sido, como sostiene la Sala sentenciadora, debidamente ponderados o contrastados por la Administración Urbanística para optar por la solución elegida, o, al menos, no ha explicado ni razonado el apartamiento de su criterio en cuanto a elementos urbanos que merecen conservarse ni ha dado tampoco argumentos por los que esas ventajas, extensamente exaltadas en el aludido informe, deban prevalecer frente a una transformación del entorno determinante de la ruptura de la memoria ciudadana.

En la contestación a la demanda se aseguró que, al otorgar la aprobación provisional del Plan General de Ordenación Urbana, pesaron más las ventajas que los inconvenientes, pero ese expreso y manifiesto juicio de ponderación es el que echa de menos la Sala de instancia, y, al así expresarlo, no incurre en incongruencia ni en falta de motivación."

del juzgador de instancia en torno a la insuficientemotivación de la previa decisión catalogadora."[313]

---

313 Fragmento de la sentencia:
"Pero, si bien se mira, la sentencia basa su decisión en dos argumentos, a saber, primero, que no se cumplieron los trámites necesarios para incluir el bien en el Catálogo y, segundo, que «no se razonó suficientemente dicha inclusión, siendo notoriamente insuficiente a tales efectos la mención genérica...».
Pues bien; si ese primer argumento puede ser erróneo, no lo es el segundo, y él por sí solo sirve para justificar la decisión judicial.
Porque la inclusión del inmueble en el Catálogo de Edificios Protegidos está justificada con una sola frase (ni siquiera contenida en el Plan o en su Catálogo, sino en la contestación a las alegaciones de la interesada). Esa frase es la siguiente: «la Catalogación de la presente edificación responde a la singular ubicación de la misma respecto del acceso a Boadilla del Monte desde el Sureste, estando motivada la protección propuesta más por la protección de la fachada/silueta de la ciudad que por el valor real de las edificaciones catalogadas».
Pues bien, esa justificación no se corresponde con la que debe exigirse para una medida que, como la inclusión en el Catálogo, supone una muy profunda restricción al derecho de propiedad. Pues ni se explican las características de la fachada/silueta ni la manera en que el edificio sirve a su protección ni la forma en que un edificio distinto (como otros ya existentes) la respetaría.
Esta falta de motivación, que produce además una grave indefensión a la interesada, no es combatida en casación por la Comunidad Autónoma de Madrid, que se limita a citar en su favor la frase mencionada, haciendo supuesto de la cuestión.
En consecuencia, el primer motivo de impugnación debe ser desestimado.
QUINTO En el segundo motivo (referente a la adscripción que el Tribunal de Madrid ha hecho de la finca en cuestión a una determinada Unidad de Actuación), se alega la infracción del artículo 41 del TRLS de 9 de abril de 1976 (RCL 1976, 1192) y de sus artículos 117 y 118, que (en opinión de la entidad pública recurrente) habrían sido violados al sustituir el Tribunal la voluntad de la Administración planificadora en la configuración de la Unidad de Actuación.
Este motivo debe ser aceptado.
La Administración, al contestar a una alegación en este sentido, explicó que «tanto por el grado de consolidación como por el tamaño de las

314

propiedades y construcciones la parcela considerada no puede entenderse que tiene otro nexo común con el enclave de «La Millonaria» que su contigüidad. Esta razón no es urbanísticamente suficiente para incluir la misma dentro de la citada Unidad de Actuación», y que «la situación de consolidación, ocupación, edificación, etc., son claramente distintas de la del EN-1 y su inclusión en la misma dificultaría la gestión de la misma».
La Sala de instancia rechaza este argumento diciendo que esos criterios no pueden condicionar la delimitación de la Unidad de Actuación, que «depende en gran medida de la viabilidad que tenga para cumplir el fin para el que está diseñada, permitiendo el normal desarrollo y cumplimiento del proceso urbanístico previsto y, consecuentemente, la equitativa distribución de beneficios y cargas».
Sin embargo, debemos tener presente:
a) Primero, que la posibilidad de distribución de beneficios y cargas es una característica a tener en cuenta para la delimitación de Unidades de Actuación, pero no es la única (artículo 117-2 y 3 del TRLS/1976). A pesar de que exista aquella posibilidad de distribución puede no resultar conveniente la delimitación propuesta si, por cualquier otra circunstancia, resulta difícil o problemático el desarrollo en ella de las previsiones urbanísticas. Así se deduce del informe de la Administración que antes hemos transcrito.
b) Segundo, que el dato de que, antes de la aprobación del Plan aquí impugnado, la finca estuviera incluida en esa Unidad de Actuación no impide al nuevo planificador alterar la configuración de ésta, y las explicaciones dadas por el autor del Plan resultan suficientes para justificarla.
c) Tercero, y sobre todo, que una vez que la sentencia de instancia (y ésta de casación) han anulado la catalogación del edificio parece razonable, ante la nueva situación, que sea el Ayuntamiento quien, haciendo uso de la potestad de ordenación urbanística y de configuración de las Unidades de Actuación, decida sobre la ubicación de la finca en una u otra Unidad, según lo que crea más conveniente para los intereses urbanísticos, misión en la que no puede ni debe ser sustituido por los Tribunales de Justicia."

314 SÁNCHEZ GOYANES, Enrique, "Las catalogaciones urbanísticas como ejercicio de la competencia municipal de protección del patrimonio cultural", en GARCÍA RUBIO, Fernando (coord.), *Régimen jurídico de los centros históricos,* Dykinson, Madrid, 2008, pp. 143-146.

III.1.3.4.- La potestad reglada de catalogación urbanística de bienes inmuebles

El TSJ de las Islas Baleares es el principal valedor de una postura jurisprudencial y doctrinal minoritaria que entiende que no solo en la protección de bienes por las leyes del patrimonio cultural deben ser regladas, sino también la catalogación meramente urbanística. Así, podemos citar la STSJIB de 15 de abril de 2014[315] (FJ 6º):

> "Sin embargo, esta Sala sí considera aplicable aquella doctrina jurisprudencial, en cuanto aborda el carácter reglado de la protección de los bienes integrantes del patrimonio histórico por parte de los poderes públicos, y al margen de los instrumentos mediante los cuales logren esta tutela, que pueden ser tanto instrumentos de planeamiento (planes especiales previstos en los artículos 18 de la Ley del Suelo de 1976 y 78 del Reglamento de Planeamiento de 23 de junio de 1978) (...)"

Pero otros tribunales han estimado la potestad reglada en la catalogación urbanística solo para casos concretos, como cuando se impide proteger inmuebles más allá de lo debido, pues solo se podrá si concurren únicamente los requisitos necesarios para su catalogación. De conformidad con el principio de interdicción de la arbitrariedad (artículo 9.3 CE), la inclusión de un bien en un plan urbanístico que catalogue el bien, con el nivel concreto de protección al que se sujeta deben responder y ser proporcionales a las características y valores que realmente presente el bien, ya que una consolidada línea jurisprudencial "proscribe las conclusiones caprichosas, arbitrarias, absurdas, ilógicas e irrazonables" (STS de 24 de julio de 2008[316]).

Así se manifiesta la STSJC de 16 de octubre de 2003[317] que estimó el recurso interpuesto contra el nivel de protección previs-

---

315 Sala de lo Contencioso-Administrativo, Sección 1ª (sentencia núm. 234/2014, rec. 167/2012; Pte.: Ortuño Rodríguez, Alicia Esther).

316 Sala de lo Contencioso-Administrativo (Az. RJ 2008/4443).

317 Sala de lo Contencioso-Administrativo (Ar. JUR 2004/3745).

to en un plan urbanístico especial a una masía y declaró que no procedía dispensar al inmueble un nivel de protección C ni otro superior, al argumentar que tienen en cuenta obras de rehabilitación que se habían ejecutado

> "los valores a proteger para el caso de autos no alcanzan a justificar la concreta decisión y ordenación tomada, ni desde luego otra de mayor relevancia, por lo que a salvo lo que haya lugar a determinar por la Administración para un nivel de protección inferior en forma debidamente justificada se está en el deber de declarar la nulidad de la figura de planeamiento de autos".

Existe también una línea jurisprudencial que se manifiesta sobre los límites de la potestad administrativa de catalogar en un plan urbanístico i el régimen de protección que se le da. Así encontramos la STS de 23 de enero de 1989[318], STS de 26 de octubre de 1992[319], STS de 26 de febrero de 2003[320] y la STSJC de 16 de octubre de 2003[321].

De forma un tanto sorpresiva también finalmente ha optado por esta visión de la potestad reglada de catalogación urbanística de bienes inmuebles la STSJC de 28 de mayo de 2024, sala de lo Contencioso-Administrativo[322] citando a su vez a la STSJC de 2021, sala de lo Contencioso-Administrativo (recurso 292/21):

> "En primer lugar, la materia atinente a la catalogación de los elementos arquitectónicos por disponer de valores trascendentes, es una actividad reglada de la Administración. Así resulta desde la Sentencia de 21 de abril de 2010 TS3ª (recurso 1492/2006), que señala: <<debemos aclarar y precisar ahora que la catalogación de los edificios o inmuebles y su grado de protección es materia reglada, al ser un deber de la Administración señalar aquel nivel de protección que mejor sirva a los fines previstos en la Ley

318 Sala de lo Contencioso-Administrativo (Ar. RJ 1989/427).
319 Sala de lo Contencioso-Administrativo (Ar. RJ 1992/8366).
320 Sala de lo Contencioso-Administrativo (Ar. RJ 2003/2409).
321 Sala de lo Contencioso-Administrativo (Ar. JR 2004/3745).
322 Sala de lo Contencioso-Administrativo, sección segunda (sentencia núm. 1788/2024, Recurso Contencioso-Administrativo 1474/2021, ponente: Jordi Palomer Bou).

de Patrimonio Histórico Español 16/1985, de 25 de junio , como esta Sala del Tribunal Supremo indicó en su Sentencia de 23 de diciembre de 2008 (recurso de casación 5777/2004, fundamento jurídico sexto) al expresar, categóricamente, que la catalogación tiene un carácter reglado, y, de forma más genérica, también en la Sentencia de fecha 4 de septiembre de 2006 (recurso de casación 2569/2003). Decimos que es reglada la catalogación porque, si hay elementos protegibles, la Administración necesariamente debe conferir al inmueble el nivel o grado de protección idóneo o adecuado a sus características, de forma análoga o equivalente a lo que sucede con el suelo de especial protección.>> Esta doctrina consta reiterada en Sentencias de 4 y 12 de diciembre de 2014 (recurso 4983/2011 y 3058/2012, respectivamente).
(...)
si bien hemos dicho que esta es una actuación reglada de la Administración, su carácter técnico precisa de la utilización de numerosos conceptos jurídicos indeterminados, tales como "valor histórico", o "valor identitario del municipio", cuya apreciación en el caso requiere dotar de contenido a sus zonas o halos de incertidumbre, y de cuyo resultado se determina con carácter necesario que un determinado deba ser incluido en el Catálogo, o, con igual carácter de imperatividad, que no deba merecer tal calificación por no tener suficientes valores dignos de protección.
Y si la catalogación de un elemento como incurso en el patrimonio arquitectónico local requiere que esté dotado de trascendentes valores culturales, históricos o identitarios del municipio, es igualmente necesario que la propia actuación haga explícito en qué consisten estos elementos diferenciadores con respecto otros elementos que no merecen esta protección, o con nivel distinto.

Así resulta de la Sentencia de 21 de abril de 2009 TS3ª (recurso 898/2005), que admite como justificación suficiente de la catalogación de un inmueble el hecho de que viniera anteriormente protegido con igual intensidad en Planes anteriores, o cuando incorpore
<<un estudio individualizado del mentado inmueble, con una descripción pormenorizada de los valores arquitectónicos e históricos que resultaron determinantes de su catalogación>>.
Estudio pormenorizado que a título de ejemplo reseña el siguiente del Catálogo y se considera suficiente motivación: <<"(...) La casa que ocupa el número 5 de la calle es una vivienda unifamiliar, en la que actualidad desocupada, que se integra en un conjunto coherente con el jardín que la rodea. A pesar de su precario estado de conservación, no ha perdido su interés tipológico, que siem-

> pre está presente en las viviendas unifamiliares y, en este caso, testimonial pues recuerda el aspecto y naturaleza originales de la calle, de los que es único representante. Además es interesante señalar que es el único edificio de estas características integrado en la trama del ensanche en la actualidad. (...) El conjunto destaca por sus particularidades tipológicas y estilísticas. La casa presenta como elementos más interesantes los diseños de los vanos que incorporan la piedra de forma muy acertada, con un despliegue decorativo muy interesante. Lo más notable es el cuerpo acristalado que avanza en la fachada principal. Su naturaleza particular recomienda la conservación del conjunto en su unidad, casa-jardín-cierre del jardín".>>.
>
> Como se ve, la motivación de los valores que justifican la catalogación ex novo de un inmueble como bien de interés local no reside simplemente en la descripción del elemento, como, tampoco, en la sola afirmación que tenga valores culturales, sociales, artísticos o históricos, sino en la explicación de en qué consisten.
>
> La apreciación de la suficiencia de la motivación, dada la casuística de los elementos, conjuntos o entornos susceptibles de catalogación y del nivel de protección de cada uno de tales, dependerá de las concretas circunstancias, sin que se pueda ofrecer una respuesta abstracta o de igual eficacia para todos aquellos casos. En todo caso, la motivación de la catalogación ha de hacer explícito el valor que conduce a esta decisión administrativa.
>
> Así, resulta igualmente de las Normas del presente PE, de lo que es ejemplo la descatalogación de los inmuebles: su artículo 12 b) contempla que la descalificación de un inmueble como bien de interés local requiere la pérdida del interés que anteriormente motivó su inclusión en el Catálogo, lo que lleva implícito que la previa inclusión tenga causa en la existencia de algún valor relevante, pero, también, que se haya identificado de manera razonada en qué consiste"

La sentencia del TSJC de 28 de mayo de 2024 prosigue con el caso concreto estimando el recurso del particular para descatalogar su casa con protección de ficha individual y de conjunto de calle referido a que no hay una justificación suficiente entre los valores a proteger de acuerdo con la memoria justificativa y la normativa del plan urbanístico con la ficha, pero principalmente por el hecho de no existir unos valores arquitectónicos, históricos o ambientales dignos de ser protegidos de acuerdo con el artículo 75 RLUC, lo que parece apostar claramente por la potestad reglada de catalogación urbanística y la prevalencia de justificar los conceptos jurídicos indeterminados de la misma ley con informes técnicos solventes, así de acuerdo con el FJ 3° de la sentencia:

> "Nada de ello aparece debidamente justificado, en el presente caso, se trata tan solo de unas edificaciones contiguas, de las que no se destaca nada que pueda justificar su valor histórico, ni arquitectónico o artístico, ni tampoco ambiental o paisajístico, sin que aparezca ningún elemento, que pueda dar lugar a la misma, ni de carácter estético o constructivo que pueda justificar su interés."

También en un principio, parece asumir la posición de una potestad reglada en la catalogación, por lo menos de forma implícita, la STS de 27 de abril de 2004[323] referente a los valores que deben preservarse mediante la inclusión de elementos o conjuntos concretos dentro del Catálogo del Plan General de San Sebastián de 1995, donde se da gran importancia a la memoria técnica como fundamento de la catalogación, si bien es cierto que la misma sentencia, en el FJ 6° matiza que los criterios de catalogación urbanística en el Plan urbanístico son discrecionales, pero –tal y como acertadamente señala SÁNCHEZ GOYANES- luego una vez establecidos estos criterios, las actuaciones de catalogación urbanística deben ser coherentes con estos criterios, con lo que hay una autovinculación que limita en su aplicación al catálogo, lo que lo asemeja un poco más a partir de ese momento a una potestad reglada:

> "Acerca de la aplicación del principio de discrecionalidad, la Sala de instancia señala en el fundamento jurídico sexto de su sentencia que: «no resulta ocioso insistir que en el momento de la decisión de incluir o no un elemento en el catálogo no puede argüirse dicho principio con total virtualidad, lo que permitiría a la Administración elegir cualquier solución. En la elaboración de los criterios generales de catalogación opera la discrecionalidad, pero una vez elegidos los criterios de catalogación, las concretas catalogaciones han de resultar coherentes con la decisión inicial, que opera como límite. En palabras de la STS 24-10-90, el propio

---

[323] Sala de lo Contencioso-Administrativo (Recurso Contencioso-Administrativo 7459/2001).

Plan, si se decide a redactar la lista de edificios a conservar, deberá seguir los criterios generales que él mismo ha elegido. Por los codemandados particulares se admite que en vía de principio podría catalogarse el conjunto, pero la existencia de la propuesta de ordenación para la zona sería el escollo que impediría la inclusión en el catálogo al darse una contradicción radical entre la protección y la nueva ordenación prevista en el planeamiento, contradicción que en su opinión se resuelve a favor de la nueva ordenación, pues ésta prevalece, mantienen, frente a aquella protección, y es que -afirman- en presencia de otros objetivos de intervención de mayor alcance el objetivo protector no prevalece, salvo que se trate de bienes declarados de interés cultural. Aun reconociendo que el planteado constituiría un delicado problema teórico, los criterios de catalogación son reglas en sentido estricto y no meras directrices o recomendaciones, y la protección a través de la inclusión en los catálogos urbanísticos debe abarcar incluso a aquéllos que no están inventariados al amparo de la Ley de Patrimonio Histórico artístico (RCL 1990, 2672 y RCL 1991, 207) . (STS 16-6-93)." [324]

III.1.3.5.- La potestad reglada y la potestad discrecional técnica en la protección de bienes por la legislación del patrimonio cultural

Si bien en un principio, la jurisprudencia del Tribunal Supremo parecía inclinarse por la idea de la potestad discrecional administrativa a la hora de catalogar o proteger bienes en el ámbito de la legislación sectorial del patrimonio cultural, esta línea jurisprudencial se ha visto superada por la postura de la potestad reglada para proteger o no un bien, si bien en base a conceptos jurídicos indeterminados que los informes técnicos deberán apreciar dentro de un cierto margen de "discrecionalidad técnica". Esta evolución jurisprudencial está muy bien explicada en la STSJ de Aragón de 14 de diciembre de 2016[325], en su FJ 4°:

---

324 SÁNCHEZ GOYANES, Enrique, "Las catalogaciones urbanísticas como ejercicio de la competencia municipal de protección del patrimonio cultural", *op. cit.*, p. 140.

325 Sala de lo Contencioso-Administrativo, Sección 1ª (Sentencia núm. 524/2016, Rec. 77/2014; Ponente: Arias Juana, Jesús María).

"CUARTO.- Por lo que respecta a la jurisprudencia recaída en relación a la naturaleza discrecional o reglada de las potestades o facultades de la Administración en orden a la protección y catalogación de los bienes del patrimonio cultural, ha de significarse que en un primer momento se consideró que eran de carácter discrecional, como en la sentencia de 21 de junio de 1996 , que citan las mercantiles codemandadas en sus respectivas contestaciones a la demanda, y se recoge en la más reciente de 2 de noviembre de 2011, en la que, con referencia al artículo 10 de la Ley 16/85 de 25 de Junio, del Patrimonio Histórico Español , declara que " no ofrece la menor duda a la Sala que nos encontramos ante una facultad discrecional de la Consellería de Cultura a la que le corresponde decidir sobre la incoación o no del expediente de declaración de Bien de Interés Cultural, pero la jurisdicción contencioso administrativa tiene dentro de sus facultades revisoras del actuar administrativo, la posibilidad de examinar y revisar tales facultades y en definitiva pronunciarse sobre si la Administración ha hecho uso de tales facultades o si se ha excedido de las mismas ". Sin embargo, la mayoritaria más reciente se decanta por el carácter reglado de la potestad de catalogación de los inmuebles y su grado de protección. Así, en la sentencia de 21 de abril de 2010 se aclara y precisa que " la catalogación de los edificios o inmuebles y su grado de protección es materia reglada, al ser un deber de la Administración señalar aquel nivel de protección que mejor sirva a los fines previstos en la Ley de Patrimonio Histórico Español 16/1985, de 25 de junio, como esta Sala del Tribunal Supremo indicó en su Sentencia de 23 de diciembre de 2008 (recurso de casación 5777/2004, fundamento jurídico sexto) al expresar, categóricamente, que la catalogación tiene un carácter reglado, y, de forma más genérica, también en la Sentencia de fecha 4 de septiembre de 2006 (recurso de casación 2569/2003). Decimos que es reglada la catalogación porque, si hay elementos protegibles, la Administración necesariamente debe conferir al inmueble el nivel o grado de protección idóneo o adecuado a sus características, de forma análoga o equivalente a lo que sucede con el suelo de especial protección ". Sentencia recordada en la de 15 de diciembre de 2011, confirmatoria de la de esta Sala -Sección 3 a- de 25 de mayo de 2010 -que desestimó el recurso contra la Orden de la Consejería de Educación que declaró Bien Inventariado del Patrimonio Cultural Aragonés al Palacio de los Condes de Argillo de Saviñán (Zaragoza)-.

Ahora bien, como se viene a matizar en la sentencia de 4 de diciembre de 2012, al confirmar la del TSJ de Madrid de 15 de junio de 2011 -referida a la catalogación del teatro Albéniz-, que invoca la Asociación recurrente, se trata de una potestad reglada mediante

conceptos jurídicos indeterminados que necesitan ser integrados a través de un juicio de valor que ha de efectuar la Administración de acuerdo a criterios técnicos.
En definitiva, tanto la catalogación de los bienes del patrimonio cultural, como su grado de protección, se enmarca en el ámbito de la discrecionalidad técnica de la Administración. Debiendo señalarse al respecto que, como recuerda la citada sentencia del Tribunal Supremo de 15 de diciembre de 2011 , con cita de otra anterior, " las modulaciones que encuentra la plenitud de conocimiento jurisdiccional cuando se trata de controlar actos producidos por la Administración en el ámbito de la discrecionalidad técnica se justifican en una presunción de certeza o de razonabilidad de la actuación administrativa, apoyada en la especialización y en la imparcialidad de los órganos establecidos para realizar el informe ". Añadiendo que " ciertamente, es una presunción "iuris tantum" que, como dice la S.T.C. 73/1998, de 31 de marzo, puede ser desvirtuada si se acredita la infracción o el desconocimiento del proceder razonable que se presume en el órgano calificador -en nuestro caso, informador- bien por desviación de poder, arbitrariedad o ausencia de toda justificación del criterio adoptado, entre otros motivos por fundarse en patente error, debidamente acreditado por la parte que lo alega (S.T.C. 353/1993yS.T.C. 34/1995) "."

La STS de 18 de noviembre de 2011[326] analiza la evolución de la discrecionalidad técnica de la Administración y su control jurisdiccional en el FJ 6º[327] determinando una evolución jurisprudencial que ha llevado cada vez más a la fiscalización del elemento técnico o científico que fundamenta la decisión administrativa discrecional de catalogar:

SORO MATEO también propugna un concepto parecido a la discrecionalidad técnica, que es el concepto de "potestad-deber" en la catalogación de bienes culturales[328].

326 Sala de lo Contencioso-Administrativo (Recurso 1920/2010).

327 A esta sentencia se remite también la STSJ de Andalucía de 11 de febrero de 2021, Sala de lo Contencioso-Administrativo, Ssección 1ª (Nº de Recurso: 545/2019; Nº de Resolución: 266/2021; Ponente: García de la Rosa, Carlos) referida a la catalogación de un BIC.

328 SORO MATEO, Blanca, "La desclasificación de bienes culturales. Pérdida de valores,

SORO MATEO acaba finalmente ligando esta potestad-deber al concepto ya estudiado y de origen jurisprudencial de la "discrecionalidad técnica" donde los informes técnicos tienen todo el peso de la decisión ene l ejercicio de esta potestad de catalogación[329].

Según la misma autora, la problemática se daría cuando la administración competente pide varios informes para catalogar un bien y los distintos informes son contradictorios en cuanto al valor cultural del inmueble, caso en el que según alguna jurisprudencia como la STSJC de Murcia de 28 de abril de 206, Sala de lo Contencioso-Administrativo, parece que la administración tiene plena discrecionalidad para acogerse a cualquiera de los posicionamientos de los informes[330].

En cambio, se muestra más partidario de considerar en todos los casos, tanto de catalogación urbanística como sectorial del patrimonio cultural como una potestad reglada la STSJ de las Islas Baleares de 15 de abril de 2014[331], pues se considera que hay una interrelación entre la protección sectorial del patrimonio cultural y la urbanística, en tanto que los planes urbanísticos concretan la protección de los BIC y bienes catalogados además de los demás que se protegen solo por los catálogos urbanísticos.

Mientras que el FJ 7º de la misma sentencia va al caso concreto y demuestra con un informe técnico universitario que el bien era merecedor por lo menos de una protección como bien catalogado a pesar del dictamen pericial en contra, pues sí reunía el edificio unos ciertos valores propios del artículo 1 LPHIB.

---

error o desviación de poder", *op. cit.*, pp. 253-254.

329 SORO MATEO, Blanca, "La desclasificación de bienes culturales. Pérdida de valores,
error o desviación de poder", *op. cit.*, p. 258.

330 SORO MATEO, Blanca, "La desclasificación de bienes culturales. Pérdida de valores,
error o desviación de poder", *op. cit.*, pp. 259-260.

331 Sala de lo Contencioso-Administrativo, Sección 1ª (sentencia núm. 234/2014, rec. 167/2012; Ponente: Ortuño Rodríguez, Alicia Esther).

Asimismo son partidarios de la potestad reglada, algunos autores como OLLERS VIVES[332], por lo menos desde un punto de vista teórico, pues entiende que el órgano competente para declarar un BIC no tiene una elección de distintas soluciones igualmente válidas, sino que se debe ajustar a las soluciones tasadas por ley, si bien deberá saber aplicar correctamente los conceptos jurídicos indeterminados. Cita al respecto la STS de 21 de junio de 1996[333], que remarca la necesaria incoación y tramitación de una declaración de BIC solicitada por una asociación para proteger la plaza de toros de las Arenas de Barcelona. Así como también cita la STS de 23 de octubre de 1995[334] que establece que

> "el concepto de bien cultural es un concepto jurídico indeterminado cuyo contenido debe llenarse a través del expediente de declaración".

Mientras tanto, el TSJ de Cataluña ha venido considerando tradicionalmente tanto la catalogación de BCIL como de BCIN una potestad discrecional de la administración.

Así, la STSJC de 27 de diciembre de 2001[335], concreta en el FJ 4º el valor que debe incurrir en un BCIL para ser catalogado como tal un inmueble, mientras que el FJ 5º se declina por considerar la potestad administrativa de catalogación de un BCIL por el ente local como una potestad discrecional, pues considera que los informes técnicos siempre tienen un carácter subjetivo y no inequívoco (especialmente en el caso de autos, donde hay 2 a favor de catalogarlo y 2 en contra). Por lo tanto, la catalogación al final dependerá de la voluntad del Ayuntamiento, especialmente en

---

332 OLLERS VIVES, Pere, "*Els Béns d'Interès Cultural immobles i el seu règim de protecció*" *op. cit.*, p. 56.

333 Sala de lo Contencioso-Administrativo (Rep. E.D. 4854; ponente: Cid Fontán).

334 Sala de lo Contencioso-Administrativo (Rep. E.D. 5230; ponente: Escusol Barra).

335 Sala de lo Contencioso-Administrativo, Sección 5ª (Nº de Recurso: 1032/1997; ponente: Horcajada Moya, Juan Fernando; Roj: STSJ CAT 16423/2001 - ECLI:ES:TSJCAT:2001:16423).

los municipios pequeños, donde se considera que el Ayuntamiento es la institución más capacitada para entender los bienes que tienen valor suficiente para ser BCIL (en los municipios pequeños se admitiría una vara de medir más laxa que en grandes ciudades con más patrimonio, se sobreentiende). En todo caso, siempre hay el límite de la arbitrariedad.

También la STSJC, de 16 de diciembre de 2010[336] (FJ 5°) da por sentado que la potestad de catalogación de un BCIN en Cataluña es discrecional, pero como tales tiene elementos reglados controlables por los tribunales:

Asimismo, cabe citar la STSJC de 16 de diciembre de 2008 **337**, en el FJ 3° que nos dice:

> "6.- Declaración de bien cultural de interés nacional que debe seguir un procedimiento previsto y regulado en los artículos 8 y siguientes de la Ley 9/1993, de 30 de septiembre, del Patrimonio Cultural Catalán, y que en cuanto a la naturaleza de la potestad administrativa a actuar resulta patente el reconocimiento de una potestad discrecional, a no dudarlo susceptible de revisión judicial en el sentido de si se ha hecho uso de esa facultad fundadamente o se ha incurrido en exceso, en todo caso valorando los indicios existentes en torno al interés cultural."

Esta tendencia del TSJC de considerar la potestad de protección de bienes según la legislación sectorial del patrimonio cultural como discrecional se ha mantenido recientemente con la STSJC de 25 de marzo de 2021[338], en cuyo FJ 4° se insiste en el carácter discrecional, y el tribunal también resalta la importancia de los elementos reglados dentro de la potestad discrecional que sí son controlables judicialmente, como ocurre con todo ejercicio

---

336 Sala de lo Contencioso-Administrativo, Sección 5ª (N° de Recurso: 341/2008; ponente: Aguayo Mejía, Javier; Roj: STSJ CAT 10701/2010 - ECLI:ES:TSJ CAT:2010:10701).

337 Sala de lo Contencioso-Administrativo, Sección 3ª (sentencia núm. 995/2008, rec. 707/2006, ponente Táboas Bentanachs).

338 Sala de lo Contencioso-Administrativo, Sección 5ª (Sentencia núm. 1424/2021, Rec. 231/2020; ponente: Sospedra Navas, Francisco José).

de potestad discrecional administrativa. Dentro de estos elementos reglados destaca el de la motivación justificativa de la declaración (debe recordarse que los actos dictados en ejercicio de una potestad discrecional deben ser motivados según el artículo 35 LPAC 39/2015) que se consigue con los informes técnicos justificativos del interés cultural del elemento a proteger.

En el sentido de considerar la potestad administrativa de catalogar un inmueble en base a la legislación sectorial del patrimonio cultural como una potestad reglada, cabe destacar, la reciente STSJ de las Islas Baleares de 26 de junio de 2021[339], en el que el Consejo Insular de Mallorca se oponía a catalogar un monumento que dos asociaciones solicitaron. El caso llegó al juzgado de lo contencioso, que estimó que se debía catalogar, y se recurrió por el Consejo Insular y el Ayuntamiento de Palma ante el TSJ, que confirmó la sentencia, dando preponderancia a los informes externos aportados por las asociaciones a favor de la catalogación como Bien Catalogado Balear (equivalente al BCIL catalán) de acuerdo con la ley del patrimonio histórico de las Islas Baleares (con informes de entidades de prestigio como el ICOMOS o la Real Academia de Bellas Artes) frente a los informes internos del Consell Insular desfavorables a la catalogación, y considerando la potestad de catalogar en estos casos como reglada y no como discrecional. Así nos establece el FJ 5° de la sentencia:

> "Ya se ha indicado que la duda debe resolverse en favor de la opción que asegure la protección. Y esta es la clave de la decisión, pues al constatarse que los informes que defienden la desprotección coexisten con otros, igualmente fundados, que aprecian la concurrencia de elementos de suficiente significación y valor dignos de protección, ello reconduce a que la protección deje de ser una opción discrecional para la Administración, sino acto reglado que le impone adoptar las medidas de protección adecuadas. En el caso, la que únicamente se ha planteado en el contencioso: la consideración de bien catalogado conforme a la LPHIB."

---

339 Sala de lo Contencioso-Administrativo (Sentencia núm. 312/2021, Procedimiento: AP recurso de apelación 0000348 /2020).

De hecho, esta sentencia parte de una jurisprudencia ya consolidada del Tribunal Supremo sobre la potestad reglada a la hora de proteger elementos inmuebles protegibles por su interés cultural, así destacan las SSTS de 27 de abril de 2004[340], 27 de abril de 2004[341], 21 de abril de 2009[342] y de 21 de abril de 2010[343].

Esta última[344], en su FJ 3° *in fine* establece claramente el carácter reglado de la protección.

En el mismo sentido se expresó el FJ 6° de la STS de 23 de diciembre de 2008[345] y de forma más genérica la STS de 4 de septiembre de 2006[346].

También del FJ 3° de la ya mencionada STS de 21 de abril de 2010 es digna de mención la primera parte, que clarifica el carácter reglado no solo de la catalogación, sino del nivel de protección[347] concreto:

La decisión administrativa de catalogar o no un inmueble, como fruto de una potestad reglada está plenamente sujeta al

---

340 Sala de lo Contencioso-Administrativo (Recurso de casación 7459/2001).

341 Sala de lo Contencioso-Administrativo (Recurso de casación 308/2002).

342 Sala de lo Contencioso-Administrativo (Recurso de casación 898/2005).

343 Sala de lo Contencioso-Administrativo (Recurso de casación 1492/2006, ECLI:ES:TS:2010:3183.

344 STS, Sala de lo Contencioso, Sección 5ª, rec. 1492/2006).

345 Sala de lo Contencioso-Administrativo (RJ 2009, 378; recurso de casación 5777/2004).

346 Sala de lo Contencioso-Administrativo (RJ 2006, 6350; recurso de casación 2569/2003).

347 En cambio, en opinión de SÁNCHEZ GOYANES, "a los efectos de establecer en el planeamiento los criterios generales en orden a la determinación de los niveles de protección o conservación de los bienes catalogados, el planificador goza de una importante discrecionalidad. Sin embargo, una vez establecidos estos criterios, la Administración no goza de margen de apreciación alguno para incluir o no bienes en el Catálogo (STS de 24 de octubre de 1990) ". Ver SÁNCHEZ GOYANES, Enrique, "Las catalogaciones urbanísticas como ejercicio de la competencia municipal de protección del patrimonio cultural", *op. cit.*, p. 129.

control de legalidad de los jueces y tribunales ordinarios de lo contencioso administrativo.

También la STS de 23 de octubre de 1995[348], en su FJ 4º nos recuerda que el concepto de patrimonio cultural es un concepto jurídico indeterminado, que debe justificarse en cada caso que se declare un bien como de interés cultural deberá quedar debidamente justificado en el expediente de declaración, sino de lo contrario el acto administrativo estará viciado de causa de anulabilidad.

Este deber de catalogar bienes como potestad reglada se puede inferir también del mandato del art. 46 CE, tal y como podemos ver en el Auto del Pleno del Tribunal Constitucional 104/2010, de 28 de julio de 2010[349] (ver FJ 5º) que mantiene la suspensión en el recurso de inconstitucionalidad 803-2010, interpuesto por el Presidente del Gobierno (con el fin de defender un BIC en Valencia, concretamente la parte del barrio del Cabanyal), de determinados preceptos de la Ley 2/2010, de 31 de marzo, de medidas de protección y revitalización del conjunto histórico de la ciudad de Valencia.

Además, el mero interés del propietario en que su inmueble con protección urbanística del catálogo se catalogue como BCIL para obtener ventajas de tipo urbanístico[350] no es motivo suficiente para que el inmueble se catalogue, pues deben haber informes técnicos que acrediten su interés cultural como tal y se debe seguir el procedimiento del artículo 17 LPCC, cosa que no se hizo

---

348 Sala de lo Contencioso-Administrativo, Sección 3ª (rec. 279/1992, ponente: Escusol Barra, Eladio; EDJ 1995/5230).

349 Recurso de inconstitucionalidad 803-2010.

350 Como el hecho de poder dedicar el inmueble a uso hotelero en Barcelona por ser declarado BCIL el edificio integralmente según la normativa del plan especial del catálogo, algo muy apreciado teniendo en cuenta la limitación urbanística para establecer nuevos hoteles en la ciudad.

en el caso del inmueble barcelonés Casa Rogelio de acuerdo con el FJ 3º.3 de la STSJC de 4 de junio de 2018[351].

Una cosa parecida, pero con resultado distinto (favorable a la declaración de BCIL/nivel de protección B del plan especial del catálogo) se analiza en los FFJJ 3º y 4º de la STSJC de 16 de mayo de 2019[352], en el que llama la atención que la normativa del plan especial del catálogo de distrito en Barcelona es el que determina las características para ser declarado un edificio como BCIL (pues el nivel de protección urbanística B es el equivalente a BCIL) y se concreta que la prueba pericial es suficiente para superar el endeble informe técnico municipal que no dio la protección nivel B al inmueble.

Estas sentencias nos pueden hacer reflexionar sobre la limitación de la discrecionalidad administrativa a la hora de catalogar bienes, sobre todo cuando hay informes favorables a dicha catalogación (aunque coexistan con desfavorables). A pesar de que muchos ayuntamientos entienden que el ejercicio de la potestad de catalogar o proteger es completamente discrecional, la jurisprudencia nos demuestra que esto no es exactamente así: se trata de una potestad reglada de acuerdo con abundante jurisprudencia, para la cual solo cabe determinar si se da el concepto jurídico indeterminado del interés cultural o arquitectónico para su protección. Esto es así especialmente cuando estamos en niveles de protección elevados de la legislación del patrimonio cultural (BIC/BCIN y BCIL), si bien hay sentencias que discrepan incluso de eso, pero parece que hay más margen para entender que es una potestad discrecional si la catalogación fuera meramente urbanística en un plan con catálogo debido al *ius variandi* reconocido en la potestad planificadora municipal.

---

351 Sala de lo Contencioso-administrativo, Sección 3ª (Sentencia núm. 470/2018, Rec. 116/2015; Ponente: Taboas Bentanachs, Manuel).

352 Sala de lo Contencioso-administrativo, Sección 3ª (Sentencia núm. 431/2019, Rec. 291/2018; Ponente: López Vázquez, Francisco).

También del parecer de que la catalogación es una potestad reglada es el magistrado del TSJC experto en urbanismo catalán Manuel TÁBOAS[353], que insiste en que es reglada y no discrecional, por lo que si se acredita documentalmente el interés del inmueble (que se demostraría con los informes periciales o la documentación técnica) se deberá proceder administrativamente a la catalogación. Esto sirve, según el magistrado, tanto para la catalogación de BCIN, BCIL o meros bienes del catálogo urbanístico municipal. En todo caso comenta que será la administración competente para planificar urbanísticamente la que deberá concretar en las fichas las partes correspondientes con interés para proteger.

Finalmente, autores doctrinales como ALONSO IBÁÑEZ se muestran también partidarios de considerar la catalogación de inmuebles con interés patrimonial como fruto de una potestad reglada, y no discrecional[354].

Como tercera vía, tanto el Tribunal Supremo como más reciente el Tribunal Superior de Justicia de Madrid han apostado por la solución mixta que han venido a llamar "discrecionalidad técnica" que bebe de ciertas características de la potestad reglada y de la potestad discrecional y que se distingue por la importancia de la apreciación técnica en los elementos no jurídicos que caracterizan los bienes culturales. Así se manifiesta de forma muy explícita y correctamente resumida la STSJ de Madrid de 2 de diciembre

---

353 XIII Seminario de urbanismo, Escola d'Administració Pública de Catalunya, ponencia celebrada durante la primera sesión, celebrada el 23 de marzo de 2022, confirmado luego en clase de posgrado de Derecho Urbanístico de la Universitat Rovira i Virgili en sesión del día 30 de noviembre de 2022.

354 ALONSO IBÁÑEZ, María Rosario, *El patrimonio histórico. Destino público y valor cultural*, Civitas, Madrid, 1992, p.211-213.

de 2020[355], en su FJ 3° y en su remisión a la STS de 4 de diciembre de 2012[356]:

> "Debemos de comenzar señalando que la Sección no comparte ni la apreciación del recurrente ni la de la Comunidad, sobre la naturaleza de la potestad administrativa en la declaración de un bien de interés cultural. La Administración sostiene que tal potestad es estricta y eminentemente discrecional, frente al recurrente que, por el contrario, sostiene que nos encontramos ante facultades estrictamente regladas. Frente a ambas posiciones hemos de sostener que nos encontramos ante un tertium genus, cual es el de aquellas potestades que, en principio, participando de la naturaleza de las potestades regladas, sin embargo, para su ejercicio precisan de un juicio valorativo e interpretativo, de carácter técnico, que es el determinante a la hora del ejercicio de la potestad; serían las potestades en la llamada discrecionalidad técnica.
>
> Pues bien, en este contexto, las potestades administrativas en materia de cultura y, especialmente, en los procedimientos de declaración de bienes de interés cultural, participan inicialmente del carácter de potestades regladas, en la medida en que se trata de declarar como bienes de interés cultural a aquellos inmuebles que reúnen las características señaladas por la ley; sin embargo, esta primera conclusión se desdibuja cuando observamos que el "carácter jurídico indeterminado" de los conceptos en que se asientan las definiciones legales, hace preciso:
>
> 1. Un juicio basado en aportaciones de disciplinas no jurídicas (técnicas).Vgr. la historia, el arte, la arquitectura.
> 2. Un juicio valorativo entre varios posibles.
> 3. Un juicio en el que prima la razón técnica, no de oportunidad.
>
> Por tanto, estamos ante el ejercicio de potestades de "discrecionalidad técnica" donde el margen de apreciación técnica del que goza la Administración podrá ser mayor o menor, en función de la caracterización legal que se haga del tipo de bien de interés cultural.
>
> Así lo señaló el Tribunal Supremo en la sentencia de 4 de diciembre de 2012 (Rec. 4983/2011) (EDJ 2012/277681) expresando que se trata de una potestad reglada mediante conceptos jurídicos indeterminados que necesitan ser integrados a través de un juicio de

---

355 Sala de lo Contencioso-Administrativo, Sección 8ª (sentencia núm. 759/2020, rec. 83/2017; ponente: Botella García-Lastra, Rafael).

356 Sala de lo Contencioso-Administrativo, Sección 4ª, (rec. 4983/2011; ponente: Lecumberri Martí, Enrique).

valor que ha de efectuar la Administración de acuerdo a criterios técnicos. En definitiva, tanto la catalogación de los bienes del patrimonio cultural, como su grado de protección, se enmarcan en el ámbito de la discrecionalidad técnica de la Administración. Debiendo señalarse al respecto que, como recuerda la citada sentencia del Tribunal Supremo de 15 de diciembre de 2011 , con cita de otra anterior, " las modulaciones que encuentra la plenitud de conocimiento jurisdiccional cuando se trata de controlar actos producidos por la Administración en el ámbito de la discrecionalidad técnica se justifican en una presunción de certeza o de razonabilidad de la actuación administrativa, apoyada en la especialización y en la imparcialidad de los órganos establecidos para realizar el informe ". Añadiendo que " ciertamente, es una presunción " iuris tantum " que, como dice la S.T.C. 73/1998, de 31 de marzo (EDJ 1998/1486), puede ser desvirtuada si se acredita la infracción o el desconocimiento del proceder razonable que se presume en el órgano calificador -en nuestro caso, informador- bien por desviación de poder, arbitrariedad o ausencia de toda justificación del criterio adoptado, entre otros motivos por fundarse en patente error, debidamente acreditado por la parte que lo alega (S.T.C. 353/1993 (EDJ 1993/10810) y S.T.C. 34/1995) (EDJ 1995/123)".
Es relativamente fácil comprender que la Administración no goza del mismo ámbito valorativo en los distintos supuestos de bienes a proteger, existiendo lo que la doctrina científica ha denominado grados o escalas de discrecionalidad, para cuyo control ha de atenderse a conceptos jurídicos indeterminados, en concreto la mención que hace el art. 1.3 de la Ley de Patrimonio Histórico Español, cuando alude a los bienes más relevantes , como objeto de protección a través de la declaración de Bien de Interés Cultural."

Abundando en la discrecionalidad técnica para declarar un bien cultural, la STS de 16 de octubre de 2000[357], señala (y en el mismo sentido las SSTSJ de Madrid de 2 de diciembre de 2020[358] y de 26 de enero de 2010 (RCA 730/2008)) nos exponen esta discrecionalidad técnica a la vez que nos expone la importante diferencia entre potestad reglada y discrecional a efectos del control judicial de los actos administrativos que emanan de esas.

---

357 Sala de lo Contencioso-Administrativo, Sección 3ª.

358 Sala de lo Contencioso-Administrativo, Sección 8ª, (sentencia núm. 759/2020, rec. 83/2017; ponente: Botella García-Lastra, Rafael), FJ 6º.

Precisamente por la importancia y graves afectaciones que tiene en el derecho de propiedad la catalogación, es preciso justificarlo y motivarlo adecuadamente, fruto también de esta potestad, ya que sino el acto de catalogación podría ser recurrido y anulado ante un tribunal.

III.1.3.6.- El estado de conservación del bien a catalogar

Otro tema discutido jurisprudencialmente es si se puede catalogar un bien inmueble en mal estado de conservación. El bien inmueble que se declare BCIL puede estar en buenas o malas condiciones de preservación, pues hay que tener en cuenta que la jurisprudencia ha avalado la corrección jurídica de declarar un BCIL a pesar de su deterioro físico y alto coste en su posible rehabilitación siempre que concurran los elementos de interés cultural propios de los BCIL (ver FJ 8° y 9° de la STSJC de 27 de febrero de 2002[359]).

También debemos mencionar en el mismo sentido la STS de 14 de noviembre de 1986[360] (FJ 2°) se determina que el deber de catalogar (y de preservar su condición de catalogado) un inmueble es independiente de su estado de conservación:

Hay que ir con cuidado con esa última afirmación, pues el TSJC ha anulado una declaración de BCIN por ser imposible o de costes inasumibles la recuperación del bien (ver STSJC , de 7 de marzo de 2001, sala de lo contencioso, sección tercera –sentencia 298/2001, recurso número 1462/199-*)* y que reitera la STJSC de 25 de marzo de 2021[361] (FJ 5°) se da a entender que como el in-

---

359 Sala de lo Contencioso-Administrativo, Sección 5ª (N° de Recurso: 2275/1997; ponente: Ortiz Blasco, Joaquín José; Roj: STSJ CAT 2679/2002 - ECLI:ES:TSJCAT:2002:2679).

360 Sala de lo Contencioso-Administrativo, Sección 4ª (ponente: Garayo Sánchez, Manuel).

361 Sala de lo Contencioso-Administrativo, Sección 5ª (Sentencia núm. 1424/2021, Rec. 231/2020; ponente: Sospedra Navas, Francisco José).

forme técnico justificativo de la declaración de un BCIL ha justificado que el coste de recuperación del bien a catalogar no supera el 50% de su coste (que es el límite del deber de conservación de todo propietario de un bien protegido culturalmente según el artículo 67 LPCC) no procede anular la mencionada catalogación.

Al respecto del mal estado de conservación de un inmueble, tampoco es problema para su catalogación de acuerdo con los FFJJ 5º a 7º de la STSJ Canarias (Las Palmas) de 25 de septiembre de 2017[362], sobre todo en el caso de catalogación parcial del inmueble, donde se catalogan las partes más destacables y bien conservadas de un inmueble:

Vemos, por lo tanto, una vez más, una contradicción jurisprudencial entre el criterio más estricto para la catalogación del TSJC respecto al criterio más amplio del Tribunal Supremo, que apuesta por catalogar un inmueble si tiene interés cultural independientemente de su coste de recuperación, si bien cabría considerar las limitaciones del TSJC más como un matiz a una afirmación ilimitada del TS. También es cierto que el TSJC pone este matiz como límite a la potestad discrecional, mientras que el TS parte de una concepción de potestad reglada en la catalogación que en cierto modo le obliga a ser consecuente: si se da el interés cultural se debe catalogar independientemente del estado de conservación y coste de rehabilitación.

---

362 Sala de lo Contencioso, sec. 2ª (nº 335/2017, rec. 41/2013; Pte.: García Otero, César José).

III.1.4.- Derecho a indemnización por vinculación singular derivada de la catalogación del inmueble

III.1.4.1- Introducción

Hay que tener cuenta las implicaciones que una catalogación tiene, pues en suelo urbano puede comportar un menor derecho de edificación del propietario que podría ser, en ciertos casos, una vinculación singular indemnizable.

SÁNCHEZ GOYANES[363] ya nos advierte del riesgo que tiene la catalogación de imponer un deber de conservación del inmueble superior al resto de propietarios, lo que afecta a su derecho fundamental a la igualdad de trato, y que si no hay técnicas equidistributivas, puede generar un derecho a indemnización.

De acuerdo con el artículo 115.2 TRLUC, "Los supuestos de indemnización por razones urbanísticas se regulan por la legislación que les sea aplicable y por esta Ley".

Dicha legislación aplicable (una norma básica) es en este supuesto el artículo 48.b del "Real Decreto Legislativo 7/2015, de 30 de octubre, por el que se aprueba el texto refundido de la Ley de Suelo y Rehabilitación Urbana" (en adelante, TRLS) el que establece el fundamento legal del deber de la administración de indemnizar al propietario por la vinculación singular:

> "Dan lugar en todo caso a derecho de indemnización las lesiones en los bienes y derechos que resulten de los siguientes supuestos:
> (...)
> b) Las vinculaciones y limitaciones singulares que excedan de los deberes legalmente establecidos respecto de construcciones y edificaciones, o lleven consigo una restricción de la edificabilidad o el uso que no sea susceptible de distribución equitativa."

---

363 Ver SÁNCHEZ GOYANES, Enrique, "Las catalogaciones urbanísticas como ejercicio de la competencia municipal de protección del patrimonio cultural", en GARCÍA RUBIO, Fernando (coord.), *Régimen jurídico de los centros históricos,* Dykinson, Madrid, 2008, p. 147.

Según MACERA TIRAGALLO y FERNÁNDEZ GARCÍA[364] no son indemnizables las vinculaciones a los propietarios que derivan de una obligación legal, pues se imponen de manera legítima por la Administración, y en consecuencia no exceden de un deber legalmente establecido de los propietarios. Así, las vinculaciones singulares indemnizables impuestas por la Administración son aquellas en las que se impone un

> "sacrificio especial al propietario, y una de las técnicas que destaca el autor es el de la catalogación, en virtud de la cual se elabora una enumeración de distintos inmuebles considerados como merecedores, dentro del Municipio, de algún tipo de protección, pudiendo llegar a la prohibición de su sustitución, es decir, a su mantenimiento forzoso. En principio, el catálogo en cuestión se remite a unas ordenanzas específicas".

Los autores remarcan que la especialidad del sacrificio no se puede medir solamente en función del número de propietarios afectados, sino también por la diferencia entre costes de cumplimiento de la obligación impuesta y los costes de reparación y conservación del bien exigibles a los propietarios en función del valor del edificio (los autores lo ponen en relación con el supuesto de ruina económica del inmueble, por lo que si se exige un deber de conservación o reparación del inmueble que supera el 50% del valor del inmueble, este exceso sería indemnizable por la Administración requirente). Esta previsión es la que hoy se encuentra materializada en el artículo 15.3 TRLS de 2015:

> "El límite de las obras que deban ejecutarse a costa de los propietarios en cumplimiento del deber legal de conservación de las edificaciones se establece en la mitad del valor actual de construcción de un inmueble de nueva planta, equivalente al original, en relación con las características constructivas y la superficie útil, realizado con las condiciones necesarias para que su ocupación sea autorizable o, en su caso, quede en condiciones de ser legalmente destinado al uso que le sea propio."

---

[364] MACERA TIRAGALLO, Bernard-Frank y FERNÁNDEZ GARCÍA, Yolanda, *La responsabilidad de la Administración en el Derecho Urbanístico*, Marcial Pons, Madrid, 2005.

Así, de acuerdo con la STS de 11 de febrero de 1985[365], el deber de conservación alcanzaría únicamente las obras estrictamente imprescindibles:

> "las cargas que impongan la conservación de los edificios no dan lugar a indemnización siempre que se mantengan dentro de los límites de la normalidad, siendo, no obstante, indemnizables las que excedan de tal límite, esto es, las que no sean encuadrables como de conservación".

También en el mismo sentido cabe mencionar la STS de 6 de julio de 1995[366] en su FJ 3°.

En caso de existir tal vinculación singular indemnizable, la cuantía de indemnización se ajustará al principio de resarcimiento íntegro y completo, pues la reparación equivaldrá a la diferencia entre los gastos totales de conservación derivados de la vinculación singular ordenada por la Administración con los gastos que deban ser asumidos legítimamente por el propietario. A esta diferencia debemos descontar el valor de las ayudas públicas recibidas por los propietarios, como subvenciones, exenciones y bonificaciones fiscales, créditos reintegrables, préstamos en condiciones ventajosas, etc, y también la parte compensada por los beneficios que resulten del reparto de cargas (mediante equidistribución de cargas y beneficios). Así lo ha avalado la jurisprudencia en la STS de 18 de diciembre de 1996[367] o la STS de 25 de septiembre de 1997[368] (FFJJ 4° y 5°):

Según MACERA TIRAGALLO y FERNÁNDEZ GARCÍA[369]

---

365 Sala de lo Contencioso-Administrativo (Ar. 1985/1019; ponente: P. Martín Martín).

366 Sala de lo Contencioso-Administrativo (Ar. 1995/5527; ponente: F.J. Hernando Santiago).

367 Sala de lo Contencioso-Administrativo (Ar. 1996/9525; ponente: P.J. Yagüe Gil, FJ 8°).

368 Sala de lo Contencioso-Administrativo (Ar. 1997/7317; ponente: J. Rodríguez-Zapata).

369 MACERA TIRAGALLO, Bernard-Frank y FERNÁNDEZ GARCÍA, Yolanda, *La responsabilidad de la Administración en el Derecho Urbanístico,*

"para el propietario de un edificio catalogado, no existe solamente un deber de conservación que le puede suponer unos grandes gastos económicos, sino también una desigualdad de trato, una discriminación, con respecto a los propietarios de su entorno, pues para dicho sujeto el planeamiento no implica ningún beneficio concreto, solamente cargas, mientras que aquéllos pueden sustituir sus inmuebles y construir en los solares vacantes todo lo que el planeamiento permita"

Lo que para los autores puede suponer una vinculación singular por el deber de conservación que va más allá de los deberes razonablemente asumibles por el propietario y que le restringe el aprovechamiento urbanístico y que le es indemnizable.

El deber de indemnizar de la administración a los propietarios se concreta cuando no es posible la distribución entre los propietarios afectados, a través de una indemnización por la vinculación singular no distribuible. Cabe así citar, la STS de 20 de marzo de 1989[370], la STS de 29 de abril de 1991[371] o la STS de 30 de julio de 1987[372] que establece en el FJ 3° que

"Sólo en el caso en que la efectividad del daño resulte de imposible compensación a través de las técnicas prescritas por la Ley para lograr la equitativa distribución de beneficios y cargas (aprovechamiento medio, reparcelación, indemnización sustitutoria, compensación, etc.) cabe acudirá a este procedimiento singular, dado que para que el daño sea real y actual, esto es, indemnizable, es preciso que quien pida la indemnización haya agotado, sin éxito, todas las vías legalmente establecidas al efecto, porque sólo así quedará acreditado el carácter no distribuible de la carga o vinculación impuesta."

Marcial Pons, Madrid, 2005, pp. 91-92.

370 Sala de lo Contencioso-Administrativo (Ar. 1989/2240; ponente: F.J. Delgado Barrio).

371 Sala de lo Contencioso-Administrativo (Ar. 1991/3431; ponente: Delgado Barrio).

372 Sala de lo Contencioso-Administrativo (Ar. 1987/7700; ponente: F. González Navarro).

Como es de imaginar, una de las legislaciones sectoriales que genera más vinculaciones singulares es la del patrimonio cultural, ya la temprana STS de 31 de octubre de 1988[373], determinaba (FJ 4º) la prevalencia de la legislación del patrimonio cultural frente a la urbanística sin perjuicio del derecho a indemnización.

Si bien de la catalogación urbanística queda claro que si se dan los requisitos podría existir una vinculación singular indemnizable de acuerdo con el TRLS, no está tan claro si la vinculación deriva directamente de una protección de Bien de Interés Cultural de la LPHE o ley autonómica del patrimonio cultural. GARCÍA FLÓREZ distingue dos posturas doctrinales, pero termina entendiendo que siempre al final se termina aplicando el criterio del TRLS[374].

Otra sentencia que puede ser de nuestro interés es la STS de 25 de junio de 2003[375], donde el tribunal reconoce el deber de la Junta de Andalucía de indemnizar al propietario por la modificación de un proyecto de edificación (con la obtención previa de la licencia de obras) debido al descubrimiento de los restos de un anfiteatro de la ciudad romana de Astigi (Écija). Así, la administración autonómica modifica el proyecto de obras de viviendas con lo que se le elimina el sótano para garajes, se integran los restos arqueológicos en la edificación. El Tribunal considera que el propietario sufre una restricción del aprovechamiento urbanístico en beneficio de la colectividad y que no debe estar obligado a soportar a expensas solo de su patrimonio. Si bien reconoce que las restricciones derivan de la legislación del patrimonio cultural

---

373 Sala de lo Contencioso-Administrativo, Sección 1ª (Roj: STS 7577/1988 - ECLI:ES:TS:1988:7577; Ar. 1988/8341; ponente: A.A. Llorente Calama).

374 GARCÍA FLÓREZ, Fernando, "La responsabilidad de la Administración en el ámbito urbanístico. Supuestos indemnizatorios", *El Consultor de los Ayuntamientos*, núm. 10, Sección Colaboraciones, Quincena del 30 May. al 14 Jun. 1997, pp. 1435-1474.

375 Sala de lo Contencioso-Administrativo, Sección 5ª (Ar. 2003/4460; ponente: P.J. Yagüe Gil).

y no de la legislación urbanística (art. 87.3 de la ley de Suelo de 1976, antecedente directo del art. 43 de la LS de 1998)[376], por lo que concluye el Tribunal que se trata de un supuesto de responsabilidad patrimonial de la Administración por el régimen general de los arts. 139 y ss de la LRJPAC de 1992, hecho en el que MACERA y FERNÁNDEZ GARCÍA[377] discrepan al entender que es una ablación al derecho de propiedad, hecho que se confirmaría por la remisión del art. 20.1 LPHE a la normativa urbanística (ver FJ 4º de la sentencia).

III.1.4.2.- ¿Qué requisitos deben darse para que exista una vinculación singular indemnizable?

La jurisprudencia ha exigido la concurrencia de tres requisitos para que se dé la indemnización al propietario por vinculación singular urbanística. Así, según la STS de 22 de noviembre de 2018[378] [379], determina (FJ 6º) los tres requisitos para indemnizar las restricciones que suponen las catalogaciones[380]:

> "(...) en los supuestos en los que el Plan General de Ordenación Urbana de un municipio cataloga un edificio por su valor histórico o cultural y consolida su edificabilidad, dándose la circunstancia de que la edificabilidad que se consolida en la parcela es inferior a la que tienen o pueden alcanzar las parcelas y/o edificios del entorno, (...), hemos concluido que nos encontramos en uno de los supuestos excepcionales establecidos en la ley, en un supuesto en el que hay una restricción de la edificabilidad y que esa restricción genera un derecho de indemnización en favor del propieta-

---

376 MACERA TIRAGALLO, Bernard-Frank y FERNÁNDEZ GARCÍA, Yolanda, *La responsabilidad de la Administración (...) Op. cit.*, pp. 94-95.

377 MACERA TIRAGALLO, Bernard-Frank y FERNÁNDEZ GARCÍA, Yolanda, *La responsabilidad de la Administración (...) Op. cit.*, pp. 94-95.

378 Sala de lo Contencioso-Administrativo (Roj: STS 4017/2018 - ECLI:ES:TS:2018:4017; ponente: Tolosa Tribiño).

379 En el mismo sentido de mencionar los tres requisitos se ha expresado la STS 6753/2011, de 11 de octubre de 2011.

380 En el mismo sentido se pronuncian la STS de 21 de diciembre de 2011 y la STS de 15 de junio de 2017.

rio del inmueble. En estos casos, este Tribunal ha entendido que hay vinculación singular indemnizable, porque el propietario de la edificación catalogada no puede materializar la edificabilidad que pueden materializar los propietarios de las edificaciones del entorno, y esa menor edificabilidad no es susceptible de distribución equitativa. Consecuentemente, concurren los tres requisitos que han de existir para que proceda indemnización por esa causa: a) una restricción en el aprovechamiento urbanístico; b) una limitación singular; c) la imposibilidad de distribución equitativa. Hay restricción porque la edificabilidad atribuida por el PGOU es menor que la atribuida a las parcelas del entorno. A ese respecto, hemos señalado que no se trata de comparar las determinaciones del nuevo PGOU para la parcela/edificio con las del PGOU anterior, lo que podríamos denominar comparación dinámica, sino de comparar las determinaciones del nuevo PGOU para esa concreta propiedad y las determinaciones de ese mismo Plan para las propiedades del entorno, en lo que se conoce como comparación estática."

Dichos tres grandes requisitos han sido en parte desarrollados por MACERA y FERNÁNDEZ GARCÍA[381] entre otra doctrina y jurisprudencia que pasamos a analizar al detalle:

1) Que la vinculación urbanística tenga naturaleza singular: no debe tratarse de un deber general[382]. Así, no será tan extraño que en el caso de las catalogaciones se de esa circunstancia de singularidad en la vinculación urbanística por restringir el aprovechamiento que le correspondía según el planeamiento. Así, la STS de 18 de diciembre de 1996[383] (FJ 7°) se valora la existencia de esta vinculación singular en la catalogación de inmuebles.

Para MARTÍ SELVA:

"Singular es antónimo de plural o normal. De manera que, cuando una parcela, terreno o solar sea acorde con la generalidad de la

---

381 MACERA TIRAGALLO, Bernard-Frank y FERNÁNDEZ GARCÍA, Yolanda, *La responsabilidad de la Administración (…) op. cit.*, pp. 95-101.

382 Concepto de singularidad que debe interpretarse de forma extensiva según GONZÁLEZ PÉREZ.

383 Sala de lo Contencioso-Administrativo (Ar. 1996/9525; ponente P.J. Yagüe Gil).

> ordenación de un ámbito o entorno y tenga un aprovechamiento o uso igual al de una pluralidad de parcelas de ese ámbito o entorno, no se producirá la vinculación singular determinante de la indemnización. No basta con que sea más de un inmueble el que sufra la limitación, sino que el uso o aprovechamiento respecto del que se pretende evitar la declaración de situación de vinculación singular debe ser generalizado, sin necesidad de ser el prioritario, para que esta no se produzca."

Así, encontramos, por ejemplo, la STS de 22 de noviembre de 2018[384] (FJ 7º) que insiste en que la vinculación singular se hace comparando con los demás inmuebles del entorno dentro del marco del mismo plan[385].

A modo de otro ejemplo relacionado con la catalogación, la STSJC de 13 de mayo de 2004[386] (asunto casa Mulay -o Muley-Afid-Consulado México en Barcelona), que en virtud de un plan especial se modifica el aprovechamiento y se concentra en una parte apartada de la finca para no afectar la casa catalogada, implicando mayor altura de edificación que en el resto de fincas. El tribunal entiende que no se puede hacer urbanismo *ad hoc* para

---

384 Sala de lo Contencioso-Administrativo, Sentencia núm. 4017/2018.

385 Dice MARTÍ SELVA sobre este fragmento: "Por lo tanto, según la sentencia de instancia, parece que la técnica empleada por el tribunal para calcular la vinculación singular es atender a la media de la edificabilidad de una zona o ámbito homogéneo y aquellos inmuebles que están por debajo de la media son objeto de una vinculación singular. El Tribunal Supremo parece corregir en cierto modo esta técnica y señala que no se puede comparar elementos catalogados con elementos no catalogados de todo el término municipal, sino terrenos catalogados con otros que lo están o no lo están pero en su entorno o con su misma clasificación o calificación."
Ver MARTÍ SELVA, Enrique, *Vinculación singular, un nuevo obstáculo en la ordenación urbanística* en Práctica Urbanística, Nº 165, Sección Estudios, Wolters Kluwer, Madrid, Julio-Agosto 2020, p. 7.

386 Sala de lo Contencioso-Administrativo, Sección de casación (Sentencia núm. 16/2004, desestimatoria, Procedimiento: recurso de casación para unificación de doctrina 11/2004).

una sola finca, y en este caso cabría pedir indemnización por vinculación singular.

Referente a este primer requisito, cabe citar la STS de 31 de enero de 1997[387], para el supuesto de limitaciones en todas las zonas hoteleras.

La STS de 4 de septiembre de 2006[388] (FJ 5º E) nos recuerda la importancia de demostrar cuándo se vulnera el derecho fundamental de igualdad en estos supuestos:

> "Hemos de recordar también que es doctrina jurisprudencial, recogida, entre otras, en Sentencias de esta Sala de fechas 1 de abril de 1996 EDJ 1996/3093, 19 de junio de 1999 EDJ 1999/19723, 3 de julio de 1999 EDJ 1999/30718, 24 de junio EDJ 2000/21994 y 13 de noviembre de 2000 EDJ 2000/44718, 27 de abril de 2002, 17 de marzo de 2003 (recurso de casación 2686/2000, fundamento jurídico segundo), 19 de julio de 2005 (recurso de casación 1064/2002, fundamento jurídico séptimo) EDJ 2005/139989, 22 de marzo de 2006 (recurso de casación 8063/2002, fundamento jurídico tercero) y 30 de mayo de 2006 (recurso de casación 2681/2003, fundamento jurídico tercero), que "para que pueda ser apreciada la existencia de discriminación, contraria al principio de igualdad, consagrado en el artículo 14 de la Constitución EDL 1978/3879, es imprescindible que exista, como requisito esencial, lo que se ha dado en llamar validez del término de comparación, esto es, que las situaciones contempladas sean sustancialmente iguales, por cuya razón tanto este Tribunal Supremo como el Tribunal Constitucional tienen reiteradamente declarado que, caso de alegarse la infracción del artículo 14 de la Constitución, es necesario aportar un término de comparación válido y demostrativo de la identidad sustancial de situaciones jurídicas que han recibido trato diferente sin causa objetiva y razonable", lo que en este caso, por las razones expresadas, no sucede."

---

[387] Sala de lo Contencioso-Administrativo (Ar. 1997/275; ponente: J.M. Sieira Miguez).

[388] Sala de lo Contencioso-Administrativo, Sección 5ª (rec. 2569/2003; Procedimiento: Recurso de casación; Sentido del fallo: Desestimación; ponente: Peces Morate, Jesús Ernesto).

Es preciso también mencionar la STSJ del País Vasco de 13 de marzo de 2020[389] que nos da la clave para entender que no toda restricción del aprovechamiento implica una vinculación singular, y por lo tanto no toda restricción de aprovechamiento implica el deber de indemnizar, pues debe existir un trato diferenciado e injustificado con parcelas análogas, o que esté justificado en razones de interés público que excedan del deber del propietario a soportar la carga.

La STS de 22 de noviembre de 2018[390] (FJ 7º) pone el acento en que la comparativa de edificabilidades se debe hacer entre edificaciones colindantes o de zona y no entre edificaciones catalogadas a lo largo del municipio (en el mismo sentido la STS 10 de octubre de 2011).

Tampoco parece que quepa indemnizar bajo la argumentación de que lo que exige la ficha del catálogo urbanístico va más allá del deber de conservación en condiciones de seguridad, salubridad y ornato. En este sentido cabe ver la STSJC de 19 de marzo de 2004[391], (FJ 8º) si bien referido a una normativa urbanística anterior a la vigente.

También interesa para conocer la singularidad de la vinculación la STS de 18 de diciembre de 1996[392], que vincula la singularidad de catalogar solo ciertos edificios de algunas zonas con el quebranto del principio de equidistribución de beneficios y cargas en el planeamiento y del artículo 14 CE (ver FJ 7º).

2) Debe existir una reducción del aprovechamiento urbanístico determinado en el planeamiento: esto debe acreditarse como

---

389 Sala de lo Contencioso-Administrativo, Sección 2ª (Sentencia nº 123/2020, rec. 430/2018; ponente: Ruiz Ruiz, Angel).

390 Sala de lo Contencioso-Administrativo (Roj: STS 4017/2018 - ECLI:ES:TS:2018:4017; ponente: Tolosa Tribiño).

391 Sala de lo Contencioso-Administrativo, Sección 3ª (Sentencia núm. 216/2004, Rec. 659/2000; Ponente: Quiroga Vázquez, Manuel).

392 Sala de lo Contencioso-Administrativo, Sección 5ª (Roj: STS 7324/1996 - ECLI:ES:TS:1996:7324, ponente: Pedro José Yagüe Gil).

resultado de una valoración precisa de las circunstancias de cada caso, pues la restricción en el uso o intensidad de un aprovechamiento no genera automáticamente una menor valoración en el tráfico económico. Así, cabe citar la STS de 11 de febrero de 1985[393] (FJ 3°) se determina que

> "la restricción en el uso o en la intensidad del aprovechamiento no tiene por qué generar, sin más, una menor valoración en el mercado (conservación de formas y fachadas, etc., manteniendo el mismo volumen, etc.) unido a que el importe de una eventual indemnización dependerá de varios factores y entre ellos del nivel medio de aprovechamiento del sector de actuación y del número de los inmuebles afectados singularmente por este tipo de limitaciones, ya que en el caso de una cierta flexibilidad en los usos, manteniendo el volumen, eliminaría, en gran parte, la posibilidad de la indemnización".

La STS de 18 de julio de 2006, Sala de lo Contencioso-Administrativo, ha determinado que la restricción en la edificabilidad supone una vinculación singular indemnizable para el propietario. MARTÍ SELVA[394] nos resume la evolución jurisprudencial sobre la materia, recordando que antes se consideraba que la restricción se tenía que dar respecto de un antiguo plan urbanístico, pero que hoy en día la restricción se puede dar sin tocar la edificabilidad de una finca si el nuevo plan amplía las de alrededor. La STS de 26 de junio de 2017[395] contiene esa evolución jurisprudencial así como la casuística enorme en las restricciones de usos indemnizables:

> "En sentencia de esta Sala de 26 de marzo de 2013, dictada en el recurso 3142/2010, se viene a ratificar, sin formulación de voto particular, el criterio plasmado en la sentencia de 2011, al decir que «... para poder apreciar el requisito de la restricción del apro-

---

393 Sala de lo Contencioso-Administrativo (Ar. 1985/1019; ponente: P. Martín Martín).

394 MARTÍ SELVA, Enrique, "Vinculación singular, un nuevo obstáculo en la ordenación urbanística", *Práctica Urbanística*, N° 165, Sección Estudios, Wolters Kluwer, Madrid, Julio-Agosto 2020, pp. 1-13.

395 Sala de lo Contencioso-Administrativo, Sentencia núm. 2564/2017.

vechamiento urbanístico al que nos hemos referido» (alusión a un supuesto de vinculación singular) «... el término de comparación, por regla general, ha de situarse en el propio planeamiento que se examina y no en el planeamiento precedente». (...)
Las restricciones en el uso pueden tener una mayor dificultad, pues no siempre el hecho de imponer un uso frente a otro supone una restricción. En estos supuestos habrá que analizar caso por caso. Hay situaciones en que resulta claro apreciar la existencia o ausencia de limitación porque la propia naturaleza del uso es limitativa, por ejemplo, una gasolinera en suelo urbano o uso polideportivo al aire libre, la imposición de cualquiera de estos usos en un entorno residencial es evidente que supone una restricción de usos. En otros casos, como la imposición de un uso residencial frente a un uso terciario, o viceversa, dependerá de cada situación y de cada ordenación en concreto para concluir si cabe considerar la imposición de ese determinado uso como vinculación singular."

3) Dicha reducción del aprovechamiento urbanístico no debe ser susceptible de compensación con cargo a la equidistribución: así, debe ser imposible aplicar los mecanismos previstos por el ordenamiento urbanístico para la equidistribución. Sobre este último requisito, cabe citar la STS de 11 de diciembre de 1997 **396**, referente a la obligación de conservar el edificio y el jardín del Hospital de las Monjas de Huércal-Overa (Almería) así como de restringir el uso del inmueble al calificarlo urbanísticamente como equipamiento. En este caso, de acuerdo con el FJ 7°, la existencia de una técnica equidistributiva (transferencias de aprovechamientos urbanísticos en suelo urbano) en las Normas Subsidiarias libera al Ayuntamiento de tener que indemnizar.

Para MACERA y FERNÁNDEZ GARCÍA[397] la imposibilidad de equidistribución de la reducción del aprovechamiento puede manifestarse de muy diversas formas, pues podría derivar de la inexistencia de un polígono o unidad de ejecución, por la imposibilidad de delimitar unidades de actuación, o de situar su aprove-

---

396 Sala de lo Contencioso-Administrativo (Ar. 1997/9461; ponente: P.J. Yagüe Gil).

397 MACERA TIRAGALLO, Bernard-Frank y FERNÁNDEZ GARCÍA, Yolanda, *La responsabilidad de la Administración (...) op. cit.*, pp. 95-101.

chamiento en zonas aptas para edificar, con arreglo a la reparcelación, para poner solo algunos ejemplos. Así, citaremos la STS de 11 de diciembre de 1997[398], sobre la catalogación de un bien inmueble a conservar, la casona "Villa Juanita" de Arriondas (Asturias), donde existe una vinculación singular por la imposibilidad de demolerla así como la obligación de mantener el edificio y su entorno, siendo posible solo obras de mantenimiento y reformas. Al quedar claro desde el nivel de planeamiento general que no resulta viable ninguna técnica equidistirbutiva en suelo urbano, por lo que el Ayuntamiento debe indemnizar económicamente al propietario (ver el FJ 4° de la sentencia).

Sobre el derecho a indemnización por vinculación singular derivada de la catalogación que implica un menor derecho de edificabilidad, cabe mencionar la STS de 18 de marzo de 1999[399] (FJ 8° y 9°) donde se vincula el derecho de indemnización por vinculación singular a la imposibilidad de hacer una distribución equitativa de la carga entre los interesados. La misma sentencia, en el FJ 9°, nos recuerda que el tribunal en estos casos no puede resolver dar el derecho de edificabilidad que pretenden los demandantes, sino que lo que tan solo cabe es el derecho a ser indemnizado por el perjuicio edificatorio de la vinculación singular que deriva de la catalogación.

La imposibilidad de compensación debe interpretarse restrictivamente de acuerdo con la STS de 26 de febrero de 1992[400] en el FJ 3° de la sentencia apelada.

---

398 Sala de lo Contencioso-Administrativo (Ar. 1997/9463; ponente: P. Esteban Álamo).

399 Sala de lo Contencioso-Administrativo (número de recurso: 1076/1993; ponente: Yagüe Gil, Pedro José).

400 Sala de lo ponente: Yagüe Gil, Pedro José (Ar. 1992/3016; ponente: P. Esteban Álamo).

Y de acuerdo con la STS de 27 de febrero de 1987[401] (FJ 5°) y la STS de 20 de marzo de 1989[402] (FJ 2°), la vinculación debe implicar una desigualdad de trato para el propietario del inmueble afectado que solo puede ser compensada mediante una indemnización adecuada, basado en el principio de reparación íntegra de la reducción del aprovechamiento (STS de 6 de julio de 1991[403], FJ 2°).

Por otro lado, la STSJC de 27 de junio de 2016[404], niega el derecho a indemnización por vinculación singular por la catalogación de una chimenea industrial mediante modificación del Plan especial del catálogo del patrimonio de Olesa de Montserrat al considerarse que la pérdida de edificabilidad por el hecho de tener que dejar unos metros alrededor de la chimenea visibles puede ser compensado mediante edificabilidad en planta baja y piso en otras zonas de la unidad de actuación (ver el FJ 3°.6).

Dicho problema de la vinculación singular por limitar los derechos edificatorios se puede evitar a través del mismo planeamiento con compensaciones volumétricas y de altura edificatoria que permitirán conservar la parte protegida sin poner en peligro dichos derechos edificatorios (y por lo tanto la/s administración/es responsables evitarán tener que indemnizar al propietario). Así se desprende de la Sentencia del Juzgado de lo Contencioso-administrativo N°. 9 de Barcelona de 1 de febrero de 2017[405] (FJ 3°. Cuarto) al referirse a un Plan especial de Mejora Urbana de Bar-

---

401 Sala de lo Contencioso-Administrativo (Ar. 1987/3378; ponente F.J. Delgado Barrio).

402 Sala de lo Contencioso-Administrativo (Ar. 1989/2240/ ponente: F.J. Delgado Barrio).

403 Sala de lo Contencioso-Administrativo (Ar. 1995/5527; ponente: F.J. Hernando Santiago).

404 Sala de lo Contencioso-Administrativo, Sección 3ª (Sentencia núm. 436/2016, Rec. 177/2012; Ponente: Taboas Bentanachs, Manuel).

405 Sentencia núm. 31/2017, Rec. 104/2011; Ponente: Colorado Soriano, Rocío.

celona que prevé ese tipo de compensaciones de volúmenes que a la vez ya prevé la normativa del Plan General Metropolitano.

La STS de 18 de diciembre de 1996[406] no autoriza a crear mecanismos compensatorios fiscales genéricos ni ayudas inconcretas, pues si no hay mecanismo de equidistribución, la indemnización debe ser concreta (ver el FJ 8º).

Mientras que alguna doctrina como SÁNCHEZ GOYANES[407] propone mecanismos alternativos para evitar indemnizaciones, como regular ordenanzas complementarias, la determinación de ámbitos de ejecución conjunta o determinar regulaciones generalizadamente homogeneizadoras:

> "los problemas de gestionabilidad urbanística de aquellas determinaciones exigentes del mantenimiento forzoso de inmuebles integrantes del patrimonio arquitectónico protegible requieren, primero, regulaciones remisorias a Ordenanzas complementarias para la articulación de las compensaciones económicas directas por el primero de los efectos típicos de aquéllas, que es el de la configuración de un deber de conservación excesivo para los propietarios; y requieren, segundo, para compensar el eventual efecto de la restricción desigualitaria de aprovechamiento urbanístico, la conformación de ámbitos de ejecución conjunta o, en suelo urbano consolidado, de ámbitos al menos para hacer viable alguna técnica equidistributiva como puede ser la del aprovechamiento tipo y permitir la operatividad de las transferencias de aprovechamientos urbanísticos o mecanismos análogos.
> Aunque acaso la mejor recomendación que podría hacerse en esta materia sea la de elaborar regulaciones generalizadamente homogeneizadoras, que eviten las desigualdades resultantes de la imposición de afectaciones concretas y que pivoten preferentemente en torno a piezas como puede ser la flexibilización de usos, etc., susceptibles en sí mismas de contrarrestar el detrimento patrimonial que, por los otros flancos, experimenten los propietarios afectados."

---

406 Sala de lo Contencioso-Administrativo, Sección 5a (Roj: STS 7324/1996 - ECLI:ES:TS:1996:7324, ponente: Pedro José Yagüe Gil).

407 SÁNCHEZ GOYANES, Enrique, "El urbanismo, al servicio del patrimonio común (1)", *Práctica Urbanística*, Nº 119, Sección Estudios, Noviembre-Diciembre 2012, pp. 41-42.

Mientras que GARCÍA RUBIO[408] apuesta por medidas de compensación basadas en subvenciones o bonificaciones fiscales y en segundo lugar la posibilidad de establecer un mecanismo propiamente de equidistribución a través del proyecto de compensación dentro del sistema de compensación. Finalmente cabría la posibilidad de compensar con aprovechamientos urbanísticos en otros terrenos.

III.1.4.3- ¿Qué administración debe indemnizar por la vinculación singular?

La STS de 23 de diciembre de 2008[409] analiza la vinculación singular por la catalogación de un inmueble (donde no se pone en duda el carácter reglado de la catalogación, sino la indemnización por la vinculación singular) y analiza el papel concurrente y solidario a la hora de afrontar la indemnización de la administración municipal y la autonómica de la forma siguiente (FJ 6):

> "Nos queda, sin embargo, por determinar la Administración urbanística que debe afrontar y pagar la indemnización al propietario perjudicado, para lo que debemos aplicar lo establecido en el artículo 140.2 de la Ley 30/1992 (EDL 1992/17271) , en la redacción dada por la Ley 4/1999, según el cual en supuestos de concurrencia de varias Administraciones en la producción del daño, la responsabilidad se fijará para cada Administración atendiendo a los criterios de competencia, de interés público tutelado e intensidad de la intervención, resultando solidaria la responsabilidad cuando no sea posible dicha determinación.
> En este caso, tanto la Administración autonómica como el Ayuntamiento han participado en la elaboración y aprobación del planeamiento urbanístico, cuyas determinaciones son causa de

408 GARCÍA RUBIO, Fernando, "El papel de los Ayuntamientos en la Conservación del patrimonio cultural. Estado de la cuestión (1)", *El Consultor de los Ayuntamientos*, Nº 12, Sección Colaboraciones, 2004, pp. 2090-2091.

409 Sala de lo Contencioso-Administrativo, Sección 5ª (rec. 5777/2004; procedimiento: Recurso de casación Sentido del fallo: Desestimación, Ponente: Peces Morate, Jesús Ernesto).

las aludidas vinculaciones singulares y de las consiguientes limitaciones del aprovechamiento urbanístico, de modo que ambas podrían ser condenadas a pagar la indemnización al propietario, gravado con ellas, en forma solidaria, pero entendemos que resulta diferenciable o distinguible la vinculación consistente en la catalogación del inmueble, que ya venia dispuesta en el planeamiento anterior y tiene un carácter reglado, de la que deriva del destino de la parcela a gasolinera, de modo que en aquella catalogación la participación, de acuerdo a las competencias ejercitadas y al interés público tutelado, debe considerarse conjunta y, por tanto, solidaria la responsabilidad del Ayuntamiento y de la Administración de la Comunidad Autónoma, mientras que en la otra limitación, causada por la asignación de la parcela al uso de estación de servicio de combustible, al no estar ante una decisión reglada ni concernido un interés supramunicipal, la intervención del Ayuntamiento ha sido la determinante, según acertadamente lo adujo la Administración de la Comunidad Autónoma en su contestación a la demanda, de manera que es aquél quien deberá pagar la indemnización al propietario por tal concepto." [410]

En un sentido similar, la STS de 26 de marzo de 2003, Sala de lo Contencioso-Administrativo, determinó respecto de la responsabilidad concurrente entre municipio y administración autonómica en la aprobación del planeamiento que contiene el catálogo que "La responsabilidad debe ser solidaria de acuerdo con las competencias ejercidas y el interés tutelado".

La STS 18 de marzo de 1999[411] (FJ 10), nos indica que debe haber una responsabilidad solidaria entre la administración que aprobó definitivamente el plan urbanístico (la autonómica) y la que es titular del plan (la municipal).

---

410 Dicho argumento es reproducido literalmente en el FJ 8º de la STS de 22 de noviembre de 2018 (Roj: STS 4017/2018 - ECLI:ES:TS:2018:4017), ponente: Tolosa Tribiño.

411 Sala de lo Contencioso-Administrativo (ponente: Yagüe Gil, Pedro José; número de recurso: 1076/1993).

III.1.4.4.- ¿Se debe proceder a catalogar si existe una vinculación singular indemnizable?

Pues efectivamente es posible catalogar a pesar de la vinculación singular e incluso necesario, pues como jurisprudencialmente se nos ha expuesto, la facultad de catalogar inmuebles deriva de una potestad reglada derivada de conceptos jurídicos indeterminados (alguna otra jurisprudencia menciona que es una potestad discrecional técnica, especialmente resalta la discrecionalidad en la catalogación meramente urbanística) pero en todo caso deriva de que los informes técnicos avalen la protección de un inmueble debido a su interés cultural, histórico, artístico, arquitectónico, etc para que la administración tenga la obligación de protegerlo, y ello a pesar de las consecuencias de indemnización que deban lidiarse de posibles vinculaciones singulares por restricciones en el aprovechamiento urbanístico. En todo caso, derive de una potestad reglada o discrecional la catalogación o protección de un inmueble, si está motivada, no es ilegal, y aunque se genere derecho a indemnización, se podrá proceder a la catalogación.

Esta disyuntiva la ha tratado ya MARTÍ SELVA y da como posible solución que los tribunales adopten criterios más suaves y razonables frente a la problemática[412].

Al respecto, es interesante citar la STS de 4 de septiembre de 2006[413], en lo referente a la poca relevancia de las vinculaciones urbanísticas singulares a la hora de proceder a la catalogación urbanística de un inmueble, pues la vinculación no es un impedimento para catalogar (ver FJ 6º). Así pues, de acuerdo con esta sentencia, el deber de indemnizar por la vinculación singular no

412 MARTÍ SELVA, Enrique, "Vinculación singular, un nuevo obstáculo en la ordenación urbanística", *Práctica Urbanística,* Nº 165, Sección Estudios, Julio-Agosto 2020, Wolters Kluwer

413 Sala de lo Contencioso-Administrativo, Sección 5ª (rec. 2569/2003; Procedimiento: Recurso de casación; Sentido del fallo: Desestimación; ponente: Peces Morate, Jesús Ernesto).

es excusa para no catalogar cuando se dan las circunstancias de un bien catalogable por su interés cultural.[414]

III.1.4.5.- ¿Cuándo nace el derecho a ser indemnizado por vinculación singular?

Como exponen MACERA y FERNÁNDEZ GARCÍA[415], de acuerdo con la jurisprudencia tradicional, el momento en el que debía acreditarse la imposibilidad de establecer mecanismos de distribución de beneficios y cargas, que es el momento en el que se puede exigir una indemnización administrativa, exigía esperar a la fase de gestión o ejecución del planeamiento, pues el objetivo de dicha fase es precisamente la de garantizar un reparto equitativo de beneficios y cargas derivados del planeamiento y es por lo tanto cuando se determinan posibles indemnizaciones a los propietarios[416], así cabría citar la STS de 20 de marzo de 1989[417] (FJ 4º). Por lo tanto las peticiones hechas antes de esta fase de ejecución, eran consideradas extemporáneas por prematuras.

SÁNCHEZ GOYANES[418] nos advierte sobre la necesidad de que exista un planeamiento de desarrollo en la catalogación que desarrolle la precatalogación del plan general, para concretar el

---

414 RUIZ DE LA PEÑA RUIZ, Diego, "Diez años de catalogación urbanística en Asturias. Situación actual y perspectivas de futuro", en *Los Catálogos Urbanísticos en el Principado de Asturias: una perspectiva pluridisciplinar*, Universidad de Oviedo, Oviedo, 2013, p. 324.

415 MACERA TIRAGALLO, Bernard-Frank y FERNÁNDEZ GARCÍA, Yolanda, *La responsabilidad de la Administración (...) op. cit.*, p. 99-101.

416 BLASCO ESTEVE, Avelino, *La responsabilidad de la Administración por daños causados por actos administrativos: doctrina jurisprudencial*, Revista de la Administración Pública, n.91, enero-abril 1980, p.950.

417 Sala de lo Contencioso-Administrativo (Ar. 1989/2240; ponente F.J. Delgado Barrio).

418 Ver SÁNCHEZ GOYANES, Enrique, "Las catalogaciones urbanísticas como ejercicio de la competencia municipal de protección del patrimonio cultural", en GARCÍA RUBIO, Fernando (coord.), *Régimen jurídico de los centros históricos*, Dykinson, Madrid, 2008, p. 155.

grado real de afección que sea indemnizable. Así pues, a veces, se admite el desarrollo del planeamiento urbanístico para poder exigir indemnización, así cabe citar por su relación con la catalogación de inmuebles, la STS de 6 de julio de 1995[419], que trata de la precatalogación de la casa del torero Manolete prevista en el PGOU de Córdoba, que se remitía a una posterior aprobación de las Normas Complementarias para la Protección de los Edificios, que formaría el Catálogo y el Plan Especial de Protección (ver FJ 3° de la sentencia).

A continuación, el FJ 5° de la sentencia hace remisión a la doctrina jurisprudencial de otras sentencias donde justifica la necesidad de que se tenga por aprobado el plan especial del catálogo del patrimonio con tal de poder determinar la cuantía indemnizable:

> "Queda, por último, consignar que la doctrina que establecemos no entra en contradicción con la sustentada por este Tribunal Supremo en las sentencias de 20 de marzo de 1989; 29 de noviembre de 1989; 29 de abril de 1991 y 26 de febrero de 1992 por cuanto en todas ellas, aún cuestionándose la aplicación de las prevenciones contenidas en el art. 87.3 de la Ley del Suelo (Texto Refundido de 1976) y tratándose de vinculaciones o limitaciones singulares impuestas a edificios - casos perfectamente homologables al presente-, en todas ellas existían Planes Especiales específicos de protección, o similares, que contemplaban los inmuebles afectados y no como en el presente caso acontece (...)."

En el mismo sentido que el FJ 3° de la STS de 6 de julio de 1995, cabe citar la STS de 6 de junio de 1995[420] que determinó que no cabe pedir la indemnización hasta que no se aprueba (definitivamente) el plan urbanístico, y también que no toda restricción sobre la edificabilidad es una vinculación singular indemnizable[421].

---

419 Sala de lo Contencioso-Administrativo, Sección 1ª (Roj: STS 3984/1995 - ECLI:ES:TS:1995:3984; Ar. 1995/5527; ponente: F.J. Hernando Santiago).

420 Sala de lo Contencioso-Administrativo (Rj 1995,5527).

421 COUCE CALVO, Victoria y MENÉNDEZ SOLAR, Belén, "La normativa de los Catálogos Urbanísticos. Problemática en su aplicación" en *Los*

También en el sentido de exigir un plan especial para poder pedir la indemnización, tenemos la STSJC de 29 de junio de 2004[422], donde ante la pretensión del propietario de que se le indemnice por restringir la edificabilidad de la finca debido a la catalogación que exige mantener la volumetría y jardín de la finca, la sentencia, en su FJ 5° determina que es necesario para que sea indemnizable que se concrete la edificabilidad definitiva en el plan especial del catálogo y solo si se prohíbe claramente obtener la edificabilidad a la que se tenía derecho originalmente sin que se contemple ningún sistema de compensación o distribución equitativa.

En un sentido similar a la anterior STSJC de 29 de junio de 2004 se manifiesta la de 22 de febrero de 2006[423], que redunda en la necesidad de que exista un plan especial que concrete la protección para que exista el derecho a indemnización a pesar de que el plan general urbanístico ya hubiera determinado la protección del inmueble, pero además es interesante la sentencia porque insiste en el hecho de que no patrimonializar en el pasado el aprovechamiento urbanístico no significa su renuncia a la indemnización, finalmente también determina que el plan especial podría haber evitado la indemnización si hubiera establecido sistemas compensatorios claros (y no los indeterminados que establece) o una equidistribución justa.

En algunos casos, pero, se ha admitido jurisprudencialmente indemnizar solamente en base al plan general urbanístico, sin esperar a una fase de gestión, si el mismo plan general rechaza expresamente la viabilidad de técnicas equidistributivas. Así, podemos mencionar la STS de 26 de febrero de 1992[424], sobre la ca-

---

Catálogos Urbanísticos en el Principado de Asturias: una perspectiva pluridisciplinar, Universidad de Oviedo, Oviedo, 2013, p. 323.

422 Sala de lo Contencioso-Administrativo, Sección 3ª (Sentencia núm. 508/2004, rec. 615/2000; ponente: Pilar Martín Coscolla).

423 Sala de lo contencioso, sección cuarta (Sentencia 225/2006, Rec. 549/2002; Ponente: María Abelleira Rodríguez).

424 Sala de lo Contencioso-Administrativo (Ar. 1992/3016; ponente P. Esteban Álamo).

talogación de un palacete de Madrid en el Paseo de la Castellana con calle Jorge Manrique (frente a los Nuevos Ministerios)[425] [426]. En este sentido se expresa también SÁNCFHEZ GOYANES[427]

III.1.4.6.- ¿Quién tiene la carga de probar que existe la imposibilidad de distribución de beneficios y cargas?

En principio dicha carga recae en quien reclama la indemnización, en base al artículo 1.214 del Código Civil. En este sentido cabe citar la STS de 20 de marzo de 1989[428] (FJ 5°). Si bien la misma sentencia, basándose en el principio de buena fe, ha llegado a afirmar que:

> "cuando para una de las partes resulta más fácil que para la otra el acreditamiento de un hecho, ello ha de repercutir sobre aquella carga trasladando la necesidad de probar a quien tenía más facilidad para ello: la imposibilidad de la justa distribución de los beneficios y cargas del planeamiento es un hecho negativo y el positivo contrario –la posibilidad de aquella distribución-".

---

425 MACERA TIRAGALLO, Bernard-Frank y FERNÁNDEZ GARCÍA, Yolanda, *La responsabilidad de la Administración (…) op. cit.*, p. 101.

426 Sobre la posibilidad de pedir indemnización por vinculación singular ya desde la aprobación del plan general cabe mencionar la STSJ de Asturias de 29 de noviembre de 1999 (ponente: Margareto García) o la STS de 20 de marzo de 1989 (Ar. 1989/2240; ponente: F.J. Delgado Barrio) que en su FJ 4° se admite por cuanto la Administración ya fracasó en su intento de delimitar una unidad de actuación al respecto, se considera que ya se está en fase de ejecución.

427 Ver SÁNCHEZ GOYANES, Enrique, "Las catalogaciones urbanísticas como ejercicio de la competencia municipal de protección del patrimonio cultural", en GARCÍA RUBIO, Fernando (coord.), *Régimen jurídico de los centros históricos*, Dykinson, Madrid, 2008, p. 160.

428 Sala de lo Contencioso-Administrativo, Sección 1ª (Ar. 1989/2240; RJ 1989/2010; ponente: F.J. Delgado Barrio).

Motivo por el que la citada STS de 20 de marzo de 1989[429] (FJ 5º) llega a concluir que "no tendría que resultar difícil para un Ayuntamiento que cuenta con la importante organización del apelante" con tal de invertir la carga probatoria para el Ayuntamiento en vez del particular.

III.1.5.- Conclusiones preliminares

A continuación paso a exponer las conclusiones más relevantes de este trabajo sobre si la catalogación de un bien cultural en sus distintas categorías así como bienes de mera protección urbanística derivan de una potestad reglada o discrecional:

- Jurisprudencialmente hemos visto ciertas contradicciones entre el Tribunal Supremo (TS) y el Tribunal Superior de Justicia de Cataluña (TSJC). Así, el primero es mucho más proclive a considerar que la potestad administrativa para catalogar bienes culturales (y su nivel de protección) es reglada (ver, por todas, STS de 21 de abril de 2010), y por lo tanto si los informes técnicos entienden que tiene ese interés cultural deberemos sí o sí catalogar el bien (incluso independientemente del estado de conservación del bien y el coste para su recuperación). Mientras que el TSJC es más partidario de entender que la potestad de catalogación es discrecional (ver, por todas, STJSC de 25 de marzo de 2021), si bien le da mucha importancia también a sus elementos reglados, especialmente los informes técnicos justificativos pues son la base de la motivación de todo acto discrecional de catalogación (art. 35 LPAC) si bien la validez jurídica de estos informes técnicos administrativos para catalogar o no catalogar tienen una presunción "*iuris tantum*" que puede ser motivadamente rebatida en sede administrativa o judicial. Además, el TS nos recuerda que el ejercicio de la potestad discrecional es revisable judicialmente. Además, el TSJC discrepa del TS al considerar que no se deben catalogar

---

429 Sala de lo Contencioso-Administrativo (Ar. 1989/2240; ponente F.J. Delgado Barrio).

bienes en mal estado de conservación si el coste de recuperación supera el 50% de su valor, en base al artículo 67 LPCC. Personalmente soy partidario de considerar que toda catalogación debería ser posible, independientemente de que en caso de exigir una actuación de conservación o rehabilitación sobre el bien superior al 50% de su valor debería la administración actuante indemnizar por ese exceso que el propietario no tiene el deber legal de suportar, si bien es cierto que una mejor redacción del artículo 67.1 LPCC ayudaría a posibilitarlo.

- En el fondo TS y TSJC tampoco dicen cosas tan distintas: el primero aboga por una potestad reglada con conceptos jurídicos indeterminados a esclarecer caso por caso mediante informes justificativos que demuestren el valor cultural del bien, mientras que el TSJC aboga por una potestad discrecional de catalogación dando gran importancia a sus elementos reglados, especialmente el informe justificativo que motive la declaración. Por lo tanto, al fin y al cabo la clave de toda catalogación o declaración de BCIL es su motivación mediante informe de un técnico en patrimonio y seguir el procedimiento del artículo 17 LPCC (SSTSJC de 4 de junio de 2018 y de 16 de mayo de 2019). Sea como sea, en todas las sentencias, cuando se ha apostado por la potestad reglada o discrecional en la catalogación se ha hecho con la finalidad de favorecer la protección del patrimonio cultural, dando cumplimiento al principio rector del artículo 46 de la Constitución de garantizar la conservación y promover el enriquecimiento del patrimonio histórico español (es explícito el Auto del Pleno del Tribunal Constitucional 104/2010).

- Mientras que el TSJ de las Islas Baleares es mucho más proclive en considerar toda catalogación sea urbanística o sectorial del patrimonio cultural como reglada (SSTSJIB de 15 de abril de 2014 y de 26 de junio de 2021).

- También del estudio del conjunto de la jurisprudencia se desprende que como más elevada es la categoría de protección cultural (BIC/BCIN y en menor medida BCIL) más tendencia a considerar reglada la potestad de catalogación (STS de 4 de diciembre de 2012), mientras que para la mera protección del catálogo urbanístico, se tiende a dejar más margen de catalogación a nivel discrecional de la administración municipal, en base al *ius variandi* propio de la potestad planificadora urbanística (STS de 21 de octubre de 1997 y STS de 4 de diciembre de 1995).

- Este carácter ambiguo o mixto a medio camino entre la potestad reglada y la discrecional para catalogar un bien cultural ha sido explícitamente expresada en la STSJM de 2 de diciembre de 2020 y en la STS de 4 de diciembre de 2012 al considerar que es una "potestad discrecional técnica", una tercera vía entre la potestad reglada y la discrecionalidad donde hay un margen de discrecionalidad dentro de los conceptos técnicos que deben concurrir en un bien cultural para ser catalogado (y también respecto a su grado de protección). La STSJ de Aragón de 14 de diciembre de 2016 lo considera una potestad reglada con conceptos jurídicos indeterminados que dan un importante margen de "discrecionalidad técnica" para apreciar si el bien debe ser catalogado o no. Esta tercera vía encaja bien como fórmula unificatoria de las discrepancias jurisprudenciales, dando preponderancia a la nomenclatura concreta dada por el Tribunal Supremo dado su carácter superior a los tribunales superiores de justicia.

- Finalmente, el bien inmueble que se declare BCIN o BCIL puede estar en buenas o malas condiciones de preservación, e independientemente del alto coste en su posible rehabilitación siempre que concurran los elementos de interés cultural propios de los BCIL (STSJC de 27 de febrero de 2002 y STS de 14 de noviembre de 1986). Pero el TSJC pone límites a ese coste de rehabilitación, pues si los costes fueran inasumibles entiende que se quebraría el principio de potestad discrecional en la catalogación (STJSC de 25 de marzo de 2021 referente a un BCIL y STSJC de 7 de marzo de 2001 referente a un BCIN). La STSJ Canarias de 25 de septiembre de 2017 ha destacado la posibilidad de proteger parcialmente un inmueble en mal estado si es la parte más destacada y bien conservada del mismo.

Por otro lado, de toda la jurisprudencia estudiada referente al derecho a indemnización por la vinculación singular fruto de la catalogación podemos llegar a las siguientes conclusiones:

1) La mera catalogación de un inmueble no determina *per se* el derecho a indemnización por vinculación singular.

2) Es preciso que la vinculación sea singular para el propietario, y que derive en una menor edificabilidad del propietario y que además esta menor edificabilidad no sea susceptible de distribución equitativa entre los demás propietarios mediante los distintos sistemas que la equidistribución urbanística permite. Eso implica que se está tratando de forma distinta a casos iguales, así, por ejemplo, sea el único bien catalogado con restricciones de edificación a diferencia de otros inmuebles iguales o del entorno. La STSJ del País Vasco de 13 de marzo de 2020 nos recuerda que no toda restricción del aprovechamiento implica una vinculación singular, y por lo tanto no toda restricción de aprovechamiento implica el deber de indemnizar, pues debe existir un trato diferenciado e injustificado con parcelas análogas, o que esté justificado en razones de interés público que excedan del deber del propietario a soportar la carga. La STS de 22 de noviembre de 2018 pone el acento en que la comparativa de edificabilidades se debe hacer entre edificaciones colindantes o de zona y no entre edificaciones catalogadas a lo largo del municipio.

3) Debe existir además una limitación singular del inmueble. Según la STS de 26 de junio de 2017 y otra jurisprudencia, la limitación singular debe darse no respecto del planeamiento anterior, sino de la comparativa dentro del mismo plan que se modifica. Es decir, que aunque se catalogaran bienes en un plan urbanístico sin generar derecho a indemnización, si a posteriori se modifica el planeamiento general y se genera mayor edificabilidad en inmuebles del entorno pero no en los inmuebles catalogados -debido a su catalogación- esto podría generar una vinculación singular indemnizable, según el caso.

4) Solo se determina el derecho a indemnización por vinculación singular derivada de una catalogación, no el derecho a edifi-

car preestablecido por el planeamiento urbanístico. De eso se deriva que la vinculación singular no es en sí mismo una ilegalidad ni comporta la nulidad del plan o parte del plan, simplemente implica el derecho del propietario a ser indemnizado por el menoscabo.

5) La indemnización es, con carácter general, solidaria entre la administración autonómica que aprueba definitivamente el plan y el municipio que es titular del plan urbanístico.

6) Hay fórmulas para evitar dicha vinculación singular y la correspondiente indemnización, como las compensaciones volumétricas si las prevé el plan general urbanístico y se concretan en un plan especial.

7) Solo se puede exigir indemnización a la administración cuando ya se ha concretado la catalogación y todas sus limitaciones en el plan especial del catálogo del patrimonio (o el plan general urbanístico si hiciera ese papel de catalogación al detalle). También cabe pedir indemnización des del momento de aprobación del plan general si el mismo rechaza expresamente la viabilidad de técnicas equidistributivas.

8) El deber de probar la imposibilidad de aplicar las técnicas equidistributivas que da lugar a la indemnización, corresponde al particular que pretende ser indemnizado, si bien cierta jurisprudencia matiza esto en ciertos supuestos en los que resulte mucho más sencillo a la Administración aportar la prueba. Según la STS de 18 de diciembre de 1996 no se autoriza a crear mecanismos compensatorios fiscales genéricos ni ayudas inconcretas, pues si no hay mecanismo de equidistribución, la indemnización debe ser concreta.

9) Según la STS de 4 de septiembre de 2006, existe poca relevancia de las vinculaciones urbanísticas singulares a la hora de proceder a la catalogación urbanística de un inmueble, pues la vinculación no es un impedimento para catalogar.

10) También se puede dar en un edificio catalogado la vinculación singular indemnizable por exigirse un deber de conserva-

ción más allá del ordinario en todo propietario y fundamentado en el artículo 15.3 del TRLS, que limita las obras de conservación en la mitad del valor actual de construcción de un inmueble de nueva planta equivalente al original, a lo que la STS de 11 de febrero de 1985 ha añadido que el deber de conservación alcanzaría únicamente las obras estrictamente imprescindibles y la STS de 6 de julio de 1995 ha determinado que en caso de existir tal vinculación singular indemnizable, la cuantía de indemnización se ajustará al principio de resarcimiento íntegro y completo.

11) No hay que confundir la indemnización por vinculación singular fruto de las limitaciones que impone una catalogación con otras indemnizaciones previstas en la LPCC como lo es la de suspensión de licencias mientras se tramita un BCIN (art. 11.2 LPCC), la de modificación o anulación de licencia otorgada a causa de la declaración de BCIN (art. 31 LPCC) o la indemnización por ampliación del plazo de suspensión de obras más allá de los 20 días por el Departamento de Cultura en caso de descubierta de restos arqueológicos en una obra privada (art. 52 LPCC).

III.2.- CATÁLOGOS URBANÍSTICOS DEL PATRIMONIO EN CATALUÑA

III.2.1.- Introducción

El actual Decreto Legislativo 1/2010 del Texto Refundido de la Ley de Urbanismo de Cataluña (TRLUC) ha puesto mecanismos a disposición de los Ayuntamientos para proteger el patrimonio inmobiliario, desde la vertiente del planeamiento nos centraremos en los catálogos urbanísticos del patrimonio (que debe anudarse con el art. 4 LBRL que atribuye a los municipios potestad reglamentaria, lo que autoriza su implicación en la aprobación de planes urbanísticos, que no dejan de ser normas reglamentarias). Sin perjuicio de que existen otros instrumentos que no son tanto de protección pero que ayudan a preservar el patrimonio cultural, como los catálogos de masías y construcciones en SNU (arts. 47.3 y 50.2 TRLUC), que pueden formar parte del POUM o de un plan especial y ayudan a identificar masías en SNU a rehabilitar o reconstruir por razones históricas o arquitectónicas y que permite flexibilizar sus usos caso por caso, así como reducir la tediosa tramitación urbanística para otorgar licencias en estos inmuebles en SNU. Sin duda se trata de un aliciente para recuperar ese patrimonio rural sin necesidad de establecer previsiones proteccionistas.

Por otro lado, la fase ejecutiva urbanística en concreto la de licencia también tiene previsiones explícitas sobre bienes catalogados que se estudiarán en otros capítulos de este trabajo, como la necesidad de licencia para cualquier intervención en bienes catalogados según el art. 187.2.a TRLUC; la declaración de ruina, que tiene un régimen especial sobre los bienes catalogados en vistas a evitar su desaparición (art. 198.3 TRLUC); por no hablar de los mecanismos de protección de la legalidad urbanística alterada, como la restitución del bien en su situación anterior o el procedimiento disciplinario, que incluye como infracción muy grave "la vulneración del régimen de usos y obras de los bienes que el planeamiento urbanístico incluye en los catálogos de bienes protegidos" (art. 213.e TRLUC).

En Cataluña y en el resto de Comunidades Autónomas, hay dos maneras de proteger bienes inmuebles, ya sea vía la legislación sectorial del patrimonio cultural para proteger bienes singulares, normalmente de gran relevancia cultural o histórica (también cierta normativa sectorial permite proteger bienes de interés natural singulares), ya sea por la vía urbanística con más intervención de los municipios y que sirve para proteger toda clase de bienes inmuebles (no solo los culturales, también los naturales), tanto los de gran interés como los que no tienen tanto interés cultural o natural.

En todo caso, el objeto del presente capítulo es analizar el instrumento principal del patrimonio a nivel urbanístico: el catálogo urbanístico del patrimonio.

III.2.2.- Fundamento jurídico

Tal y como dice SERRA MONTÉ[430] en su obra sobre “Directrices de contenido para los catálogos de bienes y planes especiales de protección”,

> "La vía urbanística, regulada por el TRLUC permite, a través de los catálogos de bienes protegidos, la protección de todo el patrimonio del término municipal; a diferencia de la vía sectorial, en que catalogación se hace individualizada para cada bien, siguiendo los procedimientos establecidos a la LPCC u otra legislación sectorial."

De acuerdo con el artículo 9.3 TRLUC, sobre “Directrices para el planeamiento urbanístico”,

> "El planeamiento urbanístico tiene que preservar los valores paisajísticos de interés especial, el suelo de alto valor agrícola, el patrimonio cultural y la identidad de los municipios, y tiene que incorporar las prescripciones adecuadas para que las construcciones y las instalaciones se adapten al ambiente donde estén situadas o bien donde se tengan que construir y no comporten un demérito para los edificios o los restos de carácter histórico, artístico, tradicional o arqueológico existentes en el entorno."

Dicho precepto ya nos pone sobre la pista de una de las grandes finalidades del planeamiento urbanístico: preservar el patrimonio y los ambientes urbanos tradicionales. Esto implica, según SERRA MONTÉ[431]

> "El planeamiento tiene que tener en cuenta los bienes patrimoniales, tanto los existentes como los propuestos, recogidos en el Catálogo, y establecer las determinaciones urbanísticas necesarias para mantener sus valores, teniendo especial cura con sus entornos."

El sentido último de los catálogos urbanísticos es el de dar cumplimiento al principio de desarrollo urbanístico sostenible regulado, con carácter básico en el artículo 3.2 y 3.3 TRLS, que en

---

430 SERRA MONTÉ, Agustí (Dir.), *op. cit.*, p. 24.

431 SERRA MONTÉ, Agustí (Dir.), *op. cit.*, p. 10.

Cataluña, se regula en el artículo 3.1 TRLUC y se desarrolla en el artículo 3.e) y f) RLUC.

GIFREU I FONT conceptúa la naturaleza del catálogo urbanístico en el ordenamiento jurídico catalán como un "elemento auxiliar de los planes urbanísticos", que es "parte integrante de la documentación imperativa del plan urbanístico correspondiente".[432]

SERRA MONTÉ[433], trata de la función del catálogo urbanístico, y lo entiende del siguiente modo:

> "La función principal del Catálogo de bienes protegidos es la preservación de los valores existentes en el ámbito del plan urbanístico por medio del establecimiento de medidas urbanísticas de protección jurídica.
> En el marco del planeamiento urbanístico, el Catálogo de bienes protegidos es un documento normativo que permite en los ayuntamientos proteger el patrimonio más significativo del municipio. A través de fichas individualizadas identifica los conjuntos y los elementos patrimoniales relevantes (arquitectónicos, arqueológicos- paleontológicos, socioculturales- etnológicos, naturales y ambientales- paisajísticos) y establece el nivel de protección al cual están sujetos, determinando el tipo de intervenciones o actuaciones posibles de acuerdo con el contenido normativo del plan, para garantizar la preservación de los valores y de las formas tradicionales de ocupación humana del suelo."

De hecho, el mismo autor[434] estima fundamental el catálogo urbanístico para proteger los conjuntos urbanos y núcleos históricos y sus valores arquitectónicos, dando algunos consejos para evitar su degradación, alteración o desaparición, como lo es:

1) Priorizar la rehabilitación a la sustitución de los edificios;

2) Que el planeamiento urbanístico no prevea más edificabilidad de la existente (para evitar que la especulación inmobiliaria acabe con estos conjuntos);

---

432 GIFREU I FONT, Judith, "*L'activitat urbanística dels ens locals*", *op. cit.*, p. 1231.

433 SERRA MONTÉ, Agustí (Dir.), *op. cit.*, p. 7.

434 SERRA MONTÉ, Agustí (Dir.), *op. cit.*, p. 31.

3) Prohibir la agrupación de parcelas y la densificación de viviendas (para evitar que se hagan promociones de bloques de viviendas de propiedad horizontal como la reconversión de edificios de cierta entidad en pequeñas unidades de vivienda que podrían desvirtuar la estructura de los edificios y del conjunto); y

4) Que el catálogo diferencie en los conjuntos los elementos a conservar y los que pueden ser sustituidos, estableciendo los parámetros urbanísticos de las reconstrucciones (para que guarden una harmonía con el conjunto).

En el ordenamiento jurídico catalán, el fundamento legal concreto del catálogo urbanístico lo encontramos en el art. 71.1 TR-LUC, sobre "Catálogos de bienes protegidos y ordenanzas municipales" para encontrar un fundamento legal preciso que obliga a elaborar dichos catálogos (y esta vez para todos los municipios, y no solo los declarados histórico-artísticos del art. 6.4 LPCC):

> "1. Para conseguir la efectividad de las medidas urbanísticas de protección de monumentos, edificios, jardines, paisajes o bienes culturales, las administraciones competentes deben incluir en un catálogo los bienes que haya que proteger. Los catálogos, junto con las normas específicas, y de acuerdo con las categorías establecidas por la legislación sectorial aplicable, son parte integrante de la documentación imperativa del plan urbanístico correspondiente."

Para RICART I MARTÍ y GÓMEZ BUENDÍA este precepto no debería haber hecho mención a las "administraciones competentes", sino de forma más adecuada a los "ayuntamientos y otras administraciones competentes" [435], pues al fin y al cabo los ayuntamientos son los protagonistas obligados a realizar el catálogo.

Dicha previsión legal, que reproduce literalmente la de la Ley de Urbanismo de Cataluña aprobada por Decreto Legislativo 1/2005 (artículo 69.1) se encuentra desarrollada reglamentaria-

---

[435] RICART I MARTÍ, Encarnació y GÓMEZ BUENDÍA, Carmen, "El patrimonio cultural local", *op. cit.*, p. 1455.

mente en el Decreto 305/2006, de 18 de julio, por el que se aprueba el Reglamento de la Ley de urbanismo (RLUC). En el RLUC hay una referencia en el artículo 75 (sobre "Catálogo de bienes protegidos") del mismo para referirse a la necesidad de que haya un catálogo de bienes protegidos en el POUM con un contenido mínimo en el mismo y deja la opción de que el POUM contenga solo un "precatálogo" a desarrollar por un plan especial específico sobre el catálogo[436]:

> "75.1 El catálogo de bienes protegidos del plan de ordenación urbanística municipal determina los bienes inmuebles, singulares o de conjunto, que son objeto de protección por razón de sus valores arquitectónicos, arqueológicos, geológicos o, en general, culturales, de acuerdo con lo que establece el artículo 95 de este Reglamento.
> 75.2 Si el plan de ordenación urbanística municipal prevé expresamente la formulación de un plan especial urbanístico de protección del patrimonio arquitectónico o cultural, el catálogo se puede limitar a enumerar e identificar los bienes inmuebles que son objeto de protección, sin perjuicio de la ampliación del catálogo que se pueda producir con motivo de la formulación y aprobación del indicado plan especial."

Realmente la figura formal del precatálogo ya no existe como tal, pero de algún modo la función del POUM respecto al patrimonio inmueble es muy parecida. Se ha discutido si un precatálogo puede llegar a vincular al propietario, incluso a pesar de que la legislación urbanística en base a la que se aprobó ya esté derogada, e incluso se discute si el hecho de que el precatálogo del PGOU establezca un plazo para formular un plan especial con un catálogo completo y se incumple el plazo da derecho al propietario a poder actuar libremente sobre el bien, a lo que la STSJC de 10 de junio de 2014[437] dice que no tiene ningún efecto sobre la protección del precatálogo, además de confirmar la corrección jurídica de la pervivencia del precatálogo a pesar de

---

436 Esto último confirmado en el art. 67.1.b TRLUC

437 Sala de lo Contencioso-administrativo, Sección 3ª (Sentencia núm. 349/2014, Rec. 56/2012; Ponente: Taboas Bentanachs, Manuel).

haberse aprobado una ley de urbanismo nueva que no contemple explícitamente esa figura (FJ 4º).

La STS de 26 de marzo de 2001[438] (FJ 2º) es un ejemplo de la flexibilización interpretativa en pro del patrimonio cultural hasta el punto de permitir que el planeamiento general precatalogue bienes sin estar en un verdadero catálogo y aun así dotar de protección efectiva al bien.

Ya con anterioridad, la STS de 14 de diciembre de 1987, había determinado que la catalogación de un inmueble en algunos supuestos era incluso innecesaria para su protección, pues el Catálogo

> "es tan sólo necesario cuando se puede establecer una clara distinción entre el bien concreto conservable y el contenido total del planeamiento, resultando superfluo y hasta innecesario, cuando, cual acaece en el caso de autos, entre el objeto conservable y el objeto del planeamiento se da una total identidad."

Para SÁNCHEZ GOYANES[439],

> "Esta línea doctrinal no es sino una de las manifestaciones de una tendencia claramente decantada en la jurisprudencia que aboga por apurar siempre las interpretaciones más favorables a la efectividad del principio de protección del patrimonio cultural como rector no sólo de la actuación de los poderes públicos ejecutivos sino como proclama la propia Constitución también informante de la propia práctica judicial (artículo 53 CE).

Si bien el autor advierte que,

> "La inclusión en el Catálogo se estima generalmente como condición necesaria para la aplicación a un inmueble del régimen de conservación y protección establecido en un Plan Especial (Plan

---

438 Sala de lo Contencioso-Administrativo (ECLI ES:TS:2001:2433; Ponente: Manuel Vicente Garzón Herrero).

439 SÁNCHEZ GOYANES, Enrique, "Las catalogaciones urbanísticas como ejercicio de la competencia municipal de protección del patrimonio cultural", en GARCÍA RUBIO, Fernando, *Régimen jurídico de los centros históricos*, Madrid, 2008, p. 121.

> General o NNSS) [SSTS de 14 de julio de 1983, 15 de noviembre de 1983 (Ar. 6624), 12 de julio de 1985]."[440]

Algunos autores como VILA RECIO[441], han criticado la excesiva discrecionalidad administrativa al catalogar bienes urbanísticamente, proponiendo soluciones más participativas y multidisciplinares. RICART I MARTÍ y GÓMEZ BUENDÍA hacen una aportación interesante al considerar la posible conexión entre el Suelo No Urbanizable de protección especial con la protección del patrimonio cultural, pues:

> "El art. 32 a) primero TRLU establece que una de las causas para considerar un suelo como "no urbanizable" es que esté sometido a un régimen especial de protección en aplicación de la legislación sectorial. Por lo tanto, es posible la declaración de suelo no urbanizable en atención a la protección del patrimonio cultural. ." [442]

III.2.2.1.- Clases de bienes protegibles

Hay distintas maneras de clasificar los bienes protegibles en un catálogo del patrimonio, ya sea según la naturaleza del bien (arqueológico, edificio, monumento, elemento natural, camino, fuente, etc), la categoría de protección (BCIN, BCIL, Espacio de Protección Arqueológica y bien del catálogo municipal/bien de protección urbanística), la intensidad de la protección (integral, composición del inmueble, volumetría, fachada, ambiental o documental, por ejemplo).

---

440 SÁNCHEZ GOYANES, Enrique, "Las catalogaciones urbanísticas como ejercicio de la competencia municipal de protección del patrimonio cultural", *op. cit.*, pp. 121.

441 VILA RECIO, Marc, "*Estat actual i crítica de la legislació i figures de protecció del patrimoni cultural català dins del marc estatal*", Biblio 3w: revista bibliográfica de geografía y ciencias sociales, vol. XI, núm. 689, 2006, p. 5

442 RICART I MARTÍ, Encarnació y GÓMEZ BUENDÍA, Carmen, "El patrimonio cultural local", *op. cit.*, p. 1456.

La legislación vigente no nos concreta las clases ni nomenclatura de protección dentro de los catálogos, si bien un catálogo del patrimonio deberá contener necesariamente todos aquellos bienes que hayan sido ya declarados Bien Cultural de Interés Nacional, así como los que hayan sido ya declarados Bienes Culturales de Interés Local y Espacios de Protección Arqueológica. A pesar de ser categorías de protección del patrimonio propias de la legislación sectorial del patrimonio cultural (reguladas en los arts. 7 a 14 de la Ley 9/1993 para los BCIN y en el art. 17 para los BCIL) dado su carácter inmueble y su relevancia patrimonial, es lógico pensar que estos bienes deben de estar incluidos en un plan urbanístico de catálogo del patrimonio junto a los demás bienes del catálogo.

Referente a los meros bienes del catálogo urbanístico o Bienes de Protección Urbanística (BPU), SERRA MONTÉ[443] los define del siguiente modo:

> "Son aquellos bienes inmuebles (elementos, conjuntos, lugares, etc.), no declarados ni incoados BCIN o BCIL, los valores de los cuales identifican a la arquitectura tradicional del lugar y/o el paisaje del municipio, que el plan quiere proteger por sus valores de interés cultural."

El mismo autor se atreve a hacer una subdivisión de tres clases de supuestos que permitirán a un bien inmueble tener la categoría de BPU:

> "1) Bienes, incluidos en Catálogos municipales o sectoriales incorporados en planes urbanísticos (normas subsidiarias de planeamiento, (según nomenclatura antiguo marco legal urbanístico), planes especiales de protección, planes directores urbanísticos, planes de ordenación urbanística municipal (de acuerdo con el marco legal actual) aprobados a partir de la entrada en vigor de la LPCC que no han sido comunicados al DC (Departamento de Cultura de la Generalitat), y por tanto no están inscritos. No se trata de una transcripción literal, sino que es fruto de una revisión del contenido de los catálogos urbanísticos.

---

443 SERRA MONTÉ, Agustí (Dir.), *op. cit.*, p. 13.

2) Bienes reconocidos por el plan urbanístico anteriores a la LPCC o inventariados que no pueden tener la consideración de BCIL (Cultura, Diputación, etc.)
3) Bienes existentes reconocidos por el plan urbanístico que no disfrutan de ninguna protección sectorial."

SERRA MONTÉ[444], además de los BCIN, BCIL, BPU y EPA, también contempla la posibilidad de proteger mediante el catálogo urbanístico los "entornos de protección" que tienen como objeto la delimitación y regulación de un ámbito de protección al entorno dentro bien catalogado para evitar desestabilizar la harmonía de su incorporación en el entramado urbano, paisaje o entorno natural, de un modo similar a como ocurre con los BCIN. Así se garantiza la protección ambiental del bien catalogado. Según el autor, dichos entornos deben atender a criterios visuales, ambientales, paisajísticos y/o urbanísticos, y la delimitación del entorno de protección debe de ser el indispensable para su finalidad. En dichos entornos de protección, el catálogo deberá determinar las limitaciones en obras y edificaciones u otras intervenciones para garantizar la harmonía del entorno con el bien catalogado. Además, en los yacimientos arqueológicos y los Espacios de Protección Arqueológica, las licencias de obras dentro del entorno deben ser objeto de informe previo del Servicio de Arqueología de la Dirección General de Patrimonio Cultural de la Generalitat, que puede exigir la realización de sondeos arqueológicos para luego determinar medidas más concretas.

Su tramitación es la misma que se hace al catalogar el bien (y la misma para descatalogarla también, pues sus destinos van unidos), y en todo caso se exige que se concrete por escrito y gráficamente en planos ese entorno. Cabe la posibilidad de proteger como entorno el subsuelo.

---

444 SERRA MONTÉ, Agustí (Dir.), *op. cit.*, p. 14.

III.2.2.2.- Instrumentos de planificación urbanística para catalogar

En Cataluña el TRLUC se refiere explícitamente al catálogo del patrimonio urbanístico como elemento clave del planeamiento urbanístico para proteger el patrimonio arquitectónico, cultural inmueble y natural. Dicho catálogo debe estar incluido en un plan de ordenación urbanística municipal (POUM) o el POUM puede establecer un "precatálogo" a ser desarrollado y concretado en un plan especial (art. 75 RLUC). Como parte de un POUM, se tramita como un plan general (arts. 58,59,73,74,76,82,85, etc TRLUC) y como plan especial se regula principalmente por los arts. 67,73,74,78,82, etc TRLUC) que luego desarrollaré.

III.2.2.2.1.- Plan de Ordenación Urbanística Municipal

De acuerdo con la STS de 9 de noviembre de 1970, Sala de lo Contencioso-Administrativo, los Planes Generales tienen un carácter fundamentalmente descriptivo, a diferencia de los Planes Nacionales o Planes Directores Territoriales de Coordinación, cuya finalidad es puramente indicativa. Mientras que la jurisprudencia, como la STS de 20 de diciembre de 1984, Sala de lo Contencioso-Administrativo, subraya el papel preponderante de los Planes Generales, por ser la pieza básica en que se asienta el régimen de planificación y ordenación del suelo, y

> "esa importancia básica exige que los Planes Especiales deben integrarse en sus directrices fundamentales, si no se quiere que la ordenación global establecida en el Plan General se distorsione y destruya por el efecto de los Planes Especiales que de manera parcial y fragmentaria contradigan esencialmente la estructura fundamental y determinaciones básicas generales contenidas en aquél, siendo por ello de importancia transcendental en el campo urbanístico señalar claramente el ámbito dentro del cual los Planes Especiales deben coordinarse con el Plan General en evitación de que éste pierda su función de pieza fundamental de la ordenación urbana (...)"

Cabe recordar que, entre otras funciones, el POUM, de acuerdo con el artículo 58 TLRUC está la de:

"2. En suelo urbano, los planes de ordenación urbanística municipal:
(...)
d) Determinan qué valores arquitectónicos, arqueológicos, paisajísticos y medioambientales deben ser protegidos.
3. En suelo urbano consolidado, y en los ámbitos del suelo urbano no consolidado no incluidos en sectores sujetos a un plan de mejora urbana, los planes de ordenación urbanística municipal detallan la ordenación urbanística del suelo, fijan los parámetros urbanísticos necesarios para el otorgamiento de licencias de edificación (...)."

Es de destacar la función del POUM en suelo urbano de determinar los valores culturales y naturales a proteger, cosa que se hará con el correspondiente catálogo y con la normativa urbanística que incluya, si bien al asignar usos para cada zona también está incidiendo en la posibilidad de proteger en el patrimonio arquitectónico, pues una regulación adecuada de los usos de los bienes catalogados puede ser determinante para su correcta conservación. También regular los criterios de armonización formal y compositiva de las edificaciones puede ayudar a determinar el modelo de paisaje urbano que se quiere para la ciudad, eso puede ser interesante para regular conjuntos protegidos en el catálogo. Finalmente, la regulación del subsuelo en suelo urbano es importante por cuestiones de posibles restos arqueológicos, espacios de protección arqueológica, etc que deberán ser tenidos en cuenta al regular el subsuelo.

Mientras que en suelo urbano consolidado, el POUM además fija los parámetros urbanísticos para otorgar licencias de edificación, lo que está también relacionado con el catálogo, por las especialidades derivadas de los bienes catalogados, cuyas prescripciones deberán ser tenidas en cuenta al dar las licencias correspondientes.

Hay que incidir en que todo POUM debe contener un catálogo del patrimonio (así como las normas urbanísticas, entre las cuales habrá las que regulen específicamente los bienes catalogados urbanísticamente), pues así lo exige el artículo 59 TRLUC (sobre la "Documentación de los planes de ordenación urbanística municipal"):

> "1. Los planes de ordenación urbanística municipal se formalizan, salvando lo que establece el apartado 2, mediante los documentos siguientes:
> (...)
> c) Las normas urbanísticas.
> d) El catálogo de bienes a proteger, de acuerdo con el artículo 71."

En todo caso, el POUM puede contener íntegramente el catálogo del patrimonio, o bien limitarse a contener una especie de "precatálogo" y remitirse a un futuro plan especial del catálogo del patrimonio para que amplíe y complete el catálogo. No es concebible que el POUM actualmente si se hace o revisa uno no contenga por lo menos este catálogo indiciario, siempre debe existir por lo menos una mínima previsión del catálogo, aunque sea para remitirse al plan especial así como debiera existir también un mínimo de bienes a precatalogar, sino se estaría defraudando la voluntad del legislador en los artículos 58.2.d y 59.1.d y 71.1 TRLUC, así como el artículo 75.1 y 2 RLUC.

III.2.2.2.2.- Plan especial urbanístico

La otra figura de planeamiento urbanística que puede contener un catálogo es el plan especial urbanístico de protección.

Como veremos, los planes especiales de protección del patrimonio están en la línea de los planes especiales de desarrollo y no en los autónomos, pues se basan en las previsiones originales del catálogo o precatálogo del POUM.

ARRANZ MARINA[445] hace una descripción genérica de los planes especiales urbanísticos de protección para cualquier Comunidad Autónoma:

---

445 ARRANZ MARINA, Teófilo, "Planes especiales urbanísticos de protección del patrimonio histórico o cultural (4.ª parte)", *Práctica Urbanís-*

"Los planes especiales de protección del patrimonio histórico y/o cultural, son instrumentos de planeamiento urbanístico territorial, que desarrollan, complementan, sustituyen o se redactan en ausencia de planeamiento general o de instrumento de ordenación territorial, o para regular determinaciones no previstas en éstos, sin que pueda sustituirlos, como instrumentos de ordenación integral del territorio. Su función principal es la de proteger, conservar, recuperar el patrimonio histórico, artístico o cultural protegido, en el ejercicio del mandato constitucional, comunitario o internacional, a los poderes públicos para mantener el patrimonio cultural en su más amplia expresión. Pese a que sus determinaciones pueden ir contenidas en otros instrumentos de planeamiento, resulta de especial relevancia disponer de estos planes especiales, como se ha acreditado la tradición y práctica administrativa; por cuanto que dichos planes resultan más adecuados, a incorporar con mayor precisión y detalle las determinaciones necesarias y se abordan de forma más adecuada las problemáticas que se citan."

Dichos planes urbanísticos pueden ser de desarrollo del planeamiento urbanístico general o bien pueden ser autónomos, de cara a los catálogos, nos interesan los primeros. Así, para GIFREU I FONT,

"Los PEU de desarrollo son planes derivados que actúan en cualquier clase de suelo estableciendo una regulación pormenorizada de aspectos concretos y específicos de la ordenación (protección, mejora, saneamiento, etcétera) en desarrollo de las previsiones del planeamiento territorial o del planeamiento urbanístico general, en un ámbito inframunicipal, municipal o supramunicipal. Estos planes pueden estar o no estar previstos expresamente en el planeamiento territorial o en el planeamiento urbanístico general. En este último supuesto, no podrán sustituir en ningún caso los POUM en su función de ordenación integral del territorio, de forma que no pueden alterar la clasificación del suelo ni modificar los elementos fundamentales de la estructura general definidos por este planeamiento. En cambio, pueden alterar otras determinaciones del planeamiento urbanístico general y establecer limitaciones de uso." [446]

---

tica, núm. 88, Sección Instituciones comparadas, LA LEY, Diciembre 2009, p. 87.

446 GIFREU FONT, Judith, *Sóc regidor (...) op. cit,* p. 96.

Precisamente esta autora destaca entre las finalidades de los planes especiales de desarrollo, la de catalogar bienes a proteger. Así pues, el artículo 67.1 TRLUC (sobre "Planes especiales urbanísticos de desarrollo") nos recuerda que el plan especial puede ejercer la función de proteger los bienes catalogados:

> "1. En desarrollo de las previsiones del planeamiento territorial o del planeamiento urbanístico general, pueden aprobarse planes especiales urbanísticos si son necesarios para alcanzar las finalidades siguientes:
> a) La protección del medio rural y del medio natural.
> b) La protección de bienes catalogados.
> (...)
> f) La ordenación del subsuelo, si no es objeto de otra figura del planeamiento urbanístico derivado."

Dichos planes especiales para catalogar bienes serán aprobados inicialmente y provisionalmente por el Ayuntamiento correspondiente, mientras que la aprobación definitiva corresponderá a la Comisión Territorial Urbanística competente, pues el plan especial del catálogo no es susceptible de aprobación definitiva por el ayuntamiento, de acuerdo con el artículo 81 TRLUC.

Referente a los planes especiales autónomos, aunque debo advertir que desde mi punto de vista es inaplicable por la aprobación del nuevo TRLUC, el RLUC también los autoriza para contener catálogos del patrimonio, de acuerdo con el artículo 92.2 RLUC:

> "92.2 Los planes especiales urbanísticos no previstos por el plan de ordenación urbanística municipal tienen que justificar la necesidad de su formulación y su compatibilidad con el planeamiento urbanístico general. A tales efectos, se consideran compatibles con el planeamiento urbanístico general, y no requieren su modificación previa:
> a) Los planes especiales urbanísticos que establezcan determinaciones de protección del patrimonio cultural, del paisaje y de los valores ambientales concurrentes, o que establezcan las limitaciones de usos necesarias para ordenar la incidencia y los efectos urbanísticos, ambientales y sobre el patrimonio urbano que las actividades producen sobre el territorio, siempre y cuando no alteren los usos principales establecidos por el planeamiento general."

Si bien hay que ver este precepto del RLUC con prudencia, pues el actual artículo 68.1 TRLUC no prevé planes especiales autónomos con la finalidad de proteger el patrimonio cultural, a diferencia de lo que preveía el artículo 67.2.a del Decreto Legislativo 1/2005, por el que se aprueba el Texto refundido de la Ley de urbanismo.

Aún así, este precepto citado, el 92.2 RLUC nos sirve para poder constatar la innecesaridad de justificar la formulación y compatibilidad con el plan general.

Como vemos, los planes especiales de desarrollo pueden contener la protección de bienes catalogados, es decir, contener un catálogo del patrimonio completo con sus fichas. Pero también incide mucho en la protección del patrimonio natural y paisajístico y de las masías la posibilidad de proteger el medio rural y natural, sin perjuicio de los planes especiales que regulen específicamente las masías en SNU y que son un instrumento más complementario que sustitutorio del catálogo del patrimonio para estos bienes en SNU.

Según GIFREU I FONT,

> "son los planes especiales urbanísticos, concretamente los planes especiales de protección del patrimonio arquitectónico y los diferentes niveles de protección de los bienes, los que actúan principalmente como nexo de integración y coordinación entre la planificación urbanística y el contenido de los catálogos con la legislación cultural", si bien "con el límite legal de no sustituir a los planes generales municipales como instrumentos de ordenación integral". [447]

Así, respecto esta última afirmación, cabe citar la STSJC de 28 de junio de 2002[448] (FJ 5°) nos advierte:

---

447 GIFREU I FONT, Judith, "Régimen jurídico de la protección y fomento del Patrimonio Cultural en Cataluña: estado de la cuestión", *op. cit*, p. 299.

448 Sala de lo Contencioso-Administrativo, Sección 3ª (N° de Recurso: 1939/1998; Roj: STSJ CAT 8200/2002 - ECLI:ES:TSJCAT:2002:8200;

"Se ha dicho con reiteración que los planes especiales pueden tener por objeto la ordenación sectorial de un territorio con el único límite legal de sustituir con sus prescripciones a los planes generales municipales como instrumentos de la ordenación integral; sobre esta base el Plan Especial es un instrumento de carácter derivado y, solo excepcionalmente originario y no necesario, que tiene una función de contenido diverso dirigida al desarrollo del planeamiento directivo territorial para ordenar sectorialmente un territorio, realizando operaciones urbanísticas específicas o la ejecución material de las determinaciones del Plan General, así como el establecimiento de determinadas medidas de protección con independencia o no de que exista dicho planeamiento."

La jurisprudencia ha determinado de que a pesar de que algunas fichas de bienes del catálogo contenidas en un POUM se remitan a una posterior regulación de un plan especial para mayor detalle en la regulación de la protección e intervención del bien inmueble, no implica que todo deba ser regulado por el plan especial, pues si el POUM lo regula con suficiente detalle será innecesario remitirse a un plan especial y que el hecho de no regularlo posteriormente en un plan especial no implica incumplimiento del deber de preservación en el caso de un BCIN o BCIL de acuerdo con el artículo 25 LPCC (ver el FJ 6º de la STSJC de 18 de octubre de 2013[449]).

III.2.2.2.3.- Otras figuras a tener en cuenta

Como hemos visto, el catálogo se contendrá en el POUM o en su caso se desarrollará en un plan especial, pero difícilmente es justificable en otras clases de planes, excepto el Plan Director Urbanístico.

---

ponente: Quiroga Vázquez, Manuel).

449 Sala de lo Contencioso-Administrativo, Sección 3ª (Sentencia núm. 751/201, Rec. 158/2011; Ponente: Rubira Moreno, Ana).

III.2.2.3.- Descatalogación

En ciertas ocasiones se procede a la descatalogación de un bien ya catalogado o se modifica su régimen de protección por otro menor. Nada se dice respecto del procedimiento de descatalogación en el TRLUC ni el RLUC, por lo que se deberá seguir el procedimiento de exclusión del bien previsto por la misma normativa del plan especial o plan general que contenga el catálogo, o si no se dice nada deberá hacerse la tramitación habitual para una modificación (que no revisión del plan).

SERRA MONTÉ hace una reflexión sobre las posibles causas de descatalogación que a su parecer la justifican, si bien hay que decir que nada ser regula en la ley al respecto, y que por lo tanto será la misma normativa del plan urbanístico que contenga el catálogo donde deberán concretarse las causas concretas:

> "La descatalogación de un bien inmueble tiene que estar muy bien justificada, acreditando la imposibilidad del mantenimiento de la protección existente.
> Requiere la concurrencia de alguna de las siguientes circunstancias:
> a) Ser necesario su escombro por previsiones de planeamiento de interés público, cuando no exista alternativa ponderada que permita su conservación.
> b) La acreditación de errores en la apreciación de los motivos que aconsejaron la inclusión.
> c) Haber perdido el interés que motivó su inclusión.
> d) Que sea necesario para la protección de otro bien de mayor interés.
> e) La reforma integral de un barrio." [450]

A mi modo de entender, igual que ocurre con los BCIN y BCIL, no se admite la ruina como motivo de descatalogación, pues de una interpretación *a contrario* del artículo 198.3 TRLUC, que faculta el derribo de edificios declarados en ruina siempre que no estén "catalogados, no es objeto de un procedimiento de catalogación y que no está declarado como bien cultural" lo que prote-

---

[450] SERRA MONTÉ, Agustí (Dir.), *op. cit.*, p. 17.

gería del derribo por declaración de ruina (y por lo tanto su descatalogación) no solo a los BCIN y BCIL sino también los Bienes de Protección Urbanística, así como los que estén en proceso de declaración como tales. En todo caso, la descatalogación de un BPU del catálogo exigirá el procedimiento de modificación del plan urbanístico que puede incoar el Ayuntamiento competente, pero que su facultad de aprobar definitivamente la modificación dependerá de la Generalitat (a través de la Comisión Territorial de Urbanismo, o en algunos casos –para municipios mayores- del Conseller de Territori).

Hay que tener en cuenta, pero, que si los bienes tienen protección específica de la LPCC, como los BCIN, BCIL o EPA, se deberá estar primeramente al procedimiento específico de descatalogación, y luego debería hacerse efectiva la modificación del plan urbanístico que contiene el catálogo.

En el caso del BCIN, el procedimiento de descatalogación está muy limitado a supuestos tasados y siguiendo el mismo procedimiento que para la declaración, de acuerdo con el artículo 14 LPCC. En el caso del BCIL, no hay tantas limitaciones, si bien se exige informe favorable del Departament de Cultura y siguiendo también los trámites del artículo 17 LPCC (art. 17.4 LPCC) lo que exigirá un informe de un técnico de patrimonio que acredite la pérdida del interés cultural del BCIL (ya sea por su desaparición, deterioro u otro motivo justificado, si bien no se acepta el motivo de ruina para la descatalogación).

Para el resto de bienes catalogados sin protección de la LPCC, se deberá estar a las motivaciones de modificación del planeamiento urbanístico, siguiendo el procedimiento correspondiente de modificación (que será el procedimiento habitual a seguir en caso de retirada de uno o varios elementos puntuales). Y aunque huelga decirlo, ni la descatalogación de un elemento ni la reducción del nivel de protección se puede llevar a cabo a través de la rectificación de errores materiales o aritméticos, tal y como nos recuerda el FJ 6º de la STSJ de las Canarias de 17 de marzo de 2006[451] [452],

---

451 Sala de lo Contencioso-Administrativo, Sección 2ª (sentencia núm. 45/2006, rec. 165/2002; ponente Rodríguez Falcón, Inmaculada).

452 "Lo primero de lo que se debe dejar constancia es de que se elimina el apartado de Intervención de la ficha del Catálogo.
La Memoria del Instrumento de Planeamiento que nos ocupa dice así:" El Catálogo distinguirá de forma inequívoca la información, el grado de protección conveniente y el nivel de intervención adecuado que permita la conservación y recuperación del uso que da sentido a la tipología arquitectónica.."
Ley 4/1999 de 15 de marzo del Patrimonio Histórico de Canarias (EDL 1999/60888) dispone en su Artículo 47 que :
"El órgano competente denegará la aprobación definitiva del planeamiento urbanístico general cuando la documentación de dichos instrumentos no incorpore el catálogo arquitectónico, así como la normativa de protección adecuada a los mismos"
El artículo 43 establece lo siguiente:
"Los Ayuntamientos de Canarias deberán aprobar y mantener actualizado un catálogo arquitectónico del municipio donde se recojan aquellos inmuebles y espacios singulares que por sus valores arquitectónicos, históricos o etnográficos merezcan su preservación, estableciéndose el grado de protección y los tipos de intervención permitidos en cada supuesto".
Es manifiesto que aunque el edificio continúe en el Catálogo, como afirma la parte demandada, al haber suprimido el apartado de Intervención, se ha contravenido la normativa de la Ley del Patrimonio y desde luego se ha actuado en contra de las directrices de la Memoria, para hacer viable el espacio que demanda la actividad comercial y, lo que es mas significativo, dicha supresión ha tenido lugar mediante una inadecuada vía como es la corrección de error material del artículo 105 de la Ley de Régimen Jurídico de las Administraciones Públicas y del Procedimiento Administrativo Común (EDL 1992/17271) .
La jurisprudencia del Tribunal Supremo ha ido perfilando los límites y requisitos de este excepcional mecanismo de rectificación del contenido de los actos administrativos:
"El artículo 105.2 LRC-PAC (o con mayor precisión, su antecedente artículo 111 LPA de 1958), lo único que autoriza es la rectificación de aquellos errores que se producen en la transcripción o de simple cuenta, pero no de los que supongan una alteración sustancial del acto recti-

o el FJ 3º de la STS de 5 de julio de 2010[453] [454], en base a que se

---

ficado (STS 15 de marzo de 2005 EDJ 2005/30423) y" el error material o de hecho se caracteriza por ser ostensible, manifiesto, indiscutible y evidente por si mismo, sin necesidad de mayores razonamientos, y por exteriorizarse "prima facie" por su sola contemplación, por lo que para poder aplicar el mecanismo procedimiental de rectificación de errores materiales o de hecho, se exige que concurran, en esencia, las siguientes circunstancias:
1) Que se trate de simples equivocaciones elementales de nombres, fechas, operaciones aritméticas o transcripciones de documentos.
2) Que el error se aprecie teniendo en cuenta exclusivamente los datos del expediente administrativo en que se advierte.
3) Que el error sea patente y claro, sin necesidad de acudir a interpretaciones de normas jurídicas aplicables.
4) Que no se proceda de oficio a la revisión de actos firmes y consentidos.
5) Que no se produzca una alteración fundamental en el sentido del acto (pues no existe error material cuando su apreciación implique un juicio valorativo o exija una operación de calificación jurídica).
6) Que no padezca la subsistencia del acto administrativo, es decir, que no genere anulación o revocación del mismo, en cuanto creador de derechos subjetivos, produciéndose uno nuevo sobre bases diferentes y sin las debidas garantías para el afectado, pues el acto administrativo rectificador ha de mostrar idéntico contenido dispositivo, sustantivo y resolutorio que el acto rectificado, sin que pueda la Administración, so pretexto de su potestad rectificatoria de oficio, encubrir una auténtica revisión.
7) Que se aplique con un hondo criterio restrictivo"
Debemos concluir que no concurren los requisitos mencionados para la eliminación del Apartado de Intervención en la ficha del Catálogo como simple rectificación de un error material y que en realidad con dicho mecanismo se estaba llevando a cabo una auténtica modificación de aquella contraria a la Ley de Patrimonio Histórico de Canarias."

453 Sala de lo Contencioso-Administrativo, Sección 5ª (Rec. 2343/2006; Ponente: Calvo Rojas, Eduardo).

454 "Es manifiesto que aunque el edificio continúe en el Catálogo, como afirma la parte demandada, al haber suprimido el apartado de Intervención, se ha contravenido la normativa de la Ley del Patrimonio y desde luego se ha actuado en contra de las directrices de la Memoria, para hacer viable el espacio que demanda la actividad comercial y, lo que es mas significativo, dicha supresión ha tenido lugar mediante una

ultrapasan los límites de dicha potestad que han sido concretados en la jurisprudencia del Tribunal Supremo.

En este sentido, la administración urbanística goza de cierto margen de discrecionalidad para justificar esas modificaciones del catálogo urbanístico, con una presunción de no arbitrariedad ni desviación de poder. Podemos citar, por ejemplo, el FJ 7º de la STSJC de 19 de diciembre de 2014[455]:

> "El fraude de ley y vulneración de la teoría de los actos propios que comporta la nueva ordenación dada por el PMU 06, la parte actora pretende deducirlo del traslado de Can Fàbregas i Caralt en beneficio de una actuación urbanística que no respeta el interés general y que se hace con la intención de proteger interés particular dirigido a la construcción de un centro comercial, sin atender a la normativa de protección del patrimonio cultural.
> La discrecionalidad de la Administración en la ordenación urbanística lleva insita el razonamiento justificativo de la misma, presuntamente excluyente de la arbitrariedad y desviación de poder, de no haberse acreditado la irracionalidad o incoherencia de sus

inadecuada vía como es la corrección de error material del artículo 105 de la Ley de Régimen Jurídico de las Administraciones Públicas y del Procedimiento Administrativo Común.
La jurisprudencia del Tribunal Supremo ha ido perfilando los límites y requisitos de este excepcional mecanismo de rectificación del contenido de los actos administrativos:
"El artículo 105.2 LRC-PAC (o con mayor precisión, su antecedente artículo 111 LPA de 1958), lo único que autoriza es la rectificación de aquellos errores que se producen en la transcripción o de simple cuenta, pero no de los que supongan una alteración sustancial del acto rectificado (STS 15 de marzo de 2005) y "el error material o de hecho se caracteriza por ser ostensible, manifiesto, indiscutible y evidente por si mismo, sin necesidad de mayores razonamientos, y por exteriorizarse "prima facie" por su sola contemplación...
Debemos concluir que no concurren los requisitos mencionados para la eliminación del Apartado de Intervención en la ficha del Catálogo como simple rectificación de un error material y que en realidad con dicho mecanismo se estaba llevando a cabo una auténtica modificación de aquélla contraria a la Ley de Patrimonio Histórico de Canarias."

455 Sala de lo Contencioso-Administrativo, Sección 3ª (Sentencia núm. 760/2014, Rec. 152/2013; ponente: Rodríguez Laplaza, Eduardo).

determinaciones, que es lo que se denuncia en los dos últimos motivos de impugnación.

Siendo que el éxito alegatorio argumental frente al ejercicio de la potestad de planeamiento tiene que basarse en una clara actividad probatoria que deje bien acreditado que la Administración ha incurrido en error o al margen de la discrecionalidad, o con alejamiento de los intereses generales a que debe servir, o sin tener en cuenta la función social de la propiedad, o la estabilidad o la seguridad jurídica, o con desviación de poder o falta de motivación en la toma de sus decisiones (STS 18-3-1998), y visto que de ninguna de las pruebas practicadas se puede deducir esta situación, procede rechazar estos motivos de impugnación."

Cabe citar también la STSJC de 26 de enero de 2012[456], que respecto a un particular en desacuerdo con la catalogación de su inmueble en un plan especial del catálogo, aporta un dictamen pericial de parte alegando el escaso interés de su inmueble para ser catalogado (y lo compara con otros inmuebles de alrededor no catalogados). El TSJC desestima la demanda del particular al entender que el informe pericial no desvirtúa la presunción de legalidad y acierto del plan urbanístico (de lo que se infiere que debe haber un dictamen pericial muy preciso y convincente para lograr una descatalogación (o lograr que no se catalogue, por más que no sea BCIN o BCIL) tal y como nos expone el FJ 4º.2:

"Pero es que en el presente caso las consideraciones tan escuetas y lacónicas, sin perspectiva global de la plaza de que se forma parte, no cabe estimarlas como dotadas de la suficiente fuerza de convencimiento a los efectos pretendidos, ni en sentido de la exclusión pretendida en sí ni en relación con los demás supuestos que se plantean a favor o en contra ya que no se cuenta con elementos mínimamente seguros en que basamentar conclusiones inequívocas o convincentes.

Dicho en otras palabras, no ha resultado desvirtuada la presunción de legalidad y acierto de que goza la apreciación fijada en la figura de planeamiento impugnada en cuanto a que obedece a una tipología dedicatoria propia de una época determinada del municipio y su protección trata de mantener una coherencia ambiental en la

---

456 Sala de lo Contencioso-administrativo, Sección 3ª (Sentencia 43/2012; Rec. 67/2009; ponente Manuel Táboas).

plaza de que forma parte y máxime cuando tampoco se ha revelado la trascendencia de la ordenación establecida una vez se ha estimado el recurso que se formuló en vía administrativa."

En un sentido parecido, la STSJC de 23 de diciembre de 2011[457] (FJ 3°) confirma la catalogación mediante plan especial del catálogo del patrimonio urbanístico en referencia a un bien inmueble por su valor dentro del conjunto, cabe la protección de elementos del mismo que a pesar de no tener individualmente valores relevantes, pueden ser catalogados por constituir una unidad coherente, delimitable y con entidad propia:

"Pero la eventual protección de tales elementos no termina con esa legislación específica, siendo posible también su protección y catalogación, como se ha visto, por la vía del planeamiento urbanístico, como en el caso ha ocurrido, siendo de destacar, respecto de la protección otorgada a la casa sita en la calle Francesc Estrabau, 44-46, de Calella de Palafrugell (siempre dentro del conjunto de Pont Pelegrí en el que se integra, cuya documentación de conjunto se contiene en la ficha C21), que en los municipios costeros constituye su fachada marítima una seña identitaria evidente y susceptible de protección, siquiera fuese en evitación de irracionales actuaciones edificatorias, considerando incluso el artículo 7.2.b) de la citada Ley del Patrimonio entre los bienes inmuebles susceptibles de protección los llamados conjuntos históricos, que se definen como agrupaciones de bienes inmuebles, continua o dispersa, que constituye una unidad coherente y delimitable, con entidad propia, "aunque cada uno individualmente considerado no tenga valores relevantes"."

457 Sala de lo Contencioso-Administrativo, Sección 3ª (Sentencia núm. 999/2011; Ponente: Francisco López Vázquez).

III.2.3.- Procedimiento de aprobación del catálogo

III.2.3.1- Breve referencia a la aprobación del catálogo dentro del POUM

Como hemos visto, el POUM deberá contener un documento de catálogo del patrimonio (artículo 59.1.d TRLUC), si bien el artículo 75.2 RLUC nos da la posibilidad de hacer todo el catálogo en el POUM o bien limitarse a enumerar e identificar los bienes a proteger y remitirse a un plan especial urbanístico para completar la lista de bienes a proteger así como el régimen de protección de todos los bienes catalogados. Por lo tanto, siempre habrá un POUM con un catálogo o por lo menos un "precatálogo" y potestativamente un Plan especial del catálogo del patrimonio.

Es por esta razón que expondré los dos procedimientos de aprobación, las del POUM y las del plan especial del catálogo del patrimonio, si bien antes atenderé a elementos procedimentales comunes de los dos planes, como la suspensión de licencias y planeamiento derivado o la documentación que debe contener el catálogo, que es válido tanto para el POUM como para el plan especial.

Hay que decir, pero, que el POUM exige un subprocedimiento previo de avaluación de impacto ambiental, tal y como ordena el Anexo 1.2.a) -por remisión del artículo 5.1- de la Ley 6/2009, de 28 de abril, de evaluación ambiental de planes y programas, si bien en cambio al plan especial del catálogo no se le exige dicho trámite. Todo esto, sin perjuicio de que la Oficina Territorial de Acción y Evaluación Ambiental, debe emitir informe ambiental estratégico antes de la aprobación inicial del Plan especial, si bien declarando que no se somete a evaluación ambiental estratégica[458], sin perjuicio de posibles propuestas de inclusión de bienes

---

[458] La Ley 21/2013, de 9 de diciembre, de evaluación ambiental, modificada por la Ley 9/2018, de 5 de diciembre, establece las bases que tienen

que regir la evaluación ambiental de los planes, programas y proyectos que puedan tener efectos en el medio ambiente.
La disposición adicional octava de la Ley 16/2015, de 21 de julio, de simplificación de la actividad administrativa de la Administración de la Generalitat y de los gobiernos locales de Cataluña y de impulso de la actividad económica, establece que, mientras no se lleve a cabo la adaptación de la Ley 6/2009, de 28 de abril, de evaluación ambiental de planes y programas, a la normativa básica que contiene la Ley del Estado 21/2013, de 9 de diciembre, serán aplicables las prescripciones de la Ley 6/2009 que no contradigan la normativa básica mencionada, de acuerdo con las reglas que contiene la misma disposición.
El apartado 6.b) segundo de la disposición adicional octava de la Ley 16/2015, del 21 de julio, determina que son objeto de evaluación ambiental estratégica simplificada los planes parciales urbanísticos y los planes especiales urbanísticos en suelo no urbanizable no incluidos en el apartado tercero de la letra a en el supuesto de que desarrollen planeamiento urbanístico general no evaluado ambientalmente o planeamiento urbanístico general evaluado ambientalmente si este lo determina.
Los artículos 29 y siguientes de la Ley 21/2013, de 9 de diciembre, regulan el procedimiento de evaluación ambiental estratégica simplificada para emitir el informe ambiental estratégico.
El artículo 12 de la Ley 6/2009, de 28 de abril, establece que el órgano ambiental en relación con todos los planes y programas objeto de esta Ley es el departamento de la Administración de la Generalitat competente en materia de medio ambiente.
El artículo 61 del Decreto 14/2024, de 16 de enero, de reestructuración del Departamento de Acción Climática, Alimentación y Agenda Rural, establece que corresponde a la Dirección General de Políticas Ambientales y Medio natural ejercer las competencias que corresponden al Departamento como órgano ambiental en materia de evaluación ambiental de planes y programas de acuerdo con la normativa vigente.
El punto 2 de la Resolución TUS/120/2015, de 26 de enero, de delegación de competencias de la persona titular de la Dirección General de Políticas Ambientales a favor de las personas titulares de la Subdirección General de Evaluación Ambiental y de las direcciones de los servicios territoriales del Departamento de Territorio y Sostenibilidad en materia de evaluación ambiental estratégica, dispone que se delega en estas últimas personas la competencia que el artículo 31 de la Ley 21/2013, de 9 de diciembre, de evaluación ambiental, atribuye al ór-

de carácter natural o que afecten al suelo rural como los caminos, para luego enviar la propuesta del Plan especial urbanístico de protección del patrimonio y Catálogo de bienes arquitectónicos, históricos y ambientales, para que se emita el informe urbanístico y territorial por la Comisión Territorial de Urbanismo competente, al amparo de lo previsto en el artículo 30 de la Ley 21/2013, de 9 de diciembre, de evaluación ambiental, rehaciendo al trámite de consultas dentro del procedimiento de evaluación ambiental estratégica simplificada. Dicho informe suele referirse a cuestiones de coherencia interna de la normativa del plan con las fichas, sobre posibles vinculaciones singulares urbanísticas o sobre coherencia con normativa superior que el plan debe contemplar.

Así, el procedimiento de aprobación de un POUM es el del artículo 85 TRLUC (art. 77 TRLUC y 108 RLUC si es plurimunicipal) y de acuerdo con FERRERA IZQUIERDO[459]

el esquema de tramitación para aprobar o revisar el POUM de un único municipio es el siguiente:

1) Iniciativa pública de tramitación;
2) Formulación y elaboración municipal[460];
3) Actos preparatorios (con suspensión potestativa de licencias y planeamiento derivado por 1 año a publicar en BOP);
4) Aprobación y publicación del Programa de participación ciudadana;
5) Información pública del avance del planeamiento;

---

gano ambiental en los supuestos siguientes: modificaciones de planeamiento urbanístico general, salvo las modificaciones relativas a planes directores urbanísticos y normas de planeamiento urbanístico, e instrumentos de planeamiento urbanístico derivado, salvo los casos en que su ámbito afecta más de un servicio territorial.

459 FERRERA IZQUIERDO, Juanma, *Apuntes del Curso de procedimientos establecidos en el TRLUC*, EAPC, Barcelona, 2017.

460 Art. 76.2 TRLUC.

6) Trámite ambiental (documento inicial estratégico + documento de alcance del estudio ambiental estratégico + estudio ambiental estratégico);

7) Aprobación inicial del Pleno por Mayoría Absoluta (con informe preceptivo de secretaría + informe técnico municipal);

8) Información pública de 1 mes -45 días para el estudio ambiental estratégico- a publicar en el BOP, tablón de anuncios, 2 periódicos y medios telemáticos + Informes de organismos afectados + Audiencia municipios limítrofes + efecto suspensión obligatoria licencias y planeamiento derivado por 1 año (o 2 si no hubo la potestativa) a publicar en BOP;

9) Incorporación memoria ambiental;

10) Aprobación provisional por el Pleno por Mayoría Absoluta (con informe preceptivo de secretaría + informe técnico municipal);

11) Remisión a la CTU (municipios de hasta 100.000 habs) o Conseller Territori (en municipios de más de 100.000 habs) para su Aprobación definitiva[461];

12) Publicación en el DOGC y el Registro de Planeamiento Urbanístico de Cataluña[462] .

En caso de tratarse de una mera modificación del POUM, no es preceptiva la aprobación y publicación del Programa de participación ciudadana, ni de la información pública del avance del planeamiento ni la audiencia a municipios limítrofes (a no ser que le afecte directamente la modificación propuesta).

Según GIFREU I FONT[463], hay un vacío legal respecto los plazos de aprobación del POUM. En todo caso, la aprobación inicial

---

461 Art. 80 TRLUC.

462 Art. 103.3 y 107 TRLUC.

463 GIFREU I FONT, Judith, *L'ordenació urbanística a Catalunya*, *op. cit*, pp. 446-447.

y provisional se hará por mayoría absoluta del Pleno del Ayuntamiento, siendo una competencia indelegable.

Las SSTS de 28 de abril de 1986, 23 de mayo de 2002, 5 de junio de 2003 y 4 de mayo de 2004, Sala de lo Contencioso-Administrativo, se han pronunciado en el sentido de considerar el acuerdo de aprobación inicial del plan como un acto no automático y debido, pues el Pleno hace una toma de posición inicial respecto de una determinada realidad urbanística y su normativa, y que pueden bien aprobarlo o no aprobarlo por considerarse jurídicamente inadecuada la iniciativa, debiéndose subsanar en su caso si los defectos son subsanables para una nueva aprobación inicial.[464]

El efecto automático de la aprobación inicial será la suspensión de licencias y planeamiento derivado en lo que contradiga la nueva ordenación urbanística propuesta con la antigua, si bien se deberá acordar expresamente y publicarse, como luego se verá.

Por otro lado, tal y como nos remarca GIFREU I FONT[465], cabe la posibilidad, según los artículos 85.9 TRLUC y 110.2 RLUC de tramitar simultáneamente una figura del planeamiento general y otra del derivado, si bien debe hacerse en expedientes separados y que la ejecutividad del acuerdo de aprobación del plan derivado queda supeditada a la aprobación definitiva del planeamiento general que le sirve de base, acuerdo suspensión que debe constar en el acuerdo.

Esto posibilita que se tramite en paralelo el POUM y el Plan especial con el catálogo urbanístico si se desea.

---

464 GIFREU I FONT, Judith, *L'ordenació urbanística a Catalunya, op. cit*, pp. 447-448.

465 GIFREU I FONT, Judith, *L'ordenació urbanística a Catalunya, op. cit*, p. 437.

Puede servir de esquema de la tramitación del POUM la “hoja de ruta” que ha elaborado el Departament de Territori de la Generalitat[466]:

Generalitat de Catalunya
Departament de Territori i Sostenibilitat

FULL DE RUTA DEL PLA D'ORDENACIÓ URBANISTICA MUNICIPAL (POUM)

FASE	*DOCUMENTACIÓ*	*TRAMITACIÓ* Acte administratiu	Òrgan	Termini	Requisits	*LEGISLACIÓ*
ACTUACIONS PREPARATORIES						
1 **Inici treballs**		Acord redacció del POUM	Ple		*L'òrgan competent serà el Ple, llevat que el reglament intern de la Corporació estableixi que les funcions són competència d'un altre òrgan.*	TRLUC 76.2, 77, 82, 85, 91 i 95 RLUC 101,104, 105 i 116
	Bases cartogràfiques	Contracte				Llei 21/2013
	Sol·licitud d'informació					
	Diagnosi prèvia	Aprovació diagnosi prèvia	varis			
2 **Encàrrec**	Contracte	s/ Llei de contractes				
	Bases	Convocatòria de concurs Adjudicació de l'encàrrec			*Publicitat*	LCSP
3 **Suspensió potestativa**	Plànol de delimitació i abast	Acord de suspensió de llicències	Ple	1 any	*Publicació premsa + butlletí oficial + mitjans telemàtics (susp. màxim 1 any)*	TRLUC 73-74 i RLUC 101 a 103
4 **Programa participació ciutadana**		Acord d'aprovació	Ple		Publicació premsa + butlletí oficial + mitjans telemàtics	TRLUC 8 i 59.3 i RLUC 22 a 24, i 105
APROVACIÓ DE L'AVANÇ						
5 **Redacció de l' Avanç amb Document inicial estratègic (DIE)**			Redactor			
MEMÒRIA	Memòria descr. i justificativa				*Objectius, criteris, descripció de l'ordenació, alternatives, ... >*	RLUC 106.2
	Document inicial estratègic					TRLUC 86bis1a i RLUC 115a
PLÀNOLS	Plànols informació i d'avanç d'ordenació					
6 **Exposició pública de l'Avanç Obertura d'un període per a fer suggeriments**		Acord d'exposició pública	Ple		Publicació premsa (2 diaris) + butlletí oficial + mitjans telemàtics	
7 **Informes DTES**	Tramesa de l'Avanç i del DIE	Sol·licitud del document d'abast i d'informe territorial i urbanístic (ITU)	Ajunt.	2 mesos	*L'ajuntament tramet a DTES. L' OTAA emet, en el termini de 2 mesos,el document d'abast (DA) i la CTU l'informe territorial i urbanístic (ITU)*	RLUC 101, 102 i 106.1
APROVACIÓ INICIAL						
8 **Valoració dels suggeriments**		Acord de valoració dels suggeriments (*)	Ajunt.		*Valoració tècnica dels informes i suggeriments presentats durant el període d'informació pública*	
9 **Redacció del document per AI (amb estudi ambiental estratègic, EAE)**			Redactor			
MEMÒRIA	Memòria descriptiva i justificativa					TRLUC 59.2; RLUC 69.1 i 2
	Memòria social					TRLUC 34.3, 57.3, 59.1h, DT 6.2 RLUC 69.3, 4 i 5
	Annex: estudi mobilitat generada				Mobilitat sostenible	TRLUC 58.1h i 59.3c; RLUC 71
	Annexos: Progr.participació ciutd.; convenis; estudi mobilitat generada i altres estudis				*S'ha de donar publicitat als convenis*	TRLUC 59.3, 104,
NORMES	Normes Urbanístiques					TRLUC 59.1c; RLUC 74
PLÀNOLS	Plànols informació i d'ordenació					TRLUC 59.1b; RLUC 72 i 73
DOC. AMBIENTAL	Estudi ambiental estratègic (EAE)			45 dies	Document d'abast (DA)	TRLUC 86.bis1b; RLUC 70 i 115
AGENDA I AEF	Agenda i Avaluació econòmica i financera + inf. de sostenibilitat econòmica / o PAUM					TRLUC 86.bis; RLUC 70 i 115
CATÀLEGS	Catàleg de béns protegits					TRLUC 59.1d, 71.1; RLUC 75, 95
	Catàleg de masies i cases rurals					TRLUC 50.2 i 58.9d + 47.3bis
+DOC. COMPRENSIU	Resum de l'abast de llurs determinacions				*Inclou plànol de suspensió de llicencies*	TRLUC 73.
10 **Aprovació Inicial**		Acord Aprovació Inicial (*)	Ple		Publicació premsa (2 diaris màxima divulgació) + DOGC + mitjans telemàtics	TRLUC 85.1, 2 i 4-8; RLUC 64 a 76 LRL
Suspensió obligatòria de llicencies		Acord de suspensió llicencies (*)	Ple	2 anys	*< Temps màxim suspensió incloent potestativa (avanç)*	TRLUC 73.1 i 74; RLUC 103
11 **Exposició pública**	Document AI + EAE	Exposició pública (10 dies)		45 dies	*Durant aquest període es formulen les al·legacions*	TRLUC 8, 85.4, 103 fins a 107; RLUC 115c
		Audiència Ajuntaments veïns				TRLUC 85.7
12 **Sol·licitud d'informes**		Sol·licitud informes als organismes	Ajunt.	1 a 3 mesos	*Veure el document **Informes a sol.licitar en la tramitació del Pla d'ordenació urbanística municipal***	TRLUC 85.5 i 86bis1c
Consultes		A adm. Públiques i persones interessades identificades al document d'abast (DA)		45 dies		
Valoració dels informes i les al·legacions		Acord 2a AI si s'escau Nova informació pública			*Si hi ha canvis substancials*	RLUC 112
APROVACIÓ PROVISIONAL						
13 **Valoració dels informes i les al·legacions**		Redacció de l'informe tècnic	Redactor		*Simultaniament es redacta la proposta de document resum*	TRLUC 85.1
		Acord d'aprovació de l'informe a les al·legacions i els informes preceptius (**)	Ple			
14 **Sol·licitud inf DTES**	Tramesa del document que es proposa AP + document resum	Sol·licitud a l'OTAA de la Declaració ambiental estratègica (DAE) i d'un	Ajunt.	3 mesos	*La Declaració ambiental estratègica (DAE) dona comformitat al procés d'Avaluació*	TRLUC DT18

466 https://territori.gencat.cat/web/.content/home/06_territori_i_urbanisme/05_planejament_urbanistic/tramitacio_plans_ordenacio_urbanistica_municipal/full_de_ruta_i_relacio_informes/full_ruta_poum_9maig2015.pdf

		segon informe territorial i urbanístic (ITU) de la CTU			ambiental estratègica. Una vegada es disposa del 2on ITU, es pot aprovar provisionalment.	
15 **Redacció del document per AP (amb document resum)**			Redactor			
MEMÒRIA	Memòria descriptiva / justificativa / social					
	Annexos: Progr. participació ciutadana; convenis; estudi mobilitat generada i altres					
NORMES	Normes Urbanístiques					
PLÀNOLS	Plànols informació i d'ordenació					
DOC. AMBIENTAL	Estudi ambiental estratègic (EAE) + document resum					TRLUC 86bis1d; RLUC 115d
AGENDA I AEF	Agenda i Avaluació econòmica i financera + inf. de sostenibilitat econòmica / o PAUM					
CATÀLEGS	Catàleg de protecció del patrimoni					
	Catàleg de masies i cases rurals					
+DOC. COMPRENSIU	Resum de l'abast de llurs determinacions				Amb informació respecte les variacions introduïdes en el document inicial	
16 **Aprov. provisional**	Doc tècnic + Doc resum	Acord Aprovació provisional (**)	Ple		No es pot fer l'AP si no hi ha Declaració ambiental estratègica (DAE)	TRLUC 85
						llei 21/2013
APROVACIÓ DEFINITIVA						
17 **Tramesa a CTU**			Ajunt.		Document tècnic (i en format digital) i administratiu.	
18 **Resolució definitiva**		A.- Aprovació definitiva i publicació	CTU	4 mesos	En municipis de més de 100.000 habitants aprova el conseller DTES; cal informe previ CTU	TRLUC 63, 79-80, 85, 86bis1e, 92; RLUC 113
		B.- Aprovació supeditada a refós				TRLUC 91.5
		C.- Suspendre l'aprovació definitiva			La manca dels informes preceptius suposa la suspensió del POUM	TRLUC 103 a 114 + 94
		D.- Denegació				
Redacció del document Refós		Refós			Incorpora les determinacions de la CTU	
MEMÒRIA	Memòria descriptiva / justificativa / social/ i annexos					
NORMES	Normes Urbanístiques					
PLÀNOLS	Plànols informació i d'ordenació					
DOC. AMBIENTAL	Estudi ambiental estratègic (EAE) + doc. Resum					
AGENDA I AEF	Agenda i Avaluació econòmica i financera + inf. de sostenibilitat econòmica / o PAUM					
CATÀLEGS	Catàleg de protecció del patrimoni					
	Catàleg de masies i cases rurals				Documents tècnic i administratiu; i en format digital, veure "estàndard de lliurament" al Web DTES.	
DOC. COMPRENSIU	Resum de l'abast de llurs determinacions					
19 **Publicació AD**			CTU		Publicació DOGC + RPUC	TRLUC 86bis1f i 103
(*) (**) simultaneïtat					SD - DGOTU - STM - DTES - Versió 9 juny 2015	

IV.2.3.2.- Breve referencia a la aprobación del catálogo dentro del Plan Especial

En caso de tratarse de la aprobación del Plan Especial de Protección del patrimonio, como plan especial urbanístico de desarrollo que es, se tramitará de acuerdo con el artículo 85 TRLUC y será esencialmente igual que un plan parcial, salvo que la aprobación definitiva será de la CTU, no se admite la iniciativa privada ni se notificará a los propietarios[467] (por ser plan de iniciativa pública) y otras pequeñas diferencias, siendo el esquema-resumen de FERRERA IZQUIERDO[468] el siguiente:

467 Al tratarse el plan de una norma reglamentaria no se notifica a los interesados (salvo excepciones en planes parciales de iniciativa privada que no son el caso), cosa que no ocurre con la tramitación de un BCIL o un BCIN que sí se notificant a los propietarios y otros interesados, por ser un procedimiento administrativo para aprovar un acto.

468 FERRERA IZQUIERDO, Juanma, *Apuntes del Curso de procedimientos establecidos en el TRLUC*, EAPC, Barcelona, 2017.

1) Formulación por el Ayuntamiento[469] + suspensión potestativa de licencias y planeamiento derivado por 1 año (a publicar en BOP)+ informe evaluación ambiental del plan por la OTAA a los solos efectos del artículo 30 de la Ley 21/2013, de 9 de diciembre, de evaluación ambiental;

2) Aprobación inicial + suspensión obligatoria por Alcalde (delegable en JGL) (con informe jurídico + informe técnico municipal);

3) Información pública de 1 mes a publicar en el BOP, tablón de anuncios, 1 periódico y medios telemáticos + Informes de organismos afectados + efecto suspensión obligatoria licencias y planeamiento derivado por 1 año (o 2 si no hubo la potestativa) a publicar en el BOP;

4) Aprobación provisional por el Pleno por Mayoría simple (con informe jurídico + informe técnico municipal);

5) Remisión a la CTU para su Aprobación definitiva[470];

6) Publicación en el DOGC y el Registro de Planeamiento Urbanístico de Cataluña[471].

Por otro lado, antes de la aprobación inicial del plan urbanístico, debe existir un "trabajo de campo" para elaborar el documento del catálogo y que no se encuentra regulado en ninguna norma, pero que autores como RUIZ DE LA PEÑA RUIZ[472] o SERRA MONTÉ[473] han hecho propuestas de elaboración. En el caso de este último autor propone tres fases antes de la aprobación inicial del plan que contenga el catálogo:

---

469 Art. 78.1 TRLUC.

470 Art. 80 TRLUC.

471 Art. 103.3 y 107 TRLUC.

472 RUIZ DE LA PEÑA RUIZ, Diego, "Diez años de catalogación urbanística en Asturias. Situación actual y perspectivas de futuro", en *Los Catálogos Urbanísticos en el Principado de Asturias: una perspectiva pluridisciplinar*, Universidad de Oviedo, Oviedo, 2013, pp. 18-42.

473 SERRA MONTÉ, Agustí (Dir.), *op. cit.*, pp. 24-26.

1) Trabajos preparatorios: se propone un equipo multidisciplinar con expertos en el mundo de la arquitectura, arqueología, ambientólogos, juristas, etc[474] y buscar la colaboración de entidades culturales del municipio, así como conviene disponer de un inventario previo como sitio de donde partir para hacer la catalogación (como puede serlo el *Mapa del Patrimoni de la Diputació de Barcelona*, el *Inventari del Patrimoni Arquitectònic o Arqueològic de Catalunya*, el Registro de BCIN del Departamento de Cultura, Registre de Planejament Urbanístic de Catalunya, archivos históricos, etc).

2) Inventario: es la base científica del futuro catálogo, fruto del trabajo de campo realizado por el equipo pluridisciplinar. Implica la recopilación de un listado con fichas de bienes donde se detalle las características y estado de conservación de los bienes. Es un documento que podrá contener propuestas de usos o intervenciones respecto de cada ficha, conteniendo la documentación analizada para elaborar cada ficha.

3) Diagnosis: de la elaboración del inventario debe salir un análisis del mismo de acuerdo con los valores a proteger, la historia del municipio, del que saldrán los bienes a proteger en el catálogo. Se recomienda que en la Memoria del Inventario se incorpore la diagnosis.

Si la aprobación se hace a través de un Plan especial de protección, SERRA MONTÉ[475] ha elaborado una tabla resumen del procedimiento de aprobación del mismo:

---

474 Debe recordarse que según la Disposición Adicional 13 TRLUC: "Las personas profesionales que intervienen en la preparación y la redacción de las figuras del planeamiento urbanístico, en calidad de funcionarios o funcionarias, de personal laboral o de personas profesionales liberales contratados a tal efecto, deben tener la titulación y las facultades adecuadas, de acuerdo con la legislación aplicable".

475 SERRA MONTÉ, Agustí (Dir.), *op. cit.*, p. 57.

	PEP	Tramitació	Òrgan	Terminis	Publicitat
PRELIMINARS	Inici del treballs	Acord redacció PEP	Ple ajuntament		
		Diagnosi prèvia / INVENTARI ?			
	Encàrrec	Convocatòria concurs	Ajuntament		
		Adjudicació redacció del PEP			
	Programa de participació ciutadana (potestatiu)	Acord de PPC	Ple ajuntament		DOGC o butlletí oficial + suport digital (web)
	Suspensió (potestativa) de plans i llicències	Acord suspensió	Ple ajuntament	1 any	DOGC o butlletí oficial + suport digital (web)
	Redacció document d'avanç (potestatiu)	Sol·licitud d'informe urbanístic i territorial	Ajuntament tramet CTU informa l'Avanç		
INICIAL	**Redacció document per AI**	Acord AI, **aprovació inicial** inclou **suspensió** (obligatoria) **de plans i llicències** ↓ 10 dies	Ple ajuntament (o organisme en qui delegui)	3/4 mesos per adoptar AI	DOGC o butlletí + 1 diari de més divulgació + suport digital (web)
		Exposició pública		1 mes	
		Sol·licitud d'informes		(*)	
		Comunicació als municipis veïns (potestatiu)			
PROVISIONAL		**Valoració al·legacions i informes**	Informe tècnic		
	Redacció document per AP **	Acord AP (**) d'**aprovació provisional**	Ple ajuntament	2 mesos	
DEFINITIVA		**Tramès a CTU per a AD** ***	Ajuntament		
		Acord o d'**aprovació definitiva** (AD) o de **suspensió** (S)	CTU ****	3 mesos	Diari Oficial (DOGC) + suport digital (RPUC)
	Redacció document Refós **	Acord d'aprovació del text refós	Ple ajuntament o el mateix organ que ha fer l'AP		
		Acord o de donar conformitat (post AD) d'aprovació definitiva (post S)	CTU o director	2 mesos	**Diari Oficial (DOGC) + suport digital (RPUC)**

* *Termini 1 mes en general; 2 mesos per l'administració de l'Estat i quan la legislació sectorial així ho determini.*

** *El primer punt de l'acord és, d'assumir l'informe tecnic a les al·legacions.*

** *Pot requerir d'un text refós que incorpori noves determinacions. Si aquestes sòn substancials, caldrà una nova informació publica*

*** *Document tècnic i expedient administratiu (i en format digital editable)*

**** *El contingut de l'acord de la CTU pot fer necessària l'elaboració d'un text refós, que d'haura de tramitar en els termes que la CTU determini.*

NOTA: *Si el PEP té incidencia ambiental, seran necessaris, un Avanç amb l'ISA i la tramitació ambiental (DT1ε*
Veure Web DTES > Activitat Urbanistica > Suport

III.2.3.3.- Aprobación provisional del plan

Una vez se ha aprobado inicialmente el plan y se ha puesto a información pública y solicitado los informes sectoriales de organismos estatales y autonómicos pertinentes, se debe hacer el estudio correspondiente para resolver motivadamente las alegaciones y propuestas de enmienda de los informes sectoriales, en base a esto se hará la aprobación provisional del POUM por el Pleno municipal del Ayuntamiento afectado.

Cabe la posibilidad que fruto de alegaciones e informes se aprecie la necesidad de incrementar el número de inmuebles a catalogar urbanísticamente o a ser protegidos con un nivel de protección distinto, lo que puede llevar a preguntarse si se considera una modificación sustancial que implique un nuevo trámite de información pública. La respuesta a la pregunta la tenemos en la STS de 4 de diciembre de 1995[476] (FJ 3º) que considera que en absoluto esto es una modificación sustancial puesto que no altera el modelo territorial del plan:

> "Los edificios, objeto del nivel de protección aquí cuestionado -Chalet Testi-Flok y fábrica Testi-Flok-, fueron incluidos en la aprobación inicial del Catálogo de Edificios Protegibles en la rúbrica atinente a la llamada Protección integral, si bien como consecuencia de las alegaciones formuladas en la información pública del proyecto, quedaron, tras la aprobación provisional, integrados en el nivel de protección denominado Ambiental como nueva categoría introducida. La inclusión de dichos edificios en este tipo de protección, no puede ser considerada como modificación sustancial de tales Normas Urbanísticas, porque como ya tiene declarado esta Sala -sentencias de 15 y 16 de diciembre de 1.993 y 27 de febrero de 1.995- la expresión de modificación sustancial entraña un concepto jurídico indeterminado que hay que entender en el sentido de que los cambios introducidos ya en la aprobación provisional o en la definitiva, supongan una alteración del modelo de planeamiento elegido que lo hagan aparecer como distinto o diferente en tal grado que pueda estimarse como un nuevo planeamiento y por ello no ha lugar a nueva información pública cuando las modificaciones se refieran a aspectos concretos del Plan y no quede afectado el modelo territorial elegido o la modificación de un aspecto del mismo.
>
> La introducción de la categoría de protección ambiental o estructural, no supone en absoluto, ningún cambio de criterio que suponga una alteración del sistema de protección elegido, al basarse tal nivel en idénticas finalidades e intereses urbanísticos estribando la única y mínima diferencia respecto del nivel de protección integral en una menor intensidad en los deberes de conservación y mantenimiento así como una mayor relevancia en las actuaciones

---

476 Sala de lo Contencioso, sec. 5ª (rec. 4740/1991; Pte.: Sanz Bayón, Juan Manuel).

permitidas, lo que revela la mera cualificación adjetiva o incidental del contenido de la nueva categoría de protección y su total ausencia de carácter sustancial."[477]

Es importante tener en cuenta que antes de la aprobación provisional se deben tener los informes preceptivos sectoriales, entre los que destaca el de cultura de la Generalitat en nuestro caso. Así, la STSJC de 19 de junio de 2018[478], que nos advierte de que el órgano competente para emitir el informe sobre Patrimonio Cultural de la Generalitat es la Comisión Territorial de Patrimonio Cultural competente por territorio, no la Comisión Territorial de urbanismo, inclusive respecto de las zonas de protección por lo que anula solo las fichas impugnadas (y no todo el plan como pretendía también el recurrente):

> "La aprobación del Plan Especial y Catalogo respecto del entorno de esos BCIN, aun cuando fuera para ajustarse a la delimitación del entorno en el acuerdo de declaración como BCIN, requería el informe favorable del Departamento de Cultural, correspondiendo la competencia a la Comisión Territorial del Patrimonio Cultural, por lo que debe estimarse el recurso en esta cuestión, aunque no para declarar la nulidad de todo el Plan Especial y Catálogo como pretende la actora, ya que la omisión del informe sólo afecta a los BCIN, sino exclusivamente por lo que hace a los expresados, y a cualquier otro catalogado, a fin de que, previa emisión de informe favorable por la Comisión Territorial correspondiente, el Pleno municipal apruebe de nuevo las fichas de los BCIN, y ulteriormente las apruebe la Comisión Territorial de Urbanismo de Cataluña."

---

477 Continua diciendo la sentencia: "*No es posible, pues, apreciar la infracción alegada de la norma procedimental del artículo 130 del Reglamento de Planeamiento, puesto que la ausencia del carácter esencial de la modificación introducida al ser aprobado provisionalmente el Catálogo, determinaba la no necesidad de la apertura de nuevo trámite de información pública.*"

478 Sala de lo Contencioso-Administrativo, Sección 3ª (Sentencia núm. 567/2018, Rec. 214/2015; Ponente: Hernández Pascual, Isabel).

III.2.3.4.-Aprobación definitiva del plan

La aprobación definitiva de un POUM, así como de un Plan especial urbanístico de protección corresponde a la Generalitat a través de las Comisiones Territoriales de Urbanismo correspondientes, como regla general.

Hay que tener en cuenta que la aprobación definitiva cuando se hace por la Generalitat es debido al interés supramunicipal del plan, y tiene una función de control de la actividad del ente local. Ahora bien, dicho control debe ajustarse a los requisitos de ser un control puntual y específico, ser un control de legalidad, que no de oportunidad, y dicho control puede ser recurrido a la jurisdicción contencioso-administrativa (ver STS de 26 de junio de 2012, RJ 2012/7551).

El POUM o el Plan especial del catálogo si se aprueba definitivamente por la Generalitat, se publicará en el DOGC, si lo aprueba definitivamente el Ayuntamiento se publicará en el BOP y una referencia en el DOGC, según se entiende de la remisión que hace el artículo 106.1 TRLUC. En ambos casos, el artículo 107.1 TRLUC solo exige la publicación del acuerdo de aprobación definitiva, si bien el artículo 70.2 LBRL da a entender que si lo aprueba el Ayuntamiento, se publicarán también las normas de los planes urbanísticos.

SERRA MONTÉ[479] recomienda que una vez aprobado el catálogo urbanístico, se comuniquen al Departamento de Cultura de la Generalitat los nuevos bienes de protección urbanística por si entienden conveniente que los inscriban en el Inventario del Patrimonio Cultural de la Generalitat.

Una vez aprobado y publicado el plan urbanístico, este solo es recurrible por recurso contencioso administrativo ante la Sala de lo Contencioso-Administrativo del Tribunal Superior de Justicia correspondiente a la Comunidad Autónoma, de acuerdo con el

---

479 SERRA MONTÉ, Agustí (Dir.), *op. cit.*, p. 15.

artículo 8.1 y 10.1.b de la Ley 29/1998, de 13 de julio, reguladora de la Jurisdicción Contencioso-administrativa, siendo imposible el recurso por vía administrativa[480], aunque sea por temas formales, pues debe recordarse que se impugna una norma de rango reglamentario al fin y al cabo.

Como indica GIFREU I FONT, el catálogo como tal

> "no es susceptible de recurso en no tener el carácter de disposición general o de acto administrativo. En cambio, la decisión de incluir o excluir un bien determinado de este documento, que se debe basar en criterios periciales, sí que constituye un acto administrativo recurrible"[481]

Si bien el plan urbanístico en el que se incluye sí es, en todo caso, susceptible de recurso contencioso-administrativo, como hemos dicho.

III.2.3.5.-Modificación del catálogo

Como el catálogo es parte integrante de un plan urbanístico, debemos empezar diciendo que todo plan urbanístico debidamente aprobado y publicado entra en vigor y como norma regla-

---

480 Así lo ha recordado numerosa jurisprudència, como la STSJC de 23 de diciembre de 2011, Sala de lo Contencioso-Administrativo, Sección 3ª (Sentencia num. 999/2011; Ponente: Francisco López Vázquez) que cita a la principal jurisprudència del TS en su FJ 2o:
"En cuyo sentido constante jurisprudencia (SSTS. Sala Tercera, Sección 5ª, de 19-12-07 y 19-3-08) viene declarando que los planes de urbanismo son disposiciones de carácter general, contra las cuales, en méritos del artículo 107.3 de la Ley 30/1992 , no cabe recurso en vía administrativa. Este es un precepto estatal básico que no puede ser contradicho por la legislación autonómica, ni siquiera en materias que, como el urbanismo, son de la exclusiva competencia de ésta, pues en ellas la comunidad autónoma puede normar aspectos procedimentales y de régimen jurídico, pero no infringir normas básicas del Estado. "

481 GIFREU I FONT, Judith, *L'ordenació urbanística a Catalunya, op. cit*, p. 361.

mentaria que es tiene una vigencia indefinida, si bien puede ser modificado.

Para modificar un catálogo se debe seguir el mismo procedimiento que para su aprobación, así como la misma figura del planeamiento, ya que de lo contrario se incurriría en nulidad de pleno derecho. Así lo entiende el FJ 4º de la STSJ de las Canarias de 15 de enero de 2014[482]:

> "Pues bien, con lo relatado en los antecedentes y lo expuesto literalmente en la sentencia que acabamos de trascribir, resulta evidente la estimación del recurso. El procedimiento de elaboración del Catálogo litigioso, necesariamente debió tramitarse por el mismo procedimiento que su aprobación, es decir, formando parte del Plan General, no como un instrumento autónomo, lo que implicaba que su elaboración requería la tramitación de un expediente de modificación o revisión puntual del citado Plan General vigente. Y es evidente que se tramitó como instrumento independiente."

Es preciso decir que el Tribunal Supremo ha reconocido el carácter reglamentario de los planes urbanísticos, y no solo en su parte normativa, sino de todos sus documentos (STS de 15 de julio de 2014[483]), lo que según RIVERO YSERN[484] implica:

- El sometimiento del plan a un procedimiento de elaboración y aprobación bajo las reglas de publicidad y participación;
- El sometimiento de la revisión de un plan al mismo procedimiento para su elaboración;
- El sometimiento a la publicidad de las normas, con lo que se debe publicar en el boletín oficial correspondiente autonómico. Si no se publican no entran en vigor y son ineficaces los planes (STS de 19 de octubre de 2011, RJ 2012/1291);

---

482 Sala de lo Contencioso-Administrativo, Sección 2ª (sentencia núm. 13/2014, rec. 221/2008; ponente: Paez Martínez-Virel, Cristina).

483 Sala de lo Contencioso-Administrativo (RJ 2014/4059).

484 RIVERO YSERN, José Luís, *op. cit.*, pp. 84-87.

- En caso de vicio de invalidez la consecuencia es la nulidad de pleno derecho del artículo 62.2 LPAC, por lo que no cabe la técnica de la convalidación (STS de 1 de marzo de 2013[485]) y la nulidad de un plan urbanístico implica asimismo la nulidad de los planes urbanísticos jerárquicamente subordinados al quedar desprovistos de sustento normativo (STS de 28 de septiembre de 2012[486]). Dicha jurisprudencia ha sido criticada por la doctrina, como ALEGRE ÁVILA[487], especialmente cuando se declara la nulidad por defectos formales (como la nulidad de la revisión del PGOU de Santander por la STS de 8 de noviembre de 2016 debido a la mera falta de motivación del crecimiento previsto) en los que el autor aboga por la mera retroacción del procedimiento al momento de la aprobación para subsanar el defecto formal sin necesidad de anular la vigencia del plan.

Solo queda decir que la modificación del catálogo será la forma normal de descatalogar un bien de protección urbanística que no tenga otra protección por la LPCC.

III.2.3.6.- Suspensión de licencias y planeamiento derivado

En palabras de GIFREU I FONT sobre la suspensión potestativa y la preceptiva,

> "Los artículos 73 y 74 del TRLU/2010 establecen que el órgano competente para la aprobación inicial de la figura del planeamiento urbanístico (el pleno del ayuntamiento para el POUM (...)) pueda acordar, con objeto de estudiar la formulación o la reforma, la suspensión de las tramitaciones de planes urbanísticos derivados concretos y de proyectos de gestión urbanística y de urbanización

---

485 Sala de lo Contencioso-Administrativo (RJ 2013/3197).

486 Sala de lo Contencioso-Administrativo (RJ 2012/9519).

487 ALEGRE ÁVILA, José María, "De planes urbanísticos y de anulaciones judiciales" *Práctica urbanística: Revista mensual de urbanismo*, núm. 144, 2017, p. 67.

así como el otorgamiento de licencias de parcelación de terrenos, de edificación, reforma, rehabilitación o demolición de construcciones, de instalaciones o ampliación de actividades o usos concretos y de otras autorizaciones municipales conexas que vengan establecidas por la legislación sectorial.
Al lado de esta suspensión potestativa, se prevé otra suspensión preceptiva o automática que se activa más adelante, con el acuerdo de aprobación inicial del plan objeto de tramitación administrativa. Las dos medidas cautelares se suceden en el tiempo para garantizar que mientras se elabora, tramita y aprueba el nuevo instrumento de planeamiento, no se consolidan situaciones urbanísticas contrarias a sus determinaciones y también para evitar contradicciones eventuales ene l período de transición entre figuras del planeamiento. La suspensión potestativa no se puede acordar aleatoriamente sino que se debe motivar en la conveniencia de estudiar un nuevo planeamiento o reforma del que se encuentra en vigor, de manera que la apreciación de un propósito distinto al que ha inspirado la norma comporta su anulación por posible desviación de poder.
La suspensión potestativa tiene una durada que no puede ser superior a un año contado desde la publicación del acuerdo; su prórroga más allá de este plazo es nulo de pleno derecho (STS de 25 de junio de 1991). (...)
El principio de seguridad jurídica explica que el acuerdo de suspensión deba precisar el alcance de las licencias y tramitaciones y concretar los ámbitos afectados, con la incorporación de un plano de delimitación de los ámbitos sujetos a suspensión de licencias y de tramitación de procedimientos, en que éstos queden identificados gráficamente (...). El acuerdo debe ser publicado en el boletín oficial de la provincia y notificado a las personas interesadas que hayan presentado solicitudes con anterioridad a su adopción (arts. 102 apartados primero y segundo, y 104.1 RLU)." [488]

Respecto a la cuestión de la suspensión de licencias, según la STSJC de 15 de febrero de 2007 dispone que

"Constituye ello una medida cautelar cuya finalidad es la de asegurar la efectividad de un ordenamiento futuro, es decir, de una ordenación urbanística que todavía no está en vigor, impidiendo que cuando ésta no ha llegado a aprobarse definitivamente puedan producirse aprovechamientos del suelo que, aun conformes

---

488 GIFREU I FONT, Judith, *L'ordenació urbanística a Catalunya, op. cit*, pp. 437-439.

con la ordenación vigente, vayan a dificultar la realización efectiva del futuro plan. Y esta suspensión del otorgamientos de licencias opera, como ha señalado con reiteración la jurisprudencia, erigiendo un obstáculo, temporal y espacialmente limitado, a la aplicación de la ordenación vigente, de suerte que ya no será posible, en principio, la obtención de licencias en el suelo afectado, ni la legalización de las obras ilícitamente ejecutadas, pues habrán de interrumpirse los procedimientos de otorgamiento de aquéllas".

La suspensión de licencias no deja de ser una excepción a la regla general del otorgamiento reglado de licencias debido a razones de interés público, motivo por el que debe interpretarse restrictivamente la posibilidad legal de suspender licencias, debiendo conjugarse el interés público con el interés de los particulares a obtener licencia, así podemos citar la STS de 1 de julio de 1996, Sala de lo Contencioso-Administrativo, o también la STS de 28 de abril de 1997[489], a propósito de la suspensión acordada por el Ayuntamiento de San Javier (Murcia) en 1987 para la tramitación de sus Normas Subsidiarias, sentencia que nos estableció lo siguiente en el FJ 3º:

"Se trata en definitiva de una medida cautelar que persigue el impedir la realización de obras que puedan resultar contrarias o incompatibles con el nuevo planeamiento proyectado. Con ello se intenta lograr la efectiva satisfacción de los intereses generales que siempre ha de servir la Administración Pública -art. 103.1 CE- y específicamente en su actividad de ordenación urbanística del territorio, intereses cuyo logro se vería frustrado, si se autorizaran durante el período de formación y trámite de los Planes urbanísticos, obras y actividades contrarias o incompatibles con el ya inminente nuevo planeamiento.

Pero no es menos cierto que esa medida cautelar de suspensión supone una muy importante limitación en el ejercicio de las facultades dominicales, al privarse a los propietarios de suelo edificable de su legítimo derecho a materializar tal facultad conforme al planeamiento vigente, por lo que las citadas normas deben interpretarse restrictivamente.

---

489 Sala de lo Contencioso-Administrativo (Ar. 3918).

> De ahí que (...) aconseje una prudente limitación del contenido de tal medida suspensoria, tanto en el ámbito temporal ya expresado como en el de los requisitos exigidos para su virtualidad (...)."

La STS de 22 de noviembre de 2001, Sala de lo Contencioso-Administrativo considera que la suspensión de licencias no es un acto de trámite, pues afecta a derechos e intereses de los propietarios, quien por ello mismo lo pueden impugnar.

De acuerdo con la STSJC de 12 de enero de 2010, Sala de lo Contencioso-Administrativo, no existe la posibilidad de acordar suspensiones sin encaje normativo, pues solo procede o bien en ámbitos en que las nuevas determinaciones comporten una modificación del régimen jurídico urbanístico o bien aún siendo compatible con el nuevo régimen inicialmente aprobado exista un perjuicio o riesgo para la nueva ordenación que se deba razonar, sin caber ostros supuestos o la simple invocación discrecional y genérica de la conveniencia de alcanzar objetivos urbanísticos de una nueva ordenación.[490]

La suspensión de licencias en virtud del artículo 73 TRLUC solo generaría en su caso, para las licencias ya solicitadas y no otorgadas, una indemnización solo por el coste de la redacción del proyecto y las posibles tasas ya pagadas.

Es preciso decir que es por un período de 1 año la suspensión obligatoria de licencias y de instrumentos tramitación de planeamiento derivado desde la aprobación inicial en lo que la nueva modificación suponga una alteración del régimen urbanístico anterior (en el que se puede acumular otro año si no se utilizó en su momento para la suspensión potestativa, según el art. 74.1 TRLUC). Su prórroga más allá de un año es nula de pleno derecho según la STS de 25 de junio de 1991, Sala de lo Contencioso-Administrativo.

---

490 Vid. GIFREU I FONT, Judith, *L'ordenació urbanística a Catalunya*, Associació Catalana de Municipis, Ed. Marcial Pons, Madrid, 2012, pp. 440-441.

Un tema importante es el de la imposibilidad, una vez agotados los efectos de la suspensión, de volver a suspender licencias y planeamiento para el mismo ámbito y para idéntica finalidad durante 3 años (art.74.2 TRLUC).

Cabe entender que no hay idéntica finalidad entre destinitos tipos de planeamiento, como nos indica DIEGO RECA[491]:

> "Ha de entenderse que no se da «idéntica finalidad» (y por tanto, es viable la suspensión antes de transcurrir los cinco años desde la primera) entre los diversos instrumentos de planeamiento cuyos conceptos legales destacan sus distintos y específicos objetos que justifican su regulación como grados sucesivos de aquél (STS de 16 de junio de 1982). Por tanto, no concurre idéntica finalidad en la elaboración de planes generales, planes parciales, planes especiales, estudios de detalle y normas subsidiarias de planeamiento, siendo posible en estos casos la suspensión dentro de los cinco años que marca la ley."

Cabría plantearse, pues, si se suspendió licencias y planeamiento para tramitar un POUM, sin que se catalogara finalmente un bien en el "precatálogo" del POUM, luego al redactar un plan especial del catálogo del patrimonio, cabe poder volver a suspender licencias.

En este caso debemos tener en cuenta que de acuerdo con la jurisprudencia actual, no basta con que el plan tenga un nombre distinto para entender si hay una "distinta naturaleza" (STS de 19 de mayo de 1997, Sala de lo Contencioso-Administrativo, referente al art. 122 RPU de 1978, cuya sentencia recalca que la inobservancia de este requisito es motivo de anulación del acuerdo de suspensión).

Cabe mencionar la STS de 21 de octubre de 1997[492], en cuyo FJ 4º se afirma, en base a la Ley de Suelo de 1976 que la incorpo-

---

491 DIEGO RECA, Luis Miguel, *La suspensión del otorgamiento de las licencias urbanísticas*, tesis doctoral, Madrid, 2017, pp. 320-321.

492 Sala de lo Contencioso-Administrativo, Sección 5ª (rec. 1017/1992; ponente: Esteban Alamo, Pedro).

ración de un bien inmueble en el catálogo y el correspondiente registro público es un requisito previo para luego aprobar el plan especial de protección:

> "hemos dicho en múltiples ocasiones, (Sentencia de 23 de enero de 1.989, 24 de octubre de 1.990, 26 de octubre y 30 de noviembre de 1.992, 18 de julio de 1.993 etc.) que la Ley del Suelo de 1.976 dedica los artículos 18 a 25, 73 y 182, no sólo a la conservación y valoración del patrimonio histórico y artístico de la Nación y bellezas naturales, sino también a la conservación y protección de determinados edificios, o lugares o perspectivas del territorio nacional, monumentos, jardines, parques naturales o paisajes; decisiones que requieren su inclusión en Registros Públicos o Catalogados cuya naturaleza y finalidad desarrollan los artículos 86 y 87 del Reglamento de Planeamiento; y tales medidas se estructurarán y desarrollarán a través de los Planes Especiales pertinentes según los artículos 78 y siguientes del citado Reglamento."

Tenemos que precisar, pero, que dicha sentencia se refiere a la Ley de Suelo de 1976, que configuraba el catálogo como un instrumento previo al plan especial, si bien el TRLUC en Cataluña prevé el catálogo como un instrumento incorporado dentro del POUM o en su caso un plan especial. La referencia al registro público, no se ha previsto en todas las leyes autonómicas, pero encontramos referencias a registros de protección urbanísticos parecidos en la Ley de Urbanismo Valenciana 16/2005.

Por otro lado, el FJ 4º de la STSJC de 19 de junio de 2015[493], así como en el mismo sentido el FJ 2º B de la sentencia de la misma sala y sección del 3 de febrero de 2012 que nos indican que si una licencia de demolición se obtiene por silencio administrativo positivo, ésta prevalece sobre un acuerdo posterior de suspensión de licencias que afecte sobre el bien en cuestión que se pretenda proteger en un futuro catálogo del patrimonio:

> "El acuerdo de suspensión de la tramitación y otorgamiento de licencias de 20.2.2008 carece de eficacia retroactiva, por lo que no puede afectar al silencio administrativo positivo producido con

---

[493] Sala de lo Contencioso-Administrativo, Sección 3ª (Sentencia núm. 443/2015, Rec. 500/2011; Ponente: Rodríguez Laplaza, Eduardo).

anterioridad por el transcurso del plazo de dos meses desde el 28.10.2007. Además es irrelevante la llamada a un futuro Plan Especial de protección del patrimonio arquitectónico y arqueológico, carente de virtualidad normativa." [494]

---

494 Fragmento completo: "El Ayuntamiento opone al silencio administrativo positivo: a) El convenio urbanístico de 18.1.2001, convenio que -dice- tenía la finalidad de prever una edificabilidad y unos usos que garantizaran la conservación de la Masía, para lo que el Ayuntamiento se comprometía a tramitar y aprobar "de forma inmediata" las modificaciones puntuales necesarias del planeamiento urbanístico; y, b) la suspensión de la tramitación y otorgamiento, entre otras, de licencias de demolición en un ámbito que incluía la Masía de Cal Perotet, para la elaboración del catálogo y Plan Especial de protección del patrimonio arquitectónico y arqueológico de Calafell, en virtud de acuerdo municipal de 20.2.2008.
Ninguno de estos motivos puede obstar a la obtención de la licencia de demolición de autos por silencio administrativo positivo:
El convenio urbanístico citado, por cuanto no tiene naturaleza de norma y, por ello, carece de relevancia en sede de otorgamiento de licencias, otorgamiento que es reglado, esto es, que la licencia de demolición tiene que otorgarse si la demolición es conforme con las determinaciones de la ordenación urbanística. Al respecto, es doctrina jurisprudencial que "toda licencia [en el caso, de demolición] debe ser concedida mientras no se demuestre que la petición incurre en alguna infracción del ordenamiento jurídico", y "es la Administración la que, confrontando la solicitud y el proyecto con la normativa urbanística aplicable, debe resaltar las posibles ilegalidades de la petición y obrar en consecuencia" (Sentencia del Tribunal Supremo, Sala 3ª, Sección 5ª, de 7.4.1999).
El acuerdo de suspensión de la tramitación y otorgamiento de licencias de 20.2.2008 carece de eficacia retroactiva, por lo que no puede afectar al silencio administrativo positivo producido con anterioridad por el transcurso del plazo de dos meses desde el 28.10.2007. Además es irrelevante la llamada a un futuro Plan Especial de protección del patrimonio arquitectónico y arqueológico, carente de virtualidad normativa.
En suma, la licencia de demolición de autos debe entenderse concedida por silencio administrativo positivo, al no constar óbice urbanístico alguno por el que la demolición deviniese incompatible con el ordenamiento urbanístico (artículo 5.2 del Decreto Legislativo 1/2005 , del Texto Refundido de la Ley de Urbanismo)."

Es importante también decir que la suspensión de licencias participa de la naturaleza reglamentaria del plan con el que se tramita, lo que implica la posibilidad de la impugnación indirecta de la suspensión vía recursos contra el acto de denegación de licencias (STS de 31 de enero de 2000[495]; en un sentido similar, STSJC de 20 de noviembre de 2008). Precisamente por esa naturaleza reglamentaria, la impugnación directa de una suspensión de licencias se conoce por el tribunal superior de justicia (STSJC de 12 de enero de 2000, Sala de lo Contencioso-Administrativo).

Asimismo no se considera un mero acto de trámite, sino que afecta a derechos de los interesados por lo que ellos pueden impugnarla (STS de 22 de noviembre de 2001, Sala de lo Contencioso-Administrativo). También, en ese caso de la STSJC de 12 de enero de 2010, Sala de lo Contencioso-Administrativo, que la suspensión obligatoria de licencias con la aprobación inicial del plan solo procede para los ámbitos en los que las nuevas determinaciones del plan en aprobación modifiquen el régimen jurídico urbanístico, o bien cuando el nuevo régimen previsto sea compatible con el vigente pero exista un perjuicio o riesgo para la nueva ordenación que se deberá motivar (no cabiendo hacer referencias genéricas a la conveniencia de conseguir objetivos urbanísticos nuevos).

III.2.3.2.- Documentación del catálogo

III.2.3.2.1.- Documentación del catálogo en el POUM

Como hemos visto, uno de los objetivos del POUM es detectar y proteger los valores (ver, por ejemplo, art 58.2.g TRLUC), y esto, se debe materializar en su documentación, especialmente en su documentación justificativa y normativa. El artículo 59.1 TRLUC establece la documentación que debe tener un POUM, entre los cuales destacaría la memoria descriptiva y justificativa del plan, los planos de información y de ordenación, las normas urbanísticas

495 Sala de lo contencioso, RJ 2000/582.

y el catálogo de bienes a proteger como documentación de más incidencia en la protección del patrimonio.

La normativa del RLUC establece una serie de documentación referida directamente con la protección del patrimonio cultural. Así, según el artículo 69.2.7º RLUC, la memoria del POUM debe contener el

> "Señalamiento de los valores medioambientales, paisajísticos, culturales, agrarios o de cualquier otro tipo existentes en el ámbito del plan".
> Y según el artículo 72.1 RLUC,
> "Los planos de información del plan de ordenación urbanística municipal tienen que contener la información gráfica sobre las características naturales, ambientales, culturales, (...) que sean relevantes para la ordenación urbanística."

El artículo 73.2.4º RLUC (sobre "Planos de ordenación") concreta que entre los planes de ordenación deberá existir el de catalogación:

> "73.1 Los planos de ordenación del plan de ordenación urbanística municipal expresan gráficamente las determinaciones de este plan y tienen que ser elaborados sobre cartografía digital.
> 73.2 Los planos de ordenación del plan de ordenación urbanística municipal tienen que ser, como mínimo, los siguientes:
> 4º. Plano de catalogación, en el cual se señalen los elementos incluidos en el catálogo."

Finalmente, según el artículo 75.1 RLUC,

> "El catálogo de bienes protegidos del plan de ordenación urbanística municipal determina los bienes inmuebles, singulares o de conjunto, que son objeto de protección por razón de sus valores arquitectónicos, arqueológicos, geológicos o, en general, culturales, de acuerdo con lo que establece el artículo 95 de este Reglamento."

Sin olvidar que en suelo urbano no sujeto a plan derivado, el POUM debe regular, en su caso, las condiciones estéticas o tipológicas de las edificaciones (art. 68.2.e RLUC), lo que puede ayudar a la normativa del catálogo sobre las intervenciones permitidas en bienes protegidos, especialmente en la regulación de los conjuntos urbanos.

Por lo tanto y en base a estos y otros preceptos, de acuerdo con SERRA MONTÉ[496], en todo caso un POUM debe contener la siguiente documentación relacionada con esa protección:

> "- A la memoria informativa, la descripción de los valores detectados, como mínimo en forma de listado, enumerándolos e identificando si tienen o no alguna protección actualmente.
> - A la memoria justificativa, se explican y justifican los criterios para su incorporación en el nuevo catálogo de bienes protegidos (fichas), así como los objetivos globales de intervención.
> - A la normativa, en una sección específica relativa a los bienes protegidos, se concreta su regulación así como los mecanismos previstos para las actuaciones que se tienen que llevar a cabo.
> La singularidad en cuanto al entorno en el tratamiento de un bien protegido, puede requerir de una calificación urbanística específica para la finca (conservación). El articulado tiene que hacer referencia a los aspectos normativos comunes para el conjunto de bienes protegidos y/o a al que no puede reflejar la ficha del catálogo.
> - El documento de catálogo de bienes protegidos, incorpora el índice de bienes (convenientemente numerados) con nomenclatura concordante de forma que sean localizables tanto en los planos como en la ficha individualizada (...).
> -A los planos de información con los ámbitos y elementos objeto de protección, de acuerdo con la legislación territorial y sectorial, así como otros valores preexistentes detectados (arte. 72.1d RLUC), identificados sobre la cartografía digital, a escala 1:5000 por el suelo no urbanizable y escala 1:2000 por el suelo urbano del plan. La simbología tiene que permitir identificar tipología y el origen de la protección existente (declaración de BCIN o BCIL, inventario previo,...) así como el límite físico del bien protegido (todo, el edificio más antiguo, la fachada, el jardín,...) y el entorno de protección declarado. Este plano complementa la memoria informativa.
> -A los planos de ordenación, elaborados sobre cartografía digital que expresen gráficamente las protecciones propuestas. Estos planos complementan la memoria justificativa, la normativa y el catálogo de bienes del plan.

496 SERRA MONTÉ, Agustí (Dir.), *op. cit.*, pp. 38-39.

La singularidad en cuanto al entorno puede requerir de la asignación de una calificación urbanística específica para la finca catalogada (clave 11, conservación, o bien clave M2, conservación según la nomenclatura del MUC).

-Los planos de ordenación del POUM que tienen que reflejar los bienes protegidos son:

- Plano de catalogación (art. 73.2.ª,4 RLUC), que además de la identificación de cada conjunto o elemento , incorpora si se tercia el entorno de protección, complementando las fichas del catálogo. En caso de contradicción prevalece la referencia gráfica a cualquier otra.
- Plano del sectores de planeamiento derivado (art. 73.2.ª.3 RLUC) delimitando el ámbito en el supuesto de prever un PEP o polígonos de actuación urbanística.
- Plano de ordenación en suelo no urbanizable (art. 73.2b RLUC) la Identificación de los bienes protegidos en suelo no urbanizable: Elementos catalogados enumerados (escala 1:5000).
- Planos de ordenación en suelo urbano; contienen la Información de los bienes protegidos en suelo urbano y urbanizable a escala 1:1000, detallando: código identificador, la tipología de bien (arquitectónico, arqueológico, ..); el límite físico del bien protegido (todo, el edificio más antiguo, la fachada, el jardín, el yacimiento, etc.), La categoría de protección (BCIN, BCIL, BPU); y si procede el entorno de protección.

También si procede en el estudio económico financiero, informe de sostenibilidad económica[497] determinando o justificando los impactos sobre las finanzas públicas de las actuaciones propuestas."

La memoria descriptiva y justificativa del POUM, con los estudios complementarios que sean precisos, es un documento esencial del plan. Así, de acuerdo con GIFREU I FONT:

"La potestad planificadora debe de subordinarse a la satisfacción del bien común, de aquí la importancia de motivar la ordenación proyectada de acuerdo con criterios de racionalidad. La memoria

---

497 Si bien HERNÁNDEZ JIMÉNEZ estima innecesario este documento en un catalogo. Ver HERNÁNDEZ JIMÉNEZ, Hilario, "El informe de sostenibilidad económica en los instrumentos de planeamiento", *La Ley, Actualidad Administrativa*, núm. 9, Sección Urbanismo, Septiembre 2016, p. 10.

> constituye la motivación de las determinaciones del plan y exterioriza las razones que justifican el modelo territorial elegido[498]. Se trata de un documento necesario para evitar la arbitrariedad del planificador y, por lo tanto, tiene carácter vinculante." [499] [500]

Debido a la importancia y finalidad de la memoria, resulta natural pensar que la memoria tiene un papel fundamental para justificar los criterios de catalogación del catálogo urbanístico que debe contener el POUM, sobre todo teniendo en cuenta que si consideramos la catalogación urbanística como una potestad de planeamiento discrecional, este debe ser debidamente motivada.

III.2.3.2.2.- Documentación en el Plan Especial de Protección

Dependiendo de que el catálogo esté inserido en un Plan general o un Plan especial, la documentación a contener será distinta. En el caso de tratarse de un Plan especial exclusivo para el catálogo del patrimonio, el artículo 69.1 TRLUC (sobre "Determinaciones y documentación de los planes especiales urbanísticos") nos dice lo siguiente:

> "1. Los planes especiales urbanísticos contienen las determinaciones que exigen el planeamiento territorial o urbanístico correspondiente o, a falta de éste, las propias de su naturaleza y su finalidad, debidamente justificadas y desarrolladas en los estudios, los planos, las normas y los catálogos que procedan."

El artículo 93.2 RLUC regula las finalidades y contenido de un Plan especial de protección del patrimonio, mientras que el artículo 95 RLUC regula el catálogo de protección, que luego exami-

---

498 Se trata de una doctrina jurisprudencial plenamente consolidada según la STS de 16 de junio de 1977, Sala de lo Contencioso-Administrativo.

499 GIFREU I FONT, Judith, "*L'activitat urbanística dels ens locals*", *op. cit.*, pp. 1225-1226.

500 Ver en este sentido la STS de 20 de noviembre de 2012, Sala de lo Contencioso Administrativo.

naremos con más detalle. Mientras que el artículo 94.1 del RLUC (sobre "Documentación de los planes especiales urbanísticos") concreta un poquito la documentación mínima a contener por un plan especial, en este sentido:

> "94.1 Los planes especiales urbanísticos están integrados por la documentación escrita y gráfica adecuada a su naturaleza y finalidad. En cualquier caso, tendrán que contener una memoria descriptiva y justificativa de la necesidad o conveniencia del plan y de la ordenación que éste prevé y los planos de información y de ordenación que correspondan."

Por lo tanto, en el caso del plan especial no hay una documentación fija y cerrada más allá de una memoria y los planos de información y ordenación. En el caso de un catálogo, normalmente será el mismo POUM el que determinará la necesidad de elaborar el catálogo en un plan especial y podría fijar la documentación a contener, pero en el caso de no hacerlo, será la documentación y determinaciones propuestas como *numerus apertus* por el mismo TRLUC y en todo caso las dos obligatorias por el RLUC: las determinaciones propias de la naturaleza y finalidad de un catálogo del patrimonio (como luego veremos en el próximo apartado "Contenido del catálogo") y la documentación serán los estudios/memoria, planos, normas y catálogos que procedan. En un Plan especial del catálogo del patrimonio estimo necesarios todos ellos. Vamos a verlo:

a) Estudio/memoria:

Entiendo que se refiere a un documento parecido a la memoria que se exige en el POUM, si bien con un carácter más limitado. En todo caso lo ligaría con la memoria descriptiva y justificativa de la necesidad o conveniencia del plan y su ordenación urbanística prevista en el artículo 94.2 RLUC. Debería tener un contenido informativo, justificativo y descriptivo de la realidad presente y los objetivos a conseguir. No parece necesario, en principio una memoria justificativa sobre la perspectiva de género, a pesar de que alguna jurisprudencia reciente anula ciertos planes por no tenerlo, pues a efectos prácticos es poco necesaria dicha memoria de género en un catálogo del patrimonio, siendo suficiente en el estudio justificar mínimamente la innecesaridad de la memoria de género.

Por otro lado, tampoco creo que sea preciso el estudio de movilidad del artículo 94.2 RLUC, pues explícitamente determina el precepto que solo será necesario cuando lo exija la legislación sobre movilidad, cosa que no hace por razones obvias.

El estudio o memoria del plan especial es el documento que justifica y motiva el plan, cumpliendo el deber de motivación, a pesar de ser una disposición normativa. De acuerdo con PARDO ÁLVAREZ[501], deben motivarse las razones por las que se elige un concreto modelo territorial. Ya los artículos 17.3 y 23.2 del Texto Refundido de la Ley de Suelo de 1976 exigían la memoria en la elaboración de planes especiales. Así, la jurisprudencia, como las SSTS, Sala de lo Contencioso-Administrativo de 9 de julio de 1991[502], de 13 de febrero de 1992[503], de 1 y 21 de septiembre de 1993[504] o la de 23 de abril de 1998[505] consideran que la memoria es ante todo la motivación del plan, es decir, la exteriorización de las razones que justifican el modelo territorial elegido y las determinaciones del planeamiento, por lo que constituye un documento insoslayable y su ausencia o insuficiencia de motivación pueden llevar a la anulación del plan.

---

501 PARDO ÁLVAREZ, María, *La potestat de planeamiento urbanístico bajo el Estado social, autonómico y democrático de Derecho,* Marcial Pons, Madrid, 2005, p.311.

502 Sala de lo Contencioso-Administrativo (Ar. 5737).

503 Sala de lo Contencioso-Administrativo (Ar. 2828).

504 Sala de lo Contencioso-Administrativo (Ar. 6616 y 6623).

505 Sala de lo Contencioso-Administrativo (Ar. 3102).

SERRA MONTÉ[506] propone qué contenido debería tener esa memoria, diferenciando la memoria informativa, la justificativa y los anexos[507].

De acuerdo con BROSETA PALANCA[508], referente a la memoria justificativa con los criterios de catalogación, matiza la autora que

---

506 SERRA MONTÉ, Agustí (Dir.), *op. cit.*, pp. 39-40.

507 "1. MEMORIA INFORMATIVA E HISTÓRICA
-Introducción: iniciativa, objeto, situación y alcance; justificación de la conveniencia y oportunidad; contenido documental del plan, formulación y tramitación.
-Marco legal y urbanístico: legislación de referencia, planeamiento vigente y antecedentes.
-Análisis y diagnosis de la situación actual: características del lugar; descripción del estado actual; patrimonio cultural y el medio socioeconómico.
-Memoria histórica: estudio histórico con origen y evolución histórica del lugar; evolución histórica, urbana y constructiva en relación con los edificios y elementos de interés; estudio de las tipologías edificatorias si procede; y localización del patrimonio y otros valores de interés.
2. MEMORIA JUSTIFICATIVA (o Memoria de la ordenación propuesta)
-Objetivos , criterios
-Descripción de la ordenación a nivel de conjunto, y ámbito de trabajo
-Descripción y justificación de la propuesta: criterios de valoración y ordenación de los elementos del catálogo; medidas de protección y niveles; tratamiento de los elementos singulares y/o regulaciones especificas; justificación de la adecuación a las determinaciones sectoriales.
-Ejecución de PEP
-Cuadros de superficies
3. ANEXOS A LA MEMORIA
Los necesarios imprescindibles, como por ejemplo: programa de participación ciudadana y tramitación; carta de colores; estudio paisajístico (si procede); proyectos ejecutados o en curso (y/u otros documentos justificativos); bibliografía; síntesis de PEP si procede cumplimiento del artículo 8 TRLUC."

508 BROSETA PALANCA, María Teresa, *La catalogación del patrimonio arquitectónico de Valencia*, en Cuadernos de investigación urbanística, Nº. 99, 2015, p. 7-90

> "los criterios de catalogación deben ser universales y guiados por los valores culturales de los bienes, el autor de cada catálogo no puede ser inspirado por sus propios criterios, y por tanto no debería exigirse una memoria justificativa de los criterios de catalogación como documento integrante del catálogo".

b) Planos:

Se trata de la documentación gráfica que debe definir, "sobre la base cartográfica idónea y con la precisión y escala adecuadas para su correcta comprensión, la información urbanística y territorial y las determinaciones de ordenación que contengan"[509]. Hay que distinguir los planos informativos (que reflejan la realidad presente) de los planos de ordenación (que reflejan la voluntad del planificador).

SERRA MONTÉ[510] propone qué contenido debería tener esa documentación gráfica, diferenciando los planos de información y los de ordenación[511].

---

509 RIVERO YSERN, José Luís, *Manual básico de Derecho Urbanístico*, editorial Tecnos, Madrid, 2018, p. 82-83.

510 SERRA MONTÉ, Agustí (Dir.), *op. cit.*, p. 40.

511 "1. PLANOS DE INFORMACIÓN:
Planos elaborados sobre cartografía digital que contienen la información gráfica sobre el ámbito y elementos objete de protección de acuer-

c) Normas urbanísticas:

De acuerdo con RIVERO YSERN[512] "deben contener las determinaciones de ordenación y de previsión de programación y de gestión, con el grado de desarrollo propio de los objetivos y finalidades del instrumento de planeamiento. Son las ordenanzas urbanísticas" y tienen un carácter vinculante y de aplicación directa.

d) Catálogo:

Es la parte fundamental en sí misma del plan, pues el catálogo clasifica e inventaría los bienes a proteger, con una ficha descriptiva y normativa para cada bien individual o de conjunto. Se regula en el artículo 95 RLUC.

---

do con la legislación sectorial aplicable (LPCC) o el planeamiento urbanístico previo.
-Marco territorial: situación y emplazamiento
-Ortofotomapa / imágenes del lugar
-Topografía (escala mínima 1:2000)
-Estructura de la propiedad (escala mínima 1:2000)
-Preexistencias: usos del suelo y del subsuelo, con indicación de edificaciones, infraestructuras, vegetación y valores existentes (escala mínima 1:2000)
-Afectaciones: sistemas generales, entes sectoriales, subsuelo, riesgos, etc. (escala mínima 1:2000)
-Planeamiento vigente
2. PLANOS DE ORDENACIÓN:
Planos elaborados sobre cartografía digital y en una escala mínima de 1:1000 que expresen gráficamente las protecciones propuestas.
-Zonificación /catalogación
-Ordenación
-Gestión"

512 RIVERO YSERN, José Luís, *op. cit.*, p. 82.

No se regula concretamente cómo deben ser estas fichas, pero BROSETA PALANCA[513] hace una propuesta sobre el contenido de una ficha de catalogación:

- Nivel de protección
- Datos identificativos del inmueble
- Descripción de sus características,
- Estado de conservación y prescripciones para mejorarlo,
- Uso actual y propuesto especificando su destino público o privado
- Plano (situación y descriptivos del inmueble)
- Fotografías.

Para SERRA MONTÉ[514], el catálogo debe de estar formado esencialmente por un listado completo de los bienes a proteger y por "Fichas individualizadas para cada bien a proteger que, según el art. 95.2 RLUC, tienen que contener la información física y jurídica necesaria de cada bien, y establecer el nivel de protección al cual está sujeto y el tipo de intervenciones o actuaciones posibles, de acuerdo con las determinaciones establecidas por el plan urbanístico del cual formen parte". A su vez, el mismo autor[515] hace también una propuesta de estructuración y contenido de las fichas del catálogo:

"DATOS BASICOS Y DESCRIPCIÓN DEL BIEN

- Nombre/s y número identificador del conjunto o elemento a proteger (ficha número)

Localización: lugar, dirección/se postal/s (todas las posibles direcciones postales de la finca), coordenadas UTM (x,y), e iden-

---

513 BROSETA PALANCA, María Teresa, *La catalogación del patrimonio arquitectónico de Valencia,* en Cuadernos de investigación urbanística, Nº. 99, 2015, pp. 7-90

514 SERRA MONTÉ, Agustí (Dir.), *op. cit.*, pp. 40-41.

515 SERRA MONTÉ, Agustí (Dir.), *op. cit.*, pp. 40-43.

tificación en el plano normativo, con el número de plano y el grafismo que identifica el bien.

- Datos catastrales: polígono, parcela, superficie, titularidad (pública o privada, con o sin concreción), número de plantas, y fecha de la última transmisión patrimonial (año)

Información gráfica

- Localización en el plano topográfico y en el ortofotomapa a escala 1/5.000 del ICC (encuadre que permita visualizar el conjunto edificado y su entorno), con escala gráfica y la orientación. En este plano habrá que ser muy cuidadoso con el grafismo, se tiene que identificar claramente el bien o las partes del bien que se catalogan así como el entorno de protección, puesto que este aspecto puede dar lugar a muchas confusiones que pueden llegar a no proteger correctamente el elemento o su contexto.
- Planeamiento urbanístico
- Fotografías (tanto del contexto paisajístico como del conjunto construido y detalles)
- Croquis de planta, levantados, etc
- Otras imágenes del bien, fotografías históricas, etc.

Datos Urbanísticos:

- Régimen urbanístico existente: clase de suelo (suelo urbano consolidado, SUC; urbano no consolidado, SNC; urbanizable delimitado, SUR; urbanizable no delimitado, SND; y no urbanizable, SNU); calificación y planeamiento urbanístico existente
- Clasificación del suelo del nuevo plan: clase de suelo (suelo urbano consolidado, SUC; urbano no consolidado, SNC; urbanizable delimitado, SUR; urbanizable no delimitado, SND; y no urbanizable, SNU)

- Calificación urbanística del nuevo plan: código identificador según los usos predominantes y según el tejido o estructura urbana que generan.
- Descripción del conjunto o elemento: estilo, época, cronología, autoría (maestro de obras); descripción del bien/ tipología, sistema constructivo, materiales, servicios, etc.
- Uso: actual, original y otros anteriores
- Estado de conservación: patologías evidentes del bien y su entorno inmediato así como del entorno de protección. Tiene que quedar claro si es o no deficiente.
- Contexto análisis del entorno inmediato y del entorno próximo, pavimentación; pendientes; accesibilidad; servicios; etc.
- Situación de riesgo: inundabilidad, geológico, tecnológico, incendio, pendientes, otras.
- Otros aspectos vinculantes.

CATALOGACIÓN Y ACTUACIONES ADMITIDAS SOBRE EL BIEN

Catalogación propuesta:

- Tipología de bien a proteger y clasificación: arquitectónico (conjunto, elementos, etc.), arqueológico, natural, cultural;
- Categoría asignada (BCIN, BCIL, BPU)
- Nivel de protección (total, parcial, ambiental, documental, etc.)
- Otras protecciones asociadas: hay la posibilidad que en un mismo conjunto o elemento radiquen diferentes tipologías de bienes (por ejemplo un bien arquitectónico puede contener un árbol monumental, restos arqueológicos, etc.). En este caso cada valor tendrá una ficha por separado (si se tercia), pero en cualquier caso, cada ficha hará referencia a las otras protecciones que se superponen en aquel lugar.

- Razones que aconsejan la incorporación en el catálogo: hay que explicar los valores objetivos que han llevado el bien a ser catalogado: tipología, autoría, razones históricas, etc., para los valores culturales; y la relevancia y particularidades ecológicas y biológicas, interés didáctico o científico, etc., para el patrimonio natural.
- Ámbitos de protección y aspectos: descripción de los elementos que son objeto de la protección, exteriores, interiores, entorno, etc. Hay que precisar el nivel del protección de los diferentes elementos.
- En torno a protección: descripción de las características del entorno necesario para la conservación de los valores ambientales, visuales y paisajísticos del bien.
- Regulación de las intervenciones: (tipo de intervenciones posibles, grado de intervención)
- Usos: permitidos, y prohibidos
- Intervenciones sobre el bien y sobre el entorno de protección. Elementos a preservar y elementos a adecuar (materiales, alturas, colores, etc). Hay que explicar los efectos urbanísticos que se derivarán de las intervenciones propuestas.

Gestión prevista para llevar a cabo los aspectos regulados

INFORMACIÓN COMPLEMENTARIA

- Descripción complementaria necesaria para entender como se ha configurado el bien
- Información histórica, referencias bibliográficas, documentación y fuentes orales, actuaciones llevadas a cabo a la finca hasta el momento
- Protección existente, anterior o previa que puede condicionar la nueva protección: Categoría (BCIN, BCIL, BPU); procedencia de la catalogación; n.° inventario del DC ; n.° registro o catálogo del DC; fecha , etc

- Observaciones, fecha de la ficha[516], redactor de la ficha, la persona responsable del contenido de la ficha, campo informativo interno, no se imprimirá a la ficha." [517]

A continuación expongo algunos ejemplos de fichas del catálogo urbanístico siguiendo los criterios de contenido y estructura de SERRA MONTÉ:

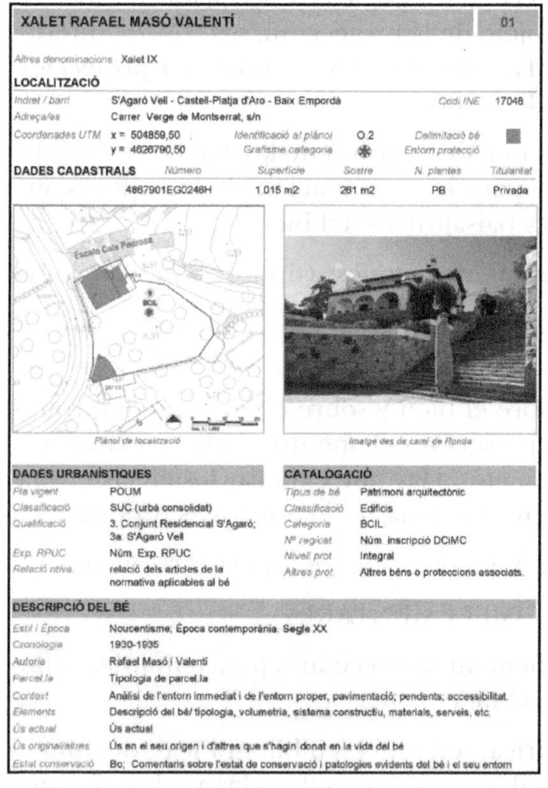
XALET RAFAEL MASÓ VALENTÍ 01

Altres denominacions Xalet IX

LOCALITZACIÓ

Indret / barri	S'Agaró Vell - Castell-Platja d'Aro - Baix Empordà			Codi INE	17048
Adreça/es	Carrer Verge de Montserrat, s/n				
Coordenades UTM	x = 504859,50	Identificació al plànol	O.2	Delimitació bé	
	y = 4626790,50	Grafisme categoria		Entorn protecció	

DADES CADASTRALS	Número	Superfície	Sostre	N. plantes	Titularitat
	4867901EG0246H	1.015 m2	261 m2	PB	Privada

Plànol de localització

Imatge des de camí de Ronda

DADES URBANÍSTIQUES

Pla vigent	POUM
Classificació	SUC (urbà consolidat)
Qualificació	3. Conjunt Residencial S'Agaró; 3a. S'Agaró Vell
Exp. RPUC	Núm. Exp. RPUC
Relació ntiva	relació dels articles de la normativa aplicables al bé

CATALOGACIÓ

Tipus de bé	Patrimoni arquitectònic
Classificació	Edificis
Categoria	BCIL
Nº reg/cat	Núm. inscripció DCIMC
Nivell prot	Integral
Altres prot	Altres béns o proteccions associats.

DESCRIPCIÓ DEL BÉ

Estil i Època	Noucentisme; Època contemporània. Segle XX
Cronologia	1930-1935
Autoria	Rafael Masó i Valentí
Parcel.la	Tipologia de parcel.la
Context	Anàlisi de l'entorn immediat i de l'entorn proper, pavimentació; pendents; accessibilitat.
Elements	Descripció del bé/ tipologia, volumetria, sistema constructiu, materials, serveis, etc.
Ús actual	Ús actual
Ús original/altres	Ús en el seu origen i d'altres que s'hagin donat en la vida del bé
Estat conservació	Bo; Comentaris sobre l'estat de conservació i patologies evidents del bé i el seu entorn

516 Interesa disponer de esta información teniendo en cuenta la larga vigencia de los planes urbanísticos, que ha estado desde el momento en que se rellenó la ficha, la aprobación definitiva y la intervención sobre el bien, o si su estado de este ha variado.

517 SERRA MONTÉ, Agustí (Dir.), *op. cit.*, pp. 40-43.

XALET RAFAEL MASÓ VALENTÍ	01
Situació de risc	Tipus de risc: geològic, pendent, d'incendi, tecnològic, etc.; Descripció del(s) risc(os)
ÀMBITS DE PROTECCIÓ I OBJECTE	
Raons catalogació	Cal explicar els valors objectius que han portat a la catalogació del bé: tipologia, autoria, raons històriques, etc.
Elements	Descripció dels elements que són objecte de protecció, exteriors, interiors, entorn, etc. Cal precisar el nivell de protecció dels diferents elements.
Entorn de protecció	Descripció de les característiques de l'entorn necessari delimitat per a la conservació dels valors ambientals, visuals i paisatgístics del bé.
REGULACIÓ DE LES INTERVENCIONS	
Tipus d'intervenció	Manteniment o conservació, restauració o millora, rehabilitació, consolidació, etc.
Regulació	No es permet la modificació; Aspectes a regular del bé, actuacions necessàries, proposades, permeses i prohibides, si escau.
Façanes/Coberta	Especifiacions per a les façanes i cobertes.
Entorn/Jardí	Especificacions per l'entorn i el jardí.
Estructura/interior	Especificacions per l'estructura i l'interior
Entorn de protecció	Cal explicar els aspectes a regular a l'entorn de protecció del bé, materials, colors, adaptacions, etc, de l'entorn delimitat
Gestió	Camp destinat a informar sobre la gestió de les intervencions proposades així com els efectes urbanístics que es derivaran d'aquestes (per exemple un nou PEU, reparcel.lació, etc).
Altres intervencions	Altre informació pel que fa a les intervencions no contemplada als apartats anteriors.
Usos permesos	Usos permesos
Usos prohibits	Si escau, detallar els usos no permesos
INFORMACIÓ COMPLEMENTÀRIA	
Informació històrica	Recull d'informació històrica que ajudi a entendre els fets i les èpoques que han afectat i configurat el bé.
Bibliografia	Relació de la informació oral i dels documents (gràfics i escrits) dels quals se n'han extret les dades o que s'han consultat per redactar la fitxa.
Actuacions finca	Descripcions de les actuacions a destacar que s'han portat a terme, projectes que s'han aprovat, etc.
Observacions	Altres
Pla anterior	Planejament urbanístic anterior indicant la classe de sòl (sòl urbà consolidat, SUC; urbà no
Protecció existent	Procedència de la catalogació; nº inventari del DCIMC; nº registre o catàleg del DCIMC; dat

Ficha de bien de conjunto:

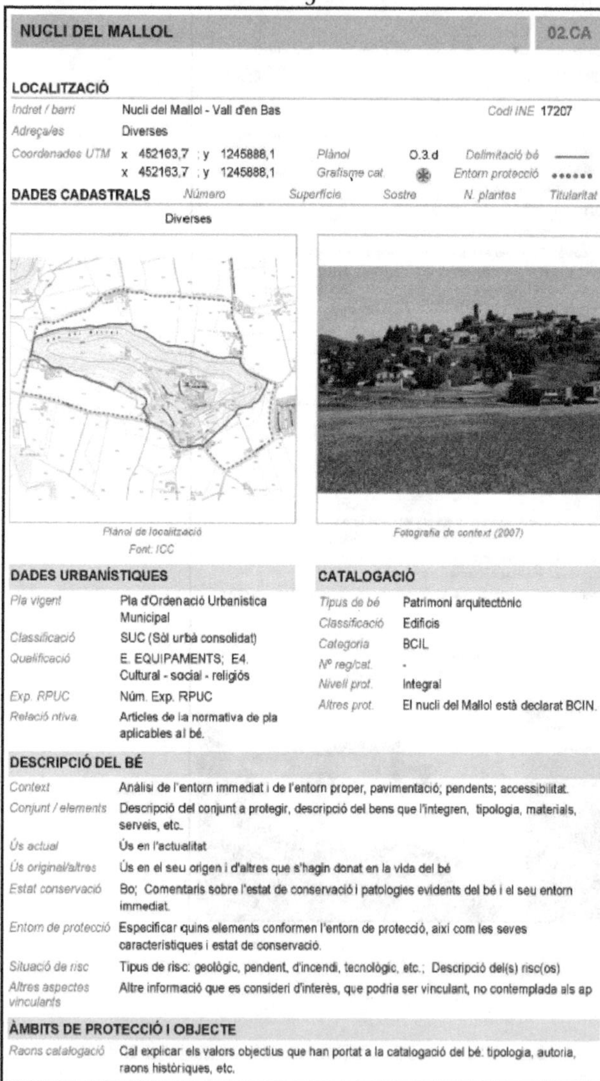

NUCLI DEL MALLOL — 02.CA

LOCALITZACIÓ

Indret / barri	Nucli del Mallol - Vall d'en Bas			*Codi INE*	17207
Adreça/es	Diverses				
Coordenades UTM	x 452163,7 ; y 1245888,1	*Plànol*	O.3.d	*Delimitació bé*	——
	x 452163,7 ; y 1245888,1	*Grafisme cat.*	✻	*Entorn protecció*	••••••

DADES CADASTRALS	*Número*	*Superfície*	*Sostre*	*N. plantes*	*Titularitat*
	Diverses				

Plànol de localització
Font: ICC

Fotografia de context (2007)

DADES URBANÍSTIQUES

Pla vigent	Pla d'Ordenació Urbanística Municipal
Classificació	SUC (Sòl urbà consolidat)
Qualificació	E. EQUIPAMENTS; E4. Cultural - social - religiós
Exp. RPUC	Núm. Exp. RPUC
Relació ntiva.	Articles de la normativa de pla aplicables al bé.

CATALOGACIÓ

Tipus de bé	Patrimoni arquitectònic
Classificació	Edificis
Categoria	BCIL
Nº reg/cat.	-
Nivell prot.	Integral
Altres prot.	El nucli del Mallol està declarat BCIN.

DESCRIPCIÓ DEL BÉ

Context	Anàlisi de l'entorn immediat i de l'entorn proper, pavimentació; pendents; accessibilitat.
Conjunt / elements	Descripció del conjunt a protegir, descripció del bens que l'integren, tipologia, materials, serveis, etc.
Ús actual	Ús en l'actualitat
Ús original/altres	Ús en el seu origen i d'altres que s'hagin donat en la vida del bé
Estat conservació	Bo; Comentaris sobre l'estat de conservació i patologies evidents del bé i el seu entorn immediat.
Entorn de protecció	Especificar quins elements conformen l'entorn de protecció, així com les seves característiques i estat de conservació.
Situació de risc	Tipus de risc: geològic, pendent, d'incendi, tecnològic, etc.; Descripció del(s) risc(os)
Altres aspectes vinculants	Altre informació que es consideri d'interès, que podria ser vinculant, no contemplada als ap

ÀMBITS DE PROTECCIÓ I OBJECTE

Raons catalogació	Cal explicar els valors objectius que han portat a la catalogació del bé: tipologia, autoria, raons històriques, etc.

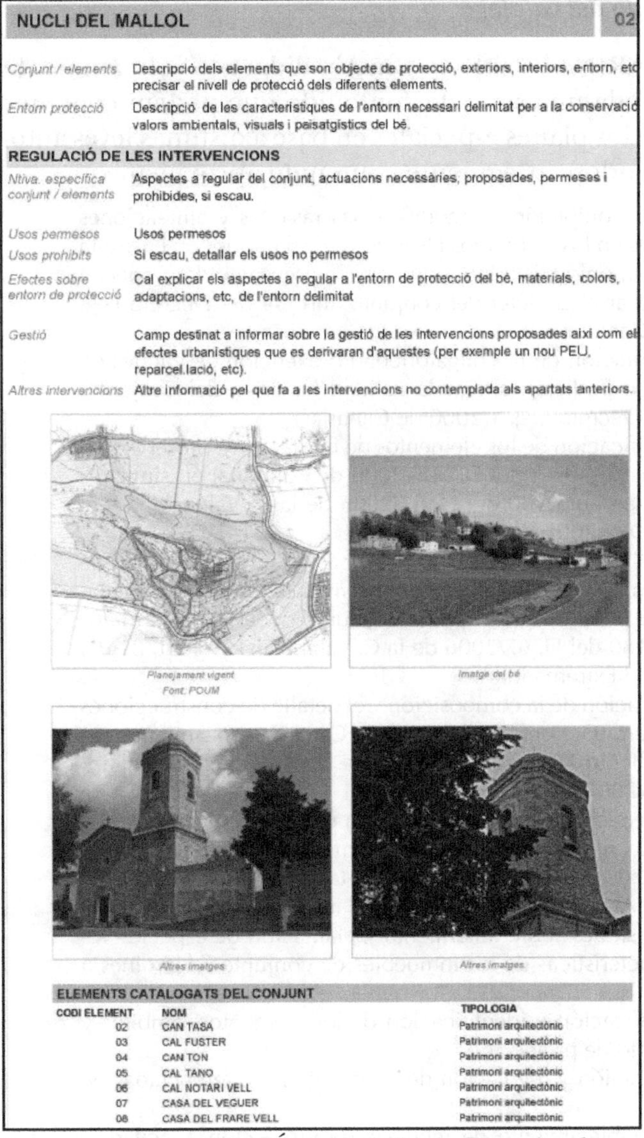

NUCLI DEL MALLOL 02

Conjunt / elements	Descripció dels elements que son objecte de protecció, exteriors, interiors, entorn, et precisar el nivell de protecció dels diferents elements.
Entorn protecció	Descripció de les característiques de l'entorn necessari delimitat per a la conservaci valors ambientals, visuals i paisatgístics del bé.

REGULACIÓ DE LES INTERVENCIONS

Ntiva. específica conjunt / elements	Aspectes a regular del conjunt, actuacions necessàries, proposades, permeses i prohibides, si escau.
Usos permesos	Usos permesos
Usos prohibits	Si escau, detallar els usos no permesos
Efectes sobre entorn de protecció	Cal explicar els aspectes a regular a l'entorn de protecció del bé, materials, colors, adaptacions, etc, de l'entorn delimitat
Gestió	Camp destinat a informar sobre la gestió de les intervencions proposades així com el efectes urbanístiques que es derivaran d'aquestes (per exemple un nou PEU, reparcel.lació, etc).
Altres intervencions	Altre informació pel que fa a les intervencions no contemplada als apartats anteriors.

Planejament vigent
Font: POUM

Imatge del bé

Altres imatges

Altres imatges

ELEMENTS CATALOGATS DEL CONJUNT

CODI ELEMENT	NOM	TIPOLOGIA
02	CAN TASA	Patrimoni arquitectònic
03	CAL FUSTER	Patrimoni arquitectònic
04	CAN TON	Patrimoni arquitectònic
05	CAL TANO	Patrimoni arquitectònic
06	CAL NOTARI VELL	Patrimoni arquitectònic
07	CASA DEL VEGUER	Patrimoni arquitectònic
08	CASA DEL FRARE VELL	Patrimoni arquitectònic

Fuente: SERRA MONTÉ, Agustí (Dir.), *Directrius de contingut per als catálegs de béns i plans especials de protección*, Departaments de territori i cultura de la Generalitat de Catalunya, Barcelona, 2013

III.2.4.- Contenido del catálogo

ARRANZ MARINA estableció a modo didáctico y sin ánimo de exhaustividad toda una serie de contenido que podían contener los catálogos de los planes especiales en base a distintas leyes autonómicas, refiriéndose al siguiente contenido aproximativo:

"1.º. La prohibición de modificar las rasantes y alineaciones tradicionales en los Conjuntos Históricos, declarados con base a la Ley del Patrimonio Histórico, salvo que lo prevea el Plan Especial para conservar el carácter del conjunto. (art. 34 del Decreto Leg. 1/2000 de Canarias)

2.º. Regulación de la obligatoriedad o exención de garajes en edificios que pudieran alterar la calidad histórica del conjunto. (art. 34 del Decreto Leg. 1/2000 de Canarias)

3.º. Identificación de los elementos de interés cuya preservación se pretenda. (art. 93.2 del D. 306/2006 de Cataluña; en similares términos el artículo 180 del D. 67/2006 de la C. Valenciana y el art. 81 del D. 7/2007 de Extremadura)

4.º. Medidas de conservación, estéticas y de funcionalidad de acuerdo con las prescripciones de la normativa sectorial de aplicación. art. 93.2 del D. 306/2006 de Cataluña; en similares términos el artículo 180 del D. 67/2006 de la C. Valenciana y el art. 81 del D. 7/2007 de Extremadura)

5.º. Regulación de la composición y el detalle de construcciones o jardines. art. 93.2 del D. 306/2006 de Cataluña; en similares términos el artículo 180 del D. 67/2006 de la C. Valenciana y el art. 81 del D. 7/2007 de Extremadura)

6.º. Ordenación y preservación de la estructura parcelaria histórica, salvo en casos puntuales debidamente justificados. (art. 82 del D. 248/2004 de Castilla la Mancha, también el art. 117 del D. 52/2002 de Aragón establece otras similares)

7.º. Previsiones sobre tratamiento y plantación de especies vegetales características de los inmuebles de conjuntos o jardines a conservar.

8.º. Justificación e identificación de los elementos, ámbitos y valores objeto de protección.

9.º. Definición y regulación de las categorías diferenciadas de protección.

10.º. Establecimiento de medidas de protección adecuadas, como la regulación de los usos admisibles o incompatibles, de las actuaciones y de las obras permitidas o prohibidas, sobre los elementos o ámbitos protegidos, de los parámetros edificatorios de obligado cumplimiento, entre otros.

11.º. Regulación y programación de la ejecución de actuaciones de recuperación, rehabilitación o mejora de los elementos, ámbitos o valores objeto de protección.

12.º. Establecimiento de los sistemas de actuación o gestión; ya sea de forma integrada o aislada, con delimitación de ámbitos, si no se contuvieran en el planeamiento general." [518]

A lo que hay que añadir las prescripciones específicas que el plan especial debe prever para los bienes que gozan de una protección extra de la legislación sectorial del patrimonio cultural. Es importante que el catálogo no contenga solamente los bienes a proteger según criterio de los políticos, los técnicos municipales o los redactores del catálogo, es importante que haya una normativa sectorial que determine un contenido mínimo de este catálogo, y así lo han establecido distintas legislaciones autonómicas, como es el caso de Madrid o Asturias, pero entre los que no está Cataluña.

También debería tener unas fichas lo suficientemente completas como para identificar adecuadamente el bien, sus límites, y su régimen de intervención y limitación. También debería ser lo suficientemente claro e inteligible para la ciudadanía, pues no se puede olvidar que sus destinatarios principales son los propietarios de los bienes catalogados, que deben poder entender bien las limitaciones sobre sus propiedades.

Los artículos 93 y 95 RLUC nos dan algunas pistas sobre el contenido de estos catálogos y de los planes especiales urbanísticos que los contienen:

"Artículo 93 Determinaciones de los planes especiales urbanísticos

93.1 Los planes especiales urbanísticos contienen las determinaciones que exigen el planeamiento territorial y urbanístico correspondiente o, a falta de éstos, las propias de su naturaleza y finalidad.

---

518 ARRANZ MARINA, Teófilo, "Planes especiales urbanísticos de protección del patrimonio histórico o cultural (4.ª parte)", *La Ley, Práctica Urbanística,* Nº 88, Sección Instituciones comparadas, , Diciembre 2009.

93.2 A los planes especiales urbanísticos de protección de valores ambientales, paisajísticos, del patrimonio arquitectónico o cultural o de otros valores les corresponden, entre otras, las siguientes determinaciones:
a) La justificación e identificación de los elementos, ámbitos y valores objeto de protección.[519]
b) La definición y regulación de categorías diferenciadas de protección.
c) El establecimiento de las medidas de protección adecuadas, como por ejemplo la regulación de los usos admisibles[520] o incompatibles, de las actuaciones y obras permitidas y prohibidas sobre los elementos o ámbitos protegidos, de los parámetros edificatorios de obligado cumplimiento, o de otros.
d) La regulación y programación de la ejecución de actuaciones de recuperación, rehabilitación o mejora de los elementos, ámbitos o valores objeto de protección. (...)".
Artículo 95 Catálogos de bienes protegidos
95.1 Los catálogos de bienes protegidos forman parte de la documentación de los planes urbanísticos que establecen medidas de protección de bienes inmuebles, singulares o de conjunto, por razón de sus valores culturales, paisajísticos o ambientales.
95.2 Los catálogos de bienes protegidos identifican los bienes objeto de protección, contienen la información física y jurídica necesaria en relación a estos bienes y establecen el grado de protección al que están sujetos y los tipos de intervenciones o actuaciones posibles, de acuerdo con las determinaciones establecidas por el plan urbanístico del que formen parte. Los bienes culturales protegidos de acuerdo con la legislación sectorial se tienen que incluir en estos catálogos y el grado de protección previsto y la regulación de las actuaciones permitidas sobre estos bienes debe ser conforme con la protección derivada de esta legislación."

---

519 Este contenido justificativo debe estar incorporado en la memoria del plan urbanístico, a estos efectos consultar referencias al inventario y diagnosis del mismo en el apartado del procedimiento de aprobación del plan urbanístico del catálogo.

520 La flexibilización de usos admisibles en bienes catalogados es una de las bazas que la administración puede jugar para dar una faceta favorable para el propietario, pues puede incrementar el valor del inmueble. Ver SÁNCHEZ GOYANES, Enrique, "El urbanismo, al servicio del patrimonio común(1)", Práctica Urbanística, Nº 119, Sección Estudios, Noviembre-Diciembre 2012, pp. 34-35.

De este precepto vemos distintas características del contenido de un catálogo:

1- Que el catálogo forma parte de un plan urbanístico: por lo que se aplicarán las reglas de tramitación del mismo (ya sea un POUM o un plan especial).

2- Que el catálogo puede proteger bienes inmuebles: por lo tanto se descarta utilizar una norma urbanística como es un plan, para proteger bienes muebles e inmateriales (que ya tienen su propia regulación específica de patrimonio cultural, básicamente en la Ley 9/1993 para los bienes muebles, mientras que los inmateriales no gozan de una adecuada protección a nivel catalán excepto temas festivos).

3- Que el catálogo puede proteger bienes inmuebles individuales o de conjuntos: es decir, que las fichas del catálogo pueden ser sobre edificios u otros inmuebles concretos, o establecer una protección (normalmente más genérica) sobre un conjunto, ya sea por ejemplo, de casas de una calle que mantienen su ambiente o estática tradicional, o también vale para proteger arboledas.

4- Que los bienes a catalogar lo pueden ser por sus valores culturales, paisajísticos o ambientales: es una característica interesante, puesto que de algún modo va más allá del interés puramente cultural (que sería el que protege la Ley 9/1993) y lo amplía al interés paisajístico y ambiental, dándole al catálogo la capacidad de proteger bienes culturales y ambientales (árboles monumentales, arboledas, caminos y otros espacios de interés natural).

5- Los bienes inmuebles protegidos de acuerdo con la Ley 9/1993 así como otra legislación sectorial de protección deben ser incluidos en el catálogo, eso implica que todos los BCIN y BCIL, así como los EPA del municipio deben incorporarse obligatoriamente en el catálogo (en este sentido, ver el art. 95.2 RLUC). Concretamente SERRA MONTÉ[521] lo define así:

> "El Catálogo de bienes protegidos contiene:
> Todos los BCIN, BCIL, EPA y BPU del municipio, declarados sectorialmente, de acuerdo con el LPCC.
> Bienes puntuales del patrimonio natural o ambiental- paisajístico que requieren de una protección urbanística. No necesariamente se tienen que recoger todos los bienes ya regulados y protegidos por su misma legislación sectorial.
> Todos aquellos bienes que se propongan por razón de su valor, justificando la inclusión con criterios técnicos y científicos.
> En cuanto a la titularidad, los bienes catalogados pueden ser tanto públicos como privados; en todo caso el patrimonio arqueológico declarado es siempre de dominio público y, por lo tanto, se integra al patrimonio de la Generalitat, con independencia de la titularidad del suelo."

6- Que los catálogos se organizan principalmente en una serie de fichas por cada bien a proteger, y que para ser un verdadero catálogo completo (y no un mero precatálogo) deberá contener información para identificarlos:

a) Información física, como puede ser la descripción del mismo bien, así como el contexto histórico del mismo. SERRA MONTÉ[522] nos hace una propuesta indicativa del contenido descriptivo de cada ficha para cada bien, que se basaría en determinar las características y contexto del bien, su época y estilo, la tipología edificatoria, el estado de conservación del bien y los usos del bien[523]. Además, estos bienes deben de estar representados gráficamente en un plano que

---

521 SERRA MONTÉ, Agustí (Dir.), *op. cit.*, p. 8.

522 SERRA MONTÉ, Agustí (Dir.), *op. cit.*, p. 20.

523 "Características y contexto
La descripción del bien se entiende como el proceso de análisis y estudio del conjunto o elemento de valor detectado, de sus características históricas, tipológicas, sociales o naturales que le confieren unos valores que hay que regular para proteger-los.El análisis tiene que ser lo

más exhaustivo posible, para poder llegar a hacer una valoración objetiva del bien y establecer la categoría y el nivel de protección.
Épocas y Estilos
El patrimonio cultural catalán, además de su valor artístico, es un testigo vivo del pasado, y por tanto, va ligado a la historia y a sus acontecimientos. Sobre una gran parte de los elementos a proteger a lo largo del tiempo se han ido produciendo intervenciones que se han materializado creando una mezcla de estilos que nos hablan de este proceso vivo de adaptación en cada momento histórico. (...)
Tipologías edificatorias y estado de conservación
Las tipologías edificatorias configuran el modelo de ciudad que en cada momento se ha ido adaptando a las diferentes necesidades y formas de vivir.
Se por eso que su identificación nos puede explicar muchas cosas del lugar, de la historia y de las maneras tradicionales de vida.
Es importante conocer el estado de conservación del bien para poder regular las intervenciones necesarias. Como mínimo hay que describir si su estado es: restaurado, bono, regular, mal sido o ruinas.
En el caso de bienes arquitectónicos hay que clarificar el estado de edificación más allá de las fachadas; por ejemplo aportar datos de las características y estado de la estructura.
Usos
Todas las acciones del hombre, ya sea sobre el medio urbano o rural, tienen como finalidad la adaptación a una serie de necesidades. Son estas necesidades, y su cambio en el tiempo, las que van configurando y caracterizando los diferentes lugares y elementos (tanto culturales como naturales)."
Por lo tanto, tener conocimientos de los usos para los que se construyó, así como saber cómo se ha ido adaptando o modificando el bien para acoger-ne otros, nos puede ayudar a comprender la evolución y el porqué de las diferentes características, por así poder determinar los valores de manera más objetiva.
Durante el proceso de vigencia del planeamiento se pueden descubrir valores diferentes, a partir de nuevos conocimientos, que pueden enriquecer o dar un giro a los valores, a la descripción o a las intervenciones reguladas.
Estos nuevos datos informativos se tienen que incorporar para enriquecer las fichas. Si esta nueva información determinara otros valores no regulados a la ficha habría que hacer una modificación del catálogo y del planeamiento al que acompaña."

formará parte del plan urbanístico del catálogo, permitiendo la localización cartográfica del bien protegido (SERRA MONTÉ[524] propone un código gráfico que distingue según el patrimonio sea arquitectónico, arqueológico/paleontológico, natural, paisajístico o etnológico, con símbolos concretos en cada grupo según la clase de protección, área de protección, etc.

b) Información jurídica, como puede ser su propietario (o por lo menos si es de propiedad pública o privada), dirección del bien inmueble, número de referencia catastral, etc.

c) Regulación de actuaciones permitidas: esto puede regularse de forma genérica para cada grado de protección en la normativa del catálogo, si bien algunas fichas puede ser que contengan especificaciones de actuaciones permitidas o no permitidas (por ejemplo, ordenar que en caso de obras en fachada se mantenga o redescubra un portal de piedra). El régimen de actuaciones permitidas también puede regular el régimen de usos permitidos, para evitar usos que puedan desvirtuar o afectar al interés arquitectónico o cultural que motivó la catalogación[525]. Para los BCIL

---

524 SERRA MONTÉ, Agustí (Dir.), *op. cit.*, p. 23.

525 En este sentido cabe citar STS de 5 de julio de 2010, Sala de lo Contencioso-Administrativo, Sección 5ª (Rec. 2343/2006; Ponente: Calvo Rojas, Eduardo) donde en sus FJ 3º y 11º se determina que no todo vale para cambiar de uso, ni siquiera para promover la restauración del inmueble, pues se exige una motivación especial:
"SEPTIMO.- Para justificar que se accedía al cambio de uso el informe a las Alegaciones se refirió a la idoneidad de la edificación y a que Tafira es una de las zonas más deficitarias en cuanto a equipamientos comerciales amén del revulsivo que supondría una actividad comercial en orden a la restauración de aquella."
"Ni resulta admisible al propio tiempo abstraer la referida idoneidad del edificio del resto de las circunstancias apuntadas porque ninguna explicación puede encontrar el ciudadano a que un uso no permitido

y Bienes de Protección Urbanística, las actuaciones permitidas se regulan en el catálogo, si bien vendrán reguladas por la LPCC en caso de los BCIN (ver art. 35 LPCC) y deberán ser autorizadas por la Comisión Territorial del Patrimonio Cultural correspondiente, dependiente del Departamento de Cultura de la Generalitat, además de la licencia urbanística municipal. SERRA MONTÉ[526] hace una propuesta de intervenciones permitidas de los bienes catalogados que debería regular la normativa del plan urbanístico del catálogo, si bien hay que recordar que hay un margen regulatorio en los BPU (mientras que para los BCIN, BCIL y EPA, en todo caso deberán respetarse la regulación mínima de la LPCC):

"**Las intervenciones sobre los bienes arquitectónicos pueden ser:**

Mantenimiento o conservación: intervenciones que tienen como objetivo el mantenimiento en correctas condiciones de salubridad y ornado, sin alterar su estructura y distribución, ni ocul-

---

pase a serlo permaneciendo la misma Ordenanza, solo porque coyunturalmente un equipo técnico estime que dicha edificación en lugar de para actividades sociales es mas apropiada para supermercado.
Finalmente la afirmación de que la actividad comercial actúe previsiblemente como "revulsivo para la rehabilitación y restauración" parece sustentarse en que la última responsabilidad del deterioro del edificio por incumplimiento de los deberes de seguridad, salubridad y ornato la tiene el propietario y no es así."
"En fin, precisamente porque se trata de un edificio incluido en el Catálogo, es exigible una especial motivación de cualquier determinación que pueda incidir en la efectividad de la conservación y protección del inmueble catalogado; y parece evidente que un cambio de uso como el aquí controvertido puede tener alguna incidencia en esos aspectos. Por ello, consideramos acertada la conclusión a que llega la Sala de instancia de que no son suficientes ni asumibles las razones dadas por la Administración para justificar el cambio de uso acordado."

526 SERRA MONTÉ, Agustí (Dir.), *op. cit.*, pp. 21-22.

tar o modificar valores constructivos o morfológicos (ver art. 29 RLUC).

Restauración: conjunto de intervenciones que tienen como objetivo prolongar la existencia de un bien, mejorando sus condiciones físicas, restituyendo un bien catalogado o alguna de sus partes a sus condiciones o estado original, comprendiendo las obras de consolidación o demolición parcial, justificadas por la restauración y hacer a la vegada una lectura histórica de las varias etapas del elemento.

Rehabilitación o mejora: conjunto de intervenciones físicas que tienen como objetivo la adecuación, mejora o actualización de las condiciones de habitabilidad o uso, con el mantenimiento de las características morfológicas. Incluye conceptos de modernización, adaptación, acondicionamiento, reutilización y reestructuración morfológica (ver art. 29 RLUC).

Consolidación: obras destinadas a reparar los espacios o edificaciones que se encuentren en estado deficiente, a fin de garantizar su resistencia física y restablecer su estabilidad estructural, conservando esencialmente su configuración original.

Remodelación: conjunto de modificaciones o reparaciones a introducir en un edificio, relacionadas o derivadas de la actividad que se desarrolla y compatibles con la protección del mencionado edificio.

Reconstrucción: son aquellas intervenciones físicas, que tienen como objetivo la reposición total o parcial de un elemento concreto o de un edificio preexistente en el mismo lugar, reproduciendo sus características morfológicas mediante la reproducción del bien original.

Desplazamiento: permite relocalizar elementos que, por su interés, hay que conservar, preferentemente cerca de su localización actual. Se permite el desplazamiento del bien cuando esté afectado por motivos de interés general.

Solo se permite el desplazamiento del bien, cuando esté debidamente justificada la imposibilidad de su mantenimiento en la localización actual. Cualquier desplazamiento tiene que estar motivado por razones de interés general.

Derribo: supone la desaparición, total o parcial del bien. Solo es aplicable a BPU, por motivos de interés público. No se admite la declaración de ruina de un bien como motivo por el escombro.

Para la correcta protección, mejora de las condiciones o adaptación a un nuevo uso, puede ser necesario llevar a cabo intervenciones concretas en algunos de los elementos o componentes de este bien. Estas intervenciones pueden ser las que se detallan a continuación:

- Ampliación: tienen como objeto incrementar el volumen construido.

- Inclusión: intervenciones físicas que tienen como objeto la disposición de nuevos elementos que mejoren criterios de habitabilidad y accesibilidad, así como la adecuación a las respectivas normativas actuales, incluyendo las de seguridad.

- Sustitución: tienen como objeto el derribo de una edificación existente o de una parte y, en el suelo que ocupaba, construir una de nueva (preferentemente una reconstrucción integral del bien). Previamente se reunirá la documentación exhaustiva del elemento en que se actúa.

- Eliminación: intervenciones físicas que tienen como objeto la supresión de elementos añadidos impropios y/o añadidos, como cuerpos, volúmenes, antenas, depósitos de fibrocemento, etc.

Intervenciones sobre los bienes arqueológicos y paleontológicos

Las intervenciones sobre los bienes arqueológicos y paleontológicos, de acuerdo con el Decreto 78/2002, de 5 de marzo, pueden ser:

Excavaciones: son las remociones en la superficie, en el subsuelo o en medios subacuáticos que se hacen con el fin de descubrir e investigar sistemáticamente toda clase de restos arqueológicos o paleontológicas. También son excavaciones los sondeos que tienen como finalidad la comprobación de la existencia o la delimitación de vestigios arqueológicos o paleontológicos en un punto determinado.

Prospecciones: son las exploraciones superficiales, del subsuelo o en medios subacuáticos, sin remoción de terrenos y con recogida de materiales arqueológicos o paleontológicos o sin, dirigidas a la localización y el estudio o el examen de datos para detectar vestigios arqueológicos o paleontológicos, se apliquen o no medios técnicos especializados.

Controles: son las tareas de vigilancia y, en determinados casos, de coordinación de obras o trabajos que suban afectar restos arqueológicos o paleontológicas, incluidas las limpiezas de yacimientos.

Muestreos: son las extracciones de muestras que pueden incluir remoción de terreno o recogida de materiales.

Documentación gráfica y plástica: Son intervenciones dirigidas a la obtención de información gráfica de yacimientos arqueológicos o paleontológicos. Estos trabajos pueden hacerse a través de calcos para los estudios directos de arte rupestre y mural, a través de levantamientos perimétricos o mediante la realización de réplicas u otras técnicas.

Consolidación, restauración y adecuación: son las intervenciones que tienen como objeto la conservación y el mantenimiento o la adecuación para la visita pública de los yacimientos arqueológicos y paleontológicos.

Intervenciones sobre los bienes socioculturales, etnológicos, naturales, paisajísticos y ambientales.

Las intervenciones sobre los bienes socioculturales - etnológicos, naturales y ambientales - paisajísticos, pueden ser de:

Conservación: intervención que tiene como objetivo la protección, a través de la gestión del uso de los recursos naturales, como son el suelo, el paisaje, etc., así como el mantenimiento, la rehabilitación, el restablecimiento y el incremento, si se tercia , de las poblaciones.

Mejora: conjunto de intervenciones físicas que tienen como objetivo la adecuación o mejora del ejemplar o de las condiciones del hábitat con el mantenimiento de las características morfológicas."

También hay que mencionar que el catálogo debería regular los usos compatibles, incompatibles y prohibidos para cada bien, respecto tanto del subsuelo, suelo y vuelo, con la finalidad de que el uso dado a cada bien no altere los valores a proteger. La limitación de usos debe de estar vinculada a las características del bien y a sus funciones, y el posible riesgo natural al que está sometido un bien puede ser causa justificada de limitaciones en su uso. En el caso de los BCIN, los cambios de uso deben estar autorizados por la Comisión del patrimonio cultural.[527]

Igual que como ocurre con la LPCC que autoriza crear zonas de entorno de protección sobre los BCIN, de acuerdo con SERRA MONTÉ también sobre los BCIL e incluso los meros Bienes de Protección Urbanística del catálogo pueden contener por el POUM o plan especial de protección un entorno de protección, siempre teniendo en cuenta de no alterar los aprovechamientos edificatorios de la zona afectada, ya que sino la vinculación singular podría ser indemnizable. Según el mismo autor:

> "Para la protección adecuada del bien se establece la opción de delimitar el entorno necesario, constituido por el espacio, sea edificado o no, que le apoya ambiental, la alteración del cual podría afectar y desmerecer los valores del bien. Se tienen que definir y delimitar de acuerdo con criterios visuales, ambientales, paisajísticos y/o urbanísticos. El entorno puede incluir el subsuelo.
> La finalidad de los entornos de protección tiene una doble dirección: función de preservación si las edificaciones o el paisaje del entorno dan un apoyo ambiental armónico al bien; y función preventiva cuando las edificaciones del entorno no aportan un espe-

---

527 SERRA MONTÉ, Agustí (Dir.), *op. cit.*, p. 31.

> cial apoyo ambiental al bien, como mecanismo de control de las futuras intervenciones que puedan hacer-se en las zonas que están más próximas a este, para evitar que estas puedan afectar negativamente a sus valores o a la observación." [528]

Asimismo, el autor propone algunas reglas orientativas para determinar los entornos de protección así como una propuesta de lo que los catálogos deberían garantizar referente a los entornos de protección.

A mi entender, incluso cabría que el planeamiento determinara la posibilidad, en la normativa del catálogo, de establecer como *causa expropiandi* el incumplimiento del deber de conservación del bien catalogado, a semejanza también delo previsto en la LPCC para los BCIN, si bien en este caso fundamentado en el artículo 110.1.e.cuarto TRLUC, que prevé la posibilidad de la expropiación forzosa urbanística por incumplimiento de la función social de la propiedad[529], entre otros, cuando los propietarios no hagan las obras "determinadas por los planes, las normas o los proyectos de carácter histórico, arqueológico o artístico", pues si se incumple el deber de conservación exigido en el catálogo urbanístico y se hace un requerimiento de obras de conservación que a su vez se incumple, se estaría efectivamente incumpliendo un plan de carácter histórico, arqueológico o artístico[530].

---

528 SERRA MONTÉ, Agustí (Dir.), *op. cit.*, pp. 29-30.

529 Ver EZQUERRA HUERVA, Antonio, *Apuntes de la expropiación en el ámbito urbanístico,* Posgrado de derecho urbanístico, Universitat Rovira i Virgili, Tarragona, 2023, p. 7.

530 Así se ha previsto, por ejemplo, en el POUM del municipio de Argentona, tanto para BCIN, BCIL como BPU, si bien entiendo que de forma errónea se refiere al interés social, cuando debería referirse a la "utilidad pública" y no remitirse a la LPCC nada más que para los BCIN, pues para BCIL y BPU debería remitirse al TRLUC: "*Són causa d'interès social, a efectes d'expropiació, l'incompliment dels deures de conservació, preservació, manteniment i protecció establerts per aquest Catàleg, d'acordamblallei 9/1993 delpatrimoniCulturalCatalà, ilasituaciódeperilloruïna imminent d'un immoble catalogat.*"

III.2.4.1.- Grado de protección

los técnicos redactores del catálogo deberán proponer un nivel de protección para cada bien, si bien la legislación catalana no determina un número ni tasado ni abierto de grados de protección, si bien la Diputación de Barcelona propone los siguientes (de mayor a menor protección): protección integral, bienes a recuperar, mantenimiento de la tipología, mantenimiento de la esencia, mantenimiento del envolvente, mantenimiento parcial del envolvente y área a documentar.

También el Departamento de Territorio y el de Cultura de la Generalitat han hecho su propuesta de criterios de protección urbanística de los bienes catalogados en su documento *Directrius de contingut per als catàlegs de béns protegits i plans especials de protecció*[531], que debido a que cada municipio debe elaborar su propio plan urbanístico con el catálogo de bienes a proteger, se hace esta propuesta de criterios comunes para elaborar unos catálogos lo más homogéneos posibles en Cataluña.

Respecto de los distintos niveles de protección, SERRA MONTÉ[532] hace unos interesantes apuntes o propuestas, si bien al no regular nada la ley urbanística al respecto, se le debe dar un carácter orientativo a su propuesta de niveles de protección y a su contenido concreto. En concreto propone un primer nivel de protección integral[533] que es el más completo y restrictivo,

---

531 SERRA MONTÉ, Agustí (Dir.), *op. cit.*, pp. 15-19.

532 SERRA MONTÉ, Agustí (Dir.), *op. cit.*, p. 18-19.

533 "**Nivel de protección 1: INTEGRAL**
Nivel de protección total, aplicable a aquellos bienes que se tienen que mantener íntegramente, con especial respecto de sus características específicas, y de los elementos o partes que los componen. Solo se permitirán actuaciones de restauración y consolidación que no malogren, perjudiquen o desvirtúen el bien. A veces se tendrá que intervenir para garantizar el mantenimiento del bien. Todos los BCIN, así como todos los yacimientos arqueológicos y paleontológicos, sean BCIN o no, así como los EPA, tienen un nivel de protección integral, de acuerdo con aquello establecido por la ley 9/93. También se puede establecer un ni-

un segundo de conservación[534], un tercero parcial[535], un cuarto

---

vel de protección integral a BCIL o BPU que, atendiendo a sus valores arquitectónicos, escultóricos o históricos, forman un todo indivisible. La atribución de la protección integral a un bien, independientemente de su categoría, tiene efectos fiscales y supone la exención del IBI de acuerdo con aquello que determina la ley."

534 "**Nivel de protección 2: CONSERVACIÓN**
Nivel de protección para los elementos o conjuntos libres de modificaciones sustanciales que los desfiguren, los cuales hay que preservar y revalorar globalmente.
En términos generales son permitidas las actuaciones encaminadas a su conservación y posta en valor y a la recuperación de aquellos aspectos que se hayan visto alterados.
La atribución de una protección con nivel de conservación puede suponer restricciones de uso.
En el caso del patrimonio arquitectónico, este nivel de protección afecta aquellos edificios o elementos de singular valor, BCIL o BPU, bien porque conservan su fisionomía original, bien porque, conservandola en los aspectos básicos, han perdido la coherencia unitaria genuina a causa de intervenciones sobre la construcción original, de un proceso de degradación o de un cambio de uso.
En estos edificios y elementos, las actuaciones permitidas serán las de restauración de sus valores primitivos mediante proyectos unitarios de reforma y/o restauración. El grado de protección, en el caso de los edificios, afectará la composición y elementos constitutivos de fachadas principales y secundarias visibles desde la calle, volúmenes generales –es decir, límites exteriores de los edificios, cubiertas, y aquellos espacios interiores que, en cada caso particular, tengan un valor espacial y artístico, como por ejemplo vestíbulos, escalas, salas nobles, torres, etc..
Este nivel de protección implica también la conservación in situ de los elementos de interés que, se encuentran en los edificios, como pueden ser arcos, dinteles, elementos escultóricos, pavimentos, cristaleras, elementos cerámicos, piezas de oficio, pinturas murales exteriores o interiores, etc."

535 "**Nivel de protección 3: PARCIAL**
Nivel de protección para los bienes donde interesa preservar y revalorizar algún de sus elementos. Son permitidas obras siempre y cuando no se pierdan los valores de los elementos que originaron la protección.
Esta protección es aplicable a BCIL y BPU, los valores de los cuales residen principalmente en su estructura tipológica, exteriormente re-

ambiental[536] y un quinto documental[537], que es el más laxo al no impedir la demolición del inmueble catalogado.

---

flejada en la fachada, y en la disposición de los elementos comunes (vestíbulos y cajas de escala), que serían las partes protegidas; el resto del edificio podrá ser afectado por actuaciones de rehabilitación, siempre que mantengan o revaloren los mencionados elementos comunes. En el caso del patrimonio arqueológico y paleontológico el nivel de protección parcial se puede aplicar a los yacimientos, ya sean BCIL o BPU, y a las AEA(espacios urbanos, rurales o naturales que son susceptibles de contener en el subsuelo elementos o yacimientos de interés arqueológico). Para las AEA el nivel de protección parcial se trata de una protección transitoria, puesto que una vez descubiertas se tendrá que valorar si requiere protección, así como el nivel de esta. Cualquier intervención en estas AEA, incluyendo- el subsuelo de elementos inmuebles, tiene que ir precedida de exploraciones y de los pertinentes informes arqueológicos que justifiquen la oportunidad de la obra proyectada. A los yacimientos arqueológicos las intervenciones tienen por finalidad descubrir, documentar o investigar restos."

536 "**Nivel de protección 4: PROTECCIÓN AMBIENTAL**
Nivel de protección para bienes y/o conjuntos, el valor de los cuales reside principalmente en la configuración paisaje urbano, rural, natural o paisajístico de notable valor ambiental.
En cuanto a los bienes arquitectónicos, este nivel protege los bienes o conjuntos BCIL y BPU, los valores de los cuales se encuentran fundamentalmente en las fachadas, para formar parte de un contexto de edificaciones de una misma tipología que define un determinado ambiente o paisaje urbano o rural.
En este caso, independientemente de la obra a realizar, incluso la sustitución total o parcial de la edificación, hará falta una adecuación ambiental, mantener los rasgos tipológicos de las fachadas, líneas de coronamiento, así como parcelación en el nuevo proyecto.
En cuanto a los Bienes naturales y ambientales-paisajístico, este nivel protege áreas, entornos y elementos puntuales, que tengan valor ecológico y medioambiental (ej.: bosques, miradores, riscos, abrigos, jardines históricos, fuentes naturales, árboles monumentales)."

537 "**Nivel de protección 5: DOCUMENTAL**
Nivel de protección que permite las intervenciones de conservación, restauración, reforma o rehabilitación, ampliación y, incluso, demolición, condicionadas a dejar constancia documental (planimetría y fotográfica) para garantizar la permanencia de su memoria histórica. Este

Demasiadas veces, la protección meramente documental se ha utilizado no debido al escaso –pero existente- interés patrimonial del bien, sino para evitar el Ayuntamiento y Generalitat posibles responsabilidades patrimoniales por proteger inmuebles cuya protección implicaría una vinculación singular urbanística respecto a los de su entorno por los derechos de edificación que su protección limitaría.

Referente al nivel de protección integral, según la STSJ de Madrid de 6 de junio de 2003[538] queda reservada para los edificios catalogados de gran calidad que presentan importantes valores arquitectónicos o ambientales. Por lo que respecta a la protección volumétrica, la STSJ de Madrid de 28 de mayo de 2002[539] estipula que la protección integral, al implicar la congelación volumétrica implica una restricción del aprovechamiento urbanístico en comparación con los demás propietarios de la zona con carácter general, lo que implica una vinculación singular que debe ser indemnizada.[540]

Y referente al nivel de protección parcial, la STSJ de Madrid de 30 de diciembre de 2002[541] se pronuncia en el sentido de que:

> "en éste la protección del edificio no se extiende a su totalidad, sino sólo a determinados valores, bien sean aquellos elementos que caracterizan el edificio y sirven de referencia para comprender su época, estilo y función -grado de protección parcial-, bien los valores de su fachada por su integración en el ambiente de la

---

nivel de protección solo es aplicable a aquellos BPU, donde por motivos de interés público, no sea posible su conservación."

538 Sala de lo Contencioso-Administrativo (Recurso Contencioso-Administrativo número 1332/1997).

539 Sala de lo Contencioso-Administrativo (Recurso Contencioso-Administrativo número 1307/1997).

540 SÁNCHEZ GOYANES, Enrique, "Las catalogaciones urbanísticas como ejercicio de la competencia municipal de protección del patrimonio cultural", en GARCÍA RUBIO, Fernando (coord.), *Régimen jurídico de los centros históricos*, Dykinson, Madrid, 2008, pp. 129.

541 Sala de lo Contencioso-Administrativo (Recurso Contencioso-Administrativo número 1293/1997).

ciudad, como elementos que contribuyen a la comprensión global del paisaje urbano, pero sin precisar necesariamente "el mantenimiento físico" de aquélla -grado de protección ambiental-,"[542]

El mismo TSJC, en su sentencia de 29 de junio de 2004 (FJ 4º)[543], ha declarado una cierta discrecionalidad administrativa en establecer el nivel de protección respecto de un bien catalogado urbanísticamente.

También aboga por la potestad discrecional en materia de protección urbanística el Tribunal Supremo, atendiendo a que estamos ante una potestad de planeamiento, si bien como toda potestad discrecional, tiene sus límites, pero a su vez esos límites (como lo son las sentencias precedentes que afectan a la cuestión de la catalogación o no de inmuebles) no puede petrificar el planeamiento urbanístico (ver en este sentido la STS de 20 de marzo de 2014[544] en su FJ 5º).

Por lo tanto, es posible modificar el planeamiento que ya ha sido afectado por el efecto de cosa juzgada de una sentencia judicial precedente, pero se debe hacer con suma cautela y actuando en todo momento al fin de interés público que se busca en el ejercicio de la potestad de planeamiento. Así, será difícil poder argumentar que se modifica el planeamiento con la finalidad de eludir la ejecución de una sentencia firme cuando la modificación del planeamiento, con el fin de catalogar el inmueble, ya se formuló antes de recaer sentencia, aunque se aprobara a posteriori a esa, de acuerdo con el FJ 5º de la misma sentencia.

---

542 SÁNCHEZ GOYANES, Enrique, "Las catalogaciones urbanísticas como ejercicio de la competencia municipal de protección del patrimonio cultural", en GARCÍA RUBIO, Fernando (coord.), *Régimen jurídico de los centros históricos*, Dykinson, Madrid, 2008, pp. 129.

543 Sala de lo contencioso, sección tercera (Nº de Recurso: 615/2000; Roj: STSJ CAT 8116/2004 - ECLI:ES:TSJCAT:2004:81; ponente: Martín Coscolla, María Pilar).

544 Sala de lo contencioso, sección quinta (Rec. 4333/2011; ponente: Suay Rincón, José Juan).

Por otro lado la STSJCV de 3 de marzo de 2017[545] (FJ 3º), confirma la posibilidad del Departament de Cultura de la Generalitat Valenciana de no proteger elementos puntuales de un inmueble si se acredita que no existe relevancia cultural en partes del mismo en un Bien Inmueble de Relevancia Local.

Por lo tanto, hay distintas formas no concretadas legalmente de afrontar esta protección jurídica del bien inmueble, hay catálogos como el del POUM del municipio de Argentona[546] que clasifica los grados de protección en protección integral, volumétrica, de composición, ambiental, elementos aislados y hasta protección meramente documental (que no evita el derribo del inmueble si se documenta previamente, figura teóricamente pensada para los bienes de menor interés, pero demasiadas veces usada para evitar tener que indemnizar al propietario de un bien por vinculación singular con derechos edificatorios superiores sobre el inmueble). En los bienes arqueológicos hay distintas modalidades de protección, como las zonas de expectativa arqueológica, y las zonas de yacimiento arqueológico (las ya descubiertas).

Cada municipio que elabore su catálogo del patrimonio deberá incluir en el mismo todos los bienes declarados ya por su interés cultural o natural, es decir: los BCIN los Espacios de Protección Arqueológica, los BCIL, los bienes anteriormente catalogados urbanísticamente por el municipio, los árboles monumentales, los espacios naturales de protección especial o los espacios incluidos en el PEIN. Todos estos bienes protegidos por la legislación sectorial disfrutan de la protección específica que le otorga su legislación de referencia así como el correspondiente acuerdo administrativo de protección. Además, el catálogo urbanístico podrá incluir todos los nuevos bienes inmuebles culturales o naturales que considere de interés proteger (de hecho este es el principal

---

545 Sala de lo Contencioso-Administrativo, Sección 1ª (rec. 11/2015; Pte.: Altarriba Cano, Carlos).

546 https://argentona.cat/ARXIUS/Serveis/urbanisme/plageneral/Normativa.pdf

propósito del catálogo urbanístico, ir más allá de los bienes protegidos por la legislación sectorial).

Los bienes ya protegidos por la legislación sectorial del patrimonio cultural o natural al ser incluidos al catálogo urbanístico seguirán el procedimiento propio de aprobación del plan urbanístico, sin trámite especial. En ningún caso entiendo que el catálogo del patrimonio será el sitio para descatalogar el bien con protección sectorial si no se procede también a los trámites correspondientes de la legislación sectorial (así, por ejemplo, no cabe simplemente modificar un plan especial del patrimonio para descatalogar un BCIL si no se da trámite de informe a la comisión territorial del Departamento de Cultura de la Generalitat; tampoco cabría por supuesto proceder a la descatalogación de un BCIN, pues aquí de forma previa debería ser la Generalitat la que descatalogara el elemento antes de proceder a la descatalogación dentro del plan urbanístico municipal).

Para incluir nuevos elementos es muy recomendable partir de inventarios del patrimonio preexistentes (como el mapa del Patrimonio de la Diputación de Barcelona, el inventario del patrimonio cultural de la Generalitat, etc) pues implican un trabajo de campo ya hecho y son un claro elemento indiciario del interés cultural o natural de los bienes.

Mientras que respecto la naturaleza de bienes a proteger en el catálogo tampoco el TRLUC establece un número tasado ni abierto de categorías, la Diputación de Barcelona propone las siguientes: conjunto histórico, edificios y construcciones, elemento arquitectónico, jardín histórico, yacimiento arqueológico o paleontológico, lugar histórico y zona de interés etnológico o zona de interés natural y paisajístico.

Es importante tener en cuenta que los elementos a proteger deberán ser los necesarios para conseguir la protección deseada, evitando catalogar más allá de lo previsto. Así, la STSJC de 29 de junio de 2004[547] (FJ 3º), nos da un ejemplo de catalogación correcta en cuanto a la tipología (volumetría) pero excesiva en ciertos elementos del inmueble por no estar justificado con la finalidad pretendida en la catalogación:

> "Pero que sean justificables los motivos de protección de la finca no implica que lo sea en todos sus elementos, sino sólo en aquellos relacionados con la causa de protección."

Por otro lado, es importante que la ficha del catálogo determine con precisión el motivo de la catalogación y su singularidad que permite su inclusión, pues las referencias demasiado ambiguas o genéricas pueden llevar a que un tribunal anule su inclusión en el catálogo. Así ocurrió en la STSJC de 27 de junio de 2016[548], con una chimenea industrial incluida en el plan especial del catálogo del patrimonio de Olesa de Montserrat, mientras la primera chimenea recortada sí se justificó su valor arquitectónico (a pesar de ser parcialmente derribada o recortada, lo que todavía le confiere un cierto valor), no ocurrió lo mismo con la segunda, siendo una justificación insuficiente que conllevaría una arbitrariedad por la administración que la catalogó[549].

III.2.5.- Efectos jurídicos de su aprobación

En primer lugar, decir que la catalogación de un bien inmueble en un plan urbanístico implica su protección de acuerdo con el régimen establecido en la normativa del catálogo y con las prescripciones concretas que figuran en la ficha individual o de conjunto del bien.

---

547 Sala de lo contencioso, sección tercera (nº 508/2004, rec. 615/2000; ponente: Martín Coscolla, Pilar).

548 Sala de lo Contencioso-Administrativo, Sección 3ª (Sentencia núm. 436/2016, Rec. 177/2012; Ponente: Taboas Bentanachs, Manuel).

549 En el FJ 3º.5 encontramos las argumentaciones del tribunal para defender la catalogación de una chimenea y no de la otra.

De acuerdo con el artículo 106.1 TRLUC, el plan urbanístico, si se aprueba definitivamente por la Generalitat el plan es ejecutivo desde el mismo momento de la publicación del acuerdo de aprobación definitiva en el DOGC[550].

Además, el artículo 94 TRLUC es claro al determinar la vigencia indefinida del plan urbanístico, atendiendo a su naturaleza de disposición administrativa de carácter general (norma reglamentaria).

De forma más indirecta tiene una serie de efectos jurídicos importantes, pues condiciona otros procedimientos derivados de naturaleza urbanística, patrimonial, expropiatoria, sancionadora administrativa, penal, etc.

Así, la catalogación de un bien implicará, en primer lugar, siempre la necesidad de obtención de licencia urbanística, como se verá en otro capítulo de este trabajo.

En segundo lugar implicará que en caso de declararse la ruina del inmueble, si éste está catalogado como BCIN o BCIL no podrá procederse a su derribo, pero nada se dice de los bienes meramente catalogados urbanísticamente, que sí podrían sufrir tal destino, como ya se examina en un capítulo aparte.

---

550 Mientras que si un plan urbanístico derivado lo aprueba definitivamente el Ayuntamiento (caso de que se hiciera por plan especial con previsión del POUM para ser aprobado así en ciertos supuestos) se estaría a la legislación de régimen local, que para los reglamentos, el artículo 70.2 LBRL prevé por remisión un plazo de quince días hábiles desde la publicación en el BOP para la entrada en vigor de las ordenanzas y normativa de planes urbanísticos.
PARDO ÁLVAREZ sostiene que ese período de 15 días hábiles no es propiamente una *vacatio legis* sino un plazo por si la Administración estatal o autonómica tienen que requerir la anulación del plan al Ayuntamiento. PARDO ÁLVAREZ, María, *La potestat de planeamiento urbanístico bajo el Estado social, autonómico y democrático de Derecho,* Marcial Pons, Madrid, 2005, pp. 313-314.

En tercer lugar, implicará la posibilidad de dictar órdenes de ejecución específicas para conservar el interés histórico, artístico o arquitectónico que motivó la catalogación, como se examina también en otro capítulo.

En cuarto lugar, implica la posibilidad de imponer sanciones administrativas más altas que en otros casos de inmuebles no catalogados, pues toda infracción cometida en un bien catalogado sobre dichos valores protegidos, implica una infracción muy grave según el TRLUC (y en el caso de que estuviera declarado como BCIN o BCIL también implicará además la aplicación del régimen sancionador de la LPCC), hecho al que me remito al capítulo que lo trata.

En quinto lugar, implica que el bien catalogado, en caso de que se cause su daño o destrucción pueda implicar, además del procedimiento sancionador urbanístico, la sanción penal de acuerdo con los artículos 321 a 324 del Código Penal, si bien el delito de los artículos 321 y 322 exigen que el bien sea singularmente protegido, lo que implica una concepción restrictiva para que se cometa el delito.

En sexto lugar, es importante tener en cuenta que la mera catalogación urbanística de un bien, sin ser BCIN ni BCIL no implica que el bien, en caso de ser expropiado, se regule por el procedimiento especial de bienes con interés histórico o artístico de los artículos 76 a 84 de la Ley de 16 de diciembre de 1954, de Expropiación Forzosa (y artículos 92 a 96 del Decreto de 26 de abril de 1957, por el que se aprueba el Reglamento de la Ley de Expropiación Forzosa). Además la norma exige que haya una declaración formal de catalogación con un año de antelación (no valdría pues simplemente formar parte de forma genérica del ·patrimonio cultural catalán" o el español según el artículo 1 LPHE y 1 LPCC). Así lo interpreta el FJ 5º de la STS de 16 de septiembre de 2014[551].

---

[551] Sala de lo Contencioso-Administrativo, Sección 6ª (rec. 1025/2012; ponente: Olea Godoy, Wenceslao).

En séptimo lugar, la catalogación de un inmueble, incluso en el caso de darse mediante plan especial de catálogo del patrimonio, prevalece por encima de una afectación viaria hecha por un plan general urbanístico previo debido a la incompatibilidad entre la catalogación y la afectación del vial (sin justificarse tal incompatibilidad) lo que lleva a la anulación de la afectación de la vialidad. Así lo entiende la STSJC de 7 de abril de 2010[552], en su FJ 4°.

En todo caso, una vez aprobado el plan urbanístico con el catálogo en base a una legislación urbanística que con el tiempo queda obsoleta y derogada no es excusa para no aplicar el régimen de protección que en su momento se pretendió en base a la legislación anterior, así se deduce del FJ 3° de la STSJC de 10 de junio de 2014[553].

En octavo lugar, obviamente la administración municipal dispone de un amplio *ius variandi* para modificar el plan urbanístico ya aprobado, así lo reconoce el FJ 10° de la STSJC de 20 de julio de 2016 [554] [555].

Finalmente, respecto a las cuestiones referentes al otorgamiento de licencias, las órdenes de ejecución, el deber de conservación y las sanciones administrativas y penales referidas a bienes catalogados urbanísticamente o por la LPCC se tratan en detalle en otros apartados de este trabajo.

---

552 Sala de lo Contencioso-Administrativo, Sección 3ª (Sentencia núm. 283/2010, Rec. 131/2007; Ponente: López Vázquez, Francisco).

553 Sala de lo Contencioso-Administrativo, Sección 3ª (Sentencia núm. 349/2014, Rec. 56/2012; Ponente: Taboas Bentanachs, Manuel).

554 Sala de lo Contencioso-Administrativo, Sección 3ª (Sentencia núm. 600/2016, Rec. 150/2012; Ponente: López Vázquez, Francisco).

555 En un sentido parecido tenemos la sentencia del Tribunal Superior de Justicia de Cataluña de 23 de mayo de 2008, Sala de lo Contencioso-administrativo, Sección 3ª (Sentencia 422/2008, Rec. 485/2004; Ponente: Martín Coscolla, María Pilar) en su FJ 3°.

III.2.6.- Interrelación con la legislación del patrimonio cultural y natural

III.2.6.1.- Interrelación con la legislación del patrimonio cultural

Como hemos dicho en el apartado introductorio de este capítulo, la protección del patrimonio cultural inmueble no puede venir solo tutelado por la legislación sectorial del patrimonio cultural, sino que es preciso que venga protegida por la legislación urbanística y los instrumentos que la desarrollan.

Así, la STSJC de 23 de diciembre de 2011[556], ya nos indica en el FJ 3º que la protección del patrimonio cultural no termina en las leyes sectoriales del patrimonio cultural, sino que llega también vía planeamiento urbanístico.

Según GIFREU FONT

> "las entidades locales, en cuanto detentadoras de la misma (competencias en urbanismo), ejercen un papel importante en la materia mediante los instrumentos propios en aplicación de la normativa urbanística, la cual puede proteger de forma suficiente aquellos valores que, por su falta de relevancia, no son objeto de protección por la LPCC (STSJ de Cataluña de 14 de febrero de 1994). La potestad reglamentaria que pueden ejercitar en la defensa y conservación de este patrimonio les permite alumbrar un denso conjunto de normativa, ya sea específicamente urbanística, en sus diversas formas y variedades (planeamiento, catálogos, ordenanzas...) o de otro calibre, como el fomento del turismo, la peatonalización de cascos históricos, las medidas tributarias, etc. (GARCÍA RUBIO, 2004: p. 4). Nótese, además, que las políticas locales en materia de gestión y conservación del patrimonio cultural tienen efectos que van más allá del ámbito cultural en la medida que, a través de su valorización, permiten el reforzamiento de la identidad local y

---

556 Sala de lo Contencioso-Administrativo, Sección 3ª (núm. Recurso: 321/2008; ponente: López Vázquez, Francisco; Roj: STSJ CAT 12520/2011 - ECLI:ES:TSJCAT:2011:12520).

> contribuyen a la dinamización económica del territorio (MOLINA DE LA TORRE y PASCUAL RUÍZ-VALDEPEÑAS, 2016: p. 384 y ss.)." [557]

BLASCO ESTEVE incluso ha llegado a afirmar que

> "la legislación de patrimonio histórico actúa como una legislación urbanística de carácter especial, porque se refieren a un determinado tipo de bienes inmuebles (aunque no solo a ellos)".[558]

Si entramos a analizar la interacción concreta entre la legislación urbanística y la del patrimonio cultural[559], la LPCC hace muy pocas referencias al ámbito urbanístico, y la legislación urbanística no menciona a la LPCC ni a sus figuras de protección cultural de inmuebles, por lo que la legislación urbanística y la del patrimonio cultural se puede decir que viven de espaldas.

La LPCC sí menciona la protección urbanística en referencia a un ámbito muy concreto, los municipios declarados histórico-artísticos (art. 6) y lo hace en un doble sentido de gran interés:

---

557 GIFREU I FONT, Judith, "Régimen jurídico de la protección y fomento del Patrimonio Cultural en Cataluña: estado de la cuestión", *op. cit*, p. 288.

558 BLASCO ESTEVE, Avelino, "*Connexions de la Llei 12/1998 amb la legislació urbanística*", *op. cit.*, pp. 241-242.

559 A nivel más específico, no podemos olvidar tampoco la interacción con la legislación de memoria histórica, pues deberemos tener en cuenta el patrimonio (principalmente monumentos) histórico-artístico de origen franquista por sus peculiaridades y la normativa aplicable de la Ley de Memoria Democrática de 2022, más restrictiva que la ley anterior de 2007 en lo referente a la posibilidad de conservar monumentos de exaltación franquista, si bien continua manteniéndose la idea fundamental de que si se demuestra su valor histórico-artístico (protegido por la ley) es motivo para su preservación. Dicha mención a la protección por ley es muy ambigua pues, hay bienes amparados por la ley por el mero hecho de pertenecer al Patrimonio Histórico Español (art. 1 LPHE), si bien el hecho de exigir un valor artístico singular parece –a mi entender- que no basta con una protección genérica de la ley, sino de una protección de BIC/BCIN, BCIL o equivalente o por lo menos una protección urbanística de un catálogo del patrimonio.

1) La obligación de elaborar un catálogo del patrimonio cultural inmueble (algo hoy en día obligatorio para todos los municipios, por lo que la previsión ha devenido en cierto modo sobrera) y 2) La obligación de crear lo que podríamos llamar un "consejo municipal del patrimonio" para el "estudio y propuesta para la preservación, la conservación, la protección y la vigilancia de su patrimonio cultural" (esa previsión, mucho más interesante, puesto que no está regulada en ningún otro sitio, si bien algunos municipios los han creado en base a su potestad autoorganizativa a pesar de no ser municipios histórico-artísticos[560]).

III.2.6.1.2.- Articulación y reglas de interpretación entre la legislación sectorial del patrimonio cultural y la urbanística

Respecto de la articulación entre la legislación sectorial del patrimonio cultural y la urbanística, la jurisprudencia del Tribunal Supremo ha determinado que como regla general y preferente se intentará la aplicación concurrente de ambas legislaciones, sin discriminarse entre sí. Aquí se pueden citar la STS, Sala de lo Contencioso-Administrativo, de 13 de abril de 1982 y la STS de 17 de enero de 1985 así como las dos sentencias del TS de 21 de julio de 1986[561].

Pero de acuerdo con ABAD LICERAS[562], si no cabe aplicar de forma concurrente ambas normas, se estará a la aplicación preferente de la legislación sectorial sobre patrimonio cultural debido al criterio de especialidad. Así podemos mencionar las SSTS, Sala de lo Contencioso-Administrativo, de 14 de junio de 1965, 15 de febrero de 1978, 17 de marzo de 1980 y 8 de mayo de 1987.

---

560 A modo de ejemplo, el municipio de Argentona lo tiene creado desde 2008, donde se puede ver su reglamento: https://argentona.cat/ARXIUS/tauleranuncis/Reglament_2013__act_set_2013_.pdf

561 Sala de lo Contencioso-Administrativo, Sección 1ª (Roj: STS 4437/1986 - ECLI:ES:TS:1986:4437 y Roj: STS 14462/1986 - ECLI:ES:TS:1986:14462; ponente: García Estartus).

562 ABAD LICERAS, José María, *Ley de Memoria Histórica (…) op. cit.*, p. 80.

En Cataluña, el artículo 10.2 del TRLUC (sobre "Reglas de interpretación del planeamiento urbanístico") establece una fórmula específica para superar posibles contradicciones entre normativa urbanística y sectorial del patrimonio cultural sobre un mismo bien y que consiste en ponderar los distintos intereses públicos en juego, de los que a través de un cierto concepto jurídico indeterminado, hay que hacer prevalecer uno de los dos (se supone que según el caso y siempre de forma motivada) y el otro criterio de desempate es el de utilización más racional del territorio (que de acuerdo con el artículo 3.1 TRLUC[563] implica saber combinar el crecimiento con la preservación del patrimonio cultural y natural):

> "2. En el supuesto de que diversas normas o medidas restrictivas o protectoras, tanto las derivadas de la legislación sectorial o de sus instrumentos específicos de planeamiento como las de carácter urbanístico, concurran en un mismo territorio y comporten diferentes grados de preservación, se tiene que ponderar el interés público que tenga que prevalecer y buscar la utilización más racional posible del territorio."

III.2.6.1.3.- Interrelación entre regulación urbanística del subsuelo y el patrimonio arqueológico

RICART I MARTÍ y GÓMEZ BUENDÍA han sabido comprender la importancia de la regulación del subsuelo con la protección del patrimonio arqueológico:

> "El artículo 39.2 TRLU, relativo al régimen urbanístico del subsuelo, determina que el aprovechamiento urbanístico y la implemen-

563 "Artículo 3 Concepto de desarrollo urbanístico sostenible
1. El desarrollo urbanístico sostenible se define como la utilización racional del territorio y el medio ambiente y comporta combinar las necesidades de crecimiento con la preservación de los recursos naturales y de los valores paisajísticos, arqueológicos, históricos y culturales, a fin de garantizar la calidad de vida de las generaciones presentes y futuras."

tación de infraestructuras queden condicionadas, entre otros, a la protección de los restos arqueológicos"[564]

Por lo tanto, al regular en un POUM o en un Plan especial el subsuelo, deberemos tener muy en cuenta el catálogo urbanístico del patrimonio, especialmente las zonas de expectativa arqueológica, así como los BCIN, BCIL o EPA que protejan de algún modo zonas con expectativa arqueológica, pues el planeamiento urbanístico puede quedar condicionado a esta protección. Es como una nueva declaración de superioridad de la legislación sectorial del patrimonio cultural (pero también de la protección urbanística del patrimonio) pero específica del patrimonio arqueológico (y entiendo que debería ser extensible también al patrimonio paleontológico).

III.2.6.1.4.- La LPCC como posible condicionante del Suelo No Urbanizable como de protección especial

Por otro lado, la referencia del artículo 32.a) TRLUC al Suelo No Urbanizable de Protección especial puede venir dado por la legislación sectorial, lo que fácilmente nos remite a la posibilidad de que sea dada dicha condición por la legislación del patrimonio cultural., Imaginemos, por ejemplo, un BCIN, BCIL o EPA en Suelo No Urbanizable, bien podría condicionar a que dicho suelo sea de protección especial. Si bien, una vez más, la falta de comunicación entre la LPCC y el TRLUC no esclarece en qué condicion4es ni circunstancias esto puede ser así.[565]

En todo caso, deberemos tener en cuenta lo dispuesto por el artículo 47.3.a TRLUC de que en Suelo No Urbanizable lo que está permitido es reconstruir y rehabilitar masías y casas rurales

---

564 RICART I MARTÍ, Encarnació y GÓMEZ BUENDÍA, Carmen, "El patrimonio cultural local", *op. cit.*, p. 1456.

565 Vid. RICART I MARTÍ, Encarnació y GÓMEZ BUENDÍA, Carmen, "El patrimonio cultural local", *op. cit.*, p. 1456.

para preservar y recuperar por razones arquitectónicas, históricas, medioambientales, paisajísticas o sociales, si bien deberían estar las masías incluidas en el catálogo de masías en Suelo No Urbanizable.

III.2.6.1.5.- Incorporación de figuras de protección de la LPCC en el catálogo urbanístico

A nivel de legislación urbanística, de acuerdo con el artículo 95.2 RLUC, todo BCIN inmueble o BCIL debe ser incorporado en el catálogo del patrimonio de un municipio.

Por otro lado, hay que tener en cuenta la relación entre las figuras de protección cultural de la legislación sectorial (BCIN y BCIL) con el planeamiento urbanístico. Según GIFREU FONT dicha relación implica una

> "elevada intervención de los ayuntamientos respecto de los bienes inmuebles integrantes de estas categorías, muy especialmente mediante el plan urbanístico y el catálogo. A través de estos mecanismos urbanísticos de protección, los municipios establecen medidas de tutela sobre monumentos históricos objeto de declaración singular y sus conjuntos o agrupaciones en orden al mantenimiento de su integridad". [566]

Mientras que de acuerdo con ALEGRE ÁVILA

> "Esta imbricación de la tutela monumental en el entramado urbanístico, cuya gestión compete, de ordinario, a los ayuntamientos, es, justamente, el principio vertebrador de la protección de la riqueza inmobiliaria de carácter histórico instaurada por la LPHE". [567]

---

566 GIFREU I FONT, Judit, "Régimen jurídico de la protección y fomento del Patrimonio Cultural en Cataluña: estado de la cuestión", *op. cit*, p. 288.

567 ALEGRE ÁVILA, Juan Manuel, "El patrimonio histórico y los municipios: las ordenanzas locales en la protección del patrimonio histórico ", *Revista de Estudios Locales CUNAL*, núm. 62, 2003, pp. 19-25.

III.2.6.1.6.- La vinculación de la LPCC sobre el planeamiento urbanístico

En Cataluña, encontramos algunas pistas de esta interrelación entre protección sectorial y urbanística en la LPCC, que establece un régimen muy concreto para los BCIN que vinculan al planeamiento urbanístico, mientras que para los BCIL, también se aplican las disposiciones de la LPCC aplicables, pero el planeamiento urbanístico claramente tiene un alto margen para concretar su regulación (artículo 39 LPCC).

No hay que olvidar, pero, que la aprobación de un POUM o Plan especial del catálogo no basta *per se* para crear un BCIL, la tramitación del expediente de declaración de BCIL debe hacerse previamente o en paralelo a la tramitación del plan urbanístico, de tal modo que con la aprobación definitiva del plan debe estar aprobado el BCIL, y esto es fundamental para evitar equívocos como el que ocurrió con el Mas de Taialà en el municipio gerundense de Sant Gregori, que al ser declarado como BCIL por el Consell Comarcal del Gironès con posterioridad a la aprobación definitiva del POUM de Sant Gregori por la Comissió Territorial d'Urbanisme se declara por el TSJC la nulidad de dicha inclusión en el POUM como BCIL, sin perjuicio de que una futura modificación del POUM la pueda incorporar sin problemas. Así se manifiesta la STSJC de 18 de abril de 2016 [568](FJ 2º). Si bien la misma sentencia, en el mismo fundamento jurídico deja la puerta abierta a que si existe una categoría de protección meramente urbanística encuadrable dentro del plan urbanístico del catálogo cabría admitir que a falta de poder ser integrado como BCIL quepa protegerlo (mediante la técnica de "conversión de los actos"[569]) como bien protegido simplemente por el catálogo, pero para eso debe

---

568 Sala de lo Contencioso-Administrativo, Sección 3ª (Sentencia núm. 264/2016 de 18 Abr. 2016, Rec. 272/2011; Ponente: García Morago, Héctor)

569 Basado en el articulo 50 LPAC según el cuál "Los actos nulos o anulables que, sin embargo, contengan los elementos constitutivos de otro distinto producirán los efectos de éste".

existir una figura encuadrable, cosa que no ocurre en el caso del POUM de Sant Gregori.

Por otro lado, se debe recordar que un Plan urbanístico que contenga un catálogo del patrimonio no puede por si mismo catalogar un BCIN ni un BCIL, pues el primero es competencia autonómica su declaración, y el segundo, a pesar de sí ser declarado por un órgano municipal, exige una tramitación específica (que se debería haber hecho de forma previa o en paralelo a la tramitación del plan urbanístico). Así nos lo aclara respecto a los BCIN la STSJC de 20 de julio de 2016 **570** (FJ 7°).

La LPCC prevé en su artículo 33.2 (sobre "planeamiento urbanístico") que en ciertos supuestos de declaración de BCIN se debe elaborar por el municipio afectado un plan urbanístico de protección o adecuará uno si ya existe de tal modo que se confirma la preeminencia de la declaración del BCIN sobre el planeamiento urbanístico del artículo 33.1.

En la tramitación de este plan especial urbanístico es necesario el informe previo, preceptivo y vinculante del *Departament de Cultura* de la Generalitat, pues así lo aclara el FJ 10° de la STSJC de 20 de julio de 2016[571]. La misma sentencia, en su FJ 9° deja claro además, que dichos planes urbanísticos (tanto un plan especial, como el mismo plan general si no se ha hecho el plan especial de protección) pueden establecer para los conjuntos históricos medidas de protección urbanística más allá de las previstas en la declaración de BCIN.

III.2.6.1.7.- Adaptación del planeamiento a la declaración de BIC o BCIN

Es importante tener en cuenta que si el Estado declara un BIC en Cataluña, o lo que es más frecuente, el Gobierno de la Gene-

---

570 Sala de lo Contencioso-administrativo, Sección 3ª (Sentencia 600/2016, Rec. 150/2012; Ponente: López Vázquez, Francisco).

571 Sala de lo Contencioso-Administrativo, Sección 3ª (Sentencia núm. 600/2016, Rec. 150/2012; Ponente: López Vázquez, Francisco).

ralitat declara un BCIN, las prescripciones de dicha declaración prevalecen sobre el planeamiento urbanístico, por lo que éste deberá adaptarse a la citada declaración, y en caso de elaborar un catálogo urbanístico, éste deberá asumir las prescripciones de la declaración, así lo declara el artículo 33.1 LPCC (sobre "planeamiento urbanístico):

> "1. En caso de que un inmueble sea declarado de interés nacional, los términos de la declaración prevalecen sobre los planes y las normas urbanísticas que afectan al inmueble, que se ajustarán a ellos antes de ser aprobados o bien, si ya eran vigentes antes de la declaración, mediante modificación."

Otro mandato del mismo artículo 33 LPCC (apartado segundo) es el de elaborar un plan urbanístico (general o derivado, o aprovechar uno ya existente) para concretar las determinaciones de una declaración de BCIN que afecte a conjunto histórico, zona arqueológica, etnológica o paleontológica, lugar histórico y en zona de entorno de cualquier BCIN[572]:

> "33.2. En el caso de los conjuntos históricos, las zonas arqueológicas, las zonas paleontológicas, los lugares históricos y las zonas de interés etnológico y en el caso de los entornos de protección de cualquier bien cultural de interés nacional, el Ayuntamiento correspondiente elaborará un instrumento urbanístico de protección o adecuará uno vigente. La aprobación de estos instrumentos de planeamiento requiere el informe favorable del Departamento de Cultura."

En ambas situaciones del artículo 33, si vamos a elaborar un plan urbanístico con catálogo del patrimonio, deberemos asumir las determinaciones de la declaración del BCIN o BIC.

Para RICART I MARTÍ y GÓMEZ BUENDÍA pregonan que la LPCC

> "pretende una armonización y una integración de la normativa sectorial de protección del patrimonio cultural inmobiliario con la

---

572 Una cosa parecida se prevé en el artículo 20 LPHE en el caso poco probable que fuera el Estado el que declarara el BIC.

normativa urbanística (EM). La ley catalana prevé el planeamiento urbanístico como instrumento de protección de los inmuebles declarados de interés nacional, todo y que, en este caso, los términos de la declaración ya comporten, por sí mismos, las disposiciones urbanísticas que son necesarios y a los que, en virtud de la misma ley, se deben de supeditar, incluso si hay vigentes antes de la declaración (art. 33 LPCC). En el caso de los inmuebles catalanes catalogados como BCIL, la ley exige que sea el instrumento urbanístico correspondiente el que establezca las normas adicionales de protección." [573]

III.2.6.1.8.- El régimen de protección de un BCIL en el catálogo del patrimonio urbanístico

Hay que tener en cuenta que la misma LPCC determina un papel fundamental a los planes urbanísticos para proteger a los BCIL, debido a las escasas previsiones de protección de los mismos en la ley, en su artículo 39 (sobre "régimen de protección"):

> "La declaración de un inmueble como bien cultural de interés local conlleva la aplicación inmediata del régimen jurídico que esta Ley establece para los bienes catalogados. Cualquier norma adicional de protección de estos bienes se establecerá por medio de los instrumentos determinados por la legislación urbanística."

Es coherente pensar que si los BCIL son declarados por el Ayuntamiento (o Consejo Comarcal en municipios de menos de 5.000 habitantes) estos a su vez tengan un papel relevante para determinar las medidas de protección de sus bienes culturales locales. Debido a la menor entidad e interés cultural respecto de los BCIN, el Departamento de Cultura de la Generalitat tiene un papel mucho menos tutelar respecto de los BCIL. En todo caso, tanto el POUM como en su caso el Plan especial de Protección que contenga un catálogo urbanístico debe contener obligatoriamente todos los BCIL previamente declarados. También cabe

---

573 RICART I MARTÍ, Encarnació y GÓMEZ BUENDÍA, Carmen, "El patrimonio cultural local", *op. cit.*, p. 1455.

mencionar la posibilidad de que el plan urbanístico delimite un entorno de protección del BCIL si lo justifica debidamente.

Me remito para lo demás al apartado de este trabajo sobre "Declaración de los BCIL y su incidencia en el planeamiento urbanístico" que trata el tema.

III.2.6.1.9.- Régimen especial de los municipios histórico-artísticos

Finalmente hay que tener en cuenta el régimen especial de los municipios histórico-artísticos del artículo 6 LPCC, que deben serlo de acuerdo con el artículo 76 del TRLMRLC. Así, según este último precepto, son municipios histórico artísticos todos aquellos que sean declarados conjunto histórico (es decir BCIN) o por lo menos un 50% de los inmuebles del municipio (art. 76.1 TRLMRLC). En cuyo caso deben crear "un órgano de estudio y propuesta para la preservación, la conservación, la protección y la vigilancia de su patrimonio cultural" (según el artículo 6 LPCC o en los mismos términos el artículo 76.2 TRLMRLC; el primero nos indica además que dicho órgano lo creará el Consejo Comarcal si es un municipio de menos de 1.000 habitantes). Dicho órgano, que la ley no le pone nombre si bien podría considerarse un "consejo municipal del patrimonio" debe ser creado y regulado por el propio ente local en base a su autonomía municipal, que decidirán su composición (entre los que deberá haber necesariamente profesionales cualificados en el campo del patrimonio cultural) y cuya función mínima prevista por la ley será la de informar previamente de forma preceptiva y no vinculante antes de aprobarse o modificarse un plan urbanístico (art. 6.4 LPCC).

Cabría plantearse si deben informar toda modificación del planeamiento, por más que no tengan ninguna relación con el patrimonio cultural la modificación propuesta. Haciendo una analogía con el deber de informe autonómico de los conjuntos de interés cultural según el art. 20 LPHE, cuya sentencia del TSJ de

Castilla la Mancha de 4 de marzo de 1999[574], establece que en caso de modificación puntual de las normas subsidiarias urbanísticas no preciaban del informe autonómico de cultura por no afectar el ámbito de protección[575].

Dichos municipios declarados histórico-artísticos también tienen el deber de elaborar y aprobar un catálogo del patrimonio cultural. No se especifica el instrumento urbanístico, si bien está claro que puede ser en el mismo POUM o por remisión de éste a un plan especial, de acuerdo con lo que nos establece el artículo 75.2 RLUC.

Teniendo en cuenta que la LPCC previó esto en 1993, para entonces la legislación urbanística no obligaba a realizar catálogos del patrimonio como documentación obligatoria de un POUM por lo que fue un avance importante en los municipios con más patrimonio para protegerlo, si bien hoy este previsión de hacer un catálogo ha quedado de algún modo superado por la previsión de todo municipio de incluir el catálogo al aprobar o revisar el POUM, según el artículo 71.1 TRLUC (si bien se podría decir que en los municipios histórico-artísticos hay un cierto carácter imperativo de la inmediatez para elaborar el catálogo sin tener que esperar a hacer o revisar un POUM).

Para elaborar este catálogo, el artículo 76.3 TRLMRLC prevé la posibilidad de que el municipio histórico-artístico y la Generalitat aprueben un convenio para determinar la asistencia y cooperación técnica y económica de esta última para realizar y financiar el plan especial de protección (así como de los proyectos obra de conservación y restauración de los bienes del conjunto y su entorno protegido).

---

574 Sala de lo Contencioso-Administrativo, Sección 1ª.

575 Así nos lo razona el FJ 2o de la sentencia: "razones jurídicas: 1°) Porque la modificación puntual de la Normas Subsidiarias de Letur, por su propio alcance no se encuentra dentro del marco de aplicación del artl. 20.1, al no tener como finalidad la protección del área afectada por la declaración."

También los convenios pueden versar sobre los sistemas de participación de los municipios histórico-artísticos en los órganos de la Generalitat competentes para conservar y proteger el patrimonio, así como los sistemas de coordinación entre las dos administraciones (art. 76.3 TRLMRLC).

III.2.6.1.10.- Figura del arqueólogo municipal

Finalmente, según el artículo 6.5 LPCC, los municipios con patrimonio arqueológico importante deben disponer de un arqueólogo municipal, cuyo nombramiento y funciones depende del municipio. El precepto remite a un reglamento autonómico para determinar los casos en que es obligatoria esta figura y sus funciones generales, si bien ni el "*Decret 78/2002, de 5 de març, del Reglament de protecció del patrimoni arqueològic i paleontològic*" ni cualquier otro reglamento por ahora lo han regulado. De la redacción del precepto no se deduce que el municipio tenga que estar declarado histórico-artístico para tener el arqueólogo municipal, a pesar de que es confuso, puesto que está en un artículo, el 6 LPCC, que trata precisamente de esto, pero hay ejemplos de municipios que no son histórico-artísticos, como Cabrera de Mar, que tienen arqueólogo municipal debido a sus importantes restos arqueológicos en el municipio.

III.2.6.2.- Interrelación con la legislación del patrimonio natural

Por lo que se refiere a la protección de los árboles o arboledas monumentales o de interés local o comarcal, nada dicen los decretos de la Generalitat que los regulan, eso es: el Decreto 214/1987, de 9 de junio, sobre declaración de árboles monumentales, el Decreto 47/1988, de 11 de febrero, sobre declaración de árboles de interés comarcal y local, ni el Decreto 120/1989, de 17 de abril, sobre declaración de arboledas monumentales, de interés comarcal y de interés local.

Dichos decretos no establecen la relación entre los bienes de interés natural con los de interés cultural con los que pudieran estar relacionados (por ejemplo árboles monumentales sitos en masías protegidas por su interés cultural), ni tampoco con los planes urbanísticos que contengan catálogos de protección del patrimonio cultural y natural.

Cosa distinta se puede decir de la Ley catalana 12/1985, de 13 de junio, de Espacios Naturales, que regula figuras de protección ambiental como los planes de protección del medio natural y del paisaje, los Planes de Espacios de Interés Natural (PEIN) y los Espacios Naturales de Protección Especial. La Disposición Adicional segunda de dicha ley nos establece lo siguiente:

> "Esta Ley no disminuye en perjuicio de la protección ya establecida las medidas adoptadas en relación con los espacios naturales. En consecuencia, tendrán también la consideración de espacios naturales los terrenos clasificados como no urbanizables objeto de especial protección según el ordenamiento urbanístico vigente."

Es decir, que la Ley 12/1985 es una ley de mínimos, y que nada obsta a que pueda establecer una protección adicional en ciertos aspectos en los espacios naturales en planes urbanísticos y territoriales, a estos efectos nos pone un ejemplo urbanístico: el suelo no urbanizable de protección especial de acuerdo con el planeamiento urbanístico se considera a los efectos de la ley 12/1985 como especio natural.

Además, el artículo 5.3 de la ley nos recuerda que

> "los planes de protección del medio natural y del paisaje son instrumentos de ordenación y de gestión de los espacios naturales protegidos y, en lo que concierne a la ordenación de los usos del suelo, tienen la naturaleza jurídica propia de los planes directores urbanísticos".

III.2.6.3.- Interrelación con otro instrumento urbanístico: el catálogo de masías en suelo no urbanizable

La primera referencia la encontramos en el artículo 47.3[576] del TRLUC (sobre "Régimen de uso del suelo no urbanizable" en su redacción dada por la reciente Ley 2/2021, 29 diciembre, de medidas fiscales, financieras, administrativas y del sector público), referente al régimen de uso del SNU que permite reconstruir[577] o rehabilitar masías[578] o casas rurales en SNU por razones entre otras arquitectónicas e históricas.

El segundo precepto que trata la cuestión es el artículo 50.2 TRLUC, donde ya se habla explícitamente de la obligación de elaborar un catálogo de construcciones en SNU a reconstruir o rehabilitar por las razones que motiven su preservación o recuperación (que serán de carácter arquitectónico o histórico, entre otros, por remisión al ya tratado artículo 47.3 TRLUC) y donde el artículo 50.3 (sobre "Reconstrucción o rehabilitación de determinadas construcciones en suelo no urbanizable") exige un in-

---

576 Para saber más respecto de este precepto, ver GIFREU I FONT, Judith, *L'ordenació urbanística a Catalunya,* Associació Catalana de Municipis, Ed. Marcial Pons, Madrid, 2012, pp. 240-245.

577 Hay que tener en cuenta que el verbo reconstruir del artículo 47.3 TRLUC no se debe interpretar literalmente en el sentido de permitir el derribo de la masía para construir de nuevo, pues en el caso de una masía catalogada, una reconstrucción nunca puede implicar previamente el derribo y debe implicar la preservación de la masía. Así se manifiesta claramente la STSJC de 23 de octubre de 2017 en el FJ 6º (Sala de lo Contencioso-Administrativo, Sección 3ª, Sentencia núm. 672/2017, Rec. 180/2013; Ponente: Rodríguez Laplaza, Eduardo; LA LEY 245482/2017).

578 De acuerdo con las Directrices del contenido del catálogo de masías y casas rurales elaborado por la Dirección General de Urbanismo en 2009 se entiende por masía "la construcción constituida por una vivienda familiar y sus anexos, vinculada en origen a una explotación agropecuaria y forestal". Ver VARIOS AUTORES, *Directrius del contingut del catàleg de masies i cases rurals,* Generalitat de Catalunya DPTOP, Barcelona, 2009, pp. 5-6.

forme preceptivo previo de la Comisión territorial de urbanismo correspondiente en caso de que se solicite licencia sobre la masía a reconstruir o rehabilitar, excepto que el plan urbanístico del catálogo de masías en SNU ya prevea expresamente el uso admitido en la masía correspondiente.

A pesar de que tanto el catálogo urbanístico del patrimonio como el catálogo de masías se llaman catálogos y pueden afectar a bienes parecidos, son instrumentos urbanísticos distintos con finalidades distintas, pues solo el primero tiene propiamente una finalidad de conservación del patrimonio cultural, mientras que el segundo puede tener esa finalidad solo de forma coyuntural, tal y como nos expone el FJ 3º de la STSJC de 28 de enero de 2019[579] [580].

En las masías y casas rurales del catálogo, según las Directrices del contenido del catálogo de masías y casas rurales[581] [582] (con va-

---

579 Sala de lo Contencioso-Administrativo, Sección 3ª (Sentencia núm. 58/2019, Rec. 220/2013; Ponente: Rodríguez Laplaza, Eduardo).

580 AUTORES VARIOS, *Directrius del contingut del catàleg de masies i cases rurals*, Generalitat de Catalunya DPTOP, Barcelona, 2009, pp. 8-9.

581 AUTORES VARIOS, *Directrius del contingut del catàleg de masies i cases rurals*, Generalitat de Catalunya DPTOP, Barcelona, 2009, pp. 11-13.

582 Sobre el tratamiento de las edificaciones del catálogo, se debe mantener la estructura básica y la funcionalidad de la edificación (mantenimiento de la tipología aparente exterior como interior, especialmente de la edificación principal) y con un uso del cromatismo, aperturas y materiales propios del sitio. No se permite el traslado de la edificación excepto en casos excepcionales de afectación por sistema general o riesgo sobrevenido (con una reconstrucción en el traslado fiel al original). En la rehabilitación se deben utilizar materiales y colores coherentes con la edificación original.
Las ampliaciones en principio no están permitidas (el objetivo del catálogo es la rehabilitación) si bien el catálogo puede permitir en casos puntuales la ampliación según el uso concreto a dar a la edificación (para un uso colectivo o si es para un uso de vivienda consiguiendo la superficie mínima para tal fin), e intentando preferentemente reutilizar edificaciones anexas preexistentes.
Si se trata de edificar construcciones anexas en SNU deberemos ir al artículo 47.6 TRLUC con los requisitos allí mencionados y en su caso

lor orientativo más que normativo[583]) no se permiten reconstrucciones si se encuentran en espacios donde los valores ecológicos y paisajísticos prevalecen sobre la recuperación arquitectónica, o que estén en zonas de riesgo. En cambio, fuera de estos casos se permitiría la reconstrucción si la masía puede ser identificada en su planta original, formando mínimos dos paredes de mínimo 2 metros de alzada, con unos vestigios de por lo menos 75 metros cuadrados, una implantación topográfica adecuada y un acceso preexistente adecuado al tráfico rodado. Para la reconstrucción se deben tener en cuenta la composición, materiales y cromatismos del lugar, así como acreditar la volumetría y usos originales.

Vemos, en consecuencia, que a pesar de que el catálogo de masías en SNU no es un catálogo del patirmonio urbanístico, sí es un insturmento urbanístico que regula y ordena los usos e intervenciones en masías y casas rurales en SNU de tal modo que acilita su rehabilitación y habitabilidad, pero con unos criterios tradicionales de intervención que permiten la preservación de las estructuras originales de dichas masías, lo que de algún modo ayuda a preservar las mismas. Pero como hemos visto, los catálogos del patirmonio deben existir en paralelo y de algún modo vinculan en sus prescripciones a los catálogos de masías en SNU.

Respecto a respetar la volumetría del patrimonio rural, es importante tener en cuenta más allá del catálogo del patrimonio, las disposiciones para el patrimonio arquitectónico rural incluidos

---

aprobando el plan especial correspondiente antes de obtener la licencia edificatoria.

583 AUTORES VARIOS, *Directrius del contingut del catàleg de masies i cases rurals,* Generalitat de Catalunya DPTOP, Barcelona, 2009, p. 3: "De acuerdo con los artículos 47.3 y 50 del LUC, dado que la Ley no predetermina en detalle el contenido del catálogo de masías y casas rurales, se cree conveniente establecer una serie de pautas y criterios en lo referente a los aspectos a tener en cuenta en la elaboración de los catálogos, para garantizar que con el PEM se determinen criterios y medidas concretas para llevar a cabo la rehabilitación de las masías, con facilidad de gestión y seguridad jurídica."

en un catálogo de masías en suelo no urbanizable del art. 55.3 del RLUC, cuando establece:

> "La reconstrucción y la rehabilitación del patrimonio arquitectónico rural tienen que respetar el volumen edificado preexistente y la composición volumétrica original previamente determinados, y las posibles ampliaciones o nuevas construcciones de carácter auxiliar que admita el planeamiento urbanístico no pueden afectar los valores arquitectónicos y paisajísticos concurrentes, y tienen que estar justificadas en la necesidades derivadas del desarrollo de los usos admitidos."

Interpretando este precepto, la STSJC de 31 de marzo de 2016[584], en su FJ 5° el tribunal entiende que por el principio de legalidad, la reconstrucción y rehabilitación del patrimonio rural debe respetar el volumen edificado preexistente y la composición volumétrica original previamente determinados. Las ampliaciones o nuevas construcciones auxiliares, que admita el planeamiento, no pueden afectar a los valores arquitectónicos y paisajísticos concurrentes, y tienen que estar justificadas en las necesidades derivadas del desarrollo de los usos admitidos.

Por otro lado, son dignas de mención las Directrices del contenido del catálogo de masías y casas rurales elaborado por la Dirección General de Urbanismo en 2009 y que nos orienta sobre algunas posibilidades de este instrumento urbanístico.

Por lo que se refiere al procedimiento de aprobación del catálogo de masías en SNU, según MORERA CAMPRUBÍ[585] sería el siguiente:

1) Redacción del Plan Especial por los servicios técnicos o servicios externos;

2) Informe de los servicios técnicos/equipo redactor;

3) Aprobación inicial por el Ayuntamiento (alcalde);

---

584 Sala de lo Contencioso-Administrativo, Sección 3ª (sentencia núm. 205/2016, rec. 113/2013).

585 MORERA CAMPRUBÍ, Montserrat, Supuestos prácticos de Urbanismo de Cataluña, Ed. Ezcurra, Madrid, 2014.

4) Información pública por 1 mes con anuncio en tablón de edictos, BOP y diario de prensa periódica y citación personal a interesados + solicitar informes sectoriales;

5) Informe servicios técnicos/equipo redactor sobre alegaciones;

6) Aprobación provisional por el Pleno municipal;

7) Aprobación definitiva por la Comisión Territorial Urbanística;

8) Publicación e inscripción en el Registro de Planeamiento Urbanístico.

La autora[586] menciona entre los informes sectoriales posibles a solicitar el del artículo 33 LPCC, un informe del Departamento de Cultura que está pensado para la tramitación de un plan especial para la protección de BCIN que sean conjuntos históricos, zonas arqueológicas o paleontológicas, zonas históricas o de interés etnológico, o bien zonas de protección del entorno de un BCIN, pero no están referidas a catálogos de masías en SNU. Por lo tanto, entiendo que se refiere a la necesidad de solicitar informe al Departament de Cultura de la Generalitat en caso de que alguna de las masías sea parte de un BCIN.

La Disposición transitoria 15 del TRLUC[587] del 2010 prevé un régimen transitorio para las masías mientras no se apruebe el catálogo de masías en SNU. Vemos, por lo tanto, como el régimen

---

586 MORERA CAMPRUBÍ, Montserrat, Supuestos prácticos de Urbanismo de Cataluña, Ed. Ezcurra, Madrid, 2014.

587 "1. A efectos de lo establecido por los artículos 47.3 y 50.2, mientras el planeamiento general o un plan especial de iniciativa pública no contenga la catalogación de las construcciones situadas en suelo no urbanizable del término municipal, para regular su reconstrucción o la rehabilitación, pueden autorizarse estas actuaciones mediante el procedimiento establecido por el artículo 48, de cara a destinarlas a alguno de los usos admitidos, incluido el hotelero. La documentación, en este caso, debe incluir una justificación específica de las razones arquitectónicas, históricas, paisajísticas o sociales que determinan la preservación

transitorio se ha flexibilizado al no exigirse ya la catalogación urbanística o de la LPCC explícitamente.

III.2.7.- Conclusiones preliminares

En este capítulo hemos comprobado como los municipios tienen competencias para gestionar el urbanismo y su patrimonio histórico/cultural, así como un mandato constitucional para proteger el patrimonio (art. 46 CE). El Tribunal Supremo ha dejado claro que preferentemente debemos aplicar tanto la legislación sectorial en patrimonio cultural como la urbanística para proteger el patrimonio inmueble, si bien si ambas normativas son compatibles internamente se debe dar preferencia a la legislación de patrimonio cultural por ser más especializada.

En Cataluña hay una regulación (TRLUC y RLUC) que obliga a aprobar catálogos urbanísticos del patrimonio, ya sea con ocasión de la aprobación/revisión del POUM, o con éste remitiendo a un plan especial de desarrollo (pues el plan especial autónomo, a pesar de estar previsto para esta función en el artículo 92.2 RLUC, ya no tiene cobertura legal en el actual TRLUC) según nos indica el artículo 75 RLUC, mientras que la jurisprudencia no admite el PMU como plan para esta finalidad. Los catálogos son instrumentos que forman parte del planeamiento urbanístico (POUM o Plan Especial de Protección) si bien no son un plan urbanístico en sí mismo, sino un documento que complementa y

y la recuperación de la edificación o, en su caso, del impacto ambiental o de la necesidad de integración en el paisaje.
2. Las edificaciones y las actividades existentes en suelo no urbanizable, debidamente autorizadas de acuerdo con la legislación anterior a la Ley 2/2002, de 14 de marzo, de urbanismo, que no se ajusten al régimen de uso del suelo no urbanizable que establece la presente ley, pueden ampliarse siempre y cuando el planeamiento urbanístico vigente, aprobado definitivamente antes de la entrada en vigor de la Ley 2/2002, lo prevea expresamente. La ampliación se autoriza de acuerdo con el procedimiento establecido por el artículo 49.2."

forma parte del plan. El sentido último de los catálogos urbanísticos es el de dar cumplimiento al principio de desarrollo urbanístico sostenible regulado, con carácter básico en el artículo 3.2 y 3.3 TRLS[588] y en Cataluña, desarrollado en el artículo 3.1 TRLUC[589], desarrollado a su vez en el artículo 3.e) y f) RLUC[590].

Hemos visto que, la función principal del Catálogo del patrimonio es preservar los valores existentes dentro del plan urbanístico a través de medidas urbanísticas de protección jurídica, sien-

588 "2. En virtud del principio de desarrollo sostenible, las políticas a que se refiere el apartado anterior deben propiciar el uso racional de los recursos naturales armonizando los requerimientos de la economía, el empleo, la cohesión social, la igualdad de trato y de oportunidades, la salud y la seguridad de las personas y la protección del medio ambiente, contribuyendo en particular a:
a) La eficacia de las medidas de conservación y mejora de la naturaleza, la flora y la fauna y de la protección del patrimonio cultural y del paisaje.
3. Los poderes públicos formularán y desarrollarán, en el medio urbano, las políticas de su respectiva competencia, de acuerdo con los principios de competitividad y sostenibilidad económica, social y medioambiental, cohesión territorial, eficiencia energética y complejidad funcional, procurando que, esté suficientemente dotado, y que el suelo se ocupe de manera eficiente, combinando los usos de forma funcional. En particular:
(...) k) Favorecerán la puesta en valor del patrimonio urbanizado y edificado con valor histórico o cultural."

589 "El desarrollo urbanístico sostenible se define como la utilización racional del territorio y el medio ambiente y comporta combinar las necesidades de crecimiento con la preservación de los recursos naturales y de los valores paisajísticos, arqueológicos, históricos y culturales, a fin de garantizar la calidad de vida de las generaciones presentes y futuras."

590 "El ejercicio de las competencias urbanísticas y, en particular, de la potestad de planeamiento, se rige por el principio de desarrollo urbanístico sostenible definido en el artículo 3 de la Ley de urbanismo, el cual tiene como objetivo la utilización racional del territorio, en orden a garantizar la calidad de vida de las generaciones presentes y futuras, y comporta conjugar las siguientes finalidades: (...)
e) La protección y gestión adecuada del medio ambiente y del patrimonio natural, mediante la preservación de las funciones ecológicas del

do un documento normativo que permite proteger el patrimonio más significativo del municipio y que identifica dichos bienes a través de fichas individualizadas y les establece un nivel de protección, el tipo de intervenciones admitidas de acuerdo con el plan.

El TRLUC nos da la posibilidad de proteger, principalmente, el patrimonio integral de un municipio a través del instrumento del catálogo urbanístico. La finalidad del catálogo se encuentra regulado en el artículo 71.1 TRLUC:

> "Para conseguir la efectividad de las medidas urbanísticas de protección de monumentos, edificios, jardines, paisajes o bienes culturales, las administraciones competentes deben incluir en un catálogo los bienes que haya que proteger. Los catálogos, junto con las normas específicas, y de acuerdo con las categorías establecidas por la legislación sectorial aplicable, son parte integrante de la documentación imperativa del plan urbanístico correspondiente."

El catálogo puede estar contenido en un POUM (art. 59.1.d TRLUC) como instrumento de planificación general principal en un municipio, pues en suelo urbano el POUM tiene entre otras finalidades determinar "qué valores arquitectónicos, arqueológicos, paisajísticos y medioambientales deben ser protegidos" (art. 58.2.d TRLUC). Así, según el artículo 75.1 RLUC:

> "El catálogo de bienes protegidos del plan de ordenación urbanística municipal determina los bienes inmuebles, singulares o de conjunto, que son objeto de protección por razón de sus valores arquitectónicos, arqueológicos, geológicos o, en general, culturales".

---

suelo, la mejora de la calidad ambiental, la gestión del paisaje para preservar los valores, la utilización racional de los recursos naturales (…). f) La protección del patrimonio cultural, mediante la conservación, recuperación y mejora de los inmuebles que lo integran, de los espacios urbanos relevantes, de los elementos y tipologías arquitectónicos singulares, de los paisajes de valor cultural e histórico y de las formas tradicionales de ocupación humana del suelo."

Pero el TRLUC también nos da la posibilidad de establecer en el POUM una mera relación de bienes a proteger, delegando a un Plan especial urbanístico de protección la función de catalogar íntegramente el patrimonio cultural y natural a preservar del municipio, esto se permite en el artículo 75.2 RLUC[591].

Si el POUM prevé que un Plan especial de protección lo desarrolle, debe establecer una regulación de los parámetros, usos y criterios que permita al planeamiento derivado proteger adecuadamente esas determinaciones, puesto que si no lo hace, antes o en paralelo a la aprobación del plan especial se debería regular esto en el POUM. Si a pesar de que el POUM se remite al desarrollo de un plan especial, cuando se revise no se ha elaborado y aprobado, el POUM también debe elaborar el catálogo. Esto convierte al POUM en el instrumento urbanístico básico para la protección del patrimonio del municipio gracias al catálogo.[592]

Así, un plan especial urbanístico puede contener entre su documentación los catálogos (art. 69.1 TRLUC).

El contenido de un catálogo urbanístico, ya sea de los POUM o de los Planes especiales de Protección, son el mismo, y se regula en el artículo 95 RLUC[593].

---

591 "Si el plan de ordenación urbanística municipal prevé expresamente la formulación de un plan especial urbanístico de protección del patrimonio arquitectónico o cultural, el catálogo se puede limitar a enumerar e identificar los bienes inmuebles que son objeto de protección, sin perjuicio de la ampliación del catálogo que se pueda producir con motivo de la formulación y aprobación del indicado plan especial."

592 SERRA MONTÉ, Agustí (Dir.), *op. cit.*, p. 27.

593 "95.1 Los catálogos de bienes protegidos forman parte de la documentación de los planes urbanísticos que establecen medidas de protección de bienes inmuebles, singulares o de conjunto, por razón de sus valores culturales, paisajísticos o ambientales.

95.2 Los catálogos de bienes protegidos identifican los bienes objeto de protección, contienen la información física y jurídica necesaria en relación a estos bienes y establecen el grado de protección al que están sujetos y los tipos de intervenciones o actuaciones posibles, de acuerdo con las determinaciones establecidas por el plan urbanístico del que

Los planes especiales de protección, que desarrollan el POUM, no lo pueden contradecir, solo desarrollar, y pueden ser de dos clases: los que vienen obligados por la LPCC para regular BCIN en su categoría de conjuntos y entornos de protección de BCIN (ley que determina parte de su contenido) o los planes especiales de protección integral de un municipio a través del catálogo (excepto que el POUM incluya integralmente el catálogo municipal del patrimonio).[594]

El contenido de esta segunda clase de planes especiales es el que determina el artículo 93 RLUC: identificación y justificación de los elementos a proteger, la definición y regulación de las distintas categorías de protección, el establecimiento de medidas de protección adecuadas, la regulación y programación de actuaciones de rehabilitación del patrimonio y finalmente el establecimiento, si no lo regula el POUM, de los límites de los proyectos de construcciones propias del medio rural, actuaciones que afecten restos arqueológicos de interés, etc.

Paralelamente se admiten ordenanzas urbanísticas y de edificación para regular ciertos aspectos de protección de los bienes si no contradicen al POUM, de acuerdo con el artículo 71.2 TRLUC. La normativa catalana, a diferencia de otras normativas autonómicas, deja mucha discrecionalidad para determinar el contenido y niveles urbanísticos de protección del patrimonio. También amplía su ámbito de protección respecto a la LPCC, pues se permite proteger paisajes, patrimonio natural, etc, mientras se trate de bienes inmuebles.

La vía urbanística para proteger el patrimonio es la más completa e integral, puesto que la vía de la LPCC sirve para proteger

---

formen parte. Los bienes culturales protegidos de acuerdo con la legislación sectorial se tienen que incluir en estos catálogos y el grado de protección previsto y la regulación de las actuaciones permitidas sobre estos bienes debe ser conforme con la protección derivada de esta legislación."

594 SERRA MONTÉ, Agustí (Dir.), *op. cit.*, p. 27.

bienes puntuales ya sea como BCIL por el municipio o BCIN y Espacios de Protección Arqueológica por la Generalitat. La vía de la LPCC suele hacerse para bienes sobre los que urge protección cuando todavía no se ha elaborado un catálogo completo, si bien incluso una vez existe un catálogo, puede hacerse una catalogación como BCIL, BCIN o EPA al margen del catálogo (si bien luego el catálogo debería recoger dicho nuevo elemento).

Cada municipio que elabore su catálogo del patrimonio deberá incluir en el mismo todos los bienes declarados ya por su interés cultural o natural, es decir: los BCIN los Espacios de Protección Arqueológica, los BCIL, los bienes anteriormente catalogados urbanísticamente por el municipio, los árboles monumentales, los espacios naturales de protección especial o los espacios incluidos en el PEIN. Además, podrá incluir todos los nuevos bienes inmuebles culturales o naturales que considere de interés proteger.

En todo caso, la inclusión de un BCIN en un catálogo tendrá unos efectos limitados puesto que la regulación de protección de los BCIN en la LPCC y en el acuerdo de declaración del mismo prevalece sobre los planes urbanísticos, además de ser una regulación ya exhaustiva. Para los BCIL, la misma LPCC deja más margen de protección al planeamiento urbanístico (art. 39 LPCC) y en el caso de los Bienes de Protección Urbanística del catálogo, su regulación y protección depende enteramente de lo que determine al catálogo. En todo caso queda prohibida la destrucción de los bienes incluidos en el catálogo, excepto que la misma ficha del bien lo permita o tenga protección meramente documental. Sobre las intervenciones en los bienes, SERRA MONTÉ recomienda que queden claramente reguladas en la normativa del POUM[595].

Para incluir nuevos elementos es muy recomendable partir de inventarios del patrimonio preexistentes (como el mapa del Patrimonio de la Diputación de Barcelona, el inventario del patrimonio cultural de la Generalitat, etc) pues implican un trabajo

---

595 SERRA MONTÉ, Agustí (Dir.), *op. cit.*, p. 34.

de campo ya hecho y son un claro elemento indiciario del interés cultural o natural de los bienes.

Los técnicos redactores del catálogo deberán proponer un nivel de protección para cada bien, si bien la legislación catalana no determina un número ni tasado ni abierto de grados de protección, si bien la Diputación de Barcelona propone los siguientes (de mayor a menor protección): protección integral, bienes a recuperar, mantenimiento de la tipología, mantenimiento de la esencia, mantenimiento del envolvente, mantenimiento parcial del envolvente y área a documentar.

Mientras que respecto la naturaleza de bienes a proteger en el catálogo tampoco el TRLUC establece un número tasado ni abierto de categorías, la Diputación de Barcelona propone las siguientes: conjunto histórico, edificios y construcciones, elemento arquitectónico, jardín histórico, yacimiento arqueológico o paleontológico, lugar histórico y zona de interés etnológico o zona de interés natural y paisajístico.

Hay que tener en cuenta que cuando urbanísticamente se catalogan inmuebles por su interés arquitectónico, paisajístico o cultural, se pueden llegar a dar limitaciones edificatorias que podrían llegar a ser indemnizables si concurren los requisitos del artículo 48.b del TRLS y la jurisprudencia del TS: existe una restricción del aprovechamiento urbanístico del suelo, hay una limitación singular y hay una imposibilidad de distribución equitativa de la carga.

Sería necesario efectuar una modificación de la LPCC y del TRLUC a efectos de que no se den la espalda como hasta ahora, y sería interesante que el TRLUC prevea como en otras CCAA un plazo para aprobar su catálogo del patrimonio así como regular un contenido mínimo en base al inventario del patrimonio cultural catalán.

También es preciso mencionar que en caso de anulación de un POUM que dé cobertura a un plan especial de catálogo del patrimonio o de regulación de un BCIN de conjunto histórico, la consecuencia será la nulidad del plan especial debido al carácter jerárquicamente inferior del plan derivado sobre el plan general, según se desprende del FJ 2º de la STSJC de 14 de junio de 2019[596].

Asimismo hemos visto como la catalogación de un inmueble prevalece por encima de la afectación de un vial regulado en un plan general (STSJC de 7 de abril de 2010).

En caso de contradicción entre la normativa o medidas urbanísticas con las de protección del patrimonio cultural de la LPCC, el artículo 10.2 TRLUC propone ponderar el interés público más prevaleciente según el caso y tener en cuenta el principio de desarrollo urbanístico sostenible del artículo 3.1, que implica tener en cuenta la protección del patrimonio cultural y natural en el crecimiento urbanístico.

También el artículo 39.2 TRLUC nos ordena que tengamos en cuenta la protección del patrimonio arqueológico cuando urbanísticamente se regule el subsuelo. Mientras que el artículo 32.a TRLUC faculta implícitamente a que la LPCC condicione el Suelo No Urbanizable para ser de protección especial.

El catálogo puede establecer zonas de entornos de protección no solo para los BCIN, sino también para los BCIL y BPU si lo justifica debidamente y se grafía en un plano.

También hemos podido examinar el instrumento urbanístico del catálogo de masías y casas rurales en Suelo No Urbanizable (que suele ser un plan especial, si bien cabría incorporarlo en un POUM). Dicho catálogo, si bien no es un catálogo del patirmonio urbanístico, sí es un insturmento urbanístico que regula y ordena los usos e intervenciones en masías y casas rurales en SNU de tal modo que acilita su rehabilitación y habitabilidad, pero con unos criterios tradicionales de intervención que permiten la preservación de las estructuras originales de dichas masías, lo que de al-

596 Sala de lo Contencioso-Administrativo, Sección 3ª (sentencia núm. 551/2019, rec. 288/2015, ponente: Rodríguez Laplaza, Eduardo).

gún modo ayuda a preservar las mismas. Pero como hemos visto, los catálogos del patirmonio deben existir en paralelo y de algún modo vinculan en sus prescripciones a los catálogos de masías en SNU.

Algunas Comunidades Autónomas han optado por soluciones globales para sus catálogos del patrimonio[597]. Así en la antigua Ley del patrimonio histórico de Madrid de 2013, se apostó por

---

597 Una medida muy interesante es la del artículo 35.1 de la Ley 5/2016, de 4 de mayo, del patrimonio cultural de Galicia, que obliga explícitamente a que en el catálogo urbanístico del patrimonio se incluya todo bien inscrito en el Registro de Bienes de interés Cultural de Galicia como en el Catálogo del Patrimonio Cultural de Galicia situados en el ámbito territorial que desarrollen, así como aquellos otros que indique motivadamente la Consejería competente en patrimonio cultural.
Luego hay medidas como la del artículo 49 de la Ley 12/2002, de 11 de julio, de Patrimonio Cultural de Castilla y León, que obliga a los Ayuntamientos a inscribir en su catálogo urbanístico de elementos protegidos, a los inmuebles inscritos en el Inventario de Bienes del Patrimonio Cultural de Castilla y León. Y si no existe tal catálogo municipal o mientras no se incluya, cualquier obra sobre el inmueble requiere autorización previa de la Consejería autonómica de cultura.
Una cosa parecida pasa con la Ley 14/2007, de 26 de noviembre, del Patrimonio Histórico de Andalucía, que en su artículo 13 obliga a los municipios a incluir los bienes inmuebles y espacios del Inventario de bienes inmuebles autonómico en sus catálogos urbanísticos cuando los crean o modifiquen. Según el artículo 14, los propietarios, titulares de derechos reales o poseedores de los bienes inventariados tienen la obligación de conservarlos.
Y según el art. 15 por el mero hecho de estar un inmueble en el Catálogo General del Patrimonio Histórico andaluz (que incluye a los BIC, bienes del catálogo general y los del Inventario General de Bienes Muebles), la Consejería de patrimonio histórico puede dictar órdenes de ejecución para conservar dichos bienes.
Otra medida de la ley andaluza es la del artículo 30.1, que obliga al Ayuntamiento a adecuar el planeamiento urbanístico a las necesidades de protección de los bienes inmuebles inscritos en el Catálogo General del Patrimonio Histórico Andaluz, en un plazo de 2 años desde la inscripción, y: "dicha obligación no podrá quedar excusada por la existencia de un planeamiento contradictorio con la protección de los bienes

crear una disposición transitoria que obliga a formar un catálogo de bienes y espacios protegidos en un máximo de un año a contar desde la entrada en vigor de la ley. Por si esa medida tan contundente no fuera poco, se dispone un régimen transitorio mientras no se aprueben tales catálogos urbanísticos del patrimonio, con la protección *ex lege* como "Bienes de Interés Patrimonial" de distintos tipos de bienes inmuebles del patrimonio histórico de cada municipio (palacios, iglesias y edificios religiosos, plazas de toros, fuentes, puentes, entre otros, anteriores a 1936).

Creo pues, en definitiva, que la normativa comparada autonómica citada protege de alguna manera los bienes de los inventarios del patrimonio autonómico, cosa que no pasa en Cataluña (tal y como se desprende del redactado del artículo 60 de la Ley 9/1993) y por lo tanto sería recomendable hacer una refundición de los primeros dos artículos referidos (lo de la ley madrileña y el de la ley de Castilla León) consiguiendo una efectiva protección de los elementos esenciales del patrimonio cultural catalán que a veces los Ayuntamientos no se recuerdan de proteger (o no lo quieren hacer por razones de cualquier índole).

III.3.- CATÁLOGOS URBANÍSTICOS DEL PATRIMONIO EN EL PRINCIPADO DE ASTURIAS

III.3.1.- Introducción

En este capítulo se tratan los catálogos urbanísticos del patrimonio en la comunidad autónoma del Principado de Asturias, regulados en el Decreto Legislativo 1/2004, de 22 de abril, por el que se aprueba el Texto Refundido de las disposiciones legales vigentes en materia de ordenación del territorio y urbanismo (TRO-

---

inscritos, ni por la inexistencia de planeamiento que contemple a los bienes inscritos".

TU) y el reglamento que lo desarrolla, el Decreto 63/2022, de 21 de octubre, por el que se aprueba el Reglamento de Ordenación del Territorio y Urbanismo del Principado de Asturias (ROTU). Al igual que el resto de capítulos sobre catálogos urbanísticos en las comunidades autónomas estudiadas, se estudia aquí la finalidad de estos catálogos y el tipo de planes que lo albergan con tal fin, también se estudia el procedimiento de aprobación del plan que contiene el catálogo, los efectos jurídicos de su aprobación, el contenido del catálogo y finalmente se trata sobre la colaboración entre administraciones para lograr el fin de la protección del patrimonio cultural a través del catálogo y otras figuras de protección del patrimonio, así como se estudia la interrelación entre la legislación urbanística asturiana y la legislación del patrimonio cultural de la misma comunidad autónoma.

De acuerdo con FERNÁNDEZ DE CÓRDOBA[598],

> "la normativa sectorial concibe los Catálogos Urbanísticos como un instrumento de ordenación urbanística y de planeamiento, cuya función es contribuir a la correcta integración urbanística del territorio, completando, en su caso, las previsiones del planeamiento general. Así el Catálogo Urbanístico es el documento donde se plasman las determinaciones generales del planeamiento territorial y urbanístico previstas por la política de protección de conservación y protección de los bienes inmuebles, de los espacios naturales de interés público relevante y de los elementos del dominio público que deben ser conservados o recuperados.
> Por lo tanto, el contenido de un Catálogo Urbanístico afecta a las tres tipologías de bienes:
> — Bienes del patrimonio cultural
> — Bienes del patrimonio natural
> — Bienes del dominio público"

598 FERNÁNDEZ DE CÓRDOBA PÉREZ, José Antonio, "Regulaciones y problemas habituales de los Catálogos Urbanísticos" en *Los Catálogos Urbanísticos en el Principado de Asturias: una perspectiva pluridisciplinar*, Universidad de Oviedo, Oviedo, 2013, p. 256.

Ésta es la concepción de catálogo que tiene el autor en base a lo determinado en el art. 205.1 del ya derogado[599] Decreto 278/2007, de 4 de diciembre, por el que se aprueba el Reglamento de Ordenación del Territorio y Urbanismo del Principado de Asturias (ROTU)[600], por lo que no puede considerarse una definición universal del concepto de catálogo, pero nos sirve para abrir este apartado sobre Asturias.

III.3.2.- Fundamento jurídico

Según PEÑA RUIZ, el catálogo tiene una doble función, por un lado la protectora y por otro la ordenadora[601].

Como instrumento protector del patrimonio,

> "el Catálogo debe localizar y registrar los bienes para luego documentarlos y analizar su valor patrimonial de tal manera que la propia valoración del elemento nos indique el nivel de protección

---

599 El articulo equivalente que trata del objeto de los catálogos urbanísticos actualmente vigente es el 122 del Decreto 63/2022, de 21 de octubre, por el que se aprueba el Reglamento de Ordenación del Territorio y Urbanismo del Principado de Asturias.

600 "Artículo 205 Objeto y determinaciones
1.- Como desarrollo de las determinaciones generales establecidas por el planeamiento territorial y urbanístico en los Catálogos Urbanísticos se formalizarán, diferenciada y separadamente, las políticas públicas de conservación o protección de los bienes inmuebles o de los espacios naturales de interés público relevante, así como de los elementos que por su relación con el dominio público deban ser conservados o recuperados, a fin de evitar su destrucción o modificación sustancial, con información suficiente de su situación física y jurídica, expresión de los tipos de intervención posible, y grado de protección a que estén sujetos."

601 Mientras que en la misma obra, de acuerdo con REQUEJO PAGÉS, el catálogo urbanístico tiene una función de instrumento del planeamiento urbanístico (función ordenadora) y otra como categoría de protección jurídica (función protectora) pero distingue además una función más elemental, la de registro de bienes.

> más adecuado. De esta manera establecemos las condiciones y medidas necesarias para asegurar su conservación."[602]

Derivada de esa función protectora y de la capacidad vinculante del catálogo respecto a todo el planeamiento urbanístico según el art. 72.4 del TROTU, deriva la función ordenadora. Así, PEÑA RUIZ[603] nos indica que

> "el Catálogo Urbanístico «ordena» por cuanto los bienes en él incluidos, y en muchos casos sus entornos, condicionan al planeamiento urbanístico que debe elaborarse teniendo en cuenta que en el territorio existen una serie de elementos patrimoniales que, por su consideración especial de «bienes culturales», deben ser respetados e integrados en el desarrollo y crecimiento urbano de los núcleos de población."

Así, como instrumento de ordenación urbanística, el catálogo es un instrumento esencialmente del municipio (concejo), quienes según el art. 8.2 del TROTU son administración urbanística actuante principal:

> "2. Con carácter general, y como competencia propia, la actividad urbanística corresponde a los concejos, que ejercerán cuantas competencias en materia urbanística no estén expresamente atribuidas a otras Administraciones."

El artículo 26 del TROTU prevé el catálogo urbanístico como un instrumento urbanístico de planeamiento que completa la función de los planes generales y especiales urbanísticos, ayudando a la correcta integración de la ordenación urbanística del territorio.

Fruto de ese concepto de complementariedad de los planes urbanísticos, el art. 93 del TROTU, sobre "Aprobación de Catálogos

---

602 RUIZ DE LA PEÑA RUIZ, Diego, "Diez años de catalogación urbanística en Asturias. Situación actual y perspectivas de futuro", en *Los Catálogos Urbanísticos en el Principado de Asturias: una perspectiva pluridisciplinar*, Universidad de Oviedo, Oviedo, 2013, p. 24.

603 RUIZ DE LA PEÑA RUIZ, Diego, "Diez años de catalogación urbanística en Asturias. Situación actual y perspectivas de futuro", *op. cit.*, p. 25.

urbanísticos", ya nos indica que su aprobación se hace simultáneamente con el plan urbanístico, pero en expedientes separados:

> "La aprobación de los Catálogos urbanísticos se producirá simultáneamente con la del planeamiento urbanístico, pero en expedientes separados. Las modificaciones de los Catálogos urbanísticos se sujetarán a las mismas prescripciones dispuestas para la modificación del planeamiento al que completen."

Mientras que de acuerdo con el art. 205.1 del ROTU antiguo de 2007 (ya derogado, pero que nos puede ser de utilidad didáctica), la finalidad del catálogo urbanístico es determinar

> "las políticas públicas de conservación o protección de los bienes inmuebles o de los espacios naturales de interés público relevante, así como de los elementos que por su relación con el dominio público deban ser conservados o recuperados, a fin de evitar su destrucción o modificación sustancial, con información suficiente de su situación física y jurídica, expresión de los tipos de intervención posible, y grado de protección a que estén sujetos".

Según RIVAS ANDINA[604]

> "los Catálogos Urbanísticos deben cumplir una doble función:
> — Potenciación de la valoración de nuestro patrimonio.
> — Establecimiento de una normativa adecuada para su protección, mejora y disfrute, compatibilizando los intereses públicos y privados.
> La primera función es fácilmente compartida por todos los ciudadanos y administraciones, con lo que se potencia una especie de «catalogación platónica». La opinión pública siempre parece defender la protección sistemática de gran parte de nuestro patrimonio cultural o natural cuando actúa como espectador. Sin embargo los propietarios (públicos o privados) ya no admiten con tanta facilidad la protección de sus bienes, ya que eso limita sus derechos."

---

604 RIVAS ANDINA, José Ángel, "El patrimonio cultural local desde el ayuntamiento" en *Los Catálogos Urbanísticos en el Principado de Asturias: una perspectiva pluridisciplinar*, Universidad de Oviedo, Oviedo, 2013, p. 300.

También opina que los últimos catálogos de Asturias son muy expansivos en cuanto a bienes a proteger, pero eso comporta el riesgo de desvalorizar el patrimonio a proteger, la dificultad para establecer criterios claros de intervención sobre los bienes así como a que se dificulte la exigencia y rigor en su aplicación práctica de protección. Además, el autor se queja de la falta de homogeneidad entre los distintos catálogos asturianos, lo que dificulta que sean un instrumento válido para estudiar en su conjunto el patrimonio cultural asturiano.

El artículo 112 del ROTU actual de 2022, trata precisamente de los "Planes Especiales de Protección" que son los que tienen por objeto (apartado 1):

> "preservar el medio ambiente, el patrimonio cultural, el paisaje u otros valores socialmente reconocidos. Se considerarán valores socialmente reconocidos, entre otros, los siguientes:
> a) Elementos aislados cuyo conjunto contribuye a caracterizar un espacio cultural, natural, o el paisaje.
> b) Protección, recuperación y realce de construcciones significativas.
> c) Protección, recuperación y realce del litoral.
> d) Composición y detalle de los emplazamientos significativos que deban ser objeto de medidas especiales de protección.
> e) Configuración y protección de áreas de uso público como parques, jardines u otras áreas de esparcimiento y recreo de cierta relevancia cultural o ambiental.
> f) Protección en el orden urbanístico de las vías de comunicación, en relación con la restricción y uso de terrenos marginales.
> g) Impedir la desaparición o la alteración de los valores merecedores de protección, procediendo a la imposición de restricciones de uso de los terrenos."

Mientras que el apartado segundo trata sobre "el ámbito espacial de los Planes Especiales de Protección" que puede venir delimitado:

> "a) Por los instrumentos de ordenación del territorio.
> b) Por el Plan General de Ordenación o el Catálogo Urbanístico.
> c) Por los propios Planes Especiales cuando no estuviesen previstos por el Plan General de Ordenación, por el Catálogo Urbanístico o por algún instrumento de ordenación del territorio."

En consecuencia, el ROTU es claro al establecer la categoría explícita de Plan Especial de Protección del patrimonio, concretando sus funciones y sus limitaciones sobre el ámbito espacial.

III.3.3.- Procedimiento de aprobación

De acuerdo con RUIZ DE LA PEÑA RUIZ[605], la elaboración de un catálogo del patrimonio es un proceso donde

> "se trata de conformar un equipo bien coordinado colectivamente y experimentado individualmente en su especialidad (historiadores, historiadores del arte, arquitectos, geógrafos, arqueólogos, especialistas en medio ambiente, juristas...) cuyo cometido va a ser la localización y valoración del patrimonio cultural y natural del territorio, apoyándose en un riguroso trabajo de documentación, una exhaustiva labor de trabajo de campo (que se enfrenta no pocas veces a una cantidad ingente de bienes) y un prolongado trabajo de gabinete cuya finalidad es la de proporcionar la cobertura legal necesaria que asegure la conservación y puesta en valor del patrimonio, así como su integración en el futuro desarrollo urbanístico de ese territorio. Para ello, el conocimiento preciso del espacio en el que se desarrolla la labor de catalogación y las singularidades de sus manifestaciones socio-culturales".[606]

RUIZ DE LA PEÑA RUIZ[607] detecta tres fases para elaborar un catálogo del patrimonio:

> 1- Fase previa: implica el trabajo de documentación para elaborar las fichas, partiendo de inventarios y registros preexistentes, bibliografía, fuentes documentales, para posteriormente elaborar unas fichas completas y comprensibles homogéneas.

---

605 RUIZ DE LA PEÑA RUIZ, Diego, "Diez años de catalogación urbanística en Asturias. Situación actual y perspectivas de futuro", *op. cit.*, pp. 18-42.

606 RUIZ DE LA PEÑA RUIZ, Diego, "Diez años de catalogación urbanística en Asturias. Situación actual y perspectivas de futuro ", *op. cit.*, p. 28.

607 RUIZ DE LA PEÑA RUIZ, Diego, "Diez años de catalogación urbanística en Asturias. Situación actual y perspectivas de futuro", *op. cit.*, p. 30.

2- Fase de campo: sirve para obtener datos fotográficos, descriptivos y territoriales para las fichas y para contrastar la veracidad de los datos bibliográficos previos.
3- Fase de gabinete: una vez elaborada la fase de campo, se debe decidir qué criterios se utilizan definitivamente para incluir o excluir los bienes catalogados (autenticidad, singularidad, carácter simbólico, antigüedad, valor histórico-artístico, valor urbanístico...) y tener en cuenta las particularidades propias del patrimonio local (cuantía, estado de conservación, elementos singulares, etc.). También se debe elaborar la memoria descriptiva y justificativa del documento final y que debe ser fundamental para describir y justificar la metodología utilizada para catalogar o no los elementos.

RUIZ DE LA PEÑA RUIZ[608] critica que a pesar de haber una normativa común sobre la elaboración de los catálogos, ya sea con la legislación, ya sea con los pliegos técnicos contractuales comunes, a la práctica hay una importante disparidad entre catálogos. Los posibles motivos que esgrime son la falta de un reglamento que desarrolle la LPCPA sobre este aspecto, la diversidad de equipos redactores de catálogos en Asturias, la falta de ciertos expertos en estos equipos multidisciplinares, la ausencia de empresas sólidas en Asturias dedicadas a la catalogación del patrimonio, las dificultades para estimar a priori en la licitación los costes reales de elaboración del catálogo según el municipio (pues la laboriosidad del trabajo de campo se ve solo a posteriori). Se recalca la importancia de que se intenten hacer fichas homogéneas al máximo posible, se respeten las cinco categorías patrimoniales del pliego técnico contractual común (muchas veces el patrimonio etnográfico es apenas tratado en el catálogo) y se justifique adecuadamente en la memoria los motivos de inclusión y exclusión de elementos patrimoniales y los criterios comunes existentes.

PUERTO ÁLVAREZ[609] concibe la elaboración de los catálogos de forma muy similar a RUIZ DE LA PEÑA RUIZ, con tres fa-

608 RUIZ DE LA PEÑA RUIZ, Diego, "Diez años de catalogación urbanística en Asturias. Situación actual y perspectivas de futuro", *op. cit.*, p. 30.

609 PUERTO ÁLVAREZ, José Ramón, "Los catálogos urbanísticos en los pequeños concejos asturianos" en *Los Catálogos Urbanísticos en el Princi-*

ses muy asimilables. De hecho, PUERTO ÁLVAREZ establece un cuadro resumen de los plazos de entrega de las distintas fases de aprobación del catálogo en base a los pliegos administrativos tipo que la Consejería de cultura de Asturias establece:

Documento	Plazo de entrega
Documento de Aprobación Inicial	Cuatro meses desde la firma del contrato
Informe de las alegaciones al documento de Aprobación Inicial	Un mes desde el término de su información pública
Documento de Aprobación Definitiva	Dos meses desde la notificación del acuerdo municipal sobre el acuerdo no vinculante de la Cuota

Fuente: RUIZ DE LA PEÑA RUIZ, Diego (Coord.), *Los Catálogos Urbanísticos en el Principado de Asturias: una perspectiva pluridisciplinar*, Universidad de Oviedo, Oviedo, 2013, p. 248.

De acuerdo con el artículo 93 del TROTU:

> "La aprobación de los Catálogos urbanísticos se producirá simultáneamente con la del planeamiento urbanístico, pero en expedientes separados. Las modificaciones de los Catálogos urbanísticos se sujetarán a las mismas prescripciones dispuestas para la modificación del planeamiento al que completen."

En el caso de que se tramite simultáneamente con un Plan General nos encontraremos con el problema de la demora en su aprobación, pues si va vinculado a un Plan Especial su tramitación y aprobación será más rápida.

COUCE CALVO y MENÉNDEZ SOLAR[610] entienden que la tramitación para aprobar un catálogo urbanístico va vinculado al procedimiento del Plan General, si bien en expedientes separa-

---

pado de Asturias: una perspectiva pluridisciplinar, Universidad de Oviedo, Oviedo, 2013, p. 244.

610 COUCE CALVO, Victoria y MENÉNDEZ SOLAR, Belén, "La normativa de los Catálogos Urbanísticos. Problemática en su aplicación" en *Los Catálogos Urbanísticos en el Principado de Asturias: una perspectiva pluridisciplinar*, Universidad de Oviedo, Oviedo, 2013, p. 310.

dos, por lo que hace a los catálogos a los Planes Generales tramitados con posterioridad a la Ley asturiana 3/2002 de 19 de abril, de régimen del suelo y ordenación urbanística (vigente hasta el 28 de abril de 2004). Cosa distinta serían los Concejos con Planes Generales ya aprobados antes de esta fecha, donde sigue vigente la obligación de aprobar un catálogo urbanístico, si bien entienden que no es necesario hacer solo para este propósito una revisión del plan general por ser algo excesivo e ineficiente y por no estar dentro de las causas de revisión del plan general del art. 99.1 TROTU.

En mi opinión, ni de la redacción del art. 93 TROTU, ni la disposición adicional sexta del TROTU se puede deducir que la tramitación y aprobación del catálogo vaya necesariamente vinculada a un Plan General, quedando abierto a tramitarlo dentro de un Plan Especial, e incluso de forma independiente como Plan Parcial en casos de municipios sin Plan General.

En todo caso, la tramitación se rige por los arts. 131 y ss del ROTU, al ser las disposiciones comunes de tramitación de planes urbanísticos.

Debe de haber una aprobación inicial por la administración competente (art. 134 ROTU), trámite de información pública y solicitud de informes sectoriales (destaca el informe preceptivo de la Consejería autonómica de cultura, tal y como exige el art. 27.3 LPCPA a emitir en 3 meses según la nueva redacción dada por la Ley del Principado de Asturias 4/2021, de 1 de diciembre, de Medidas Administrativas Urgentes.

A la práctica la DG de patrimonio cultural de Asturias suele emitir un informe del arquitecto, uno del arqueólogo y a veces otro del historiador y en base a eso la Comisión Permanente del Consejo del Patrimonio Cultural de Asturias emite su informe sectorial de los arts. 27, 55 y 60 LPCPA.

El artículo 50 del Decreto 20/2015, de 25 de marzo, por el que se aprueba el Reglamento de desarrollo de la Ley del Principado de Asturias 1/2001 nos desarrolla ciertos aspectos sobre este informe sectorial autonómico, pues nos clarifica el carácter preceptivo del informe y su carácter independiente y posterior a la consulta previa de la aprobación inicial propia de todo plan urbanístico sobre coordinación interadministrativa. Dicho informe es preceptivo en caso de aprobación inicial del catálogo o de su modificación e incluso antes de la aprobación provisional será preceptivo un segundo informe si el Ayuntamiento propusiera modificaciones sustanciales que afecten a la materia del patrimonio cultural.

Luego el expediente ya informado y luego de la exposición pública se envía a la Comisión de Urbanismo de Asturias para su aprobación definitiva. Así vemos en el artículo 229 TROTU:

> "1.- Terminada la elaboración del planeamiento, el Ayuntamiento o, en su caso, el órgano autonómico competente para su formulación procederá a su aprobación inicial. El acuerdo de aprobación inicial habrá de adoptarse de conformidad con los requisitos y formalidades previstas para los actos del órgano administrativo que lo adopte.
> 2.- Con el acuerdo de aprobación inicial se adoptará, simultáneamente, la apertura del trámite de información pública y solicitud de informes sectoriales preceptivos, en su caso.
> 3.- Cuando se requiera trámite ambiental, el acuerdo de aprobación inicial deberá contener la asunción por el órgano competente de dicha aprobación del Informe de sostenibilidad ambiental. Asimismo, se especificará que el período de información pública lo es igualmente a los efectos del trámite ambiental.
> 4.- Una vez aprobados inicialmente, por el órgano competente se remitirá un ejemplar al Registro de Planeamiento y Gestión Urbanística del Principado de Asturias."

Igual que ocurre con la legislación urbanística catalana, según el artículo 77 del TROTU, cabe hacer una suspensión potestativa de licencias en el ámbito donde se pretenda modificar el planeamiento para poder estudiar dicha modificación (se deberá publicar en el BOPA y en un periódico de máxima difusión del Principado de Asturias), por un plazo de hasta 1 año (ampliable hasta 2 años en caso de nuevas determinaciones del plan que supongan modificaciones), luego en la aprobación inicial municipal del plan, se da automáticamente la suspensión obligatoria de licencias por 1 año (o hasta 2 años si no ha habido suspensión potestativa anterior) vigente hasta la aprobación definitiva del plan urbanístico.

Finalmente, por lo que respecta a la documentación que debe contener el catálogo, según el art. 72.4 del TROTU:

> "Los Catálogos urbanísticos constarán de los siguientes documentos: memoria y demás estudios complementarios, planos de información, ficha de cada elemento catalogado, planos de situación y normativa de aplicación, diferenciada para cada grado o nivel de protección."

III.3.4.- Contenido

Según el art. 27 de la LPCPA,

> "Los Ayuntamientos están obligados a incluir en Catálogos elaborados de acuerdo con la legislación urbanística, los bienes inmuebles que por su interés histórico, artístico, arqueológico, etnográfico, o de cualquier otra naturaleza cultural, merecen conservación y defensa, aun cuando no tengan relevancia suficiente para ser declarados Bien de Interés Cultural o incluidos en el Inventario del Patrimonio Cultural de Asturias."

Es decir, el catálogo debe contener los BIC, los del inventario y finalmente y como elemento distintivo, esa tercera categoría de protección de los bienes culturales de menos interés.

El catálogo debe contener tres grados de protección según el art. 72.5 del TROTU: integral, parcial y ambiental. Según el art. 72.1 del TROTU el catálogo debe contener fichas de los elementos a proteger que deben concretar el grado de protección aplicable.

Dichas fichas también deben expresar, según el art. 72.1 TROTU

> "información suficiente de su situación física y jurídica, expresión de los tipos de intervención posible, y grado de protección a que estén sujetos".

Los bienes a catalogar serán los bienes inmuebles con un interés histórico, artístico, arqueológico, etnográfico, o de cualquier otra naturaleza cultural, merecen conservación y defensa (art. 27.1 LPCPA)[611]. Según PEÑA RUIZ[612], estos bienes a catalogar serán los que se determinen siguiendo los criterios de los pliegos técnicos del contrato (en su caso), las definiciones de las clasificaciones de tipologías patrimoniales del capítulo IV de la LPCPA, y los bienes obligatorios de la Disposición transitoria tercera.

Dicha disposición transitoria tercera prevé un contenido mínimo a proteger en todo catálogo, a los que además dio una protección preventiva hasta 31 de diciembre de 2015 para asegurarse de que se incluyan por la Consejería de cultura los bienes en el IPCA (solo de los que reúnan los méritos y condiciones para ello), mientras que los Ayuntamientos tienen 10 años para adaptar su normativa urbanística a esa ley. Mientras no se aprueban estos catálogos, a los bienes se les aplica la normativa urbanística existente, con la salvedad de la protección de los bienes en sí mismos.

Dichos bienes inmuebles que como mínimo deben catalogarse y que gozaron de protección preventiva *ex lege* son: inmuebles anteriores a 1800 (incluso a pesar de estar en ruinas), muestras más destacadas de arquitectura moderna, iglesias y otros inmuebles religiosos anteriores a 1900, mercados anteriores a 1960, espacios

---

611 Hay que mencionar que de acuerdo con el art. 122.2 del ROTU, "2.- Se considerará que tienen interés público relevante a los efectos de su inclusión en el Catálogo:
a) Los bienes inmuebles de interés histórico, artístico, arqueológico, etnográfico, industrial, o de cualquier otra naturaleza cultural, aun cuando no tengan relevancia suficiente para incluirse en el Inventario del Patrimonio Cultural de Asturias o ser declarados Bienes de Interés Cultural, de conformidad con lo establecido en su legislación sectorial específica. Si concurriera esta circunstancia, se señalará expresamente.
b) Los espacios o áreas que contengan elementos y sistemas naturales de interés público reconocido, aun cuando no gocen de protección especial con arreglo a la legislación sectorial específica."

612 RUIZ DE LA PEÑA RUIZ, Diego, "Diez años de catalogación urbanística en Asturias. Situación actual y perspectivas de futuro", en *Los Catálogos Urbanísticos en el Principado de Asturias: una perspectiva pluridisciplinar*, Universidad de Oviedo, Oviedo, 2013, p. 25.

donde se presuman restos arqueológicos significativos, testimonios más reseñables de la historia industrial, así como hórreos, paneras y cabazos notables o por ser anterior al 1850, escudos y cruces de término anteriores a 1950 y ciertos bienes de valor etnológico que gozarían de protección integral (y que deberán formar parte de los catálogos urbanísticos municipales).

Hay que mencionar que en el catálogo cabe la posibilidad de proteger el patrimonio etnográfico[613], de acuerdo con el art. 70 LPCPA:

> "La protección del patrimonio etnográfico podrá llevarse a cabo a través de la declaración como Bien de Interés Cultural de los bienes que lo integran, de su inclusión en el Inventario del Patrimonio Cultural de Asturias, o en los Catálogos urbanísticos de protección, y mediante la aplicación en cualquier caso de las normas específicas contenidas en esta Ley o que desarrollen sus principios a través de la normativa urbanística, medio ambiental o de cualquier otra naturaleza que establezcan las Administraciones Públicas."

Una cosa parecida ocurre con el patrimonio histórico-industrial, de acuerdo con el art. 76.3 LPCPA:

> "3. El Principado de Asturias y los Ayuntamientos protegerán el patrimonio histórico-industrial por medio de:
> a) La declaración como Bien de Interés Cultural, la inclusión en el Inventario del Patrimonio Cultural de Asturias o en los Catálogos urbanísticos de protección de los bienes susceptibles de recibir ese tratamiento."

En cambio, de forma sorprendente (atendiendo a que parte de los bienes arqueológicos son inmuebles) no cabe la posibilidad de proteger mediante catálogo a los bienes de interés arqueológi-

---

613 "Artículo 69 Patrimonio etnográfico
1. Integran el Patrimonio Etnográfico de Asturias las expresiones relevantes o de interés histórico de las culturas y formas de vida tradicionales de los asturianos, desarrolladas colectivamente y basadas en conocimientos y técnicas transmitidos consuetudinariamente, esencialmente de forma oral.

co[614], a diferencia de lo que pasa en otras CCAA como Cataluña, así se entiende del art. 62.1 LPCPA:

> "1. La protección del Patrimonio Arqueológico podrá llevarse a cabo por medio de su declaración como Bien de Interés Cultural o a través de su inclusión en el Inventario del Patrimonio Cultural de Asturias y, en cualquier caso, mediante la aplicación de las reglas específicas contenidas en esta Ley."

Tampoco cabe incluir en catálogos urbanísticos los bienes del patrimonio documental y bibliográfico, aquí de forma completamente justificada, atendiendo a que son buenes muebles por definición, así de acuerdo con el art. 88 LPCPA:

> "Cuando la relevancia de su interés aconseje una protección individualizada, los bienes integrantes del Patrimonio Documental y Bibliográfico de Asturias serán declarados de Interés Cultural o se procederá a su inclusión en el Inventario del Patrimonio Cultural de Asturias, aplicándoseles en ese caso, con carácter adicional, el régimen protector propio de estas categorías de bienes."

Es relevante tener en cuenta de que a pesar de que el catálogo no es parte del plan general urbanístico, debe contener algunas prescripciones mínimas referidas a algunos de sus bienes, básicamente determinar los bienes inmuebles del IPCA[615] y otras áreas

---

614 "Artículo 61 Patrimonio arqueológico
1. Forman parte del Patrimonio Arqueológico de Asturias todos aquellos bienes, localizados o no, cuyo estudio mediante el uso de una técnica arqueológica pueda proporcionar información histórica significativa.
2. A efectos de la presente Ley, se considerarán también como parte del Patrimonio Arqueológico de Asturias los objetos y muestras de interés paleontológico que hayan sido separados de su entorno natural o deban ser conservados fuera de él y los elementos geológicos y paleontológicos de interés por su relación con la historia del hombre y sus orígenes."

615 Hay que recordar que la Disposición Transitoria Tercera de la LPCA establece una serie de inmuebles que el 2015 debían ser incluidos en como parte del IPCA y que por lo tanto deberán ser incorporados en un catálogo.

de interés (según el art. 73 del ROTU) así como las áreas de delimitación o entornes de protección de los BIC (ya sea regulándolo todo el plan general, remitiéndose a un plan especial o en su caso al catálogo), de acuerdo con el art. 74 del ROTU.

Los bienes culturales, especialmente arqueológicos y etnográficos en suelo no urbanizable, se suelen clasificar como suelo no urbanizable de especial protección (la máxima protección y máximas restricciones de actividades y edificaciones) o de interés (un segundo nivel de protección).

Una de las características de la normativa asturiana es la posibilidad de que todo bien catalogado tenga su propia área de protección para evitar la distorsión del bien a proteger desfigurando su entorno u ocultando el bien a proteger, así el art. 72.2 TROTU concreta:

> "2. El tratamiento específico que se dispense a los bienes y espacios incluidos en los Catálogos urbanísticos será acorde con la legislación sectorial específica cuando estén sujetos a medidas dictadas al amparo de dicha legislación. Dicho tratamiento impedirá, en el entorno de dichos bienes, espacios o elementos, la realización de construcciones o instalaciones que los deterioren o que modifiquen sustancialmente sus perspectivas visuales y su integración, en su caso, con el resto de la trama urbana."

PUERTO ÁLVAREZ[616] entiende que es muy indeterminado y subjetivo saber por parte de los técnicos en qué casos las construcciones del entorno deterioran o modifican las perspectivas visuales y su integración. Personalmente entiendo que es un concepto jurídico indeterminado como tantos otros que deberá determinar el técnico especialista municipal (principalmente un arquitecto municipal) si se da el caso, si bien la normativa del catálogo o del plan urbanístico al que complementa podría establecer criterios genéricos de intervenciones permitidas y no permitidas en los entornos.

---

616 PUERTO ÁLVAREZ, José Ramón, "Los catálogos urbanísticos en los pequeños concejos asturianos" *op. cit.*, p. 240.

Hay que tener en cuenta que el art. 72.1 *in fine* del TROTU ya dispone que la protección afecta a toda la parcela, salvo disposición en contrario, con lo que de *per se* la protección puede ir más allá del propio bien cultural.

III.3.5.- Efectos jurídicos de su aprobación

Una vez el catálogo se aprueba definitivamente y se publica en el BOPA, los bienes inmuebles contenidos en él pasan a formar parte del Patrimonio Cultural de Asturias, acompañando a los BIC y bienes integrantes del IPCA del municipio que ya formaban parte de él. A partir de aquí se rigen por la legislación sectorial cultural y urbanística: arts. 28 y 49 LPCPA, art. 72 TROTU y artículos concordantes del ROTU que lo desarrollan

De acuerdo con el art. 72.3 del TROTU:

> "El Catálogo urbanístico será vinculante para el planeamiento, que no podrá alterar la condición urbanística de los bienes, espacios o elementos en él incluidos. En caso de contradicción entre las determinaciones del Catálogo urbanístico y las del planeamiento, prevalecerán las del Catálogo."

COUCE CALVO y MENÉNDEZ SOLAR[617] entienden que el valor normativo del catálogo como instrumento del planeamiento es total, y que en consecuencia el catálogo debe ser publicado en el Boletín Oficial del Principado de Asturias (BOPA) de acuerdo con el art. 70 LBRL, y no solo eso, también lo deben ser las fichas, debido a su contenido normativo, tal y como determino la STS de 8 de octubre de 2010 [618] relativo al Plan General de Ordena-

---

617 COUCE CALVO, Victoria y MENÉNDEZ SOLAR, Belén, "La normativa de los Catálogos Urbanísticos. Problemática en su aplicación" en *Los Catálogos Urbanísticos en el Principado de Asturias: una perspectiva pluridisciplinar*, Universidad de Oviedo, Oviedo, 2013, p. 309.

618 Sala de lo Contencioso-Administrativo (ECLI ES:TS:2010:5233; Número de Recurso 4289/2006; recurso de casación; Ponente María del Pilar Teso Gamella).

ción de Llanes. Especialmente es de interés el FJ 4° en cuanto determina la ineficacia del plan general (que no su invalidez) mientras no se publiquen las fichas del catálogo. Estas mismas autoras entienden también que los catálogos son instrumentos de planeamiento complementarios (que no subordinados) al Plan General de Ordenación y por eso opinan que el artículo 27.2 del TROTU debería ser modificado (el que permite la existencia de catálogos incluso en ausencia de un plan general). Como hemos dicho, la complementariedad no significa subordinación, y por eso el art. 72.3 TROTU ya clarifica que los catálogos vinculan al planeamiento urbanístico, a lo que se le puede sumar el Auto del TC 104/2010 que determina que el interés público de ejecutar un plan urbanístico puede ceder ante el interés público de proteger un bien cultural:

> "los valores asociados a la preservación del patrimonio histórico no pueden resultar enervados por el interés en ejecutar inmediatamente un Plan especial de reforma interior de dicha zona."

Además, con la entrada en vigor del TROTU, la disposición transitoria sexta del mismo dispone que aquellos concejos municipales cuyo planeamiento urbanístico se refiera al catálogo o se remitan a un catálogo independiente, y siempre que dichos catálogos sean incompatibles con las nuevas disposiciones del TROTU, los Ayuntamientos competentes deberán adaptarse urgentemente al TROTU iniciando un procedimiento a estos efectos, aprobando o modificando sus catálogos. En último caso, esa adaptación deberá hacerse con la revisión del planeamiento urbanístico general. Además, todo plan urbanístico general en tramitación (es decir, antes de la aprobación definitiva) a la entrada en vigor del TROTU debe adaptarse urgentemente al respecto elaborando un catálogo conforme las reglas de tramitación de un plan parcial.

En todo caso, mientras no se haga la adaptación al TROTU con el catálogo, "el planeamiento urbanístico no puede alterar la condición urbanística de los referidos bienes, espacios o elementos". Finalmente, en los concejos sin plan urbanístico general, es potestativo aprobar el catálogo de forma independiente, por el procedimiento de aprobación de planes parciales.

Si bien parece que esta disposición transitoria se ha aplicado de forma muy laxa en la práctica debido al concepto indeterminado de urgencia, entre otras razones[619].

Respecto a la normativa aplicable de los bienes catalogados, si son de protección integral se les aplica el régimen jurídico general de los bienes culturales de los artículos 28 a 49 de la LPCPA (si bien la normativa urbanística puede imponer ese régimen también a los bienes de protección parcial o ambiental).

Una vez el catálogo entra en vigor, principalmente tiene tres derivadas en su ejecución: las licencias urbanísticas de obras, la declaración de ruina del inmueble y las órdenes de ejecución (por incumplirse el deber de conservación) y que se tratan en otros capítulos de este trabajo.

También hay que tener en cuenta la posibilidad de la vinculación singular urbanística: implicaría el derecho de indemnización a favor del propietario por una vinculación singular del planeamiento urbanístico que le comporte una carga más allá de la que tiene el deber legal de soportar. A pesar de que según el art. 117.2 TROTU establece que:

> "La ordenación del uso de los terrenos y construcciones en la legislación y el planeamiento urbanísticos no conferirá derecho a los propietarios a obtener indemnización, salvo en los supuestos previstos en las leyes."

La institución indemnizatoria de la vinculación singular urbanística se estudia con más profundidad en otro apartado de este trabajo, al que me remito.

También es cierto que el artículo 48 del Real Decreto Legislativo 7/2015, de 30 de octubre, por el que se aprueba el texto refun-

---

619 RIVAS ANDINA, José Ángel, "El patrimonio cultural local desde el ayuntamiento" *op. cit.*, p. 288.

dido de la Ley de Suelo y Rehabilitación Urbana (TRLS) trata de los "supuestos indemnizatorios" y establece lo siguiente:

> "Dan lugar en todo caso a derecho de indemnización las lesiones en los bienes y derechos que resulten de los siguientes supuestos:
> (...)
> b) Las vinculaciones y limitaciones singulares que excedan de los deberes legalmente establecidos respecto de construcciones y edificaciones, o lleven consigo una restricción de la edificabilidad o el uso que no sea susceptible de distribución equitativa."

RIVAS ANDINA[620] ha visto una relación directa entre catalogación urbanística de bienes y el riesgo de situaciones de vinculación singular indemnizables, así nos comenta:

> "Situaciones asimilables a las descritas se producen frecuentemente en el caso de edificios catalogados, cuando se limitan sus posibles ampliaciones en relación con la edificabilidad media del entorno o se imponen obras que superan el deber de conservación establecido con carácter general por la legislación urbanística. La casuística planteada es bastante diversa, y depende mucho de las expectativas urbanísticas del momento, los intereses de la propiedad o la capacidad de gestión del propio ayuntamiento. Para evitar este tipo de conflictos, el planeamiento que afecte a bienes catalogados debe ser especialmente cuidadoso, estableciendo una ordenación equilibrada y unos mecanismos de gestión urbanística que permitan resolver la equidistribución de las cargas y beneficios. Se evitará así el peligro de que las cargas acaben recayendo en la propia administración en forma de cuantiosas expropiaciones o indemnizaciones."

III.3.6.- Interrelación con la legislación del patrimonio cultural

La LPCPA contiene continuas referencias a los catálogos urbanísticos del patrimonio, considerándolo propiamente una tercera categoría de bienes de protección cultural, aunque sea la de menor intensidad, pero ha sido acertado considerarlo así, pues permite, a diferencia de muchas otras comunidades autónomas,

---

620 RIVAS ANDINA, José Ángel, "El patrimonio cultural local desde el ayuntamiento" *op. cit.*, p. 295.

evitar que la legislación urbanística y la sectorial del patrimonio cultural se den la espalda.

El ejemplo paradigmático de esta interrelación es la del artículo 27 LPCPA, una ley sectorial del patrimonio cultural que obliga a los Ayuntamientos a incluir en sus catálogos urbanísticos (a realizar según la legislación urbanística) los bienes inmuebles protegidos por la LPCPA, esto es, los BIC, los bienes Inventariados. El artículo concreta que dicha catalogación urbanística será complementaria de las determinaciones del Plan General o el Plan Especial, y concreta lo que debe contener la catalogación: tipos de intervención posibles, plazos, -en su caso-, y nivel de protección de cada bien (concreta que la protección integral implica la aplicación de las normas de la LPCPA sobre el Inventario del Patrimonio Cultural de Asturias).

Dicha catalogación es obligatoria y no puede excusarse en la preexistencia de un plan urbanístico contradictorio con las prescripciones de protección de la LPCPA (ni en la inexistencia de un Plan General), lo que denota la superioridad de la LPCPA sobre el plan urbanístico, cosa lógica desde un punto de vista de jerarquía normativa.

También determina cuestiones procedimentales de aprobación del catálogo, como la comunicación a la Consejería de Cultura autonómica del contenido de catalogación de los bienes ya protegidos por la LPCPA con la aprobación inicial del catálogo, lo que da a la Consejería un plazo de 3 meses para hacer un informe de adecuación y coherencia.

Otro ejemplo claro es el del artículo 55 LPCPA, que determina la prevalencia del régimen de protección del BIC sobre el planeamiento urbanístico (que se deberá adaptar a los términos del acuerdo de declaración del BIC). En el caso de Jardines, Conjuntos, Vías, Sitios Históricos y Zonas Arqueológicas los Ayuntamientos así como entornos de protección de Monumentos, deben hacer un plan urbanístico de protección del BIC o adaptar un plan preexistente. Dicho plan puede ser desarrollado por un estudio de detalle u otro plan urbanístico que exigirá en su tramitación informe favorable de la Consejería de Cultura.

Otro ejemplo de la interrelación entre ambas normativas sería el caso del artículo 74 del ROTU sobre "Áreas afectadas por la declaración de Bienes de Interés Cultural o de inclusión en el Inventario del Patrimonio Cultural de Asturias", donde se da, en los dos supuestos anunciados la posibilidad del Plan General de Ordenación de optar entre delimitar el ámbito sobre el que debe hacerse un Plan Especial de protección, incluir el mismo Plan General las determinaciones del Plan Especial o desarrollar un Catálogo Urbanístico la protección.

No hay quc olvidar tampoco, que en lo que respecta a la colaboración interadministrativa, la legislación del patrimonio cultural asturiana contiene referencias a la colaboración municipal-autonómica para elaborar los catálogos urbanísticos y la coordinación a través de un registro autonómico de bienes protegidos urbanísticamente. Así, según el art. 27.4 y 5 de la LPCPA:

> "4. El Principado de Asturias colaborará con los Ayuntamientos en la elaboración de los Catálogos urbanísticos de protección y les prestará el apoyo y la asistencia técnica que precisen.
> 5. El Principado de Asturias recogerá e incorporará en un Registro común el conjunto de los bienes protegidos en la normativa urbanística de los concejos por su interés cultural, con indicación de su nivel de protección."

Y el art. 28.3 LPCPA, a nivel más operativo y concreto prevé que:

> "el Principado de Asturias establecerá unidades administrativas especializadas para el cumplimiento de las funciones de inspección atribuidas por esta Ley, dotándolas del personal adecuado, con capacitación técnica y medios suficientes."

Mientras que de forma más concreta para los Planes Especiales de Protección de determinados BIC, hay un mandato de colaboración específico en el artículo 55.5 LPCPA:

"El Principado de Asturias colaborará con los Ayuntamientos en la redacción, gestión y ejecución de las normas de planeamiento a que se hace referencia en los apartados 2, 3 y 4 de este artículo."

Por último, el artículo 96 LPCPA se prevé el Plan del Patrimonio Cultural de Asturias como un instrumento de evaluación de las necesidades de protección y fomento del Patrimonio Cultural de Asturias y para una asignación racional y equilibrada de los recursos para cumplir los objetivos de la LPCPA. Son planes para 3 años y se deben programar las actuaciones en rehabilitación, restauración, difusión, etc de este patrimonio, con un régimen de prioridades a determinar en el mismo plan. El Plan se aprueba por el Consejo de Gobierno asturiano previo informe del Consejo del Patrimonio Cultural de Asturias. Respecto de sus efectos, sus directrices orientan a las administraciones públicas en el ejercicio de sus competencias -si bien serán vinculantes en el tema de las inversiones-, se habilitarán créditos de los presupuestos autonómicos -sin perjuicio de la colaboración de otros entes públicos o privados- e implica también la declaración de utilidad pública de los bienes y derechos afectados.

Se trata de una figura ligeramente similar a los Planes territoriales del Patrimonio Cultural de Aragón, si bien en un sentido más unilateral de la Administración autonómica asturiana, sin un sentido tan de coordinación administrativa y no es un plan territorial a diferencia del modelo aragonés, sino, simplemente un plan sectorial en materia del patrimonio cultural, menos vinculante y menos coordinador, más centrado simplemente en priorizar inversiones y actuaciones.

Más parecida es la figura de los Planes insulares de gestión del patrimonio histórico del artículo 99 LPHIB, de ámbito pero simplemente insular (no para toda la comunidad autónoma) y para un período de 2 años, también con un efecto vinculante en materia de financiación de obras y subvenciones y que tiene como objetivo principal, muy parecido al asturiano, el de concretar el conjunto de actuaciones y prioridades de la acción pública destinadas a ordenar y facilitar las tareas preventivas, la intervención, la conservación y la difusión del patrimonio histórico.

III.3.8.- Conclusiones preliminares

Hemos podido comprobar que existe una profunda interconexión entre la legislación asturiana de patrimonio cultural con la urbanística, así se denota del ya mencionado artículo 27 LPCPA o del artículo 55 de la misma ley (para los BIC) y del artículo 72 del TROTU. El artículo 112 ROTU encumbra la figura del Plan Especial de Protección como instrumento urbanístico clave en la protección del patrimonio. Así, es claro al establecer la categoría explícita de Plan Especial de Protección del patrimonio, concretando sus funciones y sus limitaciones sobre el ámbito espacial.

De acuerdo con el artículo 93 del TROTU, la aprobación de los Catálogos urbanísticos se producirá simultáneamente con la del planeamiento urbanístico, pero en expedientes separados.

En todo caso, puede aprobarse simultáneamente a un Plan General o a un Plan Especial.

Según FERNÁNDEZ DE CÓRDOBA[621], uno de los puntos fuertes de los catálogos en Asturias es que han sido promovidos y subvencionados por la comunidad autónoma, partiendo de unos pliegos base que ayudan a unificar criterios en la catalogación y elaboración de los mismos. El problema es que en la práctica hay cierta disparidad debido a los distintos equipos redactores de catálogos, así como el hecho de que no siempre haya una ficha por cada elemento catalogado como es preceptivo, también es problemática la falta de elementos esenciales a contener en cada ficha, como la datación del bien o la identificación catastral. Otro de los problemas es un trabajo de campo para hacer las fichas mal planteado, insuficiente o con desconocimiento de la realidad cultural

---

[621] FERNÁNDEZ DE CÓRDOBA PÉREZ, José Antonio, "Regulaciones y problemas habituales de los Catálogos Urbanísticos" *op. cit.*, p. 264.

asturiana (a veces se minusvalora el patrimonio etnográfico no catalogando caseríos, pero se tiende a catalogar todo bien eclesiástico, incluidas capillas contemporáneas de escaso interés).

Es relevante la adecuada protección del patrimonio industrial asturiano, debido a una correcta inventariación de dichos bienes en 1988 por la Consejería de Cultura, a la existencia de distintas entidades activas destinadas a proteger y divulgar ese patrimonio y a la adecuada protección jurídica por los artículos 69 a 75 de la LPCPA.

Para SUÁREZ ANTUÑA[622], los principales problemas de los catálogos urbanísticos son:

> 1) El desconocimiento de su función por los municipios.
> 2) Su infradotación económica para hacer frente a las necesidades de salvaguardar el patrimonio.
> 3) La poca sensibilidad hacia el patrimonio etnográfico e industrial (en este caso se hizo un inventario del patrimonio industrial pero sin efecto protector, que se podría haber solventado introduciéndolo en la disposición transitoria tercera de la LPCPA).
> 4) También es causa de esa mala puesta en práctica de los catálogos la falta de un reglamento que desarrolle la LPCPA y la lenta incorporación de bienes por la comunidad autónoma al IPCA.
> 5) Los informes del Consejo del Patrimonio Cultural asturiano hayan pasado con el art. 27.3 LPCPA a ser meramente preceptivos, pero no vinculantes, lo que ha llevado a catalogaciones insuficientes.
> 6) La falta de criterios comunes para crear catálogos homogéneos, más allá de los criterios elementales incluidos por la comunidad autónoma en los pliegos contractuales comunes al licitar su redacción.
> 7) Específicamente para el patrimonio industrial es un problema para algunos municipios que ciertas instalaciones industriales todavía en uso se declaren BIC por su exención del IBI, que en ciertos casos son fuente importante de ingresos para el municipio.

---

622 SUÁREZ ANTUÑA, Faustino, "Los instrumentos de protección del patrimonio industrial en el marco del planeamiento y ordenación urbanístico" en *Los Catálogos Urbanísticos en el Principado de Asturias: una perspectiva pluridisciplinar*, Universidad de Oviedo, Oviedo, 2013, pp. 198-203.

8) Que los casos en los que el catálogo se remite a un plan especial, al final éste plan especial no aumenta los elementos del bien a proteger respecto al que ya determinaba el catálogo.

Aun así, a nivel personal creo que la buena interrelación entre la legislación sectorial y la urbanística supone a nivel legal una gran ventaja de coordinación de la que no disponen muchas de las otras Comunidades Autónomas, lo que lo convierte en un régimen jurídico interesante y digno de ser trasladado a otras autonomías.

Finalmente, es interesante mencionar la figura del Plan del Patrimonio Cultural de Asturias como figura que ayuda a coordinar las políticas de preservación y difusión del patrimonio cultural asturiano, si bien es un plan unilateral de la comunidad autónoma, sin participación de otras administraciones, y principalmente con un mero carácter orientativo.

III.4.- CATÁLOGOS URBANÍSTICOS DEL PATRIMONIO EN ARAGÓN

III.4.1.- Introducción

En este capítulo se tratan los catálogos urbanísticos del patrimonio en la comunidad autónoma de Aragón, regulados en el Decreto-Legislativo 1/2014, de 8 de julio, del Gobierno de Aragón, por el que se aprueba el texto refundido de la Ley de Urbanismo de Aragón (TRLUA) y el reglamento que lo desarrolla. Al igual que el resto de capítulos sobre catálogos urbanísticos en las comunidades autónomas estudiadas, se trata sobre la finalidad de estos catálogos y el tipo de planes que lo albergan con tal fin, también se estudia el procedimiento de aprobación del plan que contiene el catálogo, los efectos jurídicos de su aprobación, el contenido del catálogo y finalmente se trata sobre la colaboración entre administraciones para lograr el fin de la protección del patrimonio cultural a través del catálogo y otras figuras de protección del patrimonio, así como se estudia la interrelación entre la legislación urbanística aragonesa y la legislación del patrimonio cultural de la misma comunidad autónoma.

III.4.2.- Fundamento jurídico

El Decreto-Legislativo 1/2014, de 8 de julio, del Gobierno de Aragón, por el que se aprueba el texto refundido de la Ley de Urbanismo de Aragón (TRLUA) prevé dos clases de catálogos urbanísticos para proteger el patrimonio: el genérico que forma parte del plan general urbanístico, y el específico de protección de Conjuntos de Interés Cultural (CIC) que se regula en el art. 66 TRLUA y la LPCA y del que hablamos en el apartado de BIC aragonés.

Ahora nos centraremos en el catálogo que forma parte del plan general urbanístico, en el que el artículo 47 TRLUA nos dice que las determinaciones del plan general se desarrollan, entre otros documentos, en los catálogos urbanísticos:

> "1. Las determinaciones del plan general establecidas en los artículos anteriores se desarrollarán en los siguientes documentos:
> (...)
> c) Catálogos urbanísticos. El plan general podrá remitir a un plan especial la protección del patrimonio edificado así como de los yacimientos arqueológicos. Los bienes declarados de interés cultural, catalogados o inventariados de conformidad con lo previsto en la normativa de Patrimonio Cultural Aragonés, se regirán por lo establecido en la misma sin necesidad de que consten adicionalmente en catálogos urbanísticos."

Una referencia importante del precepto mencionado es la posibilidad explícita de que los catálogos urbanísticos del patrimonio no contengan las figuras de protección de la LPCA, a saber, los BIC, bienes catalogados aragoneses y los bienes inventariados aragoneses. Sorprende esta referencia explícita, por cuanto no contribuye para nada a una mejor coordinación administrativa en la tutela de dichos bienes el poder ser excluidos del catálogo. Es evidente que dichos bienes no precisan de la normativa urbanística para ser tutelados, pero sería lógico que pudieran estar incluidos en el catálogo por su finalidad típica de inventariar todos los bienes a proteger y darles la protección urbanística necesaria, evitando discordancias entre las prescripciones de protección de la LPCA con las del plan urbanístico.

La segunda cosa que llama la atención, pero que es mucho más habitual, como ocurre en Cataluña y en otras Comunidades Autónomas, es que la ley permite que dichos catálogos puedan ser realizados como plan especial[623] si el plan general lo autoriza y sirve para proteger el patrimonio edificado y los yacimientos arqueológicos (no menciona nada referente a paisajes, bienes naturales, etc). Explícitamente excluye la obligatoriedad de que los catálogos contengan los bienes protegidos según la LPCA (BIC, bienes catalogados y bienes inventariados, art. 47.1 TRLUA).

El artículo 55.c TRLUA también contempla que los planes parciales se desarrollen mediante catálogos.

En el caso del catálogo como parte del plan especial, hay que decir que el plan especial del catálogo es un plan que desarrolla el plan general (art. 61) si bien también podrían ser con carácter independiente del plan general si es un plan especial de Conjunto de interés cultural o bien para catalogar y proteger espacios naturales (art. 62.1).

---

623 De acuerdo con la Exposición de motivos del Decreto 22/2002, de Planeamiento de Aragón: "Los Planes Especiales son instrumentos de ordenación que no tienen carácter de regulación integral sobre un determinado territorio, sino que limita su proyección a uno o varios aspectos concretos del ámbito territorial sobre el que incide. Constituyen instrumentos de ordenación polivalentes a los que el planificador puede asignar en el marco de la legislación urbanística variadas funciones y diversos contenidos, de manera que las Administraciones Públicas o los planificadores urbanísticos puedan, con márgenes razonables de flexibilidad, abordar la formulación de este tipo de Planes para resolver cuestiones específicas, suplir carencias concretas y articular soluciones puntuales, allí donde resulte necesario."

En todo caso, en estos casos el catálogo por sí mismo es un mero documento complementario del plan especial. Puede haber uno o varios planes especiales del catálogo (en función del ámbito territorial u otro pretexto), y se aprueba en paralelo con el plan especial al que complementa (art. 112.2 RLUA):

> "Los Catálogos de los Planes Especiales son documentos complementarios de éstos en los que se contienen relaciones de monumentos, jardines, parques, paisajes o edificaciones que, por sus singulares valores o características, hayan de ser objeto de una especial protección. Sin perjuicio de las medidas protectoras que los Planes Generales o las Directrices de Ordenación del Territorio establezcan, se podrán incluir en Catálogos relaciones de bienes concretos que, situados en cualquier tipo de suelo, deban ser objeto de conservación o mejora, siempre que formen parte del ámbito del Plan Especial de que se trate. La aprobación de Catálogos complementarios de las determinaciones de Planes Especiales se efectuará simultáneamente con la de éstos."

III.4.3.- Procedimiento de aprobación

Como se ha dicho, el catálogo urbanístico del patrimonio se puede aprobar dentro del plan general o como plan especial, por remisión del plan general (art. 47.1.c TRLUA).

Así, si el catálogo forma parte del plan general, el procedimiento del mismo es el siguiente (arts. 48 a 50):

1) Formulación del plan por el Ayuntamiento;

2) Avance del plan (con documento inicial estratégico);

3) Exposición pública por 1 mes + solicitud informe de patrimonio cultural y de infraestructuras de transporte + consulta a departamentos autonómicos afectados y Consejo Provincial de Urbanismo por tema medioambiental;

4) Aprobación inicial por el Pleno municipal;

5) Suspensión de licencias + publicación en el BOA para trámite de información pública de 2 meses + consultas indicadas en documento de estudio avance del alcance del estudio ambiental estratégico;

6) Ayuntamiento recabará del órgano ambiental la declaración ambiental estratégica y del Consejo Provincial de Urbanismo si existe motivo que impida seguir tramitando el plan (todo eso a dar en 3 meses) previa remisión del expediente;

7) Aprobación provisional por el Pleno municipal (nueva información pública si se incorporan modificaciones sustanciales);

8) Aprobación definitiva por el Consejo Provincial de Urbanismo en máximo 4 meses, sino habrá aprobación por silencio (posible denegación solo por motivos de alcance supralocal o de legalidad tasados en la ley; cabe aprobación parcial salvo en la parte con reparos);

9) Publicación en el BOA.

Es de destacar que entre los motivos de alcance supralocal que permiten denegar la aprobación de un plan general están la coherencia del modelo de evolución urbana y ocupación del territorio resultante de la ordenación estructural con las políticas de medio ambiente o patrimonio cultural, entre otras (art. 49.3.e). Por lo que aquí hay un instrumento de la administración autonómica para intervenir en la política municipal de protección del patrimonio cultural y natural, pues hay un concepto jurídico indeterminado (coherencia del modelo urbano y políticas de medio ambiente o patrimonio cultural) que darán ese margen de intervención a la comunidad autónoma.

También hemos dicho que un plan parcial se puede desarrollar mediante un catálogo (art. 88.d RLUA), cuando las características del sector así lo exija (art. 92 RLUA).

Finalmente los planes especiales de desarrollo también pueden hacer la función de catálogos urbanísticos (arts. 105.1 y 112 RLUA), con el procedimiento propio del plan general (108.3 RLUA).

Ahora bien, la STSJ de Aragón de 31 de julio de 2019[624] nos concreta que seguir un determinado procedimiento de un determinado plan para aprobar un catálogo no significa que deba existir toda la documentación propia de ese plan, específicamente es prescindible la memoria justificativa, tal y como nos indican los FFJJ 2° y 4° de la sentencia (téngase en cuenta que se refiere a la ley de urbanismo de Aragón anterior a la vigente).

III.4.4.- Contenido

La inclusión de bienes inmuebles en el Catálogo y la aplicación del régimen de conservación o mejora que pudiera establecerse por los Planes Generales no impedirá la aplicación de la normativa de patrimonio cultural cuando así resulte procedente.

Tal y como establece el artículo 56.1 del Decreto 52/2002, de 19 de febrero, del Gobierno de Aragón, por el que se aprueba el Reglamento de desarrollo parcial de la Ley 5/1999, de 25 de marzo, Urbanística (RLUA):

> "Los Planes Generales incluirán en el Catálogo todos los bienes inmuebles de titularidad pública o privada tales como monumentos, jardines, yacimientos arqueológicos y paleontológicos, parques naturales o paisajes que, en atención a sus singulares valores o características, se proponga conservar o mejorar."

Este apartado establece un númerus clausus de clases de inmuebles que pueden ser parte del catálogo, no incluye, pero, otros elementos como podrían ser fuentes, árboles monumentales o caminos. No deja de ser sorprendente que hable de todos estos bienes a ser incluidos en el catálogo, cuando el artículo 47.1.c TRLUA permite la exclusión del mismo de los bienes ya protegidos por la LPCA.

---

624 Sala de lo Contencioso-administrativo, Sección 1ª, Sentencia 307/2019 (Rec. 249/2014; Ponente: Carbonero Redondo, Juan José).

Su apartado segundo trata de la relación entre los bienes ya protegidos por la legislación sectorial del patrimonio cultural y los catálogos urbanísticos:

> "La inclusión de bienes inmuebles en el Catálogo y la aplicación del régimen de conservación o mejora que pudiera establecerse por los Planes Generales no impedirá la aplicación de la normativa de patrimonio cultural cuando así resulte procedente".

Es un precepto un tanto ambiguo, de un reglamento que ni siquiera desarrolla directamente el TRLUA de 2014, sino una ley anterior de 1999, por lo que se tienen que tomar sus consideraciones con cautelas. Aun así, parece desprenderse una cierta superioridad del régimen de protección de la LPCA sobre el régimen de protección urbanística de los catálogos, por lo que se refiere a inmuebles que están tanto en el catálogo urbanístico como en un régimen de protección de la legislación sectorial de patrimonio cultural (BIC, bienes inventariados y bienes catalogados).

A su vez, GIMÉNEZ HERNÁNDEZ nos hace un resumen de las principales cuestiones de introducción de los bienes protegidos por la legislación sectorial del patrimonio cultural en el catálogo urbanístico:

> "la Ley 3/1999, de 10 marzo, de Patrimonio Cultural, en cuanto viene a categorizar en su art. 11 los bienes que integran el Patrimonio Cultural Aragonés en:
> — Bienes de interés cultural (en adelante, BIC).
> — Bienes catalogados.
> — Bienes inventariados.
> A) Bienes de Interés Cultural
> En cuanto al régimen de los bienes de interés cultural tendremos que estar a lo dispuesto en los arts. 33 al 40 del citado texto legal, siendo reseñable en estos momentos las prohibiciones establecidas al respecto (construcciones que alteren su carácter o perturbe su contemplación, así como la colocación de publicidad comercial, cables, antenas y conducciones aparentes), incluso conviene tener en cuenta que las obras y demás intervenciones en dichos BIC han de ir preferentemente encaminadas a su conservación, consolidación y rehabilitación, debiéndose evitar intentos de reconstrucción, salvo que se utilicen partes originales de los mismos y se pueda probar su autenticidad. Pero además, en el supuesto de

que el planeamiento urbanístico permitiera en el régimen urbanístico previsto en sus Normas llevar a efecto ampliaciones de los mismos (en altura o en ocupación), hay que tener en cuenta una determinación clara impuesta por el mencionado cuerpo legal, como es la de que «las adicciones sean reconocibles».
B) Bienes catalogados
A su vez, la inclusión de un bien en el Catálogo supone su protección con finalidad de investigación, consulta y difusión, así como para determinar su compatibilidad de uso con su correcta conservación."[625]

El apartado tercero del artículo 56 RLUA determina, referente a los niveles de protección del catálogo: "El Catálogo expresará el régimen jurídico de protección aplicable a cada uno de los bienes incluidos en el mismo". La principal importancia de este apartado es que no determina los niveles de protección de los bienes catalogados, a diferencia de lo que hace la legislación asturiana. Aquí, como ocurre en Cataluña, dicha cuestión queda en manos de la administración competente en materia de planeamiento, y por lo tanto se deja mucho margen a los municipios para determinar esos distintos regímenes de protección según la clase de inmuebles.

La STSJ de Aragón de 31 de julio de 2019[626] explicita la suficiencia justificativa para catalogar un inmueble con el informe que acompaña la ficha de la catalogación, lo que sumado al hecho que las comisiones territoriales de urbanismo y de cultura así como en base a la potestad administrativa discrecional de planeamiento sea imposible deducir una arbitrariedad en su catalogación, tal y como nos indican los FFJJ 2° y 5° de la sentencia.

---

625 SÁNCHEZ GIMÉNEZ, Rosa, "Aplicación práctica de los documentos integrantes de un Plan General de Ordenación Urbana en la Comunidad Autónoma de Aragón. Metodología Propuesta", en Práctica Urbanística, N° 77, Sección ¿Qué documentos necesito?, Diciembre 2008, LA LEY, pp. 60 y ss.

626 Sala de lo Contencioso-administrativo, Sección 1ª, Sentencia 307/2019 (Rec. 249/2014; Ponente: Carbonero Redondo, Juan José).

III.4.5.- Efectos jurídicos de su aprobación

Una vez el plan urbanístico que contiene el catálogo es aprobado definitivamente y se publica en el BOA entra en vigor con lo que los bienes incluidos en el catálogo ya tienen una protección efectiva y definitiva.

Eso tendrá distintas consecuencias, ya sea en el régimen de licencias, régimen sancionador urbanístico, posibilidad de declaración de ruina u órdenes de ejecución para mantener el bien, que se tratan en otros capítulos de este trabajo.

Otro de los efectos de proteger urbanística o sectorialmente un bien es el del artículo 127.6 TRLUA, cuando establece, en referencia al aprovechamiento en suelo urbano, que:

> "Los planes generales podrán prever que el destino de los inmuebles singulares del patrimonio cultural aragonés y de los protegidos por el planeamiento urbanístico a usos hosteleros, comerciales y dotacionales privados, sin que pueda considerarse como tal el de vivienda protegida en alquiler, no consuma la edificabilidad correspondiente a la unidad de ejecución o sector."

III.4.6.- Interrelación con la legislación del patrimonio cultural

Con carácter general las prescripciones del TRLUA referentes a la LPCA son muy escasas, y se caracterizan por vivir de espaldas una legislación con la otra, al estilo de Cataluña pero en un grado incluso superior, pues hemos visto del artículo 47.1.c TRLUA como las figuras protegidas por la LPCA (BIC, bienes catalogados aragoneses y bienes inventariados aragoneses) ni siquiera tienen que estar en el catálogo obligatoriamente (el legislador asume que pueden preservarse al margen del catálogo). Tampoco en la regulación de las mencionadas figuras de la LPCA se hacen muchas alusiones al planeamiento urbanístico, si dejamos de lado el caso de los Conjuntos de interés cultural, que se estudian en otro capítulo. Solo destacaría ahora la referencia a los Bienes Catalogados aragoneses, que a pesar de lo lioso del nombre, no se refiere al catálogo urbanístico sino a un Catálogo patrimonial autonómico, cuya inscripción permite el régimen de protección de los artículos 50 y ss LPCA. Concretamente el artículo 51.1 LPCA dispone que:

> "Los bienes inmuebles catalogados, así como su entorno, gozarán de la protección prevista en el artículo anterior a través del correspondiente catálogo, al que habrá que ajustarse la planificación territorial o urbanística, cuya aprobación precisará el informe favorable y vinculante del Departamento responsable de Patrimonio Cultural."

Los bienes inmuebles catalogados son los protegidos por este precepto, recordemos que se llaman aquí "Monumentos de Interés Local" (un poco al estilo de la LPCC con los bienes catalogados inmuebles llamados BCIL). La referencia aquí al "catálogo" en minúsculas es lioso, pero interpreto que se refiere al catálogo urbanístico y no al "Catálogo" autonómico. Lo importante es que los planes urbanísticos y territoriales habrán de adaptarse a las nuevas declaraciones de Monumentos de Interés Local, con lo que tácitamente se reconoce la superioridad de la LPCA sobre el TRLUA, hecho que también se denota de la LPCC en Cataluña con los BCIL en referencia a los planes urbanísticos. Esta afirmación contradiría el artículo 47.1.c TRLUA que dispone que no es obligatorio incluir en los catálogos urbanísticos las figuras de la LPCA.

Por lo demás, sorprende que no se reconozca explícitamente la superioridad de la declaración de BIC pro encima del planeamiento urbanístico, como sí hace la LPCC en Cataluña y muchas otras comunidades autónomas estudiadas.

Pero además, la "Ley 12/1997, de 3 de diciembre, reguladora de los Parques Culturales de Aragón"[627], regula otra figura de

---

627 Desarrollada parcialmente por el Decreto 223/1998, de 23 diciembre, de desarrollo parcial de la Ley 12/1997, de 3 diciembre, de Parques Culturales de Aragón, por el que se establece el procedimiento administrativo para su declaración, se regula su registro y sus órganos de gestión.

protección patrimonial y paisajística transversal, los "Parques Culturales", con lo que la ley lo que pretende hacer una regulación especial e integral de espacios territoriales con un elevado interés patrimonial, que aúna clases de patrimonio de diversa índole y que pretende una administración coordinada entre las distintas administraciones que afectan a ese territorio. Solamente el artículo 15.2 de la Ley 12/1997 prevé dentro de la documentación del Plan del Parque Cultural correspondiente, unos anexos relacionados con la cuestión de su interacción con el planeamiento urbanístico:

> "2. El Plan del Parque recogerá como anexo:
> b) Catálogo de patrimonio arquitectónico, arqueológico, etnológico y paleontológico que, en su caso, conllevará la modificación de los catálogos del planeamiento urbanístico en el plazo inferior a un año.
> (...)
> d) Una copia o resumen de los instrumentos de planeamiento urbanístico de los municipios afectados."
> Con lo que la aprobación del Plan del Parque Cultural implicará la obligación de modificar el catálogo urbanístico del patrimonio ya existente en 1 año para adaptarlo a los bienes catalogados por el anexo del Plan del Parque.

III.4.8.- Conclusiones preliminares

Hemos comprobado como existe una importante desconexión entre la legislación aragonesa del patrimonio cultural (de 1999) y la de urbanismo (de 2014), tal y como ocurre de forma parecida con Cataluña. Realmente solo hay interrelación normativa en aspectos puntuales, como los planes especiales de protección de Conjuntos de interés cultural, así como un reconocimiento implícito de superioridad de los Monumentos de Interés Local por encima de los planes urbanísticos y territoriales, con la consiguiente necesidad de adaptarlos a la declaración y la posibilidad, en definitiva, de que puedan ser regulados en un catálogo (art. 51.1 LPCA).

Pocas referencias en ambas leyes sobre como encajar los bienes protegidos de la ley de patrimonio cultural con el marco del planeamiento urbanístico, también poco desarrollo de los catálogos urbanísticos en la legislación urbanística, más allá de que tienen que formar parte del plan general, si bien se pueden remitir a un plan especial (tal y como ocurre con el TRLUC en Cataluña).

De hecho el art. 47.1.c TRLUA permite excluir a los bienes protegidos por la ley del patrimonio cultural de los catálogos, si bien esto a mi entender dificultará a la práctica la protección del patrimonio, pues es recomendable aunar en un solo documento (el catálogo) todos los bienes a proteger, así como dotar de coherencia urbanística dichos bienes protegidos que quizás la declaración de BIC o bien inventariado o catalogado no concreta adecuadamente. Creo que en este aspecto la LPCC catalana es más clara y resuelve mejor la cuestión, sobre todo cuando remite la regulación y protección de los BCIL al planeamiento urbanístico.

Como hemos visto del artículo 47.1.c TRLUA, el catálogo no es un instrumento autónomo, sino que en principio es un documento que forma parte del plan general urbanístico, si bien el mismo puede remitirse a un plan especial. Además, el RLUA admite que el catálogo sea parte de un plan parcial o como documento complementario de un plan especial.

Referente a la coordinación interadministrativa, es loable el esfuerzo legislativo por dar poder a las Comarcas como entes locales supramunicipales con competencias propias (y delegables) en materia de patrimonio cultural, apoyando también a los municipios en sus tareas. Finalmente también es loable el esfuerzo de coordinación interadministrativa en la figura de los Parques Culturales, si bien ha fallado el legislador en terminar de regular esta figura en la LPCA y en la legislación urbanística aragonesa, lo que lo convierte en una figura incompleta.

III.5.- CATÁLOGOS URBANÍSTICOS DEL PATRIMONIO EN LA COMUNIDAD DE MADRID

III.5.1.- Introducción

La regulación urbanística de la Comunidad de Madrid se ha establecido en la Ley 9/2001, de 17 de julio, del Suelo de la Comunidad de Madrid[628] (LSCM). En dicha ley se contemplan los catálogos de bienes y espacios protegidos como parte de los Planes de Ordenación (Plan General), pero también se posibilita que se puedan aprobar catálogos de forma autónoma, básicamente desarrollando a los Planes de Ordenación. De tal modo que el Plan de Ordenación podría contener una especie de precatálogo y luego habría propiamente el catálogo, del mismo modo que ocurre en Cataluña con el TRLUC. Esta opción está también recogida en el artículo 55 LSCM, que también nos expone que en todos los casos se integraran en un registro administrativo autonómico de la Consejería de ordenación urbanística. Por otro lado, el artículo 49.f LSCM prevé entre la documentación necesaria de un plan parcial urbanístico "Catálogo de bienes y espacios protegidos, cuando proceda".

También veremos luego como la nueva "Ley 8/2023, de 30 de marzo, de Patrimonio Cultural de la Comunidad de Madrid" (LPCCM) también contiene toda una serie de referencias sobre el contenido y elaboración de los catálogos urbanísticos.

La STSJ de la Comunidad de Madrid de 23 de diciembre de 2006 **629**, ha clarificado, tal y como se intuye del redactado del conjunto de la LSCM, la pluralidad de planes que pueden contener catálogos urbanísticos, así nos indica en su FJ 10º:

---

628 Para estudiar más en detalle esta ley puede consultarse a ORTEGA GARCÍA, Ángel y ORTEGA CIRUGEDA, Juan, *Comentarios a la Ley del suelo de Madrid Ley 9/2001, de 17 de julio*, Montecorvo, Madrid, 2001.

629 Sala de lo Contencioso-Administrativo, Sección 1ª (Sentencia núm. 1849/2006, Rec. 15/2003; Ponente: Vegas Torres, María Jesús).

> "4º.- Porque el Catálogo de Bienes y Espacios Protegidos no es un documento que necesariamente deba contener el Plan Parcial, y así resulta del propio tenor artículo 49.f de la Ley 9/01, pudiendo ser incorporado en los correspondientes Planes Generales de Ordenación y en Planes Especiales. Además, debemos recordar que la competencia para declarar la especial protección de determinado bien o espacio corresponde a la Comunidad de Madrid, art. 55.2 Ley 9/1001 mientras que los Planes Parciales son aprobados por los Ayuntamientos."

Respecto al Plan General, el artículo 41.3.e) LSCM, cuando trata la cuestión de la finalidad del Plan General nos indica que para conseguir su fin (de determinaciones urbanísticas estructurantes sobre todo el territorio municipal y las determinaciones pormenorizadas en cada clase de suelo), el Plan General debe determinar, entre otras cosas

> "Ordenar los espacios urbanos teniendo en cuenta la complejidad de usos y actividades que caracteriza la ciudad y la estructura histórica y social de su patrimonio urbanístico, y prever las intervenciones de reforma, renovación o rehabilitación que precise el tejido urbano existente".

Otra forma de hacer planeamiento urbanístico con un catálogo es con el plan especial urbanístico. Ya el preámbulo de la LSCM nos indica que

> "Los Planes Especiales se destinan al desarrollo de las redes públicas en cualquiera de las clases de suelo y a actuaciones en suelo urbano en relación con el patrimonio histórico-artístico".

El artículo 50 LSCM nos indica hasta tres funciones de los planes especiales relacionados con la protección del patrimonio:

> "1. Los Planes Especiales tienen cualquiera de las siguientes funciones:
> (...)
> b) La conservación, protección y rehabilitación del patrimonio histórico-artístico, cultural, urbanístico y arquitectónico, de conformidad, en su caso, con la legislación de patrimonio histórico.
> c) La conservación, la protección, la rehabilitación o la mejora del medio urbano y del medio rural.

> d) La protección de ambientes, espacios, perspectivas y paisajes urbanos y naturales."

Tanto los catálogos del artículo 55 como los planes especiales del artículo 50 son planes de desarrollo del Plan de Ordenación.

Así, el catálogo sería un plan de desarrollo si fuera autónomo (art. 34.2.b.4 LSCM) o parte de un plan parcial o un plan especial, pero también puede formar parte de un plan general (de hecho siempre tiene que formar parte del mismo con un contenido mínimo).

III.5.2.- Fundamento jurídico

La regulación más completa de los catálogos urbanísticos se encuentra en el artículo 55 LSCM, dedicado íntegramente a esa sección (dicho artículo conforma una sección 4 dedicada precisamente a los "Catálogos de bienes y espacios protegidos" dentro del Capítulo IV del "Planeamiento Urbanístico de Desarrollo"):

> "1. Sin perjuicio de los que deben formar parte de los Planes de Ordenación regulados en este Título, podrán formarse y aprobarse Catálogos de bienes y espacios protegidos, con el mismo contenido, si bien únicamente para complementar, precisar, actualizar o mejorar aquéllos.
> 2. El contenido de los Catálogos de bienes y espacios protegidos de los diversos Planes de Ordenación Urbanística y, los aprobados con carácter complementario o de actualización o mejora de éstos, integra un registro administrativo radicado en la Consejería competente en materia de ordenación urbanística.
> 3. La organización y el funcionamiento del registro administrativo a que se refiere el número anterior, que se regularán reglamentariamente, deberán asegurar que proporcione información suficiente sobre la situación, características físicas y jurídicas y régimen de protección a que estén sujetos los bienes y los espacios."

También encontramos una regulación de dichos catálogos en los artículos 30 y 37 de la LPCCM, como veremos en otro apartado de este capítulo con más detalle.

Anteriormente, se encontraba regulado en el Título II de la ya derogada LPHCM, referente al "Régimen general del patrimonio histórico de la Comunidad de Madrid" lo que denotaba el carácter generalista de protección del patrimonio, mucho más allá de los catálogos que se prevén específicamente para BIC de clase conjunto histórico o parecidos. Estábamos, pues, ante el clásico catálogo urbanístico del patrimonio que todo municipio debe tener y que va más allá de la protección de los BIC y de los bienes de interés patrimonial, pues debe comprender también todos los bienes con un mero interés arquitectónico que no merezcan la protección específica de BIC o BIP.

Anteriormente, en la ley de 2013 existía la figura del Catálogo Geográfico, básicamente se refería al artículo 16.2 LPHCM a incluir en los catálogos los BIC y los Bienes de Interés Patrimonial, así como yacimientos paleontológicos y arqueológicos documentados por la DG de patrimonio histórico autonómico. Se refería al mismo el artículo 4.2 LPHCM.

Si bien con la nueva LPCCM se crea el Catálogo de patrimonio cultural de la Comunidad de Madrid, que sustituye al Catálogo geográfico de bienes inmuebles de patrimonio histórico, y que incluye todo tipo de bienes protegidos, y no solo los inmuebles como sucedía anteriormente. Y con la Disposición Adicional Quinta, todos los bienes que fueron incluidos en el Catálogo Geográfico, ahora forman parte del Catálogo del Patrimonio Cultural de la Comunidad de Madrid del artículo 28.

Referente al catálogo urbanístico, fue de gran relevancia la Disposición Transitoria 1ª de la ya derogada LPHCM, pues determinaba la obligación de realizar un catálogo urbanístico[630].

Esta Disposición Transitoria ya no ha sido incluida en la nueva LPCCM, si bien se incluye una Disposición Adicional Sexta

---

630 "DISPOSICIÓN TRANSITORIA PRIMERA Catálogos de bienes y espacios protegidos
Los Ayuntamientos deberán completar o formar sus catálogos de bienes y espacios protegidos en los términos establecidos en el artículo 16

sobre "Actualización del Catálogo del Patrimonio Cultural de la Comunidad de Madrid y adaptación de los catálogos de bienes y espacios protegidos" que obliga a los Ayuntamientos a incluir los elementos en un catálogo urbanístico municipal en un plazo de 3 años desde la entrada en vigor de la ley (abril de 2023). Los Ayuntamientos que en su momento no cumplieron la obligación de elaborar el catálogo urbanístico según la LPHCM de 2013, se les da un plazo de gracia de 3 años más desde la entrada en vigor de la nueva LPCCM, y se advierte ya que no se da cumplimiento a estas obligaciones con la mera inactividad, si bien no concreta ninguna sanción o perjuicio para el Ayuntamiento incumplidor sí que faculta a que transcurrido el plazo, cualquier persona puede ejercer la acción pública para exigir el cumplimiento de la Disposición Adicional Sexta.

III.5.3.- Procedimiento de aprobación

Si el catálogo forma parte de un Plan General, el procedimiento de aprobación se regulará por el artículo 57 LSCM y concordantes de la LPCCM y será de forma resumida el siguiente:

1) Acuerdo de aprobación inicial por el Pleno municipal, de oficio o a iniciativa de otra administración;

---

en el plazo máximo de un año a contar desde la entrada en vigor de la presente ley.
Hasta que se produzca la aprobación de dichos catálogos, quedarán sujetos al régimen de protección previsto para los Bienes de Interés Patrimonial los siguientes bienes inmuebles integrantes del patrimonio histórico radicados en su término municipal:
a) Palacios, casas señoriales, torreones y jardines construidos antes de 1900.
b) Inmuebles singulares construidos antes de 1936 que pertenezcan a alguna de las siguientes tipologías: iglesias, ermitas, cementerios, conventos, molinos, norias, silos, fraguas, lavaderos, bodegas, teatros, cinematógrafos, mercados, plazas de toros, fuentes, estaciones de ferrocarril, puentes, canales y «viages» de agua.
c) Fortificaciones de la Guerra Civil española."

2) Trámite de información pública de 1 mes y solicitud informes sectoriales afectados, en especial el informe preceptivo y vinculante de la Consejería de Cultura (a emitir en 3 meses, sino habría silencio administrativo favorable, según el art. 30.3 LPCCM);

3) Informe definitivo de análisis ambiental por la Consejería de medio ambiente a emitir en 2 meses;

4) Aprobación provisional por el Pleno municipal;

5) Informe de la Comisión de urbanismo;

6) Aprobación definitiva por la Comunidad autónoma (Gobierno autonómico) en máximo 4 meses desde que se le remite expediente completo (sino habría aprobación por silencio positivo);

7) Publicación en el BOCM.

Si el catálogo forma parte de un Plan Parcial o Especial, se regulará por el artículo 59 LSCM y concordantes de la LPCCM:

1) Acuerdo de aprobación inicial por el alcalde, de oficio o a iniciativa de otra administración;

2) Trámite de información pública de 1 mes y solicitud de informes sectoriales afectados, en especial mencionar el informe preceptivo y vinculante de la Consejería de Cultura (a emitir en 3 meses, sino habría silencio favorable, según el art. 30.3 LPCCM);

3) Informe definitivo de análisis ambiental por la Consejería de medio ambiente en 2 meses;

4) Aprobación provisional por el Pleno municipal;

5) Aprobación definitiva de la comunidad autónoma por la Comisión de urbanismo (excepto que el municipio tenga competencias para aprobar el plan definitivamente -municipios de más de 15.000 habs-) en máximo 3 meses desde que se le remite expediente completo (sino habría aprobación

por silencio positivo si es de iniciativa pública, desestimación si es de iniciativa privada);

6) Publicación en el BOCM.

Si el catálogo se aprueba de forma independiente, el procedimiento se regulará por el artículo 60 LSCM y concordantes de la LPCCM:

1) Acuerdo de aprobación inicial por el alcalde, de oficio o a iniciativa de otra administración;

2) Trámite de información pública de 30 días y solicitud del informe de la Consejería de cultura, urbanismo y medio ambiente (según los bienes a catalogar), en especial mencionar el informe preceptivo y vinculante de la Consejería de Cultura (a emitir en 3 meses, sino silencio favorable, según el art. 30.3 LPCCM);

3) Aprobación provisional por el Pleno municipal;

4) Aprobación definitiva de la comunidad autónoma por la Comisión de urbanismo (excepto que el municipio tenga competencias para aprobar el plan definitivamente) en máximo 3 meses desde que se le remite expediente completo (sino aprobación por silencio positivo si es de iniciativa pública, desestimación si es de iniciativa privada);

5) Publicación en el BOCM.

III.5.4.- Contenido

En el caso del Plan General, la documentación mínima de la misma debe incluir en todo caso un Catálogo de bienes y espacios protegidos. Según el art. 43.f LSCM

> "El Catálogo identificará los terrenos; los edificios, las construcciones y los conjuntos de unos y otras; los jardines y los restantes espacios ya sujetos a protección en virtud de la legislación reguladora del patrimonio histórico y artístico y los merecedores de protección en atención a sus valores y por razón urbanística, e incorporará, por remisión, el régimen de protección a que estén

> sujetos los primeros y establecerá el aplicable a los segundos para su preservación."

En el caso del Plan Parcial, uno de los documentos que puede contener es el catálogo (cuando proceda), según el artículo 49.f LSCM.

Y en el caso del Plan Especial también podrá contener un catálogo cuando proceda, así como los demás documentos que sean adecuados para el fin propuesto (art. 52). Los Planes Especiales, de acuerdo con el artículo 51.1

> "contendrán las determinaciones adecuadas a sus finalidades específicas, incluyendo la justificación de su propia conveniencia y de su conformidad con los instrumentos de ordenación del territorio y del planeamiento urbanístico vigentes sobre su ámbito de ordenación".

Y según proceda contendrá las determinaciones propias de un plan parcial si tiene la función de desarrollar un plan general.

III.5.5.- Efectos jurídicos de su aprobación

Una vez se aprueba y publica el correspondiente catálogo ya sea de forma autónoma o como parte de un plan urbanístico, implica su entrada en vigor el mismo día de su publicación en el BOCM (art. 66.3 LSCM), cuyos efectos más destacables son: la vinculación de las construcciones al destino urbanístico de aplicación, la obligatoriedad de su cumplimiento por todos los sujetos y la publicidad de su contenido (art. 64 LSCM).

Además, es causa de utilidad pública a efectos expropiatorios la catalogación de edificios por su valor cultural o arquitectónico (art. 138.e). Además, la aprobación del catálogo determina de por sí también "la declaración de la necesidad de ocupación y el inicio de los correspondientes expedientes expropiatorios" (art. 138.2). Es de notar que por lo tanto no solo se puede proceder a la expropiación de un bien catalogado por el incumplimiento del deber de conservación, sino por el mero hecho de la catalogación, lo que lo difiere de otras legislaciones autonómicas.

Respecto los efectos jurídicos de la aprobación del catálogo urbanístico, por lo que se refiere a licencias, deber de conservación, órdenes de ejecución, declaración de ruina y procedimientos sancionadores urbanísticos, me remito a los capítulos de este trabajo que tratan estas cuestiones al detalle.

III.5.6.- Interrelación con la legislación del patrimonio cultural

Es evidente que el artículo 16 de la ya derogada LPHCM establecía una interconexión o interrelación muy clara entre la LPHCM y la legislación urbanística madrileña, pues obligaba a los municipios a elaborar catálogos urbanísticos que no solamente debían incluir los BIC y los BIP, sino también los demás bienes de relevancia cultural para el municipio[631].

La nueva "Ley 8/2023, de 30 de marzo, de Patrimonio Cultural de la Comunidad de Madrid" (LPCCM) establece, en primer lugar como principio de actuación de los poderes públicos en cumplimiento de esta ley un principio muy vinculado a la interacción entre la legislación del patrimonio cultural y el urbanismo en su artículo 3.d:

> "La transversalidad de la protección del patrimonio cultural y su integración en políticas sectoriales en materia de educación, ordenación del territorio, urbanismo, turismo, conservación de la naturaleza, desarrollo rural y cualesquiera otras que pueda tener una afección sobre bienes culturales."

---

631 Además, los artículos 8.4 y 10.4 LPHCM ya nos apuntaban a otra interconexión clara y muy clásica en todas las Comunidades Autónomas: la prevalencia de la declaración del BIC por sobre del planeamiento urbanístico, así como lo mismo ocurre con los BIP, cosa que no siempre las leyes sectoriales autonómicas prevén explícitamente para su segunda categoría de protección.

La LPCCM prevé una regulación similar a la de la antigua LPHCM en su artículo 30, pues obliga a los catálogos urbanísticos municipales a incluir todos los bienes inmuebles de su municipio protegidos por la LPCCM y a que su regulación urbanística se ajuste al régimen de protección legal de la misma LPCCM. El mismo precepto establece un mandato a los Ayuntamientos para elaborar y actualizar dichos catálogos de acuerdo con la legislación urbanística y la LPCCM, entre otras. Finalmente prevé un informe preceptivo y vinculante de la Consejería autonómica de Cultura durante la elaboración del catálogo, antes de la aprobación provisional del plan que la contenga.

El artículo mencionado debe ponerse en conexión con el artículo 37 de la misma ley, sobre la "Protección del patrimonio cultural en el planeamiento urbanístico". En primer lugar establece un mandato a los Ayuntamientos para que recojan en sus catálogos urbanísticos municipales los bienes inmuebles recogidos en el catálogo del patrimonio cultural y los demás Bienes que integran el patrimonio cultural de la Comunidad de Madrid que puedan tener relevancia para el municipio, caso en el que contarán con la protección del planeamiento urbanístico, que deberá incorporar las medidas necesarias para su adecuada conservación.

Por otro lado, los planes urbanísticos que contengan catálogos deben identificar los bienes integrantes del patrimonio cultural y sus criterios de protección. A estos efectos, se recupera la referencia de la antigua LPHCM de la consulta previa a la Consejería autonómica de Cultura por parte de los Ayuntamientos para identificar estos bienes (consulta a resolver en 30 días hábiles).

Por otro lado, de forma un poco sorprendente, el artículo 37 prevé, en casi idénticos términos que el artículo 30, la referencia al informe preceptivo y vinculante de la Consejería autonómica de Cultura durante la elaboración del catálogo, antes de la aprobación provisional del plan que la contenga.

Estos preceptos deben ponerse en concordancia con la Disposición Adicional Sexta sobre "Actualización del Catálogo del Patrimonio Cultural de la Comunidad de Madrid y adaptación de los catálogos de bienes y espacios protegidos" que obliga a los Ayuntamientos a incluir los elementos en un catálogo urbanístico municipal en un plazo de 3 años desde la entrada en vigor de la ley (abril de 2023). Los Ayuntamientos que en su momento no cumplieron la obligación de elaborar el catálogo urbanístico según la LPHCM de 2013, se les da un plazo de gracia de 3 años más desde la entrada en vigor de la nueva LPCCM, y se advierte ya que no se da cumplimiento a estas obligaciones con la mera inactividad, si bien no concreta ninguna sanción o perjuicio para el Ayuntamiento incumplidor sí que faculta a que transcurrido el plazo, cualquier persona puede ejercer la acción pública para exigir el cumplimiento de la Disposición Adicional Sexta.

Finalmente, el artículo 38 LPCCM, prevé de forma novedosa, una "Limitación del aprovechamiento urbanístico" que se traduce en una prohibición de obtener un mayor aprovechamiento urbanístico a causa de la demolición de un BIC, BIP o Bien Catalogado de la Comunidad de Madrid, excepto cuando sea fruto de un caso de fuerza mayor. Sin duda un aliciente novedoso para procurar que los propietarios de estos bienes no estén tentados a dejar de conservar sus inmuebles protegidos con fines especulativos.

También existe en el artículo 58.2 LPCCM un mandato para que en los planes urbanísticos se incluya un catálogo de bienes integrantes del patrimonio arqueológico y paleontológico así como unas normas para su protección de acuerdo con la LPCCM.

III.5.8.- Conclusiones preliminares

El catálogo urbanístico se regula principalmente en el artículo 55 LSCM y en los artículos 30 y 37 LPCCM, con lo que la nueva ley del patrimonio cultural aporta bastantes detalles sobre el contenido e incluso procedimiento de aprobación de dicho catálogo, lo que demuestra la buena interrelación entre la legislación urbanística y la patrimonial madrileña.

El catálogo se puede aprobar dentro de un Plan General urbanístico, pero también cabe la posibilidad de que se apruebe como parte de un Plan Especial o un Plan Parcial, e incluso de forma autónoma, con lo que la LSCM da amplias posibilidades sobre el instrumento urbanístico que lo puede alojar. En todo caso, antes de la aprobación provisional del Plan (o en algunos casos antes de la definitiva) se exige informe preceptivo y favorable de la Consejería autonómica de Cultura, que tendrá mucha influencia en el catálogo especialmente respecto de la catalogación de los BIC, BIP y otros Bienes Catalogados de la Comunidad de Madrid y protegidos por la LPCCM.

Sobre la colaboración administrativa, existe como principio en el artículo 3 de la LPCCM y se manifiesta de distintas maneras en esta ley.

Referente a la interrelación con la legislación del patrimonio cultural, destacaría el artículo 30 LPCCM sobre la obligación de los Ayuntamientos de elaborar y actualizar los catálogos urbanísticos y a su vez a incluir en ellos todos los bienes protegidos por la ley y a que sean protegidos, finalmente prevé el informe preceptivo y vinculante autonómico de cultura en la tramitación de los instrumentos urbanísticos que contengan un catálogo. Por su parte, el artículo 37 prevé referencias parecidas, ampliando la posibilidad municipal de proteger otros bienes del patrimonio cultural madrileño solo con protección urbanística a través del catálogo, pudiendo consultar a la Consejería de Cultura sobre estos bienes a catalogar.

También es de destacar la prohibición explícita de mayor aprovechamiento urbanístico en caso de demolición de bienes protegidos (art. 38 LPCCM).

III.6.- CATÁLOGOS URBANÍSTICOS DEL PATRIMONIO EN LAS ISLAS BALEARES

III.6.1.- Introducción

La LPHIB es una de las leyes autonómicas en la materia de patrimonio cultural que no establece determinaciones concretas sobre los catálogos urbanísticos del patrimonio, por lo que debemos acudir a la "Ley 12/2017, de 29 de diciembre, de urbanismo de las Illes Balears" (en adelante, LUIB) para conocer el régimen de protección urbanística de los bienes inmuebles con valor arquitectónico o natural. Concretamente el artículo 34.4 de la LUIB, al tratar los instrumentos de planeamiento, determina que la protección del patrimonio histórico se hace a través de planes urbanísticos especiales y catálogos. Dicha previsión genérica se desarrolla en el artículo 48, donde se establece la obligación municipal de crear su catálogo propio, y se establece ya la clasificación tipológica de bienes a proteger: monumentos, inmuebles o espacios de interés histórico, artístico, arquitectónico, paleontológico, formaciones geológicas y elementos geomorfológicos singulares, arqueológicos, etnográficos, ecológicos o científicos.

Todos estos bienes deben tener alguna característica singular que lo haga merecedor de su preservación, o bien porque venga su protección así determinada por la legislación sectorial del patrimonio cultural (LPHIB). En este último caso, el régimen de protección de estos bienes ya protegidos por la LPHIB en el catálogo será conforme a dicha ley sectorial del patrimonio.

De acuerdo con MUNAR FULLANA

> "la jurisprudencia determina que la finalidad del catálogo de elementos de protección especial, como la de cualquier actividad administrativa, es la de satisfacer el interés público local en la conservación de los instrumentos culturales típicos de una determinada época que, por sus peculiares características, integran y recuerdan el ambiente y modo de vida de un tiempo pasado digno

> de mantener vivo en la conciencia social de una comunidad determinada." [632]

Para SÁNCHEZ GOYANES[633], la técnica urbanística de catalogación de elementos singulares contribuye significativamente a la consecución de una política de protección ambiental y cultural.

Las previsiones de la LUIB han sido desarrolladas por reglamentos que en realidad desarrollaban la ley anterior de urbanismo de 2014 (Ley 2/2014, de 25 de marzo, de ordenación y uso del suelo, BOIB número 43, de 29-03-2014), si bien hay un reglamento para cada isla con cabildo, así destacaría:

1) Reglamento general de la Ley 2/2014, de 25 de marzo, de ordenación y uso del suelo, para la isla de Mallorca (RGLOUSMa, se regula la cuestión del catálogo principalmente en los artículos 125 a 131).

2) Reglamento general de la Ley 2/2014, de 25 de marzo, de ordenación y uso del suelo, para la isla de Menorca (arts. 125 a 131 RGLOUSMe).

Me centraré en el reglamento de Mallorca por ser el más significativo, e intentaré darle una interpretación sistemática con la LUIB del 2017, intentando superar algunas de las contradicciones que tiene con la nueva ley.

Así, la regulación específica de los catálogos de elementos y espacios protegidos se regula en la sección séptima del capítulo primero sobre "instrumentos de planeamiento urbanístico" que a su vez se contiene en el título II, sobre "planeamiento urbanístico".

---

632 MUNAR FULLANA, Jaume, "El planeamiento urbanístico", en BLASCO ESTEVE, Avelino y MUNAR FULLANA, Jaume (dirs.), *Comentarios a la Ley de Urbanismo de las Illes Balears*, Tirant lo Blanch, Valencia, 2018, p. 355.

633 SÁNCHEZ GOYANES, Enrique, *Régimen jurídico de los centros históricos*, Dykinson, Madrid, 2008, p. 64.

En el caso de que el catálogo confiera mayor grado de protección que la que le pueda conferir una declaración de BIC o bien catalogado según la LPHIB, prevalecerá la máxima protección (es decir, en este caso la del catálogo urbanístico), según el art. 126.5 RGLOUSMa.

Deben incluirse en el catálogo los bienes protegidos por la LPHIB, pero también los que establezca el Plan Territorial Insular de Mallorca. (art. 127).

Los niveles de protección son los siguientes (art. 128): integral, parcial y ambiental.

En todo caso, si por legislación cultural o natural tienen una protección especial superior a la anteriormente descrita, se les debe aplicar la más restrictiva o protectora.

En los bienes inmuebles catalogados que no sean edificaciones, como los paisajes o zonas ambientales, cada ficha establecerá un grado de protección y preservación concreto y adecuado (art. 128).

III.6.2.- Fundamento jurídico

Doctrinalmente, MUNAR FULLANA da una definición de lo que entiende por un catálogo urbanístico de protección del patrimonio con las siguientes palabras:

> "la catalogación consistirá en la enumeración de los elementos a proteger en una lista, a la que se acompaña la descripción individualizada de cada uno, el grado de protección que se le asigna y la remisión a la normativa concreta contenida en dicho régimen, bien sea una operación aneja a la propia elaboración de un planeamiento general para todo el municipio o consista en una operación específica con ese objetivo proteccionista, normalmente, instrumentada mediante un plan especial de protección al que se incorpora el catálogo." [634]

---

634 MUNAR FULLANA, Jaume, "El planeamiento urbanístico", *op. cit.*, p. 355.

La elaboración y aprobación de catálogos urbanísticos es una competencia estrechamente ligada con los municipios, hasta el punto que el artículo 29.2.e) de la "Ley 20/2006, de 15 de diciembre, municipal y de régimen local de las Illes Balears" prevé de forma muy explícita entre las competencias propias municipales la:

> "Protección y conservación del patrimonio histórico-cultural municipal y elaboración de planes especiales de protección y catálogos."

Hay que clarificar que la misma jurisprudencia del TSJ de las Islas Baleares ha determinado que los catálogos del patrimonio no son una figura del planeamiento urbanístico, sino que son instrumentos urbanísticos complementarios de aquellos, pero que no por eso dejan de ser normas jurídicas (tienen naturaleza reglamentaria). Así, podemos citar el FJ 2º de la STSJ de las Islas Baleares de 24 de octubre de 2014. [635]

Posteriormente a la sentencia referida surgió la LUIB de 2017, que volvió a insistir con el carácter normativo del catálogo en su artículo 48.2 (en su redacción dada por la Ley 2/2020):

> "2. Se deberán formular como documentos normativos integrantes de los planes de ordenación detallada y deberán tener entre sus finalidades o, en su caso, como único objeto la conservación de los elementos señalados en el apartado 1 anterior."

Para MUNAR FULLANA se supera así la contradicción a la que incurría la anterior legislación urbanística balear respecto de la naturaleza del catálogo.[636]

Respecto de la finalidad del catálogo, MUNAR FULLANA nos dice que:

---

635 Sala de lo Contencioso-Administrativo, Sentencia núm. 525/2014 de 24 Oct. 2014, Rec. 155/2014; ponente: Frigola Castillón, María Carmen.

636 MUNAR FULLANA, Jaume, "El planeamiento urbanístico", *op. cit.*, pp. 358-360.

> "Realizada la labor de inventario material, constituye la finalidad del catálogo la preservación de los elementos que incluya, y por ello debe establecer un grado de protección adecuado y regular los tipos de intervención que en cada caso se permitirán. Finalidad que concreta más pormenorizadamente el apartado 3 del art. 48 (LUIB), ordenando que los catálogos identificarán los bienes objeto de protección, contendrán la información física y jurídica necesaria en relación con estos bienes y establecerán el grado de protección a que están sujetos y los tipos de intervenciones o actuaciones posibles, de acuerdo con las determinaciones establecidas por el planeamiento general o, en su caso, parcial o especial del que formen parte. En consecuencia las finalidades asignadas a los catálogos, a partir de la pauta implícita de necesaria preservación de los elementos que incluya, son claramente abiertas pues la estricta y única finalidad de conservación esté quizás reservada a determinadas categorías de elementos afectados por aquellos grados de máxima protección que determine la legislación sectorial, como pueda ser el caso de los yacimientos arqueológicos. El régimen jurídico de protección específico se articulará de esta forma a partir de la idea de diversidad o de graduación de la intensidad de protección que se asigna, que se determinará paralelamente a la diferenciación de los valores que, en cada caso, hayan motivado la inclusión del correspondiente elemento.
> Hasta el momento únicamente el RLOUSM ha desarrollado detalladamente los aspectos normativos sobre las determinaciones del catálogo y sistematizado los niveles de protección de los elementos que incluya, en sus arts. 127 y 128. En el resto de islas, salvo previsiones del correspondiente plan territorial sobre protección de elementos, la regulación de la figura del catálogo en el RPU es más bien parca, por lo que deberá estarse a lo que vayan precisando los respectivos reglamentos insulares de desarrollo."

La aprobación del catálogo urbanístico de protección del patrimonio es una obligación legal con la aparición de la LPHIB en 1998, cuya Disposición Transitoria Tercera dio un plazo de dos años para aprobarlo, si bien al final el legislador siempre iba ampliando el plazo, hasta 2009.

Poco después de la LPHIB, se aprobó la todavía vigente "Ley 6/1999, de 3 de abril, de las Directrices de Ordenación Territorial de las Illes Balears y Medidas Tributarias", que reguló los planes territoriales parciales en un sentido que dio un nuevo impulso a la protección del patrimonio cultural balear, tal y como nos expone MUNAR FULLANA:

> "mediante la aprobación de la LDOT que incorporaba expresas habilitaciones en favor de los planes territoriales insulares, se produjo un impulso significativo en el proceso de formulación de los catálogos municipales. A tal efecto, el apartado 1 de su art. 15 asignaba a dichos planes, en orden al establecimiento de políticas de desarrollo cultural para las áreas homogéneas de carácter supramunicipal, la consideración de unos objetivos con relación al patrimonio histórico, para el que debían en todo caso proceder al establecimiento de medidas para completar los catálogos municipales y favorecer la restauración, investigación y rehabilitación o posibilidad de uso de los elementos en ellos contenidos. Implementando el mandato anterior, singularmente los planes territoriales insulares de Mallorca y de Ibiza y Formentera, respectivamente, procedieron al despliegue normativo de esta figura, supliendo de esta manera determinados vacíos de regulación de la normativa urbanística.
> Debe destacarse así, como efecto claramente positivo de las regulaciones de los catálogos municipales establecidas en los planes territoriales insulares, el hecho de contemplar una determinación mínima del contenido de estos documentos urbanísticos, frente a una clara escasez o ambigüedad de la legislación urbanística estatal supletoria que se aplicaba hasta entonces. Las determinaciones sobre redacción de catálogos municipales establecidas en los planes territoriales conservan plena vigencia y operatividad, en lo que no confronten con lo que ahora establece la LUIB en su art. 48 en la regulación de los rasgos básicos de esta figura. No obstante, el desarrollo normativo de esta figura será de ahora en adelante materia más propia de los correspondientes reglamentos insulares, sin perjuicio de que mantengan la vigencia de las determinaciones de los planes de ordenación territorial preexistentes."[637]

MUNAR FULLANA identifica en base a la LUIB (principalmente el artículo 48) dos circunstancias que motivan a la catalogación urbanística:

---

637 MUNAR FULLANA, Jaume, "El planeamiento urbanístico", *op. cit.*, pp. 357-358.

1) La potestad discrecional de planeamiento (sin embargo, una vez establecidos, no dispone de margen de apreciación para incluir o excluir bienes concretos en el catálogo).

Así, para SÁNCHEZ GOYANES,

> "lo primero que hay que destacar es que la catalogación supone actividad administrativa discrecional, pero lógicamente ello no implica arbitrariedad ni ausencia de pautas a que atemperar la decisión pública. Incide en el hecho de que hoy, la práctica de las catalogaciones revela que el propio planificador se autovincula al predeterminar en la memoria del plan respectivo o en la del propio catálogo cuáles son los objetivos que con la protección dispensada a su través se quieren salvaguardar y cómo —con qué distinta intensidad—, de manera que el posterior apartamiento singular de tales criterios a la hora de decidir sobre la inclusión —o exclusión— de elementos concretos resultaría contrario a Derecho, por contrario a los principios generales que disciplinan la actividad administrativa discrecional." [638] [639]

2) En base a lo que determina la LPHIB, que es una norma imperativa y de necesaria catalogación de los bienes protegidos por la legislación sectorial del patrimonio cultural balear. Los catálogos urbanísticos deben dar una protección urbanística conforme con el grado y previsiones de protección dada por la LPHIB.[640]

III.6.3.- Procedimiento de aprobación

A nivel más formal, el art. 48.2 LUIB prevé que los catálogos de elementos a proteger se formulen como documentos normativos que son parte de los planes de ordenación detallada (instrumento de planeamiento derivado sujeto al plan general) dedicados parcial o exclusivamente a conservar los bienes de interés cultural del

---

638 MUNAR FULLANA, Jaume, "El planeamiento urbanístico", *op. cit.*, p. 361.

639 SÁNCHEZ GOYANES, Enrique, *Régimen jurídico (...), op. cit.* p. 67.

640 MUNAR FULLANA, Jaume, "El planeamiento urbanístico", *op. cit.*, p. 361.

art. 48.1 (de hecho así se confirma también en el art. 41.f donde el catálogo es parte integrante del plan de ordenación detallada, según una reciente modificación de la ley de urbanismo por la Ley 2/2020). En concreto, deben identificar los bienes a proteger, contener la información de los bienes y establecerles un grado de protección, así como las intervenciones posibles según el plan general o el plan parcial o especial del que formen parte.

Es preciso indicar, de entrada que, a día de hoy, todos los municipios de las Islas Baleares debieran ya tener aprobada y en vigor un catálogo urbanístico del patrimonio en virtud de la Disposición Transitoria 2ª de la Ley 11/2002, de 23 de diciembre, de medidas tributarias y administrativas:

> "Los ayuntamientos de las Illes Balears que no dispongan del Catálogo de protección del patrimonio histórico aprobado definitivamente dispondrán de un plazo máximo de dos años, contados desde la entrada en vigor de la presente ley, para modificar los correspondientes instrumentos de planeamiento general con la finalidad de incluir el Catálogo de protección de patrimonio histórico. Una vez transcurrido este plazo sin que se haya aprobado definitivamente el Catálogo de protección del patrimonio histórico, no se podrá aprobar ninguna modificación o revisión del instrumento de planeamiento general hasta que no se apruebe definitivamente el mencionado catálogo."

Respecto al procedimiento de aprobación del catálogo, si forman parte de un plan general, sería el siguiente de forma esquemática:

1) Formulación del catálogo por el Ayuntamiento (art. 53.2 LUIB);
2) Suspensión potestativa de licencias e instrumentos de gestión, por 1 año o hasta aprobación inicial (art. 51.1);
3) Aprobación inicial por el Ayuntamiento (art. 54.1);
4) Suspensión obligatoria de licencias e instrumentos de gestión, por 2 años o hasta aprobación provisional (art. 51.2);

5) Trámite de exposición pública de 30 días hábiles con publicación en el BOIB, periódico insular y sede electrónica y solicitud de informes sectoriales así como informe urbanístico del Consejo insular (art. 55);

6) Aprobación provisional por el Ayuntamiento en máximo 6 meses desde que le remiten expediente, sino silencio positivo (arts. 54 i 55);

7) Aprobación definitiva por el Pleno del Consejo Insular (art. 54);

8) Remisión de un ejemplar por el Consejo insular al Archivo de Urbanismo de las Islas Baleares (art. 131).

En caso de ser parte de un plan parcial o especial el procedimiento es, resumidamente, el siguiente:

1) Formulación del catálogo por el Ayuntamiento (art. 53.2);

2) Suspensión potestativa de licencias e instrumentos de gestión, por 1 año o hasta aprobación inicial (art. 51.1),

3) Aprobación inicial por el Ayuntamiento (art. 54.1);

4) Suspensión obligatoria de licencias e instrumentos de gestión, por 2 años o hasta aprobación provisional (art. 51.2);

5) Trámite de exposición pública de 30 días hábiles con publicación en el BOIB, periódico insular y sede electrónica y solicitud de informes sectoriales así como informe urbanístico vinculante del Consejo insular (art. 55);

6) Aprobación definitiva por el Pleno del Ayuntamiento (a hacer en 3 meses desde informe urbanístico del Consejo insular, sino silencio positivo si el informe era positivo) (arts. 54 i 55);

7) Remisión de un ejemplar por el Consejo insular al Archivo de Urbanismo de las Islas Baleares (art. 131).

Además, es de destacar en una tramitación de planeamiento donde interviene un grupo de profesionales tan pluridisciplinar como un catálogo (arquitectos, historiadores, biólogos, abogados, etc) que se exija la titulación necesaria en cada caso según la legislación (art. 50).

Según el art. 129 del RGLOUSMa, los catálogos deben tener la siguiente documentación:

a) Memoria descriptiva y justificativa de los criterios de catalogación utilizados.

b) Estudios complementarios que sean necesarios.

c) Planos de ubicación de los bienes protegidos.

d) Fichas individuales de los elementos catalogados.

e) Normativa de protección, que se integrará en las normas urbanísticas del plan correspondiente (o bien como normas urbanísticas de protección, si el catálogo se aprueba como instrumento autónomo).

También es preciso entrar en la cuestión de la suspensión de la tramitación de licencias, que ha sido una cuestión abordada jurisprudencialmente en el FJ 3º de la STSJ de las Islas Baleares de 24 de octubre de 2014[641], que resuelve sobre la procedencia de dicha suspensión, incluso si anteriormente hubo una suspensión en el mismo espacio por la revisión del PGOU dentro del plazo de 5 años en que no se puede volver a suspender licencias por el mismo motivo, y todo eso debido a las distintas finalidades del planeamiento que se quieren preservar con la suspensión: en el catálogo se pretende proteger un patrimonio de ser derribado o modificado, con el PGOU se pretende regular la ordenación urbanística futura.

641 Sala de lo Contencioso-Administrativo, Sentencia núm. 525/2014 de 24 Oct. 2014, Rec. 155/2014; ponente: Frigola Castillón, María Carmen.

III.6.4.- Contenido

Según el art. 130 del RGLOUSMa, los catálogos deben contener una ficha individual para cada elemento a proteger. Cada ficha debe contener como mínimo la siguiente información:

a) Identificación física y localización.

b) Identificación del inmueble o bien, con denominación, código, tipología, uso, autoría, estilo y fotografías.

c) Descripción del bien (morfología, estructura, elementos, cronología y bibliografía).

d) Estado de conservación, intervenciones realizadas y estado actual.

e) Grado de protección del bien (dentro de los permitidos por el RGLOUSMa), usos permitidos, elementos a preservar e intervenciones admisibles.

f) Entorno de protección del bien (solo para bienes con protección integral u otros casos justificados, excepto conjuntos históricos).

Por otro lado, el artículo 45.5 LUIB prevé que los planes urbanísticos especiales contendrán, entre otra posible documentación, los catálogos que procedan. Naturalmente si se desarrolla un plan especial de catálogo del patrimonio deberá contener dicho catálogo con sus fichas en el sentido del art. 130 RGLOUSMa en Mallorca o de la norma de aplicación en la isla correspondiente.

MUNAR FULLANA también expone las singularidades documentales del catálogo en planes especiales y planes parciales:

> "Aún siendo evidente que el anterior desarrollo reglamentario se ciñe a la isla de Mallorca, no existe demasiada dificultad para una aplicación analógica de sus determinaciones al resto de islas, teniendo en cuenta que en último término resultan requerimientos documentales lógicos que se deducen de la propia LUIB para cumplir el mandato de catalogación.
>
> La integración documental también se produce en los casos de catálogos asociados a planes especiales, singularmente en los que tienen por objeto específico la protección de determinados ele-

mentos de valor cultural como los que se relacionan en el art. 45.2 LUIB, analizado anteriormente.
Más aún teniendo en cuenta como el apartado 5 del mismo precepto, incluye entre las determinaciones y documentos integrantes del planeamiento especial una referencia a los catálogos que procedan. En cambio, entre la documentación preceptiva de los planes parciales a que se refiere su art. 44 no figura mención alguna a un eventual catálogo y por lo tanto, deberá ser objeto de los reglamentos de desarrollo precisar su necesidad, que en otras legislaciones autonómicas se ha previsto normalmente en supuestos de ámbitos de planeamiento parcial de gran extensión y para suplir eventuales carencias de catalogación de elementos en el plan general. En este sentido el art. 104 RLOUSM precisa que los planes parciales podrán contener un catálogo de elementos y espacios protegidos cuando el plan general lo exija expresamente para sectores determinados, por su gran extensión o complejidad, o en el supuesto de que el catálogo del plan general vigente no disponga de un grado de detalle suficiente respecto del nuevo sector."[642]

III.6.5.- Efectos jurídicos de su aprobación

Una vez aprobado definitivamente el plan urbanístico se publica y entra en vigor, con lo que para los nuevos bienes catalogados se les aplicará las disposiciones del catálogo y de sus respectivas fichas, con incidencia en temas que veremos en otros capítulos como lo es el otorgamiento de licencias urbanísticas, deber de conservación del inmueble, órdenes de ejecución, declaración de ruinas, régimen sancionador y penal, etc.

Así, MUNAR FULLANA identifica algunos de estos efectos jurídicos de la catalogación urbanística de inmuebles en otras materias urbanísticas que en otros capítulos veremos con más profundidad:

"en el ejercicio de las competencias en materia de patrimonio público de suelo, su art. 100 (LUIB) alude a la realización de actuaciones por parte de las administraciones a favor de los espacios y bienes patrimoniales protegidos, concretando en su art. 104, como

642 MUNAR FULLANA, Jaume, "El planeamiento urbanístico", *op. cit.*, pp. 364-365.

posible destino de los bienes integrantes de este instrumento de política de suelo a efectos de considerarse usos de interés social, la ejecución de actuaciones que tengan por finalidad la mejora, la conservación, el mantenimiento y la rehabilitación de la ciudad existente, preferentemente de zonas degradadas, así como la implantación de dotaciones o las mejoras de espacios naturales, el paisaje o los bienes inmuebles del patrimonio cultural.

Por otra parte, cabe reseñar el establecimiento en la Ley de regímenes específicos en cuanto a los deberes legales de conservación de edificios si éstos se encuentran catalogados, como son exponentes la mención particular que realiza la letra c) del apartado 1 de su art. 122; o el procedimiento para la declaración del estado ruinoso previsto en el art. 126. En materia de intervención preventiva, se declara en su art. 147 como supuesto de nulidad de licencias urbanísticas las otorgadas con infracción de las determinaciones de la Ley, de los planes urbanísticos o de las ordenanzas municipales, respecto de los actos de parcelación, de urbanización, de edificación y de uso del suelo y del subsuelo cuando se lleven a cabo en bienes o espacios catalogados en el planeamiento; a la vez que se prohíbe en su art.

148 la sujeción al régimen de comunicación previa, con carácter general, de cualesquier acto que se realice en edificios declarados como bienes de interés cultural o catalogados.

En el ámbito de la disciplina urbanística, entre otras previsiones, se establece en el art. 196 una regla de no prescripción del procedimiento de restablecimiento de la legalidad urbanística para los casos de actos o usos ilegales o no admitidos que afecten a bienes o a espacios catalogados en el planeamiento municipal, tipificándose como infracciones muy graves las actuaciones que afecten a dichos elementos." [643]

Si bien el catálogo, inserido en un plan urbanístico y como norma jurídica que es tiene vocación de permanencia, cabe su modificación como todo plan urbanístico, pero debe existir una motivación para llegar a descatalogar un bien inmueble incluido en el catálogo. Así lo indica la STSJ de las Islas Baleares de 6 de febrero de 2014[644], en su FJ 4° por el que se anula un acuerdo

---

643 MUNAR FULLANA, Jaume, "El planeamiento urbanístico", *op. cit.* p. 365-366.

644 Sala de lo Contencioso-Administrativo, sección 1ª, sentencia nº 57/2014, rec. 794/2010; Pte.: Fiol Gomila, Gabriel.

que autorizó una revisión de las normas subsidiarias por no existir urgencia que justifique la reducción del conjunto y porque la exclusión de una de las iglesias viene motivada por la voluntad administrativa de no ejecutar una sentencia.

III.6.6.- Interrelación con la legislación del patrimonio cultural

Respecto a la interrelación entre la legislación urbanística y la de patrimonio cultural, el art. 48.1 LUIB prevé expresamente la inclusión en el catálogo de los bienes protegidos por la legislación sectorial en patrimonio cultural, es decir, la LPHIB. Al respecto, MUNAR FULLANA comenta que:

> "Se diferencia claramente de los términos literales anteriores, de una parte lo que constituye el objeto material del catálogo, centrado en la elaboración de una relación de bienes concretos, en los que no se integran determinadas categorías de bienes muebles a pesar de que puedan ser objeto de protección específica mediante alguna de las figuras que regula la legislación sectorial de patrimonio histórico, pues desde la perspectiva urbanística se afecta exclusivamente a la preservación de elementos ligados a esta ordenación de naturaleza territorial o inmueble. De otra parte, la finalidad que se asigna al catálogo es el establecimiento de una base jurídica protectora o limitadora, a partir del principio de preservación de los elementos inventariados y del establecimiento de grados de protección e intervención admisibles." [645]

En el mismo sentido, el artículo 127.3 RGLOUSMa establece que:

> "Los bienes o espacios con valores culturales protegidos de acuerdo con la legislación sectorial deben incluirse preceptivamente en el catálogo a que se refiere este Reglamento, y el grado de protección previsto y la regulación de las actuaciones permitidas sobre estos bienes, elementos o espacios, deben ser conformes con la protección derivada de esta legislación; ello sin perjuicio de lo establecido en el apartado 5 del artículo 126 de este Reglamento."

645 MUNAR FULLANA, Jaume, "El planeamiento urbanístico", *op. cit.*, p. 360.

Para BLASCO ESTEVE hay no solo una interrelación entre la legislación urbanística y la del patrimonio cultural, sino que en cierto modo una es un subtipo de la otra, pues

> "la legislación de patrimonio histórico actúa como una legislación urbanística de carácter especial, porque se refieren a un determinado tipo de bienes inmuebles (aunque no solo a ellos)".[646]

La STSJ de las Islas Baleares de 15 de abril de 2014[647], considera que hay una interrelación entre la protección sectorial del patrimonio cultural y la urbanística, en tanto que los planes urbanísticos concretan la protección de los BIC y bienes catalogados además de los demás que se protegen solo por los catálogos urbanísticos.

A nivel de la LPHIB, el capítulo tercero del Título II se refiere a los bienes inmuebles, y es donde se interrelaciona más la legislación del patrimonio cultural con la urbanística y se prevén ciertas especialidades en la protección de los BIC inmuebles. Se prevé la inseparabilidad del bien protegido de su sitio (excepto causa de fuerza mayor o interés social) según el art. 35. Se cita también la obligación de los ayuntamientos de adaptar el planeamiento urbanístico para los BIC, pues su declaración vincula al planeamiento (pero no ocurre los mismo con los bienes catalogados), e incluso debe elaborar un plan especial o similar para adecuarlo (con informe favorable de la Comisión insular de patrimonio histórico a dictar en 3 meses, sino se entiende favorable). Incluso el Consejo Insular puede proponer al ayuntamiento modificar el planeamiento que afecte al BIC y suspender el vigente para protegerlo (art. 36).

Para el caso de los BIC en su categoría de conjunto histórico, se debe elaborar un plan urbanístico para catalogar los elemen-

---

646 BLASCO ESTEVE, Avelino, "*Connexions de la Llei 12/1998 amb la legislació urbanística*", *op. cit.*, pp. 241-242.

647 Sala de lo Contencioso-Administrativo, sección 1ª (sentencia núm. 234/2014, rec. 167/2012; ponente: Ortuño Rodríguez, Alicia Esther).

tos que forman parte del conjunto y su entorno, protegiendo integralmente los inmuebles declarados BIC, mientras que para el resto se establecerá un régimen adecuado y especial para su protección. Se debe mantener la estructura urbana y arquitectónica, mientras que las remodelaciones urbanas y sustitución de inmuebles solo se permiten para mejorar el entorno urbano y conservar el conjunto (art. 39).

Por último, la Ley 18/2019, de 8 de abril, de salvaguardia del patrimonio cultural inmaterial de las Illes Balears, en su artículo 21 lo dedica al planeamiento urbanístico, en el sentido de que en caso de que se declare un bien cultural inmaterial, el sustrato de planeamiento y normativa urbanística que afecte a ese espacio patrimonial no puede contener determinaciones que puedan impedir u obstaculizar el desarrollo de la manifestación cultural protegida. Además, el planeamiento y normativa urbanística se debe modificar para adaptar a la protección del bien inmaterial.

III.6.8.- Conclusiones preliminares

Hemos podido comprobar como la LPHIB reposa casi toda la responsabilidad en la protección del patrimonio cultural inmueble en los Consejos Insulares, un ente local supramunicipal con funciones análogas a las diputaciones provinciales. Tanto la declaración de BIC como de bienes catalogados pasa por sus manos (hecho poco común en los BIC, que en casi todas las CCAA es responsabilidad autonómica).

Respecto a la interrelación entre la legislación urbanística y la de patrimonio cultural, como hemos visto, el art. 48.1 LUIB prevé expresamente la inclusión en el catálogo de los bienes protegidos por la legislación sectorial en patrimonio cultural, es decir, la LPHIB.

En el mismo sentido, el artículo 127.3 RGLOUSMa establece que:

> "Los bienes o espacios con valores culturales protegidos de acuerdo con la legislación sectorial deben incluirse preceptivamente en

el catálogo a que se refiere este Reglamento, y el grado de protección previsto y la regulación de las actuaciones permitidas sobre estos bienes, elementos o espacios, deben ser conformes con la protección derivada de esta legislación; ello sin perjuicio de lo establecido en el apartado 5 del artículo 126 de este Reglamento."

El art. 48.2 LUIB prevé que los catálogos de elementos a proteger se formulen como documentos normativos que son parte de los planes de ordenación detallada (instrumento de planeamiento derivado sujeto al plan general) dedicados parcial o exclusivamente a conservar los bienes de interés cultural del art. 48.1. En concreto, deben identificar los bienes a proteger, contener la información de los bienes y establecerles un grado de protección, así como las intervenciones posibles según el plan general o el plan parcial o especial del que formen parte.

Así, para MUNAR FULLANA,

"En definitiva, en la línea que ha podido ir perfilando la jurisprudencia del TS con relación a esta figura contemplada de varias maneras en el derecho urbanístico autonómico, los catálogos son la manifestación de una potestad administrativa que tiene como objeto tanto la protección de edificios para satisfacer un interés público local en la preservación de estos elementos culturales que son manifestación de una época determinada por sus especiales características arquitectónicas o constructivas, y que integran y recuerdan el ambiente y manera de vivir en tiempos pasados. A la vez, suponen un instrumento de formalización de las políticas públicas de conservación, rehabilitación o protección de otros bienes inmuebles o espacios de interés, sea este un interés artístico, histórico, medioambiental, arqueológico, etnográfico, ecológico, científico o análogo; por ser representativos del bloque cultural o por razones paisajísticas.
En la línea del resto de legislaciones autonómicas, se supera por lo tanto un concepto estático del catálogo limitado a edificios, monumentos o construcciones para incluir expresamente elementos con valores patrimoniales, culturales y paisajísticos." [648]

---

648 MUNAR FULLANA, Jaume, "El planeamiento urbanístico", *op. cit.*, p. 362.

A día de hoy, todos los Ayuntamientos de las Baleares ya deberían haber aprobado su catálogo por mandato legal (Disp. Tr. 2ª Ley 11/2002).

Finalmente, es de destacar un instrumento de coordinación interadministrativa que no tiene parangón en el régimen jurídico catalán: los Planes insulares de gestión del patrimonio histórico del artículo 99 LPHIB y que deben aprobar los Plenos de los Consejos Insulares.

Título cuarto:

Consecuencias de la catalogación de bienes inmuebles

IV.1- OTORGAMIENTO DE LICENCIAS URBANÍSTICAS DE INMUEBLES CATALOGADOS

En este capítulo se trata del régimen de licencias urbanísticas municipales y la incidencia que tienen en ella los bienes catalogados urbanísticamente así como los protegidos por la legislación sectorial del patrimonio cultural en el régimen jurídico catalán, así como también se hace un estudio de cómo inciden en este aspecto otras legislaciones autonómicas comparadas. También se estudia el procedimiento de otorgamiento de las licencias urbanísticas y el impacto que tienen los bienes catalogados y los protegidos sobre este procedimiento administrativo, así como los efectos del otorgamiento de una licencia urbanística referente al bien catalogado o protegido, estudiando algunas cuestiones concretas como el silencio administrativo o la revocación implícita de la licencia urbanística.

IV.1.1.- Concepto y fundamento jurídico

IV.1.1.1.- Introducción

El Estado aprobó el Real Decreto Legislativo 2/2008 del TR de la Ley de Suelo, luego reconvertido en el Real Decreto Legislativo 7/2015, de 30 de octubre, por el que se aprueba el texto refundido de la Ley de Suelo y Rehabilitación Urbana (en adelante TRLS). Se trata de una ley con carácter básico para hacer efectivo el principio rector del art. 47 CE del derecho de todo español a una vivienda digna y adecuada, a regular la utilización del suelo para impedir la especulación y a hacer participar en la comunidad de las plusvalías generadas por la acción urbanística de las entidades públicas, así como basándose en el título competencial genérico del art. 149.1.1 CE para regular las condiciones básicas que garanticen la igualdad de todos los españoles en el ejercicio de los derechos y cumplimiento de los deberes constitucionales.

Además, el artículo 33 CE reconoce el derecho a la propiedad privada, si bien la función social del derecho a la propiedad delimitará el contenido, de acuerdo con las leyes.

Por todo ello, el derecho a la propiedad inmobiliaria no es un derecho ilimitado como se parece desprender del Código Civil, sino que es un derecho limitado por su función social que genera obligaciones para el propietario, tal y como ha aceptado la STC 37/1987.

Según el TRLS, el régimen del derecho de propiedad del suelo es estatutario, es decir, que el régimen de derechos y deberes de los propietarios inmobiliarios dependerá en primer lugar de la ley (TRLS y legislación urbanística autonómica, así como la normativa que la desarrolla) y en última instancia dependerá de la vinculación que haga el planeamiento urbanístico, y por tanto, el cambio de aprovechamiento urbanístico por el planeamiento urbanístico no da *per se* derecho a indemnización.

En este sentido se manifiesta el artículo 11.1 y 2 del TRLS sobre el régimen urbanístico del derecho de propiedad del suelo:

> "1. El régimen urbanístico de la propiedad del suelo es estatutario y resulta de su vinculación a concretos destinos, en los términos dispuestos por la legislación sobre ordenación territorial y urbanística.
> 2. La previsión de edificabilidad por la ordenación territorial y urbanística, por sí misma, no la integra en el contenido del derecho de propiedad del suelo. La patrimonialización de la edificabilidad se produce únicamente con su realización efectiva y está condicionada en todo caso al cumplimiento de los deberes y el levantamiento de las cargas propias del régimen que corresponda, en los

términos dispuestos por la legislación sobre ordenación territorial y urbanística."

Esto tiene su fundamento en la Constitución misma, tal y como nos indica FRANCO ESCOBAR[649]

"al situarnos en la aprobación de la CE de 1978, y el art. 33 CE lo que cobra relevancia es la «función social» que delimita el derecho de propiedad, de conformidad con lo dispuesto por las leyes. Las limitaciones constitucionales a esa delimitación legal traen causa, por un lado, de los arts. 45 y 46 CE para proteger el medio ambiente y preservar el patrimonio cultural. Por otro lado, del art. 47 CE que subordina al interés general la utilización del suelo e impone a los poderes públicos el deber de impedir la especulación. Este precepto se pone en relación con el art. 128 CE, es conocido el principio constitucional de «utilización de los recursos económicos y naturales conforme al interés general», que conforma el desarrollo sostenible que es fin común de todas las políticas públicas relativas a la ordenación, ocupación, transformación y uso del suelo."

Debemos recordar, además, que de acuerdo con el artículo 6 TRLS, todo ciudadano (e implícitamente va muy ligado a los propietarios del suelo y promotores de construcciones) tiene el deber de respetar el medio ambiente y el patrimonio cultural y natural:

"Todos los ciudadanos tienen el deber de:
a) Respetar y contribuir a preservar el medio ambiente y el paisaje natural absteniéndose de realizar actuaciones que contaminen el aire, el agua, el suelo y el subsuelo o no permitidas por la legislación en la materia.
(...)
d) Respetar y contribuir a preservar el paisaje urbano y el patrimonio arquitectónico y cultural absteniéndose en todo caso de realizar cualquier acto o desarrollar cualquier actividad no permitidos."

---

649 FRANCO ESCOBAR, Susana Eva, "Las obras, usos y actuaciones exentos de licencia urbanística", en Revista de Derecho urbanístico y medio ambiente, núm. 349, Madrid, 2021, pp. 40-41.

Respecto al contenido del derecho del suelo, la Ley de Suelo establece la facultad de uso, goce, disposición y explotación conforme a su destino según la legislación por razón de sus características.

Uno de los derechos del propietario del suelo es el de edificar, y para eso hay un control urbanístico, cuyo máximo exponente es el de la licencia urbanística. Así, según RIVERO YSERN[650], la licencia es un acto ampliatorio de derechos, un acto que amplía la esfera jurídica de los particulares y dentro de esa clase, es un acto de autorización que permite al titular el ejercicio de un derecho, previo control de legalidad.

A nivel jurisprudencial, de acuerdo con la STS de 7 de noviembre de 1988[651], el otorgamiento de la licencia es un acto reglado de la Administración a través del cual esta constata si el ejercicio del derecho a edificar se ajusta a los planes, ordenanzas y, en definitiva, a cuantos actos de valor normativo encaucen y regulen en instrumento público la materia urbanística.

A nivel normativo catalán, según el artículo 4 del Decreto 64/2014, se nos establece la siguiente definición de licencia urbanística:

> "Las licencias urbanísticas son títulos administrativos que habilitan a las personas interesadas para llevar a cabo los actos que están sujetos a estas. Su objeto es comprobar por parte de la administración competente para otorgarlas la adecuación de estos actos al ordenamiento jurídico urbanístico, previamente a su ejecución material. Cuando la legislación sectorial lo prevea expresamente, a través de las licencias urbanísticas también se comprueba su adecuación a los requisitos que se establecen en ella."

Por lo tanto, la licencia se caracteriza por los siguientes elementos[652]:

---

650 RIVERO YSERN, José Luís, *op. cit.*, pp. 233-234.

651 Sala de lo Contencioso, RJ 1988/8634.

652 RIVERO YSERN, José Luís, *Manual básico de Derecho Urbanístico*, editorial Tecnos, Madrid, 2018, p. 234-236.

a) **Es un acto declarativo del derecho que la misma autoriza**: así, la licencia reconoce (que no otorga) el haz de derechos del propietario que reconoce el artículo 12 y siguientes del TRLS. La misma STC 61/1997, en su fundamento jurídico 34 reconoció el carácter declarativo de la licencia, terminando con cualquier polémica sobre si era un acto declarativo o constitutivo de un derecho. Para GIFREU I FONT,

"el *ius aedificandi* no lo crea la licencia, es un derecho preexistente a la solicitud que se integra en el patrimonio jurídico del solicitante en la medida en que este ha dado cumplimiento a los deberes de cesión, equidistribución y urbanización inherentes al proceso de transformación del suelo." [653]

b) **Es un acto real**: pues se concede en atención al suelo o actividad para la que se solicitó, sin perjuicio de exigirse administrativamente la documentación precisa al solicitante. Así pues, según GIFREU I FONT, la licencia

"se centra en exclusiva en la actividad que se ha de llevar a cabo y en el objeto en el que recae –el suelo-, con independencia de las circunstancias personales y de la identidad del solicitante."[654]

c) **Es un acto transmisible**: pues a diferencia de los actos personales, como acto real el titular de la licencia no es un elemento fundamental, por lo que se puede transmitir el derecho a otro, si bien se debe comunicar al Ayuntamiento (ya que de lo contrario, transmitente y adquiriente estarían sujetos a las responsabilidades de la actuación hecha al amparo de la licencia) de acuerdo con el artículo 86 del ROAS, si bien si en un mes no se notifica la no procedencia de la transmisión, esta se considera plenamente eficaz[655].

d) **Es un acto reglado**: como acto autorizatorio, se debe dar obligatoriamente por el Ayuntamiento si la propuesta edifi-

---

653 GIFREU I FONT, Judith, *L'ordenació urbanística (…) op. Cit.*, p. 728.

654 GIFREU I FONT, Judith, *L'ordenació urbanística (…) op. Cit.*, p. 728.

655 GIFREU I FONT, Judith, *L'ordenació urbanística (…) op. Cit.*, p. 729.

catoria o actuación urbanística cumple con la legislación y el planeamiento urbanístico, sin que quepa establecer cualquier otro tipo de condicionante, exigencia o contraprestación no establecida normativamente.

Así, la STSJC de 31 de marzo de 2006[656] reafirma que la licencia debe darse por razones de legalidad, al estar sujeto al carácter reglado y al principio de legalidad, por lo que las razones sociológicas no son motivo para denegar una licencia.

Y para GIFREU I FONT,

> "El carácter reglado de las licencias administrativas es predicable no solo del acto de otorgamiento sino de todos sus aspectos: contenido, competencia del órgano otorgante y procedimiento a seguir (SSTS de 4 de octubre de 1993, 11 de julio de 1995, 22 de enero de 1996, 22 de diciembre de 2000, 15 de junio de 2001, 33 de enero de 2002 y 6 de noviembre de 2008)." [657]
> A pesar de ser un acto reglado, la jurisprudencia ha admitido la posibilidad de introducir en la licencia condicionantes para hacerla efectiva a pesar de que no se haya previsto por el solicitante[658], hecho que en el caso de los bienes catalogados será de suma importancia. En este sentido podemos citar la STS de 14 de abril de 1993, Sala de lo Contencioso-Administrativo.

Alguna doctrina como ALEGRE ÁVILA o ALONSO GARCÍA han estudiado la posibilidad jurídica de introducir condicionantes discrecionales en las licencias urbanísticas de temas relacionados con el patrimonio cultural como valorar la armonía de una construcción respecto del carácter histórico de los edificios de su entorno.[659]

---

656 Sala de lo Contencioso.

657 GIFREU I FONT, Judith, *L'ordenació urbanística (…) op. Cit.*, p. 730.

658 ESTÉVEZ GOYTRE, Ricardo, *op. cit.*, pp. 473-474.

659 ALONSO GARCÍA, Julián, "La protección del patrimonio cultural desde el derecho urbanístico", en *Revista Galega de Administración Pública*, núm. 56, 2018.

e) **Es un acto que no incide en cuestiones civiles sobre el derecho de propiedad**: es decir, se concede sin perjuicio del derecho de propiedad y sin perjuicio de derechos de terceros. Así, para GIFREU I FONT,

> "el control de la legalidad afecta exclusivamente la materia urbanística, no la legalidad en general. En consecuencia, no corresponde al ayuntamiento controlar a través de la licencia la titularidad dominical del terreno sobre el que se pretende construir, excepto los supuestos en los que el otorgamiento pueda afectar la protección y garantía de los bienes de titularidad pública[660] (art. 73.1 ROAS, SSTS de 9 de octubre de 1990, 29 de abril de 1997, 23 de febrero de 2005 y 21 de diciembre de 2009 y SSTSJC de 8 de octubre de 2001, 14 de septiembre de 2000 y 3 de febrero de 2004)." [661]

f) **Es un acto de competencia municipal**: dicha competencia entraría dentro las competencias de ejecución y disciplina urbanísticas que reconoce el artículo 25.2.a LBRL a los municipios. Concretamente, así lo reconoce el artículo 84 LBRL.1 cuando establece que

> "Las Entidades locales podrán intervenir la actividad de los ciudadanos a través de los siguientes medios: (...) b) Sometimiento a previa licencia y otros actos de control preventivo."

Acto de policía administrativa que debe sujetarse a los principios de "igualdad de trato, necesidad y proporcionalidad con el objetivo que se persigue" (art. 84.2 LBRL), si bien al ser un acto reglado autorizatorio la capacidad administrativa de rebasar esos principios es muy limitada.

Dentro del Ayuntamiento, el órgano competente para otorgarlo es el alcalde (art. 21.1.q LBRL) si bien es delegable a la Junta de Gobierno Local (art. 21.3 LBRL).

Esta competencia municipal no excluye la intervención puntual de otras administraciones, principalmente la autonómica, en ciertos casos o materias, entre las que destaca la del patrimonio cultural. Un ejemplo es la del artículo 23.2 LPCC que permite al Ayuntamiento suspender la tramitación de una licencia urbanística y solicitar al Departament de Cultura la incoación de un expediente

---

660 STS de 3 de julio de 1991, Sala de lo Contencioso-Administrativo.

661 GIFREU I FONT, Judith, *L'ordenació urbanística (...) op. cit.*, p. 728.

de declaración de BIC, la ejecutoriedad de dicha suspensión tiene un carácter inmediato, sin necesidad de esperar a su notificación, para evitar el indeseable resultado de que se ejecute mientras se espera a tal notificación, según la STSJC de 7 de diciembre de 2007, en el FJ 5º [662].

g) **La obtención de la licencia urbanística no exime de obtener las demás autorizaciones sectoriales exigibles legalmente para la actuación propuesta**: así lo reconoce el artículo 84.3 LBRL:

"Las licencias o autorizaciones otorgadas por otras Administraciones Públicas no eximen a sus titulares de obtener las correspondientes licencias de las Entidades locales, respetándose en todo caso lo dispuesto en las correspondientes leyes sectoriales".
Este aspecto es relevante en la cuestión patrimonial, pues el artículo 34 LPCC exige la autorización previa del Departament de Cultura de la Generalitat antes de la obtención de la licencia urbanística municipal en caso de obra u otra intervención sobre un BCIN.

A grandes rasgos, se considera que pueden existir licencias urbanísticas de parcelación, urbanización, o de edificación, obras e instalaciones: el artículo 187 TRLUC establece más de 15 supuestos de actos sujetos a licencia. De todas estas, la que nos interesará principalmente por su afectación más intensa a un bien catalogado será la licencia de obras que requiere proyecto.

IV.1.1.2.- Deber de obtención de licencia urbanística en los bienes catalogados

Tradicionalmente en el ordenamiento jurídico español existía el régimen de licencia urbanística previa como único mecanismo de control de las obras de edificación, sin embargo la normativa europea ha favorecido el libre acceso a las actividades económicas y ha relegado los controles preventivos y el régimen de silencio

---

662 Sala de lo Contencioso, Sección 3ª (Sentencia 1045/2007 de 7 Dic. 2007, Rec. 23/2007; Ponente: Juanola Soler, José).

administrativo negativo a supuestos excepcionales justificados y tasados.

Para GIFREU I FONT[663], el principio de necesidad que justificaría la obtención previa de licencia urbanística permite considerar razones imperiosas de interés general para dicha exigencia, que en el ámbito urbanístico, según la autora, sin duda serían los casos de protección del medio ambiente y la conservación del patrimonio histórico-artístico, con lo que considera que muchos de los supuestos del artículo 187 TRLUC son claros candidatos a alterar estos elementos. De hecho, con posterioridad a su obra, en 2015 se creó el nuevo apartado segundo del artículo 187 que explicitó la necesidad de licencia previa para obras que afecten a bienes protegidos o catalogados, como veremos luego.

Con la introducción del artículo 84 bis de la LBRL por el apartado dos del artículo 41 de la Ley 2/2011, de 4 de marzo, de Economía Sostenible (que transpone la Directiva 123/2006/CE de servicios, o "*Directiva Bolkestein*") se establece un nuevo paradigma para el régimen de actividades, también de las entidades locales, donde el régimen de licencias previas será la excepción en todas las actividades económicas.

Según este precepto la protección del patrimonio cultural no es explícitamente un motivo para exigir control preventivo de una actividad económica (en cambio sí que lo es la protección del medio ambiente del sitio de la actividad, lo que podría incluir el patrimonio natural). Sin embargo la protección del patrimonio histórico y el medioambiente sí pueden hacer exigir régimen de autorización previa para instalaciones o infraestructuras físicas para ejercer una actividad económica si se acredita la posibilidad de que la actividad económica genere daños al medio ambiente, entorno urbano o patrimonio histórico, la medida la regula una ley y la medida es proporcionada.

---

663 GIFREU I FONT, Judith, *L'ordenació urbanística (…) op. cit*, p. 749.

Por lo tanto la protección del patrimonio cultural, solo de forma tangencial, puede estar sujeta a licencia urbanística de obras en supuestos excepcionales. Luego veremos que las Comunidades Autónomas han regulado el tema urbanístico de forma más proteccionista.

El régimen, por lo tanto se ha flexibilizado, y de hecho hoy en día Cataluña es una de las tres Comunidades Autónomas (junto a la Comunidad Valenciana y Canarias) donde hay una regulación explícita de los supuestos donde no se exige licencia urbanística ni comunicación previa[664]. En otras CCAA se ha dejado cierto margen de regulación a los municipios para decidir qué obras están sujetas o no a control previo urbanístico, por lo que las ordenanzas urbanísticas lo acaban de determinar[665].

De acuerdo con la legislación catalana, existe la obligación de obtención de licencia urbanística municipal por intervenir sobre elementos objeto de protección en el bien catalogado o protegido (art. 187.2.a TRLUC y art. 33.2 Decreto 64/2014). Esto sirve tanto para bienes protegidos por la legislación del patrimonio cultural (BCIN, BCIL y EPA) como urbanística (bienes del catálogo municipal que no sean BCIN, BCIL o EPA).

Lo primero que debemos tener en cuenta es que las obras que afecten a elementos catalogados siempre requerirán de un proyecto de obras firmado por un técnico competente, independientemente de que lo exija o no la Ley de Ordenación de la Edificación, así lo explicita el artículo 33 del Decreto 64/2014.

Uno de los retos de los servicios técnicos municipales así como de los promotores será dilucidar cuándo una intervención afecta a una parte catalogada del bien y cuándo no. Hay casos claros en que siempre se requerirá licencia, como cuando se interviene

---

664 Ver el artículo 187 ter TRLUC, introducida en el año 2015.

665 Ver por ejemplo el articulo 57 de la Ordenanza *Reguladora de la Tramitación de Licencias Urbanísticas, Declaraciones Responsables y demás Medios de Intervención en el Uso del Suelo y la Edificación* del Ayuntamiento de Málaga (B.O.P núm. 109 de 10 de junio de 2019).

un edificio con protección integral, pero hay casos más dudosos, como las de protección parcial o de elementos puntuales, así la Sentencia del Juzgado de lo Contencioso-administrativo N°. 2 de Tarragona de 15 de marzo de 2018[666] analizó en el FJ 2° el supuesto en que se colocó una marquesina en una fachada de un edificio con la fachada catalogada según el POUM, en el que la juez consideró que efectivamente sí se tocaba un elemento catalogado y requería licencia urbanística y no comunicación previa como había hecho el promotor.

También debemos tener en cuenta que de acuerdo con el nuevo artículo 9 bis del TRLUC, introducido por el apartado 5.1 del artículo 2 del "Decreto Ley catalán 16/2019, 26 noviembre, de medidas urgentes para la emergencia climática y el impulso a las energías renovables", a pesar de que se admite la implantación de las instalaciones para el aprovechamiento de la energía solar mediante captadores solares térmicos o paneles fotovoltaicos, sin necesidad de modificar el planeamiento urbanístico (apartado primero), no es menos cierto que el apartado cuarto del mismo artículo nos recuerda que

> "No son aplicables las normas de aplicación directa que establece este artículo cuando sean incompatibles con las normas de protección del patrimonio cultural o urbanísticas".

Por lo tanto, el legislador catalán ha pretendido dar un impulso indudable a la incorporación de instalaciones de energía solar en los inmuebles, si bien no a costa del patrimonio arquitectónico, eso no significa que no sean incorporables en inmuebles catalogados, si bien se deberá estar preferentemente a las disposiciones legales en el caso de un BCIN[667] y a lo que determine el plan urbanístico que contenga el catálogo de protección en el caso de los BCIL (art. 39 LPCC) y otros bienes catalogados.

---

666 Sentencia 62/2018, Rec. 65/2016; Ponente: Chasán Alemany, María Lourdes.

667 Donde el artículo 35.1.f LPCC limita mucho su posible instalación al prohibirlas en zonas de fachada y cubiertas visibles.

Por último, no podemos olvidar tampoco que en el ámbito de licencias urbanísticas, los bienes del patrimonio cultural influyen en ciertas materias sectoriales, tales como las instalaciones en materia de telecomunicaciones[668]

---

668 Hay que recordar que cierta legislación sectorial exige licencias para ciertas obras o instalaciones específicas, como la instalación o explotaciones de estaciones o infraestructuras radioeléctricas en un BIC o espacio natural protegido, de acuerdo con el artículo 49.9 de la nueva Ley 11/2022, de 28 de junio, General de Telecomunicaciones (LGTel). El artículo 49.8 LGTel también establece una excepción para los BIC para impedir el despliegue de cables aéreo y por fachada en casos justificados.
Mientras que el artículo 50.5 LGTel establece otra excepción para los BIC pero en el mero sentido de no exigir un informe del Ministerio de Transformación Digital para la adopción de una medida cautelar o una resolución administrativa que impida o paralice la instalación de una infraestructura de red o recurso asociado que cumpla los requisitos de acuerdo con el art. 49.5.
Abarca un mayor ámbito de protección la previsión del artículo 49.10 LGTel referente a la necesidad de obtener licencia o equivalente para instalar o explotar puntos de acceso inalámbricos, pues la excepción abarca a todos los casos de edificios o lugares con valor arquitectónico, histórico o nacional protegidos de acuerdo con la ley, lo que permitiría abarcar BIC/BCIN, BCIL y también meros bienes del catálogo urbanístico (protegidos de acuerdo con el TRLUC).
No podemos olvidar, tampoco, que el artículo 187.1.n TRLUC establece un supuesto de licencia urbanística obligatoria relacionada con esta materia: "n) La instalación de infraestructuras de servicios de suministro de energía, de agua, de saneamiento, de telefonía u otros servicios similares, y la colocación de antenas o dispositivos de telecomunicaciones, excepto las infraestructuras relativas a las redes públicas de comunicaciones electrónicas que, de acuerdo con la legislación sobre telecomunicaciones, estén sujetos al régimen de declaración responsable establecida."
Hay que mencionar al respecto que la STS de 15 de diciembre de 2003, Sala de lo Conencioso, ya consideró que los Ayuntamientos pueden, a través del planeamiento urbanístico, establecer condiciones para la instalación de antenas y redes de telecomunicaciones y contemplar requisitos para realizar las instalaciones en ordenanzas o reglamentos con tal de preservar intereses municipales en materias como, entre otras,

y las obras que afectan a la accesibilidad universal de discapacitados[669].

---

la protección del medio ambiente y del patrimonio histórico artístico (basado en los títulos competenciales del artículo 25.2 LBRL), si bien no se permiten las restricciones absolutas al derecho de los operadores a establecer sus instalaciones ni las limitaciones desproporcionadas. Como destaca GIFREU I FONT, "en relación con la instalación de antenas de telefonía móvil y la competencia municipal para ordenar su ubicación, la STS de 18 de junio de 2001 considera imprescindible una regulación municipal que evite la saturación, el desorden y el menoscabo del patrimonio histórico y del medio ambiente urbano." Ver GIFREU I FONT, Judith, *L'ordenació urbanística (…) op. cit*, p. 755.

669 Mientras que el "Real Decreto Legislativo 1/2013, de 29 de noviembre, por el que se aprueba el Texto Refundido de la Ley General de derechos de las personas con discapacidad y de su inclusión social" entiende que las medidas para garantizar la igualdad de oportunidades, la no discriminación y la accesibilidad universal se aplican, entre otros, ámbitos en el del "Patrimonio cultural, de conformidad con lo previsto en la legislación de patrimonio histórico, siempre con el propósito de conciliar los valores de protección patrimonial y de acceso, goce y disfrute por parte de las personas con discapacidad".

Si bien en la misma ley no se determinan medidas concretas para conciliar los valores de la accesibilidad universal de discapacitados con la protección del patrimonio cultural. Más bien tendríamos que ir a la Ley 13/2014, de 30 de octubre, de accesibilidad, una ley catalana en cuyo artículo 16 se permite la adopción de soluciones alternativas para conciliar la accesibilidad de inmuebles protegidos con la protección de esos valores culturales que motivaron la protección de un inmueble ya sea BIC/BCIN, EPA, BCIL o mero bien del catálogo urbanístico municipal.

Una solución análoga se adopta en las comunidades autónomas de Galicia (art. 29 Ley de Galicia 10/2014, de 3 de diciembre, de accesibilidad) o Islas Baleares (art. 14 Ley 8/2017, de 3 de agosto, de accesibilidad universal de las Illes Balears). Destaca que la ley catalana abarca no solo los bienes protegidos por la legislación sectorial del patrimonio cultural, sino también los bienes catalogados urbanísticamente para la adopción de soluciones alternativas, lo que amplia substancialmente el ámbito objetivo respecto de la legislación estatal.

En todo caso, deberá ser la normativa reglamentaria autonómica y el planeamiento urbanístico municipal la que deberá concretar cuáles

IV.1.2.- Procedimiento

En este apartado examinaremos solo las licencias urbanísticas[670] y en concreto la licencia ordinaria en suelo urbano y suelo urbanizable delimitado, por ser la que más usualmente afecta a bienes catalogados y protegidos. A continuación exponemos de forma esquemática el procedimiento de licencia urbanística ordinaria[671]:

1) Solicitud del interesado;
2) Decreto de incoación y notificación de plazo para resolver (art. 21.4 LPAC);
3) Plazo de enmienda de defectos, en su caso (art. 68 LPAC);
4) Resolución de inicio + nombramiento instructor[672] (art. 48 Ley 26/2010);
5) Informe técnico y jurídico (art. 188.3 TRLUC);
6) Plazo de audiencia de 10 días hábiles a interesados (art. 80 ROAS);

---

son las alternativas que concilian la accesibilidad con la protección de los valores culturales de un bien protegido.

En Asturias directamente se prevé la prevalencia de la protección de edificios protegidos a través de la Disposición Adicional 4ª de la "Ley asturiana 5/1995, de 6 de abril, de promoción de la accesibilidad y supresión de barreras", si bien también prevé una acción de fomento (ayudas técnicas) para la investigación para adoptar esa clase de soluciones, en el artículo 33.

670 Las comunicaciones previas y las declaraciones responsables urbanísticas no se estudian por no estar usualmente vinculadas a un bien catalogado, de acuerdo con el art. 187 TRLUC.

671 FERRERA, Juanma, *apuntes del Curso de procedimientos establecidos en el TRLUC*, EAPC, 2017.

672 No se suele hacer, si bien la Ley 26/2010 no distingue entre procedimientos para nombrar a un instructor, eso sí, no tiene por que ser un técnico jurídico, pero debe ser funcionario de carrera o interino.

7) Resolución del Alcalde (art. 21.1.q LBRL, delegable en JGL o concejal);

8) Notificación interesados + publicación (art. 84.1 ROAS) + colocación de cartel en sitio visible de vía pública si se prevé en ordenanza (art. 84.2 ROAS).

Respecto a los trámites de este procedimiento, hay que hacer algunas precisiones:

1) El plazo para resolver y notificar resolución es de 2 meses si las obras requieren proyecto, o de 1 mes para obras sin proyecto, división horizontal, parcelación urbanística, declaración de innecesaridad y primera ocupación parcial (art. ROAS y art. 24 LPAC).

2) Se requiere un instructor (art. 48.3 de la Ley 26/2010) si bien no tiene por qué ser técnico jurídico. El nombramiento del instructor se hace en el decreto de incoación y debe contener plazo para alegar y recusar.

3) Según el artículo 34.3 del Decreto 64/2014 y la STS de 9 de mayo de 1985[673], el proyecto básico es requisito esencial para otorgar licencia, mientras que el proyecto ejecutivo es esencial para iniciar las obras. Según el artículo 2.2 de la Ley de Ordenación de la Edificación, se exige proyecto de obras si se interviene un bien catalogado o protegido por la legislación sectorial del patrimonio cultural.

4) Si el alcalde delega en la Junta de Gobierno Local la resolución, no es preciso que pase previamente por la Comisión Informativa (a diferencia de lo que ocurre cuando el Pleno delega en otro órgano), según los arts. 113.1.e y 123 ROF).

5) Si la obra genera residuos, según el "Decreto de 29 de junio, por el que se aprueba el Programa de gestión de residuos de la construcción de Cataluña" (PROGROC) se debe abonar una tasa de 11 euros por tonelada con un mínimo de 150

---

673 Sala de lo Contencioso.

euros (no pagan las obras menores domiciliarias, según Disposición Adicional 3ª).

6) Se exige la licencia para contratar provisionalmente suministros y servicios (art. 42 del Decreto 64/2014).

7) Si la licencia exige previamente una demolición, si bien normalmente se entiende que se puede entender implícitamente la misma en la licencia de nueva construcción, y se permite la tramitación conjunta de la licencia de derribo y la de obra nueva en vista de lo que dice el artículo 5.4 del Decreto 64/2014 y del artículo 76 del ROAS (sobre "Expediente único en diversidad de licencias"), lo cierto es que la jurisprudencia, como la STS de 9 de noviembre de 1988[674] entienden que en caso de intervención sobre bienes con alguna clase de protección debe exigirse licencia diferenciada para derribo y otra para la posterior obra nueva. En todo caso, el artículo 89.5 del ROAS permite, a pesar de ser expedientes diferenciados, una tramitación en paralelo de la obra de derribo (siempre que se admita el derribo parcial del inmueble, naturalmente) y de la obra nueva en caso de bienes protegidos[675].

IV.1.3.- Efectos de su otorgamiento

IV.1.3.1.- Otorgamiento de licencia

Como hemos dicho, el otorgamiento de la licencia urbanística es un acto previo a la actividad urbanística o de edificación, que la licencia la otorga el alcalde del Ayuntamiento del municipio donde se pretende efectuar la obra, si bien es delegable, y también es

674 Sala de lo contencioso, EDJ 16867.

675 En caso de ruina inminente se estarà a lo dispuesto en la normativa urbanística y legislación del patrimonio cultural sobre el caso en bienes catalogados o protegidos.

un acto real y reglado en el sentido anteriormente expuesto. Es preciso tener en cuenta que cierta jurisprudencia ha establecido un criterio de "*in dubio pro patrimonium*" a la hora de interpretar el otorgamiento de licencias, para evitar el daño irreversible al patrimonio cultural, cosa que tiene sentido en base al principio rector del artículo 46 de la Constitución, que debe informar la actividad administrativa (artículo 53.3 CE). Así se expresa la STSJ de las Islas Baleares de 3 de noviembre de 2005 y que confirma la STS de 20 de marzo de 2014[676] (FJ 4º).

IV.1.3.2.- Silencio administrativo de las licencias urbanísticas

A pesar de que la Administración está obligada a dictar los actos administrativos y a notificarlos en el plazo legalmente establecido, muchas veces se da que llegado el día no se ha resuelto y/o notificado, con lo que se creó en la Francia de principios del siglo XX la figura del silencio administrativo como ficción legal en beneficio del interesado para impedir que la manca de resolución administrativa impidiera al interesado impugnar judicialmente esta situación[677]. Los supuestos genéricos de silencio administrativo están regulados en el artículo 24 LPAC, si bien no hacen mención directamente a los supuestos de licencia urbanística, cuestión que se regula en el TRLS y en base a esta legislación básica, en el TRLUC. La jurisprudencia, como las SSTS de 4 de febrero de 2002, 28 de enero de 2009 y 7 de diciembre de 2011[678] o las SSTSJC de 1 de marzo y 29 de diciembre de 2005[679] han clarificado que no se puede obtener por silencio administrativo positivo aquello que está prohibido por el ordenamiento jurídico. Si bien según la STS de

---

676 Sala de lo Contencioso, sección quinta (Rec. 4333/2011; ponente: Suay Rincón, José Juan).

677 GIFREU I FONT, Judith, *L'ordenació urbanística (...) Op. Cit.*, pp. 804-805.

678 Sala de lo Contencioso-Administrativo.

679 Sala de lo Contencioso-Administrativo.

9 de marzo de 1985[680] solo las infracciones urbanísticas graves en que incurra la petición de licencia puede dar lugar al silencio negativo por este supuesto. Si bien no es menos cierto que debido a la gravedad que reviste toda contravención al ordenamiento jurídico urbanístico cuando se trata de un bien catalogado (solo hace falta recordar, a modo de ejemplo, que cualquier infracción sobre bienes catalogados es una infracción muy grave según el TRLUC) creo que es difícil justificar un silencio positivo si se contraviene en la solicitud de licencia el ordenamiento jurídico urbanístico en lo que se refiere al bien catalogado o protegido.

El artículo 40 de la Ley de Economía Sostenible de 2011 limitó el silencio negativo en licencias a supuestos donde concurrieran razones imperiosas de interés general para mantener dicho silencio negativo. Por ese motivo, el TC en su Sentencia 143/2017 de 14 de diciembre anuló diversos de los supuestos del silencio negativo del TRLS de 2008. Ni en la versión del 2008 ni en la posterior a la sentencia del TC se admitía el supuesto de obra u otra actuación sobre el patrimonio cultural o sobre bienes catalogados como supuesto admitido para determinar el silencio negativo en caso de no concederse licencia en el plazo legal.

Por lo tanto, en virtud del artículo 11.4 TRLS de 2015 y en relación con el artículo 188.2 TRLUC, se entiende *a contrario*, que toda intervención en los bienes sujetos a un régimen de protección patrimonial cultural o urbanística tienen un régimen de silencio administrativo positivo (y por lo tanto se deberá conceder licencia urbanística) si bien en ningún caso se podrán considerar adquiridas por silencio administrativo facultades urbanística que contravengan la ley o el planeamiento urbanístico.

IV.1.3.3.- Caso de la revocación implícita de la licencia

Puede darse el caso de que la licencia correctamente otorgada no se anule, pero se impongan toda una serie de condicionantes

---

680 Sala de lo Contencioso-Administrativo.

a posteriori que *de facto* imposibiliten el ejercicio de la licencia por el particular tal y como estaba concedida originalmente, es el que se llama la "revocación implícita" o indirecta de la licencia[681], y puede ser indemnizable por la administración, hecho que no sería extraño en el caso de licencias sobre bienes catalogados o que revistan un interés arquitectónico.

Cabe citar, a este respecto, la sentencia del TSJ de Castilla y León de 24 de enero de 2003[682], que condena al Ayuntamiento de Olmedo (Valladolid) a pagar una indemnización compensatoria al particular propietario de un inmueble por haberse le impedido ejecutar una licencia de obras para construir unas viviendas de acuerdo con la licencia original, a causa de las prescripciones de la Comisión autonómica de Patrimonio que incorporó de forma demasiado tardía el Ayuntamiento, una vez ya concedida la licencia, en consecuencia en el FJ 2º se concreta que en estos supuestos de revocación implícita de la licencia legalmente concedida da lugar a indemnización, a pesar de no haberse anulado formalmente la licencia.

Sigue la sentencia, en su FJ 4º, de que la indemnización a pagar se tendrá en cuenta como si se tratara de un supuesto de concesión de licencia ilegal, pues la jurisprudencia así lo ha declarado para estos supuestos de revocaciones implícitas de licencia.

IV.1.3.4.- Licencia de obras en BCIN y BCIL

La LPCC no exige ninguna intervención del Departament de Cultura de la Generalitat de Catalunya respecto de los BCIL, a diferencia del caso de los BCIN donde sí interviene de forma activa.

---

681 MACERA, Bernard-Frank y FERNÁNDEZ GARCÍA, Yolanda, *La responsabilidad de la Administración en el Derecho Urbanístico,* Marcial Pons, Madrid, 2005, p.130-133.

682 Sala de lo Contencioso-Administrativo, Sección 1ª (Roj: STSJ CL 341/2003 - ECLI:ES:TSJCL:2003:341; Ar. 2003/982; ponente: S.H. de Castro García).

Por lo tanto, cuando se pida licencia de obras u otra licencia urbanística sobre un BCIL, será suficiente con la preceptiva y común licencia urbanística municipal, que lógicamente deberá tener en cuenta las prescripciones genéricas de la LPCC sorbe conservación del BCIL así como las demás medidas de protección previstas en el planeamiento urbanístico municipal.

Así, para los BCIN se precisa, como se ha dicho, autorización autonómica del Departament de Cultura previamente a la obtención de la licencia urbanística municipal, excepto para aquellos BCIN para los que se haya aprobado un plan especial, cuando eso sea preceptivo (ver el artículo 34.1 y 2 LPCC).

La autorización del Departament de Cultura debe hacerse según los criterios de intervención admisibles en un BCIN del artículo 35, pero también se le deja cierto margen de discrecionalidad para valorar en cada supuesto la compatibilidad de la intervención propuesta con la preservación de los valores culturales del BCIN (art. 34.4).

Esta capacitación legal para tener cierto margen de discrecionalidad en la autorización autonómica casa bien con cierta jurisprudencia, pues se ha discutido si la administración competente en cultura puede exigir modificaciones en el proyecto de obras que afecta a un BCIN/BIC. A pesar de unas reticencias iniciales, actualmente se considera que la exigencia de defender el derecho a la cultura y el principio rector del artículo 46 CE obliga a interpretar la legislación protectora del patrimonio cultural en el sentido más favorable a su conservación, separándose, si fuera necesario, de las normas urbanísticas y licencias ya otorgadas (ver el FJ 3º de la STS de 6 de abril de 1992[683])

Una vez el Ayuntamiento reciba la autorización autonómica, podrá proseguir la tramitación de la licencia urbanística y noti-

683 Sala de lo Contencioso-Administrativo, Sección 1ª (Roj: STS 11800/1992 - ECLI:ES:TS:1992:11800; ponente: José María Morenilla Rodríguez).

ficar al interesado y al Departament de Cultura la licencia que afecte al BCIN (art. 34.5 LPCC).

Mientras que el promotor de las obras en un BCIN debe incluir en su proyecto de obras un informe sobre los valores históricos, artísticos y arqueológicos del bien y sobre su estado actual y la evaluación del impacto de la intervención propuesta (art. 34.3).

Para los cambios de uso, en el caso de los BIC de categoría de monumento, se precisa autorización previa también del Departament de Cultura, además del informe del Ayuntamiento, para luego poder conceder la licencia urbanística municipal. Mientras que para los BCIL, los cambios de uso los autoriza la administración local que los declaró (Ayuntamiento o Consejo Comarcal) previo informe favorable del responsable municipal de patrimonio, por lo que no hay intervención autonómica. Solo se exige que el uso propuesto sea compatible con su protección como BCIL (art. 36 LPCC). Mientras que para desplazar un BCIN inmueble de su entorno, se exige informe favorable previo del Departament de Cultura antes de otorgarse licencia urbanística municipal (art. 37 LPCC).

El artículo 46 CE hace un mandato a todos los poderes públicos, lo que incluye tanto Ayuntamientos, Comunidades Autónomas (y el Estado en su ámbito competencial) para conservar el patrimonio cultural español. Esto ha dado pié a que la legislación sectorial autorice tanto a la Comunidad Autónoma como al municipio a intervenir en las obras sobre los BCIN/BIC. El Ayuntamiento dará la licencia urbanística y el Departament de Cultura de la Generalitat autorizará sobre el deseo de salvaguardar bienes singulares, marginando consideraciones privadas al bien común de la colectividad, tal y como cita BENÍTEZ DE LUGO GUILLÉN[684] en referencia a la STS de 29 de octubre de 1984, Sala de lo Contencioso Administrativo.

---

684 BENÍTEZ DE LUGO GUILLÉN, Félix, *El Patrimonio Cultural Español. Aspectos jurídicos, administrativos y fiscales. Incentivos en la Ley de Fundaciones*, Ed. Comares, Granada, 1995, p. 252.

Mientras que la STSJ de Cantabria de 16 de febrero de 1990, Sala de lo Contencioso-Administrativo, se manifestó a favor también de la necesidad de ambas licencia y autorización en caso de obras a BIC, determinando además el carácter vinculante para los Ayuntamientos de la autorización autonómica si era desfavorable a las obras.[685]

Mientras que la STS de 21 de enero de 1992, Sala de lo Contencioso-Administrativo, determinó también el carácter de requisito indispensable de la autorización autonómica sobre el BIC para el otorgamiento de la licencia municipal, mientras que la licencia urbanística municipal se referirá a si las obras se acomodan a la legislación y planeamiento urbanísticos. En el mismo sentido, la STS de 22 de enero de 1992[686] también nos recuerda el carácter preceptivo de la obtención de autorización autonómica cultural para realizar obras en conjuntos declarados BIC para luego poder otorgar licencia municipal, de acuerdo con el artículo 23.1 LPHE. Y sigue subrayando la citada sentencia la importancia de las competencias municipales en la tutela del patrimonio cultural y la interrelación entre dicha tutela y el urbanismo, así como la importancia de las autorizaciones autonómicas preceptivas en los BIC antes de que se redacte el preceptivo plan especial de defensa del BIC en los casos en que se exige.

Por otro lado, la STS de 20 de mayo de 1993[687], en su FJ 5º, determina que la falta de autorización de la administración competente en patrimonio cultural determina la anulación parcial del procedimiento seguido por el otorgamiento de licencia municipal, por lo que se deben retrotraer las actuaciones al momento en que debió ordenarse la autorización cultural.

---

685 BENÍTEZ DE LUGO GUILLÉN, Félix, *El Patrimonio Cultural Español. Aspectos jurídicos, administrativos y fiscales. Incentivos en la Ley de Fundaciones*, Ed. Comares, Granada, 1995, p. 252.

686 Sala de lo Contencioso-Administrativo, Sección 1ª (Roj: STS 379/1992 - ECLI:ES:TS:1992:379; ponente: Francisco Javier Delgado Barrio).

687 Sala de lo Contencioso-Administrativo, Sección 1ª (Roj: STS 3182/1993 - ECLI:ES:TS:1993:3182; ponente: Mariano Baena del Alcázar).

También es de interés la STS de 3 de octubre de 1986[688] (FJ 4°), pues nos recuerda la prevalencia del informe sectorial de cultura de la administración (Estatal, pero normalmente de la Comunidad Autónoma actualmente) frente al informe urbanístico municipal (incluso las medidas protectoras de los BIC/BCIN prevalecen por encima de licencias ya otorgadas por el municipio que causen daño irreparable al bien) y lo hace citando además numerosa jurisprudencia anterior.

Finalmente, hay que recordar que según el artículo 77 LPCC, sobre medidas cautelares, se faculta a la Generalitat (e incluso a los Ayuntamientos, cuando se trate de obras o actuaciones sujetas a licencia municipal, que será casi siempre para bienes inmuebles) para suspender obras o actuaciones en BCIN o bienes catalogados (no especifica si muebles o inmuebles, lo que incluiría a los BCIL).

El apartado tercero es un poco sorprendente al referise solo en caso de indicios de infracción grave o muy grave para acordar el órgano competente sancionador la inmovilización, precinto o depósito de los materiales y utensilios empleados, pues a mi juicio hoy en día cualquiera de estas medidas se puede hacer en cualquier procedimiento sancionador o no sancionador en virtud del artículo 56.3 LPAC, sobre medidas provisionales, debido a su carácter básico.

Y a nivel sancionador, "el otorgamiento por parte de los Ayuntamientos de licencias de obras y la adopción de medidas cautelares incumpliendo lo dispuesto en el artículo 34" es una infracción grave, mientras que "el otorgamiento por los Ayuntamientos de licencias urbanísticas de desplazamiento de inmuebles incumpliendo lo dispuesto en el artículo 37" es una infracción muy grave (art. 71 LPCC). Mientras que a lo que respecta sobre bienes arqueológicos, según el artículo 71.5.b LPCC:

---

688 Sala de lo Contencioso-Administrativo, Sección 1ª (Roj: STS 14076/1986 - ECLI:ES:TS:1986:14076; ponente: Salvador Ortola Navarro).

> "5. Son infracciones leves, graves o muy graves, en función del daño potencial o efectivo al patrimonio cultural:
> (...)
> b) La realización de intervenciones sobre bienes culturales de interés nacional y sobre espacios de protección arqueológica sin licencia urbanística o incumpliendo sus términos."

IV.1.4.- Comparativa con otras Comunidades Autónomas

IV.1.4.1.- Principado de Asturias

El "Decreto Legislativo 1/2004, de 22 de abril, por el que se aprueba el Texto Refundido de las disposiciones legales vigentes en materia de ordenación del territorio y urbanismo" (TROTU) no hace la típica inclusión del supuesto de licencia urbanística para cualquier actuación en bienes protegidos o catalogados en el artículo 228, excepto solo en el apartado 3.q) es explícito al exigir licencia urbanística municipal previa para la tala de árboles singularmente protegidos por el planeamiento.

Más bien el legislador asturiano hace una propuesta *a contrario* para entender que casi cualquier intervención en un BIC o bien catalogado está sujeto a licencia urbanística previa. En primer lugar, lo hace a través de su artículo 228.4 que en ningún caso son obras menores cualquier intervención en un edificio BIC o catalogado.

Y en segundo lugar, lo hace a través del artículo 228 bis cuando establece los bienes inmuebles catalogados o protegidos sectorialmente a nivel patrimonial como excepciones al régimen de declaración responsable urbanística para actos de transformación, construcción, edificación o uso del suelo o el subsuelo que no requieran licencia en virtud del artículo 228, o para los movimientos de tierra no significativos, cierres de fincas e instalación de placas fotovoltaicas.

A nivel de legislación sectorial del patrimonio, la Ley del Principado de Asturias 1/2001, de 6 de marzo, de Patrimonio Cultural

(LPCPA) prevé en su artículo 36, sobre licencias urbanísticas a los bienes integrantes del Patrimonio Cultural de Asturias, que los Ayuntamientos no pueden otorgar licencias urbanísticas contrarias a la LPCPA, con lo que las obras o usos contrarios a la ley serán ilegales y facultarán a la Consejería de Cultura asturiana a ordenar reconstruir o demoler lo alterado a costa del responsable. Incluso el artículo 37 faculta a la Consejería de Cultura a paralizar por un máximo de 30 días hábiles las obras ilegales en BIC o bienes inventariados si hay un deterioro de los valores culturales o un grave riesgo para esto. Luego la Consejería deberá decidir si se continua o no la actividad iniciada. Igualmente se faculta a la Consejería de Cultura y al Ayuntamiento afectado para suspender las obras durante 3 meses con el fin de resolver si se aplican o no las medidas de protección necesarias.

Mientras que para los bienes de los Conjuntos Históricos y asimilados, se precisa autorización previa de la Consejería de Cultura, además de la licencia urbanística posterior, solo cuando no se haya aprobado todavía un plan urbanístico para el Conjunto o asimilado (artículo 56 LPCPA).

IV.1.4.2.- Aragón

El artículo 226.2 del TRLUA admite como supuesto de obras sujetas a licencia urbanística municipal previa a otorgar por el Alcalde, supuestos relacionados con edificios y árboles protegidos, concretamente:

> "d) Obras de todo tipo en edificaciones protegidas por sus valores culturales o paisajísticos en cuanto afecten a los elementos objeto de protección.
> e) Talas de masas arbóreas o de vegetación arbustiva que afecten a espacios de alto valor paisajístico o a paisajes protegidos."

Así como el plan urbanístico podría incluso admitir otros supuestos de sujeción a licencia relacionados con los bienes catalogados si así se justifica debidamente:

"g) Otros supuestos establecidos en el plan general por concurrir razones especiales de interés público que habrán de especificarse en la memoria."

Asimismo, para el artículo 227.2.f) TRLUA, los bienes catalogados son una excepción al régimen general de comunicación previa para la instalación de placas fotovoltaicas.

Mientras que para los BIC, como es habitual en los demás regímenes autonómicos, se exige para el otorgamiento de licencias urbanísticas municipales, la previa autorización cultural del Departamento de Cultura autonómico, ya que de lo contrario la licencia sería nula y las obras ilegales, pudiendo el Consejero de Cultura autonómico actuar ante tales casos -paralizando las obras y mandando reconstruir lo alterado-, según el artículo 36 LPCA.

Para los bienes catalogados aragoneses (no confundir con los de mera protección urbanística por catalogación), según el artículo 51 LPCA, tendrán la protección que les dé el catálogo y cualquier intervención en el bien y su entorno requerirá autorización previa del Departamento autonómico de Cultura (pudiendo el Departamento de Cultura suspender cautelarmente las obras no autorizadas en el bien), y en caso de ser bienes catalogados dentro de un Conjunto histórico con Plan Especial de Protección, rige para el entorno lo dispuesto en los artículos 44 y 45 LPCA, que es el clásico régimen, igual que el catalán de que si se aprueba el plan urbanístico del Conjunto pasa a ser innecesario el informe previo de la Consejería de Cultura para los bienes del conjunto no protegidos específicamente como BIC ni sus zonas de entorno. Mientras no haya aprobado este instrumento urbanístico, todo pasará por el informe previo de la Consejería de Cultura.

Mientras que para los Bienes Inventariados Aragoneses, el artículo 56 LPCA exige autorización previa del Director General de Patrimonio Cultural antes de cualquier intervención sobre el bien.

IV.1.4.3.- Comunidad de Madrid

El Capítulo III del Título IV -artículos 151 a 163- redactado por el número diecisiete bis del artículo cinco de la Ley 11/2022, de 21 de diciembre, de Medidas Urgentes para el Impulso de la Actividad Económica y la Modernización de la Administración de la Comunidad de Madrid, vigente desde el 23 diciembre 2022 ha dispuesto una nueva regulación del artículo 152 sobre "actos sometidos a licencia" si bien no ha afectado su relación con los bienes catalogados desde la versión vigente en 2020.

Así, nos dispone el artículo 152 LSCM que,

> "Únicamente estarán sujetos a licencia urbanística municipal los siguientes actos de uso del suelo, construcción y edificación:
> (...)
> b) Cualquier actuación que tenga el carácter de intervención total en edificaciones catalogadas o que dispongan de algún tipo de protección de carácter ambiental o histórico-artístico, regulada a través de norma legal o documento urbanístico y aquellas otras de carácter parcial que afecten a los elementos o partes objeto de protección."

Mientras que la primera ocupación de un edificio protegido se hará mediante declaración responsable y no licencia, puesto que dicha actuación no está reservada a licencia según el artículo 152 LSCM, pues según el artículo 155 las primeras ocupaciones están sujetas a declaración responsable.

La nueva "Ley 8/2023, de 30 de marzo, de Patrimonio Cultural de la Comunidad de Madrid" (LPCCM) en su artículo 39 obliga a que exista autorización previa de la Consejería de Cultura autonómica para cualquier intervención (incluidos los cambios de uso) en un BIC, Bien de Interés Patrimonial o sus entornos de protección. Una vez exista dicha autorización, el Ayuntamiento puede otorgar la licencia urbanística.

La autorización autonómica debe llegar en máximo 2 meses, ya que sino habrá silencio negativo.

Las obras sin esa autorización y/o sin licencia urbanística o que se hagan sin tener en cuenta sus prescripciones serán ilegales, con lo que la Consejería de Cultura o el ente local competente pueden ordenar paralizar las obras y restituirlo a su situación originaria a costa del infractor, sin perjuicio de la infracción administrativa correspondiente (art. 39.3).

Mientras que el apartado cuarto, establece un mandato para que los Ayuntamientos adopten las medidas necesarias para que no se desarrollen, al amparo de títulos urbanísticos, intervenciones en los BIC y Bienes de Interés Patrimonial, sin la autorización autonómica.

Además, es infracción grave "El otorgamiento de licencias o de cualquier otro título urbanístico sin la autorización preceptiva de la Consejería competente en materia de patrimonio cultural, o contraviniendo las prescripciones establecidas por la misma, para la realización de actuaciones en Bienes de Interés Cultural o de Interés Patrimonial, que no suponga infracción muy grave" (art. 106.1 LPCCM). Y la infracción deviene muy grave si supone un daño irreversible al bien protegido (art. 107.b LPCCM).

IV.1.4.4.- Islas Baleares

A nivel urbanístico, el artículo 148.2.a de la LUIB establece que en ningún caso se podrán sujetar al régimen de comunicación previa los actos de transformación, construcción, edificación y uso del suelo y el subsuelo referente a cualesquiera actos que se realicen en edificios declarados como BIC o catalogados (pero nada se dice respecto a inmuebles meramente catalogados urbanísticamente, por lo que se entiende que podrían estar sujetos a comunicación previa, pues no están en la lista de obras de licencia preceptiva del artículo 146 LUIB).

De acuerdo con el artículo 146.1.h LUIB están sujetos a licencia los actos de tala de árboles aislados, que sean objeto de protección por los instrumentos de planeamiento (si bien podría ser susceptible de ser sujeto a comunicación previa si así lo decide reglamentariamente el Consejo Insular y siempre que no afecte al paisaje, según el artículo 148.2.g). Pero en cambio contradictoriamente no se hace mención a inmuebles catalogados, más extraño si cabe en lo referente a BIC y bienes catalogados teniendo en cuenta lo antes referido en el artículo 148.

También resultan exceptuadas del régimen de comunicación previa la instalación de placas fotovoltaicas y similares en BIC y bienes catalogados, pues se requerirá licencia previa (art. 148.4.a LUIB).

Y los BIC, bienes catalogados y los del catálogo urbanístico están excepcionados de las posibles modificaciones de obras autorizadas en el curso de su ejecución que sí se permite para otros bienes (art. 156.3 LUIB), pues se entiende que las obras sobre bienes protegidos no deberían ser alteradas.

En lo referente a la legislación sectorial balear del patrimonio cultural, según el artículo 29 LPHIB, en la tramitación de los procedimientos administrativos que pueden afectar a los BIC o catalogados será preceptivo el informe de la Comisión Insular del Patrimonio Histórico correspondiente, así como las demás autorizaciones establecidas por ley. MASOT TEJEDOR[689] indica que dicha autorización debe ser para cualquier actuación que afecte directamente el bien pero también indirectamente, como las que afectan a elementos del entorno de protección que no permitan la visualización o contemplación del bien.

En caso de obra sobre un bien protegido, se exige autorización previa de la Comisión insular del Patrimonio (artículo 40 LPHIB), si bien, a diferencia de otros aspectos de la LPHIB, sí se hace cierta distinción aquí entre los BIC y los bienes catalogados, pues en estos últimos el régimen de intervención es algo más ligero:

> "1. Será necesario obtener la autorización previa de la Comisión Insular del Patrimonio Histórico, además de las licencias o auto-

---

689 MASOT TEJEDOR, Josep, "*Els béns immobles catalogats: anàlisi de la seva regulació*" *op. cit.*, p. 104.

rizaciones restantes que sean pertinentes, para realizar cualquier obra interior o exterior, el cambio de uso o la modificación que los particulares o cualquier Administración pública quieran llevar a cabo en bienes inmuebles de interés cultural o catalogados.
2. En el caso de bienes catalogados, se exceptúan las obras de conservación y reparación que no afecten a los elementos singulares especialmente protegidos."

Por lo tanto, este informe autonómico no exceptúa para nada de la intervención municipal, donde se deberá contar con el informe técnico y jurídico preceptivo en la tramitación de la licencia, que no solo abordará los aspectos de la catalogación sino los demás temas urbanísticos que afecten al bien. La falta de cualquiera de los informes municipales o sectoriales es causa de nulidad de pleno derecho de la licencia (art. 147.1.a LUIB) como también es causa de nulidad las licencias municipales otorgadas contraviniendo la LUIB, el planeamiento urbanístico u ordenanzas municipales respecto de bienes catalogados en el planeamiento o declarados BIC o bienes catalogados (art. 147.1.a LUIB).

Además, toda intervención sobre un BIC debe respetar los valores que motivaron su declaración, debe conservar las principales características tipológicas del bien y evitar la reconstrucción del bien (excepto con las partes originales del mismo), además se prohíbe la eliminación de partes del BIC a no ser que sea para mejorar su interpretación histórica y se prohíbe la instalación de elementos que puedan distorsionar su imagen (art. 41 LPHIB).

También decir que, de acuerdo con el artículo 33.1 LPHIB se permitirá la colocación de elementos e instalaciones en el bien catalogado, si bien deberán tener las dimensiones mínimas posibles y deberán situarse en sitios donde no perjudique la imagen del inmueble ni alteren gravemente su contemplación (esto último permitiría incluso que sin una zona de protección del bien catalogado, se pueda exigir en zonas del entorno esa medida si afecta gravemente). En los BIC en cambio se prohíbe dicha instalación.

También es remarcable, que en la LPHIB, a diferencia de los BIC (art. 41), no se establecen unos criterios de intervención para los bienes catalogados.

IV.1.5.- Conclusiones preliminares

La licencia urbanística es para GIFREU I FONT "una resolución administrativa de declaración formal de un derecho preexistente en virtud de la cual se autoriza las personas interesadas en llevar a cabo los actos proyectados (edificaciones, instalaciones, usos) después de comprobar su adecuación a la legalidad y al planeamiento urbanístico."[690]

Además, es un acto de competencia municipal, reglado (si bien alguna jurisprudencia ha admitido un pequeño margen de discrecionalidad de los técnicos municipales en su otorgamiento), un acto real, transmisible y que no prejuzga situaciones civiles, entre otras características.

Hemos visto como ni el TRLS ni la LBRL son demasiado generosos en la protección del patrimonio cultural y los bienes catalogados urbanísticamente: ni son un supuesto cualificado para exigir licencia urbanística previa (art. 84 ter LBRL, sí lo sería para instalaciones en supuestos que le pudieran afectar) ni para entender silencio administrativo negativo si la licencia no se da en plazo (art. 11.4 TRLS).

De forma incomprensible, el artículo 188.2 TRLUC y el artículo 11.4 TRLS no establecen el caso de obras en bienes catalogados como excepción al silencio administrativo positivo para otorgar licencias urbanísticas por haber transcurrido el plazo máximo sin respuesta. A mi juicio debiera ser un supuesto clarísimo de silencio negativo, por lo que se debería reformar el artículo 188.2 TRLUC citado y el artículo 11.4 TRLS (por su carácter básico). Si

---

690 GIFREU I FONT, Judith, *L'ordenació (...) op. cit*, p. 720.

bien no se podrá obtener licencia por silencio positivo si lo solicitado no se ajusta al ordenamiento jurídico urbanístico.

La jurisprudencia también ha determinado que la revocación implícita de licencias por establecer condicionantes no previstos legalmente puede dar lugar a indemnización administrativa al promotor.

Respecto de las licencias urbanísticas que afectan a los BCIL, no se exige informe ni autorización del Departament de Cultura de la Generalitat, pues será el Ayuntamiento el que determinará si la obra propuesta se ajusta no solo a la legislación y planeamiento urbanístico, sino también a las prescripciones de la LPCC sobre los BCIL y al mismo acuerdo de declaración de BCIL. En cambio, para los BCIN o BIC sí se exige autorización previa del Departament de Cultura antes de otorgarse licencia urbanística municipal, excepto en los bienes de Conjuntos y otros espacios BCIN cuando se haya aprobado un plan especial urbanístico de protección. Según la STS de 6 de abril de 1992 se admite incluso que la Generalitat establezca ciertos condicionantes al proyecto presentado con el fin de preservar el BCIN/BIC, hecho que casa con lo dispuesto en el artículo 34.4 LPCC. Mientras la STS de 20 de mayo de 1993 determina la consecuencia de la anulación parcial del acto de otorgamiento de licencia si se omite la autorización autonómica de Cultura, retrotrayéndose las actuaciones al momento en que se debió solicitar la autorización. Finalmente, la STSJ de Cantabria de 16 de febrero de 1990 determinó que la autorización autonómica de cultura era no solo preceptiva, sino también vinculante si informaba desfavorablemente las obras sobre el BIC y para la STS de 3 de octubre de 1986, hay una clara prevalencia de las prescripciones de la autorización cultural autonómica por encima del informe urbanístico municipal. Vemos en definitiva como el principio "pro protección del patrimonio cultural" derivado del principio rector del artículo 46 CE inunda toda esa jurisprudencia.

A nivel de comparativa autonómica, Asturias hace referencias a contrario para entender que casi cualquier intervención sobre

BIC o bienes catalogados urbanísticamente están sujetos a licencia previa urbanística. Para BIC y bienes catalogados o inventariados no se prevé explícitamente informe o autorización expresa de la Consejería de Cultura, excepto para los Conjuntos históricos o asimilados mientras no se apruebe el plan urbanístico del Conjunto (art. 56 LPCPA).

Mientras que el régimen urbanístico aragonés es más clásico, pues sí exige de forma explícita licencia urbanística municipal en caso de intervenir sobre un bien catalogado o protegido (art. 226.2 TRLUA). Mientras que la LPCA exige la clásica autorización previa autonómica en caso de cualquier intervención sobre un BIC y sobre bienes catalogados aragoneses, y para los Conjuntos históricos rige el clásico régimen, igual que el catalán de que si se aprueba el plan urbanístico del Conjunto pasa a ser innecesario el informe previo de la Consejería de Cultura para los bienes del conjunto no protegidos específicamente como BIC ni sus zonas de entorno, mientras que no haya aprobado este instrumento urbanístico, todo pasará por el informe previo de la Consejería de Cultura.

En la Comunidad de Madrid, la LPCCM en su artículo 39 establece la autorización previa autonómica de Cultura no solo para los BIC sino también los Bienes de Interés Patrimonial, con silencio negativo si no se resuelve en 2 meses. En caso de obras ilegales no solo se admite la reacción de la Administración autonómica, sino también de la local, todo ello acompañado también de un régimen sancionador.

Finalmente, hemos visto como la LPHIB en las Islas Baleares prevé cierta diferencia de trato entre un BIC y un bien catalogado en tema de licencias, si bien el Consejo Insular a través de la Comisión del Patrimonio Histórico sigue teniendo un peso relevante en su intervención.

IV.2.- DEBER DE CONSERVACIÓN Y ÓRDENES DE EJECUCIÓN DE INMUEBLES CATALOGADOS

IV.2.1.- Concepto y fundamento jurídico

En un inicio, tal y como apunta PALLARÉS MARTÍ[691], el deber de conservación era una cuestión del derecho civil, y no fue hasta bien entrado el siglo XX que la cuestión no pasó a manos del derecho urbanístico, si bien el deber de conservación se refería exclusivamente entonces a cuestiones de seguridad del edificio. Posteriormente el concepto se fue extendiendo hasta alcanzar también nuevas concepciones sociales a preservar, como la del medio ambiente o el patrimonio histórico. El artículo 33.2 CE posteriormente remitió al legislador delimitar el concepto de la propiedad, que debería interpretarse con los principios rectores de protección del medio ambiente y del patrimonio histórico (artículos 45 y 46 CE), que se plasmó en el actual TRLS como luego veremos.

De acuerdo con BARCELÓ LLOMPART[692], por conservación del patrimonio cultural debe entenderse el conjunto de operaciones y técnicas que tienen como objetivo alargar la vida de los bienes culturales. Esta conservación puede ser preventiva, ordinaria y extraordinaria, o también puede estar destinada a reparar incidentes imprevisibles.

Otras formas de intervención sobre el patrimonio cultural que detecta son la rehabilitación, consistente en la actividad con el fin de recuperar el uso del edificio, conservando sus elementos definitorios y que permite una cierta transformación del bien.

---

691 PALLARÉS MARTÍ, Núria, *El deure de conservació. Ordres d'execució,* Diploma de Postgrau en Dret Urbanístic, URV, Tarragona, 2023, pp. 2-4.

692 BARCELÓ LLOMPART, Miquel, "La conservació, rehabilitació i restauració dels béns culturals" en *Comentaris a la Llei del Patrimoni Històric de les Illes Balears,* Institut d'Estudis Autonòmics, Palma de Mallorca, 2003, pp. 223-224.

Finalmente tendríamos la restauración, entendida como la actividad de conservación destinada a intervenir directamente sobre los objetos, con tal de garantizar su pervivencia, restableciendo el bien a su situación anterior.

Si nos referimos, pero, al deber de conservación urbanístico, debemos mencionar a GIFREU I FONT, para quien

> "Las cargas urbanísticas de los propietarios del suelo no finalizan con la culminación de los procesos de urbanización y de edificación, sino que se extienden más allá, al uso y disfrute del derecho de propiedad, con la obligación de ejecutar a su cargo unos deberes generales de uso, conservación y rehabilitación de los terrenos, las construcciones y las instalaciones que sean de su titularidad, así como también de las condiciones objetivas de habitabilidad de sus viviendas, de conformidad con lo que disponen las legislaciones urbanística, del suelo y sectorial. Estos deberes forman parte del contenido del derecho de propiedad inmobiliaria (STSJC de 17 de abril de 2003) y son una manifestación inequívoca de la función social de este derecho (art. 33 CE) que protege valores sociales indudables como lo son la seguridad, la salubridad el decoro público."[693]

Mientras que para esta autora, la orden de ejecución representa "el estadio superior en el cual el deber legal que se proyecta sobre el inmueble (utilización, conservación, rehabilitación) se transforma en una obligación jurídica concreta".[694]

El principal fundamento legal en nuestro ordenamiento jurídico español, tanto del deber de conservación del inmueble, como de las órdenes de ejecución en caso de su incumplimiento, como de las medidas de ejecución forzosa para ejecutar estas últimas se encuentra en una norma básica, el Real Decreto Legislativo 7/2015, de 30 de octubre, por el que se aprueba el texto refundido de la Ley de Suelo y Rehabilitación Urbana (en adelante, TRLS). En primer lugar, el TRLS contiene una carta de derechos

---

693 GIFREU I FONT, Judith, *L'ordenació urbanística (…) op. cit*, pp. 835-836.

694 GIFREU I FONT, Judith, *L'ordenació urbanística (…). op. cit.*, pp. 838.

y deberes de los ciudadanos respecto el uso y disfrute del suelo. Dentro de los deberes de todos los ciudadanos, está el de

> "Respetar y contribuir a preservar el paisaje urbano y el patrimonio arquitectónico y cultural absteniéndose en todo caso de realizar cualquier acto o desarrollar cualquier actividad no permitidos" (art. 6.d).

Como vemos, este es un deber genérico que deriva de los principios rectores del artículo 46 CE (es una fórmula más de preservar el patrimonio histórico español) y que se concreta en distintas normativas como la LPHE, la LPCC en Cataluña, o a través de los planes urbanísticos que contienen catálogos del patrimonio. Éste es el deber genérico de todo ciudadano, sea propietario o no del suelo con catalogación o protección, pero si se es propietario de suelo o construcción con algún grado de protección o catalogación se le imponen además el deber de conservar el bien, del artículo 15.1.c TRLS. Así, en el artículo 15 se nos establecen los límites del deber de conservación de los inmuebles:

> "Artículo 15 Contenido del derecho de propiedad del suelo: deberes y cargas
> 1. El derecho de propiedad de los terrenos, las instalaciones, construcciones y edificaciones comprende con carácter general, cualquiera que sea la situación en que se encuentren, los deberes siguientes:
> a) Dedicarlos a usos que sean compatibles con la ordenación territorial y urbanística.

b) Conservarlos en las condiciones legales de seguridad, salubridad, accesibilidad universal, ornato[695] [696] y las demás que exijan las leyes para servir de soporte a dichos usos.[697]
c) Realizar las obras adicionales que la Administración ordene por motivos turísticos o culturales, o para la mejora de la calidad y sostenibilidad del medio urbano, hasta donde alcance el deber legal de conservación. En éste último caso, las obras podrán consistir

---

695 Según GARCÍA DE ENTERRÍA, implica "la conservación de los bienes de modo que no afecten a la imagen urbana", y a pesar de que no se reserva para bienes catalogados, puede ser útil para exigir su conservación en una cuestión de imagen urbana. Ver GARCÍA DE ENTERRÍA, Eduardo y PAREJO ALFONSO Luciano, *Lecciones de Derecho Administrativo*, Civitas, Madrid 1981, pp. 285 y ss.

696 Según GIRALT FERNÁNDEZ: "La necesidad de mantenimiento del ornato público implica el deber de los propietarios de bienes inmuebles de conservarlos de tal forma que no afecten a la «imagen urbana» (STS de 17 de junio de 1991, Ar. 5248) o al «buen efecto» (STS de 20 de abril de 1985, Ar. 2214), conceptos incardinables dentro de los objetivos del denominado «Estado de la cultura».
La STS de 9 de febrero de 1998 se refiere con carácter general al ornato público como concepto jurídico indeterminado, valorable en función de las diferentes circunstancias urbanísticas concurrentes en cada caso concreto, de modo que resultarán justificadas las órdenes municipales que traten de reparar desperfectos visibles de los edificios cuyo entorno urbanístico pueda resentirse gravemente, en cuanto a su estética, en el caso de persistir tales desperfectos. Ver GIRALT FERNÁNDEZ, Francesc, *Deber urbanístico de conservación de inmuebles y órdenes de ejecución de obres,* en Actualidad Administrativa, Sección Doctrina, Ref. III, tomo 1, La Ley, Madrid, 2001, pp. 17-18.

697 La STS de 18 de septiembre de 1989 (Ar. 6586) ha determinado la necesidad de respetar en estos casos los principios de congruencia y proporcionalidad:
"la intervención de los Ayuntamientos en materias de policía urbana exigiendo al administrado el mantener en condiciones de seguridad, salubridad y ornato público la edificación que le pertenezca, ha de ser, como todo acto de intervención administrativa, congruente con los motivos y fines que lo justifiquen, concretando el alcance del mandato que debe ser adecuado y proporcional al fin que persigue, especificándose en el acuerdo administrativo que impone la orden de ejecución de tales obras, cuáles hayan de ser las mismas con la descripción más detallada posible para el mejor cumplimiento por parte del obligado."

en la adecuación a todas o alguna de las exigencias básicas establecidas en el Código Técnico de la Edificación, debiendo fijar la Administración de manera motivada el nivel de calidad que deba ser alcanzado para cada una de ellas.
2. El deber legal de conservación constituye el límite de las obras que deban ejecutarse a costa de los propietarios. Cuando se supere dicho límite, correrán a cargo de los fondos de la Administración que ordene las obras que lo rebasen para obtener mejoras de interés general.
3. El límite de las obras que deban ejecutarse a costa de los propietarios en cumplimiento del deber legal de conservación de las edificaciones se establece en la mitad del valor actual de construcción de un inmueble de nueva planta, equivalente al original, en relación con las características constructivas y la superficie útil, realizado con las condiciones necesarias para que su ocupación sea autorizable o, en su caso, quede en condiciones de ser legalmente destinado al uso que le sea propio.
4. La Administración competente podrá imponer, en cualquier momento, la realización de obras para el cumplimiento del deber legal de conservación, de conformidad con lo dispuesto en la legislación estatal y autonómica aplicables. El acto firme de aprobación de la orden administrativa de ejecución que corresponda, determinará la afección real directa e inmediata, por determinación legal, del inmueble, al cumplimiento de la obligación del deber de conservación. Dicha afección real se hará constar, mediante nota marginal, en el Registro de la Propiedad, con referencia expresa a su carácter de garantía real y con el mismo régimen de preferencia y prioridad establecido para la afección real, al pago de cargas de urbanización en las actuaciones de transformación urbanística. Conforme a lo dispuesto en la normativa aplicable, en los casos de inejecución injustificada de las obras ordenadas, dentro del plazo conferido al efecto, se procederá a su realización subsidiaria por la Administración Pública competente, sustituyendo ésta al titular o titulares del inmueble o inmuebles y asumiendo la facultad de edificar o de rehabilitarlos con cargo a aquéllos, o a la aplicación de cualesquiera otras fórmulas de reacción administrativa a elección de ésta. En tales supuestos, el límite máximo del deber de conservación podrá elevarse, si así lo dispone la legislación autonómica, hasta el 75% del coste de reposición de la construcción o el edificio correspondiente. Cuando el propietario incumpla lo acordado por la Administración, una vez dictada resolución declaratoria del incumplimiento y acordada la aplicación del régimen correspondiente, la Administración actuante remitirá al Registro de la Propiedad certificación del acto o actos correspondientes

> para su constancia por nota al margen de la última inscripción de dominio."

Como hemos visto, el apartado primero del artículo 15 impone el deber de soportar las órdenes administrativas de conservación de un inmueble por razones de su interés cultural de acuerdo con la obligación legal del deber de conservación de un inmueble protegido, que va más allá del deber genérico del TRLS y del TRLUC, pues el catálogo urbanístico puede imponer un deber de conservación más amplio –amparado por el TRLUC- y más aún si es un inmueble protegido de acuerdo con la LPCC, es decir, un BCIN o un BCIL. El TRLS define el límite del deber del propietario de conservar el inmueble a su costa, pues las órdenes administrativas que van más allá de ese límite (esto es, la mitad del valor actual de construcción de un inmueble de nueva planta, equivalente al original), serían a cargo de la administración que lo requiera la parte que rebase el citado límite y que se imponga al propietario por razones de interés general. A continuación veremos como esta previsión se repite, para el propietario de suelo urbanizado, en el artículo 17.4 TRLS.

El apartado 4 del artículo 15 también se refiere a la facultad administrativa de imponer órdenes de conservación referentes al cumplimiento del titular del deber de conservación legal del inmueble, de acuerdo con la legislación estatal y autonómica aplicable, lo que no solo entendemos que nos debe remitir a la legislación urbanística, sino también a la de patrimonio cultural en el caso de inmuebles protegidos por esas leyes.

Según MACERA TIRAGALLO y FERNÁNDEZ GARCÍA

> "para el propietario de un edificio catalogado, no existe solamente un deber de conservación que le puede suponer unos grandes gastos económicos, sino también una desigualdad de trato, una discriminación, con respecto a los propietarios de su entorno, pues para dicho sujeto el planeamiento no implica ningún beneficio concreto, solamente cargas, mientras que aquéllos pueden susti-

> tuir sus inmuebles y construir en los solares vacantes todo lo que el planeamiento permita" [698]

Lo que para los autores puede suponer una vinculación singular por el deber de conservación que va más allá de los deberes razonablemente asumibles por el propietario y que le restringe el aprovechamiento urbanístico y que le es indemnizable[699]. Me remito al apartado sobre catálogos urbanísticos donde trato la cuestión de la vinculación singular y sus indemnizaciones.

Sin embargo, a la vista de la jurisprudencia no parece que quepa indemnizar bajo la argumentación de que lo que exige la ficha del catálogo urbanístico va más allá del deber de conservación en condiciones de seguridad, salubridad y ornato. Así se manifiesta la STSJC de 19 de marzo de 2004[700] (FJ 8°) si bien referido a una normativa urbanística anterior a la vigente.

Sí es cierto que, con anterioridad, GIRALT FERNÁNDEZ[701] había destacado alguna jurisprudencia más proclive a determinar en parte la indemnización administrativa por exigir una conservación en el sentido de la ficha del catálogo, así encuentra la STS de 13 de noviembre de 1981[702] sobre una orden de ejecución de obras dictada por la Gerencia de Urbanismo de Madrid, que exige la reparación de una cornisa que se había desprendido, en un edificio catalogado. La sentencia considera que tales obras son inicialmente de conservación ordinaria y a cargo de la propiedad;

---

698 MACERA TIRAGALLO, Bernard-Frank y FERNÁNDEZ GARCÍA, Yolanda, *La responsabilidad de la Administración en el Derecho Urbanístico,* Marcial Pons, Madrid, 2005, pp. 91-92.

699 Hay que recordar que según la STC 61/1997, las obras de conservación no deben sobrepasar los límites razonablemente exigibles, ya que de lo contrario sería indemnizable.

700 Sala de lo Contencioso, Sección 3ª, Sentencia 216/2004, Rec. 659/2000; Ponente: Quiroga Vázquez, Manuel.

701 GIRALT FERNÁNDEZ, Francesc, *Deber urbanístico de conservación de inmuebles y órdenes de ejecución de obres,* en Actualidad Administrativa, Sección Doctrina, Ref. III, tomo 1, La Ley, Madrid, 2001, pp. 34-35.

702 Sala de lo Contencioso; Ar. 5142; ponente: Pérez Gimeno.

sin embargo, el cumplimiento del Plan Especial de Protección establecía que la cornisa debía ejecutarse, en base al interés público, de una forma distinta y más gravosa que la que el propietario libremente habría elegido de no hallarse su edificio catalogado, por lo que el Tribunal Supremo entiende que el coste deben asumirlo conjuntamente la Administración y la propiedad, debiendo limitarse la aportación del propietario al coste de reparación de la cornisa necesario para garantizar la seguridad del edificio si el mismo no se hallara catalogado; por el contrario, el coste diferencial debe asumirlo, a través del Ayuntamiento, la colectividad, destinataria del beneficio inherente al interés público protegido.

Para GIRALT FERNÁNDEZ[703], resulta difícil en la práctica concretar en qué proporción debe asumir la Administración el coste de los gastos de conservación de los bienes catalogados que excedan de los normales en otros bienes no catalogados, así, la STS de 11 de febrero de 1985[704] se refiere a la colaboración en la conservación de inmuebles catalogados que se trata de una "cooperación que será preciso valorar en cada caso, a medida que las obras de conservación se produzcan, y que no es posible sustituir por una indemnización genérica y anticipada".

Cabe preguntarse si este criterio de la jurisprudencia citada de 1981 y 1985 hoy en día se ha visto, por lo menos parcialmente, superada por le criterio del límite de la mitad del valor del inmueble de nueva planta del artículo 15.2 y 15.3 TRLS.

Para SÁNCHEZ GOYANES la jurisprudencia ha tenido un papel esencial para determinar el contenido de las órdenes de ejecución, que resume de la siguiente forma:

> "a) Lo ordenado ha de revestir una concreción suficiente, que viabilice la cumplimentación por su destinatario, lo cual implica aportar la solución a las deficiencias advertidas, precisando las

---

703 GIRALT FERNÁNDEZ, Francesc, *Deber urbanístico de conservación de inmuebles y órdenes de ejecución de obres,* en Actualidad Administrativa, Sección Doctrina, Ref. III, tomo 1, La Ley, Madrid, 2001, pp. 34-35.

704 Sala de lo Contencioso; ponente: Martín Martín.

obras específicas estimadas necesarias para ello, de manera que el interesado tenga la certeza de que podrá liberarse de cualquier posterior actuación coercitiva de la Administración si ejecuta lo acordado allí por ésta.
b) Debe señalarse también la cuantificación económica de lo ordenado, su presupuesto, en la medida de lo racionalmente posible y previsible, pues este dato es relevante tanto para valorar el administrado si opta por la ejecución subsidiaria (autolimitada así por los términos y contenidos del previo mandato municipal) cuanto incluso para calibrar si la orden está dentro de los límites del deber normal de conservación o los ha superado (coste de las obras superior al 50% del valor del inmueble), en cuyo caso el interesado puede oponer esta excepción e instar el procedimiento declarativo correspondiente." [705]

Por lo que se refiere al deber legal de conservar los inmuebles en condiciones de seguridad, salubridad y ornato público legalmente exigibles, decir que son conceptos muy genéricos al ser conceptos jurídicos indeterminados a concretar caso por caso en la práctica[706]. Así, según GARCÍA DE ENTERRÍA y PAREJO ALFONSO[707]:

"la finalidad a que se orienta el deber de conservación es triple, en perfecta correlación con los intereses públicos que legitiman su imposición, es decir, la seguridad (la estabilidad y el acabado de las construcciones en condiciones tales que no impliquen riesgo para las personas o cosas), la salubridad (el mantenimiento de los bienes de forma que no atenten contra la higiene) y el ornato (la conservación de dichos bienes de modo que no afecten a la "imagen urbana"), teniendo cada uno de ellos sustantividad propia, de modo que su juego es independiente y no concurrente."

---

705 SÁNCHEZ GOYANES, Enrique, "El urbanismo, al servicio del patrimonio común(1)", Práctica Urbanística, N° 119, Sección Estudios, Noviembre-Diciembre 2012, pp. 44.

706 Según la STC de 12 de noviembre de 1986 "han de ser dotados de contenido concreto en cada caso, mediante la aplicación a sus circunstancias específicas de los factores objetivos y subjetivos que sean congruentes con su enunciado genérico".

707 GIRALT FERNÁNDEZ, Francesc, "Deber urbanístico de conservación de inmuebles y órdenes de ejecución de obras", *Actualidad Administrativa*, Sección Doctrina, Ref. III, tomo 1, La Ley, Madrid, 2001, pp. 20.

En suelo urbanizado, este deber de conservación se concreta en el artículo 17.3 y 4 TRLS:

> "Artículo 17 Contenido del derecho de propiedad del suelo en situación de urbanizado: deberes y cargas
> (...)
> 3. En particular, cuando se trate de edificaciones, el deber legal de conservación comprende, además de los deberes de carácter general exigibles de conformidad con lo dispuesto en el artículo 15, la realización de los trabajos y las obras necesarios para:
> a) Satisfacer, con carácter general, los requisitos básicos de la edificación establecidos en el artículo 3.1 de la Ley 38/1999, de 5 de noviembre, de Ordenación de la Edificación.
> b) Adaptar y actualizar sus instalaciones a las normas legales que, para la edificación existente, les sean explícitamente exigibles en cada momento.
> 4. El deber legal de conservación, que constituirá el límite de las obras que deban ejecutarse a costa de los propietarios cuando la Administración las ordene por motivos turísticos o culturales, o para la mejora de la calidad o sostenibilidad del medio urbano, se establece en la mitad del valor actual de construcción de un inmueble de nueva planta, equivalente al original, en relación con las características constructivas y la superficie útil, realizado con las condiciones necesarias para que su ocupación sea autorizable o, en su caso, quede en condiciones de ser legalmente destinado al uso que le sea propio. Cuando se supere dicho límite, las obras que lo rebasen para obtener mejoras de interés general correrán a cargo de los fondos de la Administración que haya impuesto su realización."

Por lo tanto ya sabemos ahora que en suelo urbanizado, el deber de conservación de las edificaciones se fundamenta en las prescripciones genéricas del artículo 15 y en las específicas de la Ley de Ordenación de la Edificación por remisión del artículo 17 TRLS. Además, se admite que la administración competente dicte órdenes de ejecución para hacer obras de conservación por razones "turísticas y culturales" pero asumiendo el propietario o titular el coste de dichas obras de conservación siempre que no sobrepasen el mitad del valor de la construcción equivalente de nueva planta (en caso de superar dicho importe, la administración competente debería asumir el resto, pues sería una vinculación singular indemnizable por implicar un deber más allá de lo legalmente exigible, según el artículo 48.b TRLS). Sorprende que, a diferencia del suelo urbanizado, en suelo rural no se hable del deber de conservación de las edificaciones preexistentes (especialmente las antiguas, por su relevancia histórica y cultural) pero eso no significa que no exista un deber de conservación, pues el artículo 15 TRLS les es aplicable.

A la práctica es difícil determinar si realmente se supera el 50% del valor del inmueble.

El deber de conservación, pero, no es ilimitado, ni siquiera en un bien con protección de la legislación sectorial del patrimonio cultural, pues dicho deber cesa con la declaración de ruina del inmueble, como así lo reconoce la Sentencia del TS de 28 de marzo de 1988[708].

También la STS de 6 de noviembre de 1991[709], determina que la obligación de mantener las edificaciones en condiciones de seguridad, salubridad y ornato público tiene como límite la ruina económica y el coste no debe ser superior al 50% del valor actual del edificio.[710]

La STS de 22 de abril de 1988[711] (así como las de las de 14 de enero de 1985[712] y de 22 de enero de 1992[713]) establece que la potestad de dictar órdenes de ejecución finaliza si se declara su estado ruinoso o incluso en su fase de declaración. Si bien esta línea jurisprudencial se ha ido matizando en el sentido de no admitir que la mera solicitud de ruina suspenda una orden de ejecución

---

708 Sala de lo Contencioso; Ar. 1730.

709 Sala de lo Contencioso; Ar. 9792; ponente: Barrio Iglesias.

710 GIRALT FERNÁNDEZ, Francesc, *Deber urbanístico de conservación de inmuebles y órdenes de ejecución de obres,* en Actualidad Administrativa, Sección Doctrina, Ref. III, tomo 1, La Ley, Madrid, 2001, p. 20.

711 Sala de lo Contencioso; ponente: Delgado Barrio.

712 Sala de lo Contencioso, La Ley, 498.

713 Sala de lo Contencioso, Ar. 765.

de obras ya dictada administrativamente, mediante la STS de 29 de junio de 1987[714].

El fundamento legal a nivel urbanístico catalán del deber de conservación y las órdenes de ejecución urbanísticas se encuentran en el artículo 197 TRLUC[715].

El artículo 49 TRLS determina los mecanismos legales de los que dispone la administración en caso de incumplimiento de deberes como el de conservación de inmuebles, como lo son la ejecución subsidiaria, la expropiación por incumplimiento de la fun-

---

714 Sala de lo contencioso; La Ley, 383; ponente: Gordillo García.

715 "1. Las personas propietarias de toda clase de terrenos, construcciones e instalaciones deben cumplir los deberes de uso, conservación y rehabilitación establecidos por esta Ley, por la legislación aplicable en materia de suelo y por la legislación sectorial. Están incluidas en estos deberes la conservación y la rehabilitación de las condiciones objetivas de habitabilidad de las viviendas.
2. Las personas propietarias o la administración deben sufragar el coste derivado de los deberes a que se refiere el apartado 1, de acuerdo con la legislación aplicable en cada caso y teniendo en cuenta el exceso sobre el límite de los deberes de las personas propietarias cuando se trate de obtener mejoras de interés general.
3. Los ayuntamientos tienen que ordenar de oficio o a instancia de cualquier persona interesada, la ejecución de las obras necesarias para conservar las condiciones a que se refiere el apartado 1. Las órdenes de ejecución deben ajustarse a la normativa de régimen local, con observancia siempre del principio de proporcionalidad administrativa y con la audiencia previa de las personas interesadas.
4. El incumplimiento injustificado de las órdenes de ejecución a que hace referencia el apartado 3 habilita a la administración para adoptar cualquiera de las medidas de ejecución forzosa siguientes:
a) La ejecución subsidiaria a cargo de la persona obligada.
b) La imposición de multas coercitivas, de acuerdo con lo establecido por el artículo 225.2, que se puede reiterar hasta que se cumpla la obligación de conservación.
5. El incumplimiento de la orden de ejecución a que hace referencia el apartado 3 habilita a la administración, asimismo, a incluir la finca en el Registro Municipal de Solares sin Edificar, a los efectos de lo que establecen el artículo 179 y los artículos concordantes."

ción social de la propiedad, la aplicación del régimen de venta o sustitución forzosas o cualesquiera otras consecuencias derivadas de la legislación sobre ordenación territorial y urbanística.

Finalmente, también detalla algunos aspectos del deber de conservación de todo propietario de un bien inmueble, el artículo 29.2 RLUC, que impone el deber de conservar el bien en los términos del TRLUC, RLUC, TRLS, demás legislación sectorial aplicable (como podría ser la LPCC) y ordenanzas municipales. Entre estos deberes, y con el alcance que determine el TRLUC destacaría el de mantenimiento de las condiciones de seguridad y ornato público y sobre todo el apartado c) "Aquellos deberes de conservación y rehabilitación que determine la legislación sectorial o que establezcan las normas de protección del patrimonio cultural de los planes urbanísticos". Esto último nos remite a la LPCC para los BCIN, BCIL y EPA (además de los deberes de conservación del TRLUC, TRLS, RLUC y planes urbanísticos), mientras que para los meros Bienes de Protección Urbanística fruto del catálogo del patrimonio urbanístico deberemos estar al deber de conservación impuesto por el TRLUC, TRLS, RLUC genérico para los bienes inmuebles y el deber de conservación urbanístico de los BPU derivado de los planes urbanísticos. Hay que tener en cuenta que las fichas y normativa del catálogo del patrimonio determinarán las intervenciones permitidas en los bienes, lo que incide en las intervenciones destinadas a su conservación.

A nivel municipal también podemos destacar que el artículo 84 LBRL también contempla de forma genérica la posibilidad de los entes locales de ejercer, dentro de la potestad administrativa de policía las "Órdenes individuales constitutivas de mandato para la ejecución de un acto o la prohibición del mismo" (art. 84.1.e LBRL) que deberá ejercerse de acuerdo con los principios de "igualdad de trato, necesidad y proporcionalidad con el objetivo que se persigue" (art. 84.2 LBRL). En un sentido parecido encontramos el artículo 236 TRLMRLC.

Cabe mencionar como fundamento, los artículos 98 a 102 del ROAS (en el capítulo 4, sobre órdenes individuales de mandato), si bien el fundamento principal y el establecimiento de la potestad administrativa de dictar órdenes de ejecución está en el artículo 98.

Vemos, pues, que el deber de conservación se basa en el artículo 15.1 TRLS, el artículo 197 TRLUC, al que se debería añadir la Ley 18/2007 del derecho a la vivienda de Cataluña sobre la habitabilidad de los inmuebles. Según FERRERA IZQUIERDO[716], este deber de los propietarios respecto de los inmuebles se traduce en los siguientes deberes: el de seguridad, salubridad, decoro público, accesibilidad y habitabilidad.

El mismo autor[717] cita como características de las órdenes de ejecución:

a) Es un acto de gravamen: a través del cual se impone una obligación de hacer para un particular a su costa.

b) Es un acto individualizado.

c) Es un acto de naturaleza constitutiva.

d) El acto obliga jurídicamente de forma concreta y exigible: así, aquí el deber genérico de conservación se convierte, debido a su incumplimiento, en una obligación específica dirigida a una persona concreta, por lo que es un paso más.

e) El acto debe ser claro, escrito, motivado y con referencia a la norma que la justifica: debe detallar las obras y actuaciones a ejecutar y su cumplimiento, teniendo en cuenta la entidad y complejidad de las mismas (art. 90.1 del Decreto 64/2014, sino podría ser acto nulo de pleno derecho por contenido imposible,).

f) Es un acto fruto de una potestad reglada y se ejercita preceptivamente (art. 197.3 TRLUC).

---

716 FERRERA IZQUIERDO, Juanma, *Curso de procedimientos establecidos en el TRLUC*, EAPC, Barcelona, 2017, p. 8.

717 *Ibidem*, p. 8.

g) De la orden de ejecución se exigirá solicitar licencia urbanística si su cumplimiento exige hacer proyecto técnico; en cambio, si la orden no requiere proyecto técnico o ya la incorpora la orden, no se requiere comunicación previa ni licencia (sea como sea el coste del proyecto va a cargo del obligado) (art. 187 ter TRLUC y 90.3 Decreto 64/2014).

h) Procedimentalmente exige trámite de audiencia a los interesados e informe técnico y jurídico (excepto en caso de orden de ejecución inmediata) y el procedimiento se debe resolver y notificar (en segundo intento) en máximo 6 meses desde el decreto de incoación (o fecha de registro de entrada si es a solicitud de tercero), ya que sino caduca (si se incoó de oficio, si se inició a solicitud de tercero se desestimaría por silencio negativo).

i) El procedimiento puede ser ordinario, que es la regla general y que implica el trámite de audiencia del propietario del inmueble (arts. 83 y ss Decreto 64/2014) o bien inmediato, que es excepcional pues prescinde del trámite de audiencia y solo es posible en casos de riesgo inminente para la salud de las personas o seguridad de personas o cosas que no admiten demora.

j) La resolución de alcaldía que impone la orden de ejecución es impugnable en vía administrativa (recurso de reposición potestativo) o en vía contencioso administrativa (en cambio la resolución e incoación del procedimiento es un acto de trámite no cualificado y por lo tanto no recurrible por lo general).

PALLARÉS MARTÍ[718], distingue entre cuatro clases de órdenes de ejecución urbanísticas en función de su finalidad:

---

718 PALLARÉS MARTÍ, Núria, *El deure de conservació. Ordres d'execució,* Diploma de Postgrau en Dret Urbanístic, URV, Tarragona, 2023, pp. 28-29.

1) Órdenes de ejecución para mantener edificios en condiciones de seguridad, salubridad accesibilidad y ornato público legalmente exigible;
2) Órdenes de ejecución por razones turísticas o estétitcas[719]: afecta a fachadas u otras zonas visibles desde la vía pública, aunque no estén afectadas por ningún plan de ordenación, se les aplica el límite del 50% del valor de la construcción en su cuantía (art. 17.4 TRLS);
3) Órdenes de ejecución para la protección del patrimonio artístico o cultural: son las que se basan en los artículos 21 y 25 LPCC y que trataremos con mayor profundidad.

Al existir un deber legal de conservación superior al del resto de propietarios, las órdenes de ejecución que se dicten en cumplimiento de ese fin, no generan derecho a indemnización a favor del propietario, pues es una carga que tiene el deber legal de aceptar;

4) Órdenes de ejecución para la rehabilitación urbana y la mejora de la calidad y sostenibilidad del medio urbano: se refiere a las condiciones de habitabilidad según la Ley del derecho a la vivienda de Cataluña. Según el Decreto 67/2015 de 5 de mayo, "para el fomento del deber de conservación, mantenimiento y rehabilitación de los edificios de viviendas mediante las inspecciones técnicas y el libro del edificio" se regula un régimen de inspecciones técnicas de edificios des-

---

719 "Las órdenes de ejecución basadas en este tipo de motivos constituyen, según BARRERO RODRÍGUEZ, formas más o menos afortunadas de expresión de la idea de satisfacción de exigencias que tienen que ver con la preservación de valores estéticos considerados en su más amplio sentido". Ver ALONSO GARCÍA, Julián, "La protección del patrimonio cultural desde el derecho urbanístico", en Revista Galega de Administración Pública, núm. 56, 2018, p. 329 y BARRERO RODRÍGUEZ, Concepción, *La ordenación urbanística de los conjuntos históricos,* Iustel, Madrid, 2006, p. 151.

tinados a vivienda, con un calendario de inspecciones según la antigüedad del inmueble.

A nivel jurisprudencial destacaría en primer lugar la STS de 1 de julio de 2002[720], en su FJ 5º, que pone el fundamento en las órdenes de ejecución en base al deber de conservación de las edificaciones.

La STS de 14 de julio de 1992[721] determina que la orden de ejecución se haga al propietario u otra persona con apariencia de titularidad sin perjuicio de que el afectado pueda ir a posteriori a la jurisdicción civil para resarcirse ante el verdadero titular obligado.

También es de destacar la Sentencia del Tribunal Supremo de 26 de febrero de 2001[722], que en el FJ 3º determina la necesidad de que las órdenes de ejecución sean proporcionadas, claras y completas respecto de las obras a realizar y que dichas obras sean necesarias.

IV.2.1.1.- Deber de conservación y órdenes de ejecución respecto de BCIN y BCIL

En el caso de que el inmueble catalogado sea BCIN o BCIL, habrá un deber de conservación superior y más restrictivo para los propietarios, de acuerdo con la LPCC.

En el caso de los BCIN:

---

720 Sala de lo Contencioso, sección quinta, (Nº de Recurso: 7088/1998; ponente: Rodríguez-Zapata Pérez; Roj: STS 4867/2002 - ECLI:ES:TS:2002:4867).

721 Sala de lo Contencioso; sentencia núm. 2.535; Ponente: de Oro Pulido López, Mariano; Procedimiento: Ordinario.

722 Sala de lo Contencioso, sec. 5ª, rec. 582/1996 (Procedimiento: Recurso de casación; Sentido del fallo: estimación; PTE.: Rodríguez-Zapata Pérez, Jorge).

a) Deber genérico de conservación del bien, así como de facilitar información si lo requiere la Administración sobre el estado de conservación del bien y su utilización (art. 21 LPCC).

b) Deber de preservación y mantenimiento del bien, destinando el bien a un uso compatible con su preservación. Prohibición de destrucción del bien y deber de permitir investigar el bien para su catalogación (art. 25).

c) Deber de conservar el BCIN y presentar al Departament de Cultura un programa de previsión de actuaciones para su conservación, si es preciso (art. 29).

En el caso de los BCIL:

a) Deber genérico de conservación del bien, así como de facilitar información si lo requiere la Administración sobre el estado de conservación del bien y su utilización (art. 21 LPCC).

b) Deber de preservación y mantenimiento del bien, destinando el bien a un uso compatible con su preservación. Prohibición de destrucción del bien y deber de permitir investigar el bien para su catalogación (art. 25 LPCC).

c) Posibilidad de establecer medidas adicionales de conservación del BCIL mediante los planes y normativa urbanística municipal (art. 39 LPCC).

Este deber legal de conservación de BCIN y BCIL implica que si se incumple, según el artículo 67 LPCC el Departament de Cultura, respecto de los BCIN, y el Ayuntamiento correspondiente respecto de un BCIL, puede ordenar al propietario, poseedor u otro titular de derechos reales, la ejecución de las obras o actuaciones necesarias para su preservación, conservación o mantenimiento. A estos efectos, la administración competente puede ordenar obras de hasta un 50% del valor del bien (según criterios de la LEF aplicados por la administración que hace el requerimiento), si bien a la luz del artículo 15.3 y 48.b TRLS, sí que puede requerir órdenes de ejecución por importe superior a este 50% si bien el diferencial a este límite debe asumirlo la administración actuante. En caso de peligro inminente del inmueble, la administración competente puede ejecutar directamente las obras imprescindibles sin requerimiento previo, en el resto de casos, si hay incumplimiento del requerimiento, puede hacer ejecución subsidiaria a cargo del obligado (o también cabría la imposición de multas coercitivas según el artículo 69). En el caso de los BCIN, el Departament de Cultura puede conceder una ayuda en forma de anticipo reintegrable para realizar las obras de conservación, que se inscribirán en el Registro de la Propiedad.

Además, de acuerdo con el artículo 67.4, el incumplimiento del deber de conservación de un BCIN o BCIL es causa de interés social para expropiar (por la Generalitat, Ayuntamiento o Consejo Comarcal según el caso) el inmueble protegido (al que se suma la situación de peligro o ruina inminente de un BCIN).

Para BCIN, BCIL y resto de bienes catalogados urbanísticamente, cabe mencionar también que de acuerdo con el artículo 110.1.e.cuarto TRLUC, la expropiación forzosa por razones urbanísticas se puede aplicar entre otros supuestos, por razón del incumplimiento de la función social de la propiedad, que a su vez entre sus supuestos está el hecho de que los propietarios de inmuebles no hagan las obras que sean determinadas por los planes, las normas o los proyectos de carácter histórico, arqueológico o artístico.

Eso, a mi entender, podría conllevar que en caso, por ejemplo, de incumplirse las prescripciones sobre inmuebles concretos catalogados en un catálogo urbanístico, o de incumplirse un proyecto de restauración de un inmueble catalogado dentro del marco de una orden de ejecución, se podría llegar al supuesto de la expropiación.

También el incumplimiento del deber de conservación de un bien tutelado por la LPCC implica la prohibición de recibir medidas de fomento de la misma ley (art. 54.3 LPCC).

Según el artículo 68 LPCC el Departament de Cultura, respecto de los BCIN, y el Ayuntamiento correspondiente respecto de un BCIL, puede ordenar a la persona responsable, la reparación de los daños ilícitos sobre el inmueble protegido mediante orden de ejecución de reparación, reposición, reconstrucción, derribo u otra obra necesaria para restituir el bien.

De acuerdo con el artículo 69, siempre cabe la imposición de multas coercitivas por la administración competente en cada caso, para hacer cumplir los deberes de conservación que impone la LPCC y para hacer cumplir las órdenes de ejecución. En todo caso debe existir un requerimiento previo escrito que indicará el plazo para cumplir (que deberá ser suficiente para cumplir) y la multa que puede imponerse de no atenderse el requerimiento (de máximo 601,01 euros). Dicha multa puede reiterarse tantas veces como sea menester, dando nuevos plazos para cumplir nunca inferiores al primero. Todo esto compatible con las sanciones por infracciones tipificadas en la LPCC que sean menester.

De acuerdo con el artículo 70, para cumplir todas estas funciones, la administración competente puede enviar a funcionarios a hacer de inspectores, que tienen carácter de autoridad, para revisar cualquier obra o intervención sobe un bien del patrimonio cultural catalán y a estos efectos revisar los documentos, bienes y todo lo que sea necesario para el ejercicio de sus funciones (los propietarios, poseedores y titulares de derechos están obligados a facilitar el acceso a los bienes).

Los casos de reconstrucción de los BIC se limitan al supuesto de *anastylosis* de acuerdo con el art. 39 LPHE, por lo tanto reutilizando materiales originales, siendo solo posible la adición de nuevos materiales si es necesario para dar estabilidad al monumento y queda claro que es distinto (no se permitiría la reconstrucción mimética con nuevos materiales), y según ÁLVAREZ ÁLVAREZ "la interpretación de este precepto se debe hacer en el sentido más constructivo posible y siempre orientado hacia la conservación del Patrimonio Histórico"[723]. BARCELÓ LLOMPART[724] también denota la característica o principio de mantenimiento de las aportaciones de todas las épocas históricas, siendo solo posible la eliminación excepcional en elementos que supongan una evidente degradación del bien y esa eliminación sea necesaria (que no meramente recomendable) para la mejor interpretación histórica del bien.

Este criterio será seguido en la legislación sectorial autonómica en los preceptos referentes a la restauración de los BIC, como el artículo 41 LPHIB en las Islas Baleares, que a su vez es una copia casi literal del artículo 35 LPCC en Catalunya. Como nota discordante en el derecho comparado autonómico se podría destacar el caso de la Ley 2/1999, de 29 de marzo, de Patrimonio Histórico y Cultural de Extremadura donde en su artículo 33.1.c parece sí posibilitar la reconstrucción de un BIC sin elementos originales siempre que se disponga de información documental suficiente para proceder a una reconstrucción fiel.

En todo caso, el criterio general que limita enormemente la posibilidad de reconstrucción de un BIC si no es con elementos originales la podemos encontrar en la STS de 16 de octubre del 2000[725] que trata del caso de la desafortunada reconstrucción del teatro romano de Sagunto (FFJJ 7º, 8º y 9º).

Se trata en todos los supuestos de obras que deben reputarse de conservación, y en ningún caso de mejora o reconstrucción.

---

723 ÁLVAREZ ÁLVAREZ, José Luís, *Estudios sobre el Patrimonio Histórico Español y la Ley de 25 de junio de 1985*, Ed. Civitas, 1989 y VARIOS AUTORES, *Comentaris a la Llei del Patrimoni Històric de les Illes Balears*, Institut d'Estudis Autonòmics, Palma de Mallorca, 2003, p. 231.

724 BARCELÓ LLOMPART, Miquel, "La conservació, rehabilitació i restauració dels béns culturals" en *Comentaris a la Llei del Patrimoni Històric de les Illes Balears*, Institut d'Estudis Autonòmics, Palma de Mallorca, 2003, pp. 231-232.

725 Sala de lo contencioso, sección tercera (sentencia 7408/2000 - ECLI:ES:TS:2000:7408; ponente: Manuel Sánchez Campos-Bordona).

Hay que tener en cuenta que el deber legal de conservación no implica ni la mejora ni la reconstrucción del inmueble. Pues según GARCÍA-BELLIDO GARCÍA DE DIEGO las obras a realizar en el bien del propietario deben ser "para conservar su edificación en estado de servir y ser usada conforme a su función social" [726] [727].

---

[726] GARCÍA-BELLIDO GARCÍA DE DIEGO, Javier, *Nuevos enfoques sobre el deber de conservación y la ruina urbanística*, en Revista de Derecho Urbanístico, núm. 89, 1984.

[727] Así, según GIRALT FERNÁNDEZ "El concepto de conservación aparece vinculado al de reparación (por contraste con reconstrucción), es decir, se refiere a la reparación de daños o desperfectos subsanables por medios normales o de reparación ordinaria.
La jurisprudencia del Tribunal Supremo ha evolucionado progresivamente en cuanto a la definición del concepto de obras normales de conservación, ampliando el ámbito objetivo de dichas obras al compás de la modernización de las técnicas constructivas.
Así, la STS de 16 de mayo de 1984 dice que
«... las técnicas constructivas permiten hoy conceptuar de normales supuestos de obras llamadas de consolidación en cimientos, estructuras y saneamientos que sean de poca importancia cuantitativa y cualitativa; señala como límite conceptual de dicha doctrina el alto coste de la reparación o el real agotamiento generalizado del edificio. En virtud de ello, será daño de reparación normal aquel que, aunque suponiendo obra de reconstrucción que afecte a algún elemento estructural, sea de alcance parcial, de coste no excesivo y se realice en edificio en buen estado general de conservación sin síntomas de agotamiento estructural.»
Inciden en esta misma línea jurisprudencial las SSTS de 4 de enero de 1983 y de 22 de abril de 1985, las cuales, tras recordar que rebasan el ámbito de lo que técnicamente son medios normales de reparación las obras que requieren la demolición y posterior reconstrucción de elementos arquitectónicos esenciales y costosos, indican que debe estarse a las características de la edificación y a la importancia cuantitativa y cualitativa de los daños y reparaciones, de modo que actualmente se pueden considerar obras normales de reparación las de consolidación de elementos estructurales, las cuales sólo podrán estimarse extraordinarias cuando respondan a un verdadero agotamiento de las estructu-

IV.2.2.- Procedimiento

Los artículos 99 a 102 del ROAS nos concretan los trámites para llevar a cabo la orden de ejecución, si bien el detalle del procedimiento en las órdenes de ejecución urbanísticas se encuentran en los artículos 83 a 92 del Decreto 64/2014, como a continuación veremos.

El procedimiento para imponer una orden de ejecución urbanística es en resumen el siguiente si es por tramitación ordinaria[728] (art. 197 TRLUC y arts. 83 y ss Decreto 64/2014):

1) Puesta en conocimiento al Ayuntamiento (vía denuncia ciudadana o por inspección administrativa);

2) Resolución potestativa de instrucción previa para determinar circunstancias del caso (art. 75 LPAC y 85.1 Decreto 64/2014) + informe técnico + informe jurídico;

3) Resolución incoando procedimiento (de oficio por el alcalde, a petición razonada de otros órganos o por denuncia o solicitud de interesado o acción pública, identificando inmueble y personas afectadas);

4) Notificación (indicando plazo para resolver y consecuencias de incumplimiento y plazo para presentar recusación);

---

ras y elementos básicos del edificio que impongan demoliciones generalizadas e importantes.

Sin embargo, pese a la innegable evolución jurisprudencial en un sentido favorable a la conservación de las edificaciones siempre que sea viable, y a las posibilidades actuales de las ciencias arquitectónicas, es llano que mediante las obras que la Administración debe ordenar se trata no de mejorar o de reconstruir un edificio, sino de conservarlo, es decir, de reparar sus elementos y de mantener sus condiciones de habitabilidad."

Ver GIRALT FERNÁNDEZ, Francesc, *Deber urbanístico de conservación de inmuebles y órdenes de ejecución de obres,* en Actualidad Administrativa, Sección Doctrina, Ref. III, tomo 1, La Ley, Madrid, 2001, pp. 14-15.

728 FERRERA IZQUIERDO, Juanma, *Curso de procedimientos establecidos en el TRLUC,* EAPC, Barcelona, 2017, p. 9.

5) Informe técnico + informe jurídico (si no se ha hecho en fase previa) + (informe del Departament de Cultura a evacuar en 1 mes, preceptivo y vinculante en supuestos art. 86 Decreto 64/2014 para BCIN y BCIL -si no se emite y notifica al Ayuntamiento el informe en el plazo, se pueden proseguir las actuaciones-) + plazo de audiencia de 10 a 15 días hábiles a interesados;

6) Resolución de alcaldía imponiendo orden de ejecución (advirtiendo de ejecución subsidiaria o multa coercitiva en caso de incumplimiento);

7) Notificación a interesados en máximo 6 meses ya que sino, habría caducidad del procedimiento –o silencio negativo si se incoó a instancia de interesado- (el acto es recurrible en recurso potestativo de reposición o recurso Contencioso Administrativo);

8) Inscripción de la orden de ejecución en nota marginal de la finca en el Registro de la Propiedad, atendiendo al carácter de afección real de la finca sobre dicha orden (art. 15.4 TRLS)[729].

En cambio, si se exige orden de ejecución por tramitación inmediata se ejecuta el procedimiento del art. 95 del Decreto 64/2014[730]:

1) Puesta en conocimiento al Ayuntamiento (vía denuncia ciudadana o por inspección administrativa);

2) Informe técnico sobre riesgo inminente salud o seguridad + (solicitud alcalde de intervención Departament de Cultura para intervenir urgentemente con servicios técnicos municipales si el bien es un BCIN);

3) Resolución de alcalde ordenando ejecución de actos de conservación, rehabilitación o protección a ejecutar inme-

---

729 PALLARÉS MARTÍ, Núria, *Op. Cit.*, p. 34.

730 FERRERA IZQUIERDO, Juanma, *Op. Cit* .p. 10.

diatamente (incluso puede ser verbalmente) bajo dirección de servicios técnicos municipales (advirtiendo que en caso de incumplimiento cabe ejecución subsidiaria sin necesidad de autorización judicial si se da caso de ruina o riesgo inminente del art. 15.2 LOSC 4/2015);

4) Notificación interesado (acto recurrible).

Los procedimientos son a resolver y notificar en 6 meses, ya que de lo contrario habrá caducidad, si se inició de oficio, o desestimación por silencio negativo si se inició a solicitud de terceros (art. 88 Decreto 64/2014).

La acción pública urbanística del TRLS y TRLUC y la de la LPCC permite a cualquier persona denunciar ante la administración sobre el incumplimiento del deber legal de conservación y requerir que se emita la orden de ejecución pertinente, hecho que ya venía reconociendo la jurisprudencia, como la STS de 27 de mayo de 1975[731] en supuestos de ruina urbanística, pero extrapolable a las órdenes de ejecución de obras, según GONZÁLEZ PÉREZ[732].

Referente a la intervención del Departament de Cultura de la Generalitat, hemos visto que efectivamente sí interviene en órdenes de ejecución sobre BCIN o bienes en proceso de declaración de BCIN siempre que afecten a dichos bienes, mientras que para los BCIL solo intervienen con su informe siempre que la orden de ejecución propuesta pueda implicar la pérdida del valor cultural del inmueble, pues así lo determina el artículo 86 del Decreto 64/2014[733].

731 Sala de lo Contencioso; ponente: Gabaldón López

732 GONZÁLEZ PÉREZ, Jesús, *Comentarios a la Ley del Suelo (texto refundido de 1992)*, Civitas, Madrid, 1993.

733 "Artículo 86 Informe del departamento competente en materia de patrimonio cultural
86.1 Es preceptivo y vinculante el informe del departamento competente en materia de patrimonio cultural en los supuestos siguientes:
a) Cuando la orden de ejecución afecte a un inmueble integrante del

El artículo 92.1[734] del Decreto 64/2014 reitera esencialmente el carácter vinculante de los informes del *Departament de Cultura* en el caso de los BCIN.

Como nos recuerda GIRALT FERNÁNDEZ[735], la administración competente para ordenar las ejecución de obras para cumplir con las condiciones de seguridad, salubridad y ornato público de los inmuebles es competencia de los Ayuntamientos, si bien hay ámbitos competenciales del Estado o CCAA donde éstas administraciones pueden incidir con fuerza, como el patrimonio cultural en base a la LPHE y la LPCC. Así, por ejemplo, como nos dice el mismo autor

> "la Ley 16/1985, del Patrimonio Histórico, reconoce la competencia para la ejecución de la misma, en primer término, «a los órganos que en cada Comunidad Autónoma tengan a su cargo la protección del Patrimonio Histórico», órganos que se hallan legalmente habilitados para imponer medidas de conservación de los elementos valiosos del patrimonio histórico, como recuerda la STS de 19 de julio de 1999 (ponente: Delgado Iribarren y Negrao, La Ley, 1999, 1167)."

---

patrimonio catalán o en proceso de integración en este patrimonio como bien cultural de interés nacional.
b) Cuando la orden de ejecución pueda comportar la pérdida del valor cultural declarado de un inmueble integrante del patrimonio cultural como bien cultural de interés local.
86.2 El informe a que hace referencia el apartado 1 se debe emitir en el plazo máximo de un mes y ha de establecer los efectos de la orden de ejecución en relación con los bienes protegidos. Transcurrido el plazo mencionado sin que se haya emitido el informe, pueden proseguir las actuaciones."

734 "Las órdenes de ejecución que afecten a un inmueble integrante del patrimonio cultural catalán o en proceso de integración en este patrimonio como bien cultural de interés nacional se han de dictar de conformidad con el informe preceptivo del departamento competente en materia de patrimonio cultural catalán."

735 GIRALT FERNÁNDEZ, Francesc, *Deber urbanístico de conservación de inmuebles y órdenes de ejecución de obres,* en Actualidad Administrativa, Sección Doctrina, Ref. III, tomo 1, La Ley, Madrid, 2001.

Esto es muy evidente en el artículo 67 LPCC, que faculta al Departament de Cultura de la Generalitat para dictar órdenes de ejecución para conservar inmuebles declarados BCIN de acuerdo con los parámetros de la LPCC, así como a los Ayuntamientos para los BCIL.

Referente a la necesidad de que la orden de ejecución tenga un carácter concreto y detallado se ha manifestado GIRALT FERNÁNDEZ[736]:

> "La orden de ejecución de unas obras no puede tener nunca un contenido genérico o indeterminado, sino que debe concretar con claridad y rigor cuáles son las obras que el destinatario de la orden debe ejecutar, constituyendo dicha concreción un requisito de validez de la orden. (...)
> Entiendo que un acto administrativo consistente en una orden de ejecución genérica e indeterminada, en la medida que no permite a su destinatario conocer su contenido ni proceder a su cumplimiento, será nulo de pleno de derecho, por lesionar el derecho fundamental a la defensa y por tener un contenido imposible (art. 62.1, letras a y c, LRJAP)."

La STS de 18 de septiembre de 1989 [737] menciona que se debe especificar en la orden cuáles hayan de ser las obras a realizar con la descripción más detallada posible, y que el órgano administrativo competente debe determinar

> "de modo previo, preciso, concreto y detallado las obras o reparaciones que han de ser efectuadas, al menos dentro de los límites que las previsiones técnicas normales permitan en cada caso, sin perjuicio de la advertencia de posibles defectos o malformaciones ocultas no determinables a prima facie, que en su caso han de ser detallados o justificados a posteriori en la ejecución sustitutoria, aclarando su imposible determinación previa".

---

736 GIRALT FERNÁNDEZ, Francesc, *Deber urbanístico de conservación de inmuebles y órdenes de ejecución de obres,* en Actualidad Administrativa, Sección Doctrina, Ref. III, tomo 1, La Ley, Madrid, 2001, p.20.

737 Sala de lo Contencioso; Ar. 6586, ponente: García Estartús.

La necesidad de concreción y detalle implica, según la STS de 24 de octubre de 1985, "la descripción técnica suficiente para su adecuada ejecución"[738].

Mientras que la STS de 30 de marzo de 1987 estima inadmisibles las órdenes de ejecución que se limitan a ordenar "las obras necesarias de arreglo y consolidación del inmueble".

También la STS de 2 de enero de 1992[739] reitera la necesidad de detallar o concretar las obras a realizar, sin que sean suficientes las declaraciones genéricas, máxime cuando sin dicha precisión no podría examinarse si las obras ordenadas en encuentran dentro del campo que marca la ley en orden al deber de conservación, ni el destinatario estaría en condiciones de cumplirla.[740]

IV.2.3.- Efectos de su declaración

La consecuencia normal o querida de la orden de ejecución es que el obligado lleve a cabo las obras de acuerdo con lo previsto en la orden y en el plazo dado de forma voluntaria, pero no siempre es así y se incumple. Así, de acuerdo con GIFREU I FONT,

> "El incumplimiento injustificado de la orden de ejecución por parte del obligado dentro del plazo voluntario otorgado a este efecto abre la puerta a la ejecución forzosa de la Administración (...). En el plazo de un mes a contar desde el momento en que se constata que el interesado no ha dado cumplimiento voluntario a la orden de ejecución, el ayuntamiento debe decidir entre el otorgamiento de un nuevo plazo para llevar a cabo la actuación ordenada o bien la ejecución subsidiaria con medios propios o externos, el coste de la cual debe repercutirse al obligado (STSJC de 14 de junio de 2002). Se debe tener presente, pero, que la ejecución subsidiaria requiere un previo requerimiento o notificación al administrado

---

738 Sala de lo Contencioso-Administrativo (ponente: Botella Taza).

739 Sala de lo Contencioso-Administrativo (Ar. 696; ponente: De Oro-Pulido López).

740 GIRALT FERNÁNDEZ, Francesc, "Deber urbanístico de conservación de inmuebles y órdenes de ejecución de obres", *Actualidad Administrativa,* Sección Doctrina, Ref. III, tomo 1, La Ley, Madrid, 2001, p.20.

para que cumpla las obligaciones impuestas. Este requerimiento debe de ser expreso y debe otorgar un plazo prudencial al sujeto obligado para la ejecución de las actuaciones requeridas (STS de 17 de diciembre de 1986 y STSJC de 9 de febrero de 1999)." [741]

Según el artículo 101 del ROAS se determina que, en caso de incumplimiento de una orden de ejecución, existe la posibilidad de acudir al régimen de multas coercitivas o a la ejecución subsidiaria, tal y como prevé el artículo 197.4 TRLUC:

"El incumplimiento injustificado de las órdenes de ejecución a que hace referencia el apartado 3 habilita a la administración para adoptar cualquiera de las medidas de ejecución forzosa siguientes:
a) La ejecución subsidiaria a cargo de la persona obligada.
b) La imposición de multas coercitivas, de acuerdo con lo establecido por el artículo 225.2, que se puede reiterar hasta que se cumpla la obligación de conservación."
El precepto se encuentra desarrollado en el artículo 101 del ROAS:
"1. El órgano que ordene la ejecución de un acto concederá a su destinatario un plazo suficiente para su cumplimiento, con la advertencia de que si no lo cumple dentro del mismo se procederá a la ejecución subsidiaria conforme a la normativa de procedimiento administrativo.
2. Para el cumplimiento de la orden, la administración podrá imponer multas coercitivas, en los supuestos, forma y cuantía que determinen las leyes, y se podrán reiterar si no se cumpliere la orden en los plazos que se concedieren al efecto.
3. La imposición de multas coercitivas será independiente de la sanción que, en su caso, proceda aplicar de acuerdo con la ley."

Para las órdenes de ejecución en el ámbito urbanístico, debemos tener en cuenta, además el artículo 93 del Decreto 64/2014[742], que determina la ejecutividad inmediata de la orden de ejecución desde el momento en que se dicta y faculta a acudir a la ejecución

---

741 GIFREU I FONT, Judith, *L'ordenació urbanística (…)*, p. 908.

742 "93.1 Las órdenes de ejecución son ejecutivas desde que se dictan. Efectuada la advertencia previa y transcurrido el plazo de ejecución voluntaria, el órgano competente puede ordenar la ejecución forzosa, respetando el principio de proporcionalidad, por los medios de ejecución subsidiaria o multa coercitiva. El órgano competente puede cambiar el

forzosa del acto si se incumple la orden en el plazo establecido por la administración en cada caso, así como concreta que le ejecución subsidiaria es a cargo del obligado y concreta el importe de las multas coercitivas.

El artículo 128 del Decreto 64/2014 es un recordatorio de los límites de cuantía de las multas coercitivas de 300 a 3.000 euros, pero también nos recuerda del carácter no sancionador de las mismas y su compatibilidad con las sanciones gubernativas urbanísticas, sin perjuicio de que, de acuerdo con PALLARÉS MARTÍ[743] deben aplicarse de acuerdo con el principio de proporcionalidad y por eso no deberían ser las multas coercitivas –a modo individual- superiores a las que cabría imponer como multas gubernativas por la infracción cometida, y es que el incumplimiento del deber de conservación de edificaciones en condiciones de salubridad y decoro público es una infracción urbanística leve según el artículo 215.d TRLUC, y en condiciones de seguridad es una infracción grave según el artículo 214.d TRLUC.

Por otro lado, PALLARÉS MARTÍ[744] también cita, referente a la ejecución subsidiaria, la STS de 11 de mayo de 1995, según la cual, en caso de querer ir al mecanismo de ejecución subsidiaria, previamente debe incoarse procedimiento sancionador por la in-

---

medio de ejecución forzosa cuando las multas coercitivas determinadas previamente no resulten efectivas.

93.2 La ejecución subsidiaria es a cargo de la persona obligada. Antes de ejecutar materialmente los actos que han sido ordenados, se puede liquidar provisionalmente el importe de los gastos, los daños y los perjuicios que se tengan que soportar previsiblemente, con vistas a su liquidación definitiva. Cuando la persona obligada no satisfaga voluntariamente las cantidades líquidas a que está obligada, se han de exigir mediante el apremio sobre el patrimonio.

93.3 Las multas coercitivas se pueden imponer por una cuantía de 300 a 3.000 euros, por lapsos de tiempo que sean suficientes para cumplir lo que ha sido ordenado."

743 PALLARÉS MARTÍ, Núria, *El deure de conservació. Ordres d'execució*, Diploma de Postgrau en Dret Urbanístic, URV, Tarragona, 2023, p. 36.

744 PALLARÉS MARTÍ, Núria, *op. cit.*, p. 37.

fracción urbanística cometida por incumplir el deber de conservar el bien.

Debemos recordar que el artículo 197.2 TRLUC establece que serán las administraciones quienes deberán asumir el exceso de coste de los deberes de conservación que vayan más allá de lo que los propietarios estén obligados a soportar si se les requieren unas medidas que son en interés general.

Cabe traer aquí a colación el artículo 54 LPCC, sobre las medidas de fomento de los bienes protegidos por la LPCC, ya que de forma genérica se prevén ayudas de la administración para la conservación, restauración y recuperación de los bienes integrantes del patrimonio cultural catalán (especialmente de los BCIN y BCIL), si bien con las medidas necesarias para evitar la especulación con estos bienes que reciben ayudas. En ningún caso recibirán estas ayudas los propietarios que no cumplan con el deber de conservación concretado en la LPCC.

En todo caso, el artículo 197.4 TRLUC nos recuerda que el incumplimiento de la orden de ejecución debe ser injustificado para poder ir a los mecanismos de ejecución forzosa de los actos administrativos.

Además, todo eso sin perjuicio de las demás responsabilidades penales, civiles y administrativas que puedan corresponder por incumplir el deber de conservación, de acuerdo con el artículo 94 del Decreto 64/2014[745]. Me remito al capítulo que trata de las sanciones urbanísticas y de la LPCC por daños al patrimonio cultural o a los bienes catalogados así como los delitos de ordenación urbanística y contra el patrimonio.

---

745 "Artículo 94 Responsabilidad por incumplir el deber legal de conservación y rehabilitación
Las órdenes de ejecución dictadas no eximen a la persona propietaria del inmueble afectado de las responsabilidades penales, civiles o administrativas que se puedan deducir por el incumplimiento eventual del deber legal de conservación y rehabilitación del suelo y las obras."

Respecto a las multas coercitivas que se imponen en caso de incumplimiento de la orden de ejecución, según MELÓN MUÑOZ,

> "Se entiende por tales aquellos compelimientos periódicos de carácter económico que tienen por finalidad favorecer el cumplimiento de determinada conducta por parte del administrado. Mediante la multa coercitiva no se impone una obligación de pago con un fin represivo, por la realización de una conducta administrativamente ilícita, sino que es una medida de constreñimiento económico, adoptada previo el oportuno apercibimiento, reiterada en lapsos de tiempo y tendente a obtener la acomodación de un comportamiento obstativo del destinatario del acto a lo dispuesto en la decisión administrativa previa.
> No se inscriben, por tanto, estas multas en el ejercicio de la potestad administrativa sancionadora, sino en el de la autotutela ejecutiva de la Administración (TCo 239/1988; TS 13-11-95 , EDJ 77). Tampoco tienen finalidad indemnizatoria o resarcitoria de los eventuales daños generados por la conducta del sujeto. Por ello, son compatibles con las reparaciones que procedan." [746]

El mismo autor[747] considera que se exige para que se pueda imponer una multa coercitiva que exista una autorización legal sobre la forma y cuantía de las multas, pues la previsión genérica de la LPAC no sería suficiente (ver en ese sentido STSJ Valladolid de 20 de mayo de 1999[748] y STSJ Cataluña de 23 de febrero de 1999[749]); también debe servir para hacer cumplir actos personalísimos cuando no proceda la compulsión directa sobre las personas (o esta solución no sea conveniente) así como actos cuya ejecución pueda el obligado encargar a otro.

La jurisprudencia (STS de 6 de abril de 1982) exige que los lapsos de tiempo entre multa y multa deben ser suficientes o proporcionados para cumplir lo ordenado por el órgano adminis-

---

746 MELÓN MUÑOZ, Alfonso (director), *Memento práctico de Urbanismo*, Lefebvre, Madrid, 2018, referencia 1830.

747 MELÓN MUÑOZ, Alfonso (director), *Op. cit.*, refs. 1832 y 1834.

748 Sala de lo Contencioso, EDJ 15254.

749 Sala de lo Contencioso, EDJ 80913.

trativo, lo cual es manifestación del principio de buena fe en las relaciones Administración pública-administrado.

La STSJ Castilla-La Mancha de 21 de julio de 2014[750] precisa que las multas coercitivas no tienen un carácter sancionador, por lo que serán independientes de las sanciones punitivas y no están limitadas por el carácter de irretroactividad de las normas sancionadoras desfavorables del artículo 9.3 CE.

Las multas coercitivas exigen un apercibimiento previo con requerimiento dando plazo para cumplir (STSJ La Rioja de 1 de septiembre de 1997[751]). Además, debe respetarse la proporcionalidad en la cuantía (STS de 6 de mayo de 2015[752]) y si la ley no establece un límite, no habría límite de multas, y en caso de establecerse, una vez llegado al tope de multas, se podría acudir a otras medidas de ejecución forzosa autorizadas. En patrimonio cultural, el art. 69.3 LPCC autoriza a imponer tantas multas coercitivas como sean precisas mientras persista el incumplimiento, mientras que en urbanismo, se deduce también que no hay un límite de multas coercitivas, si bien en cualquier momento se puede pasar a la ejecución subsidiaria (art. 225.1 TRLUC).

El acto de imposición de la multa coercitiva se considera un acto de ejecución de una obligación incumplida emanada de otro acto administrativo, si bien se lo considera un acto autónomo a efectos de que es recurrible de forma autónoma respecto del acto incumplido (vid. STS de 10 de julio de 1984[753]; STSJ Sevilla de 3 de diciembre de 1998[754]).

Cabe decir, asimismo, que el incumplimiento, por parte del propietario de efectuar las obras requeridas por planes, normas o proyectos de carácter histórico, arqueológico o artístico, son cau-

---

750 Sala de lo Contencioso, EDJ 168262.
751 Sala de lo Contencioso, EDJ 3412.
752 Sala de lo Contencioso, EDJ 93221.
753 Sala de lo Contencioso, EDJ 12786.
754 Sala de lo Contencioso, EDJ 39459.

sa legitimadora de la expropiación forzosa por razón urbanística de acuerdo con el artículo 110.1.cuarto TRLUC.

Del mismo modo, según el artículo 178 TRLUC, el Ayuntamiento deberá declarar el incumplimiento de la obligación de edificar si se incumplen

> "los plazos fijados en las órdenes de ejecución de obras que se refieran a obras de conservación o rehabilitación requeridas (...) por la protección del patrimonio arquitectónico o cultural"[755].

Dicha declaración municipal de incumplimiento implicaría la inscripción de la finca en el Registro municipal de solares sin edificar que conllevaría iniciar un expediente de venta, expropiación o sustitución forzosa, que implica que en un plazo de 2 años desde su inscripción el Ayuntamiento puede potestativamente llevar a cabo alguna de las tres acciones de acuerdo con el artículo 179 TRLUC. Si transcurre el período de 2 años, el proceso queda en suspenso durante 1 año, y si transcurrido el mismo se persiste en el incumplimiento del propietario, cualquier persona puede exigir al Ayuntamiento la expropiación forzosa de la finca inscrita.

IV.2.4.- Comparativa con otras Comunidades Autónomas

IV.2.4.1.- Principado de Asturias

Al existir un deber legal de conservación superior al del resto de propietarios, las órdenes de ejecución que se dicten en cumplimiento de ese fin, no generan derecho a indemnización a favor del propietario, pues es una carga que tiene el deber legal de aceptar.

---

755 El artículo 230.c RLUC admite explícitamente el supuesto de incumplimiento de una orden de ejecución referidas a la protección del patrimonio tanto arquitectónico como cultural.

El art. 233 del TROTU detalla el régimen de las órdenes de ejecución en el Principado de Asturias (en adelante, Asturias), y concretan en su apartado 2 la necesidad de que detallen las obras de ejecución, en cumplimiento de lo que exige la jurisprudencia del TS del principio de proporcionalidad y favor libertatis.

Y en caso de incumplimiento injustificado de la orden de ejecución se puede proceder por la administración a las multas coercitivas o a la ejecución subsidiaria.

En referencia al deber de conservación de los bienes integrantes del patrimonio cultural asturiano y las correspondientes órdenes de ejecución por su incumplimiento, hay que ir a los artículos 28 a 32 LPCPA. En el artículo 28 se estipula el deber genérico de propietarios, demás titulares de derechos reales y poseedores de conservar esos bienes y la prohibición de su destrucción (excepto en los casos expresamente contemplados en la ley), el deber de destinarlo a un uso que permita su conservación así como a facilitar información e inspección sobre estos bienes culturales cuando lo requiera la administración competente.

Mientras que el artículo 29 prevé la posibilidad de la Consejería asturiana de Cultura (o en su caso el Ayuntamiento, si se trata de un bien catalogado urbanísticamente u otros bienes sobre los que esté facultado, dando cuenta a la administración autonómica) para dictar órdenes de ejecución a los obligados para que ejecuten las obras o actuaciones necesarias para conservar o proteger el bien cultural. Si se incumple injustificadamente la orden de ejecución, la administración puede proceder a la multa coercitiva (art. 30), a la reiteración de la orden de ejecución o a la ejecución subsidiaria a cargo del obligado si la urgencia lo aconseja (art. 31) e incluso el incumplimiento del deber de conservación es causa de interés social para su expropiación (art. 32).

En general vemos un régimen parecido al catalán si bien es cierto que el hecho de que la LPCPA se aplique igualmente a los meros bienes catalogados urbanísticamente genera un nuevo régimen protector para estos bienes muy recomendable y más amplio del que le brinda la legislación urbanística.

IV.2.4.2.- Aragón

Atendiendo al deber de conservación que tiene todo propietario sobre las edificaciones en condiciones adecuadas de seguridad, salubridad, ornato público y además de calidad ambiental, cultural y turística. Obliga al propietario a realizar los trabajos precisos para conservarlos o rehabilitarlos para conseguir las condiciones de habitabilidad o uso efectivo. Este deber alcanza un valor de obras de hasta la mitad del valor de una construcción similar de nueva planta (art. 254 TRLUA).

Toda esa normativa de las órdenes de ejecución es aplicable a cualquier terreno o edificio, pero naturalmente con más razón se pueden aplicar a los bienes catalogados.

Es de notar que en la ley catalana urbanística no existe el deber de conservación en condiciones de calidad ambiental, cultural y artística, pero su inclusión en el caso aragonés se puede interpretar como algo muy favorable para asegurar la conservación de bienes catalogados, que precisamente se protegen por esos valores culturales, ambientales y turísticos que aquí se exige explícitamente.

También el hecho de explicitar y limitar la cantidad exigible al propietario en cuanto al deber de conservación ayuda a dar seguridad jurídica al propietario (y también al Ayuntamiento a la hora de dictar una orden de ejecución).

Así, el Alcalde está facultado para ordenar la ejecución de las obras y actuaciones necesarias para conservar el edificio para cumplir con el deber de conservación que tiene el propietario. Se debe dar en principio audiencia al propietario y una vez dictada la orden, el propietario debe ejecutarlas a su costa (excepto que la orden pretenda una mejora o beneficio de interés general que vaya más allá del deber general de conservación, en cuyo caso será a costa del municipio; art. 255).

También cabe la posibilidad –innovadora comparado con los demás regímenes autonómicos- de que el Ayuntamiento subvencione hasta el 10% del presupuesto de las obras exigidas por orden de ejecución si superan la cuarta parte del valor de la edificación (art. 256).

En caso de incumplimiento de la orden, cabe imponer multas coercitivas cada mes de hasta el 10% del coste de las obras de la orden (dinero que se destinará a sufragar los costes de la ejecución subsidiaria), si bien el Ayuntamiento en cualquier momento puede optar por la ejecución subsidiaria a costa del propietario (art. 259).

Referente al deber de conservación de la legislación del patrimonio cultural, la LPCA prevé un deber genérico de conservación de todos los bienes del Patrimonio Cultural Aragonés, en el artículo 6.1[756].

Mientras que los dos otros apartados del precepto prevén la colaboración de las personas y de las asociaciones culturales en la preservación de los bienes culturales.

Más específico es el deber de conservación del artículo 33.1 LPCA[757] sobre los BIC, del artículo 50[758] sobre los bienes catalogados aragoneses y finalmente del artículo 54 sobre los Bienes Inventariados del Patrimonio Cultural de Aragón[759]. Tanto para los

---

756 "Todas las personas tienen el deber de conservar el Patrimonio Cultural Aragonés, utilizándolo racionalmente y adoptando las medidas preventivas, de defensa y recuperación que sean necesarias para garantizar su disfrute por las generaciones futuras."

757 "Los propietarios y titulares de derechos sobre los Bienes de Interés Cultural tienen el deber de conservar adecuadamente el bien, facilitar el ejercicio de las funciones de inspección administrativa, el acceso de investigadores y la visita pública, al menos cuatro días al mes, en los términos establecidos reglamentariamente."

758 "La inclusión de un bien en el Catálogo supone su protección con fines de investigación, consulta y difusión, así como determinar su compatibilidad de uso con su correcta conservación."

759 "Artículo 54 Deberes
1. Los propietarios y titulares de derechos sobre los Bienes inventariados del Patrimonio Cultural Aragonés tienen el deber de conservarlos adecuadamente, facilitar el ejercicio de las funciones de inspección ad-

BIC como para los Bienes Inventariados, la ley prevé las órdenes de ejecución por la Dirección General del Patrimonio Cultural de Aragón como mecanismo para hacer frente a la inactividad del deber de conservación del titular, no se prevé en cambio para los bienes catalogados.

IV.2.4.3.- Comunidad de Madrid

Existe el deber de genérico conservación en condiciones de salubridad, seguridad, ornato y decoro legalmente exigible a los propietarios de inmuebles. Dicho deber solo es exigible para realizar obras de conservación de hasta la mitad del valor de un inmueble nuevo de similares características, pues si se exige más allá de eso, debe de ser el Ayuntamiento quien sufrague ese sobrecoste. Además, puede prever ayudas o bonificaciones en las tasas para dichas obras (art. 168 LSCM).

En caso de incumplimiento del deber de conservación, el Ayuntamiento puede dictar órdenes de ejecución (que en el caso de edificios catalogados, también podrán ser hechas por el órgano autonómico competente en patrimonio). Además, si las obras a realizar son sobre bienes protegidos por la legislación sectorial de patrimonio cultural, deben ser previamente autorizadas por la Consejería de cultura (art. 170 LSCM).

---

ministrativa, su estudio por investigadores y la contemplación pública, al menos cuatro días al mes, en los términos establecidos reglamentariamente.
2. El Director General responsable de Patrimonio Cultural podrá exigir el cumplimiento de los anteriores deberes mediante órdenes de ejecución, que detallarán las intervenciones u horarios de contemplación pertinentes.
3. Cuando la orden de ejecución requiera la entrada en un domicilio constitucionalmente protegido, se podrá obtener autorización judicial conforme a lo dispuesto en el artículo 87 de la Ley Orgánica del Poder Judicial."

A nivel de la reciente LPCCM , de forma similar a la ya derogada Ley del Patrimonio Histórico de la Comunidad de Madrid de 2013, prevé en su artículo 32, que trata del "deber de conservar" con la previsión de que

> "Las personas que tengan la condición de propietarias, poseedoras y demás titulares de derechos reales sobre los bienes culturales del patrimonio cultural de la Comunidad de Madrid, están obligadas a conservarlos, cuidarlos, protegerlos y utilizarlos debidamente para asegurar su integridad, y evitar su pérdida, destrucción o deterioro, en los términos establecidos por la legislación vigente en materia de urbanismo, de protección del patrimonio urbano y arquitectónico y de patrimonio cultural."

Un deber sin duda genérico puesto que según el artículo 31 LPCCM, supone una tutela no solo de los BIC y los BIP, sino de todos los bienes del patrimonio histórico de la Comunidad de Madrid, estén o no específicamente protegidos por la ley. Asimismo, la Comunidad de Madrid podrá recabar la información necesaria de propietarios y poseedores para comprobar el estado de conservación de dicho patrimonio, así como para su protección específica si procediese, lo que nos indica que dicha obligación de suministrar información puede servir a efectos de cualquier catalogación.

Más innovadora es la previsión del artículo 33 LPCCM que considera causa de utilidad pública o interés social para expropiar bienes culturales siempre que estén protegidos, el incumplimiento grave del deber legal de conservación y cuidado establecido a los obligados por la LPCCM, así como la declaración de ruina de un inmueble provocada por la falta de conservación del titular. Cabe incluso (apartado tercero), que en el justiprecio ya se computen los gastos administrativos de intervención sobre el bien para su conservación, lo que supone un aliciente para invertir en la conservación de bienes ajenos en la ejecución subsidiaria si se presume que luego será difícil de que se recupere esa inversión.

IV.2.4.4.- Islas Baleares

Existe un deber genérico de conservación de todos los bienes integrantes del patrimonio histórico de las Islas Baleares regulado en el artículo 22 LPHIB y que va dirigido tanto a particulares como poderes públicos. Dicho deber de conservación tiene asociados dos mecanismos de conservación efectivos que lo hacen una figura interesante en comparación con otras leyes como la catalana.

Así, el artículo 23 LPHIB faculta al consejo insular para impedir cualquier obra o intervención sobre un bien del patrimonio histórico no declarado ni BIC ni bien catalogado, requiriendo al Ayuntamiento a adoptar medidas para hacer efectiva la suspensión (de lo contrario lo haría subsidiariamente). En máximo 3 meses el consejo insular debe resolver, previo informe municipal, si se continúan las obras, se suspende la intervención o se inicia un procedimiento para declarar el inmueble como BIC o bien catalogado. Por su parte, el Ayuntamiento está facultado para suspender por un máximo de 3 meses la tramitación de la licencia de edificación o uso y solicitar al consejo insular incoar procedimiento de declaración de BIC o bien catalogado.

Mientras que el artículo 24 faculta a la administración competente a suspender las obras de demolición o cambio de usos de un bien no catalogado ni BIC por un máximo de 3 meses, en los que debe resolver si se continúan las obras, se suspende la intervención o se incoa el procedimiento de BIC o bien catalogado.

El deber de conservación de los BIC y los bienes catalogados es el mismo, pues todo propietario, titular de un derecho o un poseedor del bien tiene el deber de conservarlo, mantenerlo y custodiarlo garantizando sus valores así como destinarlo a un uso que garantice su conservación (art. 26 LPHIB). El incumplimiento de este deber de conservación permitirá a las administraciones competentes ordenar al incumplidor la ejecución de las obras o actuaciones indispensables para preservar el bien. En caso de que se incumpla la orden de ejecución, cabrá la ejecución subsidiaria administrativa a cargo del obligado (art. 27). Según MASOT TEJEDOR[760] esta ejecución subsidiaria debería ser preceptiva y no optativa para la administración, pues es quien tiene cura del patrimonio histórico, así, el artículo 22.3 LPHIB nos recuerda que "los poderes públicos promoverán, por todos los medios a su alcance, la conservación, la consolidación y la mejora de los bienes integrantes del patrimonio histórico de titularidad pública y privada". Además, el artículo 28 LPHIB, sobre la reparación de daños, nos establece que "el consejo insular competente ha de ordenar a las personas, entidades o instituciones responsables, sin perjuicio de la sanción que corresponda, la reparación de los daños causados ilegalmente a bienes de interés cultural o catalogados, mediante órdenes ejecutivas de reparación, reposición, reconstrucción[761] o derribo, o mediante las que sean necesarias para restituir el bien a su estado anterior". Además, el incumplimiento del deber de conservación puede ser motivo de interés social para que la administración expropie el bien al titular del BIC o bien catalogado (art. 33 LPHIB).

Todo eso sin perjuicio de la colaboración jurídica, técnica o económicofinanciera (como los programas anuales de inversiones y ayudas de los Consejos Insulares para conservar el patrimonio cultural, al que serán esos propietarios preferentes en recibir las ayudas) que pueden dar las administraciones competentes a los propietarios o titulares de derechos de los bienes (arts. 81, 83 y 84). Se entiende en base a esta referencia genérica a administraciones competentes que tanto Ayuntamientos, Consejos Insulares como la misma Comunidad Autónoma podrían ser competentes

---

760 MASOT TEJEDOR, Josep, "*Els béns immobles catalogats: anàlisi de la seva regulació*" *op. cit.*, p. 101.

761 A diferencia de los BIC en el articulo 41.c LPHIB, en los bienes catalogados no hay restricciones para la reconstrucción del bien. Según MASOT TEJEDOR lo que no cabe es reinventar el bien en la reconstrucción. El autor considera ilógico que no se reconstruyan los edificios que han sido objeto de demoliciones ilegales, los destruidos por guerras, etc.

para ejercer dichas potestades para asegurar la conservación de los bienes.

En cambio, para exigir la reparación de los daños causados a BIC y bienes catalogados, solo es competente el Consejo Insular, lo que se articulará a través de órdenes ejecutivas de reparación, reposición, reconstrucción o derribo o las demás que sean necesarias para restituir el bien (art. 28).

También es competencia exclusiva de los Consejos Insulares la imposición de multas coercitivas para hacer cumplir las obligaciones dimanantes de la LPHIB y de las resoluciones administrativas que se dicten en su cumplimiento, siempre dando audiencia previa al interesado y previo requerimiento de cumplimiento al obligado dando un plazo para cumplir al obligado. El Consejo puede imponer las multas que estime convenientes siempre dando un nuevo plazo de cumplimiento no inferior al primer requerimiento.

Otro apunte importante es que en toda tramitación administrativa que pueda afectar a un BIC o un bien catalogado se exige informe de la Comisión Insular del Patrimonio Histórico (art. 29), este es un precepto de máximos que hasta puede llevar a confusión, pues realmente son muchos los procedimientos que pueden afectar a uno de esos bienes, pero entiendo que son los principales y que sí deberían tener este informe, entre otras: licencias, órdenes de ejecución, multas coercitivas y ejecuciones subsidiarias, declaración de ruina, declaración y descatalogación de bienes, expropiación forzosa del bien.

La legislación urbanística de las Islas Baleares, la LUIB, también prevé un régimen común de conservación de edificaciones así como ciertas especificidades para los bienes culturales y los catalogados urbanísticamente.

Así, el artículo 122 LUIB prevé un deber genérico de los propietarios de inmuebles a cumplir los deberes de uso, conservación y rehabilitación legales y a destinar los bienes a los usos permitidos por la ordenación urbanística. Concretamente hay el deber de mantener en condiciones de seguridad, salubridad, ornato público, accesibilidad y habitabilidad (para viviendas). Además, del deber de conservar, mantener, restaurar y rehabilitar de acuerdo con la LPHIB y el planeamiento urbanístico (sobre todo planes especiales y catálogos del patrimonio). Los costes de reparación de inmuebles son a costa del propietario, con el límite del 50% del coste de una nueva edificación de características similares, caso en el que cabría la declaración de ruina económica del inmueble (art. 126.2.b) y el límite de las exigencias de obras para mejoras de interés general o estéticas no previstas en el planeamiento (art. 122.2).

Para asegurar el deber de conservación urbanístico de los inmuebles, de acuerdo con el art. 123.1, los ayuntamientos ordenarán las órdenes de ejecución necesarias de acuerdo con los informes de evaluación correspondientes y con el principio de proporcionalidad. Requieren audiencia previa del interesado e informe de los servicios técnicos y jurídicos así como motivación. No requerirán licencia urbanística, salvo que la normativa exija proyecto técnico. También se pueden dictar con carácter urgente, prescindiendo de parte del procedimiento.

Si se incumple la orden de ejecución de forma injustificada, cabe la ejecución subsidiaria a cargo del obligado, el otorgamiento de nuevo plazo para cumplir la imposición de multas coercitivas o la convocatoria de concursa de un programa de rehabilitación sustituyendo forzosamente al obligado (art. 123.2).

Si se trata de conservar el patrimonio cultural inmueble o por motivos de interés estético, los consejos insulares o ayuntamientos pueden hacer órdenes de ejecución respecto de obras de conservación, reforma de fachadas o espacios visibles desde vía pública, sin perjuicio de las demás medidas previstas en la LPHIB (art. 123.3 LUIB). Entiendo que si afecta a un BIC o bien catalogado se necesitaría informe preceptivo de la Comisión Insular del Patrimonio Histórico (art. 29 LPHIB).

IV.2.5.- Conclusiones preliminares

El deber urbanístico de conservación de los inmuebles y las órdenes de ejecución por el incumplimiento de ese deber se encuentran reguladas principalmente en los artículos 15 y 17.3 y 4 TRLS (ley con carácter básico) y en el artículo 197 TRLUC. También el artículo 84 LBRL regula las órdenes de ejecución de los entes locales de acuerdo con los principios de igualdad, necesidad y proporcionalidad en su ejercicio. Otra cosa es el deber de conservación derivado de la legislación sectorial del patrimonio cultural para BCIN y BCIL, regulada en la LPCC.

Se entiende del artículo 15 TRLS que la administración puede imponer a los propietarios la realización de obras por motivos culturales, si bien si rebasan el 50% del coste equivalente de la obra de nueva planta, ese exceso debería ser indemnizado o sufragado por la administración requirente (ver art. 17.4 TRLS). Esto bien podría aplicarse a los bienes meramente catalogados urbanísticamente.

El artículo 197.2 TRLUC nos concreta que también son indemnizables por la administración las obras de conservación que impliquen mejoras de interés general, referencia que podría considerarse hecha tácitamente a las obras impuestas por razones culturales de los artículos 15 y 17.4 TRLS con sus límites ya mencionados. Según cierta doctrina como PALLARÉS MARTÍN[762], cabría ahorrarse dicha indemnización por vinculación singular (art. 48 TRLS) si se establecen medidas compensatorias, como ayudas o subvenciones.

La jurisprudencia ha ido cambiando en cuanto al deber o no de indemnizar administrativamente por las obras requeridas para conservar un bien catalogado, pues hay jurisprudencia del Tribunal Supremo de los años 80 tendente a obligar a indemnizar en parte administrativamente las obras requeridas (dicha parte o proporción a aportar por la administración en base al interés ge-

---

762 PALLARÉS MARTÍ, Núria, *Op. Cit.*, pp. 9-10.

neral se debería determinar caso por caso según la STS de 11 de febrero de 1985), si bien la jurisprudencia del TSJC de 19 de marzo del 2004 entiende que el deber de asumirlo es del propietario.

El artículo 17.4 TRLS establece para el suelo urbano la posibilidad de dictar órdenes de ejecución por razones culturales o turísticas sobre bienes inmuebles, siempre con el límite del 50% del coste del bien, cifra a partir de la cual sería una vinculación singular indemnizable por la administración.

El deber de conservación de un bien, incluso catalogado o protegido, cesa con la declaración de ruina del inmueble (Sentencia del TS de 28 de marzo de 1988).

La orden de ejecución es un acto administrativo que tiene como objetivo hacer cumplir de forma concreta el deber genérico de conservación de un inmueble cuando se está legalmente obligado a ello. Se considera por la doctrina que es un acto de gravamen, individualizado, de naturaleza constitutiva, que obliga de forma concreta, que debe ser claro y motivado, con un contenido concreto sobre las obras a realizar, que es fruto de una potestad reglada, que se ejerce preceptivamente, que en su caso puede llegar a exigir solicitar licencia urbanística y se dicta en virtud de un procedimiento contradictorio que exige dar audiencia al interesado (si es el procedimiento ordinario, pues en urgencia se puede prescindir) y recabar los informes técnicos y jurídicos correspondientes (inclusive el del Departament de cultura de la Generalitat si la orden de ejecución urbanística afectara a un BCIN o bien pudiera comprometer los valores culturales protegidos en un BCIL, según el artículo 86 del Decreto 64/2014). Dicha orden es impugnable en vía administrativa o contencioso-administrativa.

En caso de incumplimiento de la orden de ejecución urbanística, la administración competente puede acudir a la ejecución forzosa, en concreto está legalmente habilitado para las multas coercitivas de 300 a 3.000 euros o a la ejecución subsidiaria a costa del obligado (artículo 93 del Decreto 64/2014).

En el caso de los BCIN y BCIL, al ser tutelados también por la LPCC, hay un deber de conservación reforzado por estos bienes (que en los BCIL se puede aumentar vía plan urbanístico) y que en caso de incumplimiento la misma LPCC prevé en su artículo 67 un régimen jurídico específico para las órdenes de ejecución (de uso preferente pero complementario a las órdenes de ejecución urbanística del TRLUC) a ejecutar por la Generalitat en caso de los BCIN y los Ayuntamientos para los BCIL, que puede llevar incluso al deber de reparar los daños ilícitos a los bienes protegidos e incluso en caso de incumplimiento de la orden, llevar a multas coercitivas específicas e incluso posibilidad de expropiar el bien. También hay aquí el límite del 50% del coste del inmueble nuevo para las órdenes de ejecución de la LPCC.

Ni la LPCC ni las leyes sectoriales estudiadas prevén, pero, una medida desesperada para conservar el patrimonio cultural como lo es la del artículo 36.3 LPHE, que permite sobre los BIC estatales la ejecución administrativa directa de obras de conservación a cargo de la misma administración sobre bienes privados. Creo, pero, que en la práctica, la ejecución subsidiaria, como permite el adelanto económico de la administración para hacer las obras, podría ya tener un poco esa función (pues la liquidación provisional de los costes estimados es optativa), sin perjuicio de que siempre en el régimen administrativo general del artículo 102 LPAC, los costes serán a cargo del obligado, sin perjuicio de que este sea insolvente.

Referente a los BCIN/BIC, el artículo 35 LPCC así como la mayoría de legislación sectorial autonómica e incluso la LPHE y la jurisprudencia (STS de 16 de octubre del 2000) prevén que la conservación del mismo no permita la reconstrucción *ex novo* del bien, sino solo como máximo la reconstrucción con elementos originales (*anastilosis*).

También debemos recordar que la falta de preservación y mantenimiento de los BCIN y BCIL es una infracción administrativa grave según el artículo 71.3.c LPCC, me remito al capítulo de este trabajo que se refiere al ámbito sancionador para su más detallado estudio.

A nivel de normativa comparada autonómica, vemos, con carácter genérico de las distintas comunidades autónomas, que existe un deber genérico urbanístico de conservación de los inmuebles y otro régimen específico de la legislación sectorial del patrimonio cultural en caso de bienes protegidos, así como la posibilidad de dictar órdenes de ejecución en caso del incumplimiento de ese deber de conservación ya sea urbanístico o del patrimonio cultural. En el ámbito urbanístico hemos visto como en caso de incumplimiento se puede acudir a las multas coercitivas, a la ejecución subsidiaria (con algunas peculiaridades) e incluso se prevé la posibilidad de expropiar bienes culturales si se incumple el deber de conservación del bien cultural.

A nivel de comentarios más específicos, destacaría en las Islas Baleares, como es tendencia en toda la Ley del Patrimonio Histórico de las Islas Baleares, la similitud en el régimen de protección y conservación de BIC y bienes catalogados, así como el habitual peso decisivo de los Consejos Insulares en este régimen de protección.

El derecho balear también es interesante desde el punto de vista de ofrecer mecanismos reales y efectivos de protección de inmuebles no catalogados pertenecientes al patrimonio histórico de las Islas Baleares en virtud del deber de conservación genérico de cualquier bien de dicho patrimonio (ver artículos 22 a 24 LPHIB). Luego existe un deber de conservación más estricto para los BIC y los bienes catalogados.

En cuanto al régimen de la comunidad aragonesa, la LPCA deja poco margen de actuación al municipio, actuando básicamente la administración autonómica y con un régimen de órdenes de ejecución esencialmente deficiente y parcial.

De la Comunidad de Madrid destacaría también en este aspecto el régimen común de conservación de bienes protegidos por la

LPCCM de los BIC y los BIP, así como los demás bienes protegidos por la misma ley (ver artículo 31).

IV.3.- DECLARACIÓN DE RUINA DE INMUEBLES CATALOGADOS

IV.3.1.- Concepto

El "estado de ruina" de un inmueble es un estado de hecho, constitutivo de una degradación definitiva del inmueble que le impide continuar su destino y sus finalidades propias[763]. Así lo confirma la STS de 30 de mayo de 1984[764], que determina que la declaración de ruina "no tolera distinciones en su apreciación que tengan que ver con las cualidades vulgares o singulares por motivos histórico artísticos de los edificios". Y ahonda en la cuestión la STS de 9 de marzo de 1993[765], de 8 de mayo de 1993[766] o

---

763 MELÓN MUÑOZ, Alfonso (dir.), *Memento práctico de Urbanismo,* Lefebvre, Madrid, 2018, p. 1594.

764 Sala de lo Contencioso-Administrativo (Ar. 3154).

765 Sala de lo Contencioso-Administrativo (Ar. 1.600).

766 "En primer lugar, y como tiene dicho el Tribunal Supremo, el contenido fundamental de la declaración de ruina es una cuestión de hecho (...), de ahí que no pueda basarse en hipótesis más o menos fundadas (...), han de ser ... el promovente del expediente y ... la Administración que declara la ruina quienes soporten la carga de probar su existencia (...), y tal deber encuentra su límite legal en los supuestos de ruina previstos por el n.º 2 del citado art. 183 de la Ley del Suelo (...), revelándose como característica común a los tres indicados en dicho precepto, la de la relevancia fundamental de los datos suministrados por los peritos (...), pues la situación de ruina no se reduce a su simple aspecto extremo, sino al estado de su estructura interna, cuya apreciación precisa de especiales conocimientos técnicos (...), por lo cual, ante alguna aparente contradicción entre lo consignado en el acta de reconocimiento judicial ... y lo afirmado por el perito de la Sala... hay que considerar que es lo afirmado por éste lo que refleja la realidad arquitectónica (...).

la STS de 18 de octubre de 1983 que considera que el estado de ruina constituye

> "una cuestión de puro hecho [...], de manera que un edificio puede encontrarse en ruina y así habrá de declararse no sólo con independencia de las causas por las que ha llegado a tal estado, sino con independencia también de su posible calificación jurídica [...] (v.gr. artístico e histórico o catalogado de interés, etc.)" [767].

Pero eso sí, para los bienes protegidos por su interés cultural, la declaración de ruina no implicará automáticamente la autorización para demoler el inmueble protegido, pues se necesitará, en su caso autorización de la administración competente en patrimonio cultural, normalmente la Comunidad Autónoma y excepcionalmente la Administración del Estado (si está declarado BIC por el Estado)[768]. En Cataluña, la LPCC y la normativa urbanística

---

Se trata, pues, de la comprobación de un estado de hecho, para lo que se dispone, como elementos principales de análisis, de los dictámenes emitidos por aquellas personas que por razón de sus conocimientos científicos puede percibir debidamente las circunstancias a tomar en consideración (...). Mas tales informes han de ser valorados aplicando a los mismos las reglas de la sana crítica (...), único límite, en principio, salvo que se actúe con error o extralimitación al ejercicio de la facultad de valoración de la prueba, de ahí que cualquiera que sea el valor preferente que a alguna de las pruebas debe atribuírsele, éste no puede llegar nunca al extremo de considerarse en su individual contemplación como provista de fuerza vinculante para el órgano decisor ... dotado de ... libertad de juicio (...). La declaración de ruina, como estado constitutivo de una actuación de hecho que produce efectos jurídicos, ha de quedar fundada en la resultancia de un informe o dictamen técnico de modo que éste ha de ofrecer la situación de hecho subsumible en la norma, que se convierte mediante la aplicación de la misma en situación de derecho (...)".

767 Sala de lo Contencioso-Administrativo, Ar. 5245.

768 Art. 24.2LPHE: "En ningún caso podrá procederse a la demolición de un inmueble, sin previa firmeza de la declaración de ruina y autorización de la Administración competente, que no la concederá sin informe favorable de al menos dos de las instituciones consultivas a las que se refiere el artículo 3."

son todavía más rigurosos que la LPHE, como veremos luego en el procedimiento para declarar la ruina de los BCIN y BCIL[769].

En este sentido, entre la doctrina JIMÉNEZ DE CISNEROS CID, ha determinado que:

> "la colisión de normas y la concurrencia de competencias administrativas -urbanísticas y sectoriales, singularmente las protectoras del patrimonio cultural- que se hace patente en el caso concreto de la declaración de ruina de un inmueble sujeto a un régimen protector de los previstos en la LPH se resuelve por la labor hermenéutica de los Tribunales, que han jerarquizado las finalidades perseguidas por ambos ordenamientos y han otorgado prevalencia al interés público perseguido por la LPH sobre el perseguido por la legislación urbanística, de tal modo que se admite la compatibilidad entre la declaración urbanística de ruina y la preservación del inmueble pero la prevalencia de ésta enerva el efecto de la demolición, típico de aquélla, impidiendo el otorgamiento de la licencia correspondiente. (...) y el resultado es el mismo, el mantenimiento del inmueble, pero, para el propietario, ha finalizado su deber de conservación, que ha de correr a cargo de los poderes públicos desde ese momento" [770].

La jurisprudencia[771] determina que con la declaración de ruina cesa el deber de conservación en condiciones legalmente exi-

---

769 La declaración de ruina es un acto administrativo que se regula en Cataluña en el artículo 198 del TRLUC y en los artículos 79 y siguientes del Decreto 64/2014.

770 JIMÉNEZ DE CISNEROS CID, Francisco Javier, *El deber de conservación y la declaración de ruina*, Centro de Estudios Urbanísticos Pablo de Olavide-Universidad Autónoma de Madrid, Madrid, 1995, pp. 61-74. En el mismo sentido, SÁNCHEZ GOYANES, Enrique, "El deber de conservación, las órdenes de ejecución y la declaración de ruina", en SÁNCHEZ GOYANES, Enrique (dir.), *Derecho urbanístico del País Vasco*, El Consultor de los Ayuntamientos, Madrid, 2008, pp. 1098.

771 Así, la STS de 19 de abril de 1994 , FJ 2°, afirma que "Hemos dicho en múltiples ocasiones (SS 12 y 20 marzo y 22 octubre 1991, 22 enero y 24 junio 1992, 8 junio y 27 julio 1993, por no citar sino las más recientes) que dentro del contenido normal del derecho de propiedad inmobiliaria -arts. 76 y 87.1° TR de la LS- se integra un deber legal urbanístico de los propietarios de mantener los edificios en condiciones de seguridad,

gibles de seguridad, salubridad y ornato del propietario sobre el edificio. En el mismo sentido cabe citar la STS de 5 de diciembre de 2001 (FJ 6º)[772].

Pero la situación de ruina tiene una excepción en los bienes con protección específica, normalmente por la legislación sectorial del patrimonio cultural, como nos señala SÁNCHEZ GOYANES:

> "Desde la doctrina se ha tratado de explicar que la colisión de normas y la concurrencia de competencias administrativas -urbanísticas y sectoriales, singularmente las protectoras del patrimonio cultural- que se hace patente en el caso concreto de la declaración de ruina de un inmueble sujeto a un régimen protector de los previstos en la LPH se resuelve por la labor hermenéutica de los Tribunales, que han jerarquizado las finalidades perseguidas por ambos ordenamientos y han otorgado prevalencia al interés público perseguido por la LPH sobre el perseguido por la legislación urbanística, de tal modo que se admite la compatibilidad entre la declaración urbanística de ruina y la preservación del inmueble pero la prevalencia de ésta enerva el efecto de la demolición, típico de aquélla, impidiendo el otorgamiento de la licencia correspondiente. Se cierra el círculo jurídico (deber de conservación, como regla; su cese, al concurrir una causa de ruina, también como regla; la demolición del inmueble, igualmente como regla; surgimiento de un interés público prevalente que propugna el mantenimiento de aquél, como excepción, y consiguientes enervación de la demolición y vuelta aparente al deber genérico de conservación del mismo y el resultado es el mismo, el mantenimiento del inmueble, pero, para el propietario, ha finalizado su deber de conserva-

---

salubridad y ornato público, cuyo deber tiene su límite temporal o cesación cuando resulta procedente la demolición en virtud de la aparición de una situación de ruina. La declaración formal de ruina no hace más que proclamar o reconocer una situación puramente de hecho, meramente objetiva, independientemente de las causas o motivos que pudieran haberla originado sean o no fortuitos o culposos."

772 Sala de lo Contencioso-Administrativo, Sección 5ª (Núm. de recurso: 5793/1997; ponente: Yagüe Gil, Pedro José; Roj: STS 9567/2001 - ECLI:ES:TS:2001:9567).

ción, que ha de correr a cargo de los poderes públicos desde ese momento."[773]

IV.3.2.- Características

Las principales características del acto de declaración de ruina de un inmueble, según FERRERA IZQUIERDO, son[774]:

a) Es un acto de gravamen a través del cual se impone una obligación de hacer al propietario del inmueble a su costa;

b) Es un acto individualizado, por cuanto se refiere a un inmueble en concreto;

c) Es un acto de naturaleza declarativa: ya que se limita a constatar una realidad[775]. Así, de acuerdo con RIVERO YSERN, "la jurisprudencia considera la ruina como una situación de hecho con carácter objetivo, que debe apreciarse y declararse con independencia de cualesquiera que fueren las causas que la hayan provocado"[776] [777];

d) Impone una obligación jurídica concreta y exigible;

e) Es un acto de ejercicio preceptivo (art. 79.1 D. 64/2014): se considera un estadio superior a la orden de ejecución, por lo que, si se ha realizado una orden de ejecución, con ella desaparece el riesgo del inmueble, no se debería proceder a declarar la ruina. Opera como límite al deber legal de conservación, pues el deber de conservar o de ejecutar una orden de ejecución sobre el inmueble desaparece cuando

---

773 SÁNCHEZ GOYANES, Enrique, "Las catalogaciones urbanísticas como ejercicio de la competencia municipal de protección del patrimonio cultural", en GARCÍA RUBIO, Fernando (coord.), *Régimen jurídico de los centros históricos*, Dykinson, Madrid, 2008, pp. 149-150.

774 FERRERA IZQUIERDO, Juanma, *op. cit.*, p. 6.

775 STS de 1 de septiembre de 2006

776 STS de 17 de marzo de 1992, RJ 1992/3281 y STS 13 de julio de 1998.

777 RIVERO YSERN, José Luís, *op. cit.*, p. 274.

el mismo deviene en ruina, incluso cuando la ruina no ha sido expresamente declarada[778];

f) Es fruto de un procedimiento que como regla general debe darse audiencia al interesado (excepto en ruina inminente[779]);

g) El procedimiento debe resolverse en 6 meses desde la fecha en que se dicta inicio del procedimiento de oficio o se entra en registro de entrada la solicitud de tercero: la fecha se computa hasta que se notifica la resolución definitiva (o por lo menos su segundo intento), sino, caducidad si se inició de oficio o desestimación por silencio negativo si es a petición de tercero.

h) La declaración de ruina puede implicar la necesidad o no de obtener licencia previa o de presentar comunicación previa (según casos del art. 187 ter TRLUC y art. 90.3 D. 64/2014): esto dependerá de si el cumplimiento de la obligación de la declaración de ruina exige de proyecto técnico (caso en el que se deberá obtener licencia o hacer comunicación previa) o si no exige proyecto técnico o la resolución declarando ruina ya incorpora el proyecto técnico (caso en el que no será preciso ni licencia ni comunicación previa). En todo caso el coste del proyecto va a cargo de la persona obligada.

Mientras que MELÓN MUÑOZ incide en otras características[780]: como la de ser un acto reglado en todos sus elementos, en la gran relevancia de los informes periciales del expediente para determinar si se dan las causas de ruina[781], que la declaración de

---

778 STS de 22 de enero de 1992 (EDJ 463).

779 La STS de 2 de febrero de 1995 (EDJ 24372) ha reconocido que, en caso de ruina inminente, la urgencia hace que no sea preciso la tramitación del expediente contradictorio de ruina.

780 MELÓN MUÑOZ, Alfonso (dir.), *op. cit.*, p. 1594.

781 así se manifiesta la STS de 25 de abril de 1994. Sala de lo Contencioso-Administrativo, si bien ha de valorarse el conjunto de pruebas (STS de

ruina sea objetiva[782] y que el interés público en la declaración de ruina suele impedir su suspensión cautelar[783]

Y finalmente, ALONSO CONCELLÓN[784], manifiesta que la declaración de ruina es un acto administrativo de policía urbana, municipal y singular, que es un acto objetivo, reglado, impugnable, con una finalidad concreta y puede tener un contenido declarativo o constitutivo.

---

23 de junio de 1992). Los informes periciales oficiales tienen singular prevalencia al tener mayor credibilidad y estar más alejados de los intereses de las partes (STS de 27 de enero de 1998, Sala de lo Contencioso-Administrativo , EDJ 1143), sin que se precise ratificación del informe ya que son documentos públicos obrantes en el expediente administrativa. Si bien esta prueba oficial puede ser desvirtuada por propuesta de otra parte (STSJ de Murcia de 14 de septiembre de 2004, Sala de lo Contencioso-Administrativo, EDJ 290552).

782 Pues se concentra en detectar la situación del inmueble, independientemente de si la deficiencia es imputable o no a la negligencia del propietario (STS de 7 de junio de 1993, Sala de lo Contencioso-Administrativo, EDJ 5439). Además la situación de ruina constata la situación del inmueble en un determinado momento, es una situación de hecho por lo que no es una situación estática (STSJ Madrid de 28 de mayo de 2004, Sala de lo contencioso-Administrativo, EDJ 164594) sino dinámica y evolutiva (STS de 5 de abril de 1993, Sala de lo Contencioso-Administrativo, EDJ 3379), puesto que con el tiempo se suele empeorar la situación del inmueble (STS de 3 de febrero de 1994, Sala de lo Contencioso-Administrativo, EDJ 857), por lo que no opera la cosa juzgada en la declaración de ruina (STS de 5 de junio de 1991, Sala de lo Contencioso-Administrativo, EDJ 5943). Ver MELÓN MUÑOZ, Alfonso (dir.), *op. cit.*, p. 1594.

783 Esto es así especialmente si no implica la demolición inmediata (STSJ de Málaga de 14 de abril de 2004 Sala de lo Contencioso-Administrativo, EDJ 41751).

784 ALONSO CONCELLÓN, Isabel, "El deber de conservación, su materialización en las órdenes de ejecución y la declaración de ruina", *El Consultor de los Ayuntamientos,* núm. 19, Sección Colaboraciones, 15 al 29 de octubre de 2002, p. 3186.

IV.3.3.- Clasificación

Se puede establecer distintas formas de clasificar la declaración de ruina, Según FERRERA IZQUIERDO[785]. Así, atendiendo al tipo de procedimiento, podemos distinguir entre:

a) Procedimiento ordinario, es el general, con instrucción de expediente con resolución expresa que implica que previamente se da audiencia al propietario del inmueble afectado.

b) Procedimiento inminente es el excepcional, pues no hay trámite de audiencia y se da solo en casos de riesgo inminente para la salud de las personas o la seguridad de las personas o cosas que no admiten demora.

Por otro lado, también se distingue según el grado de afectación al inmueble: que afecta a la totalidad del inmueble y que afecta parcialmente, es decir, a una parte separable y autónoma estructuralmente y funcionalmente.

Pero la clasificación más importante y elemental es la que contiene el artículo 198.2 TRLUC y el D.64/2014 al distinguir entre ruina técnica, económica o urbanística, que son las causas de la declaración de ruina previstas normativamente:

a) Ruina técnica: se da cuando "por agotamiento o lesión de los materiales, sus elementos estructurales fundamentales [786] o alguno de ellos presentan daños que comprometen su

---

785 FERRERA IZQUIERDO, Juanma, *Curso de procedimientos establecidos en el TRLUC*, EAPC, Barcelona, 2017.

786 Para AMENÓS ÁLAMO "se tiene que entender por elementos estructurales, según la jurisprudencia del TS, (STS de 2 de junio de 1992 i de 20 de junio de 1996 (ar. 4808 i 5237) los elementos de la construcción que, como los cimientos, pilares, muros de carga, forjados, cubiertas y otras de análoga importancia, tienen caràcter estructural, y por agotamiento generalizado, las obras que impongan la necesidad de efectuar demoliciones generalizadas e importantes, por después reconstruirlas, (STS de 26 de gener de 1993 (ar. 40) que comporten, además, un coste económico desproporcionado." Ver AMENÓS ÁLAMO, Joan, *Inspecció*

estabilidad, cuya reparación no es posible por los medios técnicos normales, lo cual comporta el derribo del inmueble afectado. Se consideran medios técnicos normales los de uso común o frecuente para ejecutar las obras de reparación de que se trate" (art. 80 D.64/2014, de forma más resumida está en el art. 198.2.a TRLUC).

Respecto de los edificios catalogados por su interés cultural o artístico, la declaración de ruina técnica exige autorización de la administración cultural y de la Comisión del Patrimonio histórico-artístico para la legalidad de la orden de demolición (STS de 27 de julio de 1992), si bien para los BCIN hay que estar a las limitaciones para su demolición que luego contaremos. La catalogación del edificio no impide la declaración de ruina (STS de 27 de febrero de 1990; STS de 20 de noviembre de 1991[787], o STS de 24 de junio de 1992[788]), pero sí afecta a la ejecutividad de la misma pues se debe obtener autorización de la administración competente (STS de 20 de noviembre de 1993[789]).

b) Ruina económica: se da cuando "presenta daños en cualquiera de sus elementos cuyo coste económico de reparación es superior al 50% del coste de construcción de nueva planta de un inmueble de características similares al afectado, en cuanto a la dimensión, el uso y la calidad, utilizando tecnología y materiales actuales" (art. 81 D.64/2014, de forma más resumida está en el art. 198.2.b TRLUC). Las obras de reparación deben contarse solo las precisas para devolver a la normalidad la edificación en estabilidad, salubridad, habitabilidad y ornato público, excluyendo las de mero embellecimiento, mayor comodidad, modernización

---

urbanística i declaración de ruïna. 2023 (apuntes), Universitat Autònoma de Barcelona, Barcelona, 2023, p. 13.

787 Sala de lo Contencioso-Administrativo (EDJ 11016).

788 Sala de lo Contencioso-Administrativo (EDJ 6819).

789 Sala de lo Contencioso-Administrativo (EDJ 10926).

o mejoramiento del edificio (STS de 26 de diciembre de 1990[790] o la STS de 27 de enero de 1998[791]).

Dicho coste económico de reparación ha sido identificado por la STSJC de 14 de julio de 2009, Sala de lo Contencioso-Administrativo, en el sentido de que se debe contabilizar además de los gastos de la obra, los gastos generales, IVA y honorarios del arquitecto. En todo caso se excluye en la valoración de edificios el solar o suelo sobre el que se levanta (STS de 19 de noviembre de 1996[792]). Respecto de los bienes catalogados, el Tribunal Supremo en sus Sentencias de 1 de febrero de 1993[793] y de 5 de noviembre de 1998[794] ha determinado que, en la ruina económica, se rigen por las reglas generales, aunque su ejecutividad y consiguiente orden de demolición queda en suspenso mientras no se obtenga la autorización preceptiva (en base al antiguo art. 183.2.b LS/76 y los vigentes arts. 24.2 y 37 LPHE).

c) Ruina urbanística: es la que se da "cuando (el inmueble) presenta daños estructurales que comprometen su estabilidad y la seguridad de las personas cuya reparación no se puede autorizar de acuerdo con el ordenamiento jurídico urbanístico aplicable" (art. 82 D.64/2014)[795].

---

790 Sala de lo Contencioso-Administrativo (EDJ 12017).

791 Sala de lo Contencioso-Administrativo (EDJ 1143).

792 Sala de lo Contencioso-Administrativo (EDJ 9179).

793 Sala de lo Contencioso-Administrativo (EDJ 763).

794 Sala de lo Contencioso-Administrativo (EDJ 28656).

795 De forma más resumida se dispone en el art. 198.2.c TRLUC). De acuerdo con la STS de 14 de marzo de 1986, Sala de lo Contencioso, EDJ 1965, para que haya ruina urbanística no basta con que el edificio esté fuera de ordenación, sino que se precisa que esté en un estado de deterioro que aconseje su demolición.

IV.3.4.- Requisitos

Lo que determina el estado de ruina urbanística, según MELÓN MUÑOZ[796], es la imposibilidad de hacer obras de consolidación o reparación en un edificio fuera de ordenación. Por lo tanto, no cabe identificar situación de fuera ordenación con la ruina urbanística. En este sentido, la jurisprudencia del Tribunal Supremo[797] exige tres requisitos para que se dé la ruina urbanística:

a) Decaimiento estructural, independientemente de su origen;

b) Necesidad de realizar obras para mantener su habitabilidad; y

c) Que el edificio esté en fuera de ordenación[798].

Sí se admite hacer pequeñas reparaciones de higiene, ornato y conservación del inmueble sin tener que declarar ruina de un edificio fuera de ordenación si como resultado de tales obras la finca sea conforme con la ordenación urbanística[799]. Para que haya ruina urbanística el inmueble debe tener un deterioro que haga necesarias reparaciones que excedan las obras susceptibles de autorización en edificios de fuera de ordenación [800].

---

796 MELÓN MUÑOZ, Alfonso (dir.), *op. cit.*, p. 1596.

797 STS de 14 de febrero de 1989, STS 7 de diciembre de 1989 y STS 4 de enero de 1990.

798 Según la STS de 24 de junio de 1996 (EDJ 6258) la situación de fuera ordenación es un elemento esencial en la ruina urbanística.

799 Así lo ha determinado la STS de 29 de enero de 1991, Sala de lo Contencioso-Administrativo (EDJ 833), respecto a obras de mero mantenimiento ordinario.

800 STS de 2 de octubre de 1996, Sala de lo Contencioso, EDJ 7646. Según la STSJ País Vasco de 3 de febrero de 2014, Sala de lo Contencioso, EDJ 151098, sólo se debe proceder a la demolición del inmueble como única opción por declaración de ruina en caso de que el inmueble esté en situación de fuera de ordenación cuando las obras necesarias excedan de las permisibles en dicha situación. Y de acuerdo con la STS de 23 de noviembre de 1994, Sala de lo Contencioso, EDJ 24081, la pasividad

Es de destacar la jurisprudencia que entiende que, en caso de darse el supuesto de hecho, los bienes catalogados también deben declararse en ruina, con la implicación principal de que el propietario ya no tiene el deber legal de conservarlo, lo que no implica que tenga que demolerse el inmueble (así, la STS de 18 de febrero de 1985).

También otra jurisprudencia insiste en que hay que recordar que la declaración de ruina significa el fin del deber legal de conservar un bien, incluso cuando esté protegido por la legislación sectorial, y siempre que la situación de ruina del inmueble no haya sido provocada por el mismo titular[801] que se quiere beneficiar de dicha situación, pues de lo contrario habría un fraude de ley (evitar el deber legal de reparar los daños causados a través de la declaración de ruina). Así lo reconoce la Sentencia del TS de 28 de marzo de 1988[802]. De acuerdo con la STS de 5 de diciembre de 2001[803] cabe declarar la situación de ruina incluso cuando se está ya en sede judicial (FJ 6º).

Además, según la STS de 5 de diciembre de 2001, el propietario incluso en caso de declaración de ruina continúa estando obligado a hacer las obras urgentes para evitar riesgo para las personas y las cosas, y según la Sentencia del Tribunal Supremo[804] de 31 de

---

de la Administración la hace responsable de los daños y perjuicios que ocasione un previsible derrumbamiento del inmueble. Puede requerir en todo caso la demolición del inmueble, y si el propietario incumple, actuar subsidiariamente a cargo de éste.

801 En caso de situación de ruina intencionada de un bien protegido por su interés cultural incluso podría existir infracción administrativa e incluso delito contra el patrimonio, que se estudian en otro apartado de este trabajo.

802 Sala de lo contencioso (ar. 1730).

803 Sala de lo Contencioso, sec. 5ª, rec. 5793/1997 (Procedimiento: Recurso de casación; Sentido del fallo: Estimación; ponente: Yagüe Gil, Pedro José)

804 Sala de lo Contencioso-Administrativo, Sección 5ª (rec. 7790/1994; Procedimiento: Recurso de casación; Sentido del fallo: Estimación parcial; ponente: Sanz Bayón, Juan Manuel).

marzo de 2000 (FJ 3º), el propietario solo debería en estos casos hacer las obras estrictamente necesarias para evitar esos daños[805].

En definitiva, en opinión de RUIZ DE LA PEÑA RUIZ[806]:

> "El Tribunal Supremo ha justificado el incremento patrimonial que supone para la propiedad la realización de las obras de conservación a costa el erario público, en el hecho de que el deber de conservar se ha trasladado a la Administración Pública, lo que a su juicio excluye todo enriquecimiento injusto. Y la diferencia con aquellos otros propietarios obligados a realizar estas obras en el hecho de que se ha producido la ruina. Dice en una sentencia de 6 de febrero de 1990: (...) aun cuando la propiedad experimente una ventaja patrimonial con la realización por el Municipio de las obras de consolidación y reparación de la fachada de su edificio, al no tener que sufragar ella su costo, entre este enriquecimiento y el consiguiente empobrecimiento municipal existiría la correspondiente causa, el aludido traslado del deber de conservar, excluyente de todo enriquecimiento injusto; el que conduzca a una injustificable desigualdad el que a una propietaria se le sufrague el costo de la reparación de la fachada de su casa, mientras que a los dueños de otras casas, igualmente protegidas, no se les sufrague, se asienta en una distinción que excluye toda desigualdad, el que la edificación de aquella se encuentre en estado ruinoso y las de estos no se hallen en él. Por lo tanto, las órdenes de ejecución que sobrepasen el límite del derecho de conservación serán nulas de pleno derecho. La finalización del deber de conservación no exime a los propietarios, poseedores y demás titulares de derechos reales sobre bienes catalogados en estado de ruina de su responsabilidad frente a la Administración por el incumplimiento de ese deber. Ello con independencia de las reclamaciones que por esa causa puedan deducir poseedores o arrendatarios contra los propietarios basándose en la legislación civil."

---

805 E incluso se podría exigir por el propietario subvención o indemnización para sufragar las obras que vayan más allá de estas obras indispensables según la Sentencia del Tribunal Supremo de 20 de julio de 1995.

806 RUIZ DE LA PEÑA RUIZ, Diego (Coord.), *Los Catálogos Urbanísticos en el Principado de Asturias: una perspectiva pluridisciplinar*, Universidad de Oviedo, Oviedo, 2013, p. 321.

IV.3.5.- Procedimiento

La legislación catalana prevé dos procedimientos de tramitación de la declaración de ruina, la ordinaria y la inminente. La "declaración de ruina ordinaria" se regula en el artículo 198 TRLUC y los artículos 83 y siguientes del Decreto 64/2014, y es el siguiente procedimiento, contando que se trate de un bien catalogado[807]:

1) Conocimiento del Ayuntamiento por denuncia ciudadana (acción pública), a instancia de parte interesada o de oficio por inspección administrativa;

2) Resolución de instrucción (potestativa) para llevar a cabo indagaciones de las circunstancias (art. 75 LPAC y 85.1 D.64/2014);

3) Informe técnico (sobre estado del inmueble, causas de la ruina y presupuesto de obras) + informe jurídico;

4) Resolución de alcaldía de inicio del procedimiento;

5) Notificación a interesados;

6) Trámite audiencia de 10 días hábiles a interesados[808] + informe *Departament de Cultura* Generalitat si el bien es BCIN (o en procedimiento de declaración de BCIN) o BCIL[809] (informe preceptivo, vinculante, previo y a hacer en 1 mes);

---

807 FERRERA IZQUIERDO, Juanma, *Apuntes del Curso de procedimientos establecidos en el TRLUC*, EAPC, Barcelona, 2017, p. 6.

808 Trámite de audiencia interpretado de forma flexible y sin la rigidez formal de un procedimiento sancionador, a estos efectos se puede ver el FJ 1o de la STSJC, Sala de lo Contencioso-Administrativo, Sección 3ª, S 10-12-2019 (sentencia núm. 1111/2019, rec. 269/2018; ponente: López Vázquez, Francisco).

809 Artículo 86 D. 64/2014, Informe del departamento competente en materia de patrimonio cultural: "86.1 Es preceptivo y vinculante el informe del departamento competente en materia de patrimonio cultural en los supuestos siguientes: a) Cuando la orden de ejecución afecte a un inmueble integrante del patrimonio catalán o en proceso de inte-

7) Resolución de alcaldía (advirtiendo de ejecución subsidiaria o multas coercitivas en caso de incumplimiento);

8) Notificación a los interesados.

Del otro lado, la "declaración de ruina inminente" exige como presupuesto el previsible derrumbamiento, que exige una pronta actuación de las autoridades municipales, adoptando las medidas oportunas para evitar daños en personas o cosas, y de lo que se deriva la razonabilidad de su demolición[810]. El procedimiento de declaración de ruina inminente se regula en el artículo 96 del Decreto 64/2014:

1) Conocimiento del Ayuntamiento por denuncia ciudadana (acción pública), a instancia de parte interesada o de oficio por inspección administrativa;

2) Informe técnico (sobre estado del inmueble, causas de la ruina y riesgo inminente de ruina con peligro para las personas o bienes);

3) Comunicación al Departament de Cultura Generalitat si el inmueble es BCIN (informe preceptivo, vinculante, previo y a hacer en 48 horas) para que intervengan urgentemente en coordinación con los técnicos municipales;

4) Resolución de alcaldía ordenando desalojo de personas en situación de riesgo, apuntalamiento y derribo total o parcial del inmueble a desarrollar en máximo 72 horas;

---

gración en este patrimonio como bien cultural de interés nacional, b) Cuando la orden de ejecución pueda comportar la pérdida del valor cultural declarado de un inmueble integrante del patrimonio cultural como bien cultural de interés local. 86.2 El informe a que hace referencia el apartado 1 se debe emitir en el plazo máximo de un mes y ha de establecer los efectos de la orden de ejecución en relación con los bienes protegidos. Transcurrido el plazo mencionado sin que se haya emitido el informe, pueden proseguir las actuaciones.

810 STS de 19 de abril de 1994, Sala de lo Contencioso-Administrativo (EDJ 24081).

5) Notificación a interesados;

6) (posibilidad de dejar sin efecto resolución de desalojo si las circunstancias lo permiten);

7) (notificación a los interesados).

Hay que tener en cuenta que el Departament de Cultura en principio solo interviene en procedimientos de declaración de ruina de bienes inmuebles protegidos por la LPCC, eso es, BCIN y BCIL (este último ni siquiera en supuestos de ruina inminente), pero no los bienes catalogados urbanísticamente (BPU), puesto que no están dentro del alcance protector de la LPCC, si bien una interpretación amplia del artículo 198.4 TRLUC permitiría entender que un bien del catálogo urbanístico o en proceso de catalogación estaría sujeto al dictamen del Departamento de Cultura, como defiendo más adelante. Sería recomendable, igual que como sucede en Asturias, donde los bienes catalogados urbanísticamente están protegidos por su ley sectorial del patrimonio cultural, que se estableciera un régimen de protección (prohibición de derribo) de bienes catalogados urbanísticamente, aunque no sea preciso el informe del Departament de Cultura (pero sí por lo menos de un arquitecto municipal).

Respecto al informe técnico que debe determinar si se da la circunstancia de situación de ruina del inmueble, la STSJC de 10 de diciembre de 2019[811], concluye que, a falta de prueba pericial sacada por insaculación, debe darse preponderancia al informe del técnico municipal sobre el informe aportado por la parte que solicita la declaración de ruina, pues el técnico municipal tiene una presunción de veracidad *iuris tantum* (FJ 3º).

IV.3.6.- Efectos

De acuerdo con AMENÓS ÁLAMO,

---

811 Sala de lo Contencioso-Administrativo, Sección 3ª (sentencia núm. 1109/2019, rec. 264/2018; ponente López Vázquez, Francisco).

> "Si el estado ruinoso no amenaza ruina urbanística, ni se trata de un inmueble integrado en el patrimonio cultural catalán o en proceso de integración, la declaración de estado ruinoso tiene que ordenar el derribo o, alternativamente, la rehabilitación, y permitir al propietario optar por una solución o la otra. Con cuyo objeto, la resolución municipal tiene que indicar esta circunstancia, establecer el plazo de que dispone el propietario para solicitar llevar a cabo una solución o la otra, y ordenar la ejecución de las obras y medidas pertinentes por, mientras tanto, mantener la seguridad, la salubridad, la accesibilidad universal y las condiciones mínimas de habitabilidad del inmueble, así como las condiciones necesarias para evitar eventuales daños a personas y bienes, con indicación de unos plazos para iniciarlas y ejecutarlas, y con la advertencia exprés que, en caso de incumplimiento, se llevará a cabo la ejecución subsidiaria a cargo de la persona interesada. (...)
> Si se trata de un inmueble el estado ruinoso del cual amenaza ruina urbanística, la declaración comporta la obligación del propietario de llevar a cabo el derribo, sin ninguna posibilidad de rehabilitación. (...)
> Si se trata de un inmueble integrado al patrimonio cultural catalán o en proceso de integración, la resolución tiene que determinar los efectos de la declaración del estado ruinoso; es decir, la obligación de derrocar o de rehabilitar y su alcance total o parcial, en los términos indicados al informe vinculante de la Administración autonómica, con las determinaciones que, según el supuesto, correspondan, y previa tramitación, en el caso de escombro, del procedimiento establecido para dejar sin efecto la declaración de bien cultural de interés nacional." [812]

Como ya se ha apuntado, cabe que un inmueble catalogado como BCIN o BCIL pueda ser declarado en ruina, si bien en este caso los efectos de la declaración de ruina serán distintos a si no tienen esta catalogación:

1) Si el bien está protegido como BCIN (o en procedimiento de declaración de BCIN): no cabe el derribo del inmueble sin antes dejar sin efecto la catalogación de BCIN, aunque

---

812 AMENÓS ÁLAMO, Joan, *Inspecció urbanística i declaración de ruïna. 2023 (apuntes)*, Universitat Autònoma de Barcelona, Barcelona, 2023.

el inmueble esté en estado ruinoso (art. 92.2 D.64/2014)[813]. En todo caso, el derribo solo cabría si el BCIN ha perdido los valores culturales que se tomaron en consideración a la hora de calificarlos, o en el caso de conjuntos históricos declarados BCIN según lo que determine el plan urbanístico que lo regule (art. 32 LPCC).

Además, para derribar un BCIN, habrá que hacer un proceso para dejar sin efecto su declaración (trámite que exige informes favorables de la descatalogación y declaración por el Gobierno de la Generalitat, para más información ver apartado del trabajo sobre los BCIN), según el artículo 92.2 del Decreto 64/2014[814].

Que se puede complementar con el artículo 24.2 LPCC, cuando se refiere a los BCIN:

> "En ningún caso podrá procederse a la demolición de un inmueble, sin previa firmeza de la declaración de ruina y autorización de la Administración competente, que no la concederá sin informe favorable de al menos dos de las instituciones consultivas a las que se refiere el artículo 3."

---

813 GIFREU I FONT, Judith "Régimen jurídico de la protección y fomento del Patrimonio Cultural en Cataluña: estado de la cuestión", *Patrimonio Cultural y Derecho,* núm. 22, 2018, p. 302, afirma que "en un sentido similar, el Tribunal Superior de Justicia del País Vasco anuló la declaración del teatro Bellas Artes de San Sebastián como Bien cultural con categoría de monumento por el Gobierno Vasco, al primar el estado de ruina del edificio por encima del valor patrimonial del mismo. *Vid.* GONZÁLEZ BOTIJA, Fernando, "Declaración de ruina y protección del patrimonio cultural: a propósito del caso del teatro Bellas Artes de San Sebastián", *Revista de Urbanismo y Edificación,* núm. 41, 2018, pp. 101-107."

814 "De acuerdo con la legislación sobre patrimonio cultural catalán, no se puede ordenar el derribo de un inmueble declarado bien cultural de interés nacional, aunque proceda declararlo en estado ruinoso, sin que previamente se deje sin efectos la citada declaración por los trámites establecidos en la legislación aplicable en la materia."

2) En el caso de los BCIL: si se declaran en ruina, para poder ser demolidos entiendo se debe proceder a dejar sin efectos su declaración como tal, lo que exige seguir otra vez el procedimiento del artículo 17 LPCC y además un informe favorable del Departament de Cultura.

3) Caso de un inmueble no protegido como BCIN o BCIL: si se declara en ruina obliga a su propietario a derribarlo o, alternativamente y de forma voluntaria, a rehabilitarlo (artículo 91 D.64/2014).

Ahora bien, en el caso de que el bien esté catalogado urbanísticamente o en proceso de catalogación (ya sea BCIN, BCIL o un mero bien catalogado urbanísticamente) se aplicará el artículo 198.4 TRLUC[815], que establece lo que en el caso de que el bien esté en proceso de catalogación urbanística o ya catalogado, será la administración competente (la autonómica según la jurisprudencia)[816] quien determine el destino del inmueble, ya sea su conservación y rehabilitación o bien su demolición (aquí sin necesidad de descatalogar previamente el bien catalogado, a diferencia de los BCIN). Esta previsión es importante, puesto que afecta a los bienes en proceso de inclusión en un catálogo urbanístico, lo que evitaría que en caso de que se esté elaborando dicho catálogo urbanístico del patrimonio, debido a que se deben catalogar los inmuebles por su interés arquitectónico o cultural independientemente del estado de conservación del inmueble, se evita que el propietario intente declarar la ruina del inmueble para proceder a su demolición.

---

815 "En el caso de una declaración de ruina legal que afecte un edificio catalogado, objeto de un procedimiento de catalogación o declarado bien cultural, corresponde a la administración competente la determinación de los efectos de la declaración de ruina, sin perjuicio de la obligación de las personas propietarias de adoptar las medidas urgentes e imprescindibles para mantenerlo en condiciones de seguridad."

816 GIFREU I FONT, Judith., *op. cit.*, p. 301.

En opinión de CALDERÓN ROCA[817], el Estado en caso de demolición de un inmueble en base a una declaración de ruina formal en el entorno de protección de un BIC o en el catálogo de edificios protegidos, puede intervenir para detener la demolición en base al artículo 25 LPHE[818].

En caso de incumplimiento de la declaración de ruina, como contiene ya implícitamente una orden de ejecución (en el caso del inmueble catalogado, la de rehabilitar el inmueble, en su caso), su incumplimiento puede conllevar la ejecución subsidiaria de acuerdo con el artículo 102 LPAC o multas coercitivas según el artículo 103 LPAC, sin necesidad de formular una orden de ejecución a posteriori de la declaración de ruina.

En la ruina inminente, su efecto jurídico esencial es la adopción con carácter cautelar de la demolición de la edificación ruinosa, según manifiesta MELÓN MUÑOZ[819].

---

817 CALDERÓN ROCA, Belén, *Las declaraciones de ruina en los edificios históricos desde la óptica de la historia del arte,* en Atrio, núm. 17, 2011, p.121

818 "El Organismo competente podrá ordenar la suspensión de las obras de demolición total o parcial o de cambio de uso de los inmuebles integrantes del Patrimonio Histórico Español no declarados de interés cultural. Dicha suspensión podrá durar un máximo de seis meses, dentro de los cuales la Administración competente en materia de urbanismo deberá resolver sobre la procedencia de la aprobación inicial de un plan especial o de otras medidas de protección de las previstas en la legislación urbanística. Esta resolución, que deberá ser comunicada al Organismo que hubiera ordenado la suspensión, no impedirá el ejercicio de la potestad prevista en el artículo 37.2."

819 MELÓN MUÑOZ, Alfonso (dir.), *op. cit.*, p. 1597.

IV.3.7.- Comparativa con otras Comunidades Autónomas

IV.3.7.1.- Principado de Asturias

El procedimiento a seguir es para la declaración de ruina de un bien integrante del patrimonio cultural de Asturias (incluye BIC, bienes del inventario del patrimonio cultural de Asturias y bienes catalogados urbanísticamente) es el del artículo 34 de la Ley del Patrimonio Cultural de Asturias (puesto que el artículo 234.2 del TR de Ordenación del Territorio y Urbanismo de Asturias se remite a esta norma):

1) Solicitud de declaración de ruina por el interesado/denuncia de un particular/inspección técnica municipal;

2) Decreto de alcaldía incoando procedimiento de declaración de ruina;

3) Notificación interesados y comunicación al Departamento de Cultura autonómico (por ser un bien protegido);

4) Audiencia del interesado por 10 días hábiles;

5) Informe pericial técnico municipal + informe Departamento de cultura autonómico sobre actuaciones a desarrollar en el bien protegido;

6) Informe propuesta de resolución;

7) Decreto de alcaldía declarando estado de ruina;

8) Notificación a interesados y al Departamento de Cultura autonómico.

No cabe la declaración legal de ruina de los inmuebles catalogados o en proceso de catalogación siguiendo la legislación urbanística, pues se remite a la legislación sectorial del patrimonio cultural, esto es, la LPCPA (art. 234.2 TROTU). A este respecto, el art. 34 LPCPA establece dos supuestos en que cualquier bien catalogado (y en general que forme parte del patrimonio cultural de Asturias) solo se puede declarar legalmente en ruina en dos supuestos (se omite la ruina urbanística, puesto que tiene un carácter legal –de no poder rehabilitar el inmueble por estar éste fuera de ordenación- por lo que no tenía sentido si se quiere proteger el patrimonio cultural):

> "a) Situación de ruina física irrecuperable.
> b) Coste de la reparación de los citados daños superior al cincuenta por ciento del valor actual de reposición del inmueble, excluido el valor del terreno. La valoración de reposición descrita no se verá afectada por coeficiente alguno de depreciación por edad. En su caso, se aplicarán los coeficientes de valoración que se consideren justificados en razón de la existencia del interés que dio lugar a su declaración como Bien de Interés Cultural o a su inclusión en el Inventario del Patrimonio Cultural de Asturias."

Dicha declaración de ruina es compatible con la conservación del inmueble (especialmente exigible en caso de que la situación de ruina derive del incumplimiento del deber de conservación del bien por el propietario), excepto que se encuentre ya en situación irrecuperable, y es compatible con su rehabilitación urbanística, además de que puede dar lugar a su expropiación. Procedimentalmente se tramita por el ayuntamiento y exige que se notifique a la Consejería autonómica de cultura para que emita informe (art. 234.2 TROTU).

El artículo 234.5 del TROTU determina, implícitamente, la imposibilidad de demoler un bien catalogado urbanísticamente o en proceso de catalogación:

> "Cuando se trate de una edificación o construcción no catalogada ni protegida por la legislación sectorial de protección del patrimonio cultural, ni sujeta a procedimiento alguno a tales efectos, la declaración de la situación de ruina determinará para su propietario la obligación de proceder, a su elección, a la completa rehabilitación o a la demolición.
> En los restantes supuestos, el propietario deberá adoptar las medidas urgentes y realizar los trabajos y las obras necesarias para mantener y, en su caso, recuperar, la estabilidad y la seguridad. En este caso, la Administración urbanística podrá convenir con el propietario los términos de la rehabilitación definitiva. De no alcanzarse acuerdo, la Administración podrá optar entre ordenar las obras de rehabilitación necesarias, con otorgamiento simultá-

neo de ayuda económica adecuada, o proceder a la sustitución del propietario incumplidor, aplicando las determinaciones que a tales efectos establece el art. 207 de este Texto Refundido. Sólo podrá otorgarse licencia de demolición para edificios y construcciones no catalogadas y que no sean objeto de un procedimiento tendente a su catalogación."

Por lo tanto, de encontrarse un bien catalogado o en proceso de catalogación en una situación de ruina, no podrá otorgarse licencia de demolición, y "el propietario deberá adoptar las medidas urgentes y realizar los trabajos y las obras necesarias para mantener y, en su caso, recuperar, la estabilidad y la seguridad" (art. 234.5 TROTU).

Ni siquiera en caso de ruina física inminente cabe la demolición del bien, solo su apuntalamiento y desalojo u otras medidas urgentes (art. 235.1 ROTU). Así, según apunta RIVAS ANDINA

"De nuevo nos encontramos ante situaciones en las que la legislación urbanística establece ciertas limitaciones a los propietarios de los inmuebles catalogados, más allá de los deberes urbanísticos comunes. De no existir acuerdo con el propietario, la administración se verá abocada a asumir gastos en forma de ayudas, indemnizaciones o expropiaciones. Por lo tanto, conviene evitar que el deterioro de los edificios catalogados alcance la situación de ruina legal, para lo que es necesario que el Ayuntamiento controle eficientemente el cumplimiento del deber de conservación."[820]

El art. 143 del TROTU[821] se expresa sobre los límites del propietario en el deber de conservación en términos parecidos al art. 15 del TR de la Ley de Suelo de 2015.

---

820 RUIZ DE LA PEÑA RUIZ, Diego (Coord.), *op. cit.*, p. 297.

821 "1. Los propietarios de edificios están obligados a sufragar o soportar el coste de las obras de conservación y rehabilitación que dichas construcciones precisen para cumplir lo dispuesto en el artículo anterior, hasta el importe determinado por el límite del deber normal de conservación.
Los concejos podrán imponer a los propietarios de toda construcción o edificación catalogada o protegida, así como, en cualquier caso, de antigüedad superior a treinta y cinco años la obligación de presentar

IV.3.7.2.- Aragón

Al igual que en la mayoría de las legislaciones autonómicas, se admite la declaración de ruina urbanística, ruina legal y ruina económica, con la obligación de hacer las obras de seguridad inmediatas, así como posibilidad de dejar al propietario a su elección si lleva a cabo las obras de rehabilitación necesarias o si procede a la demolición del inmueble, con la salvedad de los bienes protegidos (art. 261 TRLUA). Según el apartado sexto del art. 261, no se puede proceder a la demolición si el bien está catalogado o protegido de acuerdo con la legislación del patrimonio cultural o por el planeamiento.

Es importante tener en cuenta, pero, que no toda catalogación impide la demolición, solo cuando hay una protección integral y no procede la descatalogación, caso en el que el Ayuntamiento determinará con el propietario los términos de la rehabilitación. En el resto de edificios catalogados simplemente "podrá ordenarse la conservación de determinados elementos arquitectónicos, en los términos de la protección acordada, adoptando las medidas técnicas necesarias para su preservación". Todo eso lleva a un régimen muy favorable para el propietario y de cierta desprotección para el patrimonio cultural, pues como hemos visto, cabría

---

cada cinco años un informe sobre el estado de los mismos, suscrito por técnico competente.
2. Cuando una Administración ordene o imponga al propietario la ejecución de obras de conservación o rehabilitación que excedan de dicho límite, el obligado podrá exigir a aquélla que sufrague, en lo que respecta al exceso, el coste parcial de las obras impuestas.
3. Se entenderá que las obras mencionadas en el párrafo anterior exceden del límite del deber normal de conservación cuando su coste supere la mitad del valor de una construcción de nueva planta, con similares características e igual superficie útil que la preexistente, realizada con las condiciones imprescindibles para autorizar su ocupación. Si no se trata de un edificio sino de otra clase de construcción, dicho límite se cifrará, en todo caso, en la mitad del coste de erigir o implantar una nueva construcción de iguales dimensiones, en condiciones de uso efectivo para el destino que le sea propio."

la descatalogación, la preservación parcial del edificio como algo meramente potestativo.

El procedimiento para declarar la ruina de un inmueble se encuentra esencialmente en los arts. 217, 257, 261 y 263 TRLUA y art. 38 de la Ley 3/1999, de 10 de marzo, del Patrimonio Cultural Aragonés para las especificidades de los bienes protegidos. En resumen, el procedimiento para declarar la ruina de un inmueble es el siguiente:

Se inicia por instancia del propietario, denuncia de particular o inspección técnica (si es el caso), eso da lugar a un informe técnico municipal acerca de si se dan las circunstancias de declaración de ruina, que cristaliza, en su caso, en una resolución de alcaldía incoando procedimiento (de oficio o a instancia de parte). Dicha resolución da audiencia del interesado por 10 días hábiles, luego se pedirá informe técnico y jurídico acerca de las posibles alegaciones, para a continuación hacer la resolución de alcaldía declarando la ruina (o no declaración, motivadamente) y su notificación a los interesados con los recursos ordinarios.

Solo en el caso de que el inmueble estuviera protegido como BIC correspondería ciertas especialidades en el procedimiento, dejando huérfana de protección especial los demás bienes catalogados y los que están en trámite de catalogación. El procedimiento para los BIC se encuentra en el art. 38 LPCA:

Se iniciará por denuncia de particular o inspección técnica (si es el caso), que llevará a realizar un informe técnico municipal acerca de si se dan las circunstancias de declaración de ruina. Con estos antecedentes se dictará una resolución de alcaldía incoando procedimiento (de oficio o a instancia de parte), dicho decreto dará audiencia del interesado y al Departamento de Cultura aragonés por 10 días hábiles, que llevará a su vez a realizar posteriormente un informe técnico y jurídico acerca de posibles alegaciones. Con esta documentación finalmente existirá, en su caso, Resolución de alcaldía declarando la ruina (o no declaración, motivadamente) que en ningún caso permite demolición del BIC (con posible colaboración autonómica a ayuntamiento en obras conservación BIC más allá del deber legal de conservación). Dicha resolución se notificará a los interesados, que tendrán derecho a los recursos administrativos y contencioso administrativos ordinarios.

En caso de incumplimiento del propietario, cabe ejecución subsidiaria, multa coercitiva o expropiación del inmueble (art. 258.2 TRLUA). Si no se resuelve y notifica el procedimiento en 6 meses, caduca (art. 261.8) o se desestimará por silencio negativo si se inició a instancia de parte.

Otra nota desfavorable para la protección del patrimonio es el régimen de ruina inminente por existir peligro sobre la seguridad de bienes o personas o sobre elementos protegidos, caso en el que el alcalde puede disponer el apuntalamiento, desalojo o incluso demolición total o parcial del inmueble (art. 262 TRLUA). No hay, pues, una prohibición expresa de derribo de bienes catalogados, como cabría esperar. Solo en el caso de los BIC declarados existe una prohibición del art. 38 LPCA de demolerlo en caso de declaración de ruina, mientras que en caso de ruina inminente el alcalde podrá adoptar las medidas necesarias para evitar daños, comunicándolo al consejero autonómico de Cultura, quien podrá suspender su ejecución y adoptar las medidas pertinentes.

Otra cosa es que los bienes con protección de la LPCA estén protegidos de tal manera que en aquellos casos sí que debería entenderse una prohibición real de demoler BIC, bienes catalogados o los inventariados pues la ley del patrimonio cultural así lo dispone.

GARCÍA ÁLVAREZ[822] se ha preguntado sobre la responsabilidad patrimonial generada por el deber de conservar un bien del patrimonio cultural aragonés que no puede ser demolido sino conservado en su declaración de ruina:

---

822 GARCÍA ÁLVAREZ, Gerardo, *Deber de conservación y ruina*, Universidad de Zaragoza, Zaragoza, 2011, p. 10.

"¿quién debe asumir el exceso sobre el deber de conservación del propietario cuando se trate de un inmueble del patrimonio cultural aragonés, cuya inclusión en el catálogo del plan urbanística es obligatoria? Para un caso de vinculación singular (no de ruina), la STS de 25 de junio de 2003 (Ar. 4460) ha imputado la indemnización a la Administración autonómica. No obstante, en la Ley 3/2009 se hace clara referencia al "municipio";

IV.3.7.3.- Comunidad de Madrid

Cabe declarar la ruina urbanística de inmuebles, incluso aunque sean catalogados o en proceso de catalogación, si bien en estos casos no cabe la demolición del inmueble, sino que el alcalde solo podrá determinar las obras necesarias para mantener y, en su caso, recuperar la estabilidad del inmueble (art. 171 LSCM).

Una de las características de la declaración de ruina en la Comunidad de Madrid, es el hecho de que la administración debe pronunciarse necesariamente sobre si ha habido o no incumplimiento del deber de conservación del inmueble (art. 171.3.a LSCM). El artículo 173.c.1 LSCM solo prevé la posible rehabilitación o demolición del inmueble si éste no está protegido o catalogado -o en proceso de protección o catalogación-, lo que implícitamente implica que tanto si se trata de protección urbanística como de la ley del patrimonio cultural, deberemos ir a sus peculiaridades legales sobre la declaración de ruina.

La legislación sectorial del patrimonio cultural de la Comunidad de Madrid antigua de la LPHCM preveía un régimen específico de declaración de ruina para los BIC (artículo 25 LPHCM) y los Bienes de Interés Patrimonial (el artículo 18.3 LPHCM que se remitía al régimen del artículo 25 para los BIC).

Con la actual LPCCM directamente se prevé el régimen de ruina y demoliciones tanto para BIC como BIP en el artículo 44.

La declaración de ruina que afecte a un BIC o un BIP debe someterse al informe preceptivo y vinculante previo de la Dirección General de Patrimonio Cultural a emitir en 2 meses sobre las medidas a adoptar y sobre las obras de estabilidad, en su caso.

En todo caso, la demolición del bien protegido solo se autorizará por la Dirección General con carácter excepcional y nunca se procederá a la demolición si no hay una declaración municipal de ruina firme y una autorización explícita de la Dirección General.

Si se trata de un BIC o BIP declarado individualizadamente, para la demolición se exigirá, además, informe favorable del Consejo Regional de Patrimonio Cultural. Y si no está protegido individualizadamente pero forma parte de un Conjunto Histórico o Territorio Histórico, se requerirá la previa autorización de la Dirección General de Patrimonio Cultural, siempre que contribuya a preservar el conjunto

El Ayuntamiento que incoe el expediente de ruina inminente debe adoptar las medidas para evitar daños a las personas o bienes, siendo solo posible las demoliciones estrictamente necesarias para proteger los valores del inmueble y la integridad físicas de las personas, comunicándolo a la Dirección General de Patrimonio Cultural en máximo 2 días, sin perjuicio de lo antes comentado para la declaración de ruina, por lo que la Dirección General debería autorizar las actuaciones urgentes. Solo cabría intervenir el Ayuntamiento sin esperar al plazo de dos días a la autorización si se acredita en el expediente la situación de peligro inminente.

IV.3.7.4.- Islas Baleares

El artículo 126 LUIB regula el régimen general de declaración de ruina de inmuebles, con la clásica clasificación entre ruina técnica, ruina económica y ruina urbanística. Su declaración implica el deber del propietario de ejecutar lo determinado en el acuerdo de declaración de ruina en el plazo que determine el acuerdo (máximo 1 año), ya que si se incumple se procederá a la ejecución subsidiaria. Si la declaración de ruina afecta a un BIC, a un bien catalogado, o a un inmueble sujeto a un procedimiento de declaración de ambas cosas, se estará a las especialidades de la LPHIB que a continuación veremos.

Así, entrando a la regulación de la declaración de ruina por la LPHIB, nos dispone que los bienes protegidos solo pueden ser derribados en caso de declaración de ruina, con autorización de la Comisión insular del patrimonio y un informe favorable de una institución consultivas balear. En el procedimiento de declaración de ruina, el Consejo Insular será parte interesada y se les notifica la apertura y resolución del procedimiento (art. 42 LPHIB). En caso de urgencia, solo se realizarán obras para evitar daños a las personas sin demoler partes que no sean indispensables para conservar el bien y con autorización de la Comisión insular del patrimonio. Vemos que en esencia el trato dado a los BIC y a los bienes catalogados es muy similar.

El procedimiento a seguir sería, en resumen y teniendo en cuenta que el bien esté catalogado o declarado BIC, el siguiente:

El procedimiento se inicia por solicitud de declaración de ruina por interesado/denuncia de particular/instancia del interesado. A continuación se debe elaborar un informe de los servicios técnicos municipales que llevará a tramitar un decreto de alcaldía incoando, en su caso, procedimiento de declaración de ruina que deberá ser notificado a los interesados y comunicarse a la Comisión insular de Patrimonio histórico (si se trata de un inmueble catalogado o BIC), el decreto también debe dar un plazo de audiencia 10 días hábiles a los interesados y Comisión insular, para luego hacerse informe pericial de los técnicos municipales y finalmente informe-propuesta de resolución. Todo esto se cristaliza en el decreto de alcaldía declarando ruina (si procede) y finalmente su notificación a interesados y a la Comisión insular de Patrimonio histórico, con los recursos ordinarios pertinentes.

De acuerdo con lo establecido en el art. 42.1 y 2 de la Ley 12/1998, de 21 de diciembre, del Patrimonio Histórico de les Illes Balears,

> "1. Los consejos insulares están legitimados para intervenir como interesados en el procedimiento de ruina que afecte a un inmueble de interés cultural o catalogado y se les deberá notificar la apertura y las resoluciones administrativas que afecten al bien.

> 2. Se prohíbe el derribo de bienes inmuebles de interés cultural o catalogados sin la previa declaración de ruina, la autorización de la Comisión Insular del Patrimonio Histórico correspondiente y el informe favorable, al menos, de una institución consultiva de las previstas en el artículo 96 de esta Ley."

Se trata, en palabras de BLASCO ESTEVE[823], de un precepto de coordinación de las dos instancias administrativas y los intereses que representan, permitiendo al Consejo Insular, como principal administración competente para velar por el patrimonio cultural, para ser interesado por mandato legal en los procedimientos de ruina de inmuebles protegidos. Queda, por lo tanto, claro que un inmueble catalogado puede ser declarado en ruina, superando debates referentes a la antigua Ley de 13 de mayo de 1933 relativa al Patrimonio Artístico Nacional, si bien ya la jurisprudencia era favorable a interpretarlo así[824]. En este sentido, se requieren tres requisitos para demoler un bien protegido:

1. Declaración de ruina previa por el Ayuntamiento, a aplicar la normativa urbanística principalmente;
2. Autorización de la Comisión Insular del Patrimonio Histórico, aplicando la LPHIB;
3. Informe favorable de por lo menos una institución consultiva del art. 96 LPHIB, aplicando la LPHIB[825].

Este precepto número 42 puede ser complementado por el artículo 24 LPHIB referente a la suspensión de obras en bienes in-

---

823 BLASCO ESTEVE, Avelino, "*Connexions de la Llei 12/1998 amb la legislació urbanística*", *op. cit.*, pp. 254-257.

824 STS de 12 de mayo de 1978. Sala de lo Contencioso-Administrativo (Ar. 2794); STS de 9 de febrero de 1988. Sala de lo Contencioso-Administrativo (Ar. 870).

825 A criterio de BLASCO ESTEVE. El autor considera que sobre todo en los casos de ruina económica y legal, es más posible que prevalezca la conservación del bien a su demolición, debido a que el inmueble protegido puede estar en buen estado de conservación. Ver op. cit. p. 257.

tegrantes del patrimonio histórico de las Islas Baleares (concepto genérico) que no estén protegidos como BIC ni bien catalogado:

> "La Administración competente podrá ordenar la suspensión de las obras de demolición total o parcial, o de cambio de uso, de los inmuebles integrantes del patrimonio histórico de las Illes Balears, no declarados de interés cultural ni catalogados. Esta suspensión tendrá una duración máxima de tres meses, en los que se deberá resolver, o a favor de la continuación de la obra o de la intervención suspendida, o a favor de la incoación de procedimiento de bien de interés cultural o catalogado. Todo ello sin perjuicio de las medidas de protección que se puedan adoptar atendiendo la legislación urbanística."

Respecto de la declaración de amenaza de ruina física inminente, se regula en el art. 127 LUIB, que señala en su apartado 1 que

> "cuando se estime que existe urgencia y peligro a causa de la demora en la tramitación del expediente de declaración de estado ruinoso de un edificio, el órgano municipal competente dispondrá las medidas necesarias de protección que haya que adoptar, incluidas la de apuntalamiento de la construcción o la edificación y su desalojo".

Asimismo, el apartado 2 prevé que,

> "cuando la existencia de peligro para las personas o los bienes se desprenda del escrito en que se solicita el inicio del expediente de declaración de estado ruinoso, o de la denuncia presentada por cualquier persona particular, el órgano municipal competente dispondrá con carácter de urgencia una visita de inspección de los servicios técnicos municipales así como la adopción de las medidas de protección que procedan, y adoptará la resolución que proceda en el plazo máximo de 72 horas desde la recepción del informe técnico que concluya que hay una situación de ruina inminente, sin que resulte en este caso preceptiva la audiencia a las personas interesadas a que hace referencia el art. 126 LUIB".

No obstante lo anterior, el art. 127.5 LUIB determina que la adopción de las medidas previstas en este artículo no presupondrá ni implicará la declaración de estado ruinoso.

Si el inmueble está protegido como BIC o bien catalogado, en caso de urgencia o peligro inminente, hay un matiz, pues se prohíbe al Ayuntamiento las demoliciones que no sean estrictamente necesarias para conservar el inmueble y a su vez requerirán autorización de la Comisión Insular del Patrimonio Histórico (art. 42.3 LPHIB). Así, mientras en la ruina común la consecuencia habitual es la demolición del inmueble, en la del bien catalogado la demolición será la excepción, al prevalecer el interés cultural sobre el derecho a la demolición.

En cuanto a la documentación, el Reglamento de Disciplina Urbanística estatal de 1978 (RD 2187/1978) no distingue entre los tres supuestos de ruina. Por lo que cuando se trata de interesados directos (generalmente propietarios) cabe remitirse a los arts. 19 y 20.2 RDU. En caso de ruina inminente, además se exige aportación de informe técnico del art. 20.2 RDU. En los demás casos bastará la presentación de denuncia con la mera identificación (urbanística, registral y/o catastral) del edificio, o aportación de fotografías e indicación del motivo de ruina urbanística. En caso de duda sobre lo denunciado, el art. 18.2 RDU contempla la posibilidad de abrir un trámite de "información previa" a resultas del informe técnico antes de incoar o decretar el archivo de actuaciones.[826]

Así, según MASOT TEJEDOR[827], en caso de que el Consejo Insular se negara a autorizar la declaración de ruina de un bien protegido por la LPHIB, la administración no tendría otro remedio que expropiar el bien, con la causa de interés social del artículo 33 LPHIB. Lo justifica porque entiende que no puede obligar la administración ya a conservar el bien al titular y a la vez no hacer nada en esta situación de ruina fáctica del inmueble, esperando que el paso del tiempo termine por derruir del todo el inmueble.

---

826 https://online.elderecho.com/seleccionProducto.do?nref=7E388C1C&producto_inicial=P&anchor=#%2Fpresentar.do%3Fnref%3D7e388c1c%26producto%3DUNIVERSAL

827 MASOT TEJEDOR, Josep, "*Els béns immobles catalogats: anàlisi de la seva regulació*" *op. cit.*, p. 101.

IV.3.8.- Conclusiones preliminares

La institución jurídica de la ruina de un inmueble es el mecanismo administrativo que permite al inmueble ser demolido. El acto de declaración de ruina se considera un acto administrativo de gravamen, declarativo, individualizado, impone una obligación concreta y exigible y es de ejercicio preceptivo si se dan las condiciones. Para justificar la declaración de ruina, hay tres supuestos tasados, a saber: la ruina urbanística, la económica y la técnica.

La declaración de ruina de un inmueble catalogado es perfectamente posible, pues ésta no deja de ser una declaración de un estado de hecho del inmueble, si bien no tiene porque tener como consecuencia la demolición del inmueble (STS de 18 de febrero de 1985). Una vez declarada la ruina, cesa el deber de conservación del propietario, incluso de un bien catalogado, excepto cuando la ruina haya sido provocada por el propietario (STS 28 de marzo de 1988). Si bien el propietario continúa estando obligado a hacer las obras indispensables para evitar riesgo para las personas y cosas (SSTS de 5 de diciembre y 31 de marzo de 2001).

La declaración de ruina puede hacerse por el procedimiento ordinario caracterizado por el informe técnico que determinará que se dan las situaciones tasadas para declarar en ruina el inmueble así como deberá existir un trámite de audiencia del propietario y otros interesados. Excepcionalmente se admite el procedimiento de urgencia (ruina inminente), con un trámite mucho más ágil, pero en el que para los BCIN también intervendrá el Departament de Cultura de la Generalitat.

En Cataluña, el trámite para declarar la ruina es similar en bienes protegidos que en los no protegidos, si bien para los BCIN (o en proceso de declaración de BCIN) o BCIL se exige informe preceptivo favorable del Departament de Cultura. Para demolerlos, el trámite es bien distinto en función de si está protegido o no, pues en los BCIN se exige hacer un procedimiento para dejar sin efectos la declaración de BCIN, acreditando la pérdida de valores culturales que lo motivaron, así como informes de instituciones expertas y autorización del Departament de Cultura. Además, no se puede autorizar la pérdida de condición de BCIN por la mera negligencia del propietario u otro obligado en su deber de conservación de BCIN.

Para demoler los BCIL declarados en ruina se necesita seguir el mismo trámite que se utilizó para su declaración para dejarlo sin efectos, así como además se exige informe favorable del Departament de Cultura.

En todo caso, según el art. 198.4 TRLUC, la administración competente debe determinar los efectos de la declaración de ruina para bienes catalogados o en proceso de catalogación, por lo que se da una amplia discrecionalidad para evitar el derribo de inmuebles incluso en el caso de que haya una mera protección urbanística.

Respecto a la comparativa autonómica, hemos visto que la legislación aragonesa es muy pobre en la protección de bienes culturales, pues solo se prohíbe explícitamente la demolición de un BIC (ya declarado, no recoge explícitamente los que están en proceso de declaración tal y como hacen otras CCAA) en caso de declaración de ruina, e incluso queda abierto en supuestos de ruina inminente, dejando en manos del Departamento autonómico de Cultura aragonés si hay demolición o no del BIC.

IV.1.- POTESTAD SANCIONADORA LOCAL EN EL ÁMBITO DEL PATRIMONIO CULTURAL

IV.1.1.- Concepto y fundamento legal

La actividad sancionadora es aquella “actividad administrativa que consiste a imponer sanciones al responsable de una actividad establecida como ilícita en una norma con rango de ley, y que es resultado de un procedimiento administrativo sancionador"[828]. Por otro lado, puede considerarse como sanción administrativa el mal que puede acometer legalmente una administración contra un administrado con finalidad represora en virtud de una potestad administrativa sancionadora. Así, la sanción es el "acto administrativo por el cual una administración pública impone a un administrado una multa o lo priva de un derecho mediante un procedimiento administrativo sancionador, como consecuencia de ser autor o responsable de una infracción administrativa"[829]. Dicha sanción se aplica cuando el administrado comete una infracción administrativa, es decir, una conducta ilícita por contravenir el ordenamiento jurídico administrativo, y de acuerdo con el principio de tipicidad y legalidad. La sanción debe imponerse en resolución motivada por el órgano competente de la administración que ostenta la potestad sancionadora y siempre luego de un procedimiento contradictorio con todas las garantías procedimentales legales (entre las que destacan las de los arts. 24 y 25 CE). Normalmente la sanción es una multa pecuniaria, pero pueden ser otros efectos desfavorables para el interesado tipificados por ley, como retirada de puntos de un carnet, retirada de autorización administrativa, comiso definitivo del instrumento con el que se cometió el acto ilícito, etc.

El legislador ha apostado por establecer un procedimiento administrativo común en la LPAC al que podemos acudir en todo aquello que un procedimiento regulado concreto no prevea expresamente. Además, la LPAC contiene en su articulado distintos artículos específicos para el procedimiento sancionador común (arts. 63, 64, 85, 89, 90 LPAC).

Por lo tanto, la potestad sancionadora es aquel poder que ostenta, en virtud de una ley, una administración pública para sancionar a los administrados cuando incumplan una infracción administrativa de acuerdo con la ley. Los arts. 25 a 31 de la Ley

---

828 VIVES LEAL, Núria y SOTERAS GUIXÀ, Joana (Dir.), *op. cit.*, p. 33.
829 VIVES LEAL, Núria y SOTERAS GUIXÀ, Joana (Dir.), *Op. cit.*, p. 201.

40/2015 regulan los principios del ejercicio de la potestad sancionador (proporcionalidad, tipicidad, legalidad, etc).

El fundamento legal de la potestad sancionadora en el ámbito municipal se encuentra en el art. 4.1.f de la Ley 7/1985, de 2 de abril, reguladora de las Bases del Régimen Local (LBRL), que prevé para las administraciones locales territoriales (municipios, comarcas, provincias, islas, áreas metropolitanas, etc). Una previsión idéntica se regula en el art. 8.1.f del Decreto Legislativo 2/2003, de 28 de abril, por el que se aprueba el Texto refundido de la Ley municipal y de régimen local de Cataluña (TRLMRLC).

En la legislación de patrimonio cultural catalana, la LPCC, sí que prevé que ciertas sanciones puedan ser impuestas por los entes locales competentes[830]. Así se prevé en el artículo 75 LPCC, sobre órganos competentes, como después veremos.

El régimen de responsabilidad de las infracciones en materia de patrimonio cultural de la LPCC se dispone en el artículo 72 de la siguiente manera:

> "1. Son responsables de las infracciones de esta Ley, además de las personas que tienen la responsabilidad directa:
> a) Los promotores, por lo que respecta a la realización de obras.
> b) El director de las obras, por lo que respecta al incumplimiento de la orden de suspenderlas.
> c) Los que de acuerdo con el Código Penal tienen la consideración de autores, cómplices o encubridores, por lo que respecta a la realización de intervenciones arqueológicas no autorizadas.

---

[830] A nivel de legislación sectorial en materia del patrimonio cultural, la LPHE como es bien sabido, no es una ley básica, sino que es una ley que regula las competencias exclusivas del Estado en patrimonio cultural (que principalmente se circunscriben en la tutela del patrimonio cultural propiedad del Estado o adscrito a su servicio, así como lucha contra la expoliación y la exportación del patrimonio cultural español), a partir de aquí el régimen sancionador de los artículos 75 a 79 LPHE no son aplicados por las administraciones locales, pues los ayuntamientos solo cooperan en la ejecución de esta ley (art. 7), pero no se les reconoce una potestad sancionadora.

2. Son también responsables de las infracciones de esta Ley los que, conociendo el incumplimiento de las obligaciones que ésta establece, obtienen un beneficio de las mismas."

Tal y como nos indica SEGURA FUSTER[831], para un supuesto análogo de la LPHIB, el segundo apartado del artículo 72 puede incurrir en inconstitucionalidad por vulnerar el principio de personalidad de la pena ligado al principio de legalidad penal del artículo 25.1 CE. Así, cita la STC 146/1994, de 12 de mayo[832], que declaró inconstitucional en su FJ 4º B a un artículo legal al permitir

"que la Administración se dirija para el cobro de la deuda tributaria, incluidas las sanciones, no sólo al miembro o miembros de la unidad familiar que resulten responsables de los hechos que hayan generado la sanción, sino también a otros miembros que no hayan cometido ni colaborado en la realización de las infracciones y vulnera, por ello, el aludido principio de personalidad de la pena o sanción protegida por el art. 25.1 de la Constitución, incurriendo así en vicio de inconstitucionalidad."

IV.1.2.- Clases de infracciones

A continuación pasamos a analizar las infracciones que sí pueden ser impuestas por los entes locales en materia de patrimonio cultural de acuerdo con los artículos 71 y 75 LPCC[833]. En primer lugar encontramos las faltas leves del artículo 72.1:

"b) La falta de notificación a la administración competente, en los términos fijados por el artículo 22, de la transmisión onerosa de

---

831 SEGURA FUSTER, Francesc, "*Règim sancionador*" en *Comentaris a la Llei del Patrimoni Històric de les Illes Balears*, Institut d'Estudis Autonòmics, Palma de Mallorca, 2003, pp. 300-302.

832 Ponente: Eugenio Díaz Eimil.

833 De acuerdo con el art. 75.6 LPCC, el resto de infracciones son de competencia de la Generalitat, con incoación del expediente sancionador por el Director General de Patrimonio Cultural y es competente para imponer la sanción el Consejero de Cultura (en caso de multes de hasta 210.843 euros) o el Gobierno de la Generalitat si supera ésta cifra.

> la propiedad o de cualquier derecho real sobre bienes culturales de interés nacional, sobre bienes catalogados o sobre los restantes bienes muebles integrantes del patrimonio cultural catalán."

Dicha infracción fue redactada por el número 5 del artículo 94 de la Ley 5/2012, y se refiere a la notificación de la venta por el propietario o titular de derecho real a la Generalitat para ejercer el derecho de tanteo en caso de venta onerosa de un BCIN, que subsidiariamente, si la Generalitat no muestra interés, puede ser el derecho de tanteo ejercido por el municipio o Consejo Comarcal.

En el caso de BCIL, el derecho de tanteo es ejercido directamente por el municipio o Consejo Comarcal de donde radica el bien.

En ambos casos, si no se comunica en plazo, la administración competente puede ejercer el derecho de retracto.

Por lo tanto, la administración local solo será competente para sancionar cuando haya tenido derecho de tanteo sin serle notificado la venta, la identidad del comprador y el precio de acuerdo con el art. 22.2.

> "c) El incumplimiento del deber de permitir el acceso de los especialistas a los bienes catalogados."

Se refiere al deber de propietarios, poseedores y titulares derechos reales sobre bienes catalogados (BCIL) de acceso a especialistas del art. 25.3 LPCC.

> "d) El incumplimiento del deber de información a las Administraciones competentes sobre la existencia y la utilización de bienes integrantes del patrimonio cultural y la obstrucción de las inspecciones de las Administraciones competentes."

Esta infracción solo compete a un ente local en el caso que el incumplimiento se haga contra éste (art. 75.2), ya que, si el incumplimiento se comete ante la Generalitat, deberá ser ésta la que ejercite la potestad sancionadora.

Referente a las faltas graves, mencionamos del artículo 71.3 los siguientes epígrafes:

> "**c)** El incumplimiento de los deberes de preservación y mantenimiento de bienes culturales de interés nacional o de bienes catalogados."

En este precepto la intervención de los entes locales se centra en la defensa de los bienes catalogados inmuebles del art. 17 LPCC, es decir, los BCIL. Debido al alto número de inmuebles declarados BCIL que se encuentran en mal estado de conservación, esta infracción sería una de las que potencialmente más podrían ejercer los municipios contra los propietarios de los inmuebles u otros titulares de derechos sobre los mismos. Sin embargo la realidad es que muy pocos ayuntamientos incoan procedimientos sancionadores en éste u otros supuestos que se analizan en este apartado, incumpliendo su obligación de perseguir de oficio las infracciones.

Se trata de una infracción administrativa estrechamente ligada al deber de conservación de los inmuebles protegidos y las correspondientes órdenes de ejecución que se pueden derivar, por lo que me remito al capítulo de este trabajo que se refiere a esta cuestión. Solo decir aquí, que de la literalidad del precepto parece que basta un mero incumplimiento del deber de preservación del BCIN o BCIL para poder sancionar, si bien en la práctica pudiera ser más prudente interpretar que debería sancionarse solo en caso de llegarse a incumplir órdenes de ejecución concretas derivadas del incumplimiento del deber de conservación para poder llegar a sancionar, pues la ambigüedad de una infracción solo por incumplir un deber genérico de conservación puede ir contra el principio constitucional de *lex certa* del artículo 25 CE tal y como apunta SEGURA FUSTER[834] para una infracción parecida en la ley balear (y que podría ser inconstitucional en base a la jurisprudencia del TC, como la STC 194/2000, de 19 de julio).

---

834 SEGURA FUSTER, Francesc, *op. cit*, pp. 287-291.

> "**g)** El incumplimiento de la suspensión de obras con motivo del descubrimiento de restos arqueológicos y de las suspensiones de obras acordadas por la Administración competente."

Esta infracción solo se ejercita por un ente local, si el incumplimiento se hace contra éste (art. 75.2), ya que si el incumplimiento se comete contra la Generalitat, deberá ser ésta la que ejercite la potestad sancionadora.

Finalmente, terminamos con las faltas muy graves, reguladas en el artículo 71.4, de las que nos interesa ahora la siguiente:

> "**b)** La destrucción de bienes muebles de interés nacional o de bienes catalogados."

En este caso, los entes locales solo podrán sancionar respecto a los BCIL (bienes catalogados inmuebles) radicados en su territorio. Se trata sin duda de la infracción más letal contra el patrimonio cultural, si bien precisamente a su gravedad, deberemos tener en cuenta si por el principio de non bis in ídem deberemos suspender provisionalmente la tramitación y plazos administrativos para ponerlo en conocimiento de la fiscalía, debido a la posible existencia de un delito contra el patrimonio cultural de acuerdo con el Código Penal.

> "Art. 71.5. Son infracciones leves, graves o muy graves, en función del daño potencial o efectivo al patrimonio cultural:
> **b)** La realización de intervenciones sobre bienes culturales de interés nacional y sobre espacios de protección arqueológica sin licencia urbanística o incumpliendo sus términos."

Es notable la diferencia con otras infracciones en que aquí se excluyen los BCIL que no sean arqueológicos, por lo que se merma notablemente las potenciales intervenciones de los entes locales (sin perjuicio de que podrán acudir a la infracción muy grave urbanística de acuerdo con el TRLUC como se verá luego). De acuerdo con el art. 75.3 LPCC, corresponde a los Ayuntamientos la competencia para incoar y tramitar los expedientes sancionadores por ésta infracción, "excepto en los municipios de menos de cinco mil habitantes en los que esta competencia corresponde a los Consejos Comarcales. En estos casos, el régimen sancionador regulado por esta Ley prevalece sobre el régimen establecido por la normativa urbanística".

Sobre el fondo de la infracción, recordar la obligatoriedad de la licencia urbanística en toda intervención sobre un BCIN o un EPA. También cabe mencionar que no se mencionan aquí los informes sectoriales del Departament de Cultura, solamente el incumplimiento de la cuestión de la licencia urbanística municipal. Me remito al capítulo de este trabajo que trata de las licencias urbanísticas sobre bienes protegidos para profundizar sobre este régimen de intervención municipal.

Mientras que el art. 75.5[835] establece el régimen de actuación subsidiaria de la Generalitat en caso de inactividad del ente local competente (que parece, por principio de subsidiariedad, tiene preferencia en la tramitación del procedimiento sancionador frente a la Generalitat).

Finalmente hay que mencionar que de acuerdo con el art. 76 LPCC, se habla sobre la prescripción de las infracciones, y sorprende por su largo plazo[836]: las leves y las graves a los 5 años, y las muy graves a los 10 años de haberse cometido. Si bien veremos que esto es lo habitual entre leyes de patrimonio cultural autonómicas.

---

835 "Si el Departamento de Cultura comunica a la Entidad local competente la existencia de indicios de una infracción de las tipificadas en el artículo 71.5.b) y la Entidad local no le notifica la incoación del expediente sancionador en el plazo de dos meses, el Departamento de Cultura puede proceder a incoar, tramitar y resolver el expediente sancionador."

836 Sobre todo largos si los comparamos con los del procedimiento sancionador común (art. 30.1 LRJSP 40/2015), de 6 meses para las leves, 2 años para las graves y 3 años para las muy graves.

IV.1.3- Clases de sanciones

El art. 73 LPCC prevé un régimen de sanciones preferente y otro subsidiario. En primer lugar, según su apartado primero, se prevé como sanciones preferentes una sanción económica consistente en una multa de entre 1 y 4 veces el valor de los daños causados. Pero esto es así siempre que los daños ocasionados al patrimonio cultural puedan ser valorados económicamente. En caso de no poder ser así, se prevé:

> "a) Para las infracciones leves, una multa de hasta 6.010,12 euros.
> b) Para las infracciones graves, una multa de entre 6.010,12 y 210.354,24 euros.
> c) Para las infracciones muy graves, una multa de entre 210.354,24 y 901.518,16 euros."

Todas las sanciones referidas anteriormente pueden ser moduladas de acuerdo con el principio de proporcionalidad, con dos criterios generales y uno específico para las infracciones del ámbito arqueológico: la reincidencia, el daño causado al patrimonio cultural y la utilización de medios técnicos en las intervenciones arqueológicas ilegales.

Entiendo que en caso de ser deseado, la administración sancionadora podría acudir también a los demás criterios de proporcionalidad del art. 29.3 LRJSP 40/2015: el grado de culpabilidad o intencionalidad, la continuidad de la conducta infractora, la naturaleza del perjuicio y la reincidencia.

Finalmente, el artículo 74 LPCC prevé una medida accesoria a la sanción: el comiso de materiales y utensilios empleados en la actividad ilícita. Esta opción es optativa y la puede imponer el órgano competente en la resolución sancionadora.

Una de las cosas llamativas de la LPCC es que no prevé el deber de reposición y resarcimiento al infractor. Según SANTAMARÍA PASTOR, las infracciones administrativas pueden producir un estado de cosas anómalo que es necesario eliminar, restaurando la situación previa a su comisión: bien mediante la destrucción de los efectos de la infracción, bien mediante el resarcimiento pecuniario por los daños al patrimonio público[837].

Si bien hay una falta de previsión en la LPCC, el art. 28.2 LRJSP, que trata del principio de responsabilidad ya prevé de forma básica y genérica esta previsión del deber de reposición y de indemnización del daño causado, a la que podemos acudir, pues.

Algunas normas[838] han admitido la multa coercitiva para ejecutar actos sancionadores. Normalmente no se prevé, si bien es cierto que en el ámbito del patrimonio cultural catalán, la LPCC[839], en su artículo 69.1[840], debido a su ambigüedad y generalidad, podría admitir la multa coercitiva para ejecutar las sanciones que no se cumplan.

Otra circunstancia que llama la atención, como ya se percató SEGURA FUSTER[841] con el régimen balear muy parecido de la LPHIB, es que el régimen de sanciones preferente no depende de la gravedad de la infracción, sino de la cuantificación del daño causado. Así, según la cuantificación del daño que haga la Administración competente, la sanción por una infracción leve puede ser incluso superior a una grave o muy grave.

La previsión del régimen de sanciones como subsidiario con la tabla, es de dudosa constitucionalidad según el autor, pues opina que no se respeta el principio de *lex certa* derivado del principio de tipificación legal, también aplicable a la tipificación de sancio-

---

837 SANTAMARÍA PASTOR, Juan Alfonso, *Principios de Derecho Administrativo General II*, Primera Edición, Iustel, Madrid, 2006, p. 405.

838 Por ejemplo, art. 119 del Real Decreto Legislativo 1/2001, de 20 de julio, por el que se aprueba el texto refundido de la Ley de Aguas

839 En cambio, en la LPHE no se prevén.

840 "Artículo 69 Multas coercitivas
1. La Administración competente puede imponer multas coercitivas para hacer efectivo el cumplimiento de los deberes impuestos por esta Ley y de las resoluciones administrativas dictadas para el cumplimiento de lo que ésta dispone."

841 SEGURA FUSTER, Francesc, "*Règim sancionador*" *op. cit.*, pp. 296-300.

nes. A estos efectos cita la STC 61/1990, de 29 de marzo[842], en el que el FJ 9º de la misma consideró inconstitucional una norma que no cumplía con la exigencia material de predeterminación normativa de las conductas y sus sanciones correspondientes por el hecho que

> "afecta a la tipificación de las infracciones, a la graduación o escala de las sanciones y a la correlación entre unas y otras, de tal modo que –como se dice en la STC 219/1989– el conjunto de las normas aplicables permita predecir, con suficiente grado de certeza, el tipo y el grado de sanción susceptible de ser impuesta".

SEGURA FUSTER[843] también critica la excesiva discrecionalidad que se deja a la Administración para determinar las sanciones, pues depende exclusivamente de ella decidir en su caso la cuantificación del daño causado, sin establecer un criterio claro para ello, lo que también lo vincula a una posible vulneración del principio de *lex certa* del artículo 25.1 CE, aplicable también al régimen de sanciones administrativas. Cita, a modo análogo, la STC 61/1999 de 19 de julio, en el FJ 9º que ya declaró inconstitucional una sanción parecida a nivel tributario por esa excesiva ambigüedad.

Cabe mencionar que la LPCC no prevé ningún régimen de reducción por pronto pago o reconocimiento de responsabilidad (como hace la LPHIB), pero por el carácter básico del artículo 85 LPAC, bien podría ser aplicable.

IV.1.4- Procedimiento sancionador

La LPCC prevé pocas especificidades del procedimiento sancionador en patrimonio cultural, básicamente las que tratan del órgano competente (art. 75.4), medidas cautelares (art. 77), pu-

---

842 Ponente: Carlos de la Vega Benayas.

843 SEGURA FUSTER, Francesc, *op. cit.*, pp. 298-300.

blicidad de las sanciones (art. 78) y plazo de resolución/caducidad (art. 79).

Hay que remarcar, de entrada, la posibilidad de cualquier ciudadano de hacer exigir el cumplimiento de la LPCC y por lo tanto también de poder denunciar cualquier infracción tipificada en esta ley sectorial, máxime cuando se reconoce la acción pública para hacer cumplir la LPCC, en el artículo 5 de la misma. Esta acción pública permite a cualquier persona física o jurídica denunciar los hechos, si bien no mucho más, pues en el ámbito sancionador el papel del ciudadano se limita a interponer la denuncia[844], pero no le da derecho a participar de una forma más activa en el procedimiento sancionador ni a poder recurrir la resolución en el ámbito administrativo ni contencioso administrativo, tal y como ha reconocido la jurisprudencia. En el ámbito urbanístico, asimilable respecto a la cuestión de la acción pública del patrimonio cultural de la LPCC, la STSJ Canarias de 2 de septiembre de 2013[845] (FJ 2º) ya trató esta cuestión.

El art. 75.4. establece que la competencia para la imposición de las sanciones por la infracción del artículo 71.5.b) corresponde[846]:

> "a) Al Presidente del Consejo Comarcal, en caso de sanciones de hasta 6.010,12 euros, en municipios de menos de cinco mil habitantes.
> b) Al Alcalde, en caso de sanciones de hasta 6.010,12 euros, en municipios de entre cinco mil y cincuenta mil habitantes, o de sanciones de hasta 210.354,24 euros, en municipios de más de cincuenta mil habitantes.
> c) Al Consejero de Cultura, en caso de sanciones de entre 6.010,12 y 210.354,24 euros, en municipios de hasta cincuenta mil habitantes.

---

844 La STS de 16 de diciembre de 1992, sala de lo contencioso (rec. 3375/1990;ponente: Pujalte Clariana, Emilio) define la denuncia así en el FJ 1º.

845 Sala de lo Contencioso-Administrativo, Sección 2ª (sentencia núm. 225/2013, rec. 19/2012; ponente: Varona Gómez-Acedo, Javier).

846 Ver también GIFREU I FONT, Judith, "Régimen jurídico de la protección (…) *op. cit.*, p. 313.

d) Al Gobierno de la Generalidad, en caso de sanciones de más de 210.354,24 euros."

Para el resto de cuestiones no reguladas específicamente en la LPCC debemos acudir a las previsiones del procedimiento administrativo común y del procedimiento sancionador común de la LPAC, así como los arts. 25 a 31 sobre los principios del ejercicio de la potestad sancionador de la LRJSP 40/2015. Además, por no haber sido derogada formalmente, aplicaríamos también el "Decreto 278/1993, de 9 de noviembre, sobre procedimiento sancionador de aplicación a los ámbitos de competencia de la Generalidad" en todo aquello que no contradiga la legislación básica. Si bien de acuerdo con la Disp. Final 5ª LPAC, se debería haber adaptado la normativa a esta ley básica en un año desde su entrada en vigor, cosa que no se ha hecho.

De modo resumido, el procedimiento sancionador puede tramitarse de forma ordinaria, o de forma simplificada (de acuerdo con el art. 96 LPAC). El procedimiento ordinario sería el siguiente:

1) Posibles actuaciones previas para esclarecer los hechos;

2) Resolución incoando procedimiento de oficio (por alcalde/presidente Consejo Comarcal, delegable) con contenido del art. 64.2 LPAC (se admite que el pliego de cargos no se haga entonces sino posteriormente para determinar hechos, notificándolo al presunto infractor + posibles medidas cautelares del artículo 77);

3) Audiencia del presunto infractor 10-15 días hábiles;

4) Práctica de pruebas por entre 10-30 días hábiles, si es necesario;

5) Propuesta de resolución del instructor;

6) Notificación de la propuesta al presunto infractor (con audiencia de 10-15 días hábiles);

7) Resolución definitiva;

8) Notificación al presunto infractor (en máximo 1 año desde incoación, art. 79 LPCC, sino caducidad del expediente);

9) Publicación potestativa de la sanción (una vez es firme en vía administrativa).

Mientras que el procedimiento sancionador simplificado sirve para casos claros de infracciones leves (art. 96 LPAC y art. 18 Decreto 278/1993 en lo que no contradiga a la LPAC) con el siguiente procedimiento:

1) Incoación de oficio por resolución del órgano competente (con nombramiento de instructor y propuesta de resolución + posibles medidas cautelares del artículo 77);

2) Notificación al presunto infractor;

3) Plazo de audiencia de 10 días hábiles;

4) Práctica de pruebas, si es preciso;

5) Resolución definitiva;

6) Notificación al presunto infractor (en máximo 30 días hábiles desde incoación, art. 96.6 LPAC);

7) Publicación potestativa de la sanción (una vez es firme en vía administrativa).

Es remarcable la posibilidad que deja el artículo 77 LPCC para tomar medidas cautelares (en cualquier momento del procedimiento, si bien habitualmente se llevan a cabo en la resolución de incoación del procedimiento sancionador) y que para el caso de bienes inmuebles, pueden ser acordadas tanto por la Generalitat como por el Ayuntamiento (siempre que haya licencia municipal previa) y vale tanto para BCIN[847] como BCIL. Las medidas cautelares pueden consistir en suspender las obras o actuaciones sobre el bien catalogado. También para infracciones graves o muy graves cabe tomar la medida cautelar o cautelarísima del precin-

847 En tal caso, el Ayuntamiento deberá comunicarlo al Departamento de Cultura de la Generalitat en máximo 48 horas.

to, inmovilizado o depósito de los materiales o utensilios empleados. Tampoco podemos olvidar el régimen genérico de medidas provisionales (cautelares y cautelarísimas) del artículo 56 LPAC, e incluso el listado de medidas posibles que nos ofrece su apartado tercero (embargo preventivo de bienes, inmovilización de cosa mueble, y aquellas otras medidas autorizadas por ley, como es el caso del artículo 77 LPCC).

IV.1.5.- Comparativa con otras Comunidades Autónomas

IV.1.5.1.- Principado de Asturias

Respecto a la Ley del Principado de Asturias 1/2001, de 6 de marzo, de Patrimonio Cultural, hace una importante diferenciación en su artículo 113 entre ayuntamientos y Consejería autonómica de cultura, pues los primeros tramitan y sancionan en aquellas obras o intervenciones que deban ser autorizadas por ellos (sin intervención autonómica), mientras que en el resto de casos tramita y sanciona la comunidad autónoma (en concreto la Consejería de cultura para sanciones de hasta 25 millones de pesetas, o el Gobierno asturiano si es mayor cuantía). Si el ayuntamiento no actúa, la Consejería de Cultura le requerirá para actuar en mínimo 1 mes, y si aun así incumple sus obligaciones, actúa subsidiariamente la comunidad autónoma. El procedimiento sancionador se debe finalizar en 18 meses, sino caduca (art. 114.2).

Las sanciones a imponer son de multas de entre 15.000 y 500.000 ptas para infracciones leves, de 500.000 a 25 millones de ptas para las graves, y de 25 a 150 millones para las muy graves (a graduar según reincidencia, intencionalidad, beneficio económico, importancia del bien y repercusión sobre el patrimonio cultural o de sus riesgos). Por lo tanto el artículo 111 se aparta de la regla general de priorizar las sanciones económicas de tanto al cuádruplo que prevén otras CCAA.

Respecto de la prescripción de infracciones, las leves y las graves son de 5 años, las muy graves de 10 años (art. 114), igual que el régimen valenciano, el gallego y el catalán.

Concreta el artículo 110 LPCPA que

> "Son responsables de las infracciones de esta Ley, además de las personas que tienen la responsabilidad directa en su comisión:
> a) Los promotores, constructores y técnicos, por lo que respecta a la realización de obras con incumplimiento de orden de suspensión.
> b) Los que de acuerdo con el Código Penal tienen la consideración de autores, cómplices o encubridores, por lo que respecta a la realización de intervenciones arqueológicas no autorizadas.
> c) Las autoridades y empleados públicos encargados de hacer cumplir la presente Ley cuando consientan o encubran su Incumplimiento, sin perjuicio de que pudiera proceder la calificación como delito."

A propósito de este artículo cabe mencionar la STSJ de Asturias de 30 de octubre de 2012[848], que en el FJ 5° esclarece que el hecho de que el propietario encargara el trabajo a otra empresa (que es la que cometió los hechos sancionables) no es excusa para no ser sancionado.

Debido a la singularidad de la categoría de protección cultural del catálogo urbanístico, donde se mezcla legislación urbanística y de patrimonio cultural, destacaría infracciones como el incumplimiento del deber de conservar bienes del patrimonio cultural asturiano, así como realizar intervenciones no autorizadas sobre los mismos que no causen riesgo de pérdida del bien (infracciones leves según el art. 107) o las intervenciones no autorizadas que sí supongan su destrucción o pérdida de los valores culturales (infracción grave según el art. 108). También ha llevado a que si el ayuntamiento concede licencias urbanísticas contraviniendo la LPCPA, se deberá revisar de oficio la licencia según la LPAC 39/2015 y paralizar las obras en curso (art. 105 LPCPA).

---

848 Sala de lo Contencioso-Administrativo, Sección 1ª (sentencia núm. 1095/2012, rec. 1099/2011; Ponente: Salto Villén, Francisco).

IV.1.5.2.- Aragón

En el caso de la Ley 3/1999, de 10 de marzo, del Patrimonio Cultural Aragonés, el régimen sancionador es potestad exclusiva de la administración autonómica, si bien destaca la regulación de la obligación de restaurar el patrimonio alterado así como indemnizar el daño causado (art. 109). Coincide con la LPCC en el plazo de prescripción de infracciones (5 años para las graves y leves y 10 años para las muy graves), según su art. 105.

Las sanciones, igual que otras leyes son de tanto al cuádruplo del daño causado al patrimonio si es valorable, y en caso de no ser posible se deberá ir al cuadro de sanciones (de 600 a 60.000 euros para las leves, hasta 301.200 euros para las graves y hasta 1.204.000 euros para las muy graves).

IV.1.5.3.- Comunidad de Madrid

El régimen sancionador se regula en el capítulo II del Título IX de la reciente Ley 8/2023, de 30 de marzo, de Patrimonio Cultural de la Comunidad de Madrid (en adelante, LPCCM) en sus artículos 104 a 112.

A diferencia de la legislación catalana o la balear, la infracción leve por incumplir el deber de conservar bienes del patrimonio cultural de Madrid es más concreta y seguramente no incurre en inconstitucionalidad al exigir además que dicho incumplimiento del deber de conservación y custodia comporte "daños leves y reversibles" o incluso sin daños pero suponga una situación de riesgo de deterioro o pérdida del bien (art. 105.a). Si el daño es grave pero reversible, la infracción es grave (art.106.a), en cambio solo será infracción muy grave si cualquier acto u omisión supone un daño irreparable o destrucción solo de los BIC y los BIP (art. 107.a), dejando un vacío legal en el caso de destrucción de otros bienes del patrimonio cultural de Madrid, que a mi entender deberían subsumirse en el artículo 106.a como faltas graves. Mientras el artículo 106.m prevé como falta grave cualquier acto u omisión sobre un BIC o BIP que ocasione un daño grave al bien pero sin ser infracción muy grave.

También destacaría la infracción del artículo 106.l, que establece como infracción grave el otorgamiento de licencia u otro título urbanístico sin autorización preceptiva de la Consejería autonómica de Patrimonio Cultural, o cuando se contravenga la misma cuando afecte a un BIC o BIP, excepto los casos en que suponga infracción muy grave (que se dará cuando se cause pérdida o daños irreparables sobre el bien, según el artículo 107.b). Parece que dichas infracciones implícitamente distinguen dos supuestos: el otorgamiento de título urbanístico ilegalmente, que serían los autores materiales de la administración (ver artículo 108), mientras que el segundo supuesto se referiría al incumplimiento por parte del promotor de las obras, el técnico o ejecutor material de las obras, según el caso.

En el régimen de sanciones (art. 110.1), como es habitual en todas las leyes sectoriales del patrimonio, serán multas del cuádruplo o quíntuplo del daño causado, siempre que el daño fuera evaluable económicamente, y solo en caso de no ser evaluable, se aplica el régimen de multas de horquilla fija:

> "a) Para las infracciones leves, una multa de hasta 60.000 euros.
> b) Para las infracciones graves, una multa de entre 60.001 y 300.000 euros.
> c) Para las infracciones muy graves, una multa de entre 300.001 y 1.000.000 euros, que podrá incrementarse hasta un porcentaje del 20 por ciento de la sanción cuando el beneficio obtenido como consecuencia de la infracción sea mayor."

Como novedad interesante, cabe el pago de la multa económica con la entrega del BIC (art. 110.3), si bien no se entiende que no quepa entregar un BIP u otros bienes del patrimonio cultural de Madrid también amparados por el régimen sancionador.

También cabe la pena accesoria del comiso de los materiales obtenidos ilícitamente (sobre todo aplicable en caso de expolio arqueológico) y los utensilios empleados en la actividad ilícita (art. 110.4).

El régimen sancionador ignora completamente a los entes locales, pues según el artículo 111, los procedimientos sancionadores se incoan y tramitan por la Dirección General de Patrimonio Cultural de la Comunidad de Madrid, y se resuelven por el Director General de Patrimonio Cultural para multas de hasta 150.000 euros, del Consejero de Cultura por infracciones graves de 150.001 a 300.000 euros, y del Consejo de Gobierno autonómico por infracciones muy graves de multas de más de 300.000 euros.

Los procedimientos sancionadores deben resolverse y notificarse en nueve meses desde su incoación, sino caducarán (art. 111.2). El plazo de prescripción de sanciones es inusitadamente bajo, de solo 4 años para infracciones leves y graves, y de 6 años para las muy graves (art. 111.3).

Finalmente, de acuerdo con el artículo 112, en caso de que la presunta infracción pudiera ser constitutiva de un delito, debe ponerse en conocimiento del Ministerio Fiscal, y se notificará su tramitación penal al interesado si se hubiera incoado ya procedimiento sancionador (en este caso se recomienda suspender el procedimiento sancionador hasta recaer sentencia penal firme).

IV.1.5.4.- Islas Baleares

La Ley 12/1998, de 21 de diciembre, del Patrimonio Histórico de las Illes Balears regula su régimen sancionador en su Título XI. Se apoya, en todo lo que es la gestión del patrimonio cultural, en el Consejo insular correspondiente (equivalente a la Diputación Provincial), dejando en un segundo plano al Gobierno Balear y a los municipios. Esa elección por el ente local intermedio ha llevado que también en ellos recaiga la potestad sancionadora (arts. 100 y 112 LPHIB), en concreto corresponde a su Presidente o al Consejero delegado sancionar las infracciones leves, y al Pleno las graves o muy graves (art. 110). Respecto de las prescripciones, las leves prescriben a los 2 años, las graves a los 5 y las muy graves a los 10 años (art. 111).

También cabe mencionar, igual que muchas otras leyes autonómicas, el deber del infractor de restituir el daño causado y de pagar la responsabilidad patrimonial correspondiente por el daño al patrimonio histórico de titularidad pública (art. 107).

Las sanciones también siguen el patrón de una a cuatro veces el valor del daño o beneficio causado si el daño es valorable, en su defecto son multas de entre 100.000 pesetas y 10 millones de pesetas para las leves, de 10 millones a 25 millones para las graves, y de 25 millones a 100 millones para las muy graves), según el art. 108 (además de pérdida de autorización por 3 años si se incumple autorización para intervención arqueológica).

Cabe una reducción del 20% de la sanción por reconocimiento voluntario de la responsabilidad antes de notificarse la propuesta de resolución (art. 110.3). Esta reducción de hecho hoy en día ya está prevista en el artículo 85.1 LPAC para cualquier infracción que no tenga un régimen específico, pero entiendo que al no prever la LPHIB la otra reducción del art. 85.2 LPAC por pronto pago, podría ser acumulable debido al carácter básico del precepto de la LPAC.

El artículo 100 hace un ejercicio de aplicación del principio constitucional de *non bis in ídem* del artículo 25.1 CE y garantizado en la jurisprudencia del Tribunal Constitucional (STC 270/1994 de 17 de octubre o la 221/1997 de 4 de diciembre, entre otras) que impiden que unos mismos hechos puedan ser objeto de doble sanción, por un lado penal y por el otro administrativo.

El artículo 104 habilita al Gobierno Balear para desarrollar reglamentariamente el régimen de infracciones de la LPHIB pero sin poder introducir nuevas infracciones ni alterar la naturaleza de las ya previstas, solo para identificar mejor las conductas típicas. Así, el objetivo es dotar de mayor seguridad jurídica al régimen sancionador.

Las infracciones muy graves del artículo 101 LPHIB parecen tener como nexo en común, en palabras de SEGURA FUSTER[849], sancionar conductas que impliquen la desaparición del bien cultural o la pérdida de sus elementos característicos e identificadores. Pero pone en duda la constitucionalidad del artículo 101.1 LPHIB al establecer como infracción muy grave

> "El incumplimiento por parte de los propietarios, titulares de derechos reales o poseedores de bienes de interés cultural o catalogados, de los deberes establecidos en el artículo 26 de esta Ley", es decir "el deber de conservarlos, mantenerlos y custodiarlos de tal manera que se garantice la salvaguarda de sus valores" (art. 26 LPHIB).

La queja está en la grana ambigüedad y generalidad del precepto, pues en ningún caso de la Ley se concreta en qué consiste este deber de conservación, mantenimiento y custodia, lo que según el autor conllevaría una infracción del principio de *lex certa* vinculada al principio de legalidad penal (aplicable al derecho administrativo sancionador. Cita, por ejemplo, la STC 194/2000, de 19 de julio[850] (FJ 9ª).

El artículo 102 LPHIB contiene las infracciones graves contra el patrimonio balear, donde destacaría el del apartado 1, esto es:

> "El incumplimiento por parte de los propietarios, titulares de derechos reales o poseedores de los bienes integrantes del patrimonio histórico, de los deberes establecidos en los puntos 1 y 2 del artículo 22 de esta Ley."

SEGURA FUSTER[851] ha determinado la innecesaridad de la remisión al apartado segundo por no contener ningún deber para los propietarios, mientras que ha señalado un posible solapamiento con el deber de conservación de BIC y bienes catalogados del artículo 26 que constituye una infracción muy grave. Acertadamente el autor propone dar prioridad a la infracción del

849 SEGURA FUSTER, Francesc, *op. cit*, pp. 287-291.

850 Ponente: Carles Viver Pi-Sunyer.

851 SEGURA FUSTER, Francesc, *op. cit*, pp. 292-293.

artículo 101.1 al referirse a un deber de conservación sobre unos bienes más concretos (los BIC y los bienes catalogados) mientras para los que no lo sean se aplicará la infracción grave. De nuevo hay el problema de falta de *lex certa* en no saber en qué consiste ese deber de conservar, mantener y custodiar el bien, a lo que yo añadiría el problema de determinar aquí cuáles son los bienes del patrimonio histórico Balear que no son ni BIC ni bienes catalogados. Desde mi punto de vista, el Catálogo General del Patrimonio Histórico de las Illes Balears del artículo 18 LPHIB debiera inscribir, aunque fuera a efectos de inventario todo ese patrimonio histórico balear para evitar la inseguridad jurídica que se genera.

Finalmente, las infracciones leves se contienen en el artículo 103, y SEGURA FUSTER[852] también encuentra ciertos solapamientos como la infracción del incumplimiento del deber de propietarios, titulares de derechos reales o poseedores de los bienes del patrimonio histórico del deber de permitir el acceso para inspecciones del artículo 34.1. Nótese que ese artículo hace referencia solo a los BIC, pero el artículo 103.1 se remite a ese para cualquier titular de un bien histórico, aunque no esté catalogado. El autor estima que si el bien está catalogado como BIC se aplicaría la infracción grave del artículo 102.8. Mientras que si se trata de un bien catalogado debemos ir a la infracción leve del artículo 103.1 (igual que si el bien no tuviera ninguna catalogación).

Respecto la infracción leve consistente en "La falta de comunicación a las administraciones públicas competentes de los datos o la información exigida en los artículos 3.1, 7.3, 12.2, 16.2, 32.2, 40.1, 43, 44.2, 51.2, 59, 60.1 y 61.1 de esta Ley." Al autor[853] le sorprende, que cuando se remite al artículo 51.2 LPHIB no se refiere a un deber del titular, sino a una carga de documentación que debe aportar el promotor de un proyecto de intervención arqueológica o paleontológica, y concluye el autor que al final lo que se sanciona es no redactar el proyecto correctamente según

---

852 SEGURA FUSTER, Francesc, o*p. cit*, pp. 292-293.

853 SEGURA FUSTER, Francesc, o*p. cit*, pp. 292-293.

el artículo 51.2, lo que sorprende al autor al considerar que la consecuencia lógica debiera ser la denegación de la autorización o solicitarle una enmienda, pero no sancionar.

Un problema de solapamiento parecido se da en la remisión a los artículos 60.1 y 61.1 respecto del deber del descubridor de comunicar el descubrimiento de restos arqueológicos, que debe también solucionarse dando preferencia en su caso a la infracción grave del art. 102.9 por ser un caso más específico.

Finalmente, es infracción leve según el art. 103.7 “Cualquier otro incumplimiento de los deberes establecidos en esta Ley que suponga un daño de escasa entidad o perjudique ligeramente al patrimonio histórico” a lo que el SEGURA FUSTER[854] entiende que no basta con un incumplimiento de un deber de la LPHIB (de los no tipificados explícitamente como otras infracciones) sino que debe quedar acreditado ese ligero daño o perjuicio al patrimonio histórico.

El régimen de responsabilidad personal de las infracciones se determina en el artículo 105 LPHIB[855], con un primer apartado con una referencia principal y genérica, un segundo apartado so-

---

854 SEGURA FUSTER, Francesc, *op. cit*, pp. 294-295.

855 “1. Son responsables de las infracciones las personas físicas o jurídicas que sean autoras de las conductas u omisiones descritas en los artículos precedentes.
2. Serán también responsables, en su caso:
a) Los propietarios, titulares de derechos reales o poseedores de los bienes en que se lleve a cabo la conducta infractora, cuando la consientan expresa o tácitamente y no adopten las medidas necesarias para impedir el daño en los bienes del patrimonio histórico.
b) Los promotores, constructores y técnicos directores de las obras o intervenciones consideradas ilegales de acuerdo con esta Ley, en cuanto a su ejecución o al incumplimiento de las órdenes administrativas de suspensión.
c) Los profesionales y técnicos autores de los proyectos de obras que impliquen la destrucción o el deterioro del patrimonio histórico.
d) Los técnicos que emitan informe favorable sobre las licencias, las autorizaciones y los proyectos de obras que impliquen la destrucción

bre supuestos concretos y un tercer apartado de responsabilidad imputable a los beneficiarios de la infracción.

Para SEGURA FUSTER[856] el tercer apartado del artículo 105 puede incurrir en inconstitucionalidad por vulnerar el principio de personalidad de la pena ligado al principio de legalidad penal del artículo 25.1 CE. Así cita la STC 146/1994, de 12 de mayo[857] que declaró inconstitucional en su FJ 4º B a un artículo al permitir

> "que la Administración se dirija para el cobro de la deuda tributaria, incluidas las sanciones, no sólo al miembro o miembros de la unidad familiar que resulten responsables de los hechos que hayan generado la sanción, sino también a otros miembros que no hayan cometido ni colaborado en la realización de las infracciones y vulnera, por ello, el aludido principio de personalidad de la pena o sanción protegida por el art. 25.1 de la Constitución, incurriendo así en vicio de inconstitucionalidad."

Así pues, quien no ha cometido ni colaborado en la comisión de una infracción no puede ser declarado responsable de la misma, aunque se haya beneficiado de la misma.

De acuerdo con el artículo 106[858], las sanciones se graduarán proporcionalmente en función de circunstancias atenuantes o agravantes.

---

o el deterioro del patrimonio histórico, cuyo contenido sea manifiestamente constitutivo de infracción de acuerdo con esta Ley.

e) Las autoridades y los miembros de las corporaciones locales, o de órganos colegiados, que autoricen o voten favorablemente licencias, autorizaciones y proyectos de obras cuyo contenido sea manifiestamente constitutivo de infracción de acuerdo con esta Ley.

3. Son también responsables de las infracciones de esta ley quienes, conociendo el incumplimiento de las obligaciones que en ella se establecen, obtienen de ello un beneficio."

856 SEGURA FUSTER, Francesc, *op. cit*, pp. 300-302.

857 Ponente: Eugenio Díaz Eimil.

858 "a) El valor del bien objeto de la acción infractora.

b) El daño económico, social, histórico, artístico o simbólico causado, y el beneficio obtenido de la conducta infractora.

c) El grado de intencionalidad o de reiteración.

Es preciso recordar que de no darse un supuesto agravante, la multa se impondrá en su cuantía mínima, y eso debe ser así ya que si se pone una multa dentro de la horquilla posible más elevada a la mínima sin motivar suficientemente, se podría anular la multa y en todo caso la graduación se debe hacer de forma proporcional y teniendo en cuenta criterios como el valor de la obra y el grado de afectación del bien catalogado. Así podemos mencionar la STSJ Illes Balears de 29 de mayo de 2019[859] (FJ 5º).

El procedimiento sancionador en materia de patrimonio cultural en el ámbito de las Islas Baleares es el procedimiento general del Consejo Insular según el artículo 112 LPHIB, lo que parece una remisión al Decreto del Gobierno Balear 14/1994, de 10 de febrero, por el que se aprueba el Reglamento del procedimiento a seguir en el ejercicio de la potestad sancionadora. También son aplicables los artículos 112 a 117 LPHIB, sobre el procedimiento sancionador.

De modo resumido, el procedimiento sancionador puede tramitarse de forma ordinaria, o de forma simplificada (de acuerdo con el art. 96 LPAC). El procedimiento ordinario sería el siguiente:

1) Posibles actuaciones previas para esclarecer los hechos;

2) Denuncia de cualquier particular o inspección de oficio;

3) Resolución incoando procedimiento de oficio (por presidente del Consejo Insular o el Consejero Delegado[860]) con

---

d) La reincidencia (se da por cualquier sanción al mismo autor por infracción en patrimonio histórico en los últimos 15 años).

e) La negativa a colaborar con las administraciones públicas competentes o a cumplir las órdenes de suspensión de obras ilegales.

f) La reparación espontánea de los daños causados."

859 Sala de lo Contencioso-Administrativo, Sección 1ª (sentencia núm. 259/2019, rec. 20/2019; Pte.: Socias Fuster, Fernando).

860 El artículo 9.3 de la Ley 8/2000 de Consejos Insulares ha introducido la figura de los consejeros ejecutivos, que también pueden recibir competencias delegadas del presidente.

contenido art. 64.2 LPAC (se admite que pliego de cargos no se haga entonces sino posteriormente para determinar hechos, notificándolo al presunto infractor + posibles medidas cautelares del artículo 77 LPAC y 113 o 115 LPHIB);

4) Audiencia al presunto infractor por 10-15 días hábiles;

5) Práctica pruebas entre 10-30 días hábiles, si es necesario;

6) Propuesta de resolución del instructor;

7) Notificación de la propuesta al presunto infractor (con audiencia de 15 días hábiles);

8) Resolución definitiva (si leves: Presidente del Consejo insular o el Consejero delegado: si graves o muy graves Pleno Consejo Insular a propuesta del Presidente o Consejero Delegado);

9) Notificación al presunto infractor (en máximo 1 año desde incoación, art. 79 LPCC, sino caducidad del expediente);

10) Publicación en el BOIB de la sanción si es firme y superior a 30.000 euros.

Mientras que el procedimiento sancionador simplificado sirve para casos claros de infracciones leves, el procedimiento se regula en el art. 96 LPAC y los artículos 20 a 22 del Decreto 14/1994 en lo que no contradiga a la LPAC, con el siguiente procedimiento resumido y esquematizado:

1) Posibles actuaciones previas para esclarecer los hechos);

2) Denuncia de cualquier particular o inspección de oficio;

3) Resolución incoando procedimiento de oficio (por presidente del Consejo Insular o el Consejero Delegado) con nombramiento de instructor y propuesta de resolución + posibles medidas cautelares del artículo 77 LPAC y 113 o 115 LPHIB;

4) Notificación al presunto infractor;

5) Plazo de audiencia de 15 días hábiles;

6) Práctica de pruebas si es preciso;

7) Resolución definitiva;

8) Notificación al presunto infractor (en máximo 30 días hábiles desde incoación, art. 96.6 LPAC);

9) Publicación potestativa de la sanción (una vez es firme en vía administrativa).

Por lo tanto, en virtud de la acción popular del artículo 3 LPHIB, cualquier particular puede exigir la sanción por infracciones de la LPHIB, y por lo tanto tiene facultad para denunciar e incluso se les da el derecho a ser indemnizados por el Consejo Insular por los gastos justificados en los que ha incurrido por el ejercicio de la acción popular.

IV.1.7.- Conclusiones preliminares

Los municipios gozan de competencias propias para proteger su patrimonio cultural, además que disponen de una potestad sancionadora, si bien la ejercitarán en el ámbito del patrimonio cultural cuando esté autorizado por ley, pero hemos visto que se reserva en un ámbito bastante limitado y que a la práctica pocos entes locales la ejercen realmente. Así, la LPCC en Cataluña es la única ley del patrimonio cultural estudiada entre distintas CCAA que permite a los entes locales ejercer la potestad sancionadora para infracciones cometidas contra la ley sectorial del patrimonio cultural (naturalmente en el ámbito sancionador urbanístico la potestad municipal es mucho más extensa). Esto va en concordancia con el papel relativamente relevante que la LPCC reserva a los entes locales para proteger bienes inmuebles (principalmente los BCIL).

Referente al procedimiento sancionador, hay unas pocas previsiones en la LPCC, para la mayoría de cuestiones deberemos acudir a la LPAC (ley básica) y al Decreto 278/1993, que admiten un procedimiento ordinario sancionador y otro simplificado para las infracciones leves.

En comparación con otras comunidades autónomas, hemos visto como la ley catalana sí da un cierto protagonismo a los entes locales en el ejercicio de la potestad sancionadora en materia de patrimonio cultural, esto no debería extrañarnos si tenemos en cuenta que la LPCC prevé la capacidad de los entes locales de catalogar y tutelar ciertos bienes patrimoniales de interés local. Eso sí, casos como la ley valenciana, que también prevén régimen de declaración de bienes de relevancia local, no prevén en cambio ningún papel a los entes locales en la función sancionadora.

En el ámbito de las sanciones, los protagonistas son las multas, casi siempre en un régimen muy parecido entre comunidades autónomas (multa de tanto al cuádruplo del valor del daño causado, y en su defecto se acoge a la horquilla de sanciones en función de la gravedad), si bien esta regla general tiene excepciones, en especial el régimen andaluz (que va directamente a las multas por horquilla según gravedad, así como un régimen de inhabilitaciones temporales para actuar ante la Junta para profesionales, sanción accesoria que sería interesante regular en la ley catalana). En el caso de la ley catalana, dichas sanciones son algo más benignas que el resto de CCAA: mientras las catalanas son de una proporción de 1 a 4 veces el valor del daño causado, en la mayoría del resto de leyes autonómicas son del cuádruplo, y en la horquilla también es notablemente inferior el rango de multas catalanas respecto al resto de CCAA.

Los plazos de prescripción de infracciones, también suelen ser los mismos, inusitadamente altos en comparación con otros regímenes sancionadores administrativos, excepto en la nueva ley madrileña, donde son algo más cortos. También existe un deber genérico de restituir el daño causado e indemnizarlo (previsión no contenida en la ley catalana, pero que sería bueno contener, a pesar de ya ser aplicable por el art. 28.2 LRJSP), Dicha previsión de reparación no se explicita en la nueva ley madrileña, pero sí permite, de forma innovadora, pagar la multa mediante entrega del BIC objeto de la sanción.

A nivel urbanístico el TRLUC y el Decreto 64/2014 prevén un régimen sancionador distinto al de la LPCC, con sus propias especialidades, con una infracción muy grave pensada directamente para bienes catalogados urbanísticamente, estas infracciones administrativa son de naturaleza urbanística y son compatibles con las sanciones de la LPCC, así como con los correspondientes delitos penales contra el patrimonio histórico (caso en el que se deberá incoar y suspender el procedimiento a la espera de que recaiga sentencia penal firme, cuyos hechos vincularán en el procedimiento administrativo sancionador por ser más garantista el procedimiento penal).

Respecto a los tipos delictivos contra el patrimonio cultural, el delito más grave, el del artículo 321 CP (y su delito conexo de prevaricación administrativa contra el patrimonio cultural del artículo 322 CP) sí exige una declaración singular de protección, por lo que la mera catalogación en un catálogo municipal del patrimonio no sirve para aplicar este delito, pero sí serían aplicables los delitos más leves de los artículos 323 y 324 CP. El problema de estos delitos, como apunta ALEGRE ÁVILA[861], es que omite cualquier referencia a la nomenclatura de categorías de protección de la LPHE o las leyes autonómicas, lo que genera confusión, y que "por el contrario, se construyen sobre nociones como 'interés', 'valor', 'edificios [o bienes] singularmente protegidos' o 'yacimientos arqueológicos'. Técnica que, inserta en el modus operandi tradicional en el ámbito penal ex artículo 25.1 de la Constitución, ninguna censura a la vista de la doctrina sentada en la Sentencia del Tribunal Constitucional 181/1998, de 17 de septiembre".

---

861 ALEGRE ÁVILA, Juan Manuel, *Patrimonio histórico y expoliación: variaciones y paradojas*, Revista Española de Derecho Administrativo, núm. 189, 2018, p. 256.

IV.2.- POTESTAD SANCIONADORA SOBRE INMUEBLES CATALOGADOS

Como hemos visto, la tutela del patrimonio cultural no solo viene dada por la LPCC, pues la intervención del planeamiento urbanístico es decisiva para proteger el patrimonio cultural inmueble de menor interés. Incluso el artículo 39 LPCC remite al planeamiento urbanístico para proteger los BCIL, si bien los catálogos del patrimonio incluidos en un POUM o Plan especial no solo deben incluir los BCIN y BCIL radicados en su territorio, también pueden catalogar otros bienes del catálogo municipal que no tengan nivel para ser declarados BCIL o BCIN. En este capítulo examinaremos el régimen sancionador específico del derecho urbanístico que afecta a los bienes catalogados urbanísticamente (no se entra en el régimen protector de BCIN y BCIL de la LPCC que se trata en otro capítulo) así como una aproximación a los pocos delitos del Código Penal que tratan los delitos urbanísticos. En la práctica, como apunta GARCÍA-MORENO RODRÍGUEZ[862], el ejercicio de la disciplina urbanística en los municipios ha sido compleja y deficiente por distintas causas[863].

---

862 GARCÍA-MORENO RODRÍGUEZ, Fernando, "A vueltas con el problema de la disciplina urbanística en los pequeños municipios: el modelo de los organismos autonómicos (y locales) de protección de la legalidad urbanística como opción (razonable y operativa) a seguir para tratar de superar tan complejo problema", en Revista de Derecho Urbanístico y Medio Ambiente, Madrid, diciembre 2019, pp. 78-83.

863 Tales como la disparidad de municipios (grandes y pequeños) pero que disponen de un solo marco normativo que no se adapta a ellos, la impopularidad de la disciplina urbanística entre políticas y ciudadanos que no da rédito electoral (así como la excesiva proximidad entre agentes controladores y los controlados en la disciplina urbanística en pequeños municipios), la falta de medios de los municipios para hacer frente a esa función o la falta de actuación reactiva de las administraciones que deben controlar su correcto ejercicio. Dichas deficiencias naturalmente también son aplicables a la problemática de la disciplina urbanística que se refiere en concreto a los bienes catalogados. El autor aporta como posibles soluciones casos de agencias autonómicas de

IV.2.1.- Concepto y fundamento jurídico

Según ESTÉVEZ GOYTRE, el Derecho Urbanístico Sancionador puede ser definido como

> "aquélla parte del Derecho Urbanístico que tiene por objeto la regulación de las distintas infracciones urbanísticas y sus sanciones." [864]

El mismo autor[865] conceptúa como notas características propias de toda infracción la tipicidad, la antijuridicidad, la culpabilidad y la imposición de una sanción urbanística a los infractores.

GIFREU I FONT nos recuerda que

> "la construcción de un derecho administrativo sancionador descansa necesariamente en la satisfacción de las finalidades propias del derecho administrativo, que no son otras que la defensa del interés general y la <<salvaguarda del orden público urbanístico>> (STSJC de 25 de mayo de 2004). Por eso, la potestad sancionadora administrativa no es de ejercicio facultativo, la Administración queda obligada a instruir el procedimiento siempre que tenga conocimiento, mediante informes o denuncias, de hechos que presuntamente comporten una vulneración del ordenamiento urbanístico (STSJC de 14 de marzo de 2007)."[866]

En otro sentido de las cosas, de acuerdo con el artículo 2 del TRLUC, para hacer efectivas las competencias urbanísticas y de protección del territorio constitucionales y estatutarias, se atribuyen facultades necesarias a los órganos administrativos urbanísticos para, entre otras cosas, aplicar las medidas disciplinarias y de restauración de la realidad física alterada y del ordenamiento

---

disciplina urbanística como la de Galicia, Mallorca, Valencia, La Rioja o Canarias, que permiten tener un órgano autonómico especializado, con recursos suficientes, independiente y distante de las personas infractoras y que no dependen de los vaivenes electorales municipales.

864 ESTÉVEZ GOYTRE, Ricardo, *op. cit.*, p. 505.

865 ESTÉVEZ GOYTRE, Ricardo, *Manual de Derecho (…) op. cit.*, pp. 506-507.

866 GIFREU I FONT, Judith, *L'ordenació urbanística (…)*, p. 908.

jurídico vulnerado. Dichas competencias pueden llegar hasta más allá de lo expresamente otorgado por la ley, llegando a incluir las facultades complementarias y congruentes necesarias para ejercer y conseguir las finalidades de las establecidas expresamente.

Esta facultad extraordinaria para ejercer competencias complementarias puede ayudar en ciertas situaciones límite, especialmente si se hace recurso por un particular poniendo en duda la capacidad competencial de la administración actuante, sobre todo teniendo en cuenta que el artículo 25.2 LBRL establece competencias muy genéricas en materia de urbanismo a favor de los municipios.

El trasfondo de la problemática de la indisciplina urbanística está, de acuerdo con GIFREU FONT en la falta de medios administrativos, y a veces de voluntad administrativa, para cortar de raíz el problema de las construcciones e usos ilegales, con las secuelas irreparables que quedan sobre el territorio, especialmente en SNU. Así de acuerdo con ese trasfondo problemático se pronuncia la STS de 18 de enero de 1997, Sala de lo Penal.[867]

El procedimiento sancionador urbanístico es solo una de las tres patas que el TRLUC y el Decreto 64/2014 prevén para el procedimiento más genérico de protección de la legalidad urbanística. Así, cuando se detecta una irregularidad urbanística de un particular que vulnera la legalidad urbanística, se debe incoar el procedimiento de protección de la legalidad urbanística, que puede implicar a su vez, que se incoe dentro de él, el procedimiento sancionador urbanístico, el procedimiento de restauración de la realidad física alterada y el procedimiento de responsabilidad patrimonial (si se han producido lesiones contra la administración).

Cabe no incoar alguno de los tres procedimientos y dejarlo para más adelante si la acción correspondiente no ha prescrito todavía.

---

867 GIFREU FONT, Judith, *L'ordenació urbanística a (…) op. cit.*, pp. 869-870.

Aun así, en principio se debería configurar la protección de la legalidad urbanística como un solo procedimiento, con una sola incoación y resolución.

La jurisprudencia ha determinado que la restauración de la realidad física alterada y la sanción son deberes del órgano competente para sancionar a pesar de tratarse de dos consecuencias jurídicas definidas y separadas de acuerdo con la STS de 23 de julio de 1996, Sala de lo Contencioso-Administrativo[868].

El procedimiento sancionador urbanístico exige toda una serie de garantías:

- Es preciso que exista un procedimiento sancionador, y que este sea contradictorio, es decir, que exista un derecho a la defensa del imputado.
- Opera el principio de presunción de inocencia, por lo que la carga de la prueba corresponde a quien acusa.
- Se deben probar los hechos. La Administración Pública solo puede rechazar las pruebas innecesarias. Existe, además, un derecho de prueba del acusado.
- Existe el derecho fundamental a la tutela judicial efectiva, por lo que la Administración, cuando dicta actos se presumen válidos y son inmediatamente ejecutivos, pero son recurribles ante la jurisdicción Contenciosa Administrativa.

La potestad sancionadora local se reconoce en la LBRL, en el TRLMRLC y en el TRLUC específicamente para el ámbito urbanístico. El Decreto 64/2014 nos concreta el procedimiento sancionador urbanístico en Cataluña.

El ejercicio de la potestad sancionadora urbanística es compartida entre la Generalitat de Cataluña y los municipios. Concretamente, en el ejercicio de infracciones graves y muy graves

---

868 GIFREU FONT, Judith, *op. cit.*, pp. 870-871.

es compartida, y la ejerce el primero que la detecta[869], si bien en infracciones leves y graves la Generalitat actúa subsidiariamente si el Ayuntamiento no actúa, mientras que en las infracciones más graves, la Generalitat puede incoar directamente.[870]

El municipio es competente para ejercer la potestad de protección de la legalidad urbanística solo en su término municipal, aunque la finca donde se cometa una ilegalidad esté sita entre dos términos municipales no puede un ayuntamiento sancionar respecto de infracciones cometidas en otro término municipal (ver STS de 6 de febrero de 2001, Sala de lo Contencioso-Administrativo).

Además, su ejercicio es preceptivo una vez se detecta la presunta infracción, ya sea por inspección o denuncia. Su ejercicio no puede excusarse por el principio de proporcionalidad, puesto que la Administración está vinculada positivamente a la ley (art. 103.1 CE) y debe hacerla cumplir, ordenando obligatoriamente el restablecimiento de la realidad física alterada, de acuerdo con la STSJC de 13 de junio de 2008, Sala de lo Contencioso-Administrativo. El ejercicio de la potestad de protección de la legalidad urbanística no puede ser sustituida por una legalización de la ilegalidad urbanística a través de una modificación del planeamiento, aunque el infractor pague en virtud de un convenio urbanístico una cantidad en compensación por el exceso de aprovechamiento urbanístico obtenido ilegalmente (en este sentido ver FJ 2º de la STS de 7 de octubre de 2008, Sala de lo Contencioso-Administrativo).

---

869 En el caso de que el Ayuntamiento incoe procedimiento y resuelva motivadamente no incoar procedimiento de protección de la legalidad urbanística, el Ayuntamiento se considera que ya ha actuado, por lo que la Generalitat ya no podría actuar subsidiariamente. Solo tendría la opción de impugnar la resolución municipal ante la jurisdicción Contencioso Administrativa.

870 Con la Ley 3/2012 se pasó de una concepción de competencia netamente municipal a otra de concurrente entre Ayuntamiento y Generalitat en la materia.

A nivel municipal, el ejercicio de la potestad corresponde al órgano del alcalde, como criterio general, si bien quien impulsará el procedimiento sancionador será normalmente un técnico o jurista funcionario, otra cosa es que luego el electo decrete incoación y resolución del procedimiento.

Se puede decir que el principio rector del artículo 45.3 CE es vigente en el procedimiento sancionador, pues en infracciones medioambientales (y urbanísticas por extensión) hay el deber de reparar el daño causado, además de pagar la sanción.

El principio de legalidad implica una reserva de ley para determinar infracciones y sanciones administrativas, si bien cabe que se complementen por reglamentos (y en el ámbito municipal se reconoce una verdadera potestad reglamentaria para determinar infracciones y sanciones en materia de convivencia de acuerdo con el Título XI LBRL mediante ordenanzas -art. 139 LBRL-, pues así lo autoriza la misma ley y lo ha reconocido el Tribunal Constitucional).

Es de destacar que según el art. 213.e TRLUC es infracción muy grave urbanística "La vulneración del régimen de usos y obras de los bienes que el planeamiento urbanístico incluye en los catálogos de bienes protegidos". Los artículos 211 y siguientes del TRLUC a penas regulan cuestiones procedimentales, que están fundamentalmente en la regulación básica de la LPAC, en el Decreto 278/1993 y el Decreto 64/2014 de protección de la legalidad urbanística en Cataluña.

Hay que tener en cuenta que al tener fundamentos distintos, las infracciones de la legislación urbanística con los de la legislación del patrimonio cultural o natural, un mismo hecho puede acarrear distintas sanciones de acuerdo con ambas leyes sin conculcar el principio de non bis in ídem (art. 31 de la Ley 40/2015 de régimen jurídico del sector público).

La protección de la legalidad urbanística delimita (que no limita) el derecho a la propiedad. Ya el artículo 84 LBRL establece toda una serie de mecanismos administrativos que limitan al ciudadano (ordenanzas, licencia previa, comunicación previa, declaración responsable, control posterior y órdenes de ejecución). Estos actos limitadores administrativos configuran parte de lo que se conoce como "función de policía administrativa" y se deben ejercer de acuerdo con los principios de "igualdad de trato, necesidad y proporcionalidad con el objetivo que se persigue" (art. 84.2 LBRL).

También podríamos añadir entre los mecanismos de limitación la potestad inspectora que luego examinaremos. De forma más reactiva, podemos destacar la potestad del alcalde para suspender licencias que se estén ejecutando indebidamente.

De acuerdo con el artículo 207 TRLUC,

> "la acción de restauración de la realidad física alterada y del orden jurídico vulnerado prescribe a los seis años de haberse producido la vulneración de la legalidad urbanística o, en su caso, la finalización de las actuaciones ilícitas o el cese de la actividad ilícita. Si estas actuaciones tienen el amparo de un título administrativo ilícito, la acción de restauración prescribe a los seis años de haberse producido la correspondiente declaración de nulidad o anulabilidad, ya sea en vía administrativa ya sea por sentencia judicial firme."

Además, las órdenes de restauración y las obligaciones derivadas de la declaración de indemnización por daños y perjuicios también prescriben a los seis años, mientras que si se llevan a cabo en SNU de protección especial, no prescriben nunca.

Precisar que el *dies a quo* del plazo de prescripción de la acción para ejercer la acción de restauración de la legalidad urbanística vulnerada, en el caso de que la administración desconozca la fecha de finalización de las obras ilegales, es la fecha en que la administración tiene conocimiento fehaciente de la ilegalidad, en ese sentido se puede citar la STSJ de Andalucía de 23 de enero de 2004, Sala de lo Contencioso-Administrativo.

Asimismo, la carga de la prueba de la prescripción de la acción corresponde a quien la alega, así por ejemplo podemos encontrar la STSJC de 2 de enero de 2008 o la de 16 de octubre de 2003[871]. También es carga de la prueba de quien lo alega demostrar la preexistencia de construcciones no legitimadas en una licencia o su finalización (SSTSJC de 8 de febrero de 2002, 23 de enero y 16 de octubre de 2003, 1 de febrero y 21 de abril de 2005 y 30 de mayo de 2007). Y según la STSJC de 15 de octubre de 2007, Sala de lo Contencioso-Administrativo, a falta de una prueba pericial que esclarezca la fecha de finalización de obras ilegales, no habría prescripción de la acción de restauración.[872]

IV.2.1.1.- La función inspectora urbanística

Cabría añadir que la inspección (urbanística en este caso) es otra forma de intervenir en la actividad de los administrados, y una forma de protección preventiva de la legalidad urbanística.

De acuerdo con el artículo 88 de la Ley 26/2010[873] de régimen jurídico de las administraciones públicas catalanas la potestad inspectora se ejerce de acuerdo con la normativa sectorial (en nuestro caso la urbanística).

Dicha potestad inspectora urbanística (arts. 98 y siguientes del Decreto 64/2014) es competencia municipal[874] y autonómica y

---

871 Sala de lo Contencioso-Administrativo (sentencia núm. 746/2003).

872 GIFREU FONT, Judith, *L'ordenació urbanística a (…) op. cit.*, pp. 880-882.

873 "1. Las administraciones públicas de Cataluña velan por la legalidad vigente mediante las potestades de inspección y control del cumplimiento de los requisitos aplicables de acuerdo con la normativa sectorial. A tal efecto, pueden comprobar, verificar, investigar e inspeccionar hechos, elementos, actividades, acciones y demás circunstancias que concurran.
2. El contenido y el alcance de las funciones públicas de inspección y control son concretados por la normativa sectorial, atendiendo a las especificidades de los distintos ámbitos materiales de intervención."

874 En el área metropolitana de Barcelona también el ente del Área Metropolitana de Barcelona puede actuar subsidiariamente.

se ejerce de forma obligatoria si se detecta la posible infracción o irregularidad urbanística.

Si bien no se hacen en todos los municipios, los planes de inspección son esenciales pues programan y priorizan las inspecciones urbanísticas, además contienen una diagnosis, actuaciones a realizar, etc. Cabe decir que los criterios de priorización pueden ser de carácter político si bien entiendo que se debería motivar y razonar para evitar arbitrariedades.

Hay que mencionar que el deber de inspección y protección de la legalidad urbanística también afecta, por supuesto, al régimen de comunicación previa y declaración responsable urbanística.

Los inspectores deben ser funcionarios (así se deduce de los artículos 77.5 LPAC[875] y 9.2 TREBEP[876]), y tener una encomienda expresa, con carácter permanente o accidental. No es preciso que se les asigne la función inspectora en la ficha de la Relación de Puestos de Trabajo, siendo suficiente que se le encargue la función por decreto.[877]

---

875 "Artículo 77 Medios y período de prueba (...) 5. Los documentos formalizados por los funcionarios a los que se reconoce la condición de autoridad y en los que, observándose los requisitos legales correspondientes se recojan los hechos constatados por aquéllos harán prueba de éstos salvo que se acredite lo contrario. "

876 "Artículo 9 Funcionarios de carrera (...) 2. En todo caso, el ejercicio de las funciones que impliquen la participación directa o indirecta en el ejercicio de las potestades públicas o en la salvaguardia de los intereses generales del Estado y de las Administraciones Públicas corresponden exclusivamente a los funcionarios públicos, en los términos que en la ley de desarrollo de cada Administración Pública se establezca."

877 Los inspectores tienen reconocido el carácter de autoridad (art. 89.2.a Ley 26/2010). Esto tiene implicaciones como que el desacato a la autoridad con sus pertinentes consecuencias jurídicas. Así como implica la presunción iuris tantum de veracidad de los hechos constatados en acta si cumple los requisitos legales, tal y como señala el artículo 90 de la ley

26/2010 y el artículo 77.5 LPAC (que deben ser directamente constatados por el inspector, no por referencias de terceros).

Además, tanto poderes públicos como particulares deben colaborar con el inspector en el ejercicio de sus funciones y proporcionar los datos necesarios (art. 89.3 Ley 26/2010).

El inspector no puede por sí solo ordenar precinto de obras, pues se le requiere el soporte de un decreto de alcaldía, si bien puede existir un decreto genérico que permita al inspector suspender o precintar obras o actividades.

Las actas de inspección solo constatan hechos, no hacen valoraciones jurídicas, pues ese trabajo corresponde a los informes de inspección posteriores. También decir que el acta de inspección puede ser firmada por la persona inspeccionada y en todo caso por el inspector.

La Generalitat debe comunicar las actas de inspección al municipio donde actúe, pero no es necesario al revés.

Existe un deber de colaborar en las inspecciones urbanísticas, tanto de los ciudadanos como del resto de administraciones públicas (inclusive sus entes dependientes públicos o privados). No hay problemas de protección de datos personales en la comunicación documental entre Administraciones tampoco.

Si se prevé una obstrucción a la actividad inspectora, se puede pedir el auxilio de la policía para que venga directamente en el sitio en cuestión a inspeccionar.

El ocupante de un inmueble tiene la obligación de dejar hacer la inspección si se acredita debidamente. Si obstruye el paso, no se puede acceder y se debe pedir autorización judicial para entrar, si bien eso no obsta que al incumplir su obligación se le pueda sancionar administrativamente por esa negativa inicial.

Debemos recordar también la inviolabilidad del domicilio garantizada como derecho fundamental por el artículo 18.2 de la Constitución. La jurisprudencia del TC ha extendido este concepto de domicilio inviolable a la sede central de las personas jurídicas (es decir, donde hay la esencia de su documentación). En el caso de las personas físicas, el domicilio abastas la casa y jardín, así como elementos comunes del edificio (pero no las escaleras), si bien la comunidad de propietarios no se considera que tenga domicilio.

También se debe tener en cuenta que hacer fotos desde fuera del inmueble para ejercer la actividad inspectora tiene riesgos, pues si las fotos entran dentro de la intimidad del inmueble se vulnera la inviolabilidad del domicilio (excepto que la intimidad de la casa esté muy

IV.2.1.2.- Acción pública urbanística

La acción pública permite denunciar la actuación o no actuación de la Administración Pública en ciertas materias de gran interés público que así se reconoce por ley, muchas de esas materias tienen que ver con el territorio: urbanismo, medio ambiente, patrimonio cultural o vivienda. Así, en el ámbito urbanístico se reconoce la acción pública a todo ciudadano en el artículo 5.f TRLS (sobre "derechos del ciudadano"), previsión que se desarrolla en el artículo 62 TRLS y el artículo 12 TRLUC.

Con la acción pública cualquier persona física o jurídica puede ser interesada en el procedimiento correspondiente. Es una acción en estricta defensa de la legalidad, por lo que no se puede reconocer una situación jurídica personal del denunciado.

Según RIVERO YSERN[878], "la acción popular es un tipo especial de legitimación procesal, es decir, de la relación de la persona con el proceso". Y esto se debe interpretar de forma restrictiva y con un carácter excepcional. Así la STS de 20 de julio de 1988[879], nos indica que la acción popular tiene su fundamento en el interés general del orden urbanístico, por lo que se debe potenciar al máximo la posibilidad de acceso a los órganos competentes para velar por la efectividad de dicho orden, eliminando el ejercicio de la legitimación tal y como se regula de forma general, por lo que se permite interponer recursos administrativos y contencioso-administrativos y no solo la posibilidad de denunciar.

---

expuesta, por ejemplo con una casa de cristal), sería la conocida como "violación del domicilio tecnológica".

Cabe tener en cuenta que es domicilio de personas físicas el sitio donde viven efectivamente, ay sea con carácter temporal o permanente, de forma legal o ilegal (por ejemplo, la habitación de un hotel donde vas a pasar unas horas es tu domicilio en este rato).

Cada vez más jueces precisan más los días y horas que autorizan para entrar al domicilio, autorización que el juez comunica al interesado.

878 RIVERO YSERN, José Luís, *op. cit.*, pp. 288 y 289.

879 Sala de lo Contencioso (RJ 1988/6068).

Cuando se actúa mediante acción pública, como regla general se actúa como un interesado más en el procedimiento (para incoar ciertos procedimientos, presentar alegaciones, acceder al expediente, recurrir el acto administrativo, etc) si bien es preciso hacer constar en la instancia que se hace en ejercicio de la acción pública.

En el ámbito sancionador, habrá que distinguir entre el denunciante común, el que lo hace en virtud de la acción pública y la persona con intereses legítimos afectados. No todos tendrán los mismos derechos en el procedimiento sancionador. El mero denunciante común, solo tiene derecho a poner en conocimiento de la administración la presunta infracción y a lo sumo conocer si se ha incoado procedimiento sancionador o no (art. 111.2 del Decreto 64/2014), pero nada más. El que ejerce la acción pública podrá, además, recorrer el acto administrativo sancionador si entiende que vulnera la legalidad urbanística.

Además, según informe de la Autoridad Española de Protección de Datos de 2012, la administración pública no tiene la obligación de dar a conocer en el expediente de que ha habido denuncia. Y el denunciante podría hacer constar la confidencialidad de la denuncia.

IV.2.1.3.- Procedimiento de restauración

Como se ha comentado, una de las tres posibles patas del procedimiento de protección de la legalidad urbanística es el de restauración de la realidad física y el orden jurídico alterado. Se da para aquellos casos en que las obras no disponen de título administrativo habilitante o sin comunicación previa o bien sin ajustarse a las mismas, ya sea para obras ejecutadas o en proceso de ejecución, así como para obras legalizables como no legalizables urbanísticamente. Por lo tanto vemos tres tipos de variantes en dicho procedimiento (que implicarán ciertas modificaciones en el procedimiento de restauración): si obras se han ejecutado o están en proceso de ejecución; si las obras son legalizables o no legalizables; y si obras se han hecho sin licencia o título habilitante o bien se han ejecutado contra las mismas.

A continuación expongo el procedimiento de restauración de la legalidad urbanística vulnerada de los artículos 119 y ss TRLUC y 116 y ss del Decreto 64/2014[880]:

1) Acta de inspección (manifestación sobre hechos) + informe sobre consecuencias de los actos inspeccionados;

2) Actuaciones previas potestativas (no interrumpen plazo prescripción);

3) Resolución de inicio por el alcalde (delegable a JGL o teniente de alcalde) por acta de inspección/petición otra Administración Pública/denuncia + nombramiento instructor y secretario + advertencia multas coercitivas o ejecución subsidiaria en caso de no legalizar o si son no legalizables;

4) Notificación interesado + denunciante (en su caso);

5) Se dan 15 días de audiencia al interesado;

6) Inscripción en registro propiedad (potestativa u obligatoria según art. 65 TRLS y art. 113 Decreto 64/2014);

7) Período de prueba de 10 a 30 días (si es preciso);

8) Resolución alcaldía (u órgano delegado), si obras son legalizables se dará plazo de 2 meses para legalizar; si no son legalizables se detallará orden de restauración a ejecutar (si se precisa proyecto será a cargo del obligado y se deberá pedir licencia; medidas de restauración del art. 120 del Decreto 64/2014 que si inmueble está protegido consistirá en reposición al estado inicial de las obras) + otorgamiento plazo de restauración voluntaria de 1 mes ampliable, sino ejecución subsidiaria;

9) Notificación al obligado;

---

880 FERRERA IZQUIERDO, Juanma, *op. cit.*, p. 7.

10) Posibilidad de que obligado presente programa de restauración voluntaria (arts. 123 y 124 del Decreto 64/2014; siempre antes de ejecución forzosa);

11) Posible aprobación por alcaldía (delegable) que puede exigir garantía económica (en máximo 2 meses);

12) Notificación al obligado (interrumpe plazo prescripción restauración; mientras no se incumple programa no se puede ejecutar forzosamente restauración).

El artículo 120.1.b.1° del Decreto 64/2014 contempla explícitamente como medida de restauración dentro del procedimiento de restauración de la legalidad urbanística vulnerada "la reposición a su estado inicial de las obras que hayan sido derribadas o que hayan sido modificadas en los casos· en que se trate de inmuebles protegidos (es decir, catalogados o con protección de BCIN o BCIL).

De acuerdo con el artículo 116 del Decreto 64/2014, cuando se lleven a cabo obras sin título habilitante o sin obedecer ese sobre el bien catalogado, el Ayuntamiento o la Generalitat[881] deberán comunicar al obligado, con la resolución de incoación del procedimiento de restauración de la legalidad, si las obras son o no legalizables, suspender provisionalmente las obras en ejecución y en su caso darle 2 meses para que solicite la licencia urbanística pertinente, así como advertirle de las posibles medidas de restauración.

La resolución que incoe también deberá proponer, en su caso, medidas provisionales como la suspensión de las obras, si están en curso[882], precintado y retirada de maquinaria o materiales, sus-

---

[881] Teniendo en cuenta que las infracciones sobre bienes catalogados son siempre infracciones muy graves, es plausible la posibilidad de que la Generalitat actúe directamente en el procedimiento sancionador y en general el de restauración de la legalidad urbanística (art. 200.3 TRLUC) con competencias concurrentes con los municipios afectados.

[882] Caso en el que se debe obligatoriamente suspender inmediatamente, a ratificar o modificar en 15 días desde que finalizó el trámite de audien-

pensión de suministros, prohibición de primera utilización y del otorgamiento de licencias de primera ocupación parciales, que serán medidas ejecutivas desde que se notifiquen al obligado, advirtiendo que su incumplimiento faculta la ejecución forzosa de la medida (art. 117).

Se considera obligado por las órdenes de restauración, de acuerdo con el artículo 122, toda persona física o jurídica que sea propietaria del suelo y/o las obras afectadas, excepto que por la medida adoptada, el cumplimiento corresponda a otras personas. Las órdenes de restauración, al tener un carácter real y no personal, aunque se transmita la finca, el nuevo propietario será también obligado a su cumplimiento.

De acuerdo con el artículo 119, cuando el obligado haya obtenido la licencia preceptiva, si las obras eran legalizables, o bien ha adaptado las obras a lo que le permitía la licencia, el órgano competente sobreseerá el procedimiento de las medidas de restauración (en ningún caso sobreseerá por ese motivo el procedimiento sancionador). En los demás casos, la resolución definitiva deberá ordenar las medidas de restauración pertinentes a ejecutar en 1 mes (que como hemos dicho, si el bien es catalogado consistirá en la reposición al estado inicial del bien) si el acto irregular del obligado es manifiestamente ilegalizable o se haya denegado la obtención de licencia o se incumpliera el requerimiento de legalización del decreto de incoación. La orden de restauración debe ser clara y detallada, y si requiere proyecto técnico la misma administración puede adjuntarla con la orden o se puede obligar al obligado a solicitar licencia y aportar el proyecto técnico, si bien la elaboración del proyecto siempre es a costa del obligado (art. 121 del Decreto 64/2014).

Al ser las órdenes de restauración y las medidas provisionales inmediatamente ejecutivas desde que se dictan (y notifican), su incumplimiento faculta a la administración competente para eje-

---

cia, ya que sino la medidas en ineficaz, de acuerdo con el artículo 118 del Decreto 64/2014.

cutar forzosamente la orden de restauración o la medida provisional (excepto que valore mejor darle un nuevo plazo voluntario, según el artículo 125). De acuerdo con los artículos 126 a 129, la ejecución forzosa se puede llevar a cabo mediante multas coercitivas[883] de 300 a 3.000 euros por lapsos de tiempo suficientes para cumplir o con la ejecución subsidiaria a cargo del obligado[884] (a elegir libremente por el órgano competente –incluso cambiando de mecanismo-, si bien siguiendo el principio de proporcionalidad, y en todo caso si queda menos de la mitad del plazo de prescripción de la acción de restauración, deberá optar por la ejecución subsidiaria). El procedimiento para cobrar las multas coercitivas o los costes derivados de la ejecución subsidiaria se hace a través del procedimiento de apremio sobre el patrimonio (ver artículo 101 LPAC).

Finalmente, habría que hacer algunas observaciones sobre el procedimiento de las órdenes de restauración:

a) Si una parte de las obras es legalizable y otra no, no se consideran las obras como manifiestamente ilegalizables.

b) Si el procedimiento de restauración afecta a la obra, la administración deberá dirigirse al propietario de la obra, aunque sea diferente al propietario del suelo. En su caso la administración puede actuar contra la comunidad de vecinos, notificándolo a su presidente, (que la representa, aunque no tenga personalidad jurídica).

c) Si el procedimiento de restauración ha terminado y hay orden de restauración pero entra un nuevo propietario, se le dará plazo para recurrir (si todavía es recurrible).

---

883 No tienen naturaleza sancionadora y son compatibles con las multas sancionadoras.

884 Dichas obres se pueden hacer en base a un proyecto redactado por la administración competente a cargo del obligado, y no se requiere licencia municipal urbanística (art. 127).

d) En caso de ejecución subsidiaria de la orden de restauración, si la administración contrata a una empresa externa para redactar el proyecto, el propietario tendría derecho a ser interesado en el procedimiento de contratación.

e) Si la restauración se hace de facto sin un programa de restauración, entiendo que también cabría la reducción del 80% de la multa.

f) Hay ciertos casos en que no cabría ordenar la demolición de edificios en base a órdenes de restauración, como los casos en que no existe mala fe ni hay mayor aprovechamiento; así como casos en que se sobresalga por pocos centímetros, en los que ordenar una demolición sería desproporcionado (excepto que haya mala fe), habría que estar caso por caso.

g) También hay que tener en cuenta las peculiaridades fiscales de dichas órdenes de restauración.

IV.2.1.4.- Procedimiento de resarcimiento patrimonial de la Administración

Es posible que como consecuencia de una infracción administrativa urbanística se causen daños al patrimonio de la administración pública. En este supuesto el Ayuntamiento exigirá la responsabilidad patrimonial pertinente al presunto infractor para que indemnice a la administración de acuerdo con el procedimiento administrativo común de la LPAC.

El plazo para incoar el procedimiento de resarcimiento es de un año desde la comisión del daño a la Administración, por eso se recomienda iniciar procedimiento sancionador y de resarcimiento a la vez. Una vez pasado el plazo habrá prescrito la acción contra el infractor causante del daño.

En el supuesto de indemnizar antes de que recaiga resolución sancionadora firme en vía administrativa se tiene derecho a bonificación del 80% de la multa (y del 60% si se hace después de que sea firme en vía administrativa pero antes de ordenarse su ejecución forzosa, art. 142.1 del Decreto 64/2014).

Si el daño por la infracción urbanística es causada a un particular, este puede ser parte interesada en el procedimiento de protección de la legalidad urbanística, pero la Administración no puede resolver que se reparen los daños por el infractor al particular. Deberá ser el particular el que vaya a la jurisdicción civil para reclamar la indemnización por daños y perjuicios de acuerdo con el Código Civil.

IV.2.2.- Clases de infracciones

Como ya hemos visto, según el art. 213.e TRLUC es infracción muy grave urbanística "La vulneración del régimen de usos y obras de los bienes que el planeamiento urbanístico incluye en los catálogos de bienes protegidos".

Es preciso tener en cuenta que las infracciones muy graves prescriben a los 6 años de su comisión, las graves a los 3 años, y las leves al año (art. 227.1 TRLUC)[885]. La caducidad de un procedimiento sancionador no interrumpe la prescripción.

Llama la atención de que a pesar de la especial tutela que se tiene sobre bienes catalogados, estos no entren en la imprescriptibilidad de infracciones y de la acción de restauración de la legalidad urbanística que disponen los artículos 207.3 y 227.4 TRLUC para otros supuestos especiales.

IV.2.3.- Clases de sanciones

La sanción por comisión de infracción leve es una multa de hasta 3.000 euros, las graves implican multas de hasta 150.000 euros y las muy graves (especialmente atendiendo a que hay una

---

885 Excepto las infracciones y sanciones cometidas en SNU de protección especial, que no prescriben.

infracción muy grave específica para los bienes catalogados, como hemos visto) sería en este caso una multa de hasta 1.500.000 euros (art. 209.1.c TRLUC). Llama la atención de que a pesar de la especial tutela que se tiene sobre bienes catalogados, estos no entren en la imprescriptibilidad de infracciones y de la acción de restauración de la legalidad urbanística que disponen los artículos 207.3 y 227.4 TRLUC para otros supuestos especiales.

La sanción leve y grave es resuelta por el Alcalde, y la muy grave es resuelta por el Pleno del Ayuntamiento, excepto si la competencia sancionadora la hubiera ejercido la Generalitat, en cuyo caso resolvería el órgano correspondiente del departamento competente en materia de urbanismo, en el caso de que la multa propuesta sea inferior a 600.000 euros, o la Comisión de Territorio de Cataluña si la sanción fuera superior (art. 222 TRLUC).

Las sanciones por infracciones muy graves prescriben a los 3 años desde la firmeza de su imposición, las graves a los 2 años y las leves a los 6 meses (art. 227.3 TRLUC).

El TRLUC, en su artículo 225 no prevé la multa coercitiva como medida para forzar la ejecución de sanciones (a lo sumo se admitiría si se rompiera una medida cautelar del procedimiento sancionador).

IV.2.4.- Procedimiento sancionador

El procedimiento sancionador urbanístico se regula en los artículos 54 y siguientes de la LPAC y en los artículos 25 a 31 de la LRJSP (también se aplicaría el Decreto 278/1993 en lo que no contradiga la legislación básica), si bien las especificaciones de la cuestión sancionadora urbanística se encuentran en los artículos 211 y siguientes del TRLUC y los artículos 134 y siguientes del Decreto 64/2014.

El procedimiento sancionador urbanístico ordinario es esquemáticamente el siguiente[886]:

1) Actuaciones previas para esclarecer hechos y posibles infractores, si fuera preciso, o en su caso denuncia;

2) Resolución de alcaldía (delegable) con pliego de cargos (art. 64.2 LPAC; excepcionalmente el pliego se puede hacer posteriormente);

3) Notificación al interesado dando plazo de audiencia de 10-15 días hábiles;

4) Apertura de fase de prueba por el instructor de entre 10-30 días hábiles si es preciso para probar hechos a petición del interesado o de oficio;

5) Propuesta de resolución del instructor (determinando hechos probados, responsables, posible infracción y propuesta de sanción);

6) Notificación al interesado dando nuevo plazo de audiencia de 10-15 días hábiles;

7) Resolución definitiva (del alcalde para infracciones leves o graves, acuerdo del Pleno para las muy graves, delegable);

8) Notificación al interesado (con derecho a recurso potestativo de reposición o directamente recurso contencioso administrativo; debe resolverse y notificarse en máximo 6 meses desde incoación, sino habrá caducidad[887], art. 202 TRLUC).

---

886 FERRERA IZQUIERDO, Juanma, *op. cit.*, p. 7.

887 La caducidad debe de ser comunicada al interesado, y según la jurisprudencia mayoritaria, como la STS de 16 de julio de 2001, sala de lo contencioso (RJ 2001/6765) la declaración de caducidad del procedimiento no impide la iniciación de un nuevo procedimiento sancionador si la infracción no ha prescrito. Si bien hay una jurisprudencia minoritaria apoyada por cierto sector doctrinal que entienden que sí impide la iniciación de un nuevo procedimiento, como la STSJ de Andalucía de 21 de febrero de 2002 (RJCA 2002/401).

El procedimiento sancionador urbanístico simplificado/abreviado exige que el órgano competente para iniciar considere suficientemente claros los hechos y que constituyan infracción leve (el artículo 150 del Decreto 64/2014 exige que sean hechos flagrantes probados en acta o denuncia de autoridad). El procedimiento se encuentra regulado en el artículo 96 LPAC y en el artículo 150 del Decreto 64/2014[888]:

1) Actuaciones previas para esclarecer hechos y posibles infractores, si fuera preciso, o en su caso denuncia;
2) Decreto de incoación del procedimiento de oficio por el alcalde (delegable) en el que se nombra instructor y se señala procedimiento abreviado;
3) Notificación al interesado dando plazo de audiencia;
4) Resolución de alcalde (delegable);
5) Notificación al interesado (con derecho a recurso potestativo de reposición o directamente recurso contencioso administrativo; debe resolverse y notificarse en máximo 30 días desde incoación, sino habrá caducidad, art. 96.6 LPAC).

En caso de detectarse posible delito urbanístico, primero es necesario incoar procedimiento de protección de la legalidad urbanística, comunicar los hechos a la autoridad judicial y al Ministerio Fiscal y luego suspender actuaciones hasta que recaiga sentencia penal firme (solo es preciso suspender el procedimiento sancionador, pero no el de restauración de la realidad alterada) y notificarlo a los interesados, pues los hechos de la infracción verificados mediante sentencia penal, con todas las garantías procesales que esto supone, vinculan al órgano administrativo sancionador en el procedimiento sancionador administrativo. Una vez la sentencia penal firme se notifique a la administración sancionadora, se levanta la suspensión del plazo para resolver.

---

888 FERRERA IZQUIERDO, Juanma, *op. cit.*, p. 8.

Hay que tener en cuenta que la denuncia no se considera una actuación previa dentro del mismo procedimiento, mientras que las indagaciones administrativas para esclarecer los hechos sí que lo son. El ejercicio de la potestad para incoar el procedimiento sancionador no es discrecional, sino reglado y obligatorio. Como hemos visto, la acción pública de cualquier persona física o jurídica también puede hacer iniciar el procedimiento sancionador, si bien el procedimiento en sí mismo no empieza formalmente sino con el decreto o acuerdo de incoación (se deduce del artículo 111.1 del Decreto 64/2014). También debemos tener en cuenta que si la incoación se inscribió en el Registro de la Propiedad, la resolución también se deberá inscribir (artículo 113 del Decreto 64/2014). El instructor y el secretario se deben nombrar en la incoación, deben ser funcionarios de carrera o interinos. Una de las tareas del instructor es la de incorporar obligatoriamente las actuaciones previas al expediente.

Cabe mencionar que el producto económico de la multa debe destinarse al patrimonio público del suelo (art. 223 TRLUC), lo que a su vez abre la puerta a destinar este producto económico a la protección del patrimonio arquitectónico y natural en iniciativas públicas (art. 224.2.e RLUC).

IV.2.5.- Comparativa con otras Comunidades Autónomas

IV.2.5.1- Principado de Asturias

El régimen sancionador en urbanismo se regula en el título noveno del TROTUA, así como las prescripciones del Decreto 21/1994, de 24 de febrero, por el que se aprueba el Reglamento del procedimiento sancionador general en la Administración del Principado de Asturias. De acuerdo con el artículo 248.2.b del TROTUA se considera una infracción muy grave la destrucción de un bien catalogado, lo que puede llegar a comportar, según el artículo 250.1.c multas de 300.501 euros a 1.202.000 euros además de penas accesorias como inhabilitación de hasta 4 años para obtener subvenciones autonómicas o poder realizar obras similares. Dicha infracción prescribe a los 3 años de su comisión. A nivel procedimental se incoa procedimiento por el Ayuntamiento, sin perjuicio de que en caso de inactividad se subrogue la administración autonómica. El plazo de caducidad será de 6 meses desde la incoación sin perjuicio de una posible prórroga de máximo 6 meses más (art. 252).

Además, según el artículo 251 TROTUA "Las talas de árboles que constituyan masa arbórea, espacio boscoso, arboleda o parque, así como el abatimiento de ejemplares que posean un especial interés botánico o ambiental y estén singularmente incluidos en el planeamiento urbanístico serán sancionadas, si se hubiesen realizado sin licencia, con una multa del 5 al 20 por 100 del valor en mercado de la madera abatida".

IV.2.5.2- Aragón

El régimen disciplinario se regula en el título sexto del TRLUA. Las infracciones que se regulan relacionadas con los bienes catalogados las encontramos en el artículo 277.d como infracción leve:

> "El incumplimiento del deber de conservación de edificaciones, terrenos, urbanizaciones y carteles en adecuadas condiciones de seguridad, salubridad, ornato público y calidad ambiental, cultural y turística, salvo que constituya infracción grave."

Mientras que es infracción grave:

> "El incumplimiento del deber de conservación de edificaciones, terrenos, urbanizaciones y carteles en adecuadas condiciones de seguridad, salubridad, ornato público y calidad ambiental, cultural y turística, cuando el grado de deterioro supere la cuarta parte del valor".

Finalmente, exclusivamente para los bienes propiamente protegidos encontramos la infracción muy grave del artículo 279.c:

> "La realización de parcelaciones urbanísticas u otros actos de edificación y uso del suelo o del subsuelo en contra de lo dispuesto en el ordenamiento urbanístico, cuando afecten a superficies destinadas a (...) bienes protegidos por la legislación sobre patrimonio histórico".

Si bien esta infracción parece referirse exclusivamente a los bienes protegidos por la LPCA, es decir, los BIC aragoneses, los bienes catalogados (incluyendo los Monumentos de Interés Local) y los bienes inventariados aragoneses de acuerdo con la LPCA, pero no incluiría los bienes catalogados meramente urbanísticamente, lo que implica una desprotección inherente ante las afectaciones más graves sobre estos bienes.

Las infracciones leves prescriben al año, las graves a los 4 años y las muy graves a los 10 años desde la comisión de los hechos (o si se desconocen, desde la incoación), mientras que las sanciones por infracciones leves prescriben al año, las graves a los 2 años y las muy graves a los 3 años (art. 284).

El órgano competente para sancionar es el alcalde para faltas leves y el Pleno municipal para las graves y muy graves, si bien el órgano comarcal competente puede subrogarse al municipio en caso de inactividad, así como la Dirección General de Urbanismo autonómico si hay interés municipal (e incluso cabe que actúe directamente en el caso de la infracción muy grave antes mencionada del artículo 279.c). En todo caso, el órgano que ejerce la restauración de la legalidad urbanística es el competente para sancionar (art. 285).

Cabe que el órgano sancionador condone la multa ya impuesta si antes del apremio, el infractor restaurara la realidad alterada por la infracción (art. 287). Si se hace antes de que recaiga sanción sería un motivo atenuante de la sanción (art. 282.7).

El órgano competente para sancionar debe, obligatoriamente, ordenar la restauración de la realidad alterada física y jurídica, reponer el bien dañado a la situación inicial e indemnizar por los perjuicios causados (art. 283).

IV.2.5.3.- Comunidad de Madrid

Como cuestión previa, el artículo 194 de la Ley 9/2001, de 17 de julio, del Suelo de la Comunidad de Madrid[889], prevé, en el marco del procedimiento de protección de la legalidad urbanística, respecto de unas obras en curso que afecten a un bien catalogado o protegido, la intervención inmediata de cese del acto y, en su caso, las medidas de reconstrucción del bien.

La Ley 9/2001, de 17 de julio, del Suelo de la Comunidad de Madrid, dedica su Título V a la disciplina urbanística, y dentro de éste, el capítulo III trata de las infracciones urbanísticas y su sanción (artículos 201 a 237).

"La destrucción o el deterioro de bienes catalogados por la ordenación urbanística o declarados de interés cultural conforme a la legislación sobre el patrimonio histórico, cultural y artístico" está considerada una infracción urbanística muy grave de acuerdo con el artículo 204.2.c LSCM.

Mientras que el artículo 224 LSCM[890] tiene algunas previsiones especiales de infracciones y sanciones por obras en edificios catalogados urbanísticamente.

---

889 "Si se tratara de un edificio o una construcción de valor histórico-artístico o incluido en Catálogos de Planes de Ordenación Urbanística, se ordenará el cese definitivo del acto, con adopción de las medidas de seguridad procedentes a costa del interesado. La reconstrucción, en su caso, deberá someterse a las normas establecidas para conservación y restauración que le sean de aplicación."

890 "1. Quienes derriben o desmonten total o parcialmente edificaciones, construcciones o instalaciones que sean objeto de una protección especial por su carácter monumental, histórico, artístico, arqueológico, cultural, típico o tradicional, incluidos en Catálogos serán sancionados con multa equivalente al doble del valor de lo destruido.
2. Se sancionará con multa del 75 al 100 por 100 del valor de la obra proyectada la realización de construcciones en lugares inmediatos o que formen parte de un grupo de edificios de carácter histórico-artístico, arqueológico, típico o tradicional, que, infringiendo las correspondientes normas o régimen jurídico de protección, quebranten la

De forma parecida a las previsiones de la ley del patrimonio cultural, aquí también las penas son de tanto al (...), en este caso el doble del valor de lo destruido, bastante menos que en caso de infracción sobre le ley del patrimonio cultural (multas de tanto al cuádruplo o quíntuplo del daño causado, art. 110.1 LPCCM).

Los responsables pueden ser tanto técnicos facultativos, directores de obras, promotores e incluso, en su caso los técnicos municipales –secretarios municipales inclusive-, u órganos municipales que hayan tomado la decisión (art. 205).

El producto económico de la multa recaudada se destinará al patrimonio público de suelo, para la restauración del suelo afectado, una vez descontado el coste de la actividad administrativa sancionadora (art. 234).

Tanto las infracciones como las sanciones urbanísticas prescriben a los 4 años, excepto las que afectan a suelo no urbanizable de protección, zonas verdes y espacios libres, que no tienen plazo de prescripción (art. 236).

Las sanciones las impone el alcalde del municipio, el Consejero autonómico competente en urbanismo o en su caso el Gobierno autonómico de la Comunidad de Madrid, en función del número de habitantes del municipio y la cuantía de la sanción (art. 232).

A pesar de tratarse de una infracción muy grave, SÁNCHEZ GOYANES nos advierte de cierta jurisprudencia que determina que en caso de tratarse de una infracción sobre un bien de catalogación meramente ambiental en el catálogo urbanístico, no tendría porque implicar una infracción muy grave, si bien hay que

---

armonía del grupo, o cuando produzcan el mismo efecto en relación con algún edificio de gran importancia o calidad de los caracteres indicados. La graduación de la multa se realizará en atención al carácter grave o leve de la discordancia producida."

matizar que se basa en un Reglamento de Disciplina Urbanística ya no aplicable a la Comunidad de Madrid[891].

IV.2.5.4.- Islas Baleares

Se consideran infracciones muy graves cualquiera de las conductas consideradas graves del apartado c) del artículo 163.2 LUIB siempre que afecten a un bien declarado BIC o bien catalogado de acuerdo con la LPHIB, o bien cualquier inmueble catalogado urbanísticamente.

De acuerdo con el art. 168 LUIB, referente a las sanciones sobre bienes catalogados por la LPHIB, consistirán en multas del 200 al 300% del valor destruido o alterado si la actuación consiste en el derribo, demolición, desmontaje o desvirtuación grave (total o parcial) de un bien protegido por la LPHIB o por catálogos urbanísticos. Cualquier otra vulneración del régimen de usos y obras sobre estos bienes la multa será del 100 al 150% del valor de lo construido o alterado. Si las actuaciones no implican obra ni cambio de uso se sancionarán solo de acuerdo con la LPHIB.

Si el bien está protegido por la normativa medioambiental, la multa será del 200 al 300% del valor de la obra de construcción, edificación o instalación que afecte al bien natural protegido por cualquier instrumento normativo medioambiental. Si se trata de tala, quema, derribo o eliminación con químicos de árboles protegidos por el planeamiento, la multa será del 100 al 150% de su valor.

Todas estas sanciones serán independientes y compatibles con las de la LPHIB o de la normativa medioambiental.

---

891 SÁNCHEZ GOYANES, Enrique, "Las catalogaciones urbanísticas como ejercicio de la competencia municipal de protección del patrimonio cultural", en GARCÍA RUBIO, Fernando (coord.), *Régimen jurídico de los centros históricos*, Dykinson, Madrid, 2008, pp. 119-160.

El producto de la multa se destina a las finalidades legales del patrimonio público de suelo, una vez descontado el coste administrativo (art. 178 LUIB).

En todo caso y como excepción, no prescribe el plazo para iniciar un procedimiento de restablecimiento de la realidad física alterada por el acto o uso ilegal o no admitido que afecte a un BIC, bien catalogado por la LPHIB o de un bien catalogado urbanísticamente (art. 196.2.b LUIB), cosa que lo distingue claramente del plazo de 6 años de la legislación urbanística catalana.

IV.2.6.- Conclusiones preliminares

El papel de los municipios en la protección de la legalidad urbanística es todavía muy importante, si bien cada vez actúan de forma más compartida con la Generalitat.

En caso de que se lleven a cabo obras o actuaciones urbanísticas sin título administrativo urbanístico habilitante o sin respetar ese título, en caso de tenerse, el Ayuntamiento debe incoar procedimiento de protección de la legalidad urbanística, procedimiento que, en su caso, implicará la restauración de la legalidad vulnerada, un procedimiento sancionador urbanístico y un procedimiento de indemnización del infractor por el daño causado a la administración, en caso de darse ese daño.

Precisamente una de las consecuencias prevista normativamente para la restauración de le legalidad urbanística vulnerada es la reparación del daño causado en caso de bienes protegidos (art. 120.1.b.1 Decreto 64/2014).

Respecto del procedimiento sancionador, que se puede tramitar conjuntamente con el procedimiento de restauración de la legalidad urbanística (acción que prescribe a los 6 años), pero más recomendable, puede tramitarse de forma diferenciada. Cabe mencionar que existe una infracción íntimamente relacionada con los bienes protegidos, pues es infracción muy grave según el art. 213.e TRLUC "La vulneración del régimen de usos y obras de los bienes que el planeamiento urbanístico incluye en los catálogos de bienes protegidos."

La sanción muy grave sería en este caso una multa de hasta 1.500.000 euros (art. 209.1.c TRLUC), prescribiendo a los 3 años y la infracción prescribe a los 6 años. Llama la atención de que a pesar de la especial tutela que se tiene sobre bienes catalogados, estos no entren en la imprescriptibilidad de infracciones y de la acción de restauración de la legalidad urbanística que disponen los artículos 207.3 y 227.4 TRLUC para otros supuestos especiales.

La sanción muy grave es resuelta por el Pleno del Ayuntamiento, excepto si la competencia sancionadora la hubiera ejercido la Generalitat, en cuyo caso resolvería el órgano correspondiente del departamento competente en materia de urbanismo, en el caso de que la multa propuesta sea inferior a 600.000 euros, o la Comisión de Territorio de Cataluña si la sanción fuera superior (art. 222 TRLUC).

Referente a la comparativa autonómica, hemos visto como el régimen sancionador aragonés es bastante incompleto respecto de los bienes catalogados, si bien tiene la característica de que a nivel competencial le da un papel –secundario- a las comarcas, cosa impensable en el régimen sancionador catalán. Por otro lado, el régimen más interesante posiblemente sea el madrileño, por contener algunas infracciones específicas para los bienes catalogados, con la coherencia de poner sanciones proporcionales al daño causado, al estilo de como se hace siempre en las leyes del patrimonio cultural. Una cosa parecida pasa en las Islas Baleares con la LUIB. Además, la LUIB establece que no prescribe el plazo para iniciar un procedimiento de restablecimiento de la realidad física alterada por el acto o uso ilegal o no admitido que afecte a un BIC, bien catalogado por la LPHIB o de un bien catalogado urbanísticamente (art. 196.2.b LUIB), cosa que lo distingue claramente del plazo de 6 años de la legislación urbanística catalana o de las demás comunidades autónomas estudiadas.

Conclusiones

Conclusión primera:

A la pregunta de si el catálogo urbanístico del patrimonio es un instrumento suficiente para la protección del patrimonio cultural y natural, la respuesta es que no, a pesar de la vocación universal de protección del catálogo, pues aúna las figuras de protección de la LPCC y los de protección meramente urbanística. Pero aún así, no puede prescindirse de las figuras de protección de la legislación sectorial del patrimonio cultural, pues se debe permitir a las administraciones supramunicipales y especialmente a la Comunidad Autónoma participar de la protección del patrimonio cultural en base a sus propias competencias.

Además, la coordinación y cooperación interadministrativa se han visto como dos principios fundamentales en el ejercicio de las competencias de protección del patrimonio cultural y natural.

Por otro lado, el catálogo urbanístico tiene el interés de poder ser la figura urbanística municipal que aúna las aspiraciones de protección del patrimonio cultural, natural y meramente urbanístico en un municipio siempre que tengan un carácter inmueble, si bien lo que hace es contener esas figuras de protección sectorial sin que pueda contradecirlas.

Conclusión segunda:

A la pregunta de qué sería preciso añadir o mejorar en la regulación de los catálogos urbanísticos de protección del patrimonio cultural. Se hecha de menos que la misma LPCC regule cuestiones con impacto más urbanístico, como el mismo catálogo urbanístico, tal y como hacen las Comunidades Autónomas de Madrid o Asturias. Esto daría a los bienes de protección urbanística otra ley tuteladora para protegerlos, la LPCC, lo que permitiría aplicar también algunos instrumentos interesantes de protección que el TRLUC no les da, así como un régimen sancionador extra, si bien todo esto debería quedar suficientemente aclarado en la misma LPCC para evitar duplicidades en el régimen de tutela.

Por otro lado, creo que el TRLUC podría regular mejor en qué forma se integran los BCIN y los BCIL en los catálogos urbanísticos, pues solo hay referencias muy vagas sobre la superioridad del BCIN sobre el planeamiento urbanístico y sobre la posibilidad de que los instrumentos urbanísticos regulen el régimen jurídico concreto de protección de los BCIL. Sin perjuicio, claro está, del régimen un poco más concreto de algunos BCIN como los Conjuntos Históricos que sí que detalla mejor cómo deben ser los planes especiales de protección o instrumentos urbanísticos equivalentes.

De todo lo expuesto, cabe concluir que la LPCC y el TRLUC viven de espaldas, y necesitan de más coordinación, con más mecanismos de coordinación y estableciendo una tercera categoría de bienes protegidos por la LPCC que sean los bienes catalogados urbanísticamente.

Sí que veo acertada la regulación de los BCIN y los BCIL, en este último caso por el papel preponderante que se deja a los municipios en su declaración y régimen de tutela.

Además, la LPCC debería regular mejor el patrimonio cultural inmaterial y dar más instrumentos a los entes locales para su protección.

También creo que el TRLUC debería establecer de forma más clara la obligatoriedad de elaborar los catálogos urbanísticos, incluso con un régimen transitorio si es preciso -al estilo de la LPHCM de 2013- para tener catalogados ciertos bienes mientras no se elabora el catálogo, pues muchos municipios todavía no lo tienen hecho.

Sería muy importante también dar un papel más importante a los Consejos Comarcales y Diputaciones Provinciales en la tarea de cooperar con los municipios en la protección del patrimonio cultural.

Conclusión tercera:

Respecto a la pregunta de si el patrimonio cultural y natural está mejor protegido desde la perspectiva local o desde la perspectiva de la Generalitat. Creo que naturalmente hay que partir de la obviedad de que ambas administraciones tienen recursos y capacidades normativas distintas, pues la Generalitat tiene esa capacidad legislativa que los municipios no tienen y que de hecho puede incidir en el mismo papel que el municipio juega en la protección del patrimonio. Pero si dejamos esa cuestión de lado y nos centramos en el papel administrativo puramente, creo que tanto la LPCC como el TRLUC han dejado un papel importante a los municipios, pues son estos los que pueden aprobar -inicialmente y provisionalmente- y lo que es más importante, decidir realmente lo que se cataloga y lo que no a través de una potestad de planeamiento discrecional. Mientras que por parte de la legislación sectorial del patrimonio cultural se da una amplia potestad a los entes locales para declarar y proteger a los BCIL, mientras que el papel de declaración y protección de los BCIN se reserva a la Generalitat.

Hemos visto a lo largo del trabajo como los entes locales ejercen una actividad administrativa principalmente de policía respecto del patrimonio cultural (otorgamiento de licencias condicionadas a la catalogación, órdenes de ejecución en caso de peligro del edificio catalogado, ejercicio potestad sancionadora en base a legislación del patrimonio cultural o de urbanismo, etc) y hemos tocado solo de forma muy tangencial otras actividades administrativas respecto del patrimonio cultural como la actividad de fomento (principalmente bonificaciones fiscales por intervenir en la preservación del patrimonio catalogado) e incluso la actividad de servicio (creación de museos o monumentos museizados, archivos históricos, etc). Asimismo, el ejercicio de la potestad planificadora y reglamentaria (art. 4 LBRL) tiene un peso importante en la protección del patrimonio cultural con la elaboración y aprobación de catálogos del patrimonio (planes urbanísticos generales o especiales).

La Generalitat se reserva para sí la protección de los bienes de más valor, declarando los BCIN y su tutela (que no es exclusiva de la Generalitat, pero allí tiene un papel protagonista).

Las comarcas, a través de los Consejos Comarcales juegan un rol mucho más pequeño, aunque no inexistente, pues participan en la aprobación de ciertos planes supramunicipales y, sobre todo, la LPCC les faculta declarar BCIL en municipios de menos de 5.000 habitantes y a tutelar ese patrimonio que declaran. Todo eso sin perjuicio del papel esencial de la comarca de asistir a los municipios, especialmente los que tienen menos recursos, y que en muchos casos tienen un importante patrimonio cultural y natural que tutelar. Si el Consejo Comarcal tuviera esta cuestión como más prioritaria, se podrían hacer buenas políticas comarcales de protección del patrimonio, como poner recursos humanos al alcance de los municipios, como arquitectos o arqueólogos para temas urbanísticos relacionados con el patrimonio, o subvencionar la elaboración de catálogos urbanísticos, entre muchas otras opciones.

En cambio, las Diputaciones provinciales juegan, sobre el papel, un rol muy secundario, limitado al apoyo a los municipios en el ejercicio de sus competencias, si bien una Diputación con recursos importantes podría hacer políticas de apoyo muy necesarias.

Conclusión cuarta:

Respecto a la pregunta de si la visión ambiental está adecuadamente coordinada con el planeamiento urbanístico, creo que francamente no lo está. Un ejemplo son los decretos de la Generalitat que regulan los árboles y arboledas monumentales y los de interés local y comarcal. Nada se dice de su afectación sobre el planeamiento urbanístico, tampoco el TRLUC menciona explícitamente este instrumento poco usado de los árboles monumentales y de interés.

Tampoco la legislación sectorial de los parques naturales hace una regulación sistemática de sus consecuencias urbanísticas en la protección de su patrimonio natural.

Creo, asimismo, que debería existir una ley del patrimonio natural al estilo de la LPCC para el patrimonio cultural, que incluyera la regulación de árboles y arboledas monumentales ahora reguladas en normativa dispersa y con una buena interrelación con la legislación urbanística, pues también son bienes susceptibles de ser catalogados urbanísticamente.

Conclusión quinta:

Respecto de la articulación entre la legislación sectorial del patrimonio cultural y la urbanística, la jurisprudencia del Tribunal Supremo ha determinado que como regla general y preferente se intentará la aplicación concurrente de ambas legislaciones, sin discriminarse entre sí (STS, Sala de lo Contencioso-Administrativo, de 13 de abril de 1982, entre otras).

Pero si no cabe aplicar de forma concurrente ambas normas, se estará a la aplicación preferente de la legislación sectorial sobre patrimonio cultural debido al criterio de especialidad. (STS, Sala de lo Contencioso-Administrativo, de 8 de mayo de 1987, entre otras).

En Cataluña, el artículo 10.2 del TRLUC establece una fórmula específica para superar posibles contradicciones entre normativa urbanística y sectorial del patrimonio cultural sobre un mismo bien y que consiste en ponderar los distintos intereses públicos en juego, de los que a través de un cierto concepto jurídico indeterminado, hay que hacer prevalecer uno de los dos (se supone que según el caso y siempre de forma motivada) y el otro criterio de desempate es el de utilización más racional del territorio (que de acuerdo con el artículo 3.1 TRLUC implica saber combinar el crecimiento con la preservación del patrimonio cultural y natural).

Conclusión sexta:

Respecto a la pregunta de si la visión del patrimonio cultural y la ordenación del territorio están debidamente coordinadas, creo que en el ordenamiento jurídico catalán no es así. No existen figuras específicas de ordenación del territorio que traten la cuestión del patrimonio cultural, si bien la Ley 23/1983 de Política Territorial Cataluña permite teóricamente hacer planes sectoriales territoriales sobre cultura que podrían incidir en las políticas territoriales del patrimonio cultural, cosa que no se ha hecho nunca.

Sería muy recomendable que la misma LPCC, tal y como hace su ley homóloga en Aragón, previera un mandato para crear de forma obligatoria una figura de planificación sectorial territorial que fuera vinculante para las distintas administraciones y así establecer una planificación de las políticas de protección del patrimonio cultural.

Conclusión séptima:

Respecto a la pregunta de si deberían hacerse mejoras en la legislación del patrimonio cultural y natural y la legislación urbanística para conseguir una mejor coordinación y protección efectiva de los bienes, creo que sí, hay distintos puntos de mejora tanto en el TRLUC como, sobre todo, a la ya antigua LPCC.

Por ejemplo, se deberían establecer mecanismos urbanísticos que permitan equidistribuir y compensar las cargas y limitaciones que supone no ya la mera catalogación urbanística, sino la de las figuras sectoriales de protección de la LPCC: los BCIN, BCIL y EPA. Esto ayudaría a muchos Ayuntamientos (e incluso Consejos Comarcales y a la misma Generalitat) a evitar tener que pagar indemnizaciones millonarias por esas limitaciones en el derecho a la edificación.

Por último, sería recomendable ampliar las competencias de las comarcas en materia de protección del patrimonio cultural con tal de darles un papel más protagonista y a su vez, fomentar su implicación en dicha misión de interés público, tal y como ocurre en Aragón.

Bibliografía

ABAD LICERAS, José María, "La Distribución de competencias entre el Estado y las Comunidades Autónomas en materia de patrimonio cultural histórico-artístico: soluciones doctrinales", *Revista Española de Derecho Constitucional*, Año 19, núm. 55, Madrid, Enero-Abril 1999, pp. 133-184.

ABAD LICERAS, José María, *Urbanismo y patrimonio histórico*, Montecorvo, Madrid, 2000.

ABAD LICERAS, José María, *La situación de ruina y demolición de inmuebles de patrimonio histórico*, Montecorvo, Madrid, 2000.

ABAD LICERAS, José María, "La técnica de la autorización administrativa: su aplicación en el ámbito de la legislación estatal sobre patrimonio cultural histórico-artístico ", *Actualidad Administrativa*, núm. 40, 2000, p. 1133-1156.

ABAD LICERAS, José María, *Ley de Memoria Histórica. La problemática jurídica de la retirada o mantenimiento de símbolos y monumentos públicos*, Dykinson, Madrid, 2009.

ACEDO PENCO, Ángel, PERALTA CARRASCO, Manuel. *El régimen jurídico del patrimonio cultural. Aproximación doctrinal, legal y jurisprudencial a sus mecanismos privados y públicos de protección.* Editorial Dykinson, Madrid, 2016.

ALCARAZ RAMOS, Manuel (Director), *El Estado de Derecho frente a la corrupción urbanística*, La Ley Wolters Kluwer, Las Rozas (Madrid), 2007

ALCÁZAR AVELLANEDA, Juan Miguel, "Las licencias urbanísticas en la Ley 4/2007, de 16 de marzo, de Patrimonio cultural de la Región de Murcia", *El Consultor de los Ayuntamientos*, núm. 9, Sección Colaboraciones, Quincena del 15 al 29 May. 2009, pp. 1332- 1339.

ALEGRE ÁVILA, Juan Manuel, *Evolución y régimen jurídico del patrimonio histórico*, tomo II, Ministerio de Cultura, Madrid, 1994.

ALEGRE ÁVILA, Juan Manuel, "Los grandes hitos legislativos de las Bellas Artes y del Patrimonio cultural: evolución del derecho español de los bienes históricos ", en *Cien años de administración de las Bellas Artes*, Ministerio de Cultura y Deportes, 2016, pp. 109-124.

ALEGRE ÁVILA, Juan Manuel, *El patrimonio histórico español: régimen jurídico de la propiedad histórica, AFDUAM 19, 2015.*

ALEGRE ÁVILA, Juan Manuel, "El patrimonio histórico y los municipios: las ordenanzas locales en la protección del patrimonio histórico ", *Revista de Estudios Locales CUNAL*, núm. 62, 2003, pp. 19-25.

ALEGRE ÁVILA, Juan Manuel, "Patrimonio histórico y expoliación: variaciones y paradojas", *Revista Española de Derecho Administrativo*, núm. 189, 2018, pp. 256 y ss.

ALEGRE ÁVILA, Juan Manuel, "Artículo 46", en CASAS BAAMONDE, Emilia (dir.), *Comentarios a la Constitución Española. Tomo I*, Ministerio de Justicia, 2018, pp. 1375-2381.

ALMAGRO-GORBEA, Martín y PAU, Antonio (dirs.), *La protección jurídica del patrimonio inmobiliario histórico*, Colegio de Registradores Mercantiles, Madrid, 2005.

ALONSO CONCELLÓN, Isabel, "El deber de conservación, su materialización en las órdenes de ejecución y la declaración de ruina", *El Consultor de los Ayuntamientos*, núm. 19, Sección Colaboraciones, Quincena del 15 al 29 Oct. 2002, pp. 3171-3205.

ALONSO GARCÍA, Julián, *Patrimonio Cultural y Urbanismo*, Universidade da Coruña, 2015.

ALONSO GARCÍA, Julián, *Patrimonio Cultural y Urbanismo, hacia un sistema integrado de intervención administrativa en Galicia*, Editorial Andavira, Santiago de Compostela, 2018.

ALONSO GARCÍA, Julián, "La protección del patrimonio cultural desde el derecho urbanístico", *Revista Galega de Administración Pública*, núm. 56, 2018.

ALONSO IBÁÑEZ, María Rosario, *El patrimonio histórico. Destino público y valor cultural*, Editorial Civitas, Madrid, 1992.

ALONSO IBÁÑEZ, María Rosario, *Los catálogos urbanísticos y otros catálogos protectores del Patrimonio cultural Inmueble*, Aranzadi, Pamplona, 2005.

ALONSO PONGA, José Luis, "La construcción mental del Patrimonio Inmaterial", *Patrimonio Cultural de España*, 2009, pp. 45-62.

ÁLVAREZ y ÁLVAREZ, José Luís, *Estudios sobre el Patrimonio Histórico Español y la Ley de 25 de junio de 1985*, Ed. Civitas, 1989.

ÁLVAREZ y ÁLVAREZ, José Luís, *Sociedad, Estado y Patrimonio Cultural*, Ed. Espasa-Calpe, Madrid, 1992.

ÁLVAREZ y ÁLVAREZ, José Luís, "El Patrimonio Cultural: de dónde venimos, dónde estamos, a dónde vamos", *Revista Patrimonio Cultural y Derecho*, número 1, 1997.

ALZAGA VILLAAMIL, Óscar, *La Constitución Española de 1978 (Comentario Sistemático)*, Madrid, 1978.

AMENÓS ÁLAMO, Joan, *Inspecció urbanística i declaración de ruïna*, Universitat Autònoma de Barcelona, Barcelona, 2023.

ARIÑO VILLARROYA, Antonio, "*A invención do patrimonio cultural e a sociedade do risco*", *Revista Galega de Cultura,* núm. 149, 2001, pp. 67-82.

ARRANZ MARINA, Teófilo, "Planes especiales urbanísticos de protección del patrimonio histórico o cultural (4.ª parte)", *Revista LA LEY. Práctica Urbanística,* núm. 88, Sección Instituciones comparadas, Diciembre 2009, pp. 71-103.

ARRIBAS BRIONES, Pablo, "La indemnización por las limitaciones a la propiedad recogidas en los catálogos urbanísticos ", *Revista de Derecho Urbanístico,* núm. 122, Montecorvo, Madrid, 1991, pp. 33-63

ARROYO JIMÉNEZ, Luis, "El Derecho Europeo Administrativo como sistema ", *Revista de Derecho Público: Teoría y Método,* Marcial Pons, 2020, pp. 176-206

AUTORES VARIOS, *L'ús i l'abús del patrimoni en els territoris de parla catalana,* Institut Ramon Muntaner, Barcelona, 2004.

AUTORES VARIOS, *Pla de Cultura de l'Ajuntament de Sant Boi de Llobregat,* Diputació de Barcelona, Barcelona, 2006.

AUTORES VARIOS, *Directrius del contingut del catàleg de masies i cases rurals,* Generalitat de Catalunya DPTOP, Barcelona, 2009.

AUTORES VARIOS, *Més enllà del binomi cultura i educació: aproximacions des de l'àmbit local,* Diputació de Barcelona, Barcelona, 2018.

BARCELÓ LLOMPART, Miquel, "*La conservació, rehabilitació i restauració dels béns culturals*" en *Comentaris a la Llei del Patrimoni Històric de les Illes Balears,* Institut d'Estudis Autonòmics, Palma de Mallorca, 2003, pp. 223-240.

BARCELÓ, Mercè y VINTRÓ, Joan (coordinadores), *Dret públic de Catalunya,* Editorial Atelier, Barcelona, 2008.

BARRERO RODRÍGUEZ, María Concepción, "Las contradicciones entre la Ley estatal y las Leyes autonómica en materia de Patrimonio Histórico y Cultural: sus posibles soluciones en vía normativa, Patrimonio Cultural y Derecho ", nº 13, 2009, pp. 35-53.

BARRERO RODRÍGUEZ, María Concepción, "El nuevo precepto europeo en defensa del patrimonio cultural. El artículo 128 del Tratado de la Comunidad Europea", en CHITI, Mario (coord.) *Beni culturali e Comunità Europea,* pp. 221 ss.

BARRERO RODRÍGUEZ, María Concepción, *La ordenación jurídica del Patrimonio Histórico,* Instituto García Oviedo y Editorial Civitas, Madrid, 1990.

BARRERO RODRÍGUEZ, María Concepción, "La organización administrativa de las Bellas Artes. Unas reflexiones de futuro", *Revista Patrimonio Cultural y Derecho,* número 1, 1997.

BARRERO RODRÍGUEZ, María Concepción, *La ordenación urbanística de los conjuntos históricos*, Iustel, Madrid, 2006.

BENSUSAN MARTÍN, María, *La protección urbanística de los inmuebles históricos*, Editorial Comares, 1996.

BLASCO ESTEVE, Avelino, "La responsabilidad de la Administración por daños causados por actos administrativos: doctrina jurisprudencial", *Revista de la Administración Pública*, núm. 91, enero-abril 1980.

BLASCO ESTEVE, Avelino, "*Connexions de la Llei 12/1998 amb la legislació urbanística*", en *Comentaris a la Llei del Patrimoni Històric de les Illes Balears*, Institut d'Estudis Autonòmics, Palma de Mallorca, 2003, pp. 241-266.

BLASCO ESTEVE, Avelino y MUNAR FULLANA, Jaume (dirs.), *Comentarios a la Ley de Urbanismo de las Illes Balears*, Tirant lo Blanch, Valencia, 2018.

BONET, Lluís, CASTAÑER, Xavier y FONT, Josep, *Gestión de proyectos culturales. Análisis de casos*, Ariel Prácticum, Barcelona, 2001.

BRAVO PÓVEZ, Pilar, MENCHÓN BES, Joan, "Gestión municipal del Patrimonio Mundial: Tarragona", *PH: Boletín del Instituto Andaluz del Patrimonio Histórico*, núm. 107, 2020, pp. 246-255.

BROSETA PALANCA, María Teresa, "La catalogación del patrimonio arquitectónico de Valencia", *Cuadernos de investigación urbanística*, núm. 99, 2015, pp. 7-90

CALDERÓN ROCA, Belén, "Las declaraciones de ruina en los edificios históricos desde la óptica de la historia del arte", *Atrio*, núm. 17, 2011, pp.119-132

CALVO CATALÀ, Bernat, "El patrimonio inmaterial en los entes locales", en *Patrimonio cultural inmaterial de los Castells al Camino de Santiago*, Tirant lo Blanch, Valencia, 2021, pp. 609-624.

CALVO CATALÀ, Bernat, *Análisis del desarrollo histórico de la legislación de protección del patrimonio histórico en España*, Trabajo Final de asignatura de Master, MIDAP URV-UZ, Tarragona, 2021 (no publicado).

CALVO CATALÀ, Bernat, *Las competencias comunitarias en patrimonio cultural*, Trabajo Final de asignatura de Master ,MIDAP URV-UZ, Tarragona, 2021 (no publicado).

CALVO CATALLÀ, Bernat, *Análisis competencial de una materia sui generis: el patrimonio cultural*, Trabajo Final de asignatura de Master, MIDAP URV-UZ, Tarragona, 2021(no publicado).

CALVO CATALÀ, Bernat, *Los mecanismos de los entes locales en la protección del patrimonio cultural. Especial referencia en Cataluña*, Trabajo Final de Master, MIDAP URV-UZ, Tarragona, 2021 (no publicado).

CAMPOS ROMERO, Lourdes, "Movilidad y preservación ambiental en las ciudades patrimonio: el ejemplo de Toledo ", en *Ciudades históricas conservación y desarrollo,* Visor, 2000, pp. 45-55.

CANDELA TALAVERO, José Enrique, "Instrumentos de protección y conservación del medio ambiente: parques nacionales y parques naturales", *Cuadernos de Derecho Local,* núm. 46, febrero de 2018, pp. 194-228.

CANO CAMPOS, Tomás, "El autismo del legislador: la "nueva" regulación de la potestad sancionadora de la administración ", *Revista de Administración Pública,* núm. 201, Madrid, sept-diciembre 2016, pp. 25-68.

CANTERO FERNÁNDEZ, Cristina, "El patrimonio etnográfico asturiano en los Catálogos Urbanísticos" en *Los Catálogos Urbanísticos en el Principado de Asturias: una perspectiva pluridisciplinar,* Universidad de Oviedo, Oviedo, 2013, pp. 125-156.

CARBONELL MATEU, Joan Carles y LLABRÉS FUSTER, Antoni, "*La protecció penal del patrimoni cultural*" en *Comentaris a la Llei del Patrimoni Històric de les Illes Balears,* Institut d'Estudis Autonòmics, Palma de Mallorca, 2003, pp. 305-324.

CARCELLER FERNÁNDEZ, Antonio, *Introducción al Derecho Urbanístico,* Editorial Tecnos, Madrid, 1993.

CARRASCO NUALART, Manuel, "Competencias en materia de cultura," *Revista catalana de dret públic - Especial Sentencia sobre el Estatuto,* Barcelona, 2010, pp. 322-327.

CASADO CASADO, Lucía y FUENTES I GASÓ, Josep Ramon (Dirs.), *Dret Ambiental de Catalunya,* Associació Catalana de Municipis, Tirant lo Blanch, Valencia, 2017.

CASAR FURIO, María Emilia, "La Ley de Patrimonio Cultural Valenciano de 2007", *Actualidad Administrativa,* núm. 18, Sección A Fondo, Quincena del 16 al 31 Oct. 2008, pp. 2090-2102.

CASAR FURIO, María Emilia, "Prevalencia del interés público de conservación del patrimonio histórico sobre el interés público urbanístico", *Práctica Urbanística,* núm. 81, La Ley Sección El urbanismo en el estrado, Abril 2009, pp. 50-54.

CASAR FURIO, María Emilia, "El nuevo tratamiento dispensado a los Bienes de Relevancia Local en la Ley Valenciana y la configuración en la misma del espacio etnológico como otra categoría de BIC", *Práctica Urbanística,* núm. 81, La Ley, Sección Estudios, Abril 2009, pp. 1-15.

CASAR FURIO, María Emilia, "El concepto de entorno y su delimitación en los BIC valencianos", *Práctica Urbanística,* núm. 99, Sección Perspectivas sectoriales, La Ley, Diciembre 2010, pp. 51-65.

CASAR FURIO, María Emilia, BROSETA PALANCA, María Teresa, "Regulación Valenciana de los Catálogos Municipales", *Actualidad Administrativa,* núm. 1, Sección A Fondo, Enero 2013, pp. 33-48.

CASAS BAAMONDE, Emilia (dir.), *Comentarios a la Constitución Española. Tomo I,* Ministerio de Justicia, 2018.

CASAS BAAMONDE, Emilia (dir.), *Comentarios a la Constitución Española. Tomo II,* Ministerio de Justicia, 2018.

CASTELAO RODRÍGUEZ, Julio, *Ley de Rehabilitación, regeneración y renovación urbanas,* Ed. La Ley, Madrid, 2013.

CASTILLA PENALVA, Víctor, "*El procedimiento de declaración de bien de interés cultural; su caducidad y el silencio administrativo en las licencias", El Consultor de los Ayuntamientos,* núm. 6, Sección Opinión / Colaboraciones, La Ley, Quincena del 30 Mar. al 14 Abr. 2015, pp. 728 y ss.

CASTRO LÓPEZ, María del Pilar y ÁVILA RODRÍGUEZ, Carmen María, "La salvaguardia del patrimonio cultural inmaterial: una aproximación a la reciente Ley 10/2015", *Revista sobre Patrimonio Cultural: Regulación, Propiedad Intelectual e Industrial,* 2015, pp. 5-26.

CHACÓN ORTEGA, Luis, *Manual de Procedimiento y Formularios para Ayuntamientos,* Tomo IV, Barcelona, Editorial Bayer Hnos., S.A., 1995, pp. 251-260.

COLOM PASTOR, Josep, "*La distribució de competències entre les diferents instàncies*" en *Comentaris a la Llei del Patrimoni Històric de les Illes Balears,* Institut d'Estudis Autonòmics, Palma de Mallorca, 2003, pp. 19-38.

CORRAL GARCÍA, Esteban, "Los Planes Especiales y los Planes de Reforma Interior", *El Consultor de los Ayuntamientos,* núm. 1, Sección Colaboraciones, Quincena del 15 al 29 Ene. 2002, pp. 24-35.

CORRAL GARCÍA, Esteban, "La licencia de obras", *Práctica Urbanística,* núm. 24, Sección Práctica Urbanística, La Ley, Febrero 2004, pp. 9-16.

COSCULLUELA MONTANER, Luis, "La determinación constitucional de las competencias de las Comunidades Autónomas", *Revista de Administración Pública,* núm. 89, 1979.

COSCULLUELA MONTANER, Luis, *Manual básico de Derecho Administrativo I,* Editorial Civitas, Madrid, 2002, pp. 94-95.

COUCE CALVO, Victoria y MENÉNDEZ SOLAR, Belén, "La normativa de los Catálogos Urbanísticos. Problemática en su aplicación" en *Los Catálogos Urbanísticos en el Principado de Asturias: una perspectiva pluridisciplinar,* Universidad de Oviedo, Oviedo, 2013, pp. 301-324.

CEJUDO CÓRDOBA, Rafael, *Sobre el valor del Patrimonio Cultural Inmaterial: una propuesta desde la ética del consumo,* DILEMATA 14, 2014.

DE CABO DE LA VEGA, Elisa, "Reconocimiento del Patrimonio Inmaterial: La Convención para la salvaguardia del Patrimonio Cultural Inmaterial, *Patrimonio Cultural de España,* núm. 0, 2009.

DE GUERRERO MANSO, Carmen, "La escasa y problemática regulación del patrimonio inmaterial en España", en LÓPEZ RAMÓN, Fernando, (coord.), *El patrimonio cultural en Europa y Latinoamérica,* Instituto Nacional de Administración Pública, Madrid, 2017, pp. 53- 85.

DE LA MATA BARRANCO, Norberto: "Delitos contra el urbanismo y la ordenación del territorio y delitos contra el ambiente", en *Derecho penal económico y de la empresa,* Dykinson, Madrid, 2018, pp. 629-659.

DE LA MORENA Y DE LA MORENA, Luis, "El urbanismo sectorial en la ley y en la jurisprudencia, con especial referencia al urbanismo monumental (II)", *El Consultor de los Ayuntamientos,* núm. 22, Sección Comentarios de jurisprudencia, Quincena del 15 al 29 Nov. 2001, Ref. 3563/2001, pp. 3563-3572.

DE LA MORENA Y DE LA MORENA, Luis, "El urbanismo sectorial en la ley y en la jurisprudencia, con especial referencia al urbanismo monumental (III)", *El Consultor de los Ayuntamientos,* núm. 22, Sección Comentarios de jurisprudencia, Quincena del 30 Nov. al 14 Dic. 2001, pp. 3734-3742.

DIEGO RECA, Luis Miguel, *La suspensión del otorgamiento de las licencias urbanísticas,* tesis doctoral, Madrid, 2017.

DIEZ DE VELASCO, Manuel, *Instituciones de Derecho Internacional Público,* Tecnos, Madrid, 2007.

DIEZ DE VELASCO, Manuel, *Las Organizaciones Internacionales,* Tecnos, Madrid, 2006.

DUART CÍSCAR, Vicente, BLANCO VEGA, Josep Lluís, "La protección de los bienes del patrimonio cultural a través del urbanismo. Especial referencia al Régimen Jurídico en la Comunidad Valenciana", *El Consultor de los Ayuntamientos,* núm. 11, Sección Colaboraciones, Quincena del 15 al 29 Junio 2013, pp. 1117-1128.

ESTÉVEZ GOYTRE, Ricardo, *Manual de Derecho Urbanístico. Doctrina, legislación y jurisprudencia,* Ed. Comares, Granada, 2010.

EZQUERRA HUERVA, Antonio, *Apuntes de la expropiación en el ámbito urbanístico,* Posgrado de derecho urbanístico, Universitat Rovira i Virgili, Tarragona, 2023.

FARIÑA TOJO, José, "La protección de nuestras ciudades históricas. Un análisis de su evolución", *Revista de Derecho Urbanístico,* núm. 155, julio-agosto, 1997, pp. 95 y ss.

FERNÁNDEZ DE CÓRDOBA PÉREZ, José Antonio, "Regulaciones y problemas habituales de los Catálogos Urbanísticos" en *Los Catálogos Urbanísticos en el Principado de Asturias: una perspectiva pluridisciplinar*, Universidad de Oviedo, Oviedo, 2013, pp. 255-276.

FERNÁNDEZ-VENTURA ÁLVAREZ, José, "*El règim de protección dels denominats paratges pintorescs*", en *Comentaris a la Llei del Patrimoni Històric de les Illes Balears*, Institut d'Estudis Autonòmics, Palma de Mallorca, 2003, pp. 201-240.

FERRERA IZQUIERDO, Juanma, *Curso de procedimientos establecidos en el TRLUC*, EAPC, Barcelona, 2017.

FOSSAS ESPADALER, Enric, "Competencias en materia de cultura. Comentario a la Sentencia 31/2010", *Revista catalana de dret públic - Especial Sentencia sobre el Estatuto*, Barcelona, 2010, pp. 328-331.

FRANCO ESCOBAR, Susana Eva, "Las obras, usos y actuaciones exentos de licencia urbanística", *Revista de Derecho urbanístico y medio ambiente*, núm. 349, Madrid, 2021, pp. 19-65.

FUENTES I GASÓ, Josep Ramon, "*El desenvolupament d'una cultura administrativa europea*", *Les administracions en perspectiva europea*, Estudis de Dret Local, Barcelona, 2012, pp. 76-88.

FUENTES I GASÓ, Josep Ramon, "Consecuencias de la Ley 27/2013, de Racionalización y Sostenibilidad de la Administración Local, en el régimen local de Cataluña", *Revista Vasca de Administración Pública*, núm. 101, 2015, pp. 74 y ss.

FUENTES I GASÓ, Josep Ramon, "La protección jurídica del patrimonio cultural en la era *Smart City*", en *Camino de Santiago y patrimonio cultural. Una visión jurídica integradora*, Barcelona, 2019, pp. 195-242.

FUENTES I GASÓ, Josep Ramon, "Consecuencias de la Ley 27/2013, de Racionalización y sostenibilidad de la Administración Local, en el régimen local de Cataluña", *Revista Vasca de Administración Pública*, núm. 101, 2015.

FUENTES I GASÓ, Josep Ramon, "Patrimonio cultural y *smart city*: la transformación integral de la Ciudad", Cuadernos de Derecho Local, núm. 57, Fundación Democracia y Gobierno Local, 2021.

FUENTES I GASÓ, Josep Ramon, "Régimen competencial del patrimonio cultural inmaterial", en *Patrimonio cultural inmaterial de los Castells al Camino de Santiago*, Tirant lo Blanch, Valencia, 2021, pp. 97-114.

GARCÍA ÁLVAREZ, Gerardo, *Deber de conservación y ruina*, Universidad de Zaragoza, Zaragoza, 2011.

GARCÍA-BELLIDO GARCÍA DE DIEGO, Javier, "Nuevos enfoques sobre el deber de conservación y la ruina urbanística", *Revista de Derecho Urbanístico,* núm. 89, 1984.

GARCÍA-BELLIDO GARCÍA DE DIEGO, Javier, "Problemas urbanísticos en la Ley del Patrimonio Histórico Español. Un reto para el urgente desarrollo legislativo autonómico", *Ciudad y Territorio,* núm.78, 1988.

GARCÍA CANCLINI, Néstor, *Las culturas populares en el capitalismo,* Nueva Imagen, México, 1982.

GARCÍA-ESCUDERO MÁRQUEZ, Piedad y PENDÁS GARCÍA, Benigno, *El nuevo régimen jurídico del Patrimonio Histórico español,* Ministerio de Cultura, Madrid, 1986.

GARCÍA FERNÁNDEZ, Javier, *La legislación sobre patrimonio histórico,* Tecnos, Madrid, 1987.

GARCÍA FERNÁNDEZ Javier, "La reforma de la Ley de Patrimonio Histórico ante el decimoquinto aniversario de su aprobación", *Patrimonio Cultural y Derecho,* núm. 13, 2009, páginas 19-34.

GARCÍA FERNÁNDEZ Javier, "Presupuestos jurídico-constitucionales de la legislación sobre Patrimonio Histórico", *Revista de Derecho Político,* núms. 27-28, UNED, 1988, pp. 190 y ss.

GARCÍA DE ENTERRÍA, Eduardo y PAREJO ALFONSO, Luciano, *Lecciones de Derecho Administrativo,* Civitas, Madrid, 1981.

GARCÍA DE ENTERRÍA, Eduardo y PAREJO ALFONSO, Luciano, *Lecciones de Derecho Urbanístico,* Civitas, Madrid, 1981.

GARCÍA DE ENTERRÍA, Eduardo, *Curso de Derecho Administrativo,* Vol. I, Civitas, Madrid, 1999.

GARCÍA-ESCUDERO, Piedad y PENDAS GARCÍA, Benigno, *El Nuevo Régimen Jurídico del Patrimonio Histórico Español,* Ministerio de Cultura, Madrid, 1986.

GARCÍA FLÓREZ, Fernando, "La responsabilidad de la Administración en el ámbito urbanístico. Supuestos indemnizatorios", *El Consultor de los Ayuntamientos,* núm. 10, Sección Colaboraciones, Quincena del 30 May. al 14 Jun. 1997, pp. 1435-1474.

GARCÍA GARCÍA María Jesús, *La conservación de los inmuebles históricos a través de técnicas urbanísticas u rehabilitadoras,* Aranzadi, Navarra, 2000.

GARCÍA-MORENO RODRÍGUEZ, Fernando, "A vueltas con el problema de la disciplina urbanística en los pequeños municipios: el modelo de los organismos autonómicos (y locales) de protección de la legalidad urbanística como opción (razonable y operativa) a seguir para tratar de superar tan complejo problema", *Revista de Derecho Urbanístico y Medio Ambiente,* Madrid, diciembre 2019, pp. 19-85.

GARCÍA RUBIO, Fernando, "El papel de los Ayuntamientos en la Conservación del patrimonio cultural. Estado de la cuestión (1) ", *El Consultor de los Ayuntamientos,* núm. 12, Sección Colaboraciones, 2004, pp. 2069-2103.

GARCÍA RUBIO, Fernando, "La aprobación inicial del planeamiento general", , *Práctica Urbanística,* núm. 23, Sección ¿Qué documentos necesito?, La Ley, Enero 2004, pp. 43-68.

GARCÍA RUBIO, Fernando, "El papel de los Ayuntamientos en la Conservación del patrimonio cultural. Estado de la cuestión", en GARCÍA RUBIO, Fernando (coord.), *Régimen jurídico de los centros históricos,* Dykinson, Madrid, 2008, pp. 89-118.

GARCÍA RUBIO, Fernando, "La intervención administrativa sobre los centros históricos", en GARCÍA RUBIO, Fernando (coord.)", *Régimen jurídico de los centros históricos,* Dykinson, Madrid, 2008, pp. 23-87.

GARCÍA RUBIO, Fernando, "Los ayuntamientos como sujetos activos de la protección del patrimonio cultural en itinerarios intermunicipales, bajo parámetros urbanísticos" en *Camino de Santiago y patrimonio cultural. Una visión jurídica integradora,* editorial Atelier, 2019, pp. 263-279.

GARCÍA SÁNCHEZ, Antonio Damián, "El eurocentrismo, el patrimonio histórico y cultural de los países de la UE y sus posibles problemas", *Historia Actual Online,* Número 6, 2005.

GASCÓ HERNÁNDEZ, Milagros, *L'avaluació de polítiques públiques culturals: Estudi empíric a l'administració local,* Escola d'Administració Pública de Catalunya, Barcelona, 2003.

GIFREU I FONT, Judith, *L'ordenació urbanística a Catalunya,* Associació Catalana de Municipis, Ed. Marcial Pons, Madrid, 2012.

GIFREU I FONT, Judith, "Régimen jurídico de la protección y fomento del Patrimonio Cultural en Cataluña: estado de la cuestión", *Patrimonio Cultural y Derecho,* núm. 22, 2018, pp. 237-335.

GIFREU I FONT, Judith, y FUENTES I GASÓ, Josep Ramon (Dirs.), *Règim jurídic dels governs locals de Catalunya,* Associació Catalana de Municipis, Tirant lo Blanch, Valencia, 2022.

GIFREU I FONT, Judith, "*L'activitat urbanística dels ens locals*", en GIFREU I FONT, Judith, y FUENTES I GASÓ, Josep Ramon (Dirs.), *Règim jurídic dels governs locals de Catalunya,* Associació Catalana de Municipis, Tirant lo Blanch, Valencia, 2022, pp. 1443-1468.

GIRALT FERNÁNDEZ, Francesc, "Deber urbanístico de conservación de inmuebles y órdenes de ejecución de obres", *Actualidad Administrativa,* Sección Doctrina, Ref. III, tomo 1, La Ley, Madrid, 2001.

GÓMEZ BARAHONA, Alberto, "*Las competencias municipales en la protección del patrimonio cultural*", *Urbanismo y Patrimonio Histórico,* Grupo de Ciudades Patrimonio de la Humanidad— Ministerio de Educación y Cultura y Deportes, 2001, pp. 57-58.

GÓMEZ TOMILLO, Manuel, *Artículo 320. Comentarios prácticos al Código penal,* tomo 4, Pamplona, 2015.

GONZÁLEZ PANDIELLA, Jorge y GONZÁLEZ ROCES, Javier, "El patrimonio natural dentro de los Catálogos Urbanísticos" en *Los Catálogos Urbanísticos en el Principado de Asturias: una perspectiva pluridisciplinar,* Universidad de Oviedo, Oviedo, 2013, pp. 79-92.

GONZÁLEZ PÉREZ, Jesús, *Comentarios a la Ley del Suelo (texto refundido de 1992),* Civitas, Madrid, 1993.

GONZÁLEZ SANFIEL, Andrés, "La ‘nueva’ ley de Patrimonio cultural de Canarias: desconfianza hacia los Municipios", *Patrimonio Cultural y Derecho,* núm. 23, 2019, pp. 137-161.

GONZÁLEZ-VARAS, Ignacio, *Patrimonio cultural. Conceptos, debates y problemas,* Cátedra, Madrid, 2015.

GÓRRIZ ROYO, Elena, *Protección penal de la Ordenación del Territorio. Los delitos contra la ordenación del territorio en sentido estricto del art.319 CP,* Valencia, 2003, pp. 149 a 157.

GÓRRIZ ROYO, Elena: "Prevaricaciones urbanísticas del art. 320 CP: problemas legislativos no resueltos y dificultades aplicativas en la práctica reciente", Estudios Penales y Criminológicos, núm. Extra 38, 2018, pp. 101-190.

HERNÁNDEZ HERRERO, Gemma y MIRET MESTRE, Magí, "*La protecció del patrimoni arqueològic des de l'administració local*", *Revista d'Arqueologia de Ponent,* núm. 9, 1999

HERNÁNDEZ JIMÉNEZ, Hilario, "El informe de sostenibilidad económica en los instrumentos de planeamiento", *Actualidad Administrativa,* núm. 9, Sección Urbanismo, La Ley, Septiembre 2016, pp. 1-20.

IGLESIAS LUCÍA, Montserrat, "*Les competències locals en matèria de protecció, gestió i ordenació del paisatge*", en CASADO CASADO, Lucía y FUENTES I GASÓ, Josep Ramon (Dirs.), *Dret Ambiental de Catalunya,* Associació Catalana de Municipis, Tirant lo Blanch, Valencia, 2017, pp. 727-746.

ISKRA, Katarzyna Anna, *La Cultura,* Fichas técnicas sobre la Unión Europea, 2020.

JIMÉNEZ DE CISNEROS CID, Francisco Javier, *El deber de conservación y la declaración de ruina*, Centro de Estudios Urbanísticos Pablo de Olavide-Universidad Autónoma de Madrid, Madrid, 1995.

JIMÉNEZ CAMPO, Javier, *Derechos fundamentales. Concepto y garantías*, Madrid, 1999.

LLISET BORRELL, Francisco, LÓPEZ PELLICER, José Antonio, ROMERO HERNÁNDEZ, Federico, *Ley de Suelo. Comentarios al texto refundido de 1992*, El Consultor de los Ayuntamientos y de los Juzgados-Publicaciones Abella, Madrid, 1993.

LLISET BORRELL, Francisco, *Comentaris a la Llei d'urbanisme de Catalunya: (reglament parcial de 4-11-2003 i disposicions urbanístiques autonòmiques vigents)*, Bayer Hnos., Barcelona, 2004.

LÓPEZ GUERRA, Luis y otros, *Derecho Constitucional. Volumen II. Los poderes del Estado. La organización territorial del Estado*, editorial Tirant lo Blanch, Valencia, 2003.

LÓPEZ LAGO, Olga, "Los delitos urbanísticos", *Derecho urbanístico del País Vasco*, El Consultor de los Ayuntamientos, Madrid, 2008, pp. 1-37.

LÓPEZ RAMÓN, Fernando, "Reflexiones sobre la indeterminación y amplitud del patrimonio cultural", *Revista Aragonesa de Administración Pública*, núm. 15, 1999, pp. 193-217.

MACERA TIRAGALLO, Bernard-Frank y FERNÁNDEZ GARCÍA, Yolanda, *La responsabilidad de la Administración en el Derecho Urbanístico*, Marcial Pons, Madrid, 2005.

MAGRO SERVET, Vicente, "Infracciones urbanísticas y Derecho penal: ¿dónde están los límites?", *Revista de Urbanismo*, noviembre 2018 (publicado también en elderecho.com).

MARCH ROIG, Eva, *La Generalitat republicana: algunes precisions sobre la seva actuació en matèria de museus i patrimoni, Rubrica Contemporánea*, Vol. 3, núm. 5, 2014.

MARTÍ SELVA, Enrique, "Vinculación singular, un nuevo obstáculo en la ordenación urbanística", Práctica Urbanística, núm. 165, Sección Estudios, Wolters Kluwer, Madrid, Julio-Agosto 2020, pp. 1-13.

MARTÍN MATEO, Ramón y DÍEZ SÁNCHEZ, Juan José, Manual de Derecho Administrativo, Ed. Aranzadi, Navarra, 2012.

MARTÍN REBOLLO, Luis, *La responsabilidad patrimonial de las Administraciones públicas en el ámbito urbanístico, Lección de apertura del curso 1993-1994*, Universidad de Cantabria, Santander, 1993.

MARZAL RAGA, Reyes, "Concepto jurídico y tipología del patrimonio cultural inmaterial", en *Patrimonio cultural inmaterial de los Castells al Camino de Santiago,* Tirant lo Blanch, Valencia, 2021, pp. 45-74.

MASOT TEJEDOR, Josep, "*Evolució del concepte de patrimoni històric*" en *Comentaris a la Llei del Patrimoni Històric de les Illes Balears,* Institut d'Estudis Autonòmics, Palma de Mallorca, 2003, pp. 11-19.

MASOT TEJEDOR, Josep, "*Els béns immobles catalogats: anàlisi de la seva regulació*" en *Comentaris a la Llei del Patrimoni Històric de les Illes Balears,* Institut d'Estudis Autonòmics, Palma de Mallorca, 2003, pp. 71-106.

MELGOSA ARCOS, Francisco Javier, "La aplicación de la Convención sobre el Patrimonio Mundial", en GARCÍA RUBIO, Fernando (coord.), *Régimen jurídico de los centros históricos,* Dykinson, Madrid, 2008, pp. 161-178.

MELÓN MUÑOZ, Alfonso (director), *Memento práctico de Urbanismo,* Lefebvre, Madrid, 2018.

MENÉNDEZ PABLO, Xavier, "*Les figures jurídiques de protecció del patrimoni cultural a Catalunya: una mena de balanç*", *Identitats,* núm. 1, enero 2002, pp. 23-36.

MENÉNDEZ PABLO, Xavier y otros, *La protecció del patrimoni cultural immoble. Guia per a l'elaboració dels catàlegs municipals de béns protegits,* Diputació de Barcelona, Barcelona, 2009.

MORERA CAMPRUBÍ, Montserrat, *Supuestos prácticos de Urbanismo de Cataluña,* Ed. Ezcurra, Madrid, 2014.

MUNAR FULLANA, Jaume, "El planeamiento urbanístico", en BLASCO ESTEVE, Avelino y MUNAR FULLANA, Jaume (dirs.), *Comentarios a la Ley de Urbanismo de las Illes Balears,* Tirant lo Blanch, Valencia, 2018, pp. 254-449.

NAVARRO RODRÍGUEZ, Pilar, "Las competencias medioambientales de los entes locales tras la Ley 27/2013, de Racionalización y Sostenibilidad de la Administración Local", *Cuadernos de Derecho Local,* núm. 46, febrero 2018, pp. 68-103.

NAVARRO SÁNCHEZ, Ángel Custodio, "*El Patrimoni Etnològic de les Illes balears*" en *Comentaris a la Llei del Patrimoni Històric de les Illes Balears,* Institut d'Estudis Autonòmics, Palma de Mallorca, 2003, pp. 161-200.

NAVARRO SÁNCHEZ, Ángel Custodio, "La protección jurídica de la cultura popular y tradicional", *El Consultor de los Ayuntamientos,* núm. 3, Quincena del 15 al 27 Feb. 2004, pp. 427 y ss.

NAVASCUÉS PALACIO, Pedro, *Normativas sobre el Patrimonio Histórico Cultural,* Ministerio de Educación, Cultura y Deporte, Madrid, 2002.

NEVADO-BATALLA MORENO, Pedro, "Protección de una casa sin interés cultural integrada en un conjunto histórico", *Práctica Urbanística*, núm. 80, Sección El urbanismo en el estrado, La Ley, Madrid, Marzo 2009.

NIETO GARRIDO, Eva, "Artículo 44", en CASAS BAAMONDE, Emilia (directora), *Comentarios a la Constitución Española. Tomo I*, Ministerio de Justicia, 2018, pp. 1360-1365.

OLLERS VIVES, Pere, "*Els Béns d'Interès Cultural immobles i el seu règim de protecció*" en *Comentaris a la Llei del Patrimoni Històric de les Illes Balears*, Institut d'Estudis Autonòmics, Palma de Mallorca, 2003, pp. 39-69.

ORTEGA GARCÍA, Ángel y ORTEGA CIRUGEDA, Juan, *Comentarios a la Ley del suelo de Madrid Ley 9/2001, de 17 de julio*, Monecorvo, Madrid, 2001.

PABLO MARTÍNEZ, Luis, "La tutela legal del Patrimonio Cultural Inmaterial de España: valoración y perspectivas", *Revista de Sociales y Jurídicas*, 7 ,2011.

PALLARÉS MARTÍ, Núria, *El deure de conservació. Ordres d'execució*, Diploma de Postgrau en Dret Urbanístic, URV, Tarragona, 2023.

PARDO ÁLVAREZ, María, *La potestad de planeamiento urbanístico bajo el Estado social, autonómico y democrático de Derecho*, Marcial Pons, Madrid, 2005.

PAREJO ALFONSO, Luciano, *Derecho Urbanístico de la Comunidad de Madrid*, Marcial Pons, Madrid, 1998.

PAREJO ALFONSO, Luciano, "Urbanismo y patrimonio histórico", *Revista Patrimonio Cultural y Derecho*, núm. 2, 1998, pp. 55-79.

PECES MORATE, Jesús, "Régimen urbanístico de la propiedad del suelo: clasificación del suelo y régimen de las distintes clases", *Cuadernos de Derecho Judicial*, 1992.

PÉREZ DE ARMIÑÁN Y DE LA SERNA, Alfredo, *Las competencias del estado sobre patrimonio histórico español en la constitución de 1978*, Civitas, Madrid, 1996.

PÉREZ DE ARMIÑÁN Y DE LA SERNA, Alfredo, "Una década de aplicación de la Ley del Patrimonio Histórico Español", *Revista Patrimonio Cultural y Derecho*, núm. 1, 1997.

PÉREZ GALÁN, Beatriz, "Los usos de la cultura en el discurso legislativo sobre patrimonio cultural en España. Una lectura antropológica sobre las figuras legales de protección", *Revista de Antropología Experimental*, núm. 11, 2011, pp. 11-30.

PÉREZ GONZÁLEZ, Carlos, "El sistema de planeamiento territorial y urbanístico en Galicia", *El Consultor de los Ayuntamientos*, Madrid, 2020, pp. 1-80.

PÉREZ LUÑO, Antonio, *Derechos Humanos. Estado de Derecho y Constitución*, Madrid, 1984, pp. 486 y ss.

POMED SÁNCHEZ, Luis, "Artículo 148.1.3.ª. 3.ª Ordenación del territorio, urbanismo y vivienda", en CASAS BAAMONDE, Emilia (dir.), *Comentarios a la Constitución Española. Tomo II*, Ministerio de Justicia, 2018, pp. 1155-1166.

PONCE SOLÉ, Julio, *Discrecionalidad urbanística y autonomia municipal*, Civitas, Madrid, 1996.

PONS CÀNOVAS, Ferran, "*El patrimoni arqueològic*" en *Comentaris a la Llei del Patrimoni Històric de les Illes Balears*, Institut d'Estudis Autonòmics, Palma de Mallorca, 2003, pp. 127-160.

PORRAS NADALES, Antonio Joaquín, "Derechos e intereses. Problemas de Tercera Generación", *Revista del Centro de Estudios Constitucionales*, núm. 10, 1991, pp. 219-232.

PORTO REY, Enrique, "De la conservación individualizada del patrimonio inmobiliario a su rehabilitación integrada en el planeamiento urbano", *Revista de Derecho Urbanístico*, núm. 109, julio-agosto-septiembre, 1988, pp. 20 y ss.

PUERTO ÁLVAREZ, José Ramón, "Los catálogos urbanísticos en los pequeños concejos asturianos" en *Los Catálogos Urbanísticos en el Principado de Asturias: una perspectiva pluridisciplinar*, Universidad de Oviedo, Oviedo, 2013, pp. 237-254.

QUEROL FERNÁNDEZ, María Ángeles, *Manual de Gestión del Patrimonio Cultural*, Akal, Madrid, 2010.

QUINTANA LÓPEZ, Tomás, "La conservación de las edificaciones en la legislación del Patrimonio Histórico", en REALA núm. 239, 1988.

RAMÓN FERNÁNDEZ, Francisca, *Patrimonio Cultural. Régimen legislativo y su protección*, editorial Tirant lo Blanch, Valencia, 2012.

REQUEJO PAGÉS, Otilia, "Sobre el patrimonio arqueológico y los catálogos urbanísticos", en *Los Catálogos Urbanísticos en el Principado de Asturias: una perspectiva pluridisciplinar*, Universidad de Oviedo, Oviedo, 2013, pp. 93-124.

RICART I MARTÍ, Encarnació y GÓMEZ BUENDÍA, Carmen, "El patrimonio cultural local", en GIFREU I FONT, Judith, y FUENTES I GASÓ, Josep Ramon (Dirs.), *Règim jurídic dels governs locals de Catalunya*, Associació Catalana de Municipis, Tirant lo Blanch, Valencia, 2022, pp. 1443-1468.

RIVAS ANDINA, José Ángel, "El patrimonio cultural local desde el ayuntamiento" en *Los Catálogos Urbanísticos en el Principado de Asturias: una perspectiva pluridisciplinar*, Universidad de Oviedo, Oviedo, 2013, pp. 277-300.

RIVERO YSERN, José Luís, *Manual básico de Derecho Urbanístico,* Tecnos, Madrid, 2018.

RODRÍGUEZ-ARANA MUÑOZ, Jaime, "El marco constitucional del urbanismo en España", *Revista Aragonesa de Administración Pública,* núm. 32, junio 2008, pp. 171-182.

RODRÍGUEZ BEAS, Marina, *La Directiva de Serveis i la Planificació d'activitats comercials,* Universitat Rovira i Virgili, Tarragona, 2023 (no publicado).

RODRÍGUEZ DE SANTIAGO, José María, *La administración del Estado social,* Marcial Pons, Madrid, 2007.

RODRÍGUEZ-PASSOLAS CANTAL, José, "Plan especial de protección en conjunto histórico artístico. Consecuencias: mantenimiento de las estructuras urbana y arquitectónica, así como de las características generales del ambiente. Memoria", *Práctica Urbanística,* núm. 117, Sección El urbanismo en el estrado, La Ley, Julio 2012, pp. 46-50.

ROLLA, Giancarlo, "Bienes culturales y Constitución ", *Revista del Centro de Estudios Constitucionales,* núm. 2, pp. 164 y ss.

ROLLI, Renato, ZICARO, Valerio, *Los bienes culturales y paisajísticos en el derecho vigente en Italia,* Anuario de la facultad de Derecho, vol. XXX, 2012-2013.

RUIZ CAGIGAL, Alfonso, "Tramitación de expedientes de Patrimonio Histórico Cultural en los Ayuntamientos", *El Consultor de los Ayuntamientos,* núm. 22, Sección Colaboraciones, Quincena del 30 Nov. al 14 Dic. 2000, pp. 3686-3696.

RUIZ DE LA PEÑA RUIZ, Diego, "Diez años de catalogación urbanística en Asturias. Situación actual y perspectivas de futuro", en *Los Catálogos Urbanísticos en el Principado de Asturias: una perspectiva pluridisciplinar,* Universidad de Oviedo, Oviedo, 2013, pp. 18-42.

RUIZ ENTRECANALES, Rosa, HENON, A. "*Smart Heritage City:* Un proyecto de ciudad patrimonial inteligente ". *Libro de comunicaciones y proyectos: IV Congreso Ciudades Inteligentes,* núms.30-31, Mayo 2018, Madrid, 2018.

SALAS HERNÁNDEZ, Javier, "Estatutos de Autonomía, leyes básicas y leyes de armonización", *Revista de Administración Pública,* núms. 100-102, La Ley, pp. 447 y ss.

SÁNCHEZ GIMÉNEZ, Rosa, "Aplicación práctica de los documentos integrantes de un Plan General de Ordenación Urbana en la Comunidad Autónoma de Aragón. Metodología Propuesta", *Práctica Urbanística,* núm. 77, Sección ¿Qué documentos necesito?, Diciembre 2008, La Ley, pp. 60 y ss.

SÁNCHEZ GOYANES, Enrique, "Técnicas urbanísticas de protección del patrimonio cultural en el derecho Español", *Urbanismo y Patrimonio Histórico*, Madrid, 2001, pp. 61-97.

SÁNCHEZ GOYANES, Enrique, *Régimen jurídico de los centros históricos*, Dykinson, Madrid, 2008.

SÁNCHEZ GOYANES, Enrique, "El deber de conservación, las órdenes de ejecución y la declaración de ruina", en SÁNCHEZ GOYANES, Enrique (dir.), *Derecho urbanístico del País Vasco*, El Consultor de los Ayuntamientos, Madrid, 2008, pp. 1085-1109.

SÁNCHEZ GOYANES, Enrique, "Las catalogaciones urbanísticas como ejercicio de la competencia municipal de protección del patrimonio cultural", en GARCÍA RUBIO, Fernando (coord.), *Régimen jurídico de los centros históricos*, Dykinson, Madrid, 2008, pp. 119-160.

SÁNCHEZ GOYANES, Enrique, "El urbanismo, al servicio del patrimonio común (1)", *Práctica Urbanística*, núm. 119, Sección Estudios, Noviembre-Diciembre 2012, pp. 20-46.

SÁNCHEZ LUQUE, María, *La gestión municipal del Patrimonio Cultural urbano en Espa*ña, Tesis Doctoral, Departamento de Historia del Arte. Facultad de Filosofía y Letras. Universidad de Málaga, 2005, pp. 42-52.

SÁNCHEZ MORÓN, Miguel, *Discrecionalidad administrativa y control judicial*, Ed. Tecnos, Madrid, 1994.

SAN MARTÍN CALVO, Marina, "Las políticas de la Unión Europea relativas a la protección del patrimonio cultural de los estados miembros", *Revista Aranzadi Unión Europea*, núm. 3, 2015, pp. 1-17.

SANTAMARÍA PASTOR, Juan Alfonso, *Principios de Derecho Administrativo General II*, Primera Edición, Iustel, Madrid, 2006, pp.405 y ss.

SANTODOMINGO GONZÁLEZ, Álvaro Luis, "El plan básico autonómico de Galicia", *Práctica Urbanística*, núm. 154, Sección Estudios, Septiembre-Octubre 2018, Wolters Kluwer, Madrid, 2018, pp. 1-10.

SANTOS DÍEZ, Ricardo y CASTELAO RODRÍGUEZ, Julio, *Derecho urbanístico. Manual para juristas y técnicos*, 3ª ed., El Consultor de los Ayuntamientos y de los Juzgados, 1999.

SAURET GUERRERO, María Teresa, "Los catálogos monumentales: La puesta en valor de los Bienes Patrimoniales por el conocimiento y la información especializada", *PH: Boletín del Instituto Andaluz del Patrimonio Histórico*, núm. 32, 2000, pp. 61-65.

SCHWARZE, Juergen, *El Derecho administrativo europeo a la luz del Tratado de Lisboa: observaciones preliminares*, Parlamento Europeo, Bruselas, 2011.

SEGURA FUSTER, Francesc, "*Règim sancionador*" en *Comentaris a la Llei del Patrimoni Històric de les Illes Balears,* Institut d'Estudis Autonòmics, Palma de Mallorca, 2003, pp. 285-304.

SERRA MONTÉ, Agustí (Dir.), *Directrius de contingut per als catàlegs de béns i plans especials de protección,* Departaments de territorio i cultura de la Generalitat de Catalunya, Barcelona, 2013.

SIMÓN ÁLVAREZ, Cristina, "Requisitos legales Ley 5/2016, de 4 mayo, de patrimonio cultural de Galicia", en LA LEY 4153/2016, El Consultor de los Ayuntamientos, Wolters Kluwer, Madrid, 2016, pp.1-5.

SOCÍAS FUSTER, Fernando, "*El patrimoni moble i el seu règim de protecció*" en *Comentaris a la Llei del Patrimoni Històric de les Illes Balears,* Institut d'Estudis Autonòmics, Palma de Mallorca, 2003, pp. 107-125.

SORO MATEO, Blanca, "La desclasificación de bienes culturales. Pérdida de valores,

error o desviación de poder", *Revista Aragonesa de Administración Pública,* núm. 41-42, 2013, pp. 241-286.

SUÁREZ ANTUÑA, Faustino, "Los instrumentos de protección del patrimonio industrial en el marco del planeamiento y ordenación urbanístico" en *Los Catálogos Urbanísticos en el Principado de Asturias: una perspectiva pluridisciplinar,* Universidad de Oviedo, Oviedo, 2013, pp. 187-214.

SUBIRÓS PUIG, Pep, *Estratègies culturals i renovació urbana,* Aula Barcelona, Barcelona, 1999.

TORRES DE LA FUENTE, José Antonio, "Patrimonio Cultural Europeo: Antequera-Matera, su Acontecer Administrativo-Turístico", *Diario La Ley,* núm. 9771, Sección Tribuna, 15 de Enero de 2021, Wolters Kluwer, pp. 1-27.

TORRES DEL MORAL, Antonio, "Comentario al artículo 46 de la Constitución", en ALZAGA VILLAAMIL, Óscar (Dir.), *Comentarios a las leyes políticas. Constitución española de 1978,* vol. IV, EDERSA, Madrid, 1983-1989.

TROITIÑO VINUESA, Miguel Ángel, "Ciudades Patrimonio de la humanidad: desafío de interpretación, planificación y gestión turística", en *Ordenación y gestión del territorio turístico,* Tirant lo Blanch. Valencia, 2002, pp. 353-408.

TUGORES, Francesca, PLANAS, Rosa, *Introducción al patrimonio cultural,* ediciones Trea, Gijón, 2006.

UNESCO. (1977). *La UNESCO y el mundo: perspectivas para 1982* (disponible en: https:// unesdoc.unesco.org/ark:/48223/pf0000074809_spa).

URIBESALGO LÓPEZ, Cristina, "*La llei del patrimoni cultural català. Aspectes legals de protecció del patrimoni cultural*", *URTX,* núm. 20, 2007, pp. 383-390.

VADRÍ I FORTUNY, Maria Teresa, "Política ambiental de Cataluña", en LÓPEZ RAMÓN Fernando (coord.), *Observatorio de Políticas Ambientales 1978-2006*, Thompson Aranzadi, Cizur Menor, 2006, pp. 601 y ss.

VALENCIA MARTÍN, Germán, "La interpretación en clave ambiental de las competencias en materia de cultura y patrimonio", *revista Aranzadi de Derecho Ambiental*, núm. 38, septiembre-diciembre 2017.

VAQUER CABALLERÍA, M., "La protección jurídica del patrimonio cultural inmaterial", *Museos.es: Revista de la Subdirección General de Museos Estatales*, núm. 1, 2005, pp. 88-99.

VERCHER NOGUERA, Antonio, "El expolio de bienes de patrimonio histórico o la descontextualización penal del entorno arqueológico", *Diario La Ley*, núm. 9151, Sección Doctrina, 5 de Marzo de 2018, Wolters Kluwer, pp. 1-16.

VILA RECIO, Marc, "*Estat actual i crítica de la legislació i figures de protecció del patrimoni cultural català dins del marc estatal*", *Biblio 3w: revista bibliográfica de geografía y ciencias sociales*, vol. XI, núm. 689, 2006.

VILLAGRASA ROZAS, María del Mar, "Notas sobre la tramitación parlamentaria de la Ley del Patrimonio Cultural Aragonés", *Proyecto social: Revista de relaciones laborales*, núm. 7, 1999, Universidad de Zaragoza, Zaragoza, pp. 221-232.

VIVES LEAL, Núria y SOTERAS GUIXÀ, Joana (Dir.), *Diccionari de Dret Administratiu*, Departament de Justícia de la Generalitat de Catalunya, Barcelona, 2013.